개정판

쟁점으로 살펴보는 현대 간화선

개정판
쟁점으로 살펴보는 현대 간화선

초판 1쇄 찍음 2022년 3월 3일
초판 1쇄 펴냄 2022년 3월 17일

지은이.   인경
교정감수. 박영제, 이필원, 오용석
발행인.   정지현
편집인.   박주혜

대 표.   남배현
본부장.   모지희
편 집.   정영주
디자인.   홍정순
마케팅.   조동규, 김관영, 조용, 김지현, 서영주
구입문의. 불교전문서점 향전(www.jbbook.co.kr) 02-2031-2070

펴낸곳.   (주)조계종출판사
          서울 종로구 삼봉로 81 두산위브파빌리온 831호
          전화 02-720-6107 ㅣ 팩스 02-733-6708
          출판등록 제2007-000078호(2007. 04. 27.)

ⓒ 인경, 2022
ISBN 979 - 11 - 5580 - 180 - 2 03220

개
정
판

쟁점으로 살펴보는
현대 간화선

Modern Ganwha Meditation

인경 지음

조계종
출판사

이 책을

구산 노스님께 바칩니다.

머리말

필자의 『쟁점으로 살펴보는 간화선』은 2011년에 초판이 간행되었다. 올해가 2022년이니까 10여 년이 지났다. 지난 10년 동안에 이루어진 학계뿐만 아니라 필자의 연구성과도 있었기에, 그동안 변화된 부분을 보강할 필요가 있어서 이번에 제2판을 출간하게 되었다. 제2판에서 제목을 현대라는 말을 넣어 '쟁점으로 살펴보는 현대 간화선'이라고 변경을 했다. 현대라는 말을 넣은 것은 현대적 시각에서 다룬 까닭이고, 논의가 현대에서 이루어진 쟁점을 중심으로 살펴보는 까닭이다.

먼저 새롭게 첨가한 부분은 제1장으로 '명상붐'에 대한 교계의 대응 내지는 그 전개 양상을 살펴보는 작업이다. 명상붐은 물질적인 풍요와 함께 정신적인 웰빙을 구하는 중요한 시대적 흐름이다. 이런 과정은 2010년 이후로 남방의 위빠사나와 북방의 간화선이 서로 경쟁하듯이 더욱 구체적으로 전개된 시기이다. 필자는 여기서 해방 이후로 대중에게 알려진 명상이 어떻게 진행되어 왔는지 시기별로 중요한 사회적인 변동과 함께 다룬다. 필자는 역사적인 전개 과정을 1970년 명상의 유입기, 1990년대의 대중화, 2010년 이후 토착화라는 3단계의 과정으로 분류하여 명상붐을 조명한다. 이점은 간화선과 위빠사나의 갈등적 시각도 있지만, 현대 불교 수행이론의 전개 양상을 제공한다는 점에서 중요하다.

두 번째는 제3장으로 대승불교를 비판하는 '비판불교'에 대한 대응이다. 비판불교는 일본학계에서 1990년대에 논의가 시작되었지만, 국내에서는 2000년대에 고려대장경연구소를 중심으로 비판불교에 대한 비판적 학술회의를 개최했고, 이후 2016년에 금강대학교 불교문화연구소가 대승불교의 불성과 여래장 사상과 관련된 학술회의를 진행하면서 깊게 논의된 주제이다. 비판불교는 대승불교의 불성이나 여래장 사상을 아트만적 이해로써 비불교라고 비판한다. 만약에 그렇다면 불성이나 여래장과 같은 대승불교 사상에 이론적 기초를 두고 있는 간화선, 역시 비불교가 되어버린다. 이것은 정체성 문제로서 대승불교와 간화선 사상을 중시하는 입장에서는 용납할 수 없는 일이다. 그렇다 보니 불성과 같은 대승불교가 탄생하는 역사적인 배경과 함께 불성과 여래장이 연기와 법무아이고, 아트만적 사상과는 전혀 다름을 논증하고 아울러서 비판불교의 오류를 제시하여야 하는 과제를 안게 된 것이다.

세 번째는 제5장으로 마조의 '평상심시도(平常心是道)'와 관련된 문제이다. 이 문제는 '평상심이 어떻게 도인가' 하는 종밀을 비롯한 성리학에서의 비판을 포함한다. 평상심은 번뇌를 포함한 관계로 그 자체로 도가 될 수 없다고 보기도 하고, 성리학에서는 세상의 도덕적인 기준이 될 수 없다고 비판한다. 이런 비판에 직면하여 정확하게 마조가 말하는 평상심의 의미가 무엇인지를 우리는 알아야 한다. 왜냐하면 그래야 선사상이 현실에서도 유용한 도구임을 증명할 수 있는 까닭이다. 과연 선사상은 세상의 관습과 전혀 무관하거나 무시하는 막행막식을 허용하는 사상인가, 이점은 분명하게 짚고 넘어가야 한다고 본다.

네 번째는 제10장으로 간화선의 수행과 점검체계를 살펴보는 문제이다. 여기서는 간화선의 심리학적인 기반인 불성과 영성의 문제를 보완하였고, 나아가서 필자는 한국 간화선의 고유한 전통성을 확립하는 문제로 공적영지로써 보조지눌의 전통을 중시하고, 이러한 전통이 나옹을 거쳐서 현대에는 한암선사와 구산선사에게 계승되었음을 밝힌다. 특히 구산스님은 공적과 영지라는 간화선 화두참구의 과정을 점검시스템으로 활용한 점에서 주목할 가치가 있다고 고려하여 필자의 사례를 중심으로 '구산선사의 경우'라는 항목을 새롭게 첨가하였다.

쟁점으로 살펴보는 현대 간화선은 현대의 시점에서 역사적인 간화선 사상사를 폭넓게 논점을 중심으로 논술하였다. 물론 필자가 이해한 바를 중심으로 필자의 관점에서 기술하였다. 부족한 점이 있다면 그것은 필자의 한계이다. 여러분의 질책과 함께 좋은 피드백을 바란다. 2년째 코로나19가 변이되면서 다시 확장하여 유행하고 있다. 힘들고 어려운 엄중한 시기에 건강하시길 기도한다. 아울러서 꼼꼼하게 교정을 봐 주신 박영제 박사님, 동국대 이필원 교수와 원광대 오용석 교수, 그리고 조계종출판사 편집부 여러분께 감사의 말씀을 올린다.

2022년 3월
인경 합장

개정판 추천의 글

연기하며 살아가는 모든 존재들은 서로 간에 소통을 하며 살아가기 마련이다. 그 소통을 위한 방법이 상황에 따라 보통 말이나 몸짓으로 전달하기 마련이다.

최상의 진리를 전하는 것도 예외는 아니어서, 부처님께서 방편으로 말없이 꽃을 드니 가섭이 웃었다는 것이나 사성제의 법문을 듣고 언하(言下)에 바로 성과(聖果)를 증득한 것이 모두 그렇다.

시대가 바뀌고 지역과 문화 환경이 달라지면서 사람들의 소통방식에 따라 가르침의 해석이 달라지고 가르침을 따라 수행하는 방법도 그 지역 환경에 따라 변하였다.

더운 지방은 시원하고 조용한 곳에 앉아 수행하는 전통의 위빠사나 수행방식을 지켜왔고, 자연환경이 열악한 티베트 고원에서는 거기에 맞는 밀교 수행법 등이 발전하였고, 사계절이 분명한 역동적인 동북아의 환경 속에서는 간명 직절한 대화(對話)속에 수행하는 간화선 수행법이 강조되었다.

경전을 볼 때 여래의 진실한 뜻(如來眞實意)을 제대로 간파(看破)하는 것이 간경(看經)이며, 조사께서 말씀하신 어록(語錄)을 보며 화자(話者)인 조사의 진실한 의도(意圖)인 참뜻〈話頭〉을 간파하는 것이 간화(看話)이다.

초점이 딱 맞아 언하(言下)에 바로 진실한 뜻을 알아챈다면(承當) 그것은 최상이지만, 사량 분별로는 도저히 알 수 없어 간절하게 참구하는 것이 바로 간화선(看話禪) 수행법이다.

저자는 10년 전 본인이 간화선을 실참(實參)하고 위빠사나를 실수(實修)한 수행경험의 바탕 위에 『쟁점으로 살펴보는 간화선』이라는 책을 출판하였는데, 그동안 학계와 저자의 변화된 부분과 연구 성과를 보강하여 제2판을 출간하게 되었다.

먼저 근래 정보화시대에 지구촌 각처의 고유한 수행법이 유통되면서 남방의 전통적인 위빠사나 수행법이 유입되어 기존 우리의 간화선 수행법과 갈등하며 대중화되고 토착화 되면서 상담과 심리치료에 활용되는 과정을 잘 그려내고 있다.

또한 위빠사나와 간화선의 인식론과 수행론을 비교하며 수행문화의 다양성과 창조적인 긴장을 위해 초기불교의 수행이론을 수용할 필요가 있음도 주목한다.

그러면서 대승불교의 불성과 여래장을 인도의 아트만으로 치부하고 배제하는 비판불교에 대해 불성과 여래장은 내재한 어떤 가능성이 아니라 중생 그대로가 바로 부처임을 선언한 것임을 변호하면서 비판한다.

저자는 간화선 사상의 성립 배경이 된 돈황본의 육조단경과 그 저자인 하택신회의 어록을 비교하면서 선종의 견성성불이라는 모토를 확립한 신회를 송대의 선종에서 지해종도라고 폄훼하던 종파적인 편견에서 벗어나야 함을 피력한다.

그리고 마조의 평상심이 도라는 언구를 중심으로 종교성의 확립에 대한 마조의 진리관과 실천론 그리고 윤리관을 정리하고, 선교일치의 회통을 주장하는 종밀을 비판하던 각범(覺範) 등이 선종은 교외별전임을 강조하면서 공안 형성의 초석을 놓게 되었으나, 종밀과 각범 등의 선종 법통에 대한 인식은 자파의 정체성을 확립하려고 왜곡 첨삭한 것으로 허구임을 논파한다.

묵조선을 비판하는 대혜종고의 간화선 확립에 대한 역사적인 고찰을 하면서 간화선은 화자(話者)의 진실한 뜻을 간파(看破)하려는 의심의 제기가 중요하며, 과거 사례집의 이야기가 아닌 지금 삶 속의 현장감이 있어야 더 간절해지고, 수행에 대한 스승의 점검이 필요함도 강조한다.

그리고 공안선과 간화선을 비교하면서 원오선사는 선문답 사례인 공안(公案)을 학인들의 공부하는 방법으로 응용했으나, 그의 제자인 대혜는 이것이 도리어 사량 분별의 병폐가 된다고 하였으며, 공안의 핵심 언구에 의심을 일으켜야 함을 강조하는 대혜가 간화선 수행의 창시자라고 평가한다.

또한 근래 제기되었던 간화선 수행의 돈점문제에 대해 간화선의 창시자인 중국 송대의 대혜선사의 어록과 간화선을 새롭게 주창한 원대의 몽산법어를 세밀하게 비교 분석하면서 간화선의 깨달음과 그 이후의 수행에 대해 심도 있게 설명해주고 있다.

근래 종교와 철학과 심리치료의 영역이 통합되는 과정에 세계보건기구에서 정의한 "몸 건강 정신건강 사회건강"도 '공적한 가운데 신령하게 깨어있는 지혜〈空寂靈知〉' 즉 '선정과 지혜'가 담보되어야 함을 강조하며, 간화선의 문답방식이 '수용 및 전념 치료명상'에도 응용할 수 있는 예를 들며 영성과 자기초월의 심리학과 연결될 수 있다고 한다.

저자는 마지막으로 구산선사와의 인연을 들면서 화두란 수행자가 바로 지금 여기 실존의 본성에 대해 의심하고 참구하는 자기 문제임을 새삼 강조하였다.

이 책은 저자 본인이 30여 년 동안 간화선을 실참(實參)하고 위빠사나를 실수(實修)한 경험을 바탕 위에 학문적인 연구를 통해 역사적인 변천과 수행을 체계있게 저술한 것이라 간화선 수행자 뿐만 아니라 위빠사나 수행자들에게도 서로 같고 다름을 비교할 수 있는 좋은 지침이 될 것이다.

이 『쟁점으로 살펴보는 현대 간화선』은 간화선의 전개과정을 쟁점별로 살펴보는 연구서로서 거기에 머물지 않고 문명의 전환기를 맞아 미래의 인공지능시대 메타버스시대에 개개 존재들의 '지금 여기의 실존'에 대한 수행법을 개척해 나가는 좋은 기초 자료가 될 것이다.

2021년 12월 15일

조계총림 송광사 방장 현봉

초판 추천의 글

    부처님께서 이 세상에 출현하시어 갖가지 선교방편으로 중생을 구제하시니 팔만사천법문이다. 부처님께서 영산회상에서 보광삼매에 드시어 불립문자요 교외별전인 정법안장을 가섭에게 부촉하시니, 이것이 백천삼매의 무량법문을 본래구족하여 신령스럽고 원만하여, 영원토록 걸림이 없고 생사가 없는 실상묘법(實相妙法)이다.

    인경스님이 『쟁점으로 살펴보는 간화선』을 펴냈다. 간화선에 대한 해박한 지식과 증거를 들어 공안(公案)과 화두(話頭)가 역사적 또는 철학적으로 어떤 의미를 갖고 구별되는지를 여실하게 적시하였다. 그뿐만 아니라 근간에 논쟁이 되고 있는 간화선과 위빠사나, 하택신회의 역사적 평가문제와 간화선이 돈오돈수인가, 돈오점수인가 등 그동안 쟁점이 된 수행론을 심도있게 고찰하였다.

    오늘날 우리 참학자들은 성찰 없이 공안과 화두를 구분하지 않고 지낸 것도 없지 않았으며, 하택신회를 일방적으로 지해종도(知解宗徒)라고 폄하 평가하였고, 돈점문제로 갈등해온 것도 사실이다. 이런 것들을 인경스님은 자신의 저술을 통해 정확한 분석으로 새로운 인식과 이해를 구했다는 점에서 높은 평가를 하지 않을 수 없다. 그동안 우리들이 어떤 일방적인 주장과 견해를 추종하면서 잘못 인식하지 않았나 다시 살펴볼 일이다. 그런 면에서 인경스님의 『쟁점으로 살펴보는 간화선』 저술은 많은 사람들에게 편견과 오해를 불식시키는 계기가 되고 정견을 세우는 길잡이가 되리라 믿는다.

수미산정에 올라서야 제봉의 차별을 볼 수 있고 대해에 들어서야 제류의 일미를 맛볼 것이 아니겠는가. 설사 그렇다 하더라도 본래면목은 어떠한 명상이나 언어로 표현할 수 없고 어떠한 사량으로도 짐작할 수 없는 도리인 걸 어쩌랴.

불기 2554(2010)년 9월 11일

덕숭산 덕숭총림 방장 雪靖 漏

초판 머리말

책명을 『쟁점으로 살펴보는 간화선』이라고 했다.

간화선은 실제로 쟁점 속에서 탄생한 수행론이다. 간화란 말 자체가 문답을 지켜본다는 의미이다. 문답이란 팽팽한 긴장과 함께 그 속에는 모순과 갈등이 존재한다. 그런데 깨달은 어느 순간에 갈등이 일시에 평정되어 해체된다. 그럼으로써 우리는 다시 일상의 평정으로 복귀한다. 갈등과 쟁점은 중요한 역사적인 전개의 동력이다. 갈등과 쟁점 속에서 새로운 관점이 생겨난다. 바로 이런 쟁점에서 간화선은 탄생한 것이다.

본서는 간화선과 관련된 필자의 세번째 저술이다. 첫 번째가 『몽산덕이와 고려후기의 간화선사상 연구(2000, 불일출판사)』이고, 두 번째가 『화엄교학과 간화선의 만남(2006, 명상상담연구원)』이다. 전자는 몽산덕이의 간화선사상을 『육조단경』의 편집, 간화선의 전개, 염불과의 통합(염불화두선)이란 주제로 고려후기의 임제종 전래의 과정을 추적한 저술이다. 후자는 보조국사의 『원돈성불론』과 『간화결의론』을 중심으로 화엄과 간화선의 갈등, 융합, 극복이란 과제로 고찰한 연구서이다. 이번의 『쟁점으로 살펴보는 간화선』은 간화선의 전개과정을 현대적 관점에서 쟁점별로 살펴보는 연구서라고 할 수가 있다.

필자의 간화선에 대한 관심은 매우 오래된 것이다. 처음 간화선을 접한 시기는 고등학교 2년 때이다. 불교학생회 소속으로 송광사 수련회에 가서 구산 노스님을 뵙고, 그때 화두를 받았다. 사람마다 모두 '나'란 멋으로 살아가는데, 무엇이 진짜 나인가 하는 질문을 받았다. 인간이 자기 자신을 알지 못하는 일은 동물과 같다고 했다. 네가 정말로 똑똑하다면, '나'가 무엇인지를 알아야 참으로 똑똑하다고 했다. 노스님께서는 무엇인가를 말하고자 하면, 먼저 자신부터 알아야 한다고 했다. 자기도 모르는 말은 귀신 방귀소리와 같다고 했다. 이후로 지금에 이르기까지 이 문제는 필자의 핵심과제가 되었다. 집으로 돌아오는 버스 안에서 온통 이 문제만을 생각했다. 그리고 이것이 인생의 진로를 바꿔놓았다. 나중에 이것으로 말미암아 출가까지 결심하게 되었기 때문이다.

노스님께서는 '이뭣고'라는 화두를 강조하셨다. 크게 의심을 하면 크게 깨닫는다고 했고, 경전을 읽고 염불하는 일은 돌아가는 길이라고 했다. 직접적으로 곧장 들어가는 길은 화두를 들어서 참된 자기를 깨달은 일이라고 했다. 이것이 모든 조사와 부처가 가는 길이라고 했다. 특히 이 화두 공부는 일상에서 해야 함을 매우 강조했다. 밥 먹고 걷고 하는 일상에서 화두를 들어서 의심하라고 했다. 심지어 화장실에서도 화두를 놓치지 말고 참구하기를 강조하셨다.

이제 화두는 필자의 일부가 되었다. 화두를 통해서 마음의 평정과 깨어있음을 경험한다. 혼란과 산란함은 화두와 함께 즉시로 소멸되면서 거룩함과 행복감을 마음에서 느낀다. 물론 필자는 궁극적인 깨달음을 얻었다고는 생각하지 않는다. 그렇지만 그동안 화두를 통해서 많은 고통을 극복하고 지혜가 증장되어 왔음을 부인할 수가 없다. 화두는 삶의 길잡이가 되었고 오만한 나를 성장시켜왔다는 사실에 항상 노스님께 감사드린다.

쟁점으로 살펴보는 현대 간화선

지금 생각해 보면, 화두를 일상생활 가운데서 참구하라는 가르침은 너무나 중요하다. 지금 여기 현재에서 실천되지 않는 수행은 무의미하다. 현대 간화선은 현실로부터 점차로 멀어져가는 느낌이 든다. 선원에는 간화선이 있지만, 현재를 사는 일상에서 간화가 없다면, 문제가 된다. 그리고 공부를 했다면 마땅히 변화가 있어야 한다. 수년을 공부했어도 아무런 변화가 없다면, 그것은 현재의 일상과 무관한 관념이기 때문이다.

　　필자가 대학원에 진학한 이후 줄곧 관심을 가진 분야는 간화선이었다. 왜냐하면 이것이 나의 정체성을 확립하는 작업의 일부였기 때문이다. 이 간화선 강물이 어떻게 현재의 나에게까지 흘러왔는지, 간화선의 원류로서 중국뿐만 아니라, 한국에 이르기까지 그 역사적 전개의 과정을 온전하게 알고 싶었다. 이런 노력이 세 번째의 『쟁점으로 살펴보는 간화선』이란 연구결과에도 나타난 것이 아닌가 한다. 물론 의도적으로 처음부터 이런 주제로 논문을 작성한 것은 아니다. 논문을 쓰고 나서 정리하여 보니, 자연스럽게 이런 주제들로 연구를 진행해왔음을 인식하게 된 것이다.

　　오늘날 우리는 다양한 문화 속에서 살아간다. 여러 수행의 방법과 문화들이 매우 빠른 속도로 변모를 거듭하고 있다. 우리들의 선배들처럼 갇혀 지내는 것이 아니라, 온 세상을 통해서 다양한 문화를 배우고 전하곤 한다. 남방의 위빠사나는 이미 국내에서 상당한 영향력을 가지고 있고, 티베트의 수행문화도 직접적으로 수입되고 있으며, 무엇보다도 불교명상을 활용한 상담이나 심리치료가 거세게 불어오고 있다. 이쪽저쪽에서 불어오는 바람에 중심을 잡을 수가 없을 지경이다.

　　물론 다양한 문화가 수입되고 서로 영향을 주면서 발전되는 것은 매우 중요한 일이다. 일견 너무 외적인 문화에만 휩쓸려 나가고 우리 내면의 보물을 놓치는 오류를 범하지 않을까 염려되기도 한다. 하지만 문화란 서로에게 자극을 주며 함께 성장한다. 이런 속에서 새로운 관점이 탄생하고 창조적 작업이 나타날 것이라고 본다. 이 희망적인 결과를 바라며 감히 졸문을 출간한다.

부족한 필자의 원고를 읽어주고 애정 어린 비판을 해주시는, 눈 있는 당신에게 이 책을 바친다.

2010년 9월 가을

인경 합장

서론
- 현대 간화선 사상의 쟁점을 중심으로

간화선(看話禪)이란 삶에 내재된 갈등의 언구(言句)를 참구하는 수행법이다. 여기서 '화(話)'는 이야기로서 선가의 선문답에서 유행하는 핵심된 이슈를 포함한다. 모든 문답에는 모순과 갈등을 내포한다. 기존의 관점으로는 이 문제를 해결할 수가 없다. 그래서 그곳에는 갈등이 생겨난다. 새로운 시각이 요청된다. 이런 창조적인 갈등이 문화를 이끈다.

간화선의 경우도 예외가 아니다. 오히려 이런 갈등을 수행자의 내면에 의도적으로 만들어내서, 이런 갈등에 내재된 본질이 무엇인지 질문하고 정밀하게 탐색하고 참구하는 것, 이것이 간화선이다. 선종에서 유행된 갈등 이슈는 마음의 본질로서 성품, 불성에 관한 물음이다. 〈무엇이 나인가?〉, 〈나의 본질, 성품은 무엇인가?〉 이런 대화는 일상의 대화와는 양립하기 어려운 심리적 갈등을 만들어낸다. 본성, 영성에 대한 이런 갈등 문답을 선문답이라 한다.

선문답은 당대의 혜능 이후 마조 계열에서 본격화되었다. 선문답의 주제들은 인간의 본성, 성품과 관련된 불성, 본래면목 등의 본질에 대한 물음이고 참구이다. 이런 주제들은 초기불교나 심리학에서 다루는 '몸'과 '마음'의 문제와는 다른 패러다임이다. 주로 초기불교에서 묻는 질문은 '몸과 마음이 어떻게 작용하는지?' 하는 관점이다. 반면 간화선에서는 인간의 정체성, 곧 '불성이 무엇인지?', '달마가 서쪽에서 온 뜻은 무엇인지?', '마음의 바탕[心地]이 무엇인지?'를 묻는다.

이들은 모두 기존 몸/마음의 맥락과 관점이 다른, 성품에 대한 질문이라 기존 방식과는 갈등을 야기시킨다. 간화선의 생태적인 특성은 문답이고 삶에서 만나는 문답이다. 문답을 통해서 갈등은 발생되고 이런 갈등은 다시 스스로에게 질문하게 된다. 이들 갈등주제가 간화선을 탄생하게 만들었다. 본서는 간화선 성립의 사상사에서 제기된 갈등 주제, 쟁점들을 분류하여 고찰한다. 그것은 다음과 같다.

제9장 간화선과 돈점문제

제10장 화두참구의 수행체계

제1부는 간화선의 철학적 기반 관련된 현대적 논의를 중심으로 다룬다면, 제2부는 역사적 관점에서 당나라 조사선과 송나라에서 간화선의 성립과 전개를 다룬다. 제3부는 현대적 관점에서 간화선의 수행체계에서 비롯된 논점을 중심으로 고찰한다.

첫 번째 쟁점 : 명상붐의 전개과정과 불교계의 대응은 어떠한가?

제1장에서 명상붐을 선택한 이유는 전체적으로 사회적인 동향을 언급할 필요성 때문이다. 어떤 사상이든지 사회적인 변화와 함께 대두되기 때문에 더욱 그렇다. 명상붐은 1990년대 '웰빙'과 2000년 '힐링'을 지나 2010년, 그리고 현재에 이르기까지 지속적으로 핫한 이슈이다. 여기서는 1970년대에 도입되기 시작한 명상이 어떻게 사회적인 붐이라는 트랜드로 자리를 잡았는지 살펴본다. 이런 역사적인 진행 과정을 필자는 객관적인 실증 자료를 제공하기보다는 개인적인 경험에 의존해서 해석학적인 접근 방식으로 기술한다.

여기서 주요 쟁점은 명상붐이 형성되는 과정을 어떻게 분류하고 중요한 특성을 제시할 것인가 문제이다. 필자는 1970년대 명상의 유입기-민주화운동과 돈점논쟁, 1990년대 명상의 대중화시기-간화선과 위빠사나의 논쟁기, 2010년대 명상붐의 토착화 시기-상담과 심리치료의 활용이란 3단계로 분류한다. 특히 사회적인 변화와 더불어서 불교계 내부에서 어떤 이슈들이 제기되었는지를 중심으로 살펴본다.

두 번째 쟁점 : 위빠사나와 간화선은 어떻게 서로 다른가?

1990년대에 중요한 불교계의 특징은 위빠사나와 간화선의 논쟁이다. 남방수행론의 유입으로 인한 기존 간화선과의 갈등은 필연적이다. 양 수행론의 사상적인 기반과 구체적인 수행의 방식에서 어떻게 서로 다른지 하는 문제는 중요한 논쟁거리이다. 이들에 대한 논쟁은 필자가 보기에는 매우 바람직한 현상이라고 본다. 먼저 위빠사나 부분을 제2장에서 다룬 것은 역사적인 발생의 흐름도 있지만, 간화선의 특징을 남방수행론과 비교해서 드러내고자 했기 때문이다.

밖으로 드러나지 않는 주제는 묵조선 비판 부분인데, 이것은 제7장 대혜종고의 간화선에서 다루었다. 간화선은 최근 현대 심리학에서 대두되고 있는 영성(spirituality)이나, 자아초월(transpersonal)과도 연결된다. 이런 부분은 현대 심리학적 접근방식으로 제10장에서 일부 논의한다.

세 번째 쟁점 : 대승불교의 성립과 비판불교의 비판

제3장은 대승불교의 성립과 함께 비판불교의 비판을 다룬다. 비판불교는 대승불교의 불성사상을 아트만적으로 이해하고 대승불교를 비불교라 하고 동북아시아 선종을 반불교라고 비판한다. 이것은 간화선의 이론적 배경이 바로 대승불교의 여래장 사상에 근거하고 있기에 이런 비판에 대해서 어떤 식으로 든지 응답을 해야 하는 상황에 놓여 있다.

이런 비판에 대해서 그냥 지나칠 수 없기에 여기 제2판에서 새롭게 등록을 했다. 본 장에서는 먼저 대승불교의 성립과 사상적인 특성을 이해하고, 대승불교의 비판에 대해서 대승경전에서 어떻게 대응하고 있는지, 그런 다음에 비판불교의 잘못된 해석을 수정하고 마지막에는 초기불교적 관점과 대승불교의 관점을 어떻게 통합할 수 있는지를 역사적으로 나타난 사상들을 고찰한다.

네 번째 쟁점 : 하택신회의 평가문제와 견성사상

다음 제4장은 혜능의 『육조단경』과 관련된 항목이지만 돈황본 『육조단경』의 편집자로 알려진 하택신회의 사상과 함께 역사적인 평가의 문제가 중심이다. 이점은 불교가 선종화되는 과정에서 하택신회의 역할과 관련된다. 현재로는 역사적인 평가가 극단적이다. 긍정적인 측면에서 보면, 그는 『육조단경』 편집자로서 조사선을 실천불교로 확립한 인물이다. 부정적인 측면에서는 선종사를 종파적인 이념논쟁으로 물들였고, 송대에서는 그를 깨닫지도 못한 지해종도(知解宗徒)에 불과하다고 평가한다.

선종사에서 신회의 역할을 긍정적으로 평가하는 이는 대만의 후스(胡適) 박사이다. 반면에 일본의 세끼구찌 신다이(關口眞大)는 선종사에서 법통문제를 과도하게 왜곡시킨 날조자로 본다. 이런 현대적 논의는 돈황문헌이 발견되어 잃어버린 당대의 선종사를 복원하는 과정에서 자연스럽게 대두되었다. 이 부분은 달마에 대한 이해에서도 역사적인 실존 인물인가에서부터 선종의 달마는 송대의 선사상이 반영된 가상인물이라는 주장까지 나왔다. 이들 논의는 모두 정확한 문헌적인 검토에서 비롯되었기에 상당하게 설득력이 있는 주장이다.

역사적으로 하택신회에 대한 평가의 문제는 당나라보다는 송나라에서 비롯된 문제이다. 송대 임제종은 하택신회를 지해종도(知解宗徒)로 폄하한다. 이 관점은 비판없이 그대로 한국불교에 유입되어 왔다. 과연 이것은 진실인가? 만약에 이것이 송대 임제종의 입장에서 의도적인 왜곡이라면 그들은 왜 그렇게 했을까? 이점이 중요한 연구의 과제가 될 것이다.

다섯 번째 쟁점 : 마조의 평상심시도와 윤리적 문제

동북아 선종의 대표적인 관점은 '평상심시도(平常心是道)'이다. 선종의 성립은 육조혜능으로 알려져 있지만 실질적으로 오늘날의 우리가 알고 있는 선종의 모습은 마조선사 이후라고 보는 것이 더 정확할 것이다. 그런데 선종의 '평상심시도'에 대한 비판적 관점도 있다. 내부적으로는 종밀의 경우이고, 밖으로 성리학자들이다. 그리고 조선을 건국한 신유학자들에게로 이어졌다.

이들은 매우 유사하게 평상의 마음이 그대로 불성, 도라면 윤리적인 문제가 발생한다고 비판한다. 곧 사람을 죽이고 거짓말로 사기를 치는 것도 불성이고 도인가? 라고 반문한다. 왜냐하면 사람에 따라서는 그런 행위가 바로 평상의 마음이 작용한 것이기 때문이다. 그렇다면 마조의 평상심시도란 과연 비판적인 의견과 동일한지 구체적으로 마조어록을 중심으로 살펴보고, 평상심시도의 의미를 정확하게 이해할 필요가 있다.

여섯 번째 쟁점 : 종밀의 사종선과 송대 교외별전 사상

하택신회의 평가문제와 더불어서 교외별전(教外別傳) 사상은 송대 선종의 중요한 쟁점사항이다. 국내학계에서는 교외별전의 사상이 마조계통의 당대에서 성립되었고, 신라말에 구산선문의 성립과 함께 유입되었다고 보는 경우가 있다.

하지만 이것은 올바른 역사적인 관점인가? 이런 주장은 선사상에서 당대와 송대가 서로 다르지 않은 동일한 내용을 담고 있다는 관점에서 비롯된 견해이다. 이점에 대한 비판적인 고찰이 필요하다. 오히려 오대의 혼란기를 딛고 일어난 송대 선종은 자신들의 정체성을 확립할 필요성이 있었다. 송대 임제종은 화엄종이나 천태종과 경쟁하면서, 역시 자신들의 사상적인 정체성을 재검토하기 시작했다. 이 송대 임제종의 움직임은 결과적으로, 선교일치적(禪教一致的) 경향이 있는 종밀에 대한 비판으로 표출되었다. 그리고 선교일치 사상에 대한 비판이 송대 임제종에서 교외별전(教外別傳)의 사상을 확립하는 데 결정적인 역할을 했다.

그런데 우리는 선교일치와 교외별전은 양립할 수 없는 서로 다른 사상인가 하는 질문을 던질 수가 있다. 이들은 상호보완 관계에서 서로를 빛나게 하지 않을까? 이런 문제는 송대의 과제가 아니다. 오늘날 한국불교의 과제이기도 하다. 그래서 이 쟁점은 더욱 중요하다는 생각이 든다.

일곱 번째 쟁점 : 대혜종고의 간화선이 확립하는 결정적 계기는?

교외별전의 사상은 간화선 확립의 결정적인 촉매역할을 했다. 간화선은 일체의 분별을 부정하면서 드러나는 까닭이다. 이것은 곧 간화선의 성립시기와 관련된 문제이다. 과연 간화선은 언제, 누구에 의해서 성립된 것일까? 여기에 두 가지 견해가 있다. 하나는 대혜 이전에 간화선은 성립되었다는 견해가 있다. 다른 하나는 간화선은 바로 대혜에 의해서 창안되었다는 견해이다.

본고의 주된 관심은 송대의 역사적인 측면이나 불교계의 상황보다는, 선사상사라는 관점에서 특히 대혜 개인적인 생애와 함께 간화선의 형성 과정과 그 사상적인 특징을 보다 구체적으로 살펴보는 것이다. 물론 간화선은 대혜에 의해서 창안되었다고 본다. 이렇게 만약 대혜를 간화선의 창안자로 본다면, 간화선을 발견한 구체적인 과정은 무엇인가? 화두가 가지는 철학적인 특질, 그 가풍은 무엇인가? 또한 화두는 구체적으로 어떻게 참구되는가?

여기서 첫째는 간화선 성립에 영향을 준 대혜의 개인적 사건과 체험을 말하는 것이고, 둘째는 화두가 가지는 철학적인 특징이 무엇인지를 역사적인 관점에서 함께 살펴보는 것이라면, 마지막 세 번째 과제는 간화선 수행의 실천이 가지는 심리적인 특징을 알아보는 것이다.

여덟 번째 쟁점 : 공안선과 간화선은 동일한가?

오늘날 우리는 공안(公案)과 화두(話頭)를 동일한 의미로 사용한다. 이것은 근대 이후로 일본의 문헌학을 수용하면서 더욱 견고하게 되었다. 조동종의 영향을 많이 받은 일본에서는 화두라는 말보다는 공안이란 말을 더 즐겨 사용한다. 일본과 다르게 한국불교는 보조국사의 임제종 수용 이후로 전통적으로 임제종의 가풍을 중시했다. 그렇다 보니 선문답의 공안과 화두의 의미를 어떻게 이해해야 하는지에 대해서 수행자들이나 학자들 사이에는 서로 다른 견해가 혼재되어 있다.

하나는 공안과 화두를 동일한 의미로 이해한 경우이고, 다른 하나는 양자를 엄격하게 구분하는 경우이다. 첫째로 공안과 화두를 동일한 개념으로 파악하게 되면 공안의 출현 시기가 그대로 간화선의 성립 시기가 된다. 공안의 형태가 마조 이후 시대에 출현했기에 이런 경우 이때에 간화선이 이미 성립된 것으로 판단하게 된다.

그러나 상식적으로 간화선은 송대에 성립되었다는 것이 일반적인 견해이다. 그렇다면 공안과 화두는 어떻게 이해해야 하고 간화선의 성립을 어떻게 결정해야 하는가 하는 문제가 발생된다. 이점과 관련한 중대한 사건은 대혜종고가 스승의 저술인 『벽암록』을 불태운 사건이다. 이 사건은 고인의 공안에 대한 잘못된 접근방식을 타파하는 상징이다. 의심이 결여된 공안의 탐색은 결과적으로 교외별전의 내적인 성찰을 획득할 수가 없다고 본 것이다. 이점이 공안과 화두를 구별하는 중요한 시점이 아닌가 한다.

그렇다고 해도 공안과 화두의 구별은 현실적으로 의미가 있는가? 왜 이들은 명백하게 구별되어야 하는가? 그것이 현대적 가치는 무엇인가? 또한 중요한 과제이다.

아홉 번째 쟁점 : 간화선은 돈오점수인가? 돈오돈수인가?

돈점문제는 지난 80년대와 90년대에 이루어진 논쟁점이다. 당시는 성철스님에 의해서 문제가 제기되고 보조사상연구원에서 학술발표회가 진행되면서 구체화되었다. 하지만 당시 논쟁에서 간화선 부분은 충분하게 다루어지지 못했다.

간화선의 수행론은 돈오돈수인가 아닌가 하는 관점이 현재 암묵적으로 유통되고 있다. 아마도 이점은 간화선에 대한 학계의 미천한 연구와, 한편으론 한국불교사 중심의 논의구조에서 비롯되었지 않았는가 하는 생각이 든다. 때문에 논의방향을 중국으로 확대하고, 문헌적인 실증적 사례연구가 보다 필요하다.

하지만 이런 문제점은 상당히 넓은 영역을 담고 있다. 본고에서는 간화선과 돈점문제와 관련된 영역에 한정하되, 중국 임제종의 대표적인 인물들을 중심으로 논의를 진행시키고자 한다. 그러면 간화선의 수행론에 대한 임제종파의 견해와 더불어서 관련된 선종사 인식의 문제도 어느 정도는 자연스럽게 다루어질 것이다.

열 번째 쟁점 : 간화선의 수행체계는 어떻게 진행되는가?

마지막으로 간화선의 수행에 대한 논의에서 그 과정과 절차는 어떻게 이해해야 할까? 이런 가설은 없는 것일까? 일견해서 보면, 간화선은 경절문이란 관점에서 보면 '곧장 가로질러 가는 것'이기에, 혹은 돈오돈수이니까 과정이나 절차가 없다는 것이다.

하지만 이런 견해는 매우 위험하다. 이것의 결정적인 약점은 수행과정을 점검할 수 있는 어떤 근거를 마련하려는 노력조차도 무력화시킨다는 것이다. 결과적으로 간화선을 위기로 내몬다. 수행의 과정에서 정도의 차이점은 있지만, 반드시 그곳에는 과정과 절차가 있어야 한다.

　이런 관점에서 화두란 무엇을 의미하는지 정확한 정의와 더불어서 참구의 과정이 어떻게 이루어지는지를 심리학적 관점에서 살펴보는 것이 필요하다. 이것이 밝혀진다면, 간화선은 대중에게 보다 적절한 방식으로 다가갈 수 있지 않을까.

　간화선을 현대 심리학적인 관점에서 적극적으로 이해할 필요가 있다. 현대심리학은 전통적으로 종교의 영역에 속하는 본성이나 영적 성장에 대해서 관심이 증대하고 있다. 이점에 대해서 역시 정리해야 할 필요성이 있다.

　필자는 간화선의 수행과정을 크게 '공적'과 '영지'로 보고 이것이 현대한국 간화선의 전통으로 본다. 공적(空寂)은 텅 비어 있음과 고요함의 경험으로서 번뇌가 고요해진 측면을 말한다면 신령한 앎의 영지(靈知)는 본래면목을 깨닫는 본래적 지혜를 의미한다. 이런 과정은 보조지눌 이후로 나옹혜근, 현대의 한암과 구산선사에 이르기까지 한국 간화선의 핵심된 체계라고 본다. 물론 이치의 측면에서 보면 깨달음은 일순간에 이루어진다고는 하지만, 대중의 근기는 천차만별이기에 수행의 구체적인 과정에 대한 절차를 마련해야 한다. 여기서 이런 점검의 과정을 필자와의 인연 관계에서 구산선사의 경우를 중심으로 하나의 사례를 제시한다.

차례

간화선의 철학적 기반

제1장

명상붐의 전개와 불교계의 대응

최근 홍수처럼 밀려든 서구 사조와 풍물에

우리의 혼마저 물들어 버린 것 같지 않은가?

세계 각국의 사람들이 한국에 와서 한국문화를 배우려 할 때,

과연 우리는 현시점에서 한국 문화가 이렇다고

내놓을 것이 무엇이 있겠는가?

- 구산(九山) 선사

I. 주요 쟁점[*1]

- 필자의 개인적 내러티브적 접근

문화란 안팎으로 서로 영향을 주면서 발전한다. 이쪽 골짜기의 물과 저쪽 골짜기의 물이 서로 격렬하게 부딪치면서 결국은 하나가 되어 강물로 흘러가듯이, 문화라는 것도 서로 뒤섞여서 새로운 형태로 발전해 간다. 2010년 이후 명상붐은 사회적인 현상이지만, 외부의 자극 때문에 비롯된 부분이 있고, 불교 내적 힘들에 의해서 진행된 부분도 있다. 명상붐을 이해하고자 할 때, 사회적인 배경과 더불어서 불교계 내부의 대응이란 측면을 고려할 수밖에 없다. 새로운 어떤 문화가 유입되면 기존의 문화를 '자극'하고, 그에 따른 기존 문화의 '대응'이 뒤따르면서, 서로 충돌하여 '갈등'이 생겨난다. 이런 과정은 필연적으로 철학적이거나 혹은 문화적인 논쟁의 형태로 나타난다. 이것은 새로운 문화가 대중에게 이해되고 다시 새로운 관점에 의해 통합되면서, 성장하고 발전해가는 변증법적 과정이다. 이러한 시대적인 중요한 전환기에는 갈등과 더불어 반드시 그에 어울리는 논쟁들이 나타났다. 이것들을 살펴보는 일은 문화가 어떤 형식으로 흘러가고 발전하는지를 이해하는 중요한 관점, 준거틀이 될 수가 있다.

필자가 '명상붐의 전개 과정'과 관련된 주제로 글쓰기에서 고민한 문제는 두 가지이다. 문화적 자극과 대응이라는 관점에서 명상과 관련된 불교계(종단, 학계, 관련 단체들)의 동향을 개별적으로 조사하고 그들의 행적들을 기술할 것인가, 아니면 시대적 흐름 속에서 필자가 경험한 논쟁을 중심으로 고찰해갈 것인가? 전자는 직접적으로 불교종단, 학계, 관련 단체들을 방문하고 실제적인 조사연구가 이루어져야 한다. 이것은 많은 자료와 더불어서 시간을 요구한다는 점에서 물리적으로 필자의 상황에서는 현실적이지 못했다. 그래서 필자는 접근하기가 용이한 후자를 선택하였다. 곧 개인적인 '경험'에 기초한 시대적인 흐름 속에서 나타난 명상수행과 관련된 논쟁을 중심으로 고찰하는 방식이다.

최근에 질적 연구방법의 하나로서 개인적인 '내러티브적 접근'이 증가하고 있다.[2] 이런 접근은 주관적인 측면이 드러나면서 객관성이 약해지는 위험도 있지만, 반면에 현장감을 주면서 사회적인 현상 속에서 개인적인 경험내용을 어떻게 이해할 수 있는지를 알게 하는 장점도 있다. 여기서 '내러티브적 접근'이란 시대적인 흐름 속에서 직간접으로 개인이 경험한 문화적 갈등, 혹은 논쟁을 중심으로 불교 명상의 역사적 변화/전개 과정을 간결하게 이야기하는 것이다. 그렇기에 개인의 경험적 이해나 해석학적인 관점에 초점을 맞추고, 역사적 변화의 과정에 대한 객관적인 일반화를 추구하지는 않는다.

여기서 필자는 명상의 역사적인 흐름을, 명상이 유입되는 시기(1970년대), 대중화의 시기(1990년대), 현실에 뿌리를 내리는 토착화의 시기(2010년대)로 구별하여 서술할 것이다. 이들 각각의 시기에 존재했던 그리고 주관적이지만 필자가 경험하였던 논쟁들을 검토하면서, 논쟁에 나타난 자극과 대응이라는 문화적 변화과정을 사회적인 맥락에서 고찰하고자 한다. 주요 쟁점은 아래와 같다.

쟁점(1): 현대 명상붐은 어떻게 전개되었는가?
쟁점(2): 현대 불교사에서 돈점 논쟁, 위빠사나와 간화선 논쟁, 사띠
　　　　논쟁을 어떻게 볼 것인가?

Ⅱ. 명상의 유입기

- 1970년대, 민주화 운동과 돈점 논쟁

명상은 언제 시작되었을까? 명상이란 마음의 고요와 통찰을 개발
하고 근본적인 깨달음으로 나아가는 방법, 혹은 지금 여기에서 인간의
고통을 이해하고 해탈케하는 삶의 방식이라고 정의한다면, 명상은 어
느 시대에나 존재했고, 모든 문화 속에서 찾아낼 수 있는 공통된 인간
의 행동이라고 생각한다. 하지만 좁은 의미로 명상을 문화 현상으로 이
해하고 특별하게 불교적인 관점으로 제한해서 이해한다면, 명상은 곧
불교이기에 명상의 유입은 불교가 전래한 삼국시대부터라고 말할 수
있다. 그렇긴 하지만 '명상'이란 용어를 사회적인 맥락으로 사용하기

시작한 것은 해방 이후 일이다. 이 시기는 1970년대이다. 특히 1980년대 불교 명상수행이 사회적 이슈로 등장한 것은 '돈점 논쟁'이 아닌가 한다. 돈점 논쟁은 전통적 선종 내부의 문제 같지만, 멀리 보면 인도적 전통과 동북아의 전통이 만나서 이루어진 해탈과 깨달음에 관한 논쟁이다. 인도적 명상수행이 점진적 측면[漸修]이라면, 중국의 명상전통은 급진적인 측면[頓悟]을 대변한다. 이들 양자를 통합한 수행이론이 한국의 돈오점수[頓悟漸修]이다. 통찰의 깨달음과 점차적인 성숙의 변증법은 최근의 문제가 아니라, 역사 속에서 반복적으로 나타나는 인간적인 본성의 문제가 아닌가 한다.

1. 명상과 참선

　요즘 사람들이 명상에 관심이 많다. 전통적으로 마음공부를 '참선(參禪)'이라고 말해왔다. 어떤 이들은 참선이 진짜 깨달음의 길이고, '명상'은 깨달음이 없다고 애써 무시한다. 반대로 어떤 이들은 참선 공부는 일부 전문집단의 전유물로 대중적이지 못한 자기들만의 공부라고 폄하하기도 한다. 이런 문제는 최근에 사회적으로 명상붐이 일어나면서 생겨난 논쟁/논의이다.

　참선과 명상은 정말로 서로 다른가? 참선(參禪)은 문자 그대로 해석을 하면 '선에 참여한다'는 의미이지만, 주로 화두를 참구하는 수행의 의미로 더 잘 사용된다. 여기서 핵심용어인 '선'이란 용어의 의미를 살펴볼 필요가 있는데, 역사적으로 보면 크게 그 이해방식에 따라서 세 가지로 요약된다.

첫째로 선이란 '혼란한 마음을 고요하게 한다'는 선정의 의미이다. 이것은 선이란 용어는 어원에 충실한 초기불교적 관점이다. 선의 원어는 'jhāna(빠리어)'나 'dhyāna(범어)'이다. 음역하여 '선나(禪那)'로, 의역하여 '선정(禪定)'으로 번역한다. 이후로 '선(禪)'이라고 약칭한다. 선은 특히 특정한 대상에 대한 집중에서 오는 마음의 고요함이란 의미이다. 이런 관점에서 보면 참선은 선정에 드는 것을 가리키는 말이다.

둘째는 대승불교의 관점이다. 선이란 활발한 '지혜'를 의미한다. 화엄교학과 선종을 통합하려 노력했던 종밀은 전통강원의 교재이기도 한 『도서(都序)』에서 선이란 '선정과 지혜의 통칭'이라고 정의했다. 이런 관점에서 보면 참선은 단순하게 선정만을 의미하지 않고, '지혜'의 작용을 포함한다. 우리가 참선 공부를 한다는 말은 새의 양 날개처럼 선정과 지혜를 함께 닦는다는 의미에서 정혜쌍수(定慧雙修)나 수행을 할 때 마음이 깨어있음과 고요함을 말하는 '성성적적(惺惺寂寂)'이란 말로, 결국 선이란 선정과 지혜를 함께 닦아서 고요한 가운데 깨어있고, '깨어있는 가운데 적적하다'는 의미가 된다.

셋째는 간화선의 입장으로 화두를 참구하여 깨달음을 이룬다는 의미이다. 이때 선은 화두를 참구한다는 뜻이다. 물론 고요함에 들거나 지혜의 작용에 근거하지만, 화두 참구는 선문답에서 보여준 인간의 성품, 본래면목(本來面目)에 관심을 갖는다. 고요함과 지혜의 작용은 특별한 마음현상[別境心所]이다. 하지만 화두선은 마음현상을 관찰하는 것이 아니라, 근본적인 마음자리[心地]에 초점을 맞춘 공부법이란 점에서 차이가 있다.

이렇게 시대에 따라서 선이란 용어는 점차 그 의미가 변천하여 왔다. 일상에서 참선이란 말은 궁극적인 진리를 탐구하는 종교적인 실천 수행을 의미한다. 그럼에도 불구하고 우리가 사용하는 '참선'이란 말은 사람에 따라서 다양한 의미를 함축하고 있기에, 그것이 어떤 의미로 사용되는지를 전후 맥락을 자세하게 살펴볼 필요가 있다.

명상이란 사전적인 의미는 '눈을 감고 차분한 마음으로 깊이 생각함'이다. '차분한 마음'으로는 첫 번째 선정의 의미와 연결되고, '깊이 생각함'은 두 번째 지혜의 작용이나 세 번째 화두의 참구로 해석할 수가 있다. 이런 점에서 선과 명상은 서로 그 의미가 다르지 않다. 빠리어 'jhāna'(범어 dhyāna)를 중국식으로는 선(禪)으로 영어권에서는 'meditation'이나 'contemplation'이란 용어로 번역한다. 오늘날 '집중(concentration)명상'이나 '통찰(insight, mindfulness)명상'이란 용어는 그 좋은 용례이다.

역시 참선(參禪)의 경우도 마찬가지로 선의 일본식 발음 zen을 사용하여 'zen meditation'으로 번역하기도 하고, 간화선의 경우는 'hwadu meditation(화두명상)' 혹은 'ganwha meditation'이라고 번역한다. 이렇게 보면 과거에는 중국식 번역으로 '禪'이나 '參禪'이란 용어가 영향력을 주도했지만, 근래에는(아마도 필자가 느끼기에는 1997년 IMF이후로) 영어의 영향력이 커지면서 '명상'이란 용어가 대중에게 더 잘 알려져 통용되고 있다.

결론적으로 말하면, '禪', 'meditation', '명상'의 원류는 모두 jhāna(빠리어)이다. 그렇기 때문에 이들은 서로 동의어이고, 간화선 곧 화두명상도 명상의 한 종류이다. '참선'보다는 '명상'이란 용어가 더 잘 사용

쟁점으로 살펴보는 현대 간화선

된는 것은 양자 사이에 특별한 사상적 차이가 있기보다는, 단지 그것을 이해하는 흐름, 역사, 문화적인 맥락에서 그 표현양식이 달라졌을 뿐이다. 과거에는 한문 문화가 주류를 이루었고, 오늘날은 서구문화가 일상화되면서 양자의 차이점이 드러난 결과이다. 그렇긴 하지만 몸과 마음을 대상으로 하는 위빠사나와 비교하여 성품을 참구하는 간화선을 구분하려는 목적으로 '참선'이란 용어를 의도적으로 '명상'과 구분하여 사용하는 경우도 있다. 그러나 필자는 넓게 보아서 간화선의 경우도 선/명상의 형태로 간주하고 있음을 먼저 밝히고 출발하고자 한다.

2. 내적 문화적 갈등

명상은 해방 이후, 6·25전쟁과 4·19, 5·16 군사 쿠데타 등의 혼란기를 접고 정권이 안정되면서, 1970년대 경제적인 성장을 급속하게 이루는 시기에 들어왔다. 이때는 구산스님의 지적처럼 서구의 다양한 문화가 홍수처럼 물밀듯이 유입된 시기로서, 명상은 이런 분위기와 함께 들어왔다. 차이점이 있다면 과거에는 내륙의 중국을 통해서 육지로 왔다면, 현재에는 서구 특히 미국을 통해서 들어왔다.

그 대표적인 하나가 인도의 요가 명상이다. 서구에서는 1970년대에 활발하게 동서양의 문화가 교류하면서 요가가 폭넓게 전파되었다. 서구에서 명상문화는 영국의 록그룹인 비틀스가 요가 수행을 수용하면서 일반에게 알려졌고, 특히 미국의 히피 문화와 결합되면서 정신 건강법으로 소개되었다.[3] 하지만 시간이 지나면서 요가는 영적 수행이라는 본래의 요소보다는 몸매를 가꾸고 건강을 증진한다는 미국적 실용적 의미로 변환되었다. 이런 특성은 국내의 상황에도 그대로 영향을 미쳤다. 한국요가협회가 1970년대에 창립된 이후로 우후죽순처럼 전국적으로 많은 요가원이 생겨났다. 2000년 이후부터는 동사무소(주민센터)나 문화센터, 사람이 모이는 조그만 아파트 공간에서도 요가가 진행되고 있다.

다음으로 국내에 소개된 명상은 초월명상 TM(Transcendental Meditation) 계열이다. 인도의 베다와 힌두교 전통에 이론적 기초를 둔 초월 명상은 만트라(Mantra)와 더불어서 본래의 자기에 대한 각성을 중시한다. 필자는 초월명상에 크게 관심을 두지는 못했다. 그런데 이 무렵에 지두 크리슈나무르티(Jiddu Krishnamurti)나 오쇼 라즈니쉬(Osho Rajneesh) 등의 명상에 관한 서적들이 번역되어 베스트셀러가 되었다. 특히 1982년 국내에 소개된 크리슈나무르티의 『자기로부터의 혁명』⁴이란 책은 필자에게 큰 영향을 주었다. 당시에 대학은 사회주의적인 민주화 운동으로 몸살을 앓고 있던 시절이다. 크리슈나무르티는 필자에게 마르크스의 사회주의적인 혁명보다는 내면으로부터의 혁명이 더 중요한 과제라고 믿게 했다. 이 무렵에 김정빈의 『단(丹)』⁵이란 소설이 1984년 크게 히트를 하면서 한국적 의미의 명상을 찾는 노력도 일어났다. 이런 결과로 단학과 단전호흡이란 이름으로 많은 수행센터가 생겨나서 명상의 대중화에 기여했다.

필자가 처음 불교를 만난 시기는 고등학교 2학년 때이다. 친구의 소개로 불교 학생회에 가입하면서 시작되었다. 이때 처음으로 의문이 생겼던 구절은 다니던 사찰의 입구 바위에 새겨진 '상구보리(上求菩提)

하화중생(下化衆生)'이란 문구이다. 이 구절은 알다시피 '위로는 깨달음을 구하고 아래로는 중생을 구제한다.'는 것인데, 이해하기가 어려웠다. 어떻게 이게 가능할까? 위로 깨달음을 구하면 아래로 중생을 구제하기 어렵고, 반대로 아래로 중생을 구제한다면 어떻게 위로 깨달음을 구할 수 있을까? 지도 선생님께 어떻게 그러한지를 질문했지만 가능하다는 말만 하고 동시에 어떻게 가능한지를 구체적으로 설명을 하지 않아서 여전히 의문으로 남겨졌다. 그런데 불교 공부를 하면서 이 문제는 계속하여 중요한 시기마다 숙제처럼 해결해야만 하는 갈등문제로 다가오곤 하였다.

필자의 대학 시절인 1970년대 후반에서 80년대 중반까지 군사독재에 대항하는 민주화 운동이 사회의 주요과제였다. 대학가는 민주화 운동이 한창이고 새로운 관점의 마르크스적 역사 인식의 서적이 스터디그룹을 통해서 신입생들에게 교육되었다. 필자는 당시에 솔직하게 갈등이 있었다. 강의실에는 최루탄 냄새가 진동하는 가운데 현실 민주화에 대해 토론하면서 정신적으로는 항상 이상세계를 향한 동경으로 이들 명상서적을 탐독했기 때문이다. 아마도 이때에 대학을 다녔던 분들은 이런 사회적인 분위기를 십분 공감할 것이다. 이런 갈등에서 필자는 현실의 역사 문제보다는 명상 세계에 더 끌렸음을 고백한다. 당시 송광사를 비롯한 전통사찰에서 젊은 세대를 위한 청소년과 일반인을 대상으로 여름 수련회를 마련하였다. 이런 부분은 전통문화를 계승하면서 서구 물질문화로 일방적으로 끌려가는 시대적 분위기에[6] '대응'하는 하나의 좋은 방편이었다.

필자가 불교 명상에 본격적으로 접하게 된 것은 사찰에서 실시하는 바로 이런 수련회에서 비롯되었다. 여기서 필자는 중요한 불교 수행법을 경험하였다. 처음으로 고등학교 2학년 여름 송광사 수련회에 참가하고 대학에 들어간 이후에도 계속 참여하면서 1970년대 중반에서 80년대 초반까지 10년간 구산스님께서 입적하실 때까지 개인적으로 간화선을 점검, 지도받았다. 어느 때든지 스님께서는 늘 미소로서 맞이하여 주시고 화두 공부를 어떻게 하는지를 점검하여 주시었다. 특히 화두에 대해서 참구를 하고 편지로서 답을 하라고 과제를 주었다.

이런 과정을 통해서 이뭣꼬! 화두는 필자의 가슴 속에 항상 자리를 잡게 되었다. 스님께서는 좌선(坐禪)에 대해서, 화두가 가슴에 자리잡는 것을 '좌(坐)'라 하고, 오고 가는 일상에서 화두를 참구하는 것을 '선(禪)'이라고 풀이하셨다. 자신의 정체성에 대해서 방황하던 필자에게 '화장실이나 버스 속에서도 참구하라'는 일상생활 속의 화두 참구는 순식간에 마음을 가득 채워 버렸다. 특히 버스 멀미가 심했던 필자는 화두를 들면 멀미가 가라앉음을 알고서 버스를 타게 되면 멀미를 이겨내기 위해서 필사적으로 화두에 매달렸다. 화두는 확실하게 효과가 있었다.

이 무렵 구산 노스님은 홍수처럼 밀려오는 서구 문화 속에서 우리가 내세울 문화는 불교였고, 특히 간화선이라고, 그리고 잃어버린 자기를 찾는 길이라고 역설하시곤 하셨다. 또한 이 시기는 필자에게 전통적인 수행법인 간화선과 함께 동시에 새롭게 인도적 남방 위빠사나 명상이 내면에 유입되어 점차로 자리를 잡아가는 시기였다. 위빠사나 수행은 송광사 수련원에서 현음스님이 중심되어서 수련생들에게 남방의 위빠사나 수행법인 고엔카의 '10일 명상코스'를 한국 실정에 맞게 '5일

명상코스'로 변경하여 실시하였다. 이때 필자는 호흡명상과 바디스캔 명상을 처음 접하고 배우기 시작하였다. 이것들은 개인적인 가치와 삶의 방향에 아주 깊게 영향을 미쳤다.

하지만 이런 속에서도 70년대 후반 80년대 초 민주화를 위해서 투쟁하는 동료들에게 함께 하지 못한 미안함과 함께 마음의 빚을 진 기분이었다. 안으로는 간화선과 위빠사나가 서로 다른 형태로 갈등을 일으키고, 밖으로는 민주화 운동이란 사회적인 분위기가 필자에게 통합되지 않는 채로 떠도는 섬과 같았다. 서로 어울리지 않는 다른 옷을 입고 있는 것처럼, 안팎으로 해결해야 하는 중요한 갈등과제로 다가왔다. 그러나 이것들은 당시 20대 초반 필자에게는 경험 부족과 역량의 한계로 인하여 답보상태로 남겨진 숙제로 경험되었다.

3. 돈점 논쟁

"산은 산이고, 물은 물이다." 성철스님의 이 법문은 1981년 한국 사회에 많은 논쟁을 불러일으켰던 사회적 화두였다. 민주화 문제로 한참 투쟁하는 진영, 혹은 진보 지식인들은 이 법문을 현실문제에 무관심한 불교계의 대표적인 태도라고 비판했다. 사회와 소통되지 않는 언구라고, 엉뚱하고 무의미한 것으로 치부했고 불교를 구세대의 유물로 간주하는 경향도 보였다. 하지만 명상적인 가치를 소중하게 여기는 진영에서는 통쾌한 발언이었다. '산은 산이 아니고 물은 물이 아니다.'고 서로 다투는 정치적 갈등상황에서 적어도 필자에게는 극단적으로 갈등하는 사회를 통합하는 언구였고, 따라서 불교계의 대사회적인 대응 방식이라며 적극적으로 옹호했다. 아무튼 이 법문은 대학 강의실과 술자리에서도 논쟁의 주제가 되는 충격과 같은 모티브, 신선하고 영적인 메시지를 주었다.

현대사에서 돈점 논쟁은 불교계 내부에서 일어나서 사회적인 이슈가 된 대표적인 논쟁이다. 당시에 종정이었던 성철 스님은 『선문정로』[7]에서 현 대한불교 조계종의 정신적인 지주로 추앙되는 보조지눌 국사의 '돈오점수(頓悟漸修)' 수행론을 비판한 것이 논쟁의 시발점이 되었다. 침묵하던 불교 학계는 1987년 보조사상연구원이 개원되면서 본격적인 논의가 진행되었다.[8] 이로 말미암아 돈오와 점수의 문제는 1990년 중반까지 지식인뿐만 아니라 일반사회에 회자되었다. 불교계 내부의 논쟁이 왜, 일반사회에서도 관심을 끌게 되었을까?

돈점 논쟁의 핵심은 깨달음 이후, 번뇌의 존재 여부가 핵심이다. 깨달음 이후에도 번뇌가 있다면 그것은 온전한 깨달음이 아니지 않는가? 물론 필자는 지금도 돈오점수를 옹호한다. 깨달음 이후의 번뇌는 깨닫기 이전의 번뇌와 동일지 않고, 현실문제는 단박에 해결되지 않는다. 깨달음 이후의 점수는 오랜 습성을 벗는 과정기도 하지만, 서로 다른 역사적인 현장에서 깨달음을 구현해가는 점진적인 과정이다. 그러면서 필자는 『능엄경』을 인용하여 곧 '이치는 단박에 깨닫지만 일은 천천히 이루어진다.'고 말하면서 돈오점수의 입장을 지지한다.

그러나 일반 대중은 깨달음 이후가 중요한 게 아니라 돈오와 점수의 문제 자체에 더 많은 관심을 보였다. 인간의 본성은 순식간에 깨닫는 것인가, 아니면 오랜 세월을 거치면서 조금씩 성취하는가? 이 관점

쟁점으로 살펴보는 현대 간화선

보조지눌(1158-1210) 진영 (ⓒ문화재청)
돈점논쟁은 현대불교사의 대표적 논쟁이다. 보조지눌은 현대 돈점논쟁의 시발점을 제공한 인물이다.
1980년 후반 보조사상연구원의 돈점논쟁에 관한 학술발표는 학문적 차원에서 중요한 기여를 했다.

에 초점을 맞추곤 했다. 사실 넓은 시각에서 보면, '돈오'의 직관은 중
국 선종의 특징이고 '점수'는 점차적이고 논리적인 전개를 중시하는 인
도적 전통에 연결된다. 그렇기에 필자는 보조국사의 돈오점수는 이런
전통에 대한 통합적 사상을 나타내는 가장 한국적인 특징을 잘 드러낸

것으로 평가한다. 이 논쟁으로 필자는 고등학교 때 고민했던 상구보리와 하화중생의 문제는 돈오점수라는 틀에서 어느 정도 해소가 되었다. 돈오는 상구보리이고 점수는 현실 속에서 하화중생의 길이기 때문이다.

한국 사회는 1980년대 중반 이후로 사실상 시민 혁명으로 민주화를 이루었다. 짧은 시간에 매우 중요한 역사적인 성취이다. 경제적인 부와 더불어서 정치적인 자유도 함께 쟁취한 것이다. 일종의 사회적 돈오(頓悟)를 이룬 것이다. 물론 많은 희생을 치르기도 했지만, 현대사에서 해방 이후 스스로 자부심을 가질 만한 기념비적인 사건이다. 하지만 우리는 과연 행복한가? 여전히 남겨진 문제가 있다. 가야 할 길[漸修]이 있는 듯하다. 돈오처럼, 짧은 기간에 우리는 민주화와 산업화를 이루었다. 정치적 성공과 함께 어느 정도의 경제적 부를 축적했다. 그런데도 여전히 우리는 자신이 누구인지 알지 못하고, 여전히 행복하지 못한 것 같다.

불교계의 돈점 논쟁은 우리의 이런 모습의 일부를 보여주고 있는 것처럼 보인다. 그래서 더욱 관심이 간다. 처음에는 경제적인 부를 위해서 정치적 자유를 희생하였다. 하지만 성장한 시민의식은 정치적인 자유를 원했다. 그리고 그것을 이루었다. 돈점 논쟁에 대한 사회적인 관심은 새로운 정치적 환경과 경제적인 혜택에서 정신적 여유를 가지면서, 1990년대 후반에 들면서 물질적 행복도 행복이지만 질적인 측면을 추구하는 영적 웰빙, 행복 체험에 대한 소박한 욕구의 표현으로 나타났다.

당시의 돈점 논쟁을 평가하여 보면 불교적 명상체계를 사회적인 논의수준으로 확장시킨 점은 성과였지만, 전체적으로 볼 때 불교의 교학적인 수준에서 이루어지고 간화선의 맥락에서는 충분하게 다루지 못했다. 이런 부분은 송나라, 원나라, 그리고 고려 후기 간화선에 대한 연구자가 절대적으로 부족한 학계의 현실을 그대로 드러낸 것이다. 필자에게 돈점 논쟁은 학문적인 열정을 불러일으켰다. 이 논쟁의 중심에는 간화선이라는 명상수행에 대한 이해가 가로놓여 있었다. 불교 명상으로서 돈오와 점수의 전통에 대한 역사적인 원류를 고찰하도록 요구한다. 또한 근본적으로 오늘날 여기, 나에게까지 어떻게 흘러왔는지에 대한 역사적인 이해와 한국 간화선의 고유한 특성과 현대에서 그 쟁점이 무엇인지에 관한 학문적 연구의 필요성이 제기되었다.[9] 이 점은 필자에게 대학원에 진학하여 간화선과 관련된 연구와 논문을 쓰게 하는 촉진제가 되었다.

Ⅲ. 명상의 대중화 시기

- 1990년대, 위빠사나와 간화선 논쟁

필자는 위빠사나 수행을 1980년대 초반에 수련회에서 처음 접하였고, 1991년에는 고엔카의 위빠사나 수행을 소개하는 안내서 『단지 바라보기만 하라』를 번역하여 출간하기도 하였다. 이 책을 번역하게 된 동기는 당시 송광사 수련원장이셨던 법정 스님을 모시고 수련 국장으로 송광사 수련회를 이끌던 현음 스님의 권고였다. 이 무렵에 현음 스님은 인도에서 고엔카의 10일 수련회를 다녀와서 위빠사나 명상수행을 수련에 참여한 이들에게 가르쳤다. 그러나 이런 남방 명상수행으로의 방향은 간화선 전통을 견지해 온 송광사 내부로부터 심한 반발을 가져왔다. 이런 심각한 갈등상황을 필자는 옆에서 직접 경험하고 지켜보면서 양 수행론에 대한 깊은 이해 내지는 통합에 대한 필요성을 절감했다.

이 무렵에 많은 수행자들과 일반인들은 직접 남방에 가서 수행하고 돌아왔다. 그들은 자신들이 경험한 위빠사나 명상을 대중에게 소개하였고 상당한 성과를 이루었다. 이렇게 위빠사나 수행이 점차 대중화되었고, 자연스럽게 기존 간화선 수행법에 대해서 비판하면서 갈등이 일어났다. 1990년대 위빠사나와 간화선의 논쟁은 곧 뜨거운 감자가 되었다.

위빠사나는 남방의 수행 전통이고 간화선은 북방을 대변하는 명상수행이다. 분석과 직관, 점진적 접근과 급진적 방법, 경전 중시와 경전 내려놓기 등의 차별적 시각은 상당히 유익한 논쟁을 불러오고, 이는 새로운 문화를 수용하는 중요한 통과의례와 같은 절차였다. 본질적으로 명상수행은 인간의 본성과 깨달음에 관계된 점에서 돈점 논쟁과 궤를 같이한다. 그러면서도 위빠사나와 간화선의 논쟁은 불교계의 현실적인 대응에 관한 시대적 문제의식과도 연결된 중요한 사안이었다.

1. IMF 금융위기

이 시기에 불교계의 중요한 변화는 1994년에 발생한 당시 총무원 장의 3선 저지로 촉발된 '불교개혁 사태'이다. 이로 인하여 불교계는 제도적으로 정권과의 유착에서 벗어나 개혁 바람이 불면서 새롭게 출범하는 계기를 마련하였다. 총무원장과 주요 본사 주지에 대한 선거제도의 도입은 해방 이후에 정화 운동과 함께 가장 큰 내부의 변혁이었다. 또한 효과적으로 대사회적인 책무를 다하기 위한 총무원, 포교원, 교육원 3원 체제가 출범하였다. 이는 정권유착에서 벗어나 종단이 스스로를 개혁하면서 전문적인 그룹이 새롭게 출범하는 계기를 마련한 것으로 평가된다.

이것은 1980년대 사회의 민주화에 대한 인식과 투쟁의 경험이 있던 젊은 세대들이 불교 내부로 유입되면서 불교계 내부의 권위적인 태도에 대한 개혁을 요구하는 동력으로 작용한 측면이 매우 크다. 전체적으로 볼 때 긍정적인 측면이 더 많고 제도가 개선되면서 안정적으로 대중의 의견을 모아가는 과정으로 자리를 잡아가고 있다고 평가한다. 그러나 시간이 지나면서 불교계의 선거제도는 여러 가지 부정적 문제점을 야기시켰다. 오늘날 이점은 매우 심각한 부작용을 낳고 있지만, 출가자 급감의 문제와 함께 뚜렷한 대안을 마련하지 못한 채로 그대로 흘러가는 곤란한 상황에 처해 있다.

한편 사회적으로 큰 변화는 1997년에 터진 '금융위기'이다. 자유로운 민주화와 경제적인 성취를 이루었지만, 고속 성장을 이끌었던 기업과 정치권의 유착은 IMF와 함께 중대한 기로에 섰다. 이것은 방만한 정경 유착의 현실에 대한 반성과 더불어서 기업에 대한 윤리경영, 대외적 개방에 대한 요구가 더욱 거세지게 하였다.[10] IMF는 경제적인 위기였지만 문화 전반에 대한 상당한 충격을 주었고, 사람들에게 보다 현실적이고 실용적인 노선을 선택하도록 강요하였다.

2. 위빠사나와 간화선 논쟁

현실적이고 실용주의 노선에 대한 사회적인 자극은 불교계에서는 수행의 '효과성'에 대한 논쟁으로 드러났다. 그 대표적인 것이 바로 '위빠사나와 간화선'의 논쟁이다. 남방에서 유입된 위빠사나의 세력이 점차 커지면서, 그들은 기존 수행론에 대한 비판의 수위를 높여갔다. 위빠사나는 보다 쉽고 현실적으로 더 유용하다는 논지를 내세운다. 그러면서 간화선은 어렵고 비현실적이라고 비판한다. 위빠사나는 점검이 있지만, 간화선은 점검하는 시스템이 무너졌다는 논리를 내세운다.

IMF 이후로 기업에 대한 윤리적인 문제와 더불어서 금융기관에 대한 감독을 강화하는 경향이 생겨난 것처럼, 이런 논의를 보면 수행에서도 보다 현실적으로 접근하고 수행과 계율을 점검하고, 감독하는 분위기가 형성되었다. 위빠사나는 80년대에 소개가 되었고, 1990년대에 들어오면서 강력하게 대중에게 어필되었다. 특히 필자가 느끼기에는 1997년 IMF 이후로 위빠사나는 더욱 가속화되었다. 2000년 이후에는 위빠사나와 간화선의 논쟁은 학술적 논쟁[11]뿐만 아니라, 교계 신문[12]과

『불교평론』[13] 등에서 자주 다루는 중요한 이슈가 되었다. 또한 초기불교에 근거한 위빠사나가 단지 열풍이 아닌 구체적인 공식 단체로서 법인화되고, 여기저기에서 위빠사나 선원이 개설되고, 남방의 선지식들이 초대되어서 법회를 열고 있다. 이런 현상은 이제 일상화되어 조금도 이상하지 않는 분위기가 되었다.

물론 위빠사나 유입은 역사적으로 처음 겪는 사태가 아니다. 신라 시대나 고려 시대의 교학 시스템에서 이미 잠재적으로 지관(止觀) 수행은 중요한 키워드로 무의식에 자리잡고 있었다. 그러나 남방에서 직접적으로 수입된 위빠사나는 내륙의 중국을 거쳐서 들어오는 것이 아니라, 남방 불교 전통에서 20세기에 새롭게 개발된 수행체계이다. 이것은 한문이 아니라 빠리(pāli)어에 기반한 점에서 기존의 방식과는 확연하게 문화적 차별성을 가진다. 기존의 삼국시대에 전래된 위빠사나는 한문으로 번역된 문화로서 한 번의 필터로 변경된 교학 체계적 성격이 우세하였다면, 90년대에 유행한 위빠사나는 직접적으로 경험한 수행체계라는 점에서 서로 구분된다. 이것은 해방 이후 밀려 들어온 서구문화만큼이나 문화적인 충격을 주었다.

3. 간화선 진영의 대응

간화선은 한국 전통적인 수행체계이고, 조계종의 근간을 이루는 수행덕목이다. 하지만 1970년 이후 2000년까지 30년 동안 새로운 명상 방법들이 유입되면서 스스로의 정체성을 확립하고, 대중화를 위해 노력해야 하는 절박한 시점에 놓이게 되었다. 간화선 전통을 계승한 이들에게 들이닥친 비판은 세 가지로 요약된다.

하나는 인도 전통 『베다』 문헌에 기초한 힌두교적 가르침과의 구별이다. 1987년에 지산스님에 의해서 번역 간행된 마하리시(Maharish)의 『나는 누구인가』는 본래적 자기나 참된 자기로서 '진아(眞我)'를 찾는 명상법으로, 산업사회로 급속하게 진화되는 한국 사회에 뜻밖의 관심을 불러일으켰다. 하지만 한국 전통적 대승불교의 가르침과 힌두교적 전통에서 공통적으로 '본래적 자기'나 '참된 자기'란 용어를 함께 사용하면서 혼돈을 야기시켰다. 이로 말미암아 무아와 초기불교를 강조하는 이들은 대승불교나 간화선자들의 가르침을 비불교적 요소라고 비판하곤 했다.[14] 이런 유형의 비판은 위빠사나 진영의 단골 메뉴가 되었다. 이점은 제3장에서 다시 상론할 것이다.

두 번째는 현실 속에서 간화선의 수행이 무겁고 어렵다는 일반 대중의 호소문제이다. 위빠사나는 관찰 가능한 몸과 마음의 현상을 대상으로 한다. 이들을 관찰하면 쉽게 그 변화를 감지할 수가 있고, 그것들에 어떤 실체 없음을 통찰할 수가 있다. 하지만 간화선에서 말하는 본성, 본래 면목, 성품 등은 무엇을 말하는지 '의심하라!' 하지만, 실제로 의심이 잘되지 않는다고 호소한다. 의심이 잡히지 않고, 관찰이 어렵다 보니, 답답해진다. 이런 문제에 대해서 간화선은 과거의 동어반복을 넘어서, 좀 더 친절하고 현실적인 대안을 마련해야 하는 입장이 있다.

셋째는 윤리적인 문제이다. 간화선자들은 깨달음만을 중시할 뿐, 사회적인 책임에 무관심하거나 혹은 소홀하다는 윤리적인 비판에 직면한다. 산업화가 가속화되면서, 종교의 세속화 혹은 타락은 종교계가 직면한 오랜 역사적인 문제이다. 하지만 상대적으로 검소하고 건강한 방식으로 간화선을 수행하는 사람들에게까지도 화살이 함께 돌아간 부분도 있다. 사실 이런 새로운 시대적 분위기 속에서 간화선 진영은 일방적으로 내몰렸다.

이러한 거센 비판에 직면한 간화선 수행자들은 대응을 모색하면서 내부적으로는 반성과 함께 결집하는 효과도 주었다. 이런 도전에 대한 간화선자들의 대응은 다양하게 이루어졌다. 우선 선원의 수좌들을 중심으로 '간화선의 토론회'[15]를 진행하였다. 그리고 조계종 교육원과 수좌회가 중심이 되어서 지침서 『간화선-조계종 수행의 길』(2005년)을 간행했다. 이것은 그동안의 침묵하는 관례를 깨고 대중에게 한 발짝 다가가는 의미를 가진다.

또한 현실적으로는 간화선 수행을 대표하는 전국선원 '수좌회'는 사회적인 이슈에 적극적인 대응을 목적으로 2012년에 법인화되어 공식 단체가 되었다. 이런 부분은 거시적 관점에서 볼 때 간화선의 대사회적 정체성과 함께 무소유행을 실천하는 수좌회의 복지 문제를 확립하려는 노력으로서 긍정적인 평가를 하고 싶다.

한편으로 대중적 현장에서는 간화선 수행을 보다 구체적이고 쉽게 접근하는 노력도 이루어졌다. 다양한 프로그램이 현장에서 실행되고 상당한 성과도 얻어내고 있다. 대표적으로 조계종 포교원에서 간화선 프로그램을 운영하고, 안국선원이나 정토회의 간화선과 관련된 프로그램에 많은 대중이 참여하면서 인기를 얻고 있는 점은 고무적인 일이다. 1990년대 이후로 위빠사나가 본격적으로 대중에게 확산되어 갈수록 위빠사나와 간화선의 논쟁은 필자에게 가장 자주 지속적으로 느

껴온 문화적 갈등 요소였다. 이런 분위기는 2000년에 들어서면서 비판적인 시각을 경청하는 계기를 공식적으로 마련하였는데, 특히 조계사 토론회에서 간화선에 대해 반성하는 분위기를 만들었다. 또한 조계종 승가교육진흥위원회가 2010년에도 '현대 명상문화와 한국 선의 과제'라는 주제로 역시 간화선 토론회를 개최하였다. 이 자리에서도 역시 시대변화에 맞추어서 간화선자들의 끊임없는 변화를 촉구하는 분위기가 기조를 이루었고 성공한 사례도 발표되었다.

또한 초기불교의 수행법을 중시하는 이들이 과도하게 대승불교와 간화선을 비판하는 것을 목격하게 되면서, 이는 주도권 다툼처럼 보이기도 했다. 일반사회의 명상붐에 대한 기존 불교계의 '대응'하는 방식은 명상을 적극적으로 수용하거나 아니면 명상을 비불교나 외도의 것으로 치부하려는 경향이 있었다. 어느 시대나 그렇듯이 대체로 기성세대는 명상을 애써 외면했지만 젊은 세대는 새로운 사회현상에 대해서 적극 수용하는 태도를 보여주었다.

한편 필자의 경우는 20대 때부터 오래전부터 서구에서 전래된 명상법에 대해서 익숙한 관계로 쉽게 받아들여졌다. 하지만 기존의 수행법, 간화선 자체를 포기하지는 않았고 오히려 간화선을 명상으로부터 독립시켜서 '구분'하기보다는 명상의 '일부', 한 형태로 이해했다. 이런 관점에서 필자는 우선 학적으로 간화선의 발생과 더불어서 역사적인 전통에 대한 반성적 고찰을 새롭게 시도하였다. 이를테면 하택신회의 평가문제나 공안과 화두를 구분하면서 당송 대에 성립된 과거의 공안, 선문답으로 회귀가 아니라 항상 화두는 지금 여기 현실에 기반하여 의심되고 질문되어야 한다는 점을 강조했다. 동시에 초기불교에 기반한 위빠사나를 적극적으로 수용하여 간화선의 체계로 통합하는 방식을 모색하였다. 필자는 현장에서 간화선을 지도하면서, '뜰 앞의 잣나무[庭前栢樹子]'나, '무자(無字)'와 같은 당송대의 문답[公案]보다는 오히려 심리학이나 초기불교의 경전에 기초해서 간화선을 지도하면서 보다 쉽게 대중이 수용한다는 것을 경험하였다.

이를테면『염처경(念處經)』은 몸, 느낌, 마음, 담마라는 사념처(四念處) 수행을 강조하는 위빠사나의 대표적인 소의경전인데, 이것을 기반하여 간화선의 방식을 연결하는 운영하는 방안이다. 먼저 제1단계로『염처경』의 방식으로 호흡[身]을 관찰하게 하고 여기에 익숙해지면, 제2단계로 이 호흡은 '어디서 와서 어디로 가는가?'라고 질문하는 화두를 참구한다. 느낌[受]의 경우도 불쾌한 느낌에 대한 알아차림을 제1단계로 연습을 한 다음에 제2단계로 이 느낌을 느끼는 '이놈은 무엇인가?'라는 화두를 참구하는 것은 대중에게 현실적인 감각을 제공한다. 이런 방향은 초기불교와 간화선을 반드시 대립적인 관점에서만 보지 않고 상호 보완적인 관계로 통합하는 한 방식을 보여준다는 점에서 의미가 있다고 본다.

IV. 명상붐의 토착화 시기

- 2010년대, 상담과 심리치료 활용

인터넷의 발달로 급격한 정보화 사회로의 이동과 함께 명상붐이 확산될수록 현실문제에 대한 불교계의 적극적 대응이 요구되었다. 이런 시대적 요청은 내부적으로는 전통적인 수련회가 템플스테이로 확대되고 승가교육의 개혁으로 이어졌으며, 외부적으로는 상담과 심리치료의 새로운 분야에 응용되면서 불교 명상의 사회적 역할 확대(청소년 문제, 사회복지)로 연결되었다.

1. 템플스테이와 승가교육 개혁

2000년대 이후로 불교계에서 가장 큰 성과는 템플스테이와 승가교육의 혁신이 아닌가 한다. 템플스테이는 2002년 한일월드컵을 맞이하여 외국인에게 한국의 전통문화를 알리는 문화체험 프로그램을 만들면서 시작되었다. 이후 내국인에게는 사찰문화 체험이지만, 외국에서는 성공적인 세계 5대 관광 상품으로 큰 호평이 이어졌다. 시작된 지 10년이 지나면서 200만 명이 넘는 외국인들이 참여했을 만큼 성공적으로 자리를 잡았다.[16] 처음에는 사찰의 문화체험으로 출발했지만 시간이 지나면서 그 소재가 다양해지고, 특히 '명상' 수행과 '힐링' 문화를 체험하는 중요한 소통의 공간이 되었다. 템플스테이는 불교계의 잠재적인 힘과 현실에 대한 적극적 대응의 중요성을 자각하게 했다.

승가교육의 혁신은 그 중요성이 외부에 크게 알려지지 않았지만, 내부적으로는 매우 큰 역사적인 의미를 가진다. 1987년 이후로 승가교육의 혁신은 논의가 지속되어 온 문제이다. 당시에는 기존 세대의 반대로 조선시대부터 전통적으로 계승된 과목이 그대로 유지된 채로 이름만 '강원'에서 '승가대학'으로 바뀌었다. 하지만 2010년 공청회를 시작으로 본격적인 논의에 돌입했고, 교육원을 중심으로 각 승가대학의 교육담당자들이 함께 모여서 승가교육의 핵심인 교육과정을 현대화시키고 무엇보다도 현실 속에서 대응 능력을 강화하는 쪽으로 대폭적인 개편을 단행했다.[17] 새로운 승가상을 정립하고 시대에 부응하는 유능한 승려를 양성한다는 목표에 걸맞게 그동안 강조해 온 한문 중심의 불교경전과 어록 등의 과목을 축소하고, 불교철학과 역사를 담고 외국어 학습 및 현실에서 대중교화를 위한 상담심리와 같은 과목 등을 강화한 점이 그 특징이다. 하지만 이 문제는 조선 시대에 성립되고, 오랜 세월 동안 지배해 온 가치와 교육체계였기에 많은 진통 끝에 이루어졌다. 동북아시아의 중요한 불교와 선종의 교육체계와 문화유산을 일거에 바꾸는 변화를 의미하기에 아쉬움도 있다. 이제 평가는 먼 훗날 역사의 몫으로 남겨지게 되었다.

2. 알아차림, 사띠 논쟁

사띠(sati) 논쟁은 2차에 걸쳐서 일어났다. 그동안 성장해 온 초기 불교 전공자들과 대중적인 성공에 따른 위빠사나 수행에 정체성과 관련된 문제 제기이다. 2000년에 일어난 제1차 사띠 논쟁은 수행론에 관한 것으로, 알아차림 사띠 수행은 일상의 삶에서 누구나 수행할 수 있는가, 아니면 상당한 수준의 선정의 힘에 의지해야 하는가 하는 문제가 그 중심이다. 먼저 사띠 수행이 정상적으로 이루어지기 위해서는 상당한 수준[3禪]의 선정을 갖추어야 한다는 주장이다.[18] 여기에 의하면 사띠 수행을 위해서는 상당한 수준의 선정의 힘이 필요하기에 범부의 수준에서는 온전하게 수행할 수 없다. 반면에 이런 관점을 비판하는 측에서는 사띠는 범부 일상의 삶에서도 수행할 수 있다는 입장이다. 사띠가 일정한 수준의 선정의 힘을 전제한다면, 수행을 너무나 고원한 것으로 만드는 것으로 이것은 명상은 누구나 수행할 수 있다는 보편적 가치에 반하는 주장이라는 반론이다.[19]

반면에 2차 논쟁은 2010년에 있었던 사띠의 번역과 관련된 문제지만, 실제로는 상담과 심리치료의 맥락에서 발생한, 새로운 문화의 수용과 대응에 관한 대중적 논의였다. 사띠의 번역문제에 대한 문제는 필자가 제기한 바로서, 법보신문을 통해서 많은 논쟁이 이어졌다. 주요 내용을 요약하면 필자의 '알아차림'이란 번역어는 인지적인 측면이 강조된 바이기 때문에, 사띠를 선정의 영역으로 이해하는 이들로부터 적절하지 않다는 반론이 제기되었다.

필자는 sati를 '알아차림'으로 번역하고 사마타와 위빠사나의 공통된 출발점으로 이해한다. 또한 심리치료적 관점에서 sati는 선정과 연결된 마음 자체보다는 마음 현상에 속한 개념이고, 특히 무생물과 비교할 때, '마음'이란 용어 자체가 대상을 '안다'고 하는 자각적 측면이 강한 까닭에 선정수행보다는 인지적인 측면을 강조한다. 두 번째로 필자는 '마음챙김'이나 '마음지킴'은 사띠가 그 자체로 마음 현상을 설명하는 용어인데, 원문에 없는 '마음'이란 용어를 다시 첨가하여 복합어를 만들다 보니 결과적으로 이층집을 만든다고 본다. 예를 들면 '호흡을 마음챙김 하라'는 의미가 되어서 현장에서 적용할 때 그 대상이 호흡인지, 마음인지를 헷갈리게 한다는 이유로 '알아차림'이란 용어를 제안했다.

이런 논쟁은 현학적인 논의 같지만 불교 명상이 현장에 뿌리를 내리는 과정에서 생겨나는 필연적인 과정이라고 본다. 사띠 수행은 물론 누구나 이해할 수 있고 누구나 실천할 수 있어야 하지만, 사띠 수행을 높은 수준에서 선정의 힘에 의지해야 한다는 주장은 현실 적용에 문제가 있다. 이는 대중화에 따른 명상수행의 통념화 혹은 개념화에 따른 반성적 성격이 강하다.

3. 상담과 심리치료의 활용

명상의 상담과 심리치료에서 활용은 미국에서 1990년대에 시작되고, 2000년 이후에는 국내에 유입되면서 강하게 영향을 받았다. 이 영역은 불교계보다는 상담학과 심리학계, 혹은 의학계에서 먼저 적극적으로 수용되었다. 필자는 2000년에 심리학자들과 교류하면서 불교

명상이 심리치료와 같은 현실 속에서 매우 유용한 방식으로 활용되고 있음을 알고 크게 자극을 받았다.[20] 이것은 새로운 패러다임의 전환이었다. 해방 이후 불교학은 일본의 영향 아래 문헌학적 접근이 대세를 이루었고, 이런 접근은 현실대응에 문제가 있음을 많이 지적되어 온 부분이다. 많은 이들이 인문학의 위기를 외치던 그때, 명상의 새로운 분야에의 활용은 필자에게 새로운 돌파구를 찾게 하였다. 이런 과정에서 2010년에 사띠의 번역(알아차림인가?, 마음챙김인가?) 문제로 2차 '사띠 논쟁'이 발생하였다.[21]

이 논쟁은 외형적으로는 명상의 핵심 개념인 사띠의 '의미가 무엇인가'라는 본질적인 문제와 연결된 것이지만, 그 배경에는 불교 명상이 심리치료 분야에 활용될 때, 어떻게 사용되어야 하는가 하는 문제였다. 이 논쟁은 학술적인 성격이 컸던 제1차 논쟁과는 다르게 단순하게 불교학계 내부 혹은 『염처경』체계의 문제가 아니라, 'Mindfulness'라는 용어의 사용에 대한 심리학계, 심리치료, 의학계와도 연결된 문화 전반의 걸쳐진 문제로서 다른 분야와의 소통과 그 속에서 불교계의 역할을 가늠하게 한 하나의 사례였다.

사실 sati, 사띠는 불교명상을 상징하는 대표적인 용어인데, 이것이 유럽의 게슈탈트 심리치료에서 'awareness'로, 미국 심리학(인지행동치료)에서는 'mindfulness'로 번역되었다. 물론 서구 인지행동 심리학자들이 심리치료에서 'mindfulness'란 용어를 사용할 때는 '사띠(sati)'에서 유래한 용어임을 인정하면서도 오히려 통찰명상인 '위빠사나(vipassanā)'의 의미로 더 잘 사용한다.[22]

이것은 서구 심리학, 특히 미국의 심리학계에서 인지행동주의 전통에서 명상을 수용하면서 발생하는 문제이기도 하다. 서구적 상담이나 심리치료의 전략은 고통은 제거하거나 감소시키는 통제적이고 관리적 입장을 선택한다. 이것은 인지행동치료가 대표적인 경우이다.[23]

하지만 불교적 명상의 관점에 접목되면서 고통은 제거하기보다는 수용되어야 하며, 증상은 통제보다는 존재하는 그대로 수용하고 통찰되어야 한다는[vipassanā] 전략을 선택하게 되었다.[24] 그 결과 명상과 통합한 인지행동 치료개입 프로그램(MiCBT)들이 새롭게 만들어지고 임상에서 그 효과성이 증명되고 있다. 이런 현상에 대해서 어떤 학자는 행동, 인지에 이어서 명상의 붐을 '제3의 물결'이라고 구별해서 부른다. 나아가서 필자는 1950년대 행동, 1970년대 인지, 1990년대 명상, 2010년대 이들을 유기적으로 융합하는 다문화적 '통합'으로 변천되었다고 본다. 이런 논쟁은 불교 명상의 활용에 관한 논의로서 사람들의 관심을 전통적 문헌적 관점에서 실제적이고 현실적인 유용성의 분야로 돌렸다. 또한 이것은 불교명상이 이웃 학문 영역인 심리학과 결합되면서 '명상심리치료' 혹은 '명상상담'과 같은 새로운 학문영역을 개척하는 계기를 마련하였다. 이 새로운 분야는 대학과 다양한 전문학회로 확산되고 있다.

이런 시대적 분위기에서 구체적으로 대학에서는 명상과 관련된 학과(명상상담, 명상상담심리)가 설치되고 대학원에서는 전공 분야(명상학, 명상심리)가 생겨났으며[25], 명상과 관련된 연구소나 학회(명상심리상담학회, 불교심리치료학회, 명상치유학회)가 설립되었다.[26] 특히 20여 개의 단체가 모여서 2015년에 발족되어 사단법인으로 출범한 한국명상지도자협회는 명상전문지도사 배출을 목표로 한 점에서 중요한 의미를 가진다. 명상은 단순한 대중적 명상붐이 아니라, 기존 문화와 융합되어 토착화되고, 연구되면서 후속 세대를 양성하는 전문화 과정으로 나아가고 있다.

V. 맺는말

본고는 '명상붐의 전개 과정'이란 주제에 대해서 문화적 자극과 대응이라는 관점에서 필자의 개인적인 경험에 대한 내러티브적 기술과 함께 논쟁을 중심으로 명상의 유입기(1970년대), 대중화(1990년대), 토착화(2010년대)라는 시기로 구분하여 그 역동성을 기술하였다. 명상의 '유입기'에는 인도명상, 요가명상, 초월명상의 유입을 언급했고 내부적 논쟁은 돈점 논쟁의 사회적 의미를 살펴보았다. 명상의 '대중화' 시기에는 요가와 더불어서 위빠사나의 확산을 언급했고 내부적 논쟁으로는 위빠사나와 간화선의 논쟁을 언급했다. 마지막 명상의 '토착화' 시기에는 2차에 걸친 사띠 논쟁과 함께 상담과 심리치료에의 활용과 더불어서 전문화되어 가는 과정을 기술했다.

앞으로 몇 가지의 과제를 언급함으로써 결론을 대신할까 한다. 첫째, 방법론의 문제이다. 여기서 취한 기술 방식은 개인적인 경험에 기초한 내러티브적인 방식을 취하였다. 전통적인 문헌 연구는 연구자와 연구의 대상(문헌)이 엄격하게 분리되고 객관성을 유지할 수 있다. 하지만 문화라는 사회적인 현상은 문헌이나 실험연구처럼 통제가 가능하지 않고, 그 대상을 객관적으로 기술하기가 어려운 측면이 있다. 문화 속에서 함께 숨 쉬는 연구자는 문화라는 맥락 안에 존재하기에, 양자는 서로 분리되거나 객관성을 유지할 수가 없다. 오히려 반대로 기술하려는 대상과 연구자는 서로 뒤섞여 있고, 상호작용하는 연기적 관계로 묶여 있다. 이 점은 연구 방법론으로서 앞으로 검토해 볼 가치가 있다.

둘째, 명상붐과 기존 종교와의 관계이다. 명상에 대한 대중의 열정은 시대적인 스트레스 문제와 아픔에 대한 치유적인 대안으로 나타났다. 하지만 이런 문제는 종교에 대한 효용성의 문제와 연결되어 있다. 산업화가 되면서 종교는 급격하게 세속화되었다. 하지만 이제 정보화 시대에서 전통적인 의미의 종교적 가치는 희석되고 있다. 단순한 믿음의 강조는 현대인들에게 설득력을 잃어가고 있다. 대중이 명상에 깊게 관심을 보이는 이유는 전통적인 종교가 현실문제에 직접적으로 응답하지 못한 까닭이다.

셋째, 인간의 본성, 본질, 성품의 문제이다. 사회적인 현상으로서 힐링 문화는 새로운 사조로서 중요한 흐름이지만, 힐링이 '마음산업'으로 산업화되고 값싼 기분전환의 수준으로 떨어진다면, 이것은 오래 가지 못할 거품 현상에 지나지 않을 것이다. 명상의 경우도 마찬가지이다. 명상이 현실적인 문제와 연결될 때는 전문화되어야 하고, 나아가서 본질적으로는 근본적인 본성, 깨달음과 연결되어야 생명력을 유지해갈 것이라고 본다.

*1 본 논문은 「명상붐과 불교계의 대응」이란 제목으로 『불교평론』제55집(2013년·가을호)에 게재된 바로 여기에 수정 보완하여 게재함을 밝힌다.

2 D. Jean Clandinin, F. Michael Connelly. (2007), 『내러티브 탐구: 교육에서의 질적 연구의 경험과 사례』. 소경희·강현석·조덕주 옮김, 서울: 교육과학사 D. Jean Clandinin. (2011), 『내러티브 탐구를 위한 연구방법론』. 강현석·소경희·박민정 옮김, (서울: 교육과학사).

3 Donald McCown, Diane Reibel, Marc S. Micozzi,(2010), p.47 *Teaching Mindfulness*, New York, Springer.

4 지두 크리슈나무르티(철학자, 1987), 『자기로부터의 혁명』 권동수 역, (서울: 범우사).

5 김정빈(1984), 『단(丹)』, (서울: 정신세계사).

6 구산(1980), 『석사자』, (서울: 불일출판사), 구산 스님은 서구 물질문명의 유입을 "최근 홍수처럼 밀려든 서구 사조와 풍물에 우리의 혼마저 물들어 버린 것 같지 않은가? 세계 각국의 사람들이 한국에 와서 한국문화를 배우려 할 때, 과연 우리는 현시점에서 한국 문화가 이렇다고 내놓을 것이 무엇이 있겠는가?" 반문한다.

7 성철(1981), 『禪門正路』, (서울: 장경각).

8 이 논쟁은 나중에 강건기, 김호성의 편저, (1992), 『깨달음, 돈오점수인가, 돈오돈수인가』(민족사)에 출간되었다.

9 이런 관심의 결과로서 인경, (2000), 『몽산덕이와 고려후기 간화선사상연구』(서울: 불일출판사), 인경, (2006), 『화엄교학과 간화선의 만남』(서울: 명상상담연구원), 인경, (2011), 『쟁점으로 살펴보는 간화선』(명상상담연구원) 등의 간화선과 관련된 전문 학술 서적을 출간하였다.

10 김학은(1998), 『IMF 위기의 처방과 본질』『전통과 현대』.

11 2003년에는 보조사상연구원에서 위빠사나와 간화선에 대한 학술회의를 개최하여 토론했고, 같은 해에 선우논강에서도 이 문제로 대중적인 토론을 계속해서 이어갔다.

12 「불교신문」을 통해서 2004년 3월 9일부터 4월 20일까지 7명의 학자들이 '위빠사나와 간화선은 근본적으로 다른 것인가?'라는 주제를 가지고 토론을 하였다. 일단은 전체적으로 양자의 공통적인 특성을 강조하는 방향이 주류를 이루었다. 여기서 필자는 양자의 차이점에 초점을 맞추면서 서로 다른 특징을 인정하고 그 장점을 살려 나가는 방향을 제안하였다.

13 『불교평론』에서는 2001년부터 2010년에 이르기까지 꾸준하게 위빠사나와 간화선을 비교하는 에세이를 게재하였다. 여기서는 그동안의 토론을 정리하는 반성적인 성격을 가지면서도 논의를 다양한 관점으로 확대하였다.

14 이런 부분은 일본에서 비롯된 대승불교와 그에 기반한 선사상을 비판한 영향도 있었다. 松本史朗(1989), 『緣起と空 -如來藏思想批判』(東京: 大藏出版)과 (1994), 『禪思想 の批判的研究』(東京: 大藏出版)가 여기에 해당된다.

15 2000년에 「불교신문」과 조계사가 공동으로 조계사 대웅전에서 '간화선 대토론회'를 개최하였

다. 이 자리는 간화선의 특색과 장점을 살려보려는 의도로 시작했지만, 실제 분위기는 시대적인 변화에 따른 반성과 대응에 대한 발언이 이어졌다.

16 한국불교문화사업단 (2012년 가을호), 『템플스테이』15권.

17 2010년에 공청회를 시작으로 본격적인 논의에 돌입했고, 각 승가대학의 교육담당자들이 함께 모여서 30년을 끌어온 승가 개혁이 마침내 시행되었다. 하지만 이 문제는 사실상 전통적인 교육체계인 강원교육의 확실한 폐지였기에, 많은 진통 끝에 이루어졌고, 그 정체성의 문제를 여전히 숙제로 남겼다.

18 조준호(2000), 「초기불교에 있어서 止·觀의 문제」『한국선학』창간호; 조준호 (2001), 「Vipassanā의 인식론적 근거」『보조사상』제16집.

19 임승택(2001), 「sati의 의미와 실제」『보조사상』 16 ; 임승택(2001), 「초기불교의 경전에 나타난 사마타 위빠사나」『인도철학』제11집.

20 인경스님(2012), 『명상심리치료』, (서울: 명상상담연구원).

21 제2차 사띠 논쟁은 필자가 2009년 12월 3일에 「법보신문」을 통해서 문제를 제기하면서, 2010년 2월 26일까지 관련된 9분의 교수와 논자들이 등장하여 이루어진 13번의 공박을 말한다.

22 sati라는 빠리어와 vipassanā의 의미가 서양의 심리치료 학자들은 서로 같은 의미로 사용한다. 같은 논문에서 mindfulness가 sati에서 유래되었다(p.18)고 말하면서도, 나중에는 심리치료자들은 vipassana meditation을 mindfulness meditation(p.27)으로 사용한다고 말한다. 대표적인 경우는 'Ronald D. Siegel, Christopher K. Germer, and Andrew Olendzki, Mindfulness: What is it? where did it come from?. F.Didonna.,ed, *Clinical Handbook of Mindfuless*, Springer, 2009.'이다.

23 Ciarrochi, J. V., Bailey, A, Hayes, S. C., (2008) *A CBT Practitioner's Guideto ACT : How to Bridge the Gap Between Cognitive Behavioral Therapy and Acceptance & Commitment Therapy*, Oakland, CA: New Harbinger.

24 Hayes, S. C., Follette, V. M., Linehan, M. M. (2004) *Mindfulness and Acceptance : Expanding the Cognitive - Behavioral Tradition*, New York: The Guilford Press.

25 2005년에는 서울불교대학원대학교에 명상학, 2006년 동방대학원대학교에 명상심리학 전공이 생겨나고 명상상담학과는 2009년에 동국대학교 불교대학원에 석사과정 으로, 2012년에 불교상담심리학은 중앙승가대학에서 학부과정으로 설치되었다.

26 한국명상심리상담학회(구 한국명상치료학회), 불교심리치료학회는 2007년에 창립되었고, 명상치유학회는 2009년에 창립되었다. 이들 학회는 모두 명상을 현실에 활용하는 전문가 그룹을 지향한다. 한국명상상담학회는 2004년에 개원된 명상과 상담을 통합하는데 초점을 맞춘 명상상담연구원이 모체가 되었고, 불교심리치료학회는 불교학자들과 심리학자들의 모임으로서 주로 외국 명상심리 학자들을 초청하여 대중강연을 많이 하고, 명상치유학회는 존 카밧진의 MBSR 프로그램을 중심으로 활동한다는 점에서 특색을 이룬다.

제2장

위빠사나와 간화선 비교

무엇이 불교인가?

불교란 깨달음의 종교이다.

누구든지 깨달으면 그가 바로 부처가 된다.

- 구산(九山) 선사

I. 주요 쟁점

- 위빠사나와 간화선*

위빠사나와 간화선에 대한 논쟁이나 토론은 2000년대에 들어서서 본격화되었다. 이것은 위빠사나가 1990년대에 본격적으로 국내에 소개되고 이후로 점진적으로 지속되면서 기존의 수행론인 간화선과 자주 갈등 양상을 보인 까닭이다. 2010년 이후로 현재에는 상당하게 소강 상태로 보인다. 논쟁이 완전하게 멈추었기보다는 수면 아래에 스며들었고 여전히 양자에 대한 철학적이거나 수행론 측면에서 논쟁이 일어나고 있다. 2000년대에 일상에서 가장 자주 만나는 토론주제는 간화선과 위빠사나의 관계였다. 간화선과 위빠사나의 비교에 대한 논의는 당시에 평론지[1], 일반 논문[2], 신문[3] 등에서 몇 차례에 다루어졌다. 이들의 논의는 양자의 동질성을 찾고자 하거나, 아니면 양 수행론의 차이점에 초점을 두거나, 혹은 양자를 보완적으로 설명하는 경우 등 세 가지 경향으로 정리할 수 있다.

동질성을 주장하는 이들은 간화선과 위빠사나가 동일하게 '선정'을 강조한다는 것과 '마음'을 관찰한다는 점을 거론한다. 그러나 필자는 간화선과 위빠사나의 공통점을 찾기 위해서 간화선의 참구 대상을 사념처(四念處)의 법념처(法念處)로 이해하는 방식에 대해서는 반대한다. 사념처에서 법이란 오온(五蘊), 오개(五蓋), 사성제(四聖諦)와 같은 교설들이 그 대상이다. 여기에는 불성이나 여래장과 같은 대승불교의 핵심된 내용이 없다. 간화선에서 화두란 바로 대승경전에서 자주 언급한 불성(佛性), 자성(自性)에 대한 질문을 말한다. 그래서 간화선의 이론적 기반을 법념처로 이해하는 점은 무리한 억측이다.

오히려 필자는 공통점보다는 차이점에 더 주목한다. 위빠사나와 간화선을 같은 동일한 사상적 기반에서 이해하는 방식은 간화선이나 위빠사나를 전혀 잘못 이해하는 오류를 범할 가능성이 더 높다고 본다. 오히려 간화선은 선정보다는 '깨달음'을 더 중시하고 있으며, '몸/마음'을 '관찰'하기보다는 '본성/불성'에 대한 참구를 통한 '체험'을 더 중시한다. 양자는 서로 다른 심리학적인 기반과 접근방법을 가진다.

물론 간화선과 위빠사나는 모두 불교 수행론이기에 동일한 점과 차이점이 함께 발견된다. 이들에게서 무엇이 같고 무엇이 차이가 있는지, 그 인식론과 실천론을 정밀하게 살펴보는 일은 상당히 재미있고, 남방불교와 북방불교의 수행전통의 차이점을 살펴보는 데 중요한 관점을 제공한다는 점에서 의의가 있다. 하지만 양자의 적절한 비교는 남방과 북방불교의 문화적인 배경과 함께 광범위한 영역을 포함한 관계로 적절한 접근을 어렵게 만든다. 무엇보다도 문화적인 차이나 역사적인 결과에서 오는 아주 오래된 어떤 '편견'이 가로놓여 있다. 남방불교의 입장을 강조하는 이들은 북방불교의 불성사상을 세존의 '직설'이 아니라는 주장을 하면서 부인하는가 하면, 반대로 북방 불교적 배경을 가진 이들은 남방불교를 여전히 자기중심적인 '소승'불교로 치부하는 경향이 있다.

쟁점으로 살펴보는 현대 간화선

학술회의 (ⓒ불교닷컴)
간화선과 위빠사나 논쟁. 북방 전통적 수행론인 간화선과 남방 위빠사나와의 문화적 갈등은 충격이지만 불교 수행의 이해를 깊게 하는 계기가 되었다.

물론 이런 논쟁은 부정적인 측면이 있지만, 해방 이후 급격하게 양적으로 팽창된 불교의 문화적인 관심과 더불어 불교 수행론의 올바른 정립을 위해서는 반드시 필요한 과정이라고 본다. 차이점에 대한 쟁론은 오히려 서로에게 자극을 주고 교설을 선명하게 이해하는데 도움을 줄 것이다.

쟁점(1) : 사상적 기반으로써 위빠사나와 간화선은 어떻게 다른가?
쟁점(2) : 간화선의 참구 방법은 위빠사나와 비교해서 서로 어떻게 다른가?

남북 수행론의 차이점에 대한 쟁론은 어제오늘의 문제가 아니다.

초기불교의 위빠사나 수행론은 선종을 대변하는 달마(達摩) 이전에 이미 동북아시아에 수용되었고, 그것은 기초수행으로써 북방불교의 심층에 도사린 무의식처럼 존재해 왔다. 송대 선종에서도 대혜는 오늘날 위빠사나와 같은 계열의 묵조선(默照禪)에 대해서 문제를 제기한 적이 있었다. 그것들은 바로 마음과 성품을 어떻게 이해하고 인식할 것인가 하는 심성론과 여기에 기초한 실천적인 방법을 다루는 실천론의 두 관점에서 이루어졌다.

본장에서는 묵조선과 간화선을 비교하는데 초점을 맞추기보다는, 오히려 현재 제기되고 있는 남방불교의 위빠사나와 대승불교에 기반한 간화선을 비교 검토하여 그 차이점을 드러내는데 주안점을 두고자 한다. 물론 양자의 소통을 위해서 공통점을 찾는 연구도 있다. 하지만 이런 경우에 철학적이거나 심리적인 해석의 관점에서 서로 다른 부분이 명료하게 구별되지 않고 그것이 그것이라는 애매한 논의가 되기 십상이다. 오히려 양자의 차이점을 분명하게 하는 것이 서로에게 도움을 주고, 영역에 따른 몸/마음/성품의 상호보완적인 기능을 다하지 않을까 하는 생각이 든다. 현재 진행되고 있는 수행론의 차이점을 분명하게 함으로써 서로 간의 한계와 그 실용성을 확보할 수 있다는 믿음 때문이다.[4]

그런데 먼저 정리하고 넘어갈 문제가 있다. 초기불교와 간화선의 영역에 대한 정의이다. 현재 남방에서 실천되고 있는 위빠사나 수행법은 부처님 당시의 초기불교[5]를 계승하여 발전시킨 형태이며, 또한 현재 한국에서 이루어지고 있는 간화선은 송대 당시의 간화선을 역시 계승한다고 전제한다는 점이다. 여기서는 각각의 수행 실천이론을 현실적인 측면에서 일단 그 자체로 인정하고서 출발한다. 다시 말하면 각각의 수행론의 변천을 다루는 역사적인 연구나 현재 실천되고 있는 수행현장을 조사하지는 않는다. 유용한 수행론으로 현실적 성격을 인정하고서 양자를 비교하는 철학적인 혹은 수행론적인 접근방식을 취한다.

II. 인식론의 입장

인식론의 입장이란 인식의 대상 혹은 인식의 중요한 관점을 말한다. 위빠사나는 무엇을 그 대상으로 하고, 그 과정은 무엇인지, 그리고 간화선의 대상은 무엇이며 그 철학적인 기초가 무엇인가 하는 물음이다. 이들이 서로 다른 내용이라면 구체적으로 어떻게 다른지를 살펴본다.

여기서는 위빠사나에서 관찰하는 대상이 무엇이고, 어떻게 그것을 관찰하는지를 다룬다. 다음으로는 간화선의 참구의 대상이 무엇이고 어떻게 참구하는지 관한 간화선의 입장을 다룬다. 이점은 위빠사나와 간화선의 수행방식의 차이점이 바로 심리학적인 기초로써 대상과 대상에 대한 접근방식에서 비롯된 것임을 밝혀줄 것이다.

1. 위빠사나의 인식론

먼저 Vipassanā란 용어는 '분리(off)', 혹은 '떠남(away)'을 의미하는 접두어 'vi'와 '보다(to see)' 혹은 '인식하다(to recognize)'를 의미하는 'passati'가 결합된 낱말이다.[6] 여기에 준거하여 보면 Vipassanā는 '일정한 거리를 두고서 본다'는 의미가 된다. 이때 거리를 두고 떨어져서 본다고 할 때, 그 대상은 바로 네 가지 신수심법(身受心法)이다. 이들을 총칭해서 말하면 교설로서 법(法, dhamma)이다. 초기불교에서 법은 붓다의 가르침, 윤리적인 원칙, 혹은 세계의 존재를 의미하지만, 좁은 의미로는 인식의 대상으로서 심리적인 현상을 가리킨다. 곧 십이처(十二處)에서 바로 마음[意]의 대상으로서 법(法)을 말한다. 그러나 위빠사나가 『염처경(念處經)』을 중심으로 실천 수행하기에 여기서는 교설로서 그 대상인 '몸, 느낌, 마음, 법' 전체를 포괄하는 의미로 사용한다.

우리는 자신의 내적인 심리현상에 대해서 인식 자체가 어떤 가치나 편견에 물들어져 있는 관계로 그것을 존재하는 그대로 보지를 못하는 경향이 있다. 그렇기 때문에 심리적인 현상에 일정한 거리를 두는 위빠사나 명상수행이 절실하게 요청된다. 집착된 '동일시(identification)'로부터 벗어나서 심리적 현상을 거리를 두고서 관찰한다는 것의 가치는 심리치료적인 의미를 함축한다. 심리적 집착에 대한 '거리두기'는 연습을 통해서 개발이 가능하기 때문이다. 일단 우울이나 불안과 같은 심리현상을 일정한 거리를 두고서 객관적으로 '존재하는 그대로(yathābhūtaṃ)' 바라봄이 가능하다면, 그 만큼 건강을 회복한 것으로 판단할 수가 있다.

위빠사나의 성격

　여기서 말하는 바라봄의 대상이 되는 사물이란 바로 인식의 대상이 되는 심리적인 상태로서 몸/마음 현상, 곧 법을 의미한다. 이것은 몸과 마음이란 인식의 한계를 벗어난 본질, 실체, 근본을 전제하지 않는다. 오히려 초기불교에서 법이란 용어를 사용하는 것은 현상의 배후에 변하지 않는 형이상학적인 개념으로서 절대자나 자아의 개념을 배제하기 위함이다. 법이란 단순하게 오직 현상'만[唯法]'을 의미하며, 그 현상을 가능하게 하는 어떠한 기체(基體)도 전제하지 않는 것을 특징으로 한다. 그만큼 초기불교에서 사용된 현상(法)에 대한 분석과 해석은, 변하지 않는 자아(Ātman)의 존재를 주장하는 인도의 전통 철학적 입장을 비판하고 제시하는 대안적인 의미가 강하다. 일단 이렇게 Vipassanā의 의미를 '그대로 거리를 두고 현상으로서 법을 본다.'고 정의할 때 그것은 다음과 같은 세 가지 입장을 내포한다.

　첫째는 철학적 관점으로 Vipassanā는 철학에서 자주 거론되는 현상과 본질이란 이원론적인 관점을 염두에 둔 것이 결코 아니라는 점이다. 현상을 본다고 하는 것은 아주 단순하고 소박하게 현상을 지향한다는 의미에서 현상학적 관점을 견지한다. 여기서 현상이란 소박한 의미로서 단순하게 마음/의식의 대상을 의미한다.

　그렇기 때문에 현상의 배후에 존재하는 어떤 실체를 전제하지 않고, 또한 플라톤의 동굴의 비유에서 보듯이 이데아(Idea)와 상반되는 그림자가 아니며, 훗설(Husserl)의 현상학에서 말하는 본질 혹은 보편성으로서의 현상을 의미하는 것도 아니다.

　이 현상은 감각기관과 의식에 의해서 포착되고, 지향된 개별자이다. 무상한 현상의 배후에 어떤 실체가 있다고 전제한 관찰은 오히려 있는 그대로 사물을 보는 것이 아니라는 입장이다. '볼 때는 다만 보기만 하고 들을 땐 다만 듣기만 할 뿐이지', 그곳에 보는 '자(者)'로서 관찰자가 따로 없다. 현상의 건너편에 어떤 배후의 자아나 초월적인 실체를 가정하지 않는다. 다시 말하면 이것은 현상 자체만을 '있는 그대로 바라봄'으로써, 오히려 자아나 형이상학적인 실체에 대한 집착에서 벗어난다는 사실을 제시한 것이다. 이런 실천적인 입장은 나중에 『청정도론』에서 '행위(kiriyā)는 존재하나 행위 하는 자(kāraka)는 없다.'[7]는 언구로 정형화되었다.

둘째는 심리학적인 관점으로 곧 Vipassanā는 동일시(identification)로부터의 초월을 의미한다는 것이다. 우리는 감정, 생각과 같은 마음 현상[五蘊]을 '나' 혹은 '나의 것'으로 동일시하는 경향이 있다.[8] 가장 먼저 일차적으로 거울을 보면서 자기의 몸을 곧 그대로 자기라고 동일시하고, 어떤 느낌, 감정, 생각 혹은 충동이 일어나면 그것을 '나' 혹은 '나의 것'이라고 집착한다. 이런 소유행위는 현상으로부터 거리를 두고 떨어져서 보는 것이 결코 아니다. 오히려 이런 종류의 동일시[我]와 소유행위[我所]는 집착으로서 물들어진 심리적인 상태, 곧 고통[苦]이다.

위빠사나는 내적인 현상에 대해서 '멀리 떠남(away)' 혹은 '거리를 둔다(off)'는 사실로서 집착으로부터의 탈(脫)동일시(disidentification)[9]를 의미한다. 이것은 명상체험의 효과이고, 자아를 벗어나는 무아의 체험으로서 자아초월(transpersonal)[10]의 경험이라고 할 수가 있다. 무아는 일종의 고정되고 독립적인 자아의 개념이 존재하지 않음을 말하고 있기에, 무아의 체험은 동일시된 자아를 초월한 영적 체험으로 이해할 수가

쟁점으로 살펴보는 현대 간화선

있다.

셋째는 사회적인 관점으로, Vipassanā는 사회적 신분의 차별이나 문화적인 이질성에서 평등과 동일성을 의미한다. 객관적으로 현상을 바라보는 태도란 결국은 문화적인 이질성을 그대로 수용하여 하나의 평등성을 확보한다는 의미이다. 존재 그대로를 수용하고 허용하는 일은 보수적인 기득권을 옹호하는 일은 결코 아니다. 그가 어떤 종성(種姓)으로 태어났던지 간에 사회적인 신분이나 편견을 벗고서 사물 그 자체로서 객관성을 확보하자는 것이 붓다의 취지이다.

고대 인도 사회의 종성의 문제는 오늘날 인종차별과 같은 종류로서 붓다 시대에 매우 심각한 사회적인 이슈였다. 전통적인 사종성(四種姓)이나 카스트의 문제는 바로 출신 종족과 불평등의 근원적 뿌리이다. 당시 사회적인 편견과 차별의 인습에 대한 극복은 새로운 신흥종교로서 불교의 당면과제였다. 이 문제는 명상수행의 문제이기도 하지만, 동시에 사회적인 자아의 문제를 설정하는 일이기도 했다. 붓다는 다음과 같이 말한다.

> 사람들은 어리석어 스스로를 알지 못하니 마치 금수와도 같다. 스스로 바라문이 종성 가운데 제일이고, 현세나 미래에 청정하다고 자칭(自稱)하는 것은 허구이고 가짜이다. 오늘 나의 위 없는 바른 도에는 이런 종성이 없다. 다른 사람은 악하고 하류라는 오만하고 어리석은 마음을 내지만, 나의 법에서는 그렇지가 않다.[11]

이것은 붓다가 당시의 인종차별에서 어떻게 평등을 주장하는지 보여주는 매우 절박하고 통렬한 설법이다. 인종차별이란 허구이고 가짜이며, '진리[法] 앞에서 만민은 평등하다'고 말한다. 이것은 사회를 혁신시키는 출발점이 된다.

이상으로 초기불교에서 말하는 무아개념과 함께 위빠사나가 함축하는 바를 철학적, 심리적, 사회적인 관점에서 살펴보았다. 이런 세 관점은 명상수행을 통해서 정화되고 실천해야 할 세 측면임을 의미한다. 그렇다면 결국 마음, 혹은 견해의 정화란 무아에 대한 통찰과 다름 아니다. 이런 점에서 위빠사나는 다만 현상만이 존재할 뿐, 그곳엔 자아가 존재하지 않음을 관찰하고 통찰하는 통로라는 의미를 갖는다. 사회적으로 보면 이것이 공정이고 평등한 사회에로 나아가는 길이다.

위빠사나 수행

그렇다면 구체적으로 위빠사나는 어떻게 실천되는가? 이점은 『염처경(念處經)』에서 다음과 같이 잘 표현하고 있다.

> 비구여, 비구는 아란냐로 가고 또는 나무 아래로 가고 또는 텅 빈 장소에 가서 가부좌를 틀고, 몸을 똑바로 세워 앉아서 면전(parimukham)에 알아차림(念)을 확립한다. 그는 주의를 집중하여 숨을 마시고, 주의를 집중하여 숨을 내신다. 길게 숨을 마실 때는 길게 마신다고 분명하게 알고(知), 길게 숨을 내실 때는 길게 내신다고 분명하게 안다.[12]

여기에 의하면 위빠사나는 가부좌를 틀고 몸을 똑바로 세우고 앉아서 먼저 면전(parimukhaṃ)에 알아차림(念, sati)을 확립하고, 그런 다음에 분명한 앎[知]을 이룬다. 여기서 분명하게 호흡은 인식의 대상이고, 알아차림(sati)과 분명한 앎(saṃpajāna)은 호흡에 지향된 관찰의 기술적 용어이다. 하지만 이곳에서 호흡과 그곳에서 확립된 알아차림을 제외한, 어떤 관찰하는 '자[者]'로서 다른 존재도 발견되지 않는다. 다시 말하면 이곳은 사회적인 차별이나, 형이상학적인 전제나 심리적인 동일시로서의 자아가 끊어진 자리, 무아(無我)인 것이다.

그런데 여기에서 Vipassanā의 의미를 '현상을 본다'고 할 때, 중요한 점은 대상으로서의 현상[法]을 개념화하는 작업이 아니라는 점이다. 예를 들면 알아차림의 호흡명상[ānāpānasati]에서 호흡[āna, apāna]이 중요한 것이 아니고 바로 '알아차림', sati[念]가 중요하다. 대상이 되는 호흡의 상태를 탐색하는 것이 아니다. 호흡상태, 그것은 인연을 따라서 거칠 수도 있고 빠를 수도 있다. 세계는 그렇게 거기에 놓여 있을 수 있지만, 여기서 중요한 포인트는 그것을 바라보는 방식으로서 '집중된 알아차림[sati]'이 핵심된 관건이다.

저기에 존재한다고 여겨지는 사물보다는 그 사물을 '보는' 행위 자체가 중요한 관점이다. 물론 호흡(呼吸)이나, 신(身), 수(受), 심(心), 법(法)에 관한 대상의 패턴을 상세하게 관찰하는 것은 중요하다. 그러나 그보다 더 중요한 것은 그것을 바라보는 관점, 양식, 태도이다. Vipassanā는 일상에서 말하는 대상을 인식하여 '선택'과 '버림'의 연속적 과정이 아니라는 말이다. 마찬가지로 위빠사나는 대상에 대한 '해석'도 아니다. 그것은 먼저 바라봄 그 자체가, 어떤 견해에도 물들지 않고 순박하게 정화되어야 한다는 점이다. 세계 혹은 현상이란 결국은 자아의 구성,

sati(mindfulness)

sati, 念을 어떻게 번역하는가에 대한 논의가 있다. 필자는 마음챙김을 오역이라고 말한다. 그 이유는 ānāpānasati는 호흡을 sati한다는 의미인데, sati를 마음챙김으로 번역하면 '호흡을 마음챙김하라'가 된다. 그러면 그 수행의 대상이 호흡인지 마음인지를 헷갈리게 한다.

이것은 sati가 복합어가 아닌데 원어에 없는 '마음'이란 낱말을 첨가하여, 복합어로 번역하면서 생겨난 문제이다. 다음으로 '챙긴다'는 용어가 불교의 기본 입장에 적절하지 못하다는 표현이다. 호흡과 마음은 끊임없이 변하고, 무형의 자산인 까닭에 그것을 챙겨서 가져 지닐 수가 없다. 단지 알아차림하고 공(空)이라고 통찰하면 된다. 마지막으로 마음챙김은 불교명상의 본질을 왜곡시킨다. 명상이 무엇인가를 가져지닌다는 암시를 준다. 명상은 소유를 내려놓는 것이 아닌가?

알아차림은 알다와 정신을 차리다는 용어의 합성어이다. 대상을 인식하여 정신이 깨어남을 말한다. 이점에서 인지적 관점이 강조된 '알아차림'이 더 적절하다고 본다. 물론 빠리어 sati도 그렇지만 영어의 Mindfulness에서 mind의 경우도 대상에 대한 인식하여 알다는 마음현상[心所法]으로서 인지적 측면을 함축한다. 이점은 mind가 없는 나무나 돌맹이와 비교하여 보면 그 차이점을 금방 알 수가 있다.

이런 경우에 sampajāna(saṃ+pajāna)와 혼란을 일으킨다는 의견이 있다. 사띠와 삼빠쟈나는 동일한 지혜의 개발과 관련된 영역으로서 겹치는데, 사띠는 '알아차림'으로 삼빠쟈나는 '분명한 앎'으로 번역한다. saṃ은 '나중', '함께' 라는 의미의 접두어이고, pajāna는 지혜의 paññā와 어원이 동일하다. 양자의 차이점은 사띠가 개별대상의 순간순간에 대한 직관이라면, 삼빠쟈나는 대상에 대한 전후의 과정에 대한 인식에서 오는 제행무상(형성된 모든 것들은 항상됨이 없이 변화한다)처럼 전체적인 혹은 언어적이고 보편적인 특성을 그 대상으로 한다.

이들은 서로 연결되어 있다. 일차적으로 개별적인 자각의 알아차림이 반복됨으로써, 이후에 이차적으로 대상의 전체적인 특성을 파악하게 된다. 사띠는 필연적으로 삼빠쟈나에 연결되고, 삼빠쟈나는 다시 사띠의 힘을 가속화시킨다. 그럼으로써 궁극적으로는 무상, 고, 무아에 대한 통찰로서 지혜, 빤야(paññā)에로 이끈다. 알아차림/사띠는 동물에게서도 찾아볼 수 있지만, 분명한 앎/삼빠쟈나는 아는 것을 아는 이차적 방식으로 오직 인간에게서 발견되는 특징이다. 이점을 혼동하면 안된다.

쟁점으로 살펴보는 현대 간화선

투사에 다름 아니기 때문이다. 그래서 세계에 대한 해석이 중요한 과제가 아니라, 언제나 세계를 존재하는 그대로 바라보는 것이 핵심이다.

위빠사나와 관련된 과제

위빠사나 수행과 관련된 몇 가지 과제가 있다. 첫째는 철학적으로 '과연 내외적 대상의 '실재'를 전제하지 않고서도, 바라보는 행위는 성립될 수 있을까?' 하는 점이다. 대상의 '존재'를 인정하기에 '바라봄'도 존재하는 것이 아닌가 하는 점이다. 『염처경』에서 보이는 인식론의 입장을 볼 때, 초기불교는 분명하게 알아서 (정신이) 깨어나는 알아차림 (sati)의 대상으로서 신/수/심/법, 그 현상 자체가 존재한다는 실재론적 입장[法有]이 있음을 결코 부인할 수는 없다.

뿐만 아니라, 이런 실재론적인 입장은 현대 남방 상좌부 수행전통에 의해서 충실하게 계승 발전되어오고 있다는 것이다. 이를테면 신체의 움직임을 중시하는 마하시 수행체계[13]나 신체에서 발생하는 느낌을 보다 중요한 관찰대상으로 간주하는 고엔카 수행체계[14]에서도 『염처경』을 근거하여 대상에 대한 집중된 알아차림을 강조한 점에서도 이점을 잘 반영하고 있다고 본다.

둘째의 쟁점사항은 심리학적인 측면으로서 심리적인 현상을 존재하는 그대로 거리를 두고 관찰함에 있어서 어느 정도 가능할까의 문제이다. 대상을 존재하는 그대로 관찰하기 위해서는 관찰자가 먼저 마음이 정화되어야 하는 것을 말한다. 이점은 논리적으로 보면 의식과 마음의 정화가 없으면 존재를 그 자체로 순수하게 관찰할 수가 없다는 의미가 된다. 극단적으로 말하면, 마음의 정화와 선정이 전제되지 않고서는 위빠사나를 실행할 수 없다는 의미이다.

선정은 대상을 관찰하는 위빠사나에서 필연적 전제이다. 다만 문제는 이 선정의 수준을 어느 정도까지 요청하는가는 쟁점사항이다. 여기서는 세 가지의 견해가 있을 수가 있다. 첫 번째 마음이 산란한 욕계에서도 위빠사나는 가능한가? 혹은 두 번째 오직 초선에서만 가능한가? 아니면 오직 세 번째 제3선 이후에서만 가능한가?

전통적인 남방불교는 먼저 고요함의 '선정'이 바탕이 되어야 비로소 '위빠사나'가 가능하다고 말한다. 그러나 세속의 욕계에서 선정을 경험할 수 없다면 사실상 위빠사나는 매우 곤란한 위기를 맞이할 수 있다. 왜냐하면 세속적 소유에 물들면 존재하는 그대로 순수한 관찰이 충분하지 못하기에 결국 어느 누구도 위빠사나 수행을 시작할 수 없다는 난점에 빠지기 때문이다.

그래서 필자는 위빠사나 수행은 누구든지 세속적인 관점에서도 가능하고, 또한 그래야 한다고 본다. 그렇지 못하면 위빠사나 수행은 소멸될 것이다. 필자는 위빠사나 수행의 진척은 각자 다를 수가 있지만, 그 시작은 언제나 가능하다고 본다. 그래야 위빠사나의 현실적 유용성이 확보된다. 물론 남방불교의 입장에서는 찬성하지 않겠지만 욕계의 중생도 깨닫는 불성의 힘을 가진다고 인정한다. 이점은 결코 무시될 수 없는 관점이다. 물론 마음이 고요하지 않으면 대상을 존재하는 그대로 관찰하기가 결코 쉽지 않다. 다시 말하면 깊은 불안과 우울에 사로잡혀 있는 사람은 자신을 객관적으로 바라볼 수가 없다. 때문에 사마타의 선정수행이 요청된다.

그런데 과연 더 많이 소유해야만 생존하는 일상에서 선정수행은 얼마큼 가능하고, 선정수행만으로 스트레스와 같은 현대의 심리적인 문제를 극복할 수 있을까? 필자는 선정만으로도 외적인 사물을 관찰하여 통찰하는 일은 어느 정도 용이하지만, 내적인 자기 문제를 존재하는 그대로 관찰하는 일은 결코 쉽지가 않다고 본다. 대체로 심리치료의 임상적인 상황에서 억압하거나 아니면 회피하거나 합리화시키는 또 다른 심리적인 장애, 방어기제를 만나게 된다는 것도 사실이다. 그렇기 때문에 현대적 의미에서 위빠사나 수행자는 심리적인 장애에 대한 충분한 이해가 요청된다.

셋째는 경제적 기반과 연결된 사회적인 요인으로서 남방의 문화적인 전통에 대한 언급이다. 위빠사나 수행이 대중의 절대적인 지지를 받고 남방 전통수행은 성행하고 있다. 위빠사나 수행도량에서 일종식(一種食)과 탁발문화는 그 대표적인 사례이다. 오늘날 종교도 경쟁이다는 말처럼 다종교 현상의 한국에서, 일종식과 탁발문화는 소멸된지 참 오래다. 한국에서 과연 남방의 위빠사나 수행문화는 지리적 역사적 한계를 얼마큼 극복할 수 있을까 하는 점이다. 역사가 보여준 바처럼 한국에 들어온 위빠사나는 남방의 방식과 다르게 이미 한국화되고 있다.

2. 간화선(看話禪)의 심성론
- 초기불교의 입장과 비교하면서

당신은 누구인가? 매일 좋다 하기도 하고 싫다 하기도 하는, '이것'을 뭐라고 할까? 이런 질문은 청소년기 이후로 죽음을 앞둔 그때까지 계속하여 순간순간 묻게 될 질문이다. 오직 인간만이 스스로가 무엇인지를 질문한다. 이런 자기 정체성의 질문으로 잠 못 이룬 밤을 보낸 적이 있는 사람이라면 또한 그는 간화선 수행자이다. 물론 이런 질문 앞에서 우리는 '무아'라고, 혹은 그것은 '영혼'이라고, 혹은 그것은 '참나'라고, 혹은 '부처'라고 대답할 수 있다.

이것들은 허공을 뿌리 없이 떠도는 귀신처럼, 모두 관념이고 개념들이다. 그렇긴 하지만 그렇게 대답하고, 말하는 '이놈'은 분명하게 존재하고, 뿌리가 있다. 이게 무엇인가? 기존의 지식으로 대답하지 말고, 깊게 내면으로 들어가서 질문하여 보자. 가슴으로 질문하면서 경험하여 보자. 간화선은 돌아가는 길이 아니라 직접적으로 '체험'하는 것을 중요시한다. 자꾸 개념과 관념의 늪으로 빠져나가는 고놈을 놓치지 말고, 그 갈비뼈를 틀어잡고 '이게 뭔가?' 질문을 해 보라. 그러면 너의 성품을 '보게' 될 것이다[見性]. 이게 간화선이다.

남방불교와 비교하여, 간화선으로 대변되는 동북아시아 대승불교 전통의 특징을 한마디로 요약하면, 그것은 바로 '견성성불(見性成佛)'이다. 이것은 바로 여래장(如來藏) 혹은 불성(佛性)에 기초하여 성립된 사상이다. 직역하면 '성품을 보면 곧 그대로 부처를 이룬다'는 의미로, 여기서 일차적으로 중요한 관점은 성품을 보는 일이다. 외형적으로는 존재를 자세하게 '그대로 본다'는 점에서는 Vipassanā가 지닌 의미와 비교하여 크게 다르지 않다. 외형적으로 동사는 비슷하고 그 목적어가 다르다. 다만 그 보는 대상이 '현상(法)'인가, 아니면 '성품(性)'인가 하는 점이 차이점이다. 이것은 위빠사나와 간화선을 판가름하는 중요한 기준점이 된다.

쟁점으로 살펴보는 현대 간화선

현상[法]과 성품[性], 양자를 필자는 전혀 다른 내용이라고 본다. 그래서 간화선을 사념처의 법념처에 편입하여 이해하는 방식에 찬성하지 않는다. 양자는 모두 무아(無我)론에 기초한 점에서 서로 다름이 없다. 그러나 내용에서는 초기불교가 현상으로서 대상의 존재를 인정하는 '인무아(人無我)'의 관점에 놓여 있다면, 상대적으로 대승불교는 현상 자체마저 부정하는 '법무아(法無我)'의 입장에 서 있다는 점에서 차이점을 보여준다.

법무아의 전통

나가르주나[龍樹]의 중관학파 이후로 불교의 무아설을 인무아(人無我)와 법무아(法無我)로 구별한다. 이것은 대승불교와 초기불교를 포함한 아비달마 불교의 입장을 구별하는 기준점이 된다. 자아의 존재를 부정하면서 법의 존재[法有]를 강조하는 입장이 인무아라고 한다면, 자아의 존재뿐만 아니라 나아가서 현상으로서의 법 자체마저도 부정하는 [法空] 경우를 법무아라고 한다. 이를테면 남방불교의 소의경전인 『염처경』의 법념처에서 인정하는 고집멸도(苦集滅道) 교설에 대해서, 대승불교의 『반야심경(般若心經)』에서 '無'고집멸도(無苦集滅道)라고 하면서 부정함과 같다. 이들 사이의 차이점은 서로 동일하다고 결코 말할 수 없다.

앞에서 살펴본 바처럼, 『청정도론』의 '행위(kiriyā)는 존재하나 행위하는 자(kāraka)는 없다.'는 것은 인무아(人無我, 人空) 사상이다. 대상을 관찰하는 관찰자로서, '행위자'가 있다는 인도전통 아트만 철학을 부정한 언구이다. 이것은 초기불교와 아비담마 시대에 확립되었다. 반면에 행위자(kāraka)뿐만 아니라 '행위(kiriyā)' 자체까지도 부정하는 것이 법무아(法無我, 法空)이다. 행위자 뿐만 아니라 행위의 부정은 '오고 감이 없고[不來不去]', '생기고 소멸함이 없다[不生不滅]'고 하는 언구로 표현된다. 이렇게 일체의 행위가 모두 '공(空)'하다는 주장은 중관론(中觀論)의 대승불교에서 확립되었다.

그 사상적 맥락을 살펴보자. 초기불교는 불변의 자아로서 Ātman을 인정하는 인도 전통철학의 주장을 의식하면서, 그런 자아가 존재한다는 근거를 논파하고 타파하는 방식으로, 십이처(十二處), 십팔계(十八界), 오온(五蘊)의 교설을 고안했다. 위빠사나를 통해서 객관적으로 관찰을 해 볼 때, 대상을 인식하는 주객으로서 십이처(十二處)라는 인식 장소에도 자아가 없으며, 대상을 포착하는 십팔계(十八界)라는 의식 내부에서도 자아를 발견할 수 없으며, 인간을 구성하는 몸과 감정, 생각, 갈망 그리고 의식 등의 행위[五蘊]에서도 역시 자아를 발견할 수 없다. 그래서 위빠사나는 이것들에 대한 지속적이고 반복적인 관찰을 강조한다.

그렇기 때문에 위빠사나의 성립근거는 눈/색깔, 귀/소리 등의 십이처(十二處)와 의식이 개입되는 십팔계(十八界), 그리고 자아를 구성하는 오온(五蘊)의 존재이다(이하 '蘊處界'로 약칭함). 초기불교는 이들 온처계(蘊處界) 자체를 결코 부인하지 않는다. 명상하면서 이들을 객관적으로 면밀하게 관찰하라고 말한다. 그러면 온처계 그곳에는 아트만이 별도로 '존재하지 않지 않느냐?' 반문한다.

반면에 대승불교의 『반야심경』에서는 관찰자뿐만 아니라 '눈/색깔이 없으며, 귀/소리가 없다[無眼耳鼻舌身意 無色聲香味觸法]'고 설한다.

쟁점으로 살펴보는 현대 간화선

여기서는 관찰하는 대상[境]과 관찰자[我] 뿐만 아니라, 관찰하는 수단 [根]까지 모두 부정한다. 『반야심경』은 초기불교에서 인정하는 관찰의 대상과 인식의 근거로서 주객의 십이처(十二處)와 함께 온처계를 몽땅 부정한다. 그런데 이것은 일상의 상식을 무너뜨린다. 분명하게 눈이 있는데, 눈이 있기에 대상을 바라보는데, 매일매일 눈과 귀의 작용을 경험하는데, 어찌하여 경전에서는 '없다'는 것인가? 당혹스럽다. 앞이 갑자기 깜깜해진다. 이건 뭔가? 질문할 수밖에 없다.

여기에 좋은 사례가 있다. 조동종을 세운 동산양개(洞山良介, 807-869)의 어린 시절 이야기이다. 어린 동산은 어느 날 스승에게서 『반야심경』을 배웠다. 그러다가 '눈과 색깔이 없으며, 귀와 소리가 없다.'는 곳에 이르러, 동산은 두 손으로 얼굴을 만지면서 물었다. "분명하게 이렇게 눈도 있고, 코도 있는데, 어찌하여 경전에는 눈도 없고 코도 없고 귀도 없다고 합니까?" 이 놀라운 질문에 스승은 대답을 하지 못했다.

분명하게 우리는 눈이 있기에 세상을 본다. 귀가 있기에 주변의 소리를 듣는다. 그런데 어찌하여 경전에는 눈도 없고 귀도 없다고 하는가? 질문하지 않을 수가 없다. 이게 간화선이다. 스스로 질문하여 참구하면서 앞으로 나아간다. 그러다가 앞뒤가 꽉 막힌다. 앞으로도 뒤로도 갈 수 없는 막다른 골목에 이른다. 이때가 귀중한 시점이다. "어찌하여 눈도, 귀도 없다는 말인가?" 삶의 결정적 질문인 화두(話頭)는 일상의 습관화된 실존의 고정된 관념을 뒤흔들어놓는다. 이것 때문에 혹 사람들은 간화선이 어렵다고 말한다. 물론 답답하고 깜깜하게 느낄 수 있다. 왜냐하면 습관화되지 않은 처음의 날것인 까닭이다. 간화선은 오히려 익숙하고 편안해진 관념과 사고방식을 일거에 무너뜨리기 때문이다.

그러나 초기불교에서는 인식의 주관[六根]과 대상[六境]의 존재[十二處]를 그 자체로 주어진 인식의 질료/소재로서 인정하고, 그것의 존재 방식을 의심하지 않는다. 오히려 적극적으로 '일체[一切]란 바로 십이처(十二處)이다.'[15]고 하면서 여기에 상응하는 알아차림[sati]을 통해서, 무아를 드러내는 위빠사나의 수행방식을 권장한다. 현실의 대상과 현상을 존재하는 그대로 바라봄(Vipassanā)으로서, 그것을 '주어진' 구성요소[法]로서 인정하고 수행의 여정을 출발한다.

이런 점에서 위빠사나는 쉽다. 아니 쉽기보다는 간화선에 비하면 좀 더 편안하다. 근본적으로 위빠사나와 간화선은 그 토대가 서로 다르다. '인무아(人無我)'에 근거를 둔 위빠사나는 오랜 세월 동안 관습적으로 만들어온, 세상과 자아를 '심리적 요인들[蘊], 인식의 주객[處], 의식의 형성[界]'과 같은 구성요소[蘊處界]로 분석하고 해체함으로써, 세계와 자아에 대한 고질적인 집착에서 벗어나게 한다. 이게 위빠사나 명상 수행 전략이다.

그러나 '법무아(法無我)'에 사상적 기반을 둔 간화선은 관점이 전혀 다르다. 초기불교에서 자아와 세계를 해체시키는 도구/방법으로 사용했던, 그 인식의 '토대'인 온처계(蘊處界)마저도 송두리째 부정한다. 그러면서 온처계를 중심으로 한 법체계를 완성한 아비달마의 법(法)/교설 중심의 불교를 비판적 시각으로 바라본다. 대승불교, 특히 『반야심경』의 중관 사상은 관습적으로 인정해온 그런 온처계의 존재[法有]를 비판하고 더욱 강력한 해체작업을 시행한다. 바로 이것이 법공(法空)이고, 법무아(法無我)이다.

명상수행의 3단계

　　인무아와 법무아를 구분했는데 구체적인 사례를 들어보자. 이를테면 '나는 꽃을 본다'고 할 때, 이 문장은 주어/목적어/동사로 구성된다. 주어인 '나'는 인식하는 주관적 요소로서 '의식[識]'이다. 목적어인 '꽃'은 의식이 지향된 '대상[境]'이고, '본다'는 동사는 대상을 지각하는 감각[根]이다.

　　이렇게 문장을 각각 구성요소로 분석하고 나면, 반드시 '나'란 용어를 사용하지 않아도 된다. 주어로서 '나'는 구성요소가 아니라 '의식'의 흐름으로 환원된다. 그곳엔 '의식'이 존재하지, 그곳에 '나'란 없다. 나는 세계를 구성하는 필수적 요소가 아니다. 다시 말하면 그곳엔 형이상학적인 '나'라는 외계의 실체로서 '아트만'은 발견되지 않기에 존재하지 않는다. 이것이 아트만/나가 존재하지 않는다는 '인무아(人無我)'이다.

　　그렇기에 이 문장을 다시 쓰게 되면, '나는 꽃을 본다.'는 문장은 '여기에 다만 꽃이 있다'가 된다. 여기서 '나'란 사회적인 소통을 위한 첨가물에 불과하다. 철학적인 '나'란 개념을 해체한 후 남겨진 인식의 구성체계는 의식[識]/대상[境]/감각[根], 세 가지이다. 이것으로 충분하다. 반드시 '나'란 주어를 사용하지 않아도 된다.

　　그런데 친구가 와서 "너, 지금 뭐하니?" 질문을 받으면 그때 "응, 나! 꽃을 보고 있어!" 대답한다. 이처럼 특정한 사회적인 '관계' 속에서 '나'는 출현한다. 혼자 앉아 명상할 때 '나'란 용어를 사용하지 않아도 된다. 여기서 '나'란 사회적인 관계를 표시하는 관습적인 기호/주민등록번호이다. 결코 '아트만' 같은 형이상학적인 실체가 아니라는 말이다.

만약에 주민번호가 없다면, 어떤 일이 일어나는가? 그는 아무 것도 소유할 수 없고, 사실상 사회적으로 존재하는 사람이 아니다. 번호는 움직이는 상표이다. 백화점에 가면 모든 상품에는 번호표가 있고 가격이 정해져 있다. 마찬가지로 인간도 주민 번호표로 거대 조직에 의해서 관리되고 보호를 받는다. 슬프지만 '나'란 번호표이고 기호일 뿐이다. 그래서 우리는 스스로 만든 문명 앞에서 소외된다.

　　기호는 생명이 아니고 관념이고 개념일 뿐이다. 우리 인간은 이렇게 살아간다. 나/아트만/기호로서 존재하지 않는다고 외치면서, 기호로서 나-없음[無我]를 주장하는 것은 생생하게 살아있는 '지금-여기' 현재로의 복귀함을 의미한다. 이때야 비로소 우리는 살아있음의 존재감을 회복한다.

　　이제 다시 한 걸음 더 탐색해 보자. 이제 '나'가 배제되고 남겨진, 그래서 지금 여기의 현상으로서 '의식[識]/대상[境]/감각[根]', 그 자체로 돌아왔다. 상표화된 관념과 개념으로부터 벗어난, 여기에 생생하게 살아있는 '나'는 무엇인가? 다시 한번 질문하여 살펴보자는 것이다.

　　그때 "너, 지금 뭐하니?" 질문을 받는 순간, 명상하던 그는 고개를 돌리면서 친구를 바라본다. 그의 의식은 '꽃'에서 '친구'에게로 그 대상이 전환된다. 그러면서 그 의식은 새롭게 감각과 대상을 포착한다. 이때 의식에 의해서 포착된 고정된 인식 대상도 없고, 정해진 감각기관도 존재하지 않는다. 이것은 생생한 경험 그 자체이다. 이들은 끊임없이 변화하면서 바뀌는 '흐름'이고, 의식에 의해서 순간순간 새롭게 구성되는 '과정'에 놓여 있다. 이것을 불교적 용어로는 '연기(緣起)'라고 한다.

　　이렇게 인식의 흐름을 구성하는 이들 의식[識]/대상[境]/감각[根]

은 상호의존된 채로 관계적 존재이기에 이들은 개별적 독립체로서 존재하지 않는다. 비유하면 마치 텅 빈 들판에서 서로 의지하고 선 볏단과 같다. 인식의 구성체계[根境識/蘊處界]로서 존재하듯이 보이지만 이것들의 본질은 인연의 화합이고, 연기로서 텅 빈 까닭에 그 자체로서 존재하지 못한다. 그것은 단지 해탈의 체험 그 자체로서 '법무아(法無我)'이다.

사실 의식이 존재하면 그곳에 대상과 감각기관이 형성되고 이것들에 의해서 우리는 다시 여기의 인식체계와 문화적 가치에 물들게 되고 구속된다. 이게 인무아를 넘어서 법무아를 요청한 이유이다. 현상[法]으로서 이것이 연기이고 흐름이고 과정이라면 또한 이것을 더욱 철저하게 밀고 나아간다면, 우리는 있는 그대로의 사물에 닻을 내리고 문화적 편견에서 벗어나 순수의식에로 계합할 수 있다. 이게 법무아의 의미이다.

이상 역사적인 관점에서 요약하면 초기불교는 인도의 아트만 사상을 배제하고 해체시키고 경험적 '온처계(蘊處界)'로 닻을 내린다. 대승불교의 중관론은 초기불교의 토대가 되는 온처계의 인식론적인 구조/존재 자체를 다시 무너뜨린다. 이 과정은 3단계로 이루어진다.

첫째 초기불교는 행위하는 자로서 집착된 아트만(ātman)을 파기한다[人無我/人空]. → 둘째 아비담마 불교는 경험과 행위를 토대로서 온처계(蘊處界)로 분석시킨다. → 셋째 대승불교는 경험 현상 자체를 공(空)/법무아(法無我/法空)로서 되돌리고 근본적 영적 해탈(불성)에 도달한다. 이것은 역사적인 전개과정이지만 동시에 개인적 명상수행에서 반복적으로 체험하는 과정이기도 하다.

분별과 무분별

남방불교의 위빠사나가 인무아에 기반한다면 대승불교는 법무아에 대한 깨달음을 중시한다. 왜 그런가? 출가주의인 남방불교는 형이상학적인 아트만은 배제하면서도, 현실 인식의 근간이 되는 인식체계로서 감각/대상/의식[根境識]을 부정하지 않고 인정한다. 그러기에 그곳에 집착할 가능성이 매우 높다. 그래서 고통의 현실을 '싫어해서 떠나라[厭離]'고 권한다.

그러나 대승불교는 정반대이다. 연기의 법무아로서 인식하는 현실의 근거가 되는 인식체계로서 감각/대상/의식[根境識]을 공(空)으로 돌린다. 그래서 역설적으로 온 세상을 다 수용한다. 가득 채워도 여전히 남겨진 공간이 존재하는 텅 빈 '유마거사의 방'처럼 그렇게 현실참여를 강조한다. 다시 말하면 일체가 공하여 심층의식에 남겨진 흔적마저 제거하여야 집착에서 해탈하고(이점은 나중에 유식불교에서 종자개념으로 보다 분명하게 다루어진다.), 그래야 대승불교는 소용돌이치는 거친 현실을 '떠나지 않고', 적극적으로 참여하는 대승 '보살'의 길을 갈 수 있다고 역설한다.

여기서 문제의 키워드는 집착/분별이다. 떠나지 않는 사람은 집착하니까 떠나야 하고, 떠난 사람은 세상으로 들어가야 하니까 집착을 온전하게 벗어나야 한다. 붓다는 말한다. "눈은 대상을 향하여 불타고 있다. 귀 역시 세상을 향하여 불타고 있다."라고, 그러면 마땅히 고통스런 탐욕의 현실을 벗어나야[離貪] 한다. 그러나 보는 눈이 없고, 듣는 귀가 없다면 번뇌 역시 함께 사라질 것이고, 떠나지 않아도 된다.

그런데 눈이 없고 귀가 없다면 어떻게 세상을 살라는 것인가? 반

쟁점으로 살펴보는 현대 간화선

문한다. 맞는 말이다. 우리는 눈과 귀를 통해서 '감각/대상/의식[根境識]'에 의지하여 세상을 살아간다. 그러나 어떤가? 살다 보니, 반대로 어느 참에 생각에 귀가 막혀버렸고, 눈에 지배를 받고 살지 않는가? 눈이 있고 귀가 있지만, 진리를 보지 못하고 듣지를 못하지 않는가?

여기에 좋은 사례가 있다. 『장자(莊子)』의 「응제왕편(應帝王篇)」에 나오는 유명한 '혼돈(渾沌)'의 이야기이다. 남해의 임금인 빠른 숙(鯈)과 북해의 임금인 느린 홀(忽)이 중앙의 임금인 혼돈(渾沌)을 방문했다. 진보의 숙과 보수의 홀은 혼돈의 융숭한 대접을 받았다. 이에 숙과 홀은 보답을 하고자 혼돈에게 구멍을 뚫어주기로 합의하였다. 사람이라면 누구나 다 가지고 있는 눈과 귀를 비롯한 9개의 구멍이 혼돈에게는 없었기 때문이다. 그러나 구멍을 뚫자 혼돈은 죽어버렸다.

이 혼돈의 이야기를 어떻게 이해하면 좋을까? 혼돈은 정치적으로 진보와 보수의 틈에서 결국 죽어버린 중도의 이야기인가? 아니면 혼돈은 무위(無爲)의 자연을 상징하는가? 아무튼지 혼돈에게는 감각기관이 없다. 눈도 없고, 귀도 없다. 그래서 원래 혼돈은 감각/대상/의식[根境識]이 없기에 무분별(無分別)이고 법무아(法無我)이다. 그러나 눈과 귀가 뚫리면서 그래서 분별이 일어나자, 혼돈은 죽어버렸다. 이것은 무엇을 상징하는가?

그러니 밖으로 향해 뚫린 눈을 감고 잠깐 명상해보자. 그리고 내면을 향하여 질문하여 보자. 무엇이 나이고, 나의 눈인가? 무엇이 눈의 대상인가? 이것들은 모두 분별이다. 그러니 일체의 '분별'을 멈추고, 과연 '눈 자체[性]는 뭔가?' 질문하면서 판단을 멈추고, 눈에 집중하여 살펴보자. 그러면 분명하게 깨닫는 바가 있을 것이다.

법과 성품의 차이점

눈을 감으면

환하게 밝아지면서 빛나는 것,

고요한 가운데 행복하게 미소가 흘러나오는 것,

이것을 뭐라 부를까?

이것을 보통 대승불교에서는 '불성', 혹은 '여래장'이라 한다. 선종에서는 '성품을 본다[見性].' 혹은 '여기에 소소영영한 물건 있다.'고 말한다. 초기불교에서 법[法]이 중요한 수행대상이지만, 대승불교의 중심 테제는 성품[性]이다. 그러면 법과 성품은 어떻게 다른가?

세 가지 관점에서 말할 수 있다. 첫째는 보는 성품을 보는 것이 견성(見性)이다. 법이란 넓게 보면 붓다의 가르침을 의미하고 좁은 의미로는 인식의 대상을 말한다. 쉽게 말하면 법이란『염처경』에서 말하는 수행의 대상으로서 '몸/느낌/마음/현상[身受心法]'이다. 이들은 위빠사나 관찰의 대상이 된다. 마음의 대상으로서 현상[法]은 인식의 주관보다는 인식 대상적 측면을 말한다. 인식의 주관과 대상은 상호작용하고 의존적 관계를 가진다. 반면에 성품[性]은 이런 인식론적인 주객(主客) 양자에서 벗어난, 그러면서도 양자를 포괄하는 상위자각을 말한다. 비유적으로 말하면 거울이나 마니주 비유에서 법[法]은 비추어진 영상이나 표상을 말한다면, 성품[性]은 대상이 되는 영상을 비추는 청정하고 밝은 바탕 자체[體]를 가리킨다.

이를테면 우리가 '꽃을 본다'고 해보자. 여기서 목적어 꽃은 인식의 대상이다. 본다는 것은 감각기관으로서 눈이지만, 눈을 '통해서' 본다는 말이 정확하다. 그때 친구가 와서 "뭐하니?" 질문하면 "응, 꽃을 보고 있어." 라고 대답한다. 이 말은 '꽃을 보고 있다(p)'는 사실을 '자각하고 있음(Q)'을 말한다. p는 꽃이란 대상을 인식하기에 일차적 대상 인식이지만, Q는 꽃을 본다는 자신의 행위를 자각한다는 점에서 2차적인 '자기인식' 상위자각이다. 이런 점에서 Q는 P를 포섭한다(Q⊃P).

그러면 '본다[見]'는 의미는 뭘까? 꽃을 본다고 할 때와 그 꽃을 보는 자신을 자각하는 것, 양자의 차이점은 무엇인가? 대상이 서로 다르다. 하나는 꽃이란 외적인 대상이고 다른 하나는 자기 자신의 행위에 대한 자각이다. 전자는 대상에 대한 분별이지만 후자는 무분별의 자각이다. 물론 양자는 질적으로 서로 차이가 없는, 아는(sapiens) 것을 아는(sapiens) 현생 인간(homo sapiens sapiens)의 고유한 역량이라고 평가할 수도 있다. 그러나 대상을 아는 것(p)과 아는 것을 아는 것(Q)은 서로 분명하게 구분된다. 대상에 대한 분별이 없이, 아는 것을 아는 자체가 되고, 보는 것 보는 그 자체가 되면, 어떤 일이 일어날까?

눈의 성품[性]은 보는 것이다. 눈이 대상을 보는 성품이 없으면 눈이 아니다. 대상을 보는 일은 일상에서 자주 경험하는 대상 인식, 그것이다. 견성(見性)은 어떤가? 이것은 '보는 것(p)을 보는 것(Q)'이다. 본다고 하는 성품[性]을 보는[見] 것, 이것이 바로 견성(見性)이다. 이것은 결코 어려운 것이 아니다. 밖으로 향하는 눈을 감고, 이제 눈 '자체'에 집중하면서 보자. 보는 '그것'을 다시 바라보자. 그러면 어떤 일이 일어날까?

눈을 감으면

환하게 밝아지면서 빛나는 것,

고요한 가운데 행복하게 미소가 흘러나오는 것,

이것은 무엇인가?

본다는 행위를 다시 보는 것, 이것이 견성(見性)이다. 이를테면 초기불교의 사념처에서 몸[身], 느낌[受], 마음[心], 현상[法]을 알아차림하여 본다고 할 때, 그곳에는 분명하게 보는 대상으로서 법의 존재를 전제한다. 그러나 보는 것을 '보는' 작용은 대상 인식이 아니라, 성품 그 자체를 '체험'한다는 것을 의미한다. 만약에 볼 때 그곳에 인식의 결과로서 어떤 앎/분별이 있다면 그것은 현실판단이지, 결코 '성스러운' 체험이 아니다. 보는 대상이 없어야, 보는 그 자체를 온몸으로 느낄 때, 이때 진정한 견성 체험이다.

초기불교의 위빠사나에서 '본다'는 것은 마음에 나타난 '대상'을 보는 까닭에 '인연에 따르는 관찰'이다. 물론 이것은 귀중한 경험이다. 그러나 간화선의 견성은 대상이 아닌 자기 자신을 향한 직관이다. 물론 이때 다른 분별과 망상이 장애로 닥쳐올 수 있다. 이때 '이뭣고' 하면서 다시 지켜보면, 그러면 '그 자체'가 될 것이다. 일상에서 대상이 앞에 현존하여 있거나 혹은 없거나 관계없다. 보는 것을 '돌이켜 비춤[返照]'은 화두/질문과 함께 매 순간 그 성품을 항상 경험하는 것이다.

인무아(人無我)는 나[我]라는 인식에서 벗어나서 신수심법의 현상[法]을 있는 그대로 관찰한다. 그러나 인식하는 주객의 이분법에서 벗어난 법무아(法無我)는 관찰하는 마음 자체의 성품을 직관한다. 그것은 행복하고 행복한 경험이다. 보는 것을 보는 견성(見性)은 수행 대상과 스스로 '하나'가 되는 깨달음의 경험이다.

두 번째, 보는 성품을 보는 것은 '작용'이다. 우리가 사물을 바라본다고 할 때, 사물[色]은 인식 대상에 해당되고, 바라보는 것[眼]은 주체적인 측면을 나타낸다. 이때 법(法)이 어떤 사물의 상태나 성질의 변화/현상을 내포한다면, 성품[性]은 대상에 대한 인식작용 혹은 행위하는 그 '자체'를 의미한다. 위빠사나는 사물의 변화를 지속적으로 집중하면서 관찰한다. 견성은 사물에 향하여 보고 듣고 아는 작용 그 '자체'이다. 비유하면 거울은 대상을 계속적으로 비추기도 하지만, 동시에 그것과 관계없이 스스로 비추는 성품을 가지고 있다. 이 비추는 성품이란 대상에 감응하는 작용과 같지만 그렇다고 동일한 작용도 아니다. '성품이란 무엇인가?' 하는 질문을 이견왕(異見王)으로부터 받았을 때, 바라제존자(婆羅提尊者)는 그것은 바로 보고 듣는, 작용 그 '자체'라고 대답한다.[16]

그러니까 대상에 감응한다고 하는 이 작용하는 방식을 보면, 견성은 역시 대상과 사물을 따라가서 본다는 의미에서, 초기불교의 위빠사나와 공통된 부분도 있다. 그러나 결과는 전혀 다르다. 대상 인식인 위빠사나는 대상에 대한 무아(無我), 무상(無常), 고(苦)라는 세 가지의 모습[三相]을 본다.[17] 그러나 견성의 견은 '견이 참된 견이라면, (어떤 결과도) 생겨남이 없다[無生]'.[18] 굳이 말한다면 견성의 결과는 놀라운 견성 체험으로서 존재하는 그대로 경이로운 평상심, 일상성 그 자체로의 복귀를 이룬다. 조사선(祖師禪)에서 보듯이, '밥 먹고 일하는 그 일상 자체 그대로' 한가롭게 존재할 뿐이다. 어떠한 결론에도 도달하지 않는다. 인위적인 작위가 없어, 아주 단순하게 인연을 함께 할 뿐, 그곳에서 어떤 통찰도 성립되지 않는다. 내적인 어떤 집착이 없기에 자연 그 자체로 함께 존재하고 '작용'할 뿐이다.

세 번째, 인무아(人無我)의 법(法)은 어떤 형상으로서 인식의 대상이 되지만, 법무아(法無我)의 작용 자체로서 성품[性]은 정작 자신에게 대상화가 되지 않는다는 점이다. 이를테면 다시 눈[眼識]을 보자. 눈은 대상을 향하여 작용하고 분별하지만, 스스로를 인식하고 분별하고 보지 못한다. 눈은 늘 밖으로 향하여 있어서 대상[六境]을 본다. 그러나 대상을 본다고 하는 그 자신의 성품을 대상으로서 인식하지는 못한다. 설사 명상을 통해서 자신에게로 복귀한다고 해도, 안에서 떠오르는 망상으로 인하여, 자꾸 보는 자신을 놓친다.

늘 밖으로 향하여 존재하기에 주체적인 측면[見]을 망각한다. 왜냐하면 대상을 볼 때 그 사물에 이끌려가서, 자신의 성품으로서의 눈이 은폐되고, 그래서 더욱 그것에 주목하지 못하기 때문이다. 이때 누군가 '눈이 존재하는가?' 라고 질문을 하거나, 아니면 눈병으로 인하여 사물을 보는데 장애를 일으킬 때, 비로소 우리는 눈의 존재를 확연하게 경험하여 깨닫게 된다. 그렇기 때문에, 눈[眼識]의 성품은 스스로 작용할 뿐, 그 자신에 대해서는 대상화하여 분별하거나 인식하지는 못한다. 성품은 다만 자신 그 자체[自體分]를 통해서만 드러나고, 경험할 수 있을 뿐이지 대상적 경험으로 드러날 수가 없다. 이런 점에서 '보지만, 보지 않음(見而不見)'이란 무분별로서, 바로 반야(般若)의 지혜를 의미한다.

간단하게 연습해보면, 이 글을 읽는 것을 멈추고, 눈을 감고 자신의 눈 자체에 집중해 보면 금방 알 수가 있다. 이때 옆에 있는 친구가 "무엇이 보이는가?"라고 묻는다면, 그때 무엇인가를 대답할 것이다. 그

쟁점으로 살펴보는 현대 간화선

러나 그 순간에 벌써 그것은 언어적 대상이 되고 해석된 견해에 빠지게 될 것이다. 눈 자체의 성품과는 무관한 전혀 다른 내용으로 전락하게 된다. 그래서 "입을 열면 곧 어긋난다."는 말이 이것이다. 다만 보고, 혹은 대답하려는 '고놈'이 바로 성품인 줄을 알면 된다. 이점이 중요한 관점이다. 대답을 하면 대상화되어서, 언어적 분별에 떨어져서 이미 어긋나 있기 때문이다. 이것이 별도의 언어문자를 세우지 않고[敎外別傳], 스스로를 곧장 드러내는[直指人心] 방식으로, 선문답과 간화선의 인식론적 근거이다.

Ⅲ. 실천론의 입장

인식의 대상이 남방의 위빠사나가 법/담마에 기초한다면, 대승의 간화선은 불성[性]에 근거한다는 점에서 근본적으로 서로 다른 입장을 가지고 있다. 이같이 인식론과 심성론에서 입장을 달리함으로써, 실천적인 방법도 역시 다른 접근형태를 보여준다. 초기불교 계열의 수행이 대상을 알아차리고 그것을 존재하는 그대로 바라보는 것을 추구한다면, 대승불교의 심성론에 기초한 간화선은 어떤 심리적인 대상을 '관찰'하기보다는 화두를 통해서 바로 성품 자체를 '체험'하는 것을 강조한다. 이때 중요한 기술적인 방법이 초기불교에서는 '알아차림(sati)'이라면 간화선에서는 화두참구에 의한 '견성(見性)'의 체험이다.

1. 위빠사나의 실천론

알아차림(sati)은 초기불교 수행에서 가장 중요한 개념이고, 초기불교 수행의 핵심으로 이해된다. 이것은 '念', '守意', '持念' 등으로 번역되었고, 현대 학자들은 알아차림[19], 수동적 주의집중[20], 마음지킴[21], 마음챙김[22] 등 다양하게 번역하여 사용하고 있다. 그만큼 사띠는 단순한 번역의 문제를 넘어서, 초기불교의 수행을 이해하는 핵심요소로 주목된다.

사띠의 사전적인 의미는 주지하다시피 매우 다양한데, 그것은 기억(memory), 인식(recognition), 의식(consciousness), 주의(attention), 알아차림(mindfulness), 자각(awareness) 등이다.[23] 이들 용어는 다시 세 가지 범주로 분류가 가능하다. 하나는 어원적인 의미로서, '잊지 않고 알아차림하여 기억한다'는 측면과 두 번째는 대상에 주의를 집중한다는 것이고, 마지막은 기억된 대상을 '관찰하여 자각한다'는 의미이다.

첫째는 중요한 가르침으로서 교법을 인지적으로 잊지 않고 알아차림하고 상기하는 기능이라면, 두 번째는 대상에 주목하여 집중한다는 사마타적 성격이고, 세 번째는 그것을 인식하여 관찰하는 위빠사나로 다시 구분한다.

sati : 알아차림(mindfulness)

    - 잊지 않고 기억함, 상기함(memory)

    - 주의를 두고 집중함(attention)

    - 인식하여 분명하게 자각함(awareness)

이런 점에서 sati는 매우 다양하고 포괄적 의미를 가진다. 기본적으로 'sati', 알아차림은 마음의 현상[心所法]이다. '마음[心]'이란 빠리어(citta)에서도 그렇고 영어(mind)에서도 동일하게 '대상에 대한 앎'이란 의미로서 인지적 성격을 가진다. 필자는 'sati'를 '알아차림'으로 번역하고, 그 핵심된 중심에 위치시킨다. 사띠를 해석함에 있어서 어떤 이들은 '기억함'을 강조하고, 어떤 이들은 '집중'에, 어떤 이들은 '자각함'에 초점을 맞춘다. 필자는 'sati', 알아차림이란 '기억함', '집중함', '자각함'이란 세 가지 의미를 함축한 것으로 판단한다. 초기불교에서 sati의 개념이 다양한 문맥에서 다양한 의미로 사용하고 있기에, 한 가지만 고집하게 되면 그것이 가지는 다양한 의미를 놓치게 된다. 교설(지식)에 대한 기억으로 인하여 알아차림이 있고, 알아차림이 있으면 대상에 대한 집중이 생겨나고, 집중이 있으면 대상을 있는 그대로 관찰함이 가능해진다.

이를테면 호흡명상에서 보면, 알아차림의 첫 번째 의미인 잊지 않고 기억하는 대상은 바로 들숨과 날숨이다. 만약 호흡을 망각하여 놓친다면, 그곳에 사띠는 결코 존재하지 않는다. 그래서 호흡명상은 호흡을 잊지 않고 기억하는 것이다. 이런 경우는 염불(念佛)의 경우에도 '부처를 잊지 않고 기억함'이란 뜻에서 동일하다.

알아차림의 두 번째 의미는 망상으로 놓친 호흡을 곧장 '알아차림' 하여 돌아옴으로써 호흡에 '집중'한다는 의미이다. 일단 호흡에 집중하면 그곳에는 알아차림의 확립이 있다. 산란함에서 벗어나서 호흡에 대한 지속적인 알아차림이 있으면 그곳에 깊은 선정이 있다고 판단해도 좋다.

알아차림의 세 번째 의미는 대상을 존재하는 그대로 자각함이다. 자각은 항상 현재의 순간이고, 그것을 기존의 지식으로 판단하지 않고 관찰함을 의미한다. 이것은 위빠사나적 의미를 가진다. 호흡이 들어올 때나 나갈 때나, 그것이 거칠거나 느리거나, 있는 그대로 알아차림하여 관찰하는 것을 말한다.

이런 점에서 사띠, 알아차림의 성격은 대상에 대한 '자각'과 그것을 잊지 않고 기억하여 '집중하는' 행위, 대상의 지속적인 '관찰'이란 측면을 모두 함축하는 든든한 버팀목이 된다. 자각한다는 의미에서 알아차림은 '위빠사나'의 관점이라면, 대상을 주시하여 붙잡는 행위는 집중을 의미하기에 그것은 '사마타'에 속한 속성이다. 사마타와 위빠사나 수행은 알아차림이 그 출발점이 된다. 대상을 '집중'한다고 할 때도, 대상을 '관찰'한다고 할 때도, 먼저 대상에 대한 '알아차림'이 선행되어야 가능하다는 것을 의미한다. 이런 순차적인 과정을 중시하여 필자는 '알아차림[念] → 머물기[止] → 지켜보기[觀]'으로 체계화시켜서 '염지관[念止觀]' 명상 혹은 '알머지' 명상이라고 호칭하여 부른다. 이것은 알아차림, 念을 강조하여 전통적으로 알려진 '지관[止觀]'과 구분하고자 하는 목적도 있다.

하나의 길

사띠가 사용되는 구체적인 사례를 살펴보자. 그것의 대표적인 소의경전은 『염처경』이다.

A1: Ekāyano ayaṃ

여기에 하나의 길이 있다.

A2: ātāpī sampajāno satimā vineyya loke abhijjhādomanassaṃ

(그것은) 열심히 정진하고 분명한 이해와 알아차림에 의해서

세간의 탐욕과 근심을 벗어나는 (길이다.)

B1: Kathañca bhikkhave bhikkhu kāye kāyānupassī viharati?

어떻게 비구들이여, 비구는 몸에서 몸을 따라

관찰하면서 머무는 것인가?

B2: parimukhaṃ satiṃ upaṭṭhapetvā

면전에 알아차림(sati)을 확립하고서

B3: bhikkhave bhikkhu gacchanto vā gacchāmīti pajānāti.

비구들이여, 비구가 갈 때(行)는 나는 간다고 분명하게 안다.

C1: Atthi kāyo'ti vā panassa sati paccupaṭṭhitā hoti

또한 몸이 있다고 하는, 곧 알아차림의 확립이 있다.

C2: yāvadeva ñāṇamattāya patissatimattāya.

이런 한에서 오직 지혜가 있고, 오직 완전한 집중이 있다.

위의 문장은 필자가 분류하여 기호를 붙인 것이다. 문단 A는 수행목표로서 문장 A1에서는 사념처가 열반을 향하여 가는 '하나의 길'이

며, 문장 A2에서 이 길은 바로 정진, 알아차림, 바른 앎이란 세 가지 요소로 구성되고 있음을 보여준다. 그럼으로써 세간의 탐욕과 근심에서 벗어나는 수행의 목표가 성취된다.

수행방법을 기술하는 문단 B에서 문장 B1은 초기불교 수행의 중심 문제의식이 '어떻게 몸(느낌, 마음, 법)이란 대상을 '따라 관찰하여[隨觀]' 머물 것인가'하는 점을 말하고 있다. 반면에 문장 B2는 대상을 관찰하여 머문 상태가 바로 sati(念)의 확립(satipaṭṭhāna)이다. 먼저 설정한 기준점[parimukhaṃ, 面前]에 알아차림(sati)을 확립하고, 그럼으로써, B3에서 '나는 간다고 하는' 바른 앎의 결과를 가져온다. 먼저 알아차림이 있고 그것이 원인이 되어서 '분명한 앎'이 생겨난다(알아차림 → 분명한 앎). 다시 말하면 몸, 느낌, 마음, 법의 네 가지 대상[法]에 대한 분명한 '앎(sampajañña)'은 바로 사띠(sati)의 확립에 의해서 이차적으로 발생됨을 알 수가 있다.

따라서 위빠사나 수행은 그것을 구성하는 기본 요소로서 열렬한 정진(ātāpa), 분명한 앎(sampajañña), 알아차림(sati)의 상호 관계 속에서 파악해야 한다. 일반적으로 초기경전에서는 '열렬한 정진(ātāpa) → 알아차림(念, sati) → 분명한 앎(正智, sampajañña)'의 순서로 설해지고 있는데, 유독 『염처경』의 서문에서는 '정진, 분명한 앎, 알아차림'의 순서로 설해지고 있다. (이것과 관련하여 빠리어 경전을 조사해보면 거의 언제나 사띠-삼빠자나 순서이고, 간혹 삼빠자나-사띠 순서가 보인다.) 그러나 '본문'에서는 B2에서 '면전에 알아차림을 확립하고', 다음에 B3에서 '갈 때 분명하게 나는 간다고 분명하게 안다.'는 순서로 설해지고 있기 때문에, 『염처경』에서도 역시 '알아차림(正念, sati) → 분명한 앎(正知, sampajañña)'의 순서로 이루어

쟁점으로 살펴보는 현대 간화선

진다.

하나의 길(Ekāyana):

- 정진(ātāpa, 苦行)

- 알아차림(sati, 念)

- 분명한 앎(sampajañña, 智)

여기서 순서는 매우 중요한 의미를 가진다. 문장A에서 '하나의 길 (Ekāyana)'이 실천되기 위해서는 먼저 한정처에 가서, 정진할 의지를 내야 한다. 이것이 바로 '열렬한 정진(ātāpa)'이다. 그런 다음 문장B에서 보듯이 바로 '어떻게 그곳에 머물 것인가' 하는 문제가 제기된다. 이것에 대한 대답으로써, 몸을 비롯한 느낌, 마음, 법에 대한 면전에서의 'sati'의 확립이다. 이렇게 가르침을 잊지 않고 관찰의 기준점으로써 면전(코끝, 가슴, 아랫배 등을 선택할 수 있음)에 알아차림(sati)이 확립됨으로써, 호흡과 몸의 움직임에 대한 '분명하게 알다(pajānāti)'가 성립된다.

필자는 '알아차림'과 '분명한 앎'의 관계는 먼저 알아차림이 있고, 여기에 근거해서 분명한 앎이 있다고 해석한다. 예를 들면 저기에 무엇이 있다고 지각하는 것은 '알아차림'이고, 그것에 가까이 다가가서 그것은 '장미꽃'이라고 아는 일은 '분명한 앎'이 된다. 때문에 사띠가 1차적 비언어적인 자각이라면 삼빠잔냐는 이차적이고 언어적인 확고한 인식이라고 정의한다. 호흡명상의 경우에 호흡이 길다든지 짧다든지라고 관찰을 할 때, 이것은 일차적인 알아차림에 이은 이차적인 확고한 메타-자각이라고 본다.[24]

이러는 한(yāvadeva)에서

마지막 수행결과를 말하는 단락 C에서, 문장 C1에 의하면 '몸이 있다고 하는 한에서 알아차림의 확립'이 있다. 이것은 다만 '몸(느낌, 마음, 법)만이 존재한다'는 의미로, 이곳에는 나[我]라든지 나의 것[我所]이라든지 하는 관념이 없이, 그것들이 배제되고 '단지 몸만 존재함'을 함축한다. 다시 말하면 '단지 몸이 있다(Atthi kāyo)고 하는('ti)', '이러는 한(yāvadeva)'에서 그런 결과로서, 문장 C2에서 '오직 지혜(ñāṇamattāya)와 오직 집중(patissatimattāya)이 존재한다'는 것이다.

여기서 '몸이 있다고 하는 한에서'는 바로 '알아차림(念)'이 확립되고 이것을 뒤따라 '분명한 앎'이 생겨남으로써, 그러는 한에서 '지혜'가 있고 '집중'이 있다는 의미이다. 곧 이것은 바로 'sati'가 가지는 사마타와 위빠사나의 속성을 보여준 것이라고 필자는 해석한다. 여기서 중요한 용어는 '이러는 한(yāvadeva)'이란 관계부사이다. 이것은 전후 문장을 인과의 관계로 연결한다.

우리 학계에서는 A와 B의 선후의 논란이 있다. A인 한에서 B인가? 아니면 B인 그만큼 A인가? 알아차림(sati)이 있는 한에서 '지혜(ñāṇa-mattāya)'와 '집중(patissatimattāya)'이 뒤따른다고 번역할 것인가? 아니면 반대로 지혜와 집중이 있는 그만큼, 몸에 대한 sati가 확립된다고 번역할 것인가?

전자로 이해하면 알아차림 곧 사띠가 있는 한에서 집중이 있고, 지혜가 있다는 의미이기에 수행의 진행순서가 '사띠 → 집중 → 지혜'로 되어서 무난한 해석이다.[25] 반대로 해석하면 곧 집중이 있고 지혜가 있는 한에서, 그만큼 사띠, 알아차림이 있다(집중 → 지혜 → 사띠)가 된다는 것이니,[26] 이것은 깊은 선정과 지혜가 없으면 알아차림은 없다는 의미가 된다.

양자 모두 해석이 가능하다. 후자는 깊은 집중/지혜가 있어야 비로소 그만큼 사띠, 알아차림이 성립한다는 말이니, 사띠는 결과가 되는 까닭에 그러면 집중과 지혜는 어떻게 발생하는지 다른 원인을 다시 설정해야 한다. 또한 엄밀하게 말하면 집중과 지혜가 없으면 알아차림의 사띠가 성립되지 않고, 결과적으로 처음 누구도 사띠의 위빠사나 수행을 시작하지 못하게 될 것이다. 그렇기에 누구든지 명상수행은 가능하다고 말해야 한다. 욕계의 중생도 사띠 수행이 가능하고 이게 가능하기 위해서는, 남방의 입장에서는 인정하지 못하겠지만, 욕계 중생도 사띠 수행이 가능한 불성을 가진다고 전제를 해야한다는 점이다.

이런 점에서 필자는, '몸이 있다는 사띠의 확립'이 원인이 되어서, 그 결과로 '집중(止→定)과 지혜(觀→慧)가 발생한다.'고 해석한다. 선정과 지혜는 사띠(念, sati)로부터 발생하고, 사띠는 선정과 지혜를 발생시키는 원인으로 본다. 그렇기에 sati는 분명하게 선정이나 지혜와는 구분된다. 양자 어디에도 속하지 않는 독립된 영역을 가지면서도 선정과 지혜의 작용에 모두 관여한다. 이상 정리하면 아래와 같다.

- 사띠(念, sati) → 집중(止) → 선정(定)
- 사띠(念, sati) → 관찰(觀) → 지혜(慧)

초기불교 수행의 구성요소로서 정진(ātāpa), 알아차림(sati), 분명한 앎(sampajañña)이 온전히 갖추어질 때, 비로소 사마타의 선정과 위빠사나의 지혜가 확립된다고 본다. 물론 수행이 깊어져서 집중과 지혜가 사띠의 힘을 가속화시키는 경우도 충분하게 인정할 수 있다. 이런 경우는 다시 처음의 사띠 알아차림으로 순환되는 경우라 동일한 결과가 된다. 사띠와 더불어서 초기불교 수행법의 매우 중요한 점은 바로 다만 '몸이 있다고 하는(Atthi kāyo'ti)', 알아차림이 먼저 있고, 그러는 한에서 '집중과 지혜가 있다'고 하는 것이다.

　'다만 몸이 존재한다'는 말은 인식론에서 보면, 아트만과 같은 어떤 외적인 실체가 없음일 뿐만 아니라, 인식의 주체[我]도 함께 지멸(止滅)되는 집중된 상태이다. 내가 없기에 물론 인식하는 대상[我所]도 함께 소멸된다.[27] 이런 상태는 온전한 집중이고 삼매이면서 동시에 이것이 바로 지혜이다. 이것을 확장하여 보면 호흡에는 다만 '호흡'만이 있으며, 느낌에는 다만 '느낌'만이 있고, 마음에는 다만 '마음'만이 있고, 현상(法)에는 다만 '현상(法)'만이 존재한다. 이렇게 알아차림이 확립되는 '그러는 한에서' 집중의 사마타이면서 지혜의 위빠사나가 이루어진다. 호흡, 느낌, 마음, 현상의 '관찰'은 존재하나, 별도로 그것을 관찰하는 '자'는 없다. 이러한 한에서 사마타의 온전한 집중이 있고, 위빠사나의 깊은 지혜가 있다. 이것이 수행의 주체와 수행의 대상이, 서로 분열되지 않는 '하나 됨(Ekāyana)'의 경험/길이다.

2. 대승과 간화선의 깨달음
- 초기불교 수행법과 비교하면서

위빠사나는 대상에 대해서 거리를 두고 관찰하는 방식을 통해서 '나'라는 관념과 번뇌를 통찰하여 벗어나려는 입장이다. 간화선은 대상을 관찰하는 방식보다는 '무엇이 나인가'를 문제 삼고 본래적 성품으로서 불성 체험을 강조한다. 위빠사나는 대상에 대해서 어떠한 탐착에도 물들지 않고, 자아 관념에서 벗어나서 현상을 있는 그대로 보는 것이 중요하지만, 간화선은 오히려 대상으로서 현상과의 관계를 부정하는 화두 참구를 통해 본래적 청정성인 불성의 드러냄을 중시한다.

깨달음의 성격

먼저 대상 관계를 검토해 보자. 초기불교에서 눈이라는 감각기관과 색깔이라는 대상은 상호 긴밀하게 연결되어 있다. 그런데 여기서 인식의 대상이 부정되면, 대상과 상호의존된 인식주체도 역시 소멸된다. 왜냐하면 인식과 대상은 상호 연기적 관계로서 의존된 상태에 놓여 있기 때문이다.[28] 초기불교에 기반한 남방 위빠사나 수행에서는 대상이 일어나면 즉각적으로 그것을 보아야 한다. 대상을 봄으로써, 아니 더 정확하게 말하면, 있는 그대로의 대상과 온전히 거리를 둘 때, 대상에 대한 번뇌는 끼어들지 못하고, 대상에 대한 마음은 청정해진다. 왜냐하면 있는 그대로의 대상이란 바로 무상이고, 무아이며 고이기 때문이다. 그래서 동일시된 대상을 존재하는 그대로 보는 것, 이런 명상작업이 바로 번뇌를 끊는 일이 된다.

그러나 대승불교의 방식은 이와는 다른 입장을 보여준다. 대승불교의 입장은 법무아에 기초하기 때문에, 현상으로서의 대상 자체가 부재한 관계로, 애초부터 대상관계 속에서 발생하는 번뇌가 없다. 이와 관련된 선종사의 대표적인 논쟁이 바로 그 유명한 돈점논쟁(頓漸論爭)이다.[29] 북종 신수의 수행론에서는 번뇌가 존재하기에 그 번뇌를 끊고 닦는 행위가 요청된다. 남종을 대표하는 혜능과 신회의 수행론은 근본적으로 거울(마음)에는 한 물건도 없다[本來無一物]는 인식론에 근거한다. 따라서 닦고 끊어야 할 대상이 없기에 수행도 없다. 다만 성품을 보아서 부처를 이룰 뿐이다[見性成佛]. 여기서 중요한 것은 견성이다. 물론 초기불교에서 말하는 대상에 대한 염지관, '알아차림(sati)'이나 '집중(samatha)'과 '관찰(vipassanā)' 등의 수행기법은 중요한 기술이다.[30] 하지만 선종에서는 이것들은 보조적으로 사용할 뿐이다.

이런 번뇌를 둘러싼 돈점의 논쟁은 이미 인도에서도 존재했었다. 이점에 관하여 인도의 대승경전을 대표하는 『유마경(維摩經)』에서는 다음과 같이 말한다.

> 깨달음[菩提]은 몸으로도 얻을 수가 없고, 마음으로도 얻을 수가 없다. 일체의 현상이 적멸한 것이 깨달음이다. 일체의 현상이 멸한 까닭이다. 바라보지 않음[不觀]이 바로 깨달음이다. 모든 인연을 떠난 까닭이다. 실천 수행하지 않음이 깨달음이다. 왜냐하면 생각에 대한 알아차림[憶念]이 그곳엔 없기 때문이다.[31]

이것은 『유마경(維摩經)』「보살품(菩薩品)」에 나온다. 아비달마 불

쟁점으로 살펴보는 현대 간화선

교 수행론을 비판하는 대목이다. 남방의 전통적 수행은 몸과 마음에 대한 집중된 알아차림(sati, 憶念)과 관찰(vipassanā, 觀)에 의해서 깨달음[菩提]를 성취할 수가 있다는 점수적 관점이다. 대승의 『유마경』은 이것을 혹독하게 비판한다. 깨달음[菩提]은 몸과 마음에 의해서 얻을 수가 없다. 왜냐하면 그것은 성품 자체이기 때문이다. 몸과 마음의 현상으로서 대상은 근본적으로 존재하지 않고, 적멸이 그 본질이다. 대상이 없기에, 대상에 대한 집중된 알아차림(sati)이나 위빠사나의 관찰(vipassanā) 역시 그곳에는 존재할 수가 없다. 이것은 돈오를 말한다.

역설적으로, 대승불교에서는 오히려 위빠사나의 관찰이나 사마타의 집중, 그리고 알아차림이란 실천적 수행이 필요없음을 깨닫는 것이 바로 돈오의 '깨달음'이다. 대상에 대한 이런 법무아의 인식론에 따르면, 점수의 남방불교적 수행은 오히려 인위적으로 조작되어 그 자체로 허물[有爲法]이 된다. 깨달음은 '인위적인 수행'을 통해서 '챙기고', 그것을 '성취'하는 수행방식으로는 도달할 수 없다. 깨달음은 전혀 그런 성격이 아니다. 현상[法]과 성품[性], 근본적으로 대상이 서로 다르다.

닦지 않음

현상[法]이 아니라 성품[性]의 자리에 서면, 우리는 부족함이 없이 완성되어 있다. 그래서 『열반경(涅槃經)』에서는 '번뇌를 끊는 것이 열반이 아니라, 번뇌가 발생하지 않음을 열반이라'[32]고 했다. 열반은 'nirvāṇa'의 한역이다. 열반이란 '불어서 번뇌의 불꽃을 끄다.'는 의미이다. 그렇다 보니, 번뇌가 존재하고 그것을 끊는다는 노력이 도사리고 있다. 그러나 『열반경』은 열반의 의미를 아예 번뇌가 발생하지 않음을 열반이라고 해석한다. 세상을 벗어나고 번뇌를 끊어내는 입장이 남방 불교적 수행이라면, 번뇌가 그 자체로 존재하지 않을 뿐만 아니라 번뇌가 발생하지 않음을 깨달은 것이 대승의 '견성(見性)'이다. 견성은 닦는 게 아니라, 단지 성품을 보고 온전하게 체험할 뿐이다. 이러한 인도 대승불교의 심성론은 동북아 조사선(祖師禪)에서도 그대로 계승되고 있다. 조사선을 대표하는 마조(馬祖, 709-788)는 다음과 같이 말한다.

무엇이 도[道]를 닦는 것입니까? 도란 닦음에 속하지 않는다. 닦아서 이룬다면, 다시 부서진다. 그것은 성문(聲聞)과 같아질 것이다. 반대로 닦지 않는다면 그것은 범부가 된다. 그렇다면 어떻게 해야 도를 깨달을 수가 있습니까?
자기 성품[自性]은 본래 완전하다. 선이다 악이다 하는데 막히지 말라. 그러면 도 닦는 사람이라고 할 것이다. 그러나 선을 취하고 악을 버리며, 공(空)을 관하고 정(定)에 들어가면 곧 조작에 떨어지고 만다.[33] 도란 닦음이 없다. 다만 물들지를 말라. 무엇이 물들음인가? 생사심(生死心)으로 작위(作爲)와 추향(趨向)이 있게 되면, 모두가 물들음이다. 그 도를 당장 알려고 하는가? 그것은 바로 '평상심(平常心)'이다.[34]

세상에 투사된 대상이나 목표가 있으면, 그것에 대한 선택[善]이나 버림[惡]이 존재하게 된다. 이것은 범부의 수행이다. 위에서 성문(聲聞)이란 전승된 부처님의 소리, 가르침을 '듣는 제자'란 의미이다. 성문은 대상의 존재를 전제하고, 그 대상과의 관계 속에서 닦음을 실천하는 초

쟁점으로 살펴보는 현대 간화선

기불교적 계열의 남방 수행자를 가리킨다. 반면에 성문의 입장은 대상을 신속하게 알아차림하고 또한 그것이 공(空)함을 그대로 관찰함으로써, '선정에 들어감[入定]을 닦음'이라고 말한다.

그런데 마조는 이런 종류의 닦음을 조작(造作)이나 추향(趣向)이 개입된 것이라고 한다. 조작은 인위적 의도로 무언가를 만든다는 뜻이다. 공을 관하는 위빠사나[觀空]도 그렇고, 선정에 드는[入定] 사마타 수행도 마찬가지로 조작이다. '추향'은 대상을 향하여 쫓는다는 의미로서, 대상을 향하여 따라가면서 관찰하는(anu-passanā), 염처(念處, satipaṭṭhāna) 수행을 말한다.[35] 마조(馬祖)의 안목으로는 이들 남방의 수행론은 조작이고 물듦에 지나지 않는다.

왜 그런가? 진리[性]는 이미 드러나 있으니, 다시 애써 노력할 필요가 없다. 수행이란 '닦음'이 아니라, 노력하여 성취할 것이 없음을 '깨닫는' 것이다. 그래서 조사(祖師)의 수행론은 범부나 성문의 수행과 같지 않다. 그것은 '닦을 것이 없으니, 다만 물들지 말라.'는 것이다. 오히려 닦음이 있고, 뭔가 의도가 있다면, 바로 그것이 병통이다. 억지로 꼭 말해야 한다면, 그것은 '평상심(平常心)'이다. 평상심은 어떤 노력으로 얻는 무엇이 아니다. 그것은 눈과 코의 성품처럼, 본래적으로 완전하게 갖추어졌고, 누구든지 사용하고 향유하고 있다. 여기서 다시 집중된 알아차림(sati)을 말하고, 대상을 분석하고[擇法], 그것이 텅 비어 있음을 관하는 일[觀空]은 부질없는 사족에 불과하다.

천하 대지가 청정하고 한가로운데, 괜히 징 치고 장구 쳐서 수고로움만 더한다는 것이다. 추향과 조작을 포기하고, 다만 물들지 않으면 될 뿐이다. 진리는 이미 여기 '이곳'에 존재함으로, '그것들'을 챙기거나 성취하려는 애씀을 그만두면, 진리는 스스로 드러난다.

화두참구 이유

이미 진리는 그 자체로 드러나 있다. 수행은 개발이 아니고 발견이다. 번거롭게 별도의 닦음이 요청되지 않는다. 그런데 어찌하여 다시 화두의 참구가 필요한가? 그 이유는 간단하다. 여행의 길(道)에서 풀리지 않는 꽉 막힌 부분이 있기 때문이다. 이를테면 여기에 삼법인(三法印)이 있다.

> ▶ 제1단계, 모든 것은 무상하여 변한다[諸行無常].
> ▶ 제2단계, 변화하는 모든 현상에는 내가 없다[諸法無我].
> ▶ 제3단계, 일체는 그 자체로 열반적정이다[涅槃寂靜].

삼법인(三法印)은 불교의 핵심된 가르침이고, 불교와 불교가 아닌 것을 판정하는 기준점이다. 그러면 위에서 어느 단계에서 막힘이 있는지 살펴보면 금방 이해할 수 있다. 절대적 신의 존재를 믿는 사람은 제1단계에서 거부감이 일어날 것이다. 왜냐하면 변하지 않는 절대자가 존재한다고 믿는 까닭이다. 그렇지 않으면 영화 같은 영원한 사랑과 같은 무엇을 구하는 사람도 여기서 막히게 된다. 연세가 들고 세상을 조금 산 사람들은 가볍게 제1단계를 통과할 것이다.

그런데 제2단계는 '나'가 없다는 것을 여전히 긍정하기 어려울 수 있다. 현실을 살아가는, 이렇게 '나'가 분명하게 있는데 어찌하여 없다는 것인가? 혹은 얼굴을 만지면서 분명하게 이렇게 '눈'도 있고 '코'도 있는데, 어찌하여 '내가 없다.'고 말하는가? 어느 정도 명상수행을 하고, 자신을 관찰하여 성찰하는 사람들은, 아마도 '나'가 없음을 경험하거나 혹은 논리적이라도 인정할 수 있을 것이다.

그렇다면 제3단계는 어떤가? 우리의 삶 자체가 열반적정(涅槃寂靜)이고 그대로 진리라면 어떤가? 이곳에서 싱긋, 웃을 수 있는가? 그렇다면 축하할 일이다. 만약에 그렇지 못하면 질문해야 한다. '왜' 무상이며, '무엇'이 나이며, 어찌하여 '일체'가 열반인가?

이렇게 질문을 해보면 각각의 단계에서 아마도 막히는 부분이 있을 것이다. 그곳에서 스스로 절박하게 질문하여 보라. 질문이 없으면 지적 유희로 그냥 지나쳐 버릴 것이다. 막힌 '이곳'이야말로 잠시 가던 길을 멈추고, 살펴보고, 깊게 참구해야 할 문턱이고 관문이다. 이게 간화선이다. 이와 같이 간화선은 막히는 곳에서 자신에게 '질문'하는 것이다. 물론 처음에는 답답하고 캄캄할 수도 있지만, 분명 '이곳'에는 긴장감이 넘칠 것이다. 이 '창조적' 긴장감이 우리를 깨달음으로 인도할 것이다. 간화선, 곧 '질문하기'는 선종이라는 특정한 종파가 아니라 눈이 있는 사람이라면 누구든지, 삶에 대한 깊은 통찰을 구하는 사람이라면 누구든지, 진리를 사랑하는 사람이라면 누구든지, 인생에서 한번은 가볼 만한 순례의 길이다.

화두참구의 방식들

남방불교와 대승불교의 가장 큰 차이점은 이렇다. 고통과 번뇌로부터 떠남/벗어남에서 시작하느냐, 아니면 이미 청정한 불성의 진리가 존재함에서 출발할 것인가?

비유로 말하면 여기에 맑은 하늘이 있다. 그런데 먹구름으로 가려 있다. 어떤 이들은 부정적 '먹구름'을 먼저 지각한다. 어떤 이들은 '맑은 하늘'을 먼저 본다. 남방불교는 먹구름의 제거에 온 힘을 쏟는다. 대승을 비롯한 조사선은 먹구름보다는 푸른 하늘 자체를 체험하는 데 집중한다. 현실의 단점을 먼저 보는 사람이 있고, 장점을 보고 그것을 살리는 사람이 있다. 어느 쪽인가?

삼법인(三法印)에서 차이점을 보면, 남방불교는 '일체가 무상이고 고통임'을 말한다면, 대승불교는 '일체가 고통[一切皆苦]'이라는 항목을 빼고 대신에 '일체가 열반이고 적정임'을 강조한다. 한쪽은 부정을, 한쪽은 긍정을, 서로 관점이 다르다. 한쪽은 먹구름을 제거하면 청정성이 드러난다고 말한다. 다른 쪽은 먹구름은 본래부터 실체로서 존재하지 않기에 그럴 필요가 없다고 말한다. 매일매일 내 안에서 이미 하늘의 청정성을 경험한 까닭이다. 남방불교의 수행은 거친 현실을 부정하고 떠날 것을 권한다. 대승불교의 간화선 수행은 현실을 떠나지 않고 이미 깨닫는 불성 자체를 인정하면서 자신을 향해서 스스로 질문하여 보라고 말한다.

필자는 양자 모두를 통합적 관점에서 인정한다. 왜냐하면 인간은 몸과 마음 그리고 성품으로 구성된 까닭이다. 위빠사나는 '몸과 마음'을 관찰하는데 유용하고, 간화선은 '지금 여기의 성품'을 깨닫는 참구의 길에서 장점을 가진다. '양쪽 모두가 필요하다' 구름도 필요하고 하늘도 우리에게 모두 필요하다. 이들은 공통적으로 진리를 향한 '열정'이 있고, 앞으로 나아갈 때 '질문'을 해야 한다는 점은 차이가 없다. 질문하면 깊게 잠든 '깨달음(부처)의 씨앗'이 깨어난다. 깨어난 의식은 확고하게 사물의 본질을 탐색하는 동력이 된다. 화두란 자기를 향한 질문이다.

여기서 대표적인 화두 가운데 하나인 '이것은 무엇인가[이뭣꼬, 是甚麼]'를 검토해 보자. 주어인 '이것'은 문법적으로 지시대명사이다. '이것'은 무엇을 가리키는가? 지난 역사를 조망하여 보면, 네 가지로 요약된다. 이것은 화두를 어떻게 사용할지 잘 보여준다.

첫째, '이것'은 인식 대상으로서 목적어인 몸과 마음의 심리적 현상을 가리킨다. 삼법인에서 제1단계, '모든 것은 변한다'는 원칙에 기반한다. 이 경우라면 바로 위빠사나 수행과 상통하는 통합적 관점이다. 끊임없이 일어나는 감정이나 생각에 대해서, 알아차림을 하고 '이것은 무엇인가?'라고 질문을 하는 방식은 대상에 집중하는 초기불교의 방식과 유사하다. 몸과 마음에 대한 집중과 관찰을 다만 질문하는 방법으로 전환한 점에서 차이점이 있을 뿐이다. 그러나 이때도 화두의 질문에 대한 해답을 구하지 않고, 마치 위빠사나가 있는 그대로의 존재를 보듯이, 다만 대상을 명료하게 통찰하는 방식으로만 사용하는 경우에 한한다.

둘째로 '이것'은 인식하는 주체로서 주어를 가리킨 경우이다. 삼법인에서 제2단계, '변하는 현상에는 나는 존재하지 않는다'는 것에 근거하여 보고, 듣고, 말하는 주인공에 대한 질문이다. '도대체 누가 말하고 누가 생각하고 누가 행위하는가?' 의심하고 질문한다. 말하고 생각하는 행위가 문제가 아니라, 행위하는 '자(者)'를 주목하는 것이다. 행위를 문제 삼는 경우는 현상으로서의 대상인데, 이것은 첫 번째의 범주에 해당된다. 여기서 문제는 행위의 주체로서 '나'가 문제이다. 초기불교의 교설에 따르면, 자아란 존재하지 않는다. 그렇다면 없는데 뭐냐고 묻는 이 질문은 무의미해진다. 그러나 이 질문은 유효하다. 그 이유는 우리는 여전히 '자아'가 존재한다는 강력한 동일시, 무의식적인 믿음을 가지고 일상을 살아가기 때문이다. 자아에 대한 강박관념이 없다면, 이 질문은 효과적인 힘을 가질 수 없다. 무아(無我)의 진실을 부인하는 사람에게 이 질문은 설득력을 가진다. 그리고 어느 순간에 자아의 존재가 무너지는 경험과 더불어서, 가슴에 응어리진 화두는 타파될 것이다.

세 번째, '이것'은 인식의 주체와 대상을 떠난 그 자체의 '성품(性品)'을 가리킨 경우이다. 이 경우는 삼법인에서 제3단계, '번뇌의 불꽃이 꺼진 열반적정'에 근거한다. 이것은 제2단계의 남방불교적 인무아(人無我)의 입장이 아니라, 대상과 주체라는 주객을 함께 부정하는 열반적정의 의미로서 대승불교의 불성과 법무아(法無我)에 기반한 질문이다. 이 경우는 실질적 경험적 사실에서 '무엇이 불성인가?' 질문으로 이해되기도 하고, '주객으로 분리되기 이전의 본래면목은 무엇인가?'라 든지 혹은 '부모에게서 태어나기 이전에 한 마디 일러 보라.'는 화두에 통하는 질문이다. 이런 질문의 내용만을 본다면, '진아(眞我)' 혹은 '불성(佛性)'이나 '본래면목(本來面目)' 들은 마치 형이상학적인 어떤 실체의 존재를 전제하는 듯이 보인다. 만약 이런 식으로 화두의 의미를 파악하고 개념화시킨다면, 그것은 실로 잘못된 참구로서 정확하게 열 가지 '선병(禪病)'[36] 가운데에 떨어진 경우이다. 오히려 화두는 그런 실체론적인 존재에 대한 통념이나 신념을 준엄하게 부정하는 질문이다.

네 번째, 마지막으로 '이것'은 그 무엇도 가리키지 않는 경우가 있다. 다만 질문 그 자체로 존재할 뿐, 무엇도 가리키지 않는 경우이다. 철학적인 무엇도 전제하지 않고, 다만 '질문'만이 존재한다. 이 경우가 화두의 실질적인 의미이다. 몸과 마음이 화두 의심과 온통 하나가 되는 경지[話頭一如]이다. 구산 선사는 이때를 '화두가 오고 화두가 간다'고 했다. 그래서 어떠한 분별도 없는 의심의 '덩어리'[疑團]로만 존재하는 상태를 의미한다. 고봉 화상은 어떤 분별도 존재할 수 없는 이런 화두의 성격을 은산(銀山)과 철벽(鐵壁)에 비유한다.[37] 앞이 꽉 막힌 철벽이라, 붙잡을 무엇도 이곳엔 없다. 시비할 비빌 논리적 언덕이 이곳엔 없다. 그렇다면 더욱 크게 폭발[爆地]하여 일체의 천하 대지가 그 자체로 청정한 그 날이 올 것이다.

이상 네 방식의 화두 참구는 순차적 절차로서 수많은 이들이 걸어왔던 순례의 길이다. 동시에 초기불교의 남방수행론을 간화선에로 수용하여 통합하는 방식이기도 하다. 이들은 모두 대상을 향하여 질문함으로써 오히려 대상에 대한 집착/개념이 부서지는 체험을 강조한다. 질문의 본질은 집착된 관념과 지식을 깨뜨리는 의심으로서의 부정이다. 일상에서 일반적인 의심이 어떤 문제를 해결하는 논리적인 과정을 내포하지만, 반대로 화두는 논리적인 대답을 요청하는 질문이 아니다. 화두는 가치에서 벗어난, 의미 없는 말[無味之談]로써,[38] 번뇌를 불태우는 불꽃이고, 분별을 잘라내는 칼날[39]로써 작동한다. 이것은 일체의 대상을 곧장 끊어버리는 무기[器杖][40]이다. 암묵적으로 내재된 신념과 가치의 조작을 끊어내는 방식이 바로 '화두'이다.

초기불교 수행에서 sati는 대상을 향한 알아차림, 주의집중으로 번역되고, 사띠가 향해진 장소를 가리켜서 '염처(念處, satipaṭṭhāna)'라고 한다. 그러나 반대로 간화선에서는 현상으로서의 대상(法)을 향하는 마음뿐만 아니라, 대승불교에서 확립된 근원적인 성품에 대한 인식마저, 그 것이 무엇이든지 분별로 규정하고, 그것을 일도양단(一刀兩斷)하는 일 을 귀중하게 여긴다. 일체의 분별을 일시에 끊어버림을 '가로질러감[徑 截]'이라고 하고, 그 장소를 '경절처(徑截處)'라고 부른다.

이렇게 위빠사나는 몸과 마음이 대상과 하나됨(집중명상) 혹은 지켜 봄(통찰명상)을 추구하지만, 간화선(화두명상)은 일체의 현상을 배제하여 긍정의 청정한 본성을 드러내는 견성 체험을 중시한다. 어느 쪽이 효과 가 있는지는 각자 경험으로 검증해 볼 일이다.

IV. 맺는말

– 남방 '위빠사나'와 북방 '간화선'의 보완적인 관계설정을 위해서

지금까지 위빠사나와 간화선에 관한 비교를 인식론과 실천론의 입장에서 차이점을 중심으로 고찰했다. 차이점을 분명하게 하는 일은 양 수행론이 가지는 문화적인 배경과 함께 철학적인 입장을 이해하는 데 오히려 도움을 줄 것이란 판단 때문이다.

양자의 차이점을 보면, 첫째는 먼저 철학적인 입장의 차이점은 위

빠사나가 초기불교의 법(法) 중심이라면 간화선은 대승불교의 성품, 불성(佛性)사상에 기초한다. 양자 모두 무아설에 기초한 점에서 같지만, 위빠사나가 현실을 부정하고 떠남을 권하는 인무아(人無我)의 입장에 놓여 있다면, 간화선은 현실을 적극적으로 수용하는 법무아(法無我)의 입장을 고수한 점에서 다르다.

둘째로 실천적인 측면에서 보면, 사띠와 위빠사나는 심리적 대상을 인정하고 그것을 관찰함으로써 번뇌를 극복하려는 점수의 입장에 있다면, 번뇌를 부정하고 남방수행을 인위적인 닦음으로 보는 대승불교와 간화선의 화두는 대상 관계를 배제하고 돈오의 견성(見性)을 강조한다.

셋째로 그러면 이들은 어떤 관계를 가질 수 있을까? 양자는 서로 보완적인 관계에 있으면 좋겠다는 희망이 있다. 현실에 대한 긍정은 부정에 의해서, 수행 대상에 대한 부정은 다시 긍정에 의해서, 양자는 서로를 필요로 한다. 특히 인간은 '몸', '마음'과 '성품'으로 구성된다. 위빠사나 수행은 몸과 마음에 초점을 맞춘다면, 간화선은 성품에 대한 접근을 중시한 관계로 서로 그 영역이 다르다. 이들은 영역이 다른 관계로 대립보다는 보완적인 관계가 바람직하다. 양자는 인간을 이해하는 중요한 축으로서 어느 쪽도 버릴 수 없는, 인간에 대한 전체적인 해석을 가능하게 한다. 접근방법에서도 대상에 대한 관찰은 현실 속에서 매우 유용한 틀을 제공한다. 반면에 성품에 대한 관심은 영적인 성장과 더불어서 현대사회에서 발생되는 인간소외와 생태계 위기를 극복하는 대안으로 작동할 수가 있다.

넷째는 역사적 측면으로 현대 한국불교의 수행전통은 간화선임이 분명하다. 그렇지만 우리는 조선 시대 이후 무너진 교학 체계와 수행전통을 오늘날에 다시 세우기 위해서는 초기불교의 교설을 적극적으로 수용해서, 처음부터 새롭게 다시 배우고 연구할 필요가 있다. 이런 역사적인 배경을 떠나서라도 다종교 현상의 현실 속에서 수행문화의 다양성과 창조적인 긴장을 위해서라도 초기불교의 수행이론을 적극적으로 수용할 필요가 있다고 본다. 이제 과거의 전통을 계승하면서도 대상과 근기에 따라서 위빠사나의 대상 긍정과 일체의 분별을 끊어내는 간화선의 대상 부정의 방식을 함께 탄력적으로 운영할 것을 요청하는 시대에 직면해 있음을 우리는 인정하자는 것이다.

쟁점으로 살펴보는 현대 간화선

* 본 논문의 원게재지는 「보조사상19」(2003)이다. 여기에 보완하여 다시 게재한다.

1 송위지(2001년 봄호), 「위빠사나와 간화선의 교집합적 접근」『불교평론』제6호; 이병욱(2001년 봄호), 「천태의 4종삼매, 그리고 간화선. 위빠사나」『불교평론』제6호; 김재성(2004년 여름호), 「위빠사나와 간화선, 다른 길 같은 목적」『불교평론』제19호; 조준호(2004년 여름호), 「위빠사나에 대한 몇가지 오해?」『불교평론』 제19회; 이병욱(2010년 가을), 「간화선과 위빠사나의 비교」『불교평론』 제12권 제3호.

2 인경(2003.02), 「위빠사나와 간화선」『보조사상』제19집; 각묵(2003.08), 「간화선과 위빠사나, 무엇이 같고 다른가」『선우논강』1.; 김호귀(2004), 위빠사나와 간화선의 비교, 東國大學校 釋林會, 『석림』Vol.38.; 오용석(2016), 간화선 위빠사나 논쟁, 불교학연구회, 『불교학연구』. Vol.46.

3 2004년 3월 9일부터 4월 20일까지 불교신문을 통해서 조준호, 인경, 김재성, 마성, 임승택, 김태완, 각묵 등이 순차적으로 간화선과 위빠사나를 비교하고 각자의 견해를 밝히는 논의를 진행시킨 바가 있다.

4 인경(2012), 「간화선과 위빠사나는 공존할 수 없는가?」, 『보조사상』제38집.

5 붓다 시대의 불교를 초기불교, 근본불교, 원시불교라는 여러 명칭을 함께 사용하여 혼란된 점이 없지 않다. 근본불교는 붓다 생전 당시의 30년의 불교, 곧 모든 역사적인 측면을 초월한 공통된 불교라는 의미가 강하고, 원시불교는 역사적인 붓다의 교단을 의미할 때, 곧 분열 이전까지를 의미한다면, 초기불교는 이런 모든 개념을 아우르는 의미가 있다. 필자는 붓다 당시의 교설이 이후에 전해진 전통, 곧 상좌부(上座部)를 포함하는 불교를 초기불교란 용어로 사용하고자 한다. 이점에 대한 상세한 논의는 平川彰著作集 第2卷(1991), 『原始佛教とアビダルマ佛教』(東京, 春秋社)를 참고하기 바람; 이자랑(2020), 원시불교와 초기불교의 명칭에 관한 논쟁 고찰-일본 불교학계의 상황을 중심으로- 한국불교학회, 『韓國佛敎學』, Vol.96.

6 T.W. Rhys Davids, The Pali Text Society's Pali-English Dictionary, p.627, p.447.

7 Buddhaghosa, Vsuddhi-Magga(PTS, p.513), "Dukkham eva hi na koci dukkhito, kārako na kiriyā, va vijjati"; Walpola Rahula(1959), What the Buddha Taught, New York: Grove Press. p.26.

8 이것은 오온무아설(五蘊無我說)로 알려진 초기불교의 대표적인 교설을 염두에 두고, '동일시'라는 심리학적인 용어로 이해한 내용이다. 이점에 관해서 『아함경(阿含經)』에서는 "다문(多聞)의 제자는 五蘊에서 나를 보지 않고, 五蘊의 밖에서 나를 보지 않으며, 五蘊의 중간에서 역시 나를 보지 않는다"고 하고, "五蘊은 나도 아니요 나의 것도 아니라고 여실하게 본다."(彼一切 非我不異我不相在 如是觀察 受想行識亦復如是 比丘 多聞聖弟子 於此五受陰 非我非我所 如實觀察 如實觀察已 於諸世間都無所取 無所取故無所着 無所着故自覺涅槃)고 말한다. (『雜阿含經』, T2, 7a) 이점에 관한 논의는 『阿含經』뿐만 아니라, 빠리어 經典에서 수차례에 언급한 내용인 관계로

여기서 자세한 논의는 피하고자 한다.

9 　탈동일시(disidentification)란 심리적인 동일시(identification)에서 벗어남이란 의미로 이것은 이탈리아의 통합 정신분석학자인 Assagioli에 의해서 제안된 이후로 명상의 심리적인 측면을 기술할 때 자주 사용하는 술어이다.

10 　심리학계에서 정신분석, 인지행동, 인본주의 등과 함께 제4세력으로 인정받고 있는 자아초월(transpersonal) 심리학은 불교의 영향에 크게 힘입은 바가 크고, 현대인들의 고통이나 심리적인 장애가 바로 자신의 정체성을 五蘊에 근거하고 있음을 지적하고, 명상이란 바로 무아의 체험이며, 이런 심리적인 상태로부터의 동일시에서 벗어나는 기법으로 해석한다. 이점에 관해서는 1980년대 이후에 본격적인 논의가 전개되는데, S.Boorstein, ed., 1980, Transpersonal Psychotherapy; 『자아초월 정신치료』 정성덕외 공역(서울: 하나의학사, 1997), Roger Walsh, ed., 1993, Paths Beyond Ego, New York. 등을 참고 바람.

11 　長阿含經(大正藏1, 37中) "佛告婆悉吒 汝觀諸人愚冥無識猶如禽獸 虛假自稱 婆羅門種最爲第一 餘者卑劣 我種淸白 餘者黑冥 我婆羅門種出自梵天 從梵口生 現得淸淨 後亦淸淨 婆悉吒 今我無上正眞道中不須種姓 不恃吾我憍慢之心 俗法須此 我法不爾 若有沙門. 婆羅門 自恃種姓 懷憍慢心 於我法中終不得成無上證也 若能捨離種姓 除憍慢心 則於我法中得成道證 堪受正法 人惡下流 我法不爾."

12 　PTS., Satipaṭṭhānasuttaṃ. "Idha bhikkhave bhikkhu araññagato vā rukkhamūlagato vā suññāgāragato vā nisīdati pallaṅkaṃ ābhujitvā ujuṃ kāyaṃ paṇidhāya parimukhaṃ satiṃ upaṭṭhapetvā. So satova assasati, sato passasati. Dīghaṃ vā assasanto dīghaṃ assasāmīti pajānāti. Dīghaṃ vā passasanto dīghaṃ passasāmīti pajānāti."

13 　김재성역(1992), 『지금 이 순간 그대는 깨어 있는가-우 빤디따 스님의 가르침』(서울 :고요한 소리); 김재성(2002.10), 「마하시 수행법과 『대념처경』」, 근본불교학술자료집-『대념처경의 수행이론과 실제』, (서울 : 근본불교수행도량).

14 　인경역(1991), 『고엔카 위빠사나 수행법-단지 바라보기만 하라』 (서울 : 길 출판사); 일중(1997), 「대념처경에 나타난 신념처 연구」, 『세계승가공동체의 교학체계와 수행체계』(서울: 도서출판 가산문고).; 일중(2002. 10), 「고엔카 수행법과 大念處經」, 근본불교학술자료집-『대념처경의 수행이론과 실제』, (서울: 근본불교수행도량).

15 　雜阿含經(T2, 91a), "一切者 謂十二入處 眼色. 耳聲. 鼻香. 舌味. 身觸. 意法 是名一切 若復說言此非一切 沙門瞿曇所說一切 我今捨 別立餘一切者 彼但有言說 問已不知 增其疑惑 所以者何 非其境界故時 生聞婆羅門聞佛所說 歡喜隨喜奉行."

16 　『景德傳燈錄』卷3(T51, 218b). "我雖無解願王致問 王怒而問曰 何者是佛 答曰 見性是佛 王曰 師見性否 答曰 我見佛性 王曰 性在何處 答曰 性在作用 王曰是何作用我今不見 答曰 今見作用王自不見 王曰 於我有否 答曰 王若作用無有不是 王若不用體亦難見 王曰 若當用時幾處出現 答曰 若出現時當有其八 王曰 其八出現當爲我說 波羅提卽說偈曰 在胎爲身 處世名人 在眼曰見 在耳曰聞 在鼻辨香 在口談論 在手執捉 在足運奔 遍現俱該沙界 收攝在一微

塵 識者知是佛性 不識喚作精魂 王聞偈已心卽開悟."

17 이렇게 말하고, 가르치는 경우에, 그것이 참된 初期佛教의 修行論인가 라는 의문점이 제기된다. 無我. 無常. 苦란 실천적 인식의 결과이지만, 大乘佛教에서 비판하여 왔듯이, 無我. 無常. 苦라는 또 다른 하나의 法相에 집착하는 결과를 가지고 있기 때문이다. 이점은 初期佛教의 修行論을 해석하는데, 고려해야할 점으로 생각된다.

18 神會, 「頓悟無生般若頌」, 앞의 책, p.50, "見卽直見無生."

19 인경(2001), 「初期佛教의 四禪과 止觀」, 『보조사상』제16집.

20 조준호(2000), 「초기불교에 있어서 止. 觀의 문제」, 『韓國禪學』 창간호.

21 임승택(2001), 「sati의 의미와 실제」, 『보조사상』제16집.

22 김재성(1997), 「태국과 미얀마불교의 교학체계와 수행체계」, 가산불교문화연구원.

23 T.W. Rhys Davids, The Pali Text Society's Pali-English Dictionary, p.672.

24 인경(2019), 「대념처경의 해석학적 이해」, 『명상심리상담』제23집.

25 인경(2001.8), 「初期佛教의 四禪과 止觀」 『普照思想』제16집, p.98., (서울: 보조사상연구원); Soma Thera, The Way of Mindfulness, pp.53., (Sri Lanka, BPS, 1941); S.N.Goenka의 Discoursrs on Satipaṭṭhāna Sutta, pp.32-33., (India, VRI, 1999).

26 임승택(2002.10), 「대념처경의 이해」, 근본불교학술자료집-『대념처경의 수행이론과 실제』, 홍원사, p.38. 註41.

27 『雜阿含經』(T2, 2上), "世尊告諸比丘 色無常 無常卽苦 苦卽非我 非我者亦非我所 如是觀者 名眞實正觀 如是受想行識無常 無常卽苦 苦卽非我 非我者亦非我所 如是觀者 名眞實觀" 같은 책, p.66. "令我知法見法 我當如法知 如法觀時 諸比丘語闡陀言 色無常 受想行識無常 一切行無常 一切法無我 涅槃寂滅."

28 인경(2002), 「見性에 관한 荷澤神會의 해명」, 『보조사상』제18집, p.30., 中國 禪宗史에서 南宗을 대표하는 荷澤神會의 禪修行은 龍樹의 般若思想에 기초한다. 見性을 神會는 다음과 같이 두 단계로 나누어서 설명한다. 첫 번째는 번뇌가 일어났을 때(妄起, 念起), 그것을 깨달아(卽覺, 卽便覺照) 번뇌가 본래 존재하지 않음(煩惱空寂)을 통찰하는 '卽見'의 단계이다. 이때 번뇌는 곧장 卽見에 의해서 소멸한다. 두 번째는 단계는 煩惱가 소멸됨으로써(起心卽滅), 그 대상을 향한 見 역시 스스로 소멸하는 '見滅'의 단계이다(覺照自亡). 이렇게 되면, 봄이 없는(不見) 그대로가 본성의 無住心이고, 無念이 된다. 그리하여 本性이나 無住에 계합하는 단계이다.

29 인경(2000.12), 「德異本 『壇經』의 禪思想史的 意味」(불교학연구회, 『불교학연구』 창간호). 神會가 편집자로 알려진 敦煌本 『壇經』의 중심과제는 바로 神秀의 北宗으로부터 南宗을 독립시키는 일이었다. 이점은 德異本 『壇經』과 대조시켜볼 때, 분명하게 드러난다. 그러나 北宗에 대한 南宗의 이해방식은, 마치 初期佛教를 小乘이라고 이해한 大乘佛教의 경우처럼, 과연 올바르고 공평한 이해였는가 문제는 여전히 과제로 남는다.

30 中國 初期禪宗에서, 특히 東山法門이라고 부르는 제4조 道信이나, 제5조 弘忍 등의 수행론에서 '守一不移'(道信, 『入道安心要方便法門』, T85, 1288上)나 '守本眞心'(弘忍, 『修心要論』, T48, 377下)

은 바로 초기불교 수행전통의 흔적을 가진 용어들이다. 왜냐하면 최근 근본불교 학술대회에서 남방의 선지식인 우빤디따 사야도는 sati를 한글로 번역할 때, 가장 적절한 표현은 대상에 대한 '지킴'의 의미로 사용될 수 있음을 말하고 있고(2002.10. 홍원사) 또한 전통적인 한역에서도 sati는 '守意'로 번역된 사례가 많기 때문이다. 이런 점에서 '守一不移' 혹은 '守本眞心'은 心性論에서는 大乘佛敎의 佛性思想을 채택하면서도, 실천방식은 초기불교에서 말하는 sati(念, 守意)의 개념을 고수하고 있다. 불성은 변화하지 않기에 지킴의 의미는 오히려 실효성이 있다. 그러나 초기불교의 四念處에서 몸, 느낌, 마음, 현상은 끊임없이 변화하기 때문에, 지킬 만한 아무 것도 없는데, 무엇을 어떻게 지킨다는 말인가 하는 의문에 직면한다. 단순하게 sati를 '지킴'으로만 번역하면 적절하지 못한 상황에 놓이는 경우도 있다. 아무튼지 中國 初期禪宗에서 여전히 天台止觀을 통해서 유입된 초기불교의 흔적을 완전하게 일소한 것은 南北論爭을 통해서, 慧能과 神會의 南宗에서 비롯되었다는 점은 상기할 필요가 있다.

31 『維摩詰所說經』(T14, 542中), "菩提者 不可以身得 不可以心得 寂滅是菩提 滅諸相故 不觀是菩提離諸緣故 不行是菩提無憶念故 不斷是菩提捨諸見故."

32 『涅槃經』卷第二十五(T7, 514下), "槃者言苦 無苦之義乃名涅槃 善男子 斷煩惱者不名涅槃 不生煩惱乃名涅槃 善男子 諸佛如來煩惱不起是名涅槃."

33 『馬祖錄』, "僧問如何是修道 日道不屬修 若言修得 修成還壞 卽同聲聞 若言不修 卽同凡夫 又聞作何見解 卽得達道 祖日 自性本來具足 但於善惡事中 不滯喚作修道 人取善捨惡 觀空入定 卽屬造作."

34 『馬祖錄』, 같은 책, "示衆云道不用修 但莫汗染 何爲汗染 但有生死心 造作趣向 皆是汗染 若欲直會其道 平常心是道."

35 여기서 念處를 의미하는 satipaṭṭhāna는 집중된 알아챔을 의미하는 念을 의미하는 sati, 대상에 다가간다는 의미의 pa, 장소나 대상을 의미하는 sthāna가 결합된 낱말이다. 따라서 염처란 말에는 그 자체로 대상을 향한다는 志向, 혹은 趣向의 의미가 함축되어 있다.

36 眞覺慧諶(1178~1234)의 「狗子無佛性話揀病論」(韓國佛敎全書6, 69-70)에 의거하면, 不得作有無之無, 不得作眞無之無卜度, 不得作道理會, 不得向意根下思量卜度, 不得揚眉瞬目底埈根, 不得向語路上作活計, 不得颺在無事甲裏, 不得向擧起處承當, 不得向文字引證, 不得將迷待悟 등이다. 여기서 '어떤 도리가 있다'고 하는 것에 해당된다.

37 高峰, 『禪要』(卍續藏經122, 708上).

38 知訥, 『看話決疑論』(呑虛本), p.243. "若是上根之士 堪任密傳 脫略窠臼者 纔聞徑截門無昧之談 不滯知解之病 便知落處 是謂一聞千悟 得大摠持者也."

39 인경(2000), 「華嚴과 禪의 頓敎論爭」, 『韓國禪學』창간호, p.45. 말하자면 화두는 인식과 대상의 관계를 구성하는 문법과 그래서 의미를 생산하는 인식구조 자체를 해체시키고 깨뜨리는 도구인 것이다.

40 『大慧普覺禪師書』卷26 答富樞密-季申(大正藏47, 921下), "僧問趙州狗子還有佛性也無 州云無 此一字子乃是摧許多惡知惡覺底器杖也."

제 3장

대승불교의 성립과
비판불교의 비판

오늘은 부처님이 오신 날이다.

무엇이 부처인가?

부처님은 오시지도, 가시지도 않았다.

- 구산(九山) 선사

I. 주요 쟁점*

현대 북방불교를 대표하는 수행론이 간화선이라면 남방불교의 대표적인 수행론은 위빠사나이다. 양자는 이론이나 실천의 다양한 관점에서 차이점이 있고, 종종 서로 갈등하기도 한다. 위빠사나는 법중심의 초기불교에 근거한 수행론이라면, 간화선은 대승불교의 불성사상에 기초한다. 간화선은 선문답에 근거한 화두 수행이다. 선문답에는 핵심된 질문이 있다. 이를테면 '어디서 와서 어디로 가는가?', '부처란 무엇인가?' 든지, 혹은 '무엇이 나의 본래면목인가?'와 같은 자기 정체성과 관련된 삶에서 누구나 만날 수 있는 궁극적 관심을 반영한다.

그런데 비판불교는 초기불교의 무아/연기사상에 근거하여 대승불교의 불성사상을 '비불교'라고 비판하거나 같은 이유로 선사상을 '반불교'라고 비판하는 경우가 있다. 이런 비판불교의 핵심된 요점은 불교란 연기/공이며 깨달음이란 것도 연기를 숙고하는 것인데, 불성이나 여래장은 연기가 아닌 아트만인 까닭에 비불교라고 주장한다. 이런 주장은 정치적으로 보면 '근본주의자'들과 같다. 원초적인 사상을 지켜내고 순수 혈통을 강조하면서 주변의 다른 사상을 혼혈들이라고 스스로 판단하면서 '가지치기'한다.

물론 이해는 한다. 어느 종교나 이런 전통성 논쟁은 역사적으로 매우 자주 나타난 현상들이다. 붓다의 교설이 역사적으로 여러 지역으로 퍼져나가면서 시대에 따라 새롭게 해석되면서 다양한 형태로 가지를 뻗어나간 것이기에 종종 가지치기가 필요하다.

그러나 도대체 기준점으로서 '무엇이 근본인가'를 묻게 되면 상당한 혼란이 야기된다. 이를테면 불교의 근본 사상을 초기불교에서 '연기 공사상'으로 보지만, 이것은 너무나 철학적 이론에 치우친 견해라고 본다. 오히려 필자는 초전법륜(初轉法輪)에 의거하여 '고집멸도'가 더 근본적 핵심이라고 본다. 더구나 고집멸도는 이론적이나 실천론에서 연기법을 포괄하고 있기 때문이다.

그런데 근본주의와 관련하여 동북아시아 선종은 더욱 놀라운 주장을 한다. 우리에게 전해진 붓다의 빠리어 말씀도 분열된 부파들의 전승자들에 의해서 중간에 변형되고 왜곡된 까닭에, 근본주의적 관점을 고집할 수 없다는 것이다. 굳이 순수한 근본을 찾는다면 그것은 붓다의 '말씀'보다는 교외별전(敎外別傳)하는 우리의 '마음'이라고 본다. 왜냐하면 붓다의 말씀은 결국 붓다의 '깨달음'을 반영한 것이기에, 구태여 근본을 찾는다면 그것은 응당 깨달음이고, 곧 '마음'을 떠나서는 해결할 길이 없다고 주장한다. 사실 오랜 역사 속에서 우리가 인식하는 초기불교든지 혹은 대승불교든지 양쪽 모두 붓다의 '깨달음'에 대한 후세의 해석체계이다.

이런 역사적인/지역적인 전개에 따른 과정에서 생겨난 정통성 논쟁은 교학의 체계와 함께 실천수행의 깨달음에 대한 해석의 정당성 문제이다. 물론 해석은 끊임없이 변하는 역사적인 현실 속에서 적절하게 대응하기 위한 필수 불가결한 선택이다. 견고하고 경직된 사고방식은 오히려 문제가 되고 현실에 적용하지 못하는 병리적 현상일 수도 있다. 그래서 다양한 관점과 논쟁은 매우 유용한 관점을 주고 우리의 인식을 더욱 풍요롭게 한다.

본 장은 대승불교의 사상과 깨달음을 중시하는 선불교의 입장에서 비판불교를 비판적으로 검토하여 대안을 제시하는 것이 중요한 목표이다. 그러기 위해서는 필자는 일차적으로 대승불교의 불성이나 여래장 사상의 형성과 관련하여 대승불교의 성립 부분을 다루고, 대승불교가 어떻게 탄생되었는지 그 과정을 살펴본 다음에 이차적으로 대승경전에서는 불성이나 여래장 사상에 대한 비판에 대해서 어떻게 해명하고 있는지를 살펴볼 것이다.

간화선의 수행체계가 전적으로 대승사상에 크게 의지하고 있기에, 먼저 내부적으로 대승불교와 대승경전의 기원에 대해서 논의할 필요가 있다. 이점은 피해갈 수가 없다. 대승불교의 비불설이나 선사상을 반불교라는 일부의 비판은 대승불교와 선불교의 근간을 뒤흔드는 쟁점이 있기에 비판불교의 문제점이 무엇인지를 다시금 살펴본다. 일단 본 장은 비판불교에 초점을 맞춘다. 비판불교는 연기/공을 불교의 근본적이고 핵심된 가르침이라고 보고, 그 밖의 다른 교설이나 사상에 대해서는 비불교라든지 혹은 반불교라고 '가지치기'를 한다.

그러나 비판불교는 오히려 불교의 진정한 가치를 왜곡하고 잘못된 시각에 의한 해석인 까닭에 반드시 그 잘못을 교정하여 시정해 줄 필요가 있다. 그럼으로써 오히려 본 연구는 대승불교와 선불교의 고유한 특징을 드러내는 계기로 삼고자 한다. 중요한 과제는 아래와 같다.

- 대승불교는 무엇이고 어떻게 성립되었나?
- 비판불교의 문제는 왜 문제가 되는가?
- 불성과 연기법은 서로 대립되는가?
- 선사상에 대한 비판불교의 문제점은 무엇인가?

모든 중생에게 한결같이 갖추어져 있다는 '불성(佛性)' 사상과 함께 일체가 다 공하다는 '공(空)' 사상은 대승불교의 핵심된 두 갈래의 키워드이다. 불성이 긍정적 기술이라면 무상이나 공사상은 부정적 술어이다. 역사적으로 긍정과 부정의 양 전통은 서로 다양한 색깔로 서로 다른 관점에서 논쟁하여 왔다. 다시 말하면 만약 근래에 비판불교의 주장처럼 불성사상이 비불교라면 불성사상에 근거한 동북아시아의 북방불교가 반불교로서 부정된다면, 마찬가지로 대승불교와 그에 따른 수행론의 간화선도 함께 그 성립의 근거를 상실한다. 그렇기에 간화선의 사상을 새롭게 정립하려는 본 연구의 입장에서 비판불교를 비판하면서 불성 사상과 선종 수행론의 정당성을 확보하는 작업은 매우 중요한 과업 가운데 하나이다.

Ⅱ. 대승불교의 성립

대승불교가 어떻게 탄생하였는가는 문제는 어려운 과제이다. 이런 논의는 국내보다는 일본학계를 중심으로 활발하게 진행된 영역이다. 시기적으로 보면 1980년대에 '강좌 대승불교' 시리즈를 기획하여 편찬했고, 30년이 지나서 그 후속편으로 2010년대에 다시 새로운 관점에서 '시리즈 대승불교'가 간행되었다. 이런 일본학계의 성과는 국내에 번역 소개되었는데, 필자 역시 이런 노력에 크게 영향을 받았음을 밝힌다.

첫 번째는 역사적인 맥락에서 대승불교는 어떻게 성립되었는가 하는 점이다. 1980년대에 출간된 『강좌 대승불교』 1권의 히라카와 아키라(平川彰), 「大乘佛敎の特質」[1]은 대승불교의 탄생에서 불탑신앙과 함께 재가자 보살의 역할이 컸다는 점과 교단으로는 진보적인 대중부와 관계를 언급한 점에서 중요한 관점을 제공하였다. 이런 관점은 오랫동안 영향을 미쳐왔는데, 2010년에 새롭게 간행된 시리즈 대승불교에서 비판적으로 검토를 하고 보다 다양한 관점에서 논의를 진행한다.[2] 이것과 관련 중요한 논의는 교단 성립이 대중부와 같은 특정한 교단이 중심이 된 것이 아니라 다양한 부파 집단이 관여를 했고, 교단에 의해서 대승경전이 만들어진 것이 아니라, 반대로 대승경전의 출현이 대승교단을 촉진했다는 견해가 새롭게 제시된다.

두 번째는 사상적 측면이다. 대승불교는 붓다의 입멸 이후로 '법(法)'중심에서 '불(佛)'중심으로 불타관의 변천이 중요한 역할을 했다는 주장이다.[3] 법 중심이란 붓다가 설한 가르침으로서 말씀을 말한다. 새로운 시각은 초기불교시대에서도 대승불교와 마찬가지로 항상 법을 설하신 붓다라는 '인물'의 인격이 중심이 되었음을 상기하면서, '불' 중심 설법의 양태를 빠리어 니카야나 한역 아함경에서도 역시 발견할 수 있음을 말한다. 이런 관점은 시리즈 대승불교에서도[4] 마찬가지로 적극적으로 계승되고 확장된다. 유한한 붓다가 아닌 영원한 붓다를 발견하는 역사적인 과정이 대승불교를 탄생시켰고, 기존의 '법' 중심의 불교와 '불' 중심이란 이분법적 구분보다는 대승불교에서도 법 중심과 불중심의 교단과 경전이 함께 계승되었다는 측면을 제시한다.

오늘의 시점에서 대승불교의 원류를 밝히는 것은 2천 500년이란 오랜 시간이 지난 까닭에 사실 어려운 작업이다. 충분한 근거자료가 부족한 실정이다 보니, 그런 결과로 현존하는 대승불교에 대한 '선이해'를 기반으로 해서 기존의 자료를 해석하는 경향이 매우 높다. 새로운 자료가 발굴된 부분은 극히 일부이고, 오히려 대부분은 기존 자료에 대한 새로운 해석이 주류를 이룬다. 또한 해석자의 본인의 입장과 처한 상황에 무의식적으로 크게 영향을 받는다. 이를테면 '재가자'는 대승불교가 재가자 중심에서 비롯되었다고 주장한다면 '출가자'는 출가 교단에서 대승불교의 원류를 찾는다. 왜냐하면 그게 자신의 입장을 옹호하여 주기 때문이다. 비판불교와 같은 이론적 학자들은 철저하게 철학적인 관점에서 불교를 해석한다면, 현장에서 실천하는 수행자들은 교학적인 측면보다는 오히려 명상수행의 체험을 강조한다. 이것은 결국 자신의 입장을 합법화시키는 측면에서 인지상정의 지식 사회학적 관점이다.

마찬가지로 필자 역시 현재의 시점을 기준으로 해서 과거를 해석한다. 과거 대승불교의 탄생에 대한 다양한 의견을 필자는 몇 가지로 정리한다. 물론 이렇다 보니, 역사적인 고증이나 물증을 중시하는 '실증주의'적 관점보다는 주관적인 견해를 반영한 '해석학'적 관점이 강조되었음을 인정한다. 해석학은 사실적 근거를 무시하지 않지만, 해석에 있어서 보다 자유로운 입장에 놓인다는 장점이 있다. 해석학은 우리가 알고 있는 역사적 물리적 자료라고 할지라도 그것을 제작한 인물이나 수집하는 사람도 역시 사건에 대한 '해석'이라는 관점/일체유심조에서 자유로울 수 없다고 보는 것이다.

이하 필자는 역사적인 관점에서는 부파불교의 대중부와 불탑신앙을 중심으로 살펴보고, 사상적으로는 대승경전의 출현과 명상수행의 새로운 체계라는 관점에서 논의를 진행한다.

1. 부파불교의 대중부

대승불교의 탄생을 주도한 주체는 누구인가? 이것은 교단사적 관심이다. 당연하지만 일단은 출가자 교단이고 다른 하나는 재가자 그룹이라고 예상이 된다. 대승불교의 교단은 보수적인 부파불교보다는 진보적 측면이 강한 대중부가 주목받고, 다른 하나가 현실 참여적 경향이 높은 대승불교의 특성상 재가자 그룹을 지목하기도 한다. 이런 시각은 이미 히라카와 아키라(平川彰) 등에 의해서 1980년대에 주도된 시각이고, 이것에 대해서 30년이 지나서 2010년에 들어서 비판적인 관점이 나타났다. 하지만 기존 관점을 전적으로 부정할 수만은 없다고 본다.

첫째 가설의 핵심된 질문은 대승불교의 탄생을 주도한 그룹은 누구인가? 하는 점인데, 이것은 먼저 부파불교의 교단에서 발전되었다는 관점이다. 붓다의 입멸 이후 단일교단에서 상좌부와 대중부로 쪼개지는 근본분열이 발생한다. 이것의 원인으로 계율의 문제를 비롯한 열 가지 항목/십사를 나열하는데 그중에서도 가장 직접적인 문제는 교단의 재정적 문제였다. 당시는 물물교환시대였는데 교단은 새롭게 도입되는 화폐를 직접적으로 받을 수 있느냐 문제가 전면에 대두되었다. 상좌부는 기존 입장을 고수하고 대중부는 시대에 적극적인 참여를 주장하면서 분열이 생겨났다. 이후 B.C. 218년 아쇼카 왕 시대에 이르러 불교 교단은 18개 이상의 다양한 부파불교(部派佛敎)로 쪼개져 나누어지게 되면서 각 부파는 서로 정통성에 대한 경쟁에 돌입한다. 통일 이후 불교에 귀의한 아쇼카 왕은 비문을 통해서 대중에게 교시했는데 불교계의 과도한 분열을 경고하는 기록이 있다.

이런 결과로서 크게 보면 오늘날 '상좌부'는 남방불교의 전통으로 계승되고, 진보주의적인 경향이 있었던 '대중부'는 북방에 전승된 대승불교의 뿌리가 되었다는 가설이다. 진보주의적 부파는 대중부만은 아니지만 근본분열의 시작이 대중부로 일어난 점을 중시한 것이다. 이 가설은 거칠지만 오늘날 남방불교와 북방불교의 현실에 근거할 때 설득력이 있다. 이를테면 상좌부 전통의 남방불교 교단은 국가와 시민의 지원 아래 탁발문화를 유지하지만, 대중부 전통의 북방불교에서는 탁발문화가 사실상 소멸되었다. 또한 농경사회에서 동북아시아 선종은 (교단이 농사 활동을 하지 않는다는 비난에 직면해서) 단월(檀越)의 시주에 의지하지 않고 자급자족의 농업생산에 직접 관여한 역사적 전통이 있다.

한편으로 경제적 기반을 떠나서, 내적 자기 성찰의 측면에서 붓다의 입멸 이후로 '붓다란 누구인지?'에 대한 정체성에 관한 질문이 생겨났다. 남방 상좌부는 붓다의 '말씀[法]'을 중시한 관계로 붓다가 입멸하자 제일 먼저 착수한 작업이 말씀의 결집이다. 이것을 유지 계승하는데 집중한다. 그렇다 보니 자연스럽게 기존의 질서를 지키려는 보수적 근본주의적 입장을 취한다. 그러나 대중부는 변화하는 시대적 흐름과 다양한 지역 환경 속에서 그곳에 적응하고 교화작업을 해가야 하기에 적극적 진보주의적 입장을 취한다. 이런 환경의 변화는 곧 불교의 정체성을 확립해야 할 과제에 직면한다. 그것은 곧 '붓다[佛]란 누구인가'에 대해서 매우 심각하게 묻게 된다. 붓다의 입멸로 인하여 중심이 된 의지처가 부재하자, 대중부는 붓다의 부재 상황에서 과연 붓다란 누구이고 그 본질이 무엇인지, 그리고 붓다를 어떻게 이해할지, 자신들의 종교적 정체성 확보에 더 많은 관심을 쏟았다.

'부처란 누구인가?'

결과적으로 붓다의 입멸은 내부로부터 붓다를 재발견하는 작업을 촉발시켰다. 이런 관점은 나중에 동북아 선종에서 '무엇이 부처인가[如何是佛]'라는 화두와 연결된다. 이것은 부처의 '말씀'보다는 부처라는 '인물'에 대한 관심이 사상적 측면에서 대승불교의 탄생에 중심적인 역할을 했다는 의미이다. 그만큼 불교도에게는 '붓다의 본질'에 대한 근본적인 관심은 역사적인 시대의 흐름과 무관하게 어느 시대에나 제기되는 실존적인 자기 자신의 종교성을 확립하는 중요한 지표로써 작용한다는 것을 말한다. 붓다라는 '인물'에 대한 관심은 붓다의 말씀도 말씀이지만, 붓다의 생애를 다시 조명하고, 붓다의 탑을 세우고, 사찰을 조성하면서 붓다의 삶을 새롭게 이해하려고 하는 노력으로 나타났다. 이것은 오늘날과 마찬가지로 매우 자연스런 현상이었다.

　사상적으로 '부처란 누구인가?'라는 질문이, 불자로서 정체성을 찾는 이 궁극적 관심이 대승불교의 시발점이 되었다고 하는 관점을 필자는 제안하고 싶다. 이런 입장에 서면 역사적인 붓다가 아니라 역사가 새로운 붓다를 만들었다는 주장[5]과 상통하게 된다. 부처를 어떻게 볼 것인가? 역사적인 붓다는 죽음이라는 한계를 가지지만, 시대를 초월한 붓다는 누구에게나 모든 시대에 현존하는 영원한 '부처님'이 된다. 이 것은 특정한 시대에 나투는 고정된 붓다가 아니라, 어느 시대에나 살아가는 우리가 매번 '반복해서 재발견해야' 하는 우리 내면에 상존하는 부처님인 것이다. 유한한 '붓다'가 아닌 불변하는 '부처님'의 존재를 상정한다. 바로 이것은 '불성(佛性)' 사상으로 완결되었다는 관점이다.

　그럼으로써 불성 사상은 역사적인 시대적 흐름을 뛰어넘어서 모든 중생의 내면에 존재하고 누구든지 부처를 이룰 수 있는 잠재성을 가진다. 고려 후기의 보조국사는 '시대는 변할지라도 우리의 본성, 성품으로서 불성은 변함이 없다'고 말한 점은 바로 이것을 말한다. 이렇게 되면 붓다는 저기가 아니라 여기, 바로 우리 개인의 내면에 실재하게 된다. 나와 불성을 연결하는 이 가설의 장점은 '누구'에 의해서 '왜' 대승불교가 성립되었는지를 보여준 점에서 장점이 있다.

2. 재가자 그룹의 불탑신앙

'붓다'가 역사 속에 현존할 때는 귀의처가 분명하기에 전혀 문제가
되지 않았다. 그러나 붓다가 입멸하자 귀의처가 부재하면서 '도대체 부
처는 누구인가?' 라는 질문과 함께 귀의처로서 내면에서 부처를 재발
견해야 하는 절박한 과업을 안게 되었다. 이것이 대승불교의 탄생을 촉
발시켰다. 이것에 대한 구체적이고 역사적인 자료를 제시할 필요가 있
는데, 붓다의 사리를 모시는 불탑이 바로 그것이다. 이것이 대승불교의
탄생에서 중요한 역할을 한 것으로 판단되는 두 번째 재가자 중심의 불
탑신앙이다.

사실 재가자 기원이란 가설은 첫 번째 부파불교의 대중부로부터
유래되었다는 가설과 함께 1980년대에 등장한 가설로서, 한참 오래된
가설이라는 비판도 있지만, 필자가 보기에는 여전히 유용한 가설이다.
이것은 대승불교의 신앙을 설명하는 것과 적극적으로 현실참여를 인
정한 점에서 유익하다. 물론 대승불교의 특징을 이것만으로 온전하게
설명할 수는 없어도, 대승불교에서 적어도 재가자들의 역할을 강조한
다는 점은 결코 부정할 수가 없다. 오늘날 출가자가 급속도로 감소하는
추세 속에서 이점은 미래에 중요한 시사점을 제공할 수 있다.

부파불교의 대중부에서 대승불교가 비롯되었다는 설은 출가자 중
심에서 본 경우이지만, 오히려 대승불교는 신앙으로서 접근한 재가자
가 중심적인 역할을 했다는 견해 역시 설득력이 있다. 그 역사적 근거
는 이렇다. 붓다가 입멸하자 각각 부족들은 자신들에게도 부처님의 사
리를 받을 자격이 있다고 주장하였다. 결국 사리는 8개 부족국가로 분

배되었고, 다비에서 사용한 용기, 다비한 후 남겨진 재를 포함하여 사리를 인도의 여러 지역으로 분배하고 그것을 안치하는 불탑을 만들었다. 당연한 결과지만 재가 불교도들은 불탑을 중심으로 모여들었다. 붓다가 부재한 상황에서 불탑은 자연스럽게 대중을 통합하는 신앙의 중심이 되었다. 이것은 그전에 없었던 불교의 새로운 종교적 현상이었다.

사리를 요구했던 부족국가의 유력한 족장이나 왕은 한결같이 불탑을 만들었고, 이것들은 독립적으로 승원 밖에 위치하였다. 승원밖에 위치한 불탑을 승가가 관리하기에는 어려움이 있었고, 오히려 영향력이 있는 왕이나 재력가들에 의해서 불탑은 관리되었다. 이러한 불탑신앙은 인도를 통일한 아쇼카 시대에 널리 유행하게 되었다.[6] 수많은 다민족 국가인 인도를 통일한 이후 아쇼카 왕에게 이것은 통합의 정치에서 충분하게 요청되는 필요한 부분이었다. 불탑을 중심으로 한 신앙 활동은 구체적인 '의식'과 종교적인 '집단'을 형성하게 되었고, 그것을 이끄는 그룹이 나타났다. 모여든 일반 신앙의 대중들에게 붓다의 생애를 이야기하고 함께 부처님을 향한 신앙 활동을 하면서, 도움을 주는 지도적인 재가자들이 출현했다는 가설이다. 그들은 역사적 인물인 '붓다'를 이상화된 영원한 '부처님'으로 만들면서 재가자들의 신앙적 중심에, 사리를 모신 불탑을 '위치'시켰다는 관점이다.

한편 이런 불탑에 대한 신앙적 접근과는 조금 다르긴 하지만 대승불교는 철학적 입장에서 재가자 삶 자체를 출가자의 삶과 대비하고 긍정적으로 수용하고 바라보는 시각이 있다. 상좌부 초기불교의 전통에서 출가자 삶이 귀중한 것은 사실이지만, 그렇다고 재가자의 삶과 그 신앙적 활동을 전적으로 부정하는 것은 역시 문제가 있다. 궁극의 진리

불탑

부처의 입적은 귀의(신앙)의 대상을 어떻게 할지, 중요한 과제를 던져주었다. 불탑은 부처의 사리를 모신 탑이다. 재가자 중심의 불탑신앙은 대승불교의 불성(붓다의 유골)형성에 결정적 영향을 주었다.

에 도달하기 위해서 현실의 삶 속에서 가능성을 보여준 대표적인 대승 경전은 『유마경』이다. 유마는 출가자가 아니라 재가자이면서, 가르침을 듣는 전통 출가자인 성문승의 수행방법을 적극적으로 비판하고, 재가의 삶 속에서 어떻게 수행하는지 대승의 수행법을 극적으로 잘 보여준다.

『유마경』에 의하면, 깨달음은 출가나 재가라는 장소적 의미가 아니라는 것과 그것은 바로 집착에서 비롯된 문제로서 집착 없는 해탈은 수행에서 비롯된 것이 아니고, 삶의 본질에 대한 깨달음에서 비롯됨을 말한다. 그리고 한량없는 광대한 유마의 방이라는 '장소'는 일상의 현실 자체로서, 다른 곳이 아닌 바로 여기 이곳에서 진리가 구현됨을 상징적으로 보여준다. 더욱 중요한 관점은 이런 삶의 방식이 부처님에 의해서 인정받고 있음을 『유마경』은 말한다.

　이런 대승불교의 정체성 확보는 이후 재가자 삶의 중요성이 조명되면서 대승불교 문화의 한 축을 형성한다. 물론 이후 세대에게 큰 영향을 미쳤다. 이를테면 대표적으로는 당나라의 방거사가 그렇고, 번뇌의 오온이 그대로 여래장/불성이라고 설한 『능엄경』을 중심으로 한, 고려 후기 재가자 불자들의 활약이 그것이다. 이것은 사상적으로는 일상의 삶을 떠나서는 진리를 체득할 수 없음을 보여주는 것으로, 널리 알려진 선종의 '평상심시도(平常心是道)'가 대표적으로 잘 나타낸 사상이다.

3. 대승경전의 출현

　대승불교 성립의 세 번째 가설은 출가나 재가자의 교단으로부터 발생된 관점이 아니라, 대승'경전'의 출현이 대승불교를 탄생하게 했다는 것이다.[7] 이를테면 불탑신앙을 강조하는 『열반경』이나 재가자의 삶을 강조하는 『유마경』의 출현이 대승불교를 촉진했다는 것이지, 대승불교의 사상이 먼저 성립되고서 그 결과로 『열반경』이나 『유마경』이 완성되었다는 의미가 아니란 입장이다. 이것은 오늘날 문화 현상으로서 책자발간이라는 관점에서 대승경전의 중요성을 말한다.

　주지하다시피 경전의 결집은 붓다의 입멸 직후에 상좌부를 중심으로 이루어지고, 이것이 구전으로 전승되어 오다가 불멸 후 약 200년이 지나서 문헌으로 '기록'되었다. 오늘날 현존하는 니까야나 아함경의 경우도 붓다의 직설이라고 장담할 수 없다. 같은 경이라고 할지라도 남전의 니까야와 북전 아함경을 서로 비교하여 보면 차이점이 많고 사상 자체가 다른 경우가 많다. 정통성을 경쟁하는 부파들은 자신의 입장을 붓다의 입을 통해서 말하기에, 오늘날의 관점에서 그것의 편집 정도를 정확하게 구분할 수 없다.

그런데 여기서 주목되는 부분은 구전된 내용을 본격적으로 문헌/책으로 기록하는 시대가 도래한 부분이다. 이런 작업은 개인적으로 할 수 없고, 경제적인 지원과 함께 결국 경전을 찬술하는 권위적 그룹이 존재하였음을 보여준다. 이런 찬술 작업은 조직화된 다양한 부파에 의해서 이루어졌다고 판단된다. 이들은 경율론(經律論)의 제작에 직접적으로 관여한 서로 다른 집단이었고 서로 다른 사상적인 관점을 가졌다. 동일한 경전임에도 전승된 부파에 따라서 서로 다른 관점이나 상반된 해석이 존재하다 보니, 시간이 지나면서 그렇다면 '무엇이 참된 부처의 가르침[佛說]인가?'라는 교법에 대한 수준이나 정체성의 문제가 대두하게 되었다. 물론 대승경전의 출현은 기존의 초기불교나 아비담마의 교설에 대한 계승을 통해서[8] 이루어졌지만, 사실상 그것과는 전혀 다른 새로운 접근이었다.

이를테면 주지하다시피 초기불교에서 '행위는 있으나 행위하는 자'는 없다고 말한다. 자아란 육체, 감정이나 생각, 그리고 갈망과 의식 등의 오온(五蘊)으로 구성된다. 그러나 자아는 오온의 내부에도, 밖에도, 중간에도 어디에도 관찰되지 않는다. 때문에 인도 전통철학에서 주장하는 나/아트만은 부정된다. 그러나 오온이란 현상[法]의 존재 자체는 전적으로 부정되지 않고 인정한다. 이게 인무아(人無我), 인공(人空)

이다. 그런데 대승불교의 『반야심경』에서 색즉시공(色卽是空)/공즉시색(空卽是色)이라고 하듯이 그 밖의 감정이나 생각, 갈망과 의식과 같은 오온의 구성요소로서 '법'도 역시 마찬가지로[亦復如是] 모두 실재하지 않는 '공(空)'이라고 말한다. 이것을 법무아(法無我) 혹은 법공(法空)이라고 구분해서 부른다. 초기불교는 행위자를 부정하지만, 행위 자체는 인정한다. 그러나 대승불교는 오지도 않고[不來] 가지도 않음[不去]이라고 해서 '행위' 자체까지 부정한다. 앞장에서도 언급한 바처럼, 불교 사상사는 인도 전통철학의 '아트만(人)'에서 초기불교의 '현상(五蘊, 法)'만을 의미하는 인무아 입장으로, 인무아에서 대승불교의 법 중심의 '법공/법무아'의 과정으로 다시 말하면 '사람(ātman, 人) → 법(人無我, 五蘊) → 불성(法無我, 慈悲)'의 순서로 전개되었다.

　이런 사상의 변혁은 단순하게 초기불교의 계승이라기보다는 오히려 급격하게 새로운 질서를 세우는 혁명과도 같은 변화이다. 이런 새로운 사상은 구전된 니까야를 '소리로 암송'하기 보다는, 대승경전이라는 '문헌' 매체를 통해서 손쉽게 대중들에게 전달되고, 이것은 새로운 불교의 출현을 알리는 신호탄이 된 것이다. 물론 그 근거는 초기불교에 둔다. 그러나 이 새로운 해석은 초기불교의 '법(法)' 중심의 체계를 뒤흔들고 해체시켜서 '대승의 공[大空]'으로 포섭한다. 이런 관계로 대승경전의 출현은 기존 법 중심의 초기불교 혹은 아비담마 불교를 비판하는 중심적 위치를 차지했다는 가설은 정당하다. 당시의 상황에서 대승경전의 출현은 정보의 기록과 확장이라는 소통의 측면에서, 비유하자면 오늘날 인터넷 출현만큼이나 놀라운 사건인 것이다.

　인도 전통철학에서 불교가 혁신 사상이듯이, 법무아와 자비사상을 중심으로 한 대승경전의 출현은 초기불교와 아비담마 불교에 대한 새로운 개혁 운동인 것이다. 그런데 대승경전을 출현시킨 이들은 한 걸음 더 나아가서 대승경전의 사상이 붓다의 진정한 가르침이라고 주장한다. 붓다의 입멸 이후 불탑신앙과 함께 대중부의 '누가 부처인가?'라는 문제와 더불어서 '무엇이 참된 부처의 교설인가?' 하는 논쟁은 대승 경전의 찬술과 그 정당성을 더욱 촉진시켰다. 이들은 대승경전의 가르침이 참된 불설임을 주장한다. 기존의 교학체계를 우열로 포섭하여 새로운 교육 커리큘럼을 구성한다. 이를테면 인연에 따른 '방편(方便)'설과 궁극적 가르침의 '요의(了義)'설을 구분하거나, 작은 그릇의 '소승'과 큰 그릇의 '대승'을 엄격하게 차별화하거나, 상좌부에 대해서 '구전된' 가르침을 소리로만 듣는 가르침이라는 '성문승(聲聞乘)'이라고 폄하한다.

이런 비판적 작업은 대승경전을 중심으로 이루어졌다. 이것은 나중에 교상판석(教相判釋)으로 정형화되었다. 교상판석은 말 그대로 부처님의 가르침 내용[教相]을 판별하여 해석하는[判釋] 교육적 체계를 세운다는 의미이다. 이것은 어떤 가르침이 진정한 부처님의 가르침인지 혹은 그 수준의 정도를 판별하여 교학의 교육적 커리큘럼을 만드는 작업이다. 그렇다 보니, 결과적으로 가르침의 수준에 따른 우열비교가 이루어지고, 정통성 문제와 함께 종파적인 경쟁이 치열하게 일어난 배경이 되었다. 이것은 훗날 동북아시아에 생겨나 정착된 '종파(宗派)'불교의 모태가 되었다.

또한 대승경전의 출현은 현실 속에서 수많은 부처와 보살의 출현을 예고한 혁명적 사건이다. 역사적인 인물로서의 '붓다'가 아니라 시대를 초월하고 항상 늘 우리 내면에 존재하는 깨달음의 상징으로서 '부처님'의 탄생을 합법화시켰다. 물론 이것은 한 순간에 형성된 것이 아니라 붓다의 입멸 이후로 꾸준하게 천년의 세월을 거쳐서 지속적으로 이루어졌다.

그렇지만 여기서 가장 중요한 핵심된 요소는 대승경전의 출현으로 말미암아 우리에게 '참된 붓다의 가르침은 무엇인가?' 하는 가르침의 본질을 다시금 묻게 한다는 것이다. 시대가 흐르면서 반복적으로 일어난 근본주의 논쟁이 바로 그 반증이다. 이런 점에서 시대가 흘러도 여전히 불자는 동일한 같은 과제를 안고 있다고 볼 수가 있다. 곧 불교의 역사는 매 순간 새롭게 붓다의 '탄생'을 만들어가는 역사일 수밖에 없는 숙명을 가진다. 불교 신앙은 단순한 외적 절대자에 대한 믿음이나 소망이 아닌 까닭에 결국 자신의 내면으로부터 부처의 깨달음을 반복적으로 '재발견하는' 명상 활동일 수 밖에 없다.

4. 명상수행 체험의 체계화

수많은 대승경전이 한결같이 말하는 바처럼, 부처란 역사적 '인물'이 아니고 누구나 가지는 심성으로서 '불성'을 의미한다면, 이것을 경험하고 체득하는 작업이야말로 불교의 핵심을 관통하는 가장 중요한 키워드가 된다. 왜냐하면 불교도에게 역사 속을 살아간 '붓다'는 각자의 삶 속에서 반복적으로 경험하고 깨달음을 경험하는 '모델'이기 때문이다. 현장에서 실질적으로 불교의 탄생은 바로 붓다의 수행과 깨달음에서 비롯되었기에, 이후 불제자들 역시 같은 순례길에서 자신을 발견해야 할 숙명을 가진다.

이와 같은 관점에 서면 네 번째로 대승불교는 교단이나 경전, 혹은 불탑신앙도 그렇지만 오히려 대승불교는 명상수행에서 탄생했다는 현실적이고 강력한 가설이 성립된다. 이것은 기존 '법' 중심의 명상체계에서나 '불성' 중심의 수행체계에서나 양쪽 모두에게 동일하게 적용되는 장점을 가진다. 특히 초기불교 수행체계를 대승수행으로 새롭게 해석하고 체계화시켜서 재조정하는 것을 포함한다. 여기에 따른 증거로서 실례로 대승불교가 본격적으로 등장한 A.D. 1세기 전후에 불상을 만들고 공양하라는 『반주삼매경』이나 『열반경』 그리고 A.D. 2세기경에 성립된, 깊은 심층의 알라야식을 발견한 『해심밀경』과 같은 경전에서 보여주는 수행체계가 여기에 해당된다.

반주삼매(般舟三昧)란 범어로 'pratyutpanna-buddha saṃmukhā avasthita samādhi'이다. 이것의 의미는 '현재에 존재하는(pratyutpannā) 붓다의 면전(buddha saṃmukha)에 위치하는(avasthita) 삼매'란 뜻이다. 반주는 프라띠유뜨빤나(existing at the present moment)의 음역으로서 '현존 삼매'가 된다. '현재에 존재하는 붓다의 면전'이란 말은 붓다는 과거가 아닌 현재에 출현한다는 것이고, 그것도 바로 수행자의 면전에서 경험된다는 의미이다. 이것은 두 가지로 해석할 수 있다. 하나는 수행자에게 역사적으로 존재하는 붓다가 아닌, 명상의 대상으로서 '붓다'가 수행자의 '면전에 선다'고 하거나, 두 번째는 수행자가 명상하면서 붓다의 면전에 자신을 '단독자로서' 위치시킨다는 의미이다.

여기서 붓다가 수행자의 면전에로 오든지, 수행자가 붓다의 면전에로 가든지, 부처님은 과거의 붓다가 아닌 현재에서 경험하는 부처님으로서 존재한다는 대승불교 명상의 모토를 보여준다. 전통적인 해석에 따르면 붓다란 역사적인 인물로서 법을 설하신 분이라, 나와는 무관할 수 있다. 하지만 현존삼매의 부처님은 법을 설하신 붓다가 아니라 현재 수행자인 나의 눈앞에 나투시는 붓다의 '현존'을 말한다. 이것은 교설이나 철학적 논의가 아니라 붓다에 대한 실존의 경험적 접근방식이다. 그러면 붓다는 돌아가신 분이 아니고 수행자의 눈앞에 '영원하게' 실존하는 부처님이 된다.

이것은 곧 '나는 부처이다.'는 경험이다. 특정한 역사적인 시점에선 '나'는, 시대를 초월한 어느 곳에나 존재하는 '부처'라는 보편성과 연결되는 경험이다. 부처님이 눈앞에 현존한다는 말은 철학적인 '교설'이 아닌 명상수행에서 비롯된 '체험'이다. 이것은 구체적으로 말하면 부처님의 '영상' 이미지를 의미한다. 『반주삼매경』에서 불상을 만들고 공양하라는 것은 부처님의 '표상'이 내외적으로 수행자의 마음/면전에 출현한다는 것을 말한다. 이런 의미는 『해심밀경』에서도 마찬가지로 적용된다. 『해심밀경』에 따르면 수행자가 위빠사나의 깊은 삼매에서 '영상(pratibimba)을 관찰[影像觀法]'하게 되는데 이것은 외계에 존재하는 대상이 아니라, 마음에 원래 존재한 경험이다[三界唯心]고 설한다.

이를테면 호흡명상(Ānāpānasati)을 할 때 들숨(āna)과 날숨(apāna)의 호흡표상은 수행의 면전에 선명하게 나타난다. 호흡표상은 외부에 실재하기보다는 수행자의 내부에서 출현한 표상(nimitta), 감각적 이미지인 것이다. 이게 초기불교의 명상수행인데, 이것을 확대하여 『반주삼매경』에서는 '호흡' 표상을 '부처님'의 표상으로 대치하는 것이고, 『해심밀경』이나 『유가사지론』에서는 부정관이나 자비관을 비롯한 일체의 수행방법에로 확장시켜서 적용한다. 그러면 우리는 명상을 통해서 부처를 만나게 된다. 명상은 나와 부처를 연결하여 주는 매개체가 된다. 그러면 지금 여기의 존재로서 '나'를 통해서 깨달음의 부처는 역사의 현장 속에 '출현'한다.

이것은 초기불교나 아비담마의 수행체계를 확장하여, 대승불교에서 새롭게 해석하여 명상수행을 체계화시키는 과정이다. 특히 부처님의 표상을 눈앞에 두고 명상수행을 하는 것은 오늘날 사찰에서 부처님이나 보살의 명호를 '부르면서' 널리 행해지는 '부처님을 기억하는 염불(念佛)' 수행, 또한 여기에 속한다.

그러면 역사적 붓다는 입멸하였지만 우리는 매일 붓다를 내면에서 매우 구체적으로 경험하게 된다. 그분은 가신 게 아니고 내 가슴에서 살아계시는 부처님이 된다. 이런 점에서 부처님은 '오신[來]' 것도 아니고 '가신[去]' 것도 아니다. 가고 옴은 우리가 만들어낸 형상일 뿐이다. 부처는 항상 지금 여기서 경험되는 기쁨이고 자비이다. 이게 명상수행으로서의 대승불교이다.

이상 대승불교가 붓다의 입멸에서 촉발된 이후로, 필자는 그 과정을 누구[僧]에 의해서, 무엇[法]을 가지고, 어떻게 붓다[佛]를 재발견하는가 하는 관점에서 논의를 진행하였다. 정리하면 대승불교는 첫째로 기존 교단과는 독립적으로 초기에 부파불교의 진보적 대중부로부터 발전되었고, 둘째는 불탑신앙의 재가자(보살) 그룹의 적극적인 참여와 역할에 의해서 더욱 확장되었다. 그리고 셋째로 초기불교를 비롯한 아비담마 불교를 기반하여 새롭게 대승경전이 제작되면서 사상적 토대를 구축하고, 네 번째로 이것은 지금 여기의 역사 현장에서 붓다를 면전에 확립하는 명상수행의 체험을 통해서 대승불교는 바로 현재의 시점, 면전에서 완성된다는 것을 의미한다.

Ⅲ. 대승경전에서의 해명

대승불교의 비판에 대한 비판적 논의를 진행하려면 먼저 '대승불교가 어떻게 성립되었는가'에 대해서 이해할 필요가 있기에 앞에서 먼저 그 성립을 기술하였다. 대승불교의 비판은 오늘날 현대적 관점뿐만 아니라 대승불교가 생겨난 당시에도 동일한 논쟁이 존재하였다. 여기서는 『열반경』과 『능가경』과 같은 대승경전을 중심으로 불성사상의 성립과 당시 대승불교의 비판에 대해서 어떻게 대응하였는지 살펴본다.

1. 불탑과 불성

붓다의 입멸은 큰 충격이었지만 이것은 대승불교의 성립에 강력한 촉발요인이 되었다. 역사적 붓다는 가셨지만, 내면에서 '불성'을 발견하는 작업으로 나타났다. 이런 과정을 잘 보여주는 경전이 바로 『대반열반경(大般涅槃經, Mahāparinibbāna-sutta)』(이하, 『열반경』으로 약칭함)이다. 『열반경』은 붓다의 죽음을 어떻게 받아들이고, 이후 '무엇을 의지처로 삼아서 수행해야 하는지?' 그 핵심과제를 잘 제시하여 준다. 이런 점에서 『열반경』은 붓다의 유훈이란 형식을 취하면서, 대승불교의 원초적인 출발점을 제공하여 준다.

붓다가 입멸하자 그 유골을 불탑에 안치하고 불탑은 붓다와 동일시되면서 신앙의 대상이 되었다. 이런 불탑신앙으로부터 여래장이나 불성의 사상이 발전되었다. 『열반경』에 따르면 우선적으로 먼저 붓다의 열반을 말하지만, 붓다는 입멸하지 않고 끝내는 모든 중생의 내면에 존재한다는 '불성'으로서 새롭게 다시 탄생하게 된다.

a. 그때 부처님은 가섭보살에게 말씀하시었다. 선남자여. 그대는 이제부터 성문과 범부처럼 삼보(三寶)를 구별하지 말라. 대승에서는 삼보에 대한 삼귀의를 구별함이 없다. 왜냐하면 불성 가운데 법과 승이 있고, 그것은 성문과 범부를 교화하고자 하는 까닭에 삼귀의를 서로 구별하는 것이다.

b. 만약 법신의 사리를 존중한다면 부처님의 탑묘에 경배를 하라. 왜냐하면 중생을 교화하고자 함이니, 내 몸(사리) 가운데에 탑묘(塔廟)를 일으켜 세워서 중생에게 예배하고 공양을 하게 하라. 이와같이 중생은 나의 법신을 귀의처로 삼는다.

c. 또한 마땅히 참된 삼귀의를 증득하여 알아야 한다. 만약 능히 중

생이 이『대열반경』을 믿는다면 그 사람은 곧 자연스럽게 삼귀의 장소를 요달한 것이다. 왜냐하면 여래의 비밀한 장소[藏]가 불성(佛性)이기 때문이다. 이 경전을 잘 설하는 자는 모두 몸 가운데에 불성이 있다고 말하고 이들은 멀리에서 삼귀의 장소를 구하지 않는다.[9]

여기서 부처는 가섭보살에게 대승의 법을 마치 유촉하듯 설한다. 다른 말로 말하면 이런 유촉은 새롭게 이루어진 경전을 통해서 과거가 아닌 현재를 살아가는 당시 대승불교도의 과제/숙제를 제시한 것이다. 이것의 요점은 세 가지이다. 첫째(a)는 불법승(佛法僧)에 대한 강조인데, 삼보에 대한 예배는『열반경』에 의하면 성문과 범부를 교화할 목적이고, '불성(佛性)' 가운데에 법(法)과 승(僧)이 있음[於佛性中卽有法僧]이니 별도로 구분하지 말라 한다. 이것은 초기불교나 아비달마 불교와 비교하여 법(法)이나 승단[僧] 중심의 불교가 아니라 '불성(佛性)' 중심의 불교로의 전환을 의미한다. 아울러서 기존 상좌부 불교는 소리를 암송하는 성문승으로서, 불성을 모르기에 마찬가지로 그들은 교화해야 할 대상이 된다.

둘째(b)는 가섭에게 붓다의 사리를 모신 불탑에 예배하고 공양하라고 말한다. 붓다가 입멸하자 붓다의 사리는 전역에 분배되어서 불탑에 안치되었다. 붓다의 사리는 부처의 몸으로서 곧 법신인 것이다. 사리가 모셔진 불탑에 대한 신앙은 부처의 법신(法身)에 귀의하는 것과 동일하다. 불탑에 대한 예배는 불탑에 대한 중생의 귀의이지만 부처의 법신(法身)을 그 대상으로 한다[如是衆生以我法身爲歸依處]. 붓다의 몸은 생멸하지만, 부처는 생멸하지 않는 사리로서 진리의 몸[法身]이 됨을 말한다.

그러므로 셋째(c)는 참된 삼귀의(三歸依)의 '장소[處]'란 멀리에 존재하는 것이 아니라, 『열반경』을 믿는 중생의 몸 가운데의 바로 '불성'이 다름 아니다. 왜냐하면 불탑 곧 여래의 '비밀스런 장소/여래장[藏]은 바로 불성[如來祕藏有佛性]'이기 때문이다. 불성(buddha-dhātu)에서 'dhātu'는 유골이란 의미도 있기에, 불성은 붓다의 사리를 모신 불탑에서 유래된 것임을 알 수가 있다. 이점에 대해서 『열반경』은 이렇게 게송으로 말한다.

> 이와같이 삼귀(三歸)의 성품[性]은 곧 나의 성품[性]이다.
> 만약 능히 나의 성품이 불성(佛性)임을 잘 관찰한다면
> 마땅히 이 사람은 (여래의) 비밀스런 장(藏)에 들어가게 될 것이다.[10]

붓다의 사리를 모시는 불탑에서 시작된 귀의처의 문제는 결과적으로 불성이고 나의 성품이 불성임을 잘 관찰하면 여래장에 들어감이 된다. 이렇게 불성과 여래장은 동의어인 것이다. 처음에는 불탑에 대한 귀의였지만, 시대가 흐르면서 점차로 참다운 삼귀의 장소[眞三歸處]로서 내면의 여래장, 곧 '불성에 대한 증득'으로 바뀌었음을 알 수가 있다.

• 귀의처: 붓다 ⇒ 불탑 ⇒ 불성

붓다의 입멸로 생겨난 '무엇을 귀의처로 할 것인지?' 하는 과제가,

『열반경』이 유촉한 내용은 '불탑'에 대한 예배와 공양으로서 신앙적인 측면이 강조되었지만, 끝내는 '불성의 증득'이라는 실천수행에 의한 체득을 참다운 귀의처라고 말하게 된다.

자등명(自燈明) 법등명(法燈明)

대승의 불성사상은 붓다의 최후의 유훈으로 알려진 "자기를 등불로 삼고 법을 등불로 삼으라."라는 '자등명(自燈明) 법등명(法燈明)'을 해석함에 있어서 중요한 관점을 제공한다.

> 비구들이여. 자기를 섬으로 삼아 머물고(viharati), 자기를 귀의처(saraṇa)로 삼고, 다른 귀의처에 머물지 말라. 법을 등불로 삼고, 법을 의지처로 삼고, 다른 의지처에 머물지 말라. (Attadīpā, bhikkhave, viharatha attasaraṇā anaññasaraṇā, dhammadīpā dhammasaraṇā anaññasaraṇā.)[11]

이것은 '붓다의 입멸 이후 어떻게 해야하는지?' 귀의처 문제에 대한 유훈이다. 이점은 불교도에게는 매우 중요한 질문이다. 이 유명한 언구는 포스트 붓다, 그 이후를 대비하는 『대열반경』에서 그대로 인용하고 있음은 매우 당연하다. 여기서 'dīpa'는 사전적으로 '섬'이나 '등불'이란 두 가지 의미가 있다. 홍수가 나면 섬을 피난처로 삼고, 어둠 속에서는 등불이 의지처가 된다. 주지하다시피 한역에서는 '자등명 법등명'이라고 번역한다. 여기서 법등명은 붓다의 '말씀'을 등불로 삼는다는 의미라 문제가 되지 않는다. 문제는 '자기를 등불로 삼으라'는 자등명에서 '자기'는 어떤 자기(atta)인가? 초기불교에서 불교의 정체성을 '무아(anattā)'라고 주장한다고 하는데, 그대로 보면 자등명은 의미가 없게 된다. 왜냐하면 존재하지 않는 것으로 부정된 '자기'를 다시 의지할 수 없기 때문이다. 이런 모순을 해소하는데 '자기'의 이해에 대한 응답은 네 가지 정도가 있다.

첫째는 붓다의 '침묵'이다. 어떨 때는 자아(atta)를 긍정했고, 어떨 때는 자아의 존재를 부정했다. 왜냐하면 자아가 있다고 하면 상견(常見, eternalist theory, sassata-vāda)에 빠지고 자아가 없다고 하면 단견(斷見, annihilationist theory, uccheda-vāda)에 빠지기 때문이다.[12] 오히려 붓다는 자아에 집착하면 자아가 없다고 했고, 무아에 집착하면 자아의 존재를 인정하였다. 왜냐하면 자아의 존재에 대한 '견해(diṭṭhi)'가 중요한 게 아니라, 붓다는 집착으로부터의 해탈/깨달음에 더 큰 관심이 있었기 때문이다. 물론 전체적으로 보면 분명하게 붓다는 '무아(anattā)'를 말한다. 그렇다고 전후 맥락을 살펴보지도 않고, 무작정 '불교=무아'라고 획일화하는 것은 고착된 견해(diṭṭhi)의 집착으로서 편협한 이해가 될 수 있다.

둘째는 자등명의 자기개념에 대해서 철학적이고 형이상학적인 '있음'과 '없음'이란 인도 철학적 패러다임에서 벗어나자는 필자의 견해이다. 자기란 형이상학적 철학적 개념이 아니라 오히려 사회학적 측면에서 일상의 삶에서 타인과 상호작용하면서도 스스로 독립적으로 선택하는 주체적인 '자기'나, 자발적이고 생명력을 가진 자유로운 '주인'이란 관점으로 보자는 것이다. 주체적인 자기를 『숫타니파타』에서 참다운 '승리자'로 묘사하기도 하고, 무소의 뿔처럼 스스로 삶을 혼자 걷는 '실천자'로서 묘사하기도 한다. 한편 동북아 선종에서는 생생하게 살아있는 '주인공'이나 혹은 어떤 계급이나 신분에 매이지 않는 참다운

'인간'[無位眞人]으로 묘사하기도 한다. 이점은 초기불교나 이후 대승불교뿐만 아니라 동북아 선종을 포괄하는 장점이 있다.

셋째는 『열반경』의 입장이다. 자등명에서 자기란 개인마다 내면에 상존하는 깨달음의 종자로서 '불성'이다. 왜냐하면 사람마다 갖추어진 심성으로서 불성이 바로 '진정한 자기[眞我]'이기 때문이다. 무상이고 고통인 번뇌나 집착을 의지처로 삼기에는 이것들은 너무나 변덕스러워서 의지처로서 참된 '나' 자신이 될 수가 없다. 그래서 자등명의 의미는 힘들고 어려울 때 항상 그곳에 존재하는 '불성/깨달음에 대한 체험'을 '섬으로 삼고 등불로 삼으라'는 뜻이다. 그러면 홍수가 난 어둠 속에서 의지처가 된다.

마지막 네 번째로 비판불교의 근본주의적 입장이다. 비판불교의 근본주의는 '불교=무아'가 불교의 근본적 사상이라고 굳게 고집하면서 '불성' 사상을 초기불교에서 부정했던 '아트만'이라고 자의적으로 잘못된 해석을 하면서 상견(常見)이라고 비판한다. 그러면서도 의지처로서 '자등명(自燈明)'을 어떻게 해석을 해야 하는지? 그 대안은 제시하지 않는다. 붓다의 부재한 상황에서 대안은 제시하지 않는 채로 무상과 무아와 같은 부정적 술어들만 내민다. 이렇게 되면 불교는 쉽게 니힐리즘적 단견(斷見)에 빠진다. 자기가 없다면서, 어떻게 자기를 등불로 삼으라 말할 수가 있는가? 비판불교의 경직된 태도는 자등명에서 스스로 모순을 드러낼 뿐이다. 이것은 논리적으로 보면 최악이다.

분명하게 붓다의 유훈으로서 '자등명(自燈明)'을 초기불교의 무아설로만 이해하는 데는 한계가 있다. 불교를 바라보는 새로운 시각이 요청된다. 대승불교 『열반경』에 의하면 불성은 붓다의 깨달음이다. 그러니, 자등명은 '깨달음의 증득'으로 해석한다. 그러면 자등명은 깨달음으로서 등불로 삼고 의지처로 삼으라 함이고, 다른 것을 의지처로 삼지 말라는 것이니, 이것은 붓다의 부재에서 부정적 기술보다는 '긍정성'을 강조한 대안이 된다.

불성사상은 불탑신앙이 왕성했던 B.C. 2세기 경을 지나서 『열반경』이 성립된 A.D. 1세기의 중간 어떤 시점에서 성립된 것이 아닌가 추측된다. 이런 『열반경』의 불성 사상은 동북아시아 선종에 그대로 영향을 미쳤다. 선종 형성에 결정적 영향을 미친 A.D. 8세기 중엽에 편집된 『육조단경』에서 혜능은 '사람에게는 남북이 있지만, 불성에는 남북이 없다'[13]든지, '부처에 귀의한다 함은 다른 부처에 귀의한다는 말이 아니라, 바로 자신의 성품에 귀의하지 않고는 다른 장소가 없다.'[14] 든지, '스스로 성품에 미혹하면 부처도 중생이요, 스스로 성품에서 깨달으면 중생도 부처이다.'[15] 라고 한다. 이것은 『열반경』에서 말하는 불성사상의 계승이다. 이후 동북아시아 선종은 불성에 대한 이론적 논의보다는 불성의 체험에 초점을 맞춘다. 이점은 인간의 마음과 심성을 이론적으로 검증한 교종의 심성론과 불성의 체험을 중시하면서 닦음과 깨달음에 몰입하는 선종의 수증론이란 양대 산맥으로 발전하는 기폭제가 되었다.

이상 요약하면 『열반경』의 관점에 서면 자등명은 자기 스스로 성품의 불성을 등불로 삼고, 다른 것에 의지하지 말라는 말이다. 불성은 인도철학에서 말하는 브라흐만(Brahman)이나 아트만(ātman)과 같은 신이나 철학적인 실체로서 외적인 대상이 아니다. 이것을 오해하면 안 된다. 불성은 모두에게 내재된 깨달음의 종자로서, 불성에 대한 증득은 곧 자기가 무엇인지를 깨닫는 명상수행 활동의 일부이다. 진정한 자기

를 밝혀가는 삶의 나침판이 자등명, 바로 자기를 등불로 삼는다는 것의
의미이다.

2. 번뇌와 불성

　불성은 붓다의 깨달음이고 동시에 그것은 중생의 본성이다. 그러
면 구체적으로 불성은 어떤 모습인가? 또 번뇌와는 어떤 관계인가?

> 부처님께서 말씀하시었다. 선남자여. '나(我)'란 곧 여래장(如來藏)
> 이란 뜻이다. 모든 중생이 불성을 가지고 있지만, 오랜 세월 동안
> 셀 수 없는 번뇌에 뒤덮여 있는 까닭에 능히 보지 못한다.[16] …(중
> 략)… 선남자여. 여래께서는 좋은 의사처럼 번뇌의 본질[體]과 증상
> [相]을 잘 알아서 제거하여 치료하여 준다. 그럼으로써 비밀스런 여
> 래장의 청정한 불성이 항상 머물러 변하지 않음을 보여준다.[17]

　『열반경』에 의거하면 부처는 불성이고 여래장이다. 부처는 중생의
내면에 존재한다. 귀의처는 외부에 존재하는 것이 아니고 내면에 존재
하는 불성이다. 그런데도 어찌하여 자신의 몸속에 광맥 같은 불성을 보
지 못하는가? 그것은 첫째로 모든 중생은 불성을 가지고 있지만, 오랜
세월 번뇌에 갇혀 있기 때문이다. 둘째로 여래는 좋은 의사처럼 번뇌와
그 증상을 '치유'한다. 셋째로 청정한 불성이 항상 변하지 않고 (내면에)
머물러 있음을 '자각'한다.

이점은 외형적으로 보면, 무아와 무상을 중시하는 초기불교적 관점과 갈등의 요소가 된다. 자아의 없음과 있음, 법의 무상과 항상성, 번뇌의 고통과 청정함, 초기불교와 대승불교의 대조되는 이런 모순적 갈등은 붓다시대 이후 해결해야 할 중대한 역사적 과제이다. 다음을 보자.

a. 지혜로운 이는 결코 '일체는 무상(無常)이라'고 말하지 않는다. 왜냐하면 나의 몸[我身]에는 곧 불성의 종자(種子)가 있기 때문이다.[18]

b. 중생은 항상 번뇌로 뒤덮여 있기에 불성을 볼 수가 없다. 그런 까닭에 나(부처)는 중생에게 무아(無我)를 설한다. 만약에 완전한 열반의 미묘한 경전[涅槃經]을 듣는다면, 일체의 한량없는 중생이 불성을 가지고 있음을 알 것이다. 이런 까닭에 대열반을 설하고 이름하여 여래의 비밀스런 장소[如來藏]이라고 한다.[19]

c. 선남자여. 금일 여래께서 설하신 '참된 나[眞我]'란 '불성'을 이름한다.[20]

d. 본래 있음[本有]이란 내가 옛날에 무상(無常), 무아(無我), 무락(無樂), 무정(無淨)이 있다고 함이고, 그런 까닭에 무상, 무아, 무락, 무정에는 최상의 진실한 깨달음이 현재에 없는 것이다. 본래 없다[本無]고 함은 본래 불성을 보지 못함이고, 불성을 보지 못함으로 인하여 '상락아정(常樂我淨)'이 없다는 것이다.[21]

이것을 요약하면 첫째(a)로 중생에게는 불성과 여래장이 있다. 그런데 둘째(b)는 중생은 번뇌로 뒤덮혀 있어서 자기 내면의 불성을 보지 못한다. 셋째(ⓒ)로 불성이 여래장이고 이것이 바로 '참된 나[眞我]'이다. 넷째(ⓓ)로 예전 처음 옛날(초기불교)에 무상(無常), 무아(無我), 고(苦)를 설했는데, 여기에는 최상의 깨달음이 없다. 그것은 불성을 보지 못하기에 '상락아정(常樂我淨)'을 결코 이해하지 못한 까닭이다.

　아마도 무상/고/무아의 초기불교적 전통에 익숙한 독자는 불성의 '상/락/아/정'이란 교설에 상당한 혼란함을 느낄 수가 있다. 초기불교는 무상/고/무아를 앞장 세우고, 대승불교는 긍정성을 더 강조한다. 이런 점에서 외형적으로 보면 초기불교에서 말하는 깨달음과 『열반경』에서 말하는 깨달음의 내용이 서로 다른 듯이 보인다. 대승불교의 입장에서 보면, 초기불교에서 말하는 무상/고/무아는 최상의 깨달음이 아니다. 그들은 대승의 불성을 모르고 상락아정을 이해하지 못한다. 물론 현실적으로 무상/고/무아는 스트레스와 같은 번뇌를 치유하는 프로그램을 개발하는 데 도움을 주는 것은 맞다. 그러나 불안이나 우울과 같은 스트레스가 감소되고 치유되었다고 해서, 그것이 그 자체로 영적인 해탈이고 궁극적으로 건강한 상태라고 말할 수는 없지 않는가?

　『열반경』에 따르면, '예전'에 무상/무아를 설한 것은 중생이 번뇌에서 벗어나야 하니까 그곳에는 '나가 없고', '모든 것은 변하기에 집착할 필요가 없다'고 설한 것이다. 그러나 일단 무상이고 무아의 번뇌에서 벗어나면 반대로 혼침이나 무기(無記)에 떨어질 위험이 있기에, 한 걸음 더 다음 단계로 궁극의 '불성/열반'에로 진입하여 들어가야 한다는 것이다. 그러면 새로운 지평이 눈앞에 열린다. '모든 것은 변한다[無常]'는 가르침은 '변화하지 않는 진실함[常]'이며, 지독한 '고통[苦]'은 사실 그 내면을 보면 지극한 고요의 '행복함[樂]'이 있으며, '내가 없음[無

我]'의 허무주의는 거짓된 자아로서 '참된 나[眞我]'가 아니고, 세상은 물들고 더럽지만[染], 진흙탕의 연꽃처럼 사실은 물들지 않는 청정함[淨]이 있다. 이것은 철학적 교설이 아니다. 오히려 영적 심리학에 가깝다. 대지와 같은 굳건하고 든든한 안정감[常]이고, 미소가 나오는 행복감[樂]이며, 참되고 진실한 자기[眞我]와의 만남이고, 인생의 갖은 고통을 온전히 수용하는 청정함[淨]은 명상수행에서 만나는 직접적인 깨달음의 체험들이다.

이것은 초기불교의 무상/고/무아와는 다른 관점의 대전환이다. 초기불교는 고통받는 중생을 향한 가르침이라면, 대승경전은 깨달음의 관점에서 설해진 가르침이다. 무상/무아는 번뇌의 제거를 목표로 진행된다면, 상락아정은 내적 긍정성의 불성에 대한 직접적인 체험을 중시한다. 심리학에 비유하자면 초기불교는 증상의 심리학이라면, 대승불교는 깨달음의 심리학인 것이다.

불성의 깨달음이면 그곳엔 번뇌가 없고, 반대로 고통의 번뇌라면 그곳엔 깨달음의 불성이 없다. 이런 경우 양자는 타협이 없는 평행선 이론이다. 이것을 벗어나서 양립할 수 없을까? 깨달음이 없는 번뇌는 절망이고, 현실의 번뇌를 떠난 깨달음은 공허하기 그지없다. 마음의 그림자와 빛처럼, 하나인 동전의 양면처럼, 이들은 장단점이 있기에 통합적 이해가 필요하다.

이를테면 여기에 일단의 집단이 있다고 하자. 이 집단에 무상/고/무아의 증상을 이야기하고 점진적으로 실천하게 함이 효과적일까? 아니면 대승불교의 불성/여래장에 근거하여 직접적으로 '상락아정(常樂我淨)'을 곧장 체험하게 하는 것이 도움을 줄까? 아마도 이런 두 종류의 프로그램을 개발하여 양자를 각각의 집단에 실험하는 현장연구가 진행된다면 참 재미있겠다는 생각을 한다. 이것은 효과성을 살펴보는 우열비교가 될 수도 있지만, 인연에 따른 양자의 독자적 유용성을 확보하고 통합하는 작업이 된다.

번뇌와 불성의 관계에서, 『열반경』은 불성이 번뇌에 감추어져 있기에 중생은 불성의 상락아정을 보지 못한다고 말한다. 이점에 대해서 동북아시아 선종은 논쟁해 온 역사가 있다. 첫째는 현실의 번뇌를 인정하여 문득 번뇌의 구름이 걷히면 맑은 하늘에 달빛이 드러나듯이, 번뇌로부터 통찰적 명상수행과 함께 상락아정이란 불성의 본래 모습이 드러난다고 말한다. 이것은 점진적인 점수(漸修)의 길이다. 두 번째로 다른 하나는 번뇌의 주변을 서성이지 않고 곧장 본래의 성품인 상락아정으로 직입하여 들어간다. 왜냐하면 근본적으로 번뇌란 인연의 결과로서 그 자체로 존재하지 않기에 번뇌에 초점을 맞출 필요가 없고, 긍정인 상락아정의 불성에 곧장 계합하는 직관의 길을 선택한다. 이것은 돈오(頓悟)의 길이다.

세번째는 간화선의 입장이다. 돈오와 점수 혹은 초기불교냐? 대승불교냐? 어느 길을 택하든 관계없이, 먼저 우리는 화두로써 '무엇이 진정한 나[眞我]인가?' 질문을 던져야 한다는 것이다. 자기 자신에 대한 질문이 없다면, 많은 장애 속에서 동력을 상실할 위험이 크기에, 강력한 참구의 전투력이 요청된다는 것이다. 이때 어떤 사람에게는 즉각적으로 내면에서 상락아정의 본성을 만나게 되고, 또 어떤 이에게는 점진적으로 상락아정의 기쁨을 경험할 것이라는 점이다. 이렇게 간화선 수행의 관점에서 초기불교의 교설과 대승불교는 서로를 인정하면서 통합적인 이해가 가능하다.

또 다른 통합방식은 교학적 입장이다. 『열반경』의 교설에서 암시하듯이, 붓다의 설법에는 시기와 수준의 단계가 있다는 가정이다. 예를 들면 가령 대학의 커리큘럼으로 비유하자면, 제1교시에는 무상과 무아의 가르침을 설하고, 제2교시는 번뇌가 본래 존재하지 않는 공사상을 말하고, 제3교시는 양자가 한마음[眞如/一心]임을 말하고, 제4교시에는 상락아정(常樂我淨)의 불성과 여래장을 설한다. 이것은 발달론적인 교육적 커리큘럼[教相判釋]이다. 이것은 일시에 성립된 것이 아니고, 역사 속에서 등장한 초기불교와 대승불교의 가르침을 판별하여 체계화[教判]시킨, 후대의 해석학적 작업이기도 하다.

일단 이렇게 보면 종파적 성격이 짙지만, 커리큘럼 역시 하나의 통합이다. 모두가 다 찬성할지는 모르겠지만, 있음과 없음, 덧없음과 항상성, 번뇌와 청정성의 논리적인 모순이나 초기불교와 대승불교의 시각적 갈등은 수행론이나 혹은 커리큘럼 구성에 의해서 변증법적으로 통합되면서 일단 해소가 된다. 물론 역사적 교판이나 커리큘럼에서 그렇다는 것이고, 수행자 개인이 경험하는 내면적 모순과 갈등은 어쩔 수가 없는 개인적 숙제로 남게 된다. 그러나 갈등은 반드시 나쁜 것만은 아니다. 초기불교와 대승불교의 관점의 차이에서 오는 논쟁은 새로운 창조적 긴장을 만들고, 현실 속에서 역동성을 부여하는 유용한 측면도 있음은 부인할 수가 없다.

3. 불성과 아트만

　초기불교의 '무상/고/무아'는 중생의 고통을 설명할 때 유용한 술어가 되지만, 대승불교의 '상락아정(常樂我淨)'은 붓다의 깨달음을 해명할 때 오히려 더 적절하다. 물론 깨달음 자체는 점수도 돈오도, 초기불교도 대승불교도 없다. 이것들은 깨달음이 역사 속으로 걸어 들어가면서 생겨난 교설 방식이고, 시대적 요청에 의해서 형성된 사상체계이다. 오늘날 전승된 불교의 유산을 앞에 놓고서, 우리는 그 해석의 정당성을 서로 토론하고, 논쟁하곤 한다. 왜냐하면 양자는 없음과 있음처럼 서로 모순이 있고, 의도하지 않게 문화의 우열갈등도 있기에, 어쩔 수 없이 지난 불교 역사는 양자를 서로 통합하려는 노력을 경주하여 왔다.

　필자는 초기불교와 대승불교의 시각에서 생겨난 갈등에 대해서 초기불교의 무상/고/무아는 깨닫기 이전의 중생을 대상으로 한 교설이라면, 대승불교의 상락아정은 깨달음의 관점에서 설한 교설이라고 이해한다. 이런 통합은 명상수행을 통해서 깨달음의 대전환을 이룬 전과 이후의 특성으로 이해가 된다. 이것은 번뇌와 깨달음이란 관점으로서, 이후 동북아 선종의 돈점(頓漸)논쟁으로 계승되었다.

　다음으로는 교육적 커리큘럼의 관점이다. 교설에는 시점과 수준이 있다는 가설로서, 초기불교와 대승불교를 역사적인 발달론으로 이해하는 것이다. 이것은 불교 역사에서 상당히 다양한 교설이 나타나고 축적되어 서로 논쟁하고 비교되면서 후학들에 대한 교육적 필요성에서 성립된 방식이다. 이것은 먼저 대표적인 교설을 선정하고 판별하고, 그 이해 수준을 나열하여 선후 관계를 분명하게 한 다음에, 전체적으로 하나의 교육과정으로 통합시키는 체계화 작업이다. 이런 방식은 종파불교를 탄생시켰지만 동시에 종교집단의 교육적 필요성에서 생겨난 필연적 과정이었다.

그렇지만 이런 관점은 시간적 흐름에 따른 결합이지 그 자체로 이루어진 논리적으로 교설의 일관된 '정합성'을 제공하지 않다는 불만도 제기될 수 있다. 명상수행의 깨달음도 매우 개인적인 역량에 의지한 통합이고, 교육적 커리큘럼은 집단적 요청이지 그 자체로 논리적 일관성을 직접적으로 제공하지는 않다고 볼 수도 있다.

그런데 양자를 통합하기보다는 한쪽은 버리고 다른 한쪽만을 취하는 배타적 태도가 있다. 이런 태도를 취하는 대표적인 경우는 불성/여래장 사상을 우파니샤드의 '아트만'이라고 해석하고, 대승불교를 '비불교'라고 비판하는 대표적인 학자는 일본의 마츠모토 시로(松本史郎, 이하 '마츠모토'로 약칭함)이다. 1990년대 그는 『열반경』이나 『능가경』을 비롯한 대승경전과 나아가서 선사상에 나타난 불성/여래장 사상을, 전통 인도철학의 영혼/아트만과 동일하다고 비판한다. 그가 비판대상으로 제시하는 『열반경』이나 『능가경』의 전거들은 아래와 같다.

- 여래장경(如來藏經)에서 말하길 일체의 중생은 모두 불성을 가진다. (불성은) 몸 가운데 있으며[一切衆生皆有佛性 在於身中] 한량없는 번뇌가 모두 소멸하였다.[22]
- '부처'가 나란 의미요(彼佛者是我義), '법신'이 항상됨의 의미요, '열반'이 행복함의 의미요, 일체의 현상이 가명(假名)임이 청정함의 의미이다.[23]

- 진실한 나는 여래의 성품이다[眞實我者是如來性]. 마땅히 알라. 모든 중생은 모두 불성을 가졌다. 단지 중생들이 번뇌로 인하여 뒤덮여서 드러나지 못할 뿐이다.[24]

- 여래장은 청정한 자성이다. 여래의 삼십이상이 굴러서 모든 중생의 몸 가운데로 들어간다[入於一切衆生身中]. 마치 커다란 보배 구슬이 때가 묻은 옷 속에 감추어짐과 같다. 여래장은 상주하여 변하지 않는다.[25]

위에서 필자가 밑줄친 부분은 마츠모토가 인용한 구절이다. 이들의 공통점은 '불성/여래장이 중생의 몸 안에 있다'는 것인데, 이것을 '불성내재론(佛性內在論)'이라면서 그 증거로 제시한 것들이다.[26] 그는 강사 시절이던 1986년, 일본의 『印度學佛教學研究』(35-1)에서 「如来藏思想は仏教にあらず(여래장사상은 불교가 아니다)」라는 논문을 처음 발표한 이래로, 1989년에 『緣起と空-如來藏思想批判』(大藏出版)과 함께 1994년에 『禪思想の批判的研究』을 지나서, 2014년에 「如來藏と空」(『シリーズ 大乘佛教8』)까지 그대로 논지를 유지한다. 국내에서는 특별기고 형식으로 2014년, 「佛性と靈性」 『인도철학』 제41집에서도 그는 동일하게 같은 대승경전의 경전을 인용하고, 같은 선어록의 전거를 제시하면서 대승불교와 선종의 사상을 '아트만'이라고 반복하여 (거의 30년 동안) 주장한다.

불성과 아트만과 관련하여, 그의 일관된 논리적 근거는 위의 인용문에서 보듯이, '신체 안에 있는' 불성이란 언구를 모두 '아트만'이란 의미로 해석한다. 그 이유는 인도철학의 뿌리인 우파니샤드 문헌에서 '아트만은 인간의 육체 속에 존재하기 때문'이라는 유사성에 근거한다. 그래서 『열반경』의 '佛者是我義'라는 구절에서 '我'를 아트만으로 이해하여 '부처는 아트만을 뜻한다'고 해석하고, '참된 나란 바로 여래의 성품이다'는 『열반경』의 '眞實我者是如來性'의 경우도 모두 '불성=아트만'으로 해석한다. 『능가경』에서 '여래장은 모든 중생의 몸 가운데로 들어간다[入於一切衆生身中]'는 것과 마찬가지로 선종에서 '계급 없는 참다운 인간'이란 의미의 '무위진인(無位眞人)'도 '붉은 신체[赤肉團]라는 심장 안에 무위진인이 존재한다'는 이유로, 임제선사의 전후 맥락을 살펴보지도 않고 우파니샤드의 '아트만'으로 함께 도매가로 넘긴다.

그가 주장하는 핵심 포인트는 '불성(buddha-dhātu, 佛性)'에서 'dhātu'란 아트만적 '기체(基體)'를 의미하기 때문이라는 것이다. 사실 'dhātu'에는 화장하고 남겨진 '유골'이란 의미를 포함하여 다양한 뜻을 함축하고 있다. 마츠모토가 해석한 '기체(基體)'란 '일체 현상의 기반이 되는 기층으로서의 존재(基層としての存在)'란 의미도 그 가운데 하나일 뿐이다. 다양한 의미 가운데 'dhātu'를 '기체'라고 해석한 것은, 본인이 인정한 바처럼 본인이 분명한 의지를 가지고 스스로가 그렇게 선택한 것이다. '유식(唯識)' 불교가 말하듯이, 극단적으로 말하면 본인이 그렇게 아트만/기체라고 선택한 것이기에, 본인에게 '여래장은 아트만'이라는 그러한 견해로 나타난 것이다. 만약에 'dhātu'의 의미를 다르게 해석하면, 그 결과는 전혀 다른 형태로 나타날 것이다. 이점은 다음 장에서 자세하게 살펴볼 것이다.

더구나 그의 인용하는 방식을 보면 전후 맥락과 관계없이, 거두절미하고 본인이 필요한 부분만 제공한다. 신체 속에 등장하는 '아(我)'라는 용어가 나오면, 그는 모두 '아트만'이라고 일괄적으로 해석한다. 그런 다음 여기에 근거하여 자신의 주장을 확장하여 대승불교의 여래장에 근거한 선종의 사상도 마찬가지로 모두 '비불교'라고 단정하여 버린다. 이것은 대승불교와 선종의 사상이 가지는 수많은 다양성을 한 개의 시각으로 단순화시킨 것으로, 이것은 분명하게 일반화의 오류이다. 만약 이런 경직된 수학 공식과 같은 해석이라면, 자등명(自燈明)에서 '자기를 등불로 의지처로 삼으라'는 붓다의 유훈도 '우파니샤드에서 말하는 아트만을 의지처로 삼으라'라고 해석해야 할 판이다. 필자가 보기에 그의 비판불교는 논리적 비약과 인지적 왜곡을 동반하는 까닭에 입주하기엔 곤란한 '가(假)' 건물이다.

도대체 그가 말하는 우파니샤드에서 '아트만[我]'이란 어떤 의미인가? 대승불교에서 말하는 '불성으로서 아[我]'와 우파니샤드에서 '아트만'은 서로 동일한지 어떤지, 전후 맥락을 살펴볼 필요가 있다. 왜냐하면 같은 '말'이란 용어도 대화에서 사용하는 '말'인지, 옛날 영화에서 나오는 타고 달리는 '말'인지, 설사 어근의 '구조'가 같다고 해도 그 전후 '맥락'에 따라서 의미가 달라지기 때문이다. 그 타당성 조사를 위해서 인도철학의 원류인 고대 문헌의 우파니샤드에서 '아트만'의 의미가 어떻게 사용되고 있는지 살펴볼 필요가 있다. 왜냐하면 마츠모토는 '아트만'과 '여래장'의 본질적 구조가 같다고 주장하기 때문이다. 우파니샤드에서 아트만과 관련된 내용을 정리하면,[27] 아래와 같다.

- 그것은 모든 존재가 태어나고 살고 죽어서 돌아가는 궁극적 장소이다.

- 그것은 모든 존재의 의지처이지만, 자신은 다른 무엇에도 의지하지 않는다.
- 그것은 역동적으로 살아있는 영혼이며 무수한 실재들의 원천이고 일체를 담는 그릇이다.
- 그것은 브라흐만이다. 나는 그것이다. 그것은 궁극적인 실재이다.
- 브라흐만은 순수하며 창조자이면서 동시에 피조물로 나타난다. 모든 피조물의 내적인 주체가 아트만이다.

여기서 '그것'은 브라흐만이다. 첫째로 가장 먼저 우파니샤드에서는 '아트만'과 '브라흐만'을 따로 구별해서 설명할 수가 없다. 왜냐하면 브라흐만(Brahman, 梵)과 아트만(ātman, 我)은 서로 다르지 않은 '범아일여(梵我一如)'인 까닭이다. 둘째로 브라흐만은 모든 사물이 태어나고 죽어서 돌아가는 궁극의 장소/의지처이고, 동시에 일체를 담는 우주의 그릇이다. 셋째는 그것은 스스로 존재하기 위해서 어디에도 의지하지 않는 창조자이고 일자(一者)이고 궁극적 실재이다. 넷째로 브라흐만은 객관이고 아트만은 주관인데, 아트만은 모든 피조물에 내재된 브라흐만이다. "너(아트만)는 바로 그것(브라흐만)이다(Tat tvaṃ asi)."

그러면 아트만과 불성을 비교하여 보자. 첫째 불성과 아트만이 동일하면, 불성은 브라흐만이 되고 중생의 몸속에 들어있는 자아는 아트만이 된다. 그런가?『열반경』에서 말하는 '중생의 몸속에 있는 '진아(眞我)'는 브라흐만이 내재된 '아트만'이라는 범아일여(梵我一如)와 동일한 구조/사상이라고 이해할 수 있을까? 둘째는 과연 대승불교에서 말하는 붓다의 깨달음/불탑에 모신 붓다의 사리, 곧 불성은 우주의 궁극적 실재로서 아트만=브라흐만이란 해석은 가능한가? 그래서 셋째로 일체 법이 그러하듯, 우리는 불성에서 태어났고, 죽으면 다시 불성으로 돌아 가야 하는 궁극의 '장소'가 불성인가? 넷째로 불성은 일체를 창조한 창 조'자'로서 브라흐만이고, 동시에 피조물로서 나는 '아트만'인가? 그래 서 다섯째로 비판불교의 비판처럼, 불성을 주장하는 대승불교와 동북 아시아 선종은 불교가 아니고, 베다문헌을 통해서 B.C. 1500년 전부터 내려온 인도의 민속신앙/샤머니즘과 결합된 힌두이즘의 핵심사상을 대변하는가? 더구나 불성/상락아정은 자신의 내면에 존재한 아트만으 로서 브라흐만이고, 불성은 스스로 존재하기 위해서 어디에도 의존하 지 않는 '신'이고 우주의 궁극적인 '실재'인가?

　　마츠모토가 주장하는 바대로, 필자는 '불성=아트만'의 구조와 범 아일여의 '브라흐만=아트만' 공식이 본질적 구조가 같다고 아무리 이 해하려고 해도 이해가 되지 않는다. 그가 말하는 '본질적 구조'로서 보 면[28], 연기법과 같은 일체법은 여래장/장소에서 흘러나왔고, 반대로 연 기법/일체법은 다시 불성/여래장과 같은 궁극의 장소로 되돌아간다 는 것이 된다. 이런 발생론적인 이해는 필자가 보기에는 너무나 황당 무계한 억측이다. 불성은 우리가 죽으면 돌아가야 할 아트만이나 브라 흐만과 같은 창조주도 아니고, 더욱이 불성은 신도 아니고, 우주의 궁 극적 실체가 아니다. 베다문헌에 의하면 사제인 '바라문'은 브라흐만 (Brahman)의 청정한 입에서 태어났고, 노예인 '수드라(Sudra)'는 그의 더 러운 발에서 태어났다. 필자는 이런 창조설이나 발생론적인 세계관을 찬성할 수가 없다. 불성을 '영혼'과 같은 아트만으로 해석하는 비판불교의 이런 방식을 도저히 이해할 수 없다.

그의 '비판불교'는 우파니샤드의 관점에서 바라본, 대승불교에 대한 적대적 인수'합병'이다. 국내에서 혹자는 일본의 문화적 분위기에 대한 반성이 담겨 있다곤 하지만, 필자가 보기엔 이것 역시 과도한 추론이다. 왜냐하면 한국도 그렇고 일본도 그렇고 인도의 경우도 마찬가지로, 역사가 깊은 종교일수록 특히 토착화된 종교는 그것이 어떤 종교든지 막론하고 그 지역의 토착 신앙과 결합되는 경향이 있다. 이런 문화적 차별성을 무시한 채로 특정한 철학적 관점이나 견해를 서로 다른 동북아 아시아 종교와 문화 일반에 확대 적용하는 일은 위험하기 한량없다.

지역별 고유한 문화적 차이점을 고려하지 않는 채로 아쉽게도 충분한 검토가 없이, 국내의 일부 지식인과 수행자들은 여기에 동조하는 경우가 있다. 2000년대에 남방불교 수행전통이 국내에 본격적으로 유행하는 때랑 함께 맞물려서 비판불교가 일부 신문지면이나 저널에 소개되는 시점이 하필 묘하게 겹친다. 실제로 이 시기에 필자는, 대승불교에 대해서 신을 섬기는 힌두이즘(Hinduism)이라고 비판하거나, 아니면 불성사상을 '아트만'적 비불교라고 비난하면서 '무아'의 초기불교가 '근본'이라고 주장하는 장면을 종종 목격하곤 하였다.

조용히 질문하여 본다. 그러면 도대체 무엇이 '무아'란 말인가?

4. 여래장과 법무아의 자비

오늘날도 그렇지만 초기불교적 전통에서 강조하는 무상이나 고/무아와 같은 용어는 부정적 술어라 불교를 허무주의/니힐리즘/단견(斷見)으로 해석할 여지가 많다. 실제로 서구나 동북아시아에서 불교를 처음 접할 때 이렇게 오해하는 경우가 많았던 역사적인 증거들이 있다. 반면에 대승불교의 불성이나 여래장과 같은 '긍정'의 입장에 서게 되면, 자아와 존재에 대한 있음[有派]과 없음[無派]이란 인도 철학적 패러다임에 익숙한 이들은 불교가 불변의 인식주체나 형이상학적 아트만/상견(常見)을 인정한다고 알레르기 반응을 보일 수 있다. 그래서 초기불교적 관점은 무상과 무아가 부정주의나 허무주의가 아님을 증명해야 하고, 반대로 대승불교의 입장에서는 불성의 증득이 형이상학 실체/아트만이 아님을 해명해야 하는 과제를 가진다. 이런 과제들은 정밀한 논리적 타당성을 요구하는 작업이다.

경전 해석상의 문제

여래장을 둘러싼 해석문제는 『능가경(楞伽經)』이 출현한 당시 A.D. 4-5세기에도 역시 중요한 쟁점 사항 가운데 하나였다. 당시 지식인들도 불성/여래장에 대해서 인도의 전통 철학자들/외도들이 설하는, '불변하고 항상 존재하는 아트만[Ātman]과 동일하지 않는가?' 하고 반문을 했다. 이런 의심에 대해서, 선종의 달마(達摩)가 혜가(慧可)에게 전한 것으로 알려진[29] 4권 『능가경(楞伽經)』(443년경에 한역됨)은 다음과 같이 해명한다.

세존께서 대혜 보살에게 말씀하시었다. 내가 설한 여래장(如來藏)은 외도가 설하는 ātman과 같지 않다. (여래장은) 공(空)하여 형상 없음[無相]과 바람 없음[無願]의 실다운 법의 성품[法性]이요, 법의 몸[法身]이요, 열반(涅槃)이다. 자기 성품[自性]이 없는 까닭에 발생함도 없고 소멸함도 없다. 본래 적정하여 자체 성품이 열반이라고, 다양한 언구로서 기술한다.

여래장은 법무아(法無我)로서 일체의 망상을 떠났다. 갖가지 지혜와 좋은 가르침의 방편이다. 혹은 여래장을 설하고 혹은 무아를 설한다. 이런 까닭에, 여래장은 외도가 설하는 ātman과 동일하지 않다. 여래장이라 이름함은 ātman을 주장하는 외도들을 개교하기 위함이요, 여래장을 설하여 실체가 아닌 '나'라는 허망한 견해에서 벗어나게 하여, 세 가지 해탈문[空, 無相, 無願]에 들어가게 함이다. 대혜 보살이여. ātman을 주장하는 외도의 견해를 떠난 까닭에, 무아(無我)에 의지해서 여래장을 설한다."[30]

여기에 따르면 『능가경』은 매우 강경하다. 아주 분명하게 '여래장과 불성을 외도가 설하는 아트만과 동일시하지 말라'고 선언한다. 여래장이란 형이상학 실체가 아니고 법공(法空)이나 법무아(法無我)의 다른 이름이다. 여래장은 텅 비어있는 공간이라, 형상도 없고 어떤 바람/갈망이 없다. 번뇌가 소멸되어서 여래장과 불성은 고요하고 열반이며 일체의 망상을 떠난 '지혜'이다. 그렇기에 열반이고 지혜의 불성은 외부에 실재한다는 'Ātman'과 동일하지 않다고 단호하게 언명한다.

그런데 비판불교는 이런 『능가경』의 입장을 왜곡하여 여래장을 실체로서 우파니샤드적 Ātman으로 해석을 한다. 그래서 여래장은 불교의 공(空)사상과 모순되고 양립할 수가 없고, 만약 불성과 여래장이 아트만이라면, 이게 옳다면, 불성과 여래장을 주장하는 대승불교와 여기에 기반한 선사상은 '불교가 아니다'고 주장을 하게 된다. 이것은 '있음'과 '없음'의 양립할 수 없는 대립에서 그 하나를 제거함으로써 해결하려는 나름의 시도이다.

위의 인용문에서 보듯이 『능가경』은 외도들이 말하는 우파니샤드의 '아트만'과 대승의 '여래장'은 동일하지 않음을 매우 강경한 자세로 반복적으로 주장한다. 왜냐하면 여래장이란 무아의 인공(人空)에 기반하여 설하고, 법무아의 법공(法空)의 서로 다른 이름이 아니기 때문이다. 다시 말하지만 붓다가 무상/무아/공(空)을 설한 것은 번뇌에 대해서는 '없음'을 말한다. 여기에 근거해서 번뇌가 본래 존재하지 않음의 '깨달음'이나 번뇌가 소멸된 '열반'은 '있음'을 설한다. 있음은 외부에 존재하는 실체가 아니고, 그것은 붓다의 깨달음을 상징하는 유골(dhātu)로서 '불성(佛性)'이고, 곧 여래가 출현하는 내적 장소(garbha)로서 '여래장(如來藏)'이다. 이것은 우파니샤드에서 말하는 우주의 궁극적 실재로서 'Brahman'과 주관적인 실체로서 'Ātman'의 범아일여(梵我一如)와 동일한 사상구조가 결코 아니다. 그렇기에 대승불교의 '포스트-붓다'는 붓다의 성품[佛性]으로 역사 속에서 반복하여 출현하고, 동시에 모든 인간은 붓다로서 현실에서 살아갈 내적 역량[如來藏]을 가진 존재가 되는 것이다.

그런데 비판불교의 마츠모토는 '중생의 몸속에 여래장이 존재한다'는 『능가경』의 구절을 인용하여 '여래장은 아트만이라'고 해석하면서, 반대 근거인 '여래장은 아트만이 아니다.'는 『능가경』의 핵심 주장에 대해서는 알면서도 끝내는 외면한다. 또한 마츠모토는 『능가경』뿐만 아니라 『열반경』에서 사용한 '아(我)'란 용어가 'Ātman'을 가리키는 용어가 아니라 '여래' 자신를 지칭한다는 것을 알고 있었다. 경전에서 말하는, '아(我)'가 영원불변의 실체가 아니라 '무아인 존재로서' 설하여짐을 그 역시 인지하고 있었다. 그런데도 그는 경전에서 설해진 '아(我)'를 영원불변의 실체로서 'Ātman'를 해석한 근거로, 다음과 같은 문장을 인용하여 제시한다.

> 當知 我者是實 我者常住 非變易法 非磨滅法 我者是德 我者自在
> 在(T12, 863a13-14)
> 마땅히 알라. '나(我)'란 것은 실(實)이고, '나'란 상주이고 변화하는 현상이 아니고, 소멸하는 현상이 아니다. '나'란 덕이며 나란 자재이다.

이 문장은 마츠모토가 제시한 법현역(法顯譯), 『大般泥洹經』(이하 법현역『열반경』으로 약칭)의 애탄품(哀歎品)의 문장이다. 그는 이 문장에 근거하여 '여래장은 아트만'이고, '비불교'라고 주장한다. 물론 이 문장만을 독립시켜서 보면, 그가 주장하는 것처럼, '아(我)'는 확실하게 실체이고, 상주하고, 불변인 'Ātman'으로 해석할 수도 있다. 그런데 사실은 여기서 전후 맥락을 보면 '아(我)'는 'Ātman'이 아니고, 사회적인 상호작용 관계 속에서 비구들에게 설법을 하는 인물로서 '여래(如來)' 자신을 가리키는 말이다. 이것은 완전히 잘못된 오독이다. 그래서 이 문장을 제외한 이후의 문장들은 주어 '아(我)'가 모두 '여래(如來)'로 바뀐다. 예시를 들면, 그것은 아래와 같다.

> 是故迦葉 當知如來 法身常住 非變易法 非磨滅法 (T12, 865a11-12)
> 이런 까닭에 가섭이여, 마땅히 알라. 여래의 법신은 상주하고, 변화가 없으며 소멸하는 현상이 없다.
> 衆生皆謂 如來永滅 而今如來 法身常住 非變易法 非磨滅法 諸佛常法 示現泥洹.(T12, 871b23-25)
> 모든 중생들은 여래가 영원히 소멸되었다고 한다. 그러나 '지금' 여래의 법신은 상주하고, 변화가 없으며 소멸하는 현상이 아니다. 모든 부처는 항상된 법이고, 열반을 시현한다.

여기서 문장의 주어는 모두 '여래(如來)'이고 법신(法身)이다. '여래의 법신이 상주이고, 불변이고, 소멸하는 현상이 아니다'는 것이지, '아(我)'가 그렇다는 의미는 아닌 것이다. 그렇다고 여래와 불성이 상주이고 불변이라고 해서 그것이 반드시 인도철학의 형이상학적인 브라흐만과 연결된 'Ātman'이라고 단정할 이유나 근거가 없다. 마츠모토는 아(我)를 아트만으로 해석하고 이것을 증거하는 '아(我)'를 주어로 사용한 문장을 인용하는데, 이것은 법현역 『열반경』에서 유일하게 단 1회가 나온다. 그러나 필자가 조사한 바에 따르면 주어가 '여래(如來)'인 같은 문장은 법현역 『열반경』 「애탄품」에서 총 28회가 나온다. 이렇게 보면 경전의 전체적 대의를 오해할 이유가 전혀 없는데도 그는 이것을 인용하지 않는다.

이것은 마츠모토의 비판불교가 논증 방식에서 문제가 있음을 드러낸다. 앞의 『능가경』에서 '여래장은 아트만이 아니다'는 주장은 '여래장은 아트만이다'는 자신의 주장과 정확하게 반대증거이기 때문에, 이것을 인용하여 그는 반드시 논증할 이유가 있음에도 인용조차 하지 않는다. 그리고 법현역 『열반경』에서도 전후 맥락을 살펴보지 않고, 경전의 전체적인 흐름을 파악하지 않으면서 자신의 논지에 맞는 구절만을 자신의 구미에 맞도록 편집하여 그것을 여래가 아니라, 'Ātman'이라고 해석한다. 전체보다는 극히 작은 일부만 인용하여 그것을 근거로 판단하는 것은, 마치 신문사의 데스크 편집자가 사건의 전체 흐름을 무시하고 자신이 원하는 정치적 주장을 '헤드라인'에 배치하는 경우와 유사하다. 이것은 문헌학자들이 종종 범하는 오류 가운데 하나이다.

『열반경』은 포스트-붓다 시대를 대비한 유훈의 경전이다. 사람들은 역사적 붓다는 입멸하였다고 말한다. 그렇다면 불교는 붓다의 입멸과 함께 역사 속에서 소멸할 것인가? 그렇지 않다. 하나는 법등명이고 다른 하나는 자등명이다. '법등명'은 교법으로서 남방불교가 계승하고 있다면, '자등명'은 북방불교의 불성에 의해서 전승되고 있다. 법신의 유골로서 불성이 불변이며 상주이고, 소멸하지 않듯이 여래는 인간의 본성으로서 존재한다. 이것이 지난 2000년의 역사가 보여주듯이 대승불교가 다양한 지역으로 전파되면서 현실 속에서 생명력을 발휘했던 이유이다.

'예전'에 무상/고/무아를 설한 것은 중생이 번뇌에 갇혀있기 때문이고, '지금'의 진실한 가르침은 중생의 내면에 상주하는 불성이고 여래장이다. 이것은 깨달음의 법신이고 열반으로서 시대가 바뀌어도 변하지 않고 소멸하지 않는다. 이게 붓다의 삶이었고, 포스트-붓다 시대를 살아가는 불자들을 향한 간절한 유훈이다. 그래서 우리는 명상수행과 깨달음을 통해서 붓다를 반복하여 다시 체험하고 친견하는 것이다.

불성과 자비

현대의 비판불교가 아니라도 『능가경』이 출현한 당시에도 '여래장은 Ātman과 동일하지 않는가?' 하는 의구심이 있었다. 이것은 중요한 역사적인 시사점을 준다. 인도에서 민속종교와 결합되면서 힌두이즘이 그동안의 침체를 딛고 왕성하게 일어난 시기가 A.D. 4세기 경이다. 이무렵 A.D. 4-5세기에 『능가경』이 성립되었다.[31] 당시에 대승불교의 여래장 사상에 대한 비판이 있었고, 『능가경』은 이것을 적극적으로 반론하였음을 보여준다. 『능가경』에서 세존께서 설하는 여래장은 아트만과 다르고, 여래장을 설한 이유는 '허망한' 아트만을 벗어나기 위해서 설한다고 말한다. 왜냐하면 실제로 '아트만'이나 '신(神)'이란 말처럼 말만 있을 뿐이고, 실재한다면 누구든지 응당 관찰되어야 하는데, 아무리 내면을 관찰하고 조사해도 발견할 수 없다. 때문에 그것은 '허망한' 아트만인 것이다.

그런데 『능가경』보다 앞선 A.D. 1세기 경에 성립된 『열반경』에서도 이미 불성을 '공(空)'사상과 연결하여 사용한다.

선남자여. 자비란 중생의 불성이다. 이와같이 불성이 오랫동안 번뇌로 뒤덮여 있는 까닭에 중생으로 하여금 불성을 보지 못하게 한다. 불성이 자비이고 자비가 여래이다. 선남자여. 자비는 곧 대공(大

空]이고 대공[大空]이 자비이다. 자비가 곧 여래이다.[32]

　『열반경』은 불성을 '상락아정'이라고 정의했지만, 다시 불성의 성격을 '대공(大空)'과 '자비'로서 풀어낸다. '커다란 공[大空]'이란 초기불교의 인무아(人無我)/인공(人空)과 비교하여 대승불교의 법무아(法無我)/법공(法空)을 호칭하는 말이다.[33] 특히 주목할 점은『열반경』이 법무아/대공을 '자비'라 하고, 자비는 바로 '여래(如來)'라고 설한 부분이다.

　오늘날도 그렇지만 힌두이즘이 일어난 당시에 '무아(無我)'를 니힐리즘/단견(斷見)으로, '공(空)'을 '무(無)'로 오해하거나 공격하는 상황[格義佛教]에서 불성/여래장을 긍정의 자비와 지혜로 해석하고, 대승의 '법무아'를 '자비=여래'로 이해한 점은, 그런 비판에 대한 대응으로서 중요한 관점을 제공한다. 만약에 불성이 '법무아의 공[大空]'의 다른 이름이라면, 불교의 무상/무아/공사상을 니힐리즘으로 볼 수가 없다. 왜냐하면 무아와 대공이 다름 아닌 불성으로서 붓다의 깨달음과 자비인데, 어떻게 허무주의가 되겠는가? 반대로 붓다의 깨달음과 자비로서 불성은 형이상학적 실체/아트만으로 이해할 수 없다. 왜냐하면 불성은 무아로서 아트만이 아니고, 일체의 실체가 결여된 법공의 커다란 공인 까닭이다. 일체가 텅 비어있는 고요함인데, 어디에 형이상학적인 실체의 개념이 존재하겠는가?

　특히 대승불교가 대사회적 활동을 중시하는데, 그때 중요한 사상적 근거는 두 가지가 필요하다. 첫째는 거친 세속의 삶에서 물들지 않는 청정성으로서 불성/여래장이다. 현실참여에 대한 '비판'이나 '떠남'을 암시하는 무상/무아의 부정적인 술어만으론 부족하다. 그래서 불성을 물들지 않는 '대공'이라고 호칭한다. 커다란 공이라면 물들지 않고 현실 속으로 들어갈 수 있기 때문이다. 둘째는 물들지 않음의 커다란 공, 대공 이 또한 역시 소극적인 표현에서 벗어나지 못한다. 보다 '적극적인' 현실 '참여 불교'의 이론적 근거를 제공하여 주는 사상이 필요하다. 이럴 때 무아/공에 근거한 커다란 '자비[大慈大悲]'가 적절한 역할을 한다. 설사 세상에 물들지만, 그렇다 해도 지혜와 자비의 연꽃처럼 물듦이 없다면 더욱 강력한 실천의 도구가 될 것이다.

때문에 상락아정의 불성 체험은 현실 속에서 작용할 때 그것은 다름 아닌 '자비'로서 나타남을 강조한 것이다. 이렇게 자비의 강조는 상락아정의 다른 모습이다. 상락아정이 매우 개인적인 종교적 내적 경험이라면 자비는 대외적인 타인과의 관계에서 드러난 사회적 실천을 담보한다. 사실 자기 자신의 번뇌로 힘들어하거나 자신과 싸우다 보면, 이곳에서는 결코 자신에게나 타인에게 자비가 흘러나오지 않는다. 자비가 현실 속에서 대승불교를 실천하는 핵심수행이고, 더욱이 자비가 '커다란 대승의 공[大空]'이라면, 그리고 불성의 상락아정이 공(空)의 긍정적 표현이라면, 온전하게 집착에서 벗어날 수가 있다. 그래야 주어도 줌이 없는 대자비가 된다. 이게 불성, 깨달음의 힘/작용이라고 본다. 이렇게 보면 불성과 여래장은 아트만과 같은 사변 철학이 아니라, 현실 속에서 수행으로 체득해야 하는 내면의 '자비=지혜'이다. 여기에 근거하여 『능가경(楞伽經)』은 명상수행의 그 수준을 4단계로 제시한다.

이것은 앞에서 언급한 4단계 커리큘럼과 일치한다. 첫 번째가 범부가 수행하는 명상[凡夫所行禪]이다. 이것은 제1교시로 '인무아'로서 무상/고/무아에 근거한 수행을 말한다. 여기에는 일반 범부와 성문승의 수행자들이 해당된다. 두 번째는 뜻을 관찰하는 명상[觀察義禪]이다. 이것은 제2교시로서 '법무아'에 의거하여 일체 수행의 행상/과정을 차례로 정밀하게 그 뜻을 관찰한다. 세 번째는 제3교시인데, 한마음의 '진여(眞如)'를 자각하는 명상[念眞如禪]이다. 인무아와 법무아라는 두 종류의 무아를 여실하게 알고 난 이후, 그것들이 일체법에서 실체 없고 일심/한마음임을 관찰한다. 마지막 네 번째는 제4교시로 불성/여래장에 근거한 여래선(如來禪)이다. '여래'의 경지에 들어서 성스러운 지혜에서 행복감을 경험하는데 이것은 부처의 깨달음이라 제1교시 범부/중생의 생각으로는 미치지 못한다.[34]

이런 『능가경』의 4단계 명상수행은 초기불교(人無我) → 대승공(法無我)사상 → 유식사상(一心) → 여래장(佛性) 사상이라는 대승불교의 역사적 전개에 정확하게 상응한다. 이것은 『능가경(楞伽經)』의 성립 시기가 A.D. 4-5세기경으로서 대승불교의 후기에 해당된다는 것과 일치한다. 이런 커리큘럼의 형성은 동시에 대승불교 사상에 대한 전통 인도철학이나 혹은 불교 내부로부터 지속적으로 논쟁을 해온 역사의 흔적을 반영한다.

종교의 성격을 정의하는데 매우 다양한 관점이 있다. 예를 들면 집단적인 교단이나 철학적 논쟁, 혹은 경험적이고 체험적인 성격, 신앙적인 측면을 함께 가진다. 어느 한쪽으로만 다 이해할 수는 없기에, 이들 각각의 다각적인 측면이 고려되어야 한다. 단순하게 '불성'을 철학적인 개념이나 사상으로만 이해하기에는 한계가 있음은 분명하다. 비유하자면 마치 사랑이나 자비를 철학적으로 해명하는 작업처럼 부질없는 것은 아마도 없을 것이다. 물론 그럼에도 불구하고 철학과 논리적으로 해명할 필요가 있다면, 피하지 말고 분명하게 논쟁을 해야 함은 또한 필요한 일이기도 하다.

IV. 불성과 연기법

비판불교에서 중요한 이슈는 첫째가 앞에서 다루었던 '아트만' 문제이고, 다음 두 번째 이슈는 '연기설'에 대한 해석문제이다. 연기와 관련된 이슈는 대표적으로 1989년, '마츠모토 시로(松本史朗)의『緣起と空 -如來藏思想批判』'에서 제기되었다. 여기서 대승불교의 불성/여래장의 비판은 연기설과 대비하여 핵심 키워드인 'dhātu'의 해석이 중요한 과제이다. 그의 주장을 요약하면 다음과 같다.[35]

- 불교의 본질은 연기와 공으로서 무아설인 관계로 유일한 근원적 실체를 인정하지 않는다. 그런데 'dhātu'란 말은 근원적 실재로서 모든 법을 '발생'하는 원인이라는 의미를 가진다. 이런 것을 인정하는 것은 무아설에 반한다.
- 대승불교에서 주장하는 '여래장(tathāgata-garbha, 如來藏)'과 부

처의 종족을 의미하는 '종성(buddha-gotra, 種姓)', 그리고 '불성(buddha-dhātu, 佛性)'은 모두 아트만과 동일하게 외적인 '실체'와 동일한 까닭에 비불교이다.

- 대승불교의 여래장이나 불성사상은 형이상학적인 '기체론(dhātu-vāda, 基體, 界)'으로서 근원적인 어떤 존재를 인정하는 다뚜바다(dhātuvāda)이고, 그것으로부터 세계의 현상/법이 흘러나온다고 주장한다. 불성이나 여래장은 근원적 '장소'로서 본질, 아트만과 동일하다.

이러한 마츠모토의 핵심 주장을 필자는 세 가지로 정리한다. 첫째는 여래장이나 불성사상은 '기체(基體)'로서 다뚜바다(dhātuvāda)이고, 둘째로 dhātu는 세계의 현상이 흘러나온다는 일원론적 '발생'적 관점이고, 셋째는 여래장이나 불성사상을 아트만과 같은 형이상학적 '장소'로 이해한다는 점이다. 이점을 차례로 검토를 해보자.

1. 다뚜(dhātu)의 이해

핵심된 마츠모토의 첫 번째 주장은 불성(buddha-dhātu)이나 여래장(tathāgata-garbha) 사상을 기체(基體)로서 '다뚜바다(dhātu-vāda, 基體說)'로 규정한다. 과연 'dhātu'를 모든 존재의 기반이 된다는 '기체(基體)'로 해석하는 것은 정당한가의 문제이다. 핵심된 키워드인 'dhātu'의 의미에 대해서 좀 더 구체적으로 살펴볼 필요가 있다. 물론 'dhātu'는 사전적으

로 매우 다양한 의미가 있다.[36]

첫째로 'dhātu'는 죽은 사람을 화장하고 남겨진 유골을 뜻한다. 다뚜가 '붓다의 유골'이란 의미이기에, 불성(buddha-dhātu)은 붓다의 유골/사리를 모신 불탑신앙에서 유래하여 내면화된 불성으로 변환되었음을 알 수 있다. 곧 대승불교가 붓다의 입멸에서 촉발되어서 불탑신앙으로, 다시 불탑신앙에서 불성으로 그 의지처가 진화되는 과정을 보여준 것이다. 여기서 'dhātu'의 의미가 붓다의 사리란 의미인 까닭에 '모든 중생이 불성을 품고 있다.'는 말은 '모든 중생은 붓다의 사리를 가졌다.'는 의미가 된다.

둘째로 dhātu는 신체의 구성요소나 핵심성분을 뜻한다. 'buddha'가 깨달음이나 깨닫는 사람을 의미하기에, buddha-dhātu는 '깨달음의 구성요소', 혹은 '깨달음의 성분'이란 의미에서, '불성(佛性)'이라고 한역한 것은 정당하다. 곧 불성은 사람마다 누구에게나 갖추어진 깨달음의 요소로서 '성품'이다. 이후로 대승경전에서는 핵심 키워드로 dhātu/性 한 글자가, 모든 현상의 공통된 성품이란 의미로 법성(法性)을 비롯하여, 스스로의 성품[自性], 신령한 영적 성품[靈性], 본래 존재한 성품[本性] 등 다양하게 불성과 동의어로 사용된다. 이것은 제4세력으로 알려진 현대 자아초월심리학에서 주목하는 'Spirituality'란 개념과 연결된다. 물론 'Spirituality'란 브라흐만과 같은 절대적인 신과의 관련 속에서 이해할 수도 있고, 반대로 대승불교처럼 인간의 근본적인 본성/성품으로 정의할 수도 있다.[37]

셋째로 dhātu는 '지층(stratum)'이나 '문법적 어근(grammatical root)'이란 의미이다. 지층은 토대라는 의미이고, 어근은 다른 어휘를 발생시키는 뿌리인 까닭에 확실하게 뭔가를 지탱하여 주고, 다른 무엇인가를 발생시키는 철학적 기저(基底)나 기체(基體)로 유추할 수 있다. 이런 경우는 마츠모토의 해석과 같다.[38] 이것은 인도의 전통적인 아트만적 관점을 해석할 때 사용하는 용례이다. 여기서 사전적으로 dhātu는 반드시 철학적이고 종교적인 의미를 부여한다는 뜻은 아니고, 지리학이나 언어학을 비롯한 일상에서 상용되는 용어이기도 하다.

넷째로 계(dhātu, 界)는 요소나 영역을 말한다. 이 경우는 불교에서 자주 사용하는 용례이다. 불교에서 말하는 지수화풍(地水火風)의 사계(四界, 四大), 욕계/색계/무색계의 삼계(三界)나 인식의 영역으로서 '십팔계(十八界)'에서 사용한다. 불교에서 세계를 구성하고 인식하는 기본 요소로서 감각/대상/의식의 삼 요소를 말한다. 감각[根]기관으로서 눈, 귀, 코, 혀, 몸, 마음[眼耳鼻舌身意] 등 6개, 감각의 대상[境]으로서 색깔, 소리, 냄새, 맛, 감촉, 현상[色聲香味觸法] 등 6개, 여기에 감각기관마다 각각 연결된 신경망[眼識, 耳識, 鼻識, 舌識, 身識, 意識]으로서 의식[識]이 6개, 총합해서 십팔계이다.

십팔계의 의미는 초기불교에 의하면 '대상을 본다'고 할 때, 색깔이라는 '대상[境, rūpa]', 눈이라는 '감각기관[根, cakkhu]', 그리고 '눈의식[識, cakkhuviññāṇa]' 이들 세 요소가 함께 화합함으로써 '접촉[Tiṇṇaṃ saṅgati phasso, 三事和合觸]'을 이룬다.[39] 이런 인식 현상을 구성하는 근경식(根境識)이 바로 계(dhātu, 界)이다. 각각의 요소가 함께 작용하고 이것들이 화합하여 또 하나의 '요소'로서, '접촉'을 이룬다. 다시 '접촉'으로 인하여 '느낌'이 발생하게 된다, 이것들은 '계(dhātu, 界) ⇒ 접촉(觸) ⇒ 느낌(受)'으로 진행되는 바로 '십이연기(緣起)'를 구성하는 핵심 요소가 된다. 이런 점에서 필자는 '계(dhātu, 界)'를 상호 작용하는 '연기'란 의미로 해석한다.

이런 관점에서 보면 '계(識/根/境)'는 '접촉'과 '느낌'을 발생시키는 근원적 '실체'로서 '기체(基體)'가 아니다. 계(dhātu, 界)는 '연기'의 일부이고 접촉을 구성하는 '조건'으로서 구성 '요소'인 것이다. 영역으로서 계는 근경식의 화합인 '접촉'의 조건이기에, 본질적으로 그 자체로 실재하지 않는 '공'이고 '무아'라고 해석한다. '십이연기'는 그것 십이연기 밖이나, 안에 존재하는 어떤 형이상학적인 기체/아트만과 같은 존재가 없음을 함축한다.

이렇게 계(dhātu, 界)란 용어는 매우 다양한 의미를 함축한 까닭에, 전후 맥락을 통해서 그것의 의미를 파악하고 선택을 해야 한다. 비판불교의 주장처럼 '연기'가 진정한 불교의 모습이라면, 그리고 필자의 주장처럼 계(dhātu, 界)가 감각/대상/의식으로서 십이연기 일부라면, 마츠모토의 'dhātu-vāda'란 용어는 '연기설', 혹은 '심성론'으로 번역되지, 아트만처럼 인식과 무관하게 고정된 실체의 '기체(基體)론'으로 결코 이해될 수 없다.

2. 일원론적 발생론

철학에서 일원론적 발생주의란 우주를 지배하는 어떤 변하지 않는 '하나'가 존재하고, 이것을 절대적 신이라고 하든지 아니면 근원적 실체라고 부르든지, 일체는 그 '하나'로부터 발생되었거나 유래되었다

쟁점으로 살펴보는 현대 간화선

는 관점이다. 이를테면 중국의 태극사상이나 인도의 브라흐만이나 아트만, 그리고 기독교의 일신론 등이 여기에 속하는 전형들이다. 비판불교는 계(dhātu, 界)를 일체가 흘러나오는 근원적 하나로서 기체/실체로 해석하기 때문에 자연스럽게 '일원론적 발생론'의 입장을 취한다. 물론 이렇게 해석할 수 있지만, 대승불교의 불성이나 여래장 사상이 근원적 실체라고 확대하여 적용한 것은 문제가 된다.

그림1: 일원론적 발생론

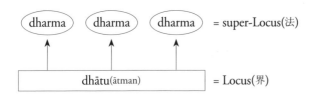

마츠모토의 비판불교는 계(dhātu, 界)를 '일체의 다르마'를 발생시키는 우파니샤드의 발생론적 '일원론'으로 이해하고, 위의 〈그림1: 일원론적 발생론〉[40]을 제시한다. 그는 이 표를 자신의 논문(1986; 1997)과 저술(1989; 1994) 등에서 반복적으로 설명한다. 뿐만 아니라『禪思想の批判的研究』(大藏出版, 1994, p.158, p.171.)에서도 그는『대승기신론』과 선종의『육조단경』의 무념사상을 비판할 때도, 마찬가지로 위 그림을 활용하여 동일구조라 하면서 비판한다. 이후 논자들은 위 그림을 비판불교를 언급할 때(山部 能宜, 1997; 장휘옥, 1998; 심재관, 2000) 자주 인용한다. 위 그림에서 보면, 네모박스로 표시된 다뚜/계는 한 개의 장소(locus)로 해석하고, 아트만이란 한 장소에서 일체의 현상, 법/다르마가 발생하는

것으로 이해한다.

　필자가 보기에 비판불교의 '일원론적 발생론'은 범아일여(梵我一如) 사상과 잘 일치된다. 우주의 원리로서 근본적 '하나'가 있고 여기서 '만물'이 발생한다거나, 혹은 브라흐만과 같은 창조주로서 '신'이 있고 그에 의해서 '일체'가 창조된다는 설이 그것이다. 마찬가지로 비판불교는 여래장과 불성을 절대적이고 근원적인 일자(一者)로 보고, 모든 현상이 여기서 흘러나온다는 식으로 해석하면서, 그러니까 불성/여래장은 '비불교'라고 주장한다. 이런 식의 이해를 필자는 '마츠모토식 해석'이라고 호칭할 것이다.

그림2: 십이연기론

　마츠모토식 해석은 불성이란 기체로서 실체이고, 이 성품으로부터 일체법이 흘러나왔다고 형이상학적 이해를 한다. 그러나 필자는 마츠모토식 해석을 전적으로 반대한다. 왜냐하면 첫째로 다뚜/계는 기체가 아니라 '연기'라고 보는 까닭이고, 두 번째는 다뚜는 깨달음의 성분으로서 성품인 까닭이다. 먼저 연기라는 측면을 살펴보자. 다뚜/계는 '감각/대상/의식'이란 영역이고, 그것을 '연기'의 일부로 해석한다. 마찬가지로 이것을 그림 그리면 위의 〈그림2: 십이연기론〉과 같다. 주지

하다시피 십이연기는 무명(無明)/행(行)/식(識)/명색(名色)/육처(六處)/촉(觸)/수(受)/애(愛)/취(取)/유(有)/생(生)/노사(老死)이다. 여기서 명색(名色)은 '의식[識]'의 대상[境]으로 '정신적[名]/육체적[色]' 요소를 모두 포함하고, '육입(六入)'은 눈, 코와 같은 여섯 가지의 감각기관을 말한다. 이것은 앞의 그림과 비교된다.

비판불교에 따르면, '감각/대상/의식' 등의 현상들은 이것과 별개로 기체로서 '계(dhātu, 界)'가 존재하고, 이것으로부터 생겨난다(계 → 일체법)고 주장한 것이 된다. 이런 해석은 정확하게 아트만적 사유이고 해석이다. '계(dhātu, 界)'를 어떻게 이해하느냐에 따라서 세계관이 달라진다. 아트만적 기체로 볼 것인가? 아니면 십이연기의 일부로서 '감각/대상/의식'가 상호작용하는 연기로 볼 것인가? 선택에 따라서 해석의 결과가 서로 전혀 다른 모습으로 나타난다.

일상에서 쉽게 말하면 '지금 나는 꽃을 본다'고 할 때, 이것을 일원론적 발생주의적 관점에서 보면 기체/실체로서의 아트만/자아가 먼저 존재하고, 이후에 그곳에서 꽃을 본다는 '인식'이 생성된다고 해석한다. 그러나 아트만적 실체를 인정하지 않는 불교적 관점에서 보면, 실존적 주어인 '나'는 내부나 외계에 존재하는 절대적 브라흐만이나 아트만적 실체가 아니라, '지금'이란 인연/연기에 따른 '의식[識]'의 전변이다.[41] 목적어인 '꽃'은 의식에 의해서 구성되고 지향된 '대상[境]'이고, '본다'는 동사는 대상을 지각하는 감각[根]이다. 여기서 감각/대상/의식이 인연으로 화합된 하나의 인식 단위가 바로 계(dhātu, 界)이다. '나는 꽃을 본다'는 인식은 세상이고 '연기(緣起)'이다.

유가행파의 불교적 관점에 서면, 꽃을 보고, 소리를 듣는 인식은 감각/대상/의식의 결합으로서 '지금 여기'의 연기이다. 먼저 별도의 어떤 실체/기체가 선행하여 존재하고, 그곳에서 감각/대상/의식이 생겨난 것(기체/실체 ⇒ 감각/대상/의식)이 아니다. 근경식은 '계'로서 그 자체로 인식의 영역이고 '연기'를 구성하는 한 요소이다. 대승불교 입장에서 보면 이런 인식의 과정[五蘊]이 바로 여래장(如來藏)이고 진성(眞性)이라[42]고 말한다. 불성(buddha-dhātu)은 'dhātu(性, 界)'가 '연기'이기 때문에, 활짝 핀 꽃을 보거나 혹은 새벽닭 우는 소리에 깨닫는 것처럼 '깨달음의 연기'인 것이다.

둘째로 '성(性, dhātu)'은 밖에 존재한 별도의 실체가 아니라, 깨달음의 성분, '마음[忄=心]의 생멸[生]'로서 곧 '연기'를 말한다. (이 해석은 송광사 전방장이신 일광 승찬스님의 법문에서 가져온 바로, 필자의 기억임을 밝힌다.) 이것은 번뇌의 경우에서도 마찬가지이고, 깨달음의 경우에서도 마찬가지이다. 깨달음 이후에도 연기는 여전히 작용하지만 물들지 않음에서 차이가 있을 뿐이다. 서로 별개라고 속으면 안된다. 비유하자면 마음의 거울이 있다고 하자. 이 거울의 청정성은 깨달음이다. 결코 브라흐만이나 태극처럼, 거울의 청정성[性]으로부터 일체의 영상이 창조되었거나 발생된 것은 아니다. 거울의 인식과 비추어진 대상/영상은 상호작용하는 '연기'적 관계로 해석하는 것이 합당한 해석이다.

불성/여래장/성품이라고 해서 무조건 기계적으로 아트만이라는 '일원론적인 발생론'으로 해석함은 문제가 있다. 선종에서 자주 말하는 '성품을 보아서 부처를 이룬다'는 견성성불(見性成佛)도 저기에 어떤 '성품[dhātu, 性]'이 별도로 실체로서 존재한다는 의미가 결코 아니다. (물론 마츠모토적 시각으로 잘못된 이해을 하는 이들이 종종 있다.) 하지만 끊임없이 생멸하는 마음[性]이 그대로 곧 '연기'라는 의미[性起]이고, 그렇기에 견성이란 지금 여기에서 마음의 생멸/연기를 보는 것이 곧 그대로 부처를 이룬다는 의미이다. 이점은 '연기법을 보면 부처를 이룬다'는 초기경전의 언구와 서로 다르지 않고 일치한다.

일상에서 우리는 자주 '나는 꽃을 본다'고 말한다. 이것이 인식과 대상이 상호 작용하는 '연기(緣起)'이다. 마츠모토식 해석은 아트만으로서 내가 먼저 존재하고, 여기에 근거하여 꽃을 본다는 현상이 발생한다고 이해할 것이다. 그러나 이것은 비불교적 해석이다. 인식의 대상으로서 꽃과 그것을 인식하는 자아/나란 상호의존된 연기적 관계이다. 그때, 그 순간에서 '나'는 '꽃'을 '본다.' 그러나 외출에서 돌아오니, 그 꽃은 이미 시들고 다른 모양이 된 것이고, 다른 꽃을 가져온 '나' 역시 달라져 있다. 이것이 일상에서 드러나는 연기이고, 이것이 불성/여래장이다. 만약에 지금 여기를 떠나서, 별도의 깨달음/불성을 구한다면, 그래서 깨달음/불성을 밖에서 찾는 것은 마츠모토식 악견이다.

만약에 언어학적인 다뚜를 '어근(語根)'으로 해석을 하면, 이것은 촘스키(Noam Chomsky)의 '구조주의 생성문법'과 유사하다. 그에 의하면 의미는 내면화된 문법적 구조에서 생성된다. 그러면 이것 역시 발생론으로 해석이 가능한다. 설사 그렇다 하여도 이 문법적 구조를 반드시 철학적인 형이상학적 '구조'라고 해석할 이유가 없다. 문법구조는 경험적 '연기'에 의해서 형성된 도식이다. 이를테면 한글의 문법구조(SOV)는 영어의 문법구조(SVO)와 서로 동일하지 않다. 여기 문법구조는 아트만과 같은 형이상학적 구조는 결코 아니다. 만약에 문법구조가 형이상적인 동일한 아트만과 같은 DNA나 혹은 어떤 근원적인 기체에서 발생되었다면, 어떻게 한글과 영문의 문법구조가 서로 다를 수가 있겠는가? 이것은 태어난 이후로 어린 시절부터 인식과 환경이 상호작용하는 '연기'의 결과로 형성된 경험적 구조이다. 이렇게 해석하는 것이 합리적이다.

불교적 교설로서 의미 발생은 아트만의 형이상학적 구조가 아니라 구성요소들의 상호작용하는 '연기'에서 비롯된다. 상호작용하는 연기/접촉이 '의미'를 생성한다. 그런 까닭에 '의미'는 근경식(根境識) 삼사화합촉(三事和合觸) 자체나, 각각의 요소인 감각에도 그 대상에도 그리고 의식에도 존재하지 않는다. 마치 거문고 소리는 몸통에서도 그 현에서도 혹은 그것을 기록한 악보에서도 찾을 수가 없는 것과 같다. 그렇다고 이들을 떠나, 아트만처럼 외계에 존재하는 것도 아니다. 이들 감각/대상/의식[根境識] 삼 요소가 함께 인연으로 화합되고(三事和合) 구성되어 접촉/연기될 때, 바로 그 순간에 홀연히 꽃이 되고 의미가 되고 음악이 된다. 이것이 연기(緣起)이고 이게 부처의 성품[佛性]이다. 그런 까닭에 문장의 의미와 소리가 발생하는 장소[界, dhātu]란 형이상학적 기체로서 아트만이 아니라, 그것은 인연화합이고 연기이고 공(空)의 다른 이름이다.

3. 연기설의 이해

'dhātu'를 연기나 성품으로 번역하면, 'Buddha-dhātu'는 '깨달음의 연기'로서 '불성'이라고 이해된다. 이것은 부처라는 인물이 과거 역사적 존재가 아니고, 현존하는 중생에게로 내재화되는 과정을 의미한다. 불성과 연기와의 관계를 해명하는데 타당성을 확보하기 위해서 대승불교 경전보다는 초기불교 경전의 근거를 제시할 필요가 있다.

연기설이 '불성'사상으로 발전하는 데 있어서 대표적인 초기불교 경전의 전거는 두 가지이다. 요약하면, 하나는 붓다 이전에도 입멸 이후에도 '연기는 항상 존재한다'는 연기의 '항상성'이다. 이것은 무상이나 무아와는 사뭇 다른 대승불교의 '법계' 연기적 관점의 원시적 형태이다. 다른 하나는 '연기를 보는 자는 여래를 보고, 여래를 보는 자는 바로 연기를 본다.'는 언구로서, 이것은 연기가 바로 불성으로서 여래의 본질이고, 여래장임을 선언한 것이다.

첫째로 연기법의 항상성에 대한 문제이다. 어떤 비구가 '연기법을 세존께서 만든 것인가?' 하는 질문을 하자, 붓다는 아래와 같이 대답한다.

비구는 예배하고 부처님께 여쭈었다. "세존이시여. 연기법은 세존께서 지은 것입니까? 다른 사람이 만든 것입니까?" 부처님께서는 비구에게 말씀하시었다. "연기법이란 내가 지은 바도 아니고, 다른 사람이 만든 바도 아니다. 연기법은 여래가 세상에 출현하거나 출현하지 않았거나, 법계(法界)에 상주한다. 여래는 이 연기법을 깨달아서 정각을 성취한 바이다. 모든 중생을 위해서 분별하여 연설하고 개발하여 현시한 것이다. 이른바 이것이 있기에 저것이 있고, 이것이 일어난 까닭에 저것이 일어난다."[43]

위 인용구의 출처는 한역 『잡아함경』이다. 여기서 핵심은 연기법(緣起法)이 여래가 세상에 출현했거나 출현하지 않았거나 '법계(法界)에 항상 존재한다[常住]'는 것이고, '연기법을 깨달아서 여래는 정각을 이루었다'는 내용이다. 이것은 분명하게 '무상(無常)'과 다르게 법계의 '상주(常住)'를 말하고 있다. 그렇기 때문에 마츠모토식으로 오직 '초기불교=무상=연기'의 관점으로만 해석하는 것은 문제가 있다. 초기불교 경전에서도 대승불교 경전처럼 변하지 않는 '법계'를 분명하게 말하고 있다.

초기불교이든지 대승불교이든지 이들, 모두는 붓다의 깨달음에 대한 후세의 해석체계이다. 초기불교를 중시하는 이들은 번뇌의 무상/고/무아에 초점을 맞춘다면, 대승불교는 법계연기의 상주와 붓다의 깨달음으로서 불성을 강조한다. 위의 『아함경』에서 연기법은 법계에 상주하고, 연기법이 붓다의 정각임을 제시한다는 점에서 화엄교학의 법계연기(法界緣起)가 붓다의 깨달음에 근거하고 있음을 알 수 있다. 여기서 연기는 물든 번뇌가 아니라 깨달음의 내용이고 장애 없는 법계연기라는 것인데, 이런 대승불교의 혁신 사상은 초기불교에 근거한 창조적이고 적극적 해석체계임을 알 수가 있다. 연기의 정의와 관련하여 다음을 보자.

> 세존께서는 이렇게 말씀하신다. "만약에 연기를 본다면 곧 법을 본다. 만약에 법을 본다면 곧 연기를 본다." 왜 그런가? 모든 성현과 세존은 설한다. "다섯 가지 치열한 오온(五蘊)이 인연을 따라서 일어난 까닭이다." …(중략)… "나는 본래 너를 위해서 설하니, 인연이

일어나고, 그리고 연기로 말미암아 법이 생함이다. 만약에 이것이
있으면 저것이 있고, 만약에 이것이 없으면 저것이 없다. 만약 이것
이 생하면 저것이 생한다. 만약 이것이 멸하면 저것이 멸한다."[44]

이것은 연기를 이해하는 중요한 관점을 제공한다. 마츠모토의 비
판불교에 의하면 연기설은 '시간'적 축이고 '장소'적 의미는 없다고 본
다. 왜냐하면 그에게 있어 '장소'는 아트만이고 근원적 실체를 의미하
기 때문이다. 그는 대승불교의 불성사상과 노장사상과 선사상을 모두
동북아시아의 '장소' 철학이라고 말한다. 그러나 필자가 보기에는 연
기설(緣起說)에서 '장소'적 측면을 부정하면서, 오직 '시간' 축만으로 연
기를 설명하는 그의 해명에는 문제가 있다. 위의 『중아함경(中阿含經)』,
「코끼리 발자국 비유경[象跡喩經]」에 따르면, 연기는 장소와 시간의 양
면을 가진다. '이것이 있으면 저것이 있고, 이것이 없으면 저것이 없다
[若有此則有彼 若無此則無彼]'는 연기의 정의는 들판에서 두 개의 볏단처
럼 현상의 '장소'적 의존관계를 제시한다. 그리고 '이것이 생하면 저것
이 생하고, 이것이 멸하면 저것이 멸한다[若生此則生彼 若滅此則滅彼]'는
구절은 사회현상처럼 '시간'적인 상호작용을 설명한다.

여기에 근거하여 보면, 연기법은 시간과 공간을 모두 함축하는 '사
태'이다. 연기법은 장소 축을 배제하고, 반드시 시간 축으로만 해석해야
한다는 마츠모토식 근본주의적 주장은 불교 자체를 이해하는데 있어
서 심각한 문제를 노출한다. 이점은 현대 물리학에서도 마찬가지로 시
간과 공간은 서로 분리하여 이해할 수 없다는 입장을 상기할 필요가 있
다. 시간이 있으면 그곳엔 공간이 함께 하고, 공간이 있는 곳엔 반드시

시간이 함께 하는 상대성의 원리가 지배한다. 마찬가지로 상호의존관계를 설명하는 연기설도 시간과 공간을 분리시켜서 설명함은 과학적이지도 않고 불교적 관점도 아니다. 시간과 공간을 분리시켜서 연기를 이해하려는 시도는 잘못된 전근대적 사고방식이다.

나아가서 불성과 여래장이 '장소'(혹은 처격, locus)를 함축하기에 그것들은 무조건 실체나 구조적 발생을 의미한다는 비판불교의 '장소철학'을 필자는 찬성할 수가 없다. 장소란 물리적 장소도 아니고, 형이상학적 실체도 아니다. 물론 여래가 머무는 장소로서 여래장과 깨달음의 내적 성품이라는 불성에는 장소적 개념을 함축한다. 그러나 이것은 경험이고 내적 발견이고 성찰이다. 이를테면 종교 현상학자인 엘리아데(Mircea Eliade, 1907-1986)는 『성과 속』에서 거룩함의 체험이나 성스러움의 현현(hierophany)은 선방이나 사찰의 일주문처럼 특정한 장소나 상징이 매우 중요한 역할을 한다고 기술한다. 그러면 엘리아데는 아트만적 사유이고 장소 철학자인가? 그리고 프로이트(Freud, 1856-1939)는 『꿈의 해석』과 같은 여러 저술 속에서 유식불교의 제8식과 유사하게, 의식과 무의식을 내면에 존재한 구조적 방/공간/장소에 비유적으로 표현하였다. 그렇다면 그의 무의식이 억압되어서 특정한 장소/의식에 고착되었기에, 프로이트 이론은 형이상학적 아트만적 이론이라고 해석할 수 있는가? 교육학의 장이론(場理論, field theory)에서도 인간의 행동을 상호작용적인 연기적 관점에서 설명하는데, 이것도 장소 축을 함축하니까 철학적인, 근원적 실체로 해석해야 하는가?

허버드(Hubbard)가 언급한 바처럼, 마츠모토식 비판불교의 '장소'에 대한 알레르기는 장소에 대한 공포증(Topophobia)[45]과 다름아니다. 필

쟁점으로 살펴보는 현대 간화선

자가 보기에는 비판불교는 불교를 아주 좁은, 그것도 오직 자신의 철학적 영역으로만 한정하여 바라보고 있다. 특히 연기설에서 장소 축 배제는 불성과 여래장을 비판하기 위한 짜맞추기식 수사(修辭)에 불과하다. 그들은 초기불교의 무상/고/무아의 사상을 너무나 귀중하게 여긴 나머지, 이것과 반대되거나 불리한 증거는 외면한다.

둘째는 연기법과 여래와의 관계이다. 남전 대장경에서 이것을 잘 보여주는 경이 『쌍윳따니까야』의 「왁깔리경(Vakkali Sutta)」이다. 왁깔리(Vakkali, 跋迦梨) 비구는 죽음을 앞두고 병에 걸려서 매우 고통스러워 자살을 시도할 지경이었고, 죽음 이후의 삶에 대한 두려움으로 부처님을 친견하길 소망하였다. 부처님께서 선정에서 깨어나 왓칼리 거주처를 방문하여, 몸을 비롯하여 오온이 무상하여 탐착할 만한 게 없음을 문답으로 설파하고 다음과 같이 말한다.

> 좋구나. 왁깔리(Vakkali)여. 그대는 썩어갈 몸뚱이에서 무엇을 원하는가? 참으로 왁깔리여, 법(法)을 보는 사람은 나(여래)를 본다. 나(여래)를 본 사람은 누구든지 법을 본다. 법을 보기 때문에, 그는 나(여래)를 보고, 나(여래)를 보기에 그는 법을 본다.[46]

왁깔리(Vakkali, 跋迦梨)의 주된 호소문제는 하나는 여래를 친견하는 것이고, 다른 하나는 자신의 고통과 사후 문제이다. 이것에 대해서 사후란 또 하나의 욕망일 뿐이니 썩어갈 몸뚱이에 대한 집착을 내려놓고, 여래를 보고자 한다면 연기법을 보라고 말한다. 왜냐하면 법이란 바로 여래이기 때문이다.

이것은 매우 중요하다. 이런 관점은 대승불교의 핵심된 시각이다. 처음엔 그분의 말씀에 귀를 기울였다. 하지만 이제는 죽음을 앞두고 왁 깔리는 의지처로서 여래, 세존의 존재가 중요한 것이다. 여기서 붓다 는 썩어갈 몸뚱이를 보지 말고 법을 보라고 말한다. 이것은 세존이 열 반에서 아난에게 했던 유훈과 일치한다. 썩어들어갈 몸뚱이를 보지 말 고, 법을 의지처로 삼으라고 말한다. 여기서 법을 어떻게 볼 것인가 하 는 문제가 있다. 경의 문맥으로는 오온이고 넓게 보면 앞의 맥락으로는 연기법으로 이해된다. 오온과 연기법은 초기불교의 핵심교설로써 자아 와 세계의 현상을 설명하는 교설이면서 열반, 깨달음으로 나아가는 디 딤돌이다.

앞의 『잡아함경』에서 '법을 보면 연기를 보고, 연기를 보면 법을 본 다'고 했다. 여기 「왁깔리경」에서는 '법을 보면(dhammaṃ passati), 그는 여 래/나를 본다(so maṃ passati). 누구든지 나/여래를 보면(yo maṃ passati) 그 는 법을 본다(so dhammaṃ passati).'고 말한다. 그러므로 '연기를 보는 자는 여래를 보고, 여래를 보는 자는 연기를 본다.'가 된다. 곧 '법=연기'에서 '연기=여래'가 된다. 여기서 'maṃ(나를)'은 직접 목적격으로 ahaṃ(나)의 '대격 단수'이니 '나=여래'가 된다. 그렇기에 법을 보면 '그(so)'는 연기 를 보고, 연기를 보면 '그(so)'는 여래를 본다. 이것은 '누구든지(yo)' 그러 하다. 왜냐하면 연기가 바로 여래의 깨달음이기 때문이고, 이것이 바로 붓다의 성품인 까닭에, 그렇다. 여기서 예외란 없다. 누구든 예외가 없 기에 대승 경전에서는 '모든(sarva)' 중생은 불성(Buddha-dhātu)이고, 여래 장(tathāgata-garbha)이라고 말한 것이다.

초기불교의 아함경과 니까야(Nikāya)에 의하면 연기설은 '항상 존

쟁점으로 살펴보는 현대 간화선

재하는 법계'이다. 이것은 대승불교의 『화엄경』과 정확하게 일치한다. 오늘날 우리는 붓다가 보리수 아래에서 연기법을 발견하여 깨닫고 정각을 이루었듯이, 법을 보면 연기법을 보고, 연기법을 보면 법을 본다. 연기법을 깨닫는 자가 바로 여래가 된다. 우리는 번뇌를 통해서 곧 깨닫고, 깨닫게 되면 곧 현실에서 연기하는 번뇌를 본다. 이를테면 『육조단경』의 언구를 패러디(Parody)하면, "중생이 연기/자성을 보면 부처가 되고, 부처도 자성/연기를 보지 못하면 중생이다."

물론 『쌍윳따니까야』의 「왁깔리경(Vakkali Sutta)」은 한역 『잡아함경』[47]과 『증일아함경』[48]에서도 존재한다. 그러나 위 인용문은 한역에서는 직접적으로 보이지 않는다. 여래를 뵙기를 간청하는 왓칼리는 이 법문을 듣고 기쁘게 봉행하여 마침내 해탈하였던 점은 공통된다. 연기법과 여래는 하나의 법계로서 서로 다르지 않다. 연기법이 법계임을 말할 때는 '법' 중심의 불교를 말하지만, (연기)법을 보는 자가 여래를 보고, 여래를 보는 자는 (연기)법을 본다고 할 때, '불(여래)' 중심이 된다. 이렇게 되면 역사적 붓다는 입멸하였지만, 붓다는 연기법과 함께 '항상 법계에 상주'하게 된다. 왜냐하면 연기법은 항상 상주하고, 또한 누구든지 연기법을 보는 자는 여래를 보고, 여래를 보는 자는 곧 연기법을 보는 까닭이다.

여기서 연기를 본다. 여래를 본다고 하는 이것은 초기불교에서도 그렇고, 대승불교에서도 그렇다. 초기불교에서 무상/고/무아를 설하는 것은 번뇌에 대해서 그렇다는 것이고, 대승불교에서 상주하는 법계를 말하는 것은 여래=진아(眞我)를 말한다. 범부는 번뇌만을 보지만, 그곳에서 깨닫는 자는 여래로서 진아를 본다.

이제 붓다는 입멸한 과거의 붓다가 아니다. '저기'가 아닌 '여기'에 살아있는 현실 속의 붓다가 된다. 연기법은 법계이고, 법계(Darma-dhātu)는 바로 불성(Buddha-dhātu)이고 여래가 거주하는 공간으로 여래장(tathāgata-garbha)인 까닭이다. 이것은 대승불교의 불성, 곧 핵심사상의 완결을 의미한다. 왜냐하면 역사적 붓다는 입멸한 것이 아니라, 연기법/법계와 함께 여기에 현존하는 역사적 현장의 가슴에 살아있는 부처님으로 반복하여 탄생하는 것이다. 연기법이 여래이기에, 화엄의 법계연기는 우리의 현실로서 여래의 출현이 된다. (60권 화엄경은 '성기품(性起品)'에서, 80권 화엄경은 '여래출현품(如來出現品)'에서 그렇다.) 여래의 출현이 우리가 매일 경험하는 연기이고, 연기는 바로 여래가 출현하는 공간이다.

여기서 한가지 말할 것이 있다. '연기를 보는 자는 여래를 본다'는 위의 인용 구절은 「왁깔리경」에서 한역 『잡아함경』이나 『증일아함경』에는 빠져서 없고 남방 전통의 빠리어 경전에서 찾을 수가 있다. 그렇다면 만약에 이것을 불성사상의 원시적 형태로 인정한다면, 지금까지 지난 100년 동안 사상사적으로 북방은 대승불교의 불성사상, 남방은 비불성사상이라는 이분법적인 견고한 관점과 그리고 초기불교는 법(法) 중심이고 대승불교는 부처(佛) 중심이란 기존의 이해방식, 역시 다시금 재검토해야 한다.

불성과 여래장을 아트만으로 해석하고 대승불교를 부정하는 마츠모토식 관점은 양자의 갈등을 더욱 심화시키는 요인으로 작용한다. 왜냐하면 불성사상을 부정하는 초기불교는 그 결과로 소승불교라는 한계를 스스로 현대에서도 마찬가지로 동일하게 짊어진 결과가 되는 까닭이다.

4. 통합적 이해

여래장(tathāgata-garbha)의 번역문제

불성과 동의어로 사용되는 여래장(tathāgata-garbha)의 번역문제를 살펴보자. 여래장이란 용어는 'sarva-sattvās tathāgata-garbhāḥ'라는 문장에서 유래한다. 이것은 『열반경』이나 『여래장경』, 그리고 『보성론』 등 대승불교에서 자주 찾아볼 수가 있다. 이를테면 앞에서 살펴본 바처럼 불성(Buddha-dhātu)이 '화장을 하고 남겨진 유골'이라는 'dhātu'에서 유래가 되었듯이, '여래장(tathāgata-garbha)'도 마찬가지로 '붓다의 사리를 모신 불탑'에서 비롯되었다. 불탑은 여래의 유골을 내부에 모신 공간이다. 이런 점에서 불성과 여래장은 동일어지만, 굳이 구분하여 보자면 불성은 붓다의 유골/사리이고, 여래장은 그 불성(유골/사리)을 봉안하는 불탑의 내적 장소가 된다. 불성(佛性)은 깨달음의 핵심된 골수라는 '성품'이라는 의미이고, 여래장(如來藏)은 불탑의 내부에 붓다의 유골이 모셔져 있듯이, 곧 모든(sarva) '중생/존재(sattva)'는 여래의 사리를 보관하는 불탑으로서 '내적 공간'이란 의미가 된다.

그런데 현대 학자들은 '여래장(tathāgata-garbha)'의 번역문제로 많은 논의를 한다. 그만큼 중요하다는 반증이다. 먼저 범어 'garbha'의 사전적인 의미를 중심으로 시작하여 보자.[49] 첫째로 'garbha'는 '자궁(the womb)', '태아(a embryo)'와 같은 생물학적인 의미를 포함한다. 이런 경우에 여래장(tathāgata-garbha)은 여래의 자궁이나 여래의 태아로 번역하고, '앞으로' 여래가 될 가능성/잠재성으로 성장이나 발달론적 관점에서 해석하곤 한다. 이런 해석의 기원은 현대적으로 여래장 사상을 확립하는

데, 큰 공헌을 한 다카사키 지키도(高崎直道, 1966~1989)[50]에 의해서 이루어졌다. 그는 'sarvasattvās tathāgatagarbhāḥ'라는 문장을 '모든 몸뚱이를 가진 자(=衆生)는 여래/부처를 자궁에 잉태한다.(すべての有身者(=衆生)は 佛を胎に宿す.)'고 번역한다. 이후 여래장은 '여래의 태아'란 의미로 번역하는 것이 정설처럼 자리잡아 왔다.

그러나 이제 반세기가 지나서 최근에야 새로운 해석방식이 등장하고 있다. 직접적으로 '여래의 태아'라는 고전적 해석을 수정하는 의견들이 제시된 것이다. 여기서 이들 견해를 소개한 다음에 필자의 의견도 함께 제시하고자 한다.

먼저, 고마자와(駒澤)대학 가노 가즈오(加納和雄, 2017)의 해석법이다. 그는 짐머만(Zimmermann, 2002)[51]의 선행 연구성과에서 아이디어를 얻고 혹은 지지하면서 자신의 고유한 해독법을 제시한다. 그는 범어 문법으로 보면, 기존에 '여래의 태아'로 번역하는 것은 '격한정 복합어(Tatpuruṣa, Genitive)'로 번역한 것이라고 하면서, 이것을 반대한다. 그는 대안으로 'X-garbha'라는 용례 여러 가지를 제시하면서, 'X를 내부에 품는(~を内に宿す)'이라고 '소유 복합어(bàhuvríhi)'로 해석해야 한다[52]고 주장한다.

이것은 한글 문법체계에서 보면 일종의 체언(體言)/명사를 꾸며주는 관형사(冠形詞)처럼 보인다. 이렇게 되면 'sarvasattvās tathāgatagarbhāḥ'라는 문장은 '여래를 내부에 품은 모든 중생'이란 의미로 해석된다. 물론 외형적으로 보면 기존 '다카사키' 해석이나 새로 제시된 '가노'의 해석이나 문법적인 차이를 제외하고는 내용상 서로 크게 차이점이 없어 보일 수가 있다. 그러나 '가노'의 해석은 중생을 여래의 '자

쟁점으로 살펴보는 현대 간화선

궁'이나 '태아'와 같은 생물학적 의미로 해석할 소지를 없애준다.

다음 연구로는, 이해하기 어려운 범어의 문법체계(nominal style)를 일반적 언어 문법의 '주어+술어'라는 정상적 문장스타일로 변환시켜서 해석하자는 동국대 우제선(2021)의 제안이다.[53] 물론 필자는 이런 시도에 대해서 적극적으로 동의한다. 필자 역시 고대 언어로 된 문헌들의 한글 번역글을 읽다 보면 오히려 대부분 원전보다 더욱 헷갈리는 경험을 하곤 한다. 그는 『보성론』 제1장 27송에서 제1구는 범어 문법체계로는 '속격a+속격b+탈격'의 구조로 되어 있다고 분석을 하고, 이것을 기존 다카사키의 번역과 비교하여 '주어+술어'라는 정상적 문장으로 새롭게 번역한다.

> 다카사키 번역: 제1구 → sattvarāśer buddhajñānasya -antar gamāt("중생의 무리에는 부처의 지혜가 스며들어 있기에(衆生の聚には 仏智が 滲透しているから.") 제4구 → sarvasattvās tathāgatagarbhāḥ("모든 몸뚱이를 가진 자(=衆生)는 여래/부처를 자궁에 잉태한다.(すべての有身者(= 衆生)は佛を胎に宿す.")

『보성론』 제1장 27게송의 다카사키 번역은 매우 신화적인 냄새가 난다. 제1구와 4구를 결합해서 보면, 부처의 지혜가 중생의 몸뚱이에 스며들어 있기에 중생은 여래의 태아를 잉태한다는 생물학적 해석은 엉뚱한 상상을 할 수도 있게 한다. 이를테면 비판불교처럼 우주의 신인 브라흐만이 개아인 아트만의 내부에 침투한다는 힌두교적으로 오해할 소지가 다분히 녹아 있다.

우제선 번역: 제1구 → yato buddhajñānaṃ sattvarāśāv antargamyate ("부처의 지혜가 중생의 무리에 內在하기 때문에.") 제4구 → sarvasattvās tathāgatagarbhāḥ ("모든 몸 가진 자들[=중생]은 佛藏[=如來藏]이다.")

이것은 '붓다의 지혜'가 중생의 내부로 스며드는 것도 아니고 '여래의 태아'를 잉태한다는 의미가 아니다. 부처의 지혜가 이미 중생에게 내재한 까닭에 '모든 중생이 여래장'임을 말한다. 위에서 보듯이 제1구와 4구를 결합해서 보면, 양자의 번역에서 그 의미와 뉴앙스는 매우 큰 차이점이 있다. 필자가 보아도 범어 문법으로 속격+속격+탈격의, 그리고 생물학적 의미가 강하게 풍겨나는 다카사키 번역보다, 범어 문장을 정상 문법인 주어+술어로 재편하여 번역한 우제선 번역이 선명하게 의미가 드러난다.

이런 번역상의 갈등은 제4구에서 복합어 'tathāgatagarbhāḥ'를 어떻게 문법적으로 보고 해석할지 문제가 핵심이다. 문법적으로 격한정복합어(여래의 태아) 혹은 소유 복합어(x를 품고 있는)로 해석이 가능하지만 어떻게 해석할지는 선택의 문제이다. 이점에 대해서 우제선(2021)은 짐머만(Zimmermann, 2002)과 사이토(2020)[54]의 입장을 지지하면서 '여래장'이나 '불장'이란 복합어를 더 쪼개지 말고 융통성 있게 그냥 그대로 두자고 주장한다. 그리고 철학적으로 '번뇌로 물들어진 중생이 어떻게 청정한 여래의 태아를 가질 수 있는지?' 질문하면서, '모든 중생에게 태아처럼 법신이 내재한다'는 의미가 아닌 관계로, 그대로 '모든 중생은 여래를 함장[佛藏]한다'고 해석한다. 역시 여래장을 '여래의 태아'로 번역함을 반대한다.

마지막으로 필자의 입장이다. 필자 역시 생물학적인 해석을 반대한다. 그러나 이런 오해를 방지하기 위해서 '여래장'이란 복합어가 가지는 의미를 분명하게 해석해야 한다는 입장이다. 곧 'sarvasattvās tathāgatagarbhāḥ'라는 문장의 논리적 의미를 명료화하게 드러낼 필요가 있다고 본다. 문장/명제의 의미를 명료화하는 철학적 작업은 대표적으로 언어분석철학적 입장이 있다. 필자는 이런 관점에서 위의 제4구를 러셀(B. Russell)의 서술이론(Theory of Descriptions)[55]으로 재기술하여 보고자 한다. 그것은 곧 '여기에 X가 있다. 그 X는 P이다.'라고. 이것을 기호로 표시하면 '(Ⅎx)(Px)'가 된다.[56] 'Ⅎ'는 일반명사가 가지는 패러독스를 해결할 목적으로 사용하는 기술적 용어로서, '존재(existence)'의 앞글자를 엎어놓은 것이다.

여기서 패러독스란 러셀이 발견한 '러셀의 패러독스'이다. 이를테면 크레타 사람이 '크레타 사람은 거짓말쟁이'라고 한다면, 이 사람은 크레타 사람이기에 이 말 역시 거짓말이 된다. 그런데 거짓말이라면 크레타 사람이 거짓말을 한 것이니, 이것은 참이다. 참이면 거짓말이 되고 거짓말이면 참이 된다는 역설이 성립된다. 이런 패러독스는 본인이 속한 집단에 대해서 자기가 스스로를 규정하는 데서 비롯된 바로, 크레타 사람이란 말에는 '모든' 크레타 사람이란 의미를 함축하기에 본인도 거기에 포함되는 까닭이다. '모든'이란 양적인 함축을 가진 일반명사가 주어로 사용될 경우에, 이 같은 문제가 일어난다고 보고, 별도로 서술을 해주어야 한다고 본 것이 그의 '서술이론'이다.

러셀의 서술이론에 의하면 '중생'과 같은 '모든(sarva)'을 함축하는 '일반명사'는 '고유명사'가 아니기에 '주어'로 사용하지 말고 '술어'처럼 사용해야 한다. 그래야만 논리적 혼란을 피하고 '일반명제'의 정확한 의미가 드러난다고 본다. 그래서 'sarvasattvās tathāgatagarbhāḥ'란 문장은 〈여기에 중생이 있다(∃x). 그/그녀는 내부에 여래를 품고 있다(Px).〉로 번역이 된다. 이 문장은 중생, 살아있는 모든 존재라는 집합과 그 집합에 속하는 그/그녀를 원소로서 분명하게 구분한다. 이것의 의미는 집합개념인 '모든 중생'이 여래의 지혜를 품지 못하고, 오직 개별적인 그/그녀가 여래의 지혜를 소유한다는 것을 분명히 한다. 왜냐하면 논리적으로 보면 '모든'이란 '개념'이기에, 개별적인 그/그녀의 '지혜'일 수는 없기 때문이다. 이점은 불교 전통에서 보편적 개념으로서 '공상(共相)'과 개별적 표상으로서 '자상(自相)'을 구분한 것과 상응한다.

다른 사례를 하나 더 예시하여 보자. 대승불교의 불성과 여래장 사상이 불탑신앙에서 유래된 까닭에 이것을 불탑 사례에 대입해서 보면, "여기에 불탑이 있다(∃x). 신체를 가진 이 불탑(=중생)은 내부에 여래의 사리를 품고 있다(Px)."가 된다. 논리적으로 모든 불탑이 붓다의 사리를 모신 것은 아니기에, 지금 여기의 '이' 불탑이 붓다의 사리를 '함장(含藏)'하고 있다는 의미이다. 이것이 바로 여래장(如來藏)이다. 곧 불탑은 '몸을 가진 중생'을 은유한다면, 불탑이 '품고 있는' 혹은 불탑'의' 사리/유골은 붓다의 깨달음과 붓다의 성품을 상징한다. 분석철학의 서술이론은 'sattva'나 'garbha'를 일반명사로 사용하지 말고 경험적 술어로 사용하자는 것이다. 그러면 주어인 중생은 범어 문장에서 자주 등장하는 명사형(nominal style)의 복합어는 '여기에 중생이 있는데(∃x), 그/그녀는 여래를 품고 있다(Px)'는 술어로 번역이 된다.

이것을 근거로 하여 '여래의 태아'라는 기존 해석을 비판적으로 보면, 그/그녀는 '성숙을 기다리는 태아'일 수 없고, 더구나 '여래의 자궁에서 중생이 태어난다'는 의미는 더욱 아니라는 점이다. 살아있는 모든 존재(=중생)는 '여래의 태아'가 아니라, 존재하는 그대로 중생은 곧 '중생=여래'인 것이다. '여래의 태아'는 미래의 잠재성이나 가능성을 말하지만, 물론 인정은 되지만 이것은 영원히 실현되지 않는 희망 고문이다. '중생=여래'는 미래가 아닌 현재의 '사태'를 기술한 것이다. 과거 부처는 이미 지나갔고, 미래 부처는 아직 오지 않았다. 그러면 현재의 부처는 누구인가? 그것은 바로 현재에 깨닫는 '중생'이 현재의 부처이다.[57]

만약 이렇게 해석한다면, 여래장에서 '장(藏)'은 'X를 내포하는' 지금-여기의 필드/불탑/공간으로서 '장(場)'이 된다. 이것은 'garbha'의 두 번째 의미와 상통한 이해이다. 'garbha'의 두 번째 사전적 의미는 '연꽃과 같은 받침(calyx as of a lotus)', '사물의 내부(the inside, middle, interior of anything)', '잠자는 침실(any interior chamber)', '사찰의 불단(adytum or sanctuary of a temple)' 등이다.[58] 여기서 보듯이 'garbha'는 사물의 '핵심'적 거룩한 위치나 안전한 '공간'의 의미를 함축한다. 그래서 '여래장'은 생물학적 의미로 해석하기보다는 여래가 거주하는 '핵심'적 위치나 종교적 장소로서 '플랫폼'이 된다. 필자는 'sarvasattvās tathāgatagarbhāḥ(모든 중생은 여래장이다)'라는 문장을 '모든 중생은 여래가 머무는 영역[法界]'이고, '모든 중생은 부처의 성품[佛性]이다.'고 해석한다.

이렇게 되면 여래장은 불성과 동의어이고 상주하는 화엄의 법계 연기이고, 「왁깔리경」에서 보듯이, '누구든지' 모든 살아있는 존재(=중생)는 연기법을 보면 나=여래를 보는 것이 되고, 여래를 보는 자는 연기법을 본다는 것과 상충하지 않는다. 왜냐하면 '모든 살아있는 존재

(=중생)가 곧 여래의 지혜와 함께 하는 공간'이기 때문이다. 곧 모든 중생은 그대로 부처이고 여래이다. 이것이 여래장의 의미이다.

통합적 이해

이상 'tathāgatagarbhāḥ'란 복합어를 번역할 때 문법적 측면과 'garbha'란 용어의 의미를 선택하는 문제를 함께 가진다. 만약에 순전히 범어 문법적 관점에서 소유 복합어로 번역하면 '여래를 품고 있는 불탑=중생'이란 의미이기에 garbha를 '태아'로 해석할 수 있는 여지가 없다. 이런 경우는 그냥 '모든 중생은 여래장이다'고 번역하면 된다. 하지만 만약에 격한정 복합어로 해석을 하면 '여래의'란 뜻으로 이런 경우는 용어의 선택문제가 된다. 곧 'garbha'의 의미에 따라서 '모든 중생(=불탑)은 여래의 태아'나 아니면 '모든 중생(=불탑)은 여래의 공간'으로 번역이 가능하다.

그런데 대승불교가 성립된 불탑과 관련된 의미론적 맥락에서 보면, 'garbha'란 용어는 여래의 '태아'로 번역하기보다는 오히려 여래를 품고 있는 '공간'이란 의미가 훨씬 더 합리적이다. 그래야 '불탑(=유골)'이 가지는 대승불교의 핵심인 거룩한 공간/장소라는 종교적 의미를 확보하게 된다. 이것은 불탑이 세상에서 '몸'을 가진 존재로서 '중생'을 은유하고, 불탑에 모신 유골/사리는 '깨달음'으로서 여래/불성을 상징하는 까닭에 이들은 결국 '동일한 공간에 존재함(중생=여래)'을 의미하게 된다. 물론 이런 해석은 논란이 있기에 좀 더 구체적인 해명이 필요하다.

가장 먼저는 비판불교의 입장으로 'garbha'를 형이상학적 실체인 브라흐만이나 아트만과 같은 근원적 신이나 원리로서 이해하는 경우이다. 'padma'가 연꽃이란 의미이기에 'padma-garbha'는 연꽃에서 태어난 신으로서, 브라흐만과 같은 일원론적 발생이란 의미를 함축한다고 주장할 수가 있다. 마찬가지로 여래장(tathāgata-garbha)은 중생을 포함한 '일체법을 발생하는 기체'로서 해석할 여지가 있다는 반론이다. 이런 반론은 충분하다고 인정한다. 단지 여기서 두 가지를 구분할 필요가 있다. 여래장을 Spirituality처럼 절대적 신의 존재를 상정하는 '아트만적' 영성으로 이해하거나, 아니면 불교처럼 영혼과 같은 절대적 존재로 전제하지 않고 근본적인 본성이나 성품으로서 사용하는 'Buddhist' Spirituality[59]의 경우로 각각 차이점을 구분하고 허용하면 문제가 해소가 된다.

다음 논란은 번뇌의 물듦과 깨달음의 청정성이 동시에 어떻게 한 장소/마음에 존재한가? 하는 질문이다. 중생이면 부처가 아니고, 부처이면 중생이 아닌데, 어떻게 '모든 중생은 여래장(tathāgata-garbha)/여래의 공간인가?' 하는 질문이다. 이런 경우는 단순하게 차이점을 인정하는 수준으로 그칠 수가 없다. '중생=여래'라면, 체험 자체는 별도로 검토한다고 하더라도 분명한 통합적 '논리'를 제공하여야 한다.

이것은 역시 계[界, dhātu]의 해석에서 발생하였던 문제이기도 하다. 다뚜[界]를 '연기'라고 이해하면, 불성(Buddha-dhātu)은 붓다의 '깨달음의 연기'가 된다. 그러면 이 경우도 당장에 불성이 '번뇌'인가 하는 반론에 부딪힌다. 왜냐하면 『잡아함경』(雜阿含經九六八)에 의하면 '연기'란 곧 '번뇌와 고통의 발생'을 의미하기 때문이다.[60] 아비담마 불교에서는 연기를 업에 감응하는 '업감(業感)'으로서 이해한다. 그러나 한편으로 『잡아함경』(雜阿含經三六九)에 의하면 붓다는 십이연기를 '역으로' 그리고 '순차적으로' 관찰[十二緣起逆順觀察]함으로써 깨달음을 성취했기에 [61] '깨달음의 연기'라고 보는 견해도 역시 반복적으로 언급되고 있다. 이렇게 보면 연기는 '번뇌'의 연기이면서 동시에 '깨달음'의 연기가 된다.

이것과 관련하여 남방불교의 교학체계를 집대성한 『청정도론(清淨道論)』에서는 계정혜(戒定慧) 삼학(三學)의 수행과정으로 양자의 간격을 설명하고 있지만, 이들의 관계를 논리적으로 일관된 하나의 체계로서 기술하지는 않는다. 번뇌와 깨달음의 간격, 이 양자를 통합하는 노력(이것은 단순하게 논리의 문제가 아닌 실제적인 명상수행의 핵심과제이기도 하다.)은 이후 대승불교의 사상이 발전하는 강력한 원인/동력이 되었다. 여기에는 다섯 가지 정도의 통합론이 있다.

첫째는 『중론』의 공사상이다. 여기서는 번뇌와 깨달음을 모두 부정해버리거나[雙遮], 양자를 그 자체로 인정하여 드러낸다[雙照]. 그럼으로써 오고 감, 있음과 없음 등의 중도를 현창한다. 번뇌는 관습과 연결되어서 세속적 진리[俗諦]로서 인정하기도 하면서 혹은 그것들을 온통 부정하고, 깨달음은 궁극의 승의제(勝義諦)로서 인정한다. 양자는 서로 의존되어 있기에 부정하면 함께 부정되고 인정하면 함께 해서 중도/공사상을 드러낸다.

둘째는 유식불교의 삼성설(三性說)로서의 통합이다. 유식불교는 집착의 번뇌[遍計所執性]와 깨달음[圓成實性]의 영역이 서로 구분되고 차이가 있음을 마찬가지로 인정한다. 그러나 양자의 공통된 영역이 있고, 그것은 바로 '연기[依他起性]'라고 본다. 연기를 보지 못하면 그것은 번뇌로서 집착이 되고, 반대로 연기를 보면 그대로 깨달음으로서 본성에 계합한다. 이것은 '연기'를 통합의 핵심된 키워드로 한다.

유식의 삼성설에 의한 변증법적 통합에 대해서 세속의 진리[俗諦]와 궁극의 진리[眞諦]라는 이제(二諦)를 주장하는 중관학파는 비판할 수 있다. 반면에 유식불교는 번뇌의 심층적 성격을 내세운다. 유식불교는 번뇌를 해명할 때, 잠자고 일어나면 여전히 우리의 경험내용을 기억하는 까닭에 연기를 제8식인 알라야식에 의한 마음의 작동으로 해석한다. 알라야식은 바로 모든 경험[種子]을 유실하지 않고 기억하는 저장소/창고로서의 의식[藏識]이다. 이점은 번뇌가 어떻게 발생하는지 하는 번뇌의 연기를 잘 설명한 점에서 유식불교의 고유한 장점이다.

세 번째 통합은 『대승기신론(大乘起信論)』의 '일심(一心)'이다. 『대승기신론』은 '일심(一心)'을, 일어나고 소멸하는 생멸문(生滅門)과 진실하고 한결같은 진여문(眞如門)으로 구분한다. 생멸문은 번뇌의 물든 연기이고, 진여문은 청정한 깨달음의 연기이다. 이들을 '일심(一心)'으로 통합한다. 이것은 '연기'가 '일심'으로 바뀐 것이다. 초기불교의 십이연기나 유식의 의타기성을 '한마음[一心]'으로 본 것이다. 생멸하는 마음이나 한결같은 진실한 마음이나 결국은 서로 다르지 않다는 깨달음이다. 비유하면 여기에 '금덩이'가 있다. 그것은 '귀걸이나 반지'로 만들어서 '사용/활용[用]'할 수 있지만, 마찬가지로 우리가 비록 너와 내가 모양[相]이 서로 다르지만 결국은 마음/금덩이[體]'임은 변함이 없다. 고요한 바다의 청명함이나 바람불고 파도치는 바다나 모두 같은 '한' 마음/바다인 것이다. 좌복 위에서 고요해진 마음이나 일상의 흥분된 '마음'이나 결국은 동일한 '마음'이다. 서로 다르지 않다.

네 번째는 화엄교학의 법계연기(法界緣起)이다. 붓다의 깨달음에 초점을 맞추고 연기를 깨달음으로, 깨달음을 연기로 해석한다. '깨달음'

이란 다름 아닌 바로 '청정한 법계연기(法界緣起)'인 것이다. 화엄교학은 양자를 서로 장애가 없는[無礙] 법계연기, 곧 다르마의 연기(dharma-dhātu, 法界)로서 번뇌와 깨달음을 '동일한 연기'라고 해명한다. 중생과 여래는 모두 한 마음/연기이다. 마음=중생=여래, 마음이 그대로 중생이면서 동시에 부처이다. 화엄의 법계[法界]연기는 번뇌 즉 보리, 번뇌이면서 동시에 깨달음으로 이해한다. 이를테면 중국 화엄 사상의 초석을 세운 지엄(智儼)은 초기불교의 십이연기를 범부의 '물든 연기[染緣起]'와 붓다의 '깨끗한 연기[淨緣起]'로 구분하여 설명한다.[62]

당나라 지엄(智儼, 602-668)은 화엄교학을 체계화시킨 법장(法藏, 643-712)과 신라의 의상(義湘, 625-702)이라는 걸출한 두 제자를 배출하였다. 그는 법계를 두 종류의 연기로 구분하여, 번뇌에 의한 '범부' 연기와 '깨달음'에 의한 깨끗한 연기로 분류한다. 그러나 법장은 양자를 하나로 통합하여 '일승(一乘)'의 법계연기나 '장애 없는' 법계연기(法界無碍緣起)라고 부른다. 그리고 의상은 이것을 『화엄일승법계도(華嚴一乘法界圖)』에서 '생사와 열반이 항상 함께 화합하고[生死涅槃常共和]', '하나 속에 일체가 있고, 여럿 가운데 하나이며[一中一切多中一]', '하나가 일체이며 여럿이 곧 하나이다[一卽一切 多卽一]'고 통합한다.

연기를 '매개요인'으로 해서 번뇌와 깨달음은 서로를 방해하지 않는다. 연기는 번뇌이면서 동시에 연기는 깨달음이다. 연기는 지금 여기의 현실이다. 현실에 번뇌만 있고 깨달음이 없다면 현실은 희망이 없다. 반대로 번뇌가 없고 깨달음만 있으면, 현실은 공허하기 그지없다. 양자는 상호의존적으로 함께 한다. 십이연기는 범부의 번뇌를 설명하고, 붓다는 십이연기를 관찰함으로써 깨달음을 이루었다. 십이연기 자체는 번뇌이면서도 동시에 깨달음의 근거가 된다. 대승불교에서는 깨달음의 연기를 모든 중생이 '본래 가진 성품[本有, 性起]'으로서 '불성' 혹은 '여래장'이라고 해석한 것이다. 그렇기에 보리수 아래 붓다가 연기법(緣起法)을 깨달았듯이, 마찬가지로 모든 중생이 불성을 가진다는 말은 곧 마음과 부처와 '연기법'이 서로 다르지 않게 본래 존재한다는 것을 의미한다.

다섯째는 선종의 평상심시도(平常心是道)이다. 일상에서 경험하는 평상의 마음이 그대로 도(道)라는 말은 지금 여기 일상을 떠나서 별도로 불성/진리를 발견할 수 없다는 의미다. 일상에서 화내고 웃고 좋아하고 싫어하는 그것 자체가 바로 부처이지, 부처는 일상을 떠나서 별도의 장소에서 찾을 수가 없다. '무엇이 부처인지[如何是佛]' 묻고 질문하는 바로 그 자체, 그것이 바로 부처이고 불성인 것이다.

이상을 정리하면 첫째 중관학파는 번뇌와 깨달음, 양자를 인정하면 함께 인정하고 부정하면 양자를 함께 그 자체를 부정하는 '쌍차쌍조(雙遮雙照)'의 통합이다. 왜냐하면 이들 양자는 서로 의존된 관계/연기이기 때문이다. 이런 점에서 쾌락과 고행이란 양극단을 가지 말라고 설하는 초전법륜의 중도설(中道說)을 계승한다.

둘째 유식의 삼성설(三性說)과 셋째 기신론의 일심론(一心論)은 변증법이 아닌 '변증법적' 통합이다. 왜냐하면 번뇌와 청정, 혹은 있음과 없음의 양자 갈등을 연기(緣起)나 일심(一心)과 같은 제3요소로서 통합하기 때문이다. A와 B의 갈등은 C로서 통합한다는 'A×B = C'로 기호화된다. 반면에 넷째의 법계연기와 다섯째의 평상심시도는 갈등하는 물듬과 청정, 일상과 불성이 서로 별개가 아닌 '하나'라는 '즉시(卽是)'적 통합이다. 이 경우는 A가 그대로 B라는 'A=B'로 기호화된다.

이것은 변증법적 통합과 다르게 중간에 매개물을 개입하지 않는다. 매개물을 개입시키지 않는 면은 쌍차쌍조와 같지만, 즉시 통합은 양자를 동일 선상에서 즉각적으로 통합하는 점에서 고유한 특징을 가진다. 초기불교적 맥락에서 보면 번뇌의 십이연기를 변경하지 않고 그대로 십이연기가 그 자체로 깨달음의 내용인 것이다. 변증법적 통합이 점수적 과정이 필요하지만, 즉시성은 그 자체로 하나인 관계이므로 돈오적 관점을 내포한다. 전자가 변증법적 수행의 과정을 가차하지만, 후자는 별도로 수행을 빌리지 않는 깨달음을 강조한다. 반면에 쌍차쌍조는 돈오일 수도 있고 반대로 막음[遮]과 비춤[照]의 운영방식에서 막히면 점수로 나타날 수 있음을 함께 내포한다.

V. 맺는말

비판불교는 초기불교의 입장에서 대승불교를 비판한다. 특히 초기불교에서도 연기/공을 불교의 핵심된 정체성으로 파악하고, (물론 필자는 이것에 반대하고, 초기불교의 핵심을 고집멸도로 본다.) 이것과 다른 가르침은 불교가 아니라고 가지치기를 한다. 마츠모토를 중심으로 한 비판불교는 대승불교의 불성이나 여래장 사상이 연기공과 상반되는 아트만적 이해를 인정하는 까닭에 비불교라고 주장한다. 이런 비판에 대해서 본 연구는 다양한 관점에서 과연 대승불교의 불성이나 여래장은 아트만적인가 하는 문제에 집중한다.

첫째로 그러기 위해서 먼저 대승불교의 탄생에 관한 역사적 배경을 고찰한다. 대승불교의 성립에 대한 학문적 연구성과는 주로 1980년에 이루어졌는데, 대중부나 불탑신앙의 관점은 여전히 유효한 관점이라고 본다. 2010년 이후로 대승불교 성립에 대해서 새로운 관점이 대두되었다. 그것은 대승경전의 출현이 대승불교를 촉발시켰다는 것과 명상체험이 새로운 해석체계 확립을 촉발시켰다고 보았다. 물론 대승불교의 출발점은 붓다의 입멸이다. 붓다가 생존할 때는 의지처가 문제되지 않지만, 갑자기 붓다가 부재한 새로운 상황에서 불자들은 앞으로 의지처를 어떻게 해야 할지를 묻게 되고 이것이 대승불교의 사상이 성립되는 계기가 되었다.

둘째로 대승불교의 성립과정은 대승경전에서 매우 구체적으로 발견되는데, 대승불교가 본격적으로 나타난 A.D. 1세기 경에 성립된『열반경』이나 A.D. 4-5세기 경의『능가경』에서도 분명하게 나타난다. 먼저『열반경』을 살펴보면 대승불교의 핵심된 문제는 붓다의 입멸로 인하여 의지처 부재의 문제를 어떻게 해결해야 할지 하는 문제이다.『열반경』에서 '가섭에게 붓다의 사리를 모신 불탑을 붓다의 법신처럼 예배하고 공양하라'고 유촉하는데, 이것이 불성(buddha-dhātu) 사상으로 발전하였다. 'dhātu'는 화장을 하고 남겨진 유골이란 의미로서, 곧 '불성

(buddha-dhātu)'은 붓다의 사리를 모신 불탑에서 유래된 것이기에, 결국은 귀의처가 '붓다 ⇒ 불탑 ⇒ 불성'의 과정으로 변화한 것이다.

셋째는 일반적으로 붓다의 유훈을 말할 때 '자등명(自燈明) 법등명(法燈明)'을 말하는데, 법등명은 붓다의 가르침에 의지함이니 문제가 되지 않는다. 그러나 '자기에게 의지하라[自燈明]'는 의미는 어떻게 이해할지 논란이 된다. 왜냐하면 비판불교처럼 내가 없다는 초기불교의 무아설만을 고집하면 내가 없는데 자신에게 의지하라는 유훈은 자기모순에 빠지기 때문이다. 이 문제를 해결하는데 먼저는 초기불교에서 무아설은 많은 해석 가운데 일부일 뿐이고, 실제로는 자아(atta)에 대해서 무아설보다는 오히려 '붓다의 침묵'이 더 정확한 입장이라는 것이다. 교설이나 견해로부터의 해탈이 더 중요한 관점인 것이다. 다음으로는 자등명을 일상의 삶에서 타인과 상호작용하면서도 스스로 독립적으로 선택하는 실존적 '자기'나, 자발적이고 생명력을 가진 자유로운 '주인'이란 관점으로 보자는 것이다. 마지막으로『열반경』의 입장인데 사람마다 갖추어진 심성으로서 불성을 의지처로 보고 이것을 '진정한 자기[眞我]'로 보자는 관점이다. 이때 자등명은 항상되고 행복하며 진정한 자기이며 청정한 상락아정의 성격을 가진다. 이런 대승불교의 불성사상은 이후 선종의 형성 깊게 영향을 미쳤다. 이를테면『육조단경』에서 혜능은 '사람에게는 남북이 있지만, 불성에는 남북이 없다'든지, '부처에 귀의한다 함은 다른 부처에 귀의한다는 말이 아니고, 바로 자신의 성품에 귀의하지 않고는 다른 장소가 없다.'고 말한다.

넷째는『열반경』이 무아에 대한 대안으로 불성을 제시한다면, A.D. 4-5세기 경의 성립된『능가경』은 여래장이 아트만이 아님을 논증한다. 왜냐하면 여래장은 법무아(=대공)에 기반한 것이고 여래장은 커다란 자비이기 때문이다. 불성이나 여래장이 아트만이 아님을『열반경』과『능가경』에서 반복적으로 말하고 있지만 비판불교는 이점을 외면한다.

다섯째로『열반경』에서 유일하게 주어로서 '아(我)'가 단 1회가 나오는데, 마츠모토의 비판불교는 마치 이것을 전체가 '아트만'적 사유라고 해석한다. 그러나 여기서 '아(我)'란 아트만이 아니고 붓다/여래를 가리키는 말이다. 필자가 조사한 바에 따르면 주어가 '여래(如來)'인 같은 문장은 법현역『열반경』에서 총 28회가 나온다. 그러나 이런 문장은 외면하고 인용하지 않는다. 이점은 심각하게 논증의 타당성에서 문제가 있음을 드러낸다.

여섯째는 비판불교가 문제를 삼은 불성(buddha-dhātu)과 여래장(tathāgata-garbha)의 해석문제이다. 특히 'dhātu'는 다양한 의미가 있는데, 죽은 사람을 화장하고 남겨진 유골, 신체의 구성요소나 핵심성분, '지층(stratum)'이나 '문법적 어근(grammatical root)', 십팔계와 같은 요소나 영역 등의 의미를 포함한다. 이 가운데 마츠모토의 비판불교는 지층이란 의미를 선택하여 불성이나 여래장 사상을 아트만적 기체(基體)라고 해석한다. 그러나 이것은 인도 전통적 철학에서 말하는 의미로서 불교적인 관점이 아니다. 오히려 불교에서의 'dhātu'는 붓다의 유골이나 붓다의 핵심된 성분으로서 성품, 십이연기를 구성하는 요소로서 이해하고, 아트만적 해석은 비불교적 관점을 가진 이해방식이다.

일곱 번째는 복합어 여래장(tathāgata-garbha)의 번역 문제이다. 지난 반세기 동안 여래장은 생물학적으로 '여래의 태아'로 번역하여 왔지만 최근에는 새로운 해석들이 나타나고 있다. 우선 여래장을 문법적으로 격한정복합어로 '중생은 여래의 태아'라고 번역하지만 소유복합어로 '여래를 품고 있는 중생'으로 해석해야 한다. 다른 사례는 주어+술어의 정상문법으로 그냥 '중생은 여래장이다.'고 번역하기도 한다. 필자는 러셀의 서술이론에 따라서 '여기에 중생이 있다(∃x) 그/그녀는 여래를 품고 있는 공간이다(Px)'고 번역을 한다. 왜냐하면 모든 불탑이 여래의 사리를 품고 있는 것이 아닌 까닭이고, garbha는 태아라는 의미 외에도 사전적으로 '장소'나 '공간'을 뜻하기 때문이다.

이상으로 대승불교의 여래장은 이미 초기불교의 교설이 함축된 사상을 기반하여 탄생한 것이다. 그렇기에 특히 불성과 여래장을 인도의 아트만으로 치부하고 배제하는 것은 매우 잘못된 해석에 근거한 시각으로 불교의 깊은 문화적 전통을 인식하지 못한 어리석음이다. 그리고 불성과 여래장은 미래의 가능성으로써 태아가 아니라 모든 중생이 그 자체로 부처임을 선언하는것, 이것이 대승불교의 모토임을 자각할 필요가 있다.

쟁점으로 살펴보는 현대 간화선

* 본 논문은 여기 본 저술에서 처음으로 발표함.

1 平川 彰, 「大乘佛教の 特質」『講座大乘佛教1-大乘佛教とは何か』(東京: 春秋社, 昭和56 1981年), pp.2-58.

2 高崎直道, 『シリーズ大乘佛教1-大乘佛教とは何か』(東京: 春秋社, 2011年).

3 武內 紹晃, 「佛陀觀の 變遷」, 위의 책, pp.153-181.

4 平岡聡, 「変容するブッダ」『シリーズ大乘仏教2-大乘仏教の誕生』(東京: 春秋社, 2011年).

5 平岡聡(2011), 「変容するブッダ」『シリーズ大乘仏教2-大乘仏教の誕生』; 변용하는 붓다-불전의 현실미와 진실미, 『시리즈 대승불교2-대승불교의 탄생』, 이자랑역(2016), (서울: 씨아이알).

6 안양규(2009), 『붓다의 입멸에 관한 연구』, (민족사), pp.346-350.

7 下田正弘(2011), 「経典を創出する」, 『시리즈 대승불교2-大乘佛教の誕生』, 이자랑역(2016), (서울: 씨아이알).

8 김성철(2017), 초기불교와 대승불교-단절인가, 계승인가?, 『불교학연구』 제50호, pp.1-26.

9 曇無讖譯 大般涅槃經(T7, 409c-410a), "爾時佛告迦葉菩薩 善男子 汝今不應 如諸聲聞 凡夫之人 分別 三寶於 此大乘無有三歸分別之相 所以者何 於佛性中卽有法僧 爲欲化度聲聞凡夫故 分別說三歸依處異相......若欲尊重法身舍利 便應禮敬諸佛塔廟 所以者何 爲欲化度諸衆生故. 亦令衆生於我身中起塔廟想禮拜供養. 如是 衆生以我法身爲歸依處......亦當證知眞三歸處 若有衆生能信如是大涅槃經 其人則能自 然了達三歸依處 何以故 如來祕藏有佛性故 其有宣說是經典者 皆言身中盡有佛性 如是之人則不遠求三歸依處 何以故 於未來世我身 卽當成就三寶 是故聲聞緣覺之人及餘衆生皆依於我恭敬禮拜."

10 曇無讖譯 大般涅槃經(T7, 409b), "如是三歸性 則是我之性 若能諦觀察 我性有佛性 當知如是人 得入祕密藏."

11 SaṁyuttaNikāya22, 5.Attadīpavagga 43.Attadīpasutta.

12 Walpola Rahula(1959), What the Buddha Taught One world Publications: Oxford. p.62. ; 임승택(2017), 무아에 대한 형이상학적 해석의 양상들_니까야(Nikāya)에 나타나는 '실천적 무아'와 비교를 위한 시론, 『인도철학』51.

13 燉煌本 『六祖壇經』(T48, 337b), "惠能答曰 人卽有南北 佛性卽無南北."

14 같은 책, p.339c. "言自自歸依佛 不言歸他佛 自姓不歸無所處."

15 같은 책, p.341b. "自性迷佛卽衆生 自性悟衆生卽是佛."

16 曇無讖譯 『大般涅槃經』, 앞의 책, p.407b. "佛言 善男子 我者卽是如來藏義 一切衆生悉有佛性 卽是我義 如是我義從本已來 常爲無量煩惱所覆 是故衆生不能得見."

17 위의 책, p.410c. "善男子 如來亦爾 於諸衆生猶如良醫 知諸煩惱 體相差別 而爲除斷 開示如來祕密之藏 淸淨佛性 常住不變."

18 같은 책, p.410c. "有智之人應當分別 不應盡言一切無常 何以故 我身卽有佛性種子."

19 같은 책, p.411c. "衆生佛性亦復如是 常爲一切煩惱所覆不可得見 是故我說衆生無我 若得聞 是大般涅槃微妙經典則見佛性...聞是經已卽知一切無量衆生皆有佛性 以是義故說大涅槃 名爲如來祕密之藏."

20 같은 책, p.412c. "善男子 今日如來所說眞我 名曰佛性."

21 같은 책, p.465a. "言本有者 我昔本有無常無我無樂無淨 以有無常無我無樂無淨故 現在無 有阿耨多羅三藐三菩提 言本無者 本不見佛性以不見故 無常樂我淨."

22 法顯譯 『大般泥洹經』, 881b. "如來藏經言 一切衆生皆有佛性 在於身中 無量煩惱 悉除滅已."

23 위의 책, 862a10-15, "佛告比丘 如汝說喩 此譬喩中 說昧說義 汝猶未解 我當更說 如人言日 月山地轉 此非爲轉 但眩惑謂之爲轉 如是衆生 愚癡顚倒 計我計常計樂計淨 然彼佛者是我 義 法身是常義 泥洹是樂義 假名諸法是淨義 汝等比丘 莫眩惑想而言我於一切法."

24 같은 책, 883b. "眞實我者是如來性 當知一切衆生悉有 但彼衆生無量煩惱覆蔽不現."

25 『楞伽經』, 앞의 책, 489a. "如來藏自性淸淨 轉三十二相 入於一切衆生身中 如大價寶垢衣所 纏 如來之藏常住不變."

26 松本史郎(2014), 「佛性と靈性」『인도철학』제41집; 여기와 거의 동일한 내용이 松本史郎(2014), 「如來藏と空」(『シリーズ大乘佛敎8』)에서도 그대로 인용되고 있음.

27 필자가 처음 베다와 우파니샤드의 사상을 접한 것은 동국대학교 불교대학에서 인도철학 을 부전공으로 과목을 이수할 때이다. 그때 영문으로 읽었던 교재가 라다크리슈난(Sarvepalli Radhakrishnan), *Indian Philosophy* (1923) Vol.1, 738 pages. (1927) Vol 2, 807 pages. Oxford University Press이었다. 이 책은 다시 『인도철학사』란 이름으로 1999년에 이거룡에 의해서 우 리말로 옮겨졌다(한길사, 1999). 필자는 그때의 기억을 상기하면서 영어원문과 번역본을 중심으 로 보았고, 함께 『Upaniṣad 우파니샤드』임동근 옮김(을유문화사, 2012)을 중심으로 참고하였다.

28 松本史郎(1986), 「如来藏思想は仏教にあらず」『印度學佛教學研究』(35-1), p.372.

29 『續高僧傳』(T50, 552b), "初達摩禪師 以四卷楞伽授慧可曰."

30 『楞伽阿跋多羅寶經』(T16, 489b), "佛告大慧 我說如來藏 不同外道 所說之我 大慧 有時說空 無相無願 如實際法性 法身涅槃 離自性 不生不滅 本來寂靜 自性涅槃 如是等句 說如來藏 已...(中略)...於法無我 離一切妄想相 以種種智慧 善巧方便 或說如來藏 或說無我 以是因緣 故 說如來藏 不同外道 所說之我 是名說 如來藏 開引計我 諸外道故 說如來藏 令離不實 我 見妄想 入三解脫門境界...(中略)...爲離外道見 當依無我 如來之藏."

31 舟橋尙哉(1976), 『初期唯識思想の硏究』(東京: 國書刊行會), pp.367-376. 여기서 4-5세기에 활 동한 세친(Vasubandhu, 世親, 320?-400? 혹은 400?-480?으로 분명하지 않음)과 『능가경』과의 선후 관계 에 관한 논쟁을 다룬다. 성립 시기와 동기에 논의는 Lankavatara Sutra, translated into English from the Sanskrit by D. T. Suzuki. Boulder, CO: Prajña Press, 1978. ; 김수아(2004), 『능가경』 의 편찬연대에 관한 고찰-성제바의 주석서를 중심으로, 한국종교학회 『종교연구』37. 등이 있 다.

32 曇無讖譯『大般涅槃經』, 앞의 책, p.456b. "善男子 慈者卽是衆生佛性 如是佛性久爲煩惱之所覆蔽故 令衆生不得睹見 佛性卽慈慈卽如來 善男子 慈卽大空大空卽慈 慈卽如來."

33 대공과 관련된 논의는 元曉, 金剛三昧經論(T34, 972a)에서 대공에는 5종류가 있는데, 첫째는 '一者人法二空名爲大空' 인공과 법공을 모두 포함한 것으로 정의한다. 그러나 필자는 법공만을 대공으로 포함시키고, 또한 초기불교 인공과 비교하여 대승의 공이라고 본다.

34 『楞伽經』, 앞의 책, p.533a, "復次大慧 有四種禪 何等爲四 一者愚癡凡夫所行禪 二者觀察義禪 三者念眞如禪 四者諸佛如來禪 大慧 何者愚癡凡夫所行禪 謂聲聞緣覺外道修行者 觀人無我自相同相骨鎖故無常苦無我不淨執著諸相 如是如是決定畢竟不異故 如是次第因前觀次第上乃至非想滅盡定解脫 是名愚癡凡夫外道聲聞等禪 大慧 何者觀察義禪 謂觀人無我自相同相故 見愚癡凡夫外道自相同相自他相無實故 觀法無我 諸地行相 次第故 大慧 是名觀察義禪 大慧 何者觀眞如禪 謂觀察 虛妄分別 因緣 如實知二種無我 如實分別一切諸法無實體相 爾時不住分別心中得寂靜境界 大慧 是名觀眞如禪 大慧 何者觀如來禪 謂如實入如來地故 入內身聖智相三空三種樂行故 能成辦衆生所作不可思議."

35 대승불교와 선사상에 대한 비판은 松本史朗의 『緣起と空-如來藏思想批判』(大藏出版, 1987)과 『禪思想の批判的研究』(大藏出版, 1994), 袴谷憲昭의 『本覺思想批判』(大藏出版, 1989)에서 시작되었다. 이것과 관련된 국내 논문으로는 장휘옥(1998), 여래장사상에 대한 근년의 비판과 그 해결-비판불교의 문제점, 『천태학연구』1, 246-268.가 있고, 국내의 논문집은 『비판불교의 파라독스』(고려대장경연구소, 2000)가 있다. 그밖에 Jamie Hubbard, Paul L. Swanson, 1997, *Pruning the Bodhi Tree-The Storm Over Critical Buddhism;* 『보리수 가지치기-비판불교를 둘러싼 폭풍』류제동역, (씨아이알), 2015년 등이 있다.

36 https://www.sanskritdictionary.com/ 이하 번역과 분류는 필자가 한 것임, 유골(the ashes of the body, relics), 육체의 구성요소나 핵심 성분(a constituent element or essential ingredient of the body), 지층(stratum), 땅의 요소(primary element of the earth), 문법적 어근(grammatical or verbal root or stem), 불교에서 십팔계(with the southern Buddhists means either the 6 elements or the 18 elementary spheres).

37 인경(2012), 『명상심리치료』, 명상상담연구원. pp.210-222.

38 松本史朗(1986), 앞의 논문, p.372.; 松本史朗(1987), 앞의 책, p.5.

39 雜阿含經(T2, 54a), "眼緣色 生眼識 三事和合觸 觸緣受"; SN(PTS P.72.), "Cakkhuñca paṭicca rūpe ca uppajjati cakkhuviññāṇaṃ. Tiṇṇaṃ saṅgati phasso. Phassapaccayā vedanā.", MN(PTS P.112.), "Cakkhuñcāvuso paṭicca rūpe ca uppajjati cakkhuviññāṇaṃ. Tiṇṇaṃ saṅgati phasso. Phassapaccayā vedanā."

40 松本史朗(1986), 앞의 논문, p.372.

41 世親, 『唯識三十頌』第一偈頌, "由假說我法 有種種相轉 彼依識所變 此能變唯三."

42 『首楞嚴經』(卍續藏17, 700), "阿難云何五陰 本如來藏妙眞如性"; (T19, 114a), "阿難云何五陰本如來藏妙眞如性 阿難譬如有人 以淸淨目觀晴明空 唯一精虛迥無所有 其人無故不動目睛."

43 雜阿含經(二九九), 앞의 책, 85b22-27, "如是我聞 一時 佛住拘留搜調牛聚落時 有異比丘來詣

佛所 稽首禮足 退坐面白佛言 世尊謂緣起法爲世尊作 爲餘人作耶 佛告比丘 緣起法者 非我所作 亦非餘人作 然彼如來出世及未出世 法界常住 彼如來自覺此法 成等正覺 爲諸衆生分別演說 開發顯示 所謂此有故彼有 此起故彼起"; 雜阿含經(二九六), 앞의 책, 84b15-21, "我今當說因緣法及緣生法 云何爲因緣法 謂此有故彼有 謂緣無明行 緣行識 乃至如是如是 純大苦聚集 云何緣生法 謂無明. 行 若出世 若未出世 此法常住 法住法界 彼如來自所覺知 成等正覺 爲人演說 開示顯發 謂緣無明有行 乃至緣生有老死 若佛出世 若未出世 此法常住 法住法界 彼如來自覺知 成等正覺 爲人演說 開示顯發."

44 中阿含經(T1, 467a), "(三〇)中阿含舍梨子相應品象跡喩經第十世尊亦如是說 若見緣起便見法 若見法便見緣起 所以者何 諸賢 世尊說五盛陰從因緣生"; 中阿含經(T1, 562c), "我本爲汝說 因緣起及因緣起所生法 若有此則有彼 若無此則無彼 若生此則生彼 若滅此則滅彼."

45 Jamie Hubbard, Topophobia, *Pruning the Bodhi Tree-The Storm Over Critical Buddhism*, ibid. p.88-92. 논자는 비판철학이 주장하는 장소철학을 상세하게 검토한다. 그러면서 역사학자로서 논자는 일본의 모든 사회적인 병폐를 특정한 장소(전통적 종교든지, 정치적 행위든지)에 순응하는 장소불교나, 장소철학으로 한정하여 논하는데 한계가 있음을 지적한다.

46 SN 22.87 PTS: Vakkali Sutta: "alaṃ, vakkali, kiṃ te iminā pūtikāyena diṭṭhena? yo kho, vakkali, dhammaṃ passati so maṃ passati; yo maṃ passati so dhammaṃ passati. dhammañhi, vakkali, passero maṃ passati; maṃ passero dhammaṃ passati."

47 雜阿含經(T1, 346b), "(一二六五)如是我聞 一時 佛住王舍城迦蘭陀竹園 爾時 有尊者跋迦梨住 王舍城金師精舍."

48 增一阿含經(T2, 642b), "(一〇)聞如是 一時 佛在舍衛國祇樹給孤獨園 爾時 尊者婆迦梨身得重患 臥在大小便上 意欲自刀殺."

49 https://www.sanskritdictionary.com/

50 高崎直道(1989), 寶性論, p.44: "すべての有身者(=衆生)は佛を胎に宿す"; Takasaki(1966), p.196: "All living beings are possessed of the Matrix of the Tathāgata."

51 https://buddhanature.tsadra.org/index.php/Books/A_Buddha_Within: Michael Zimmermann(2002), A Buddha Within: The Tathāgatagarbhasūtra-The Earliest Exposition of the Buddha-Nature Teachings in India. Bibliotheca Philologica et Philosophica Buddhica VI, Tokyo: The International Research Institute for Advanced Buddhology, Soka University.

52 加納和雄(2017), Tathāgatagarbhaḥ sarvasattvānāṃ — 涅槃経における如来蔵の複合語解釈にかんする試論, 『불교학리뷰』22.(금강대학교 불교문화연구소), p.16. "通常の古典梵語の文例において-garbha を後分にもつ複合語 (x-garbha)は「所有複合語として理解され「〜を内に宿す」という意味をもつ."

53 우제선(2021), 산스크리트 nominal style의 분석을 통한 『寶性論』제1장 제27송의 해석과 번역, 『불교학연구(Korea Journal of Buddhist Studies)』제66호(2021.3), pp.241-265.

54 https://buddhanature.tsadra.org/index.php/Books/What_is_Tathāgatagarbha: Akira Saito,

2020. "What is Tathāgatagarbha: Buddha-Nature or Buddha Within?", Acta Asiatica, vol.118, pp.1-15.

55 Bertrand Russell(1940), An Inquiry into Meaning and Truth, 『의미와 진리의 탐구』, 임병수역, (삼성출판사, 1976).

56 Wittgenstein's, Ludwing(1922), *Tractatus Logico Philosophicus*, Franklin Classics Trade Press. 2018.; 『논리-철학논고』, 이영철 옮김(책세상, 2006). pp.547-521.

57 九山, 『石師子』(불일출판사, 1980), p.74. 이 구절은 스님께 필자가 직접 들었던 말씀이라, 책의 원문과 내용은 동일하지만 그 뉘앙스가 다를 수가 있다.

58 https://www.sanskritdictionary.com/

59 Takeuchi Yoshinori(1995), Buddhist Spirituality: Indian, Southeast Asian, Tibetian, Early Chinese (World Spirituality), Herder & Herder; Takeuchi Yoshinori(2002), Buddhist Spirituality (Vol. 2): Later China, Korea, Japan, and the Modern World (v. 2), Motilal Banarsidass.

60 雜阿含經(T2, 249a), "緣起者 是則無常 無常者是苦 是故汝等習近於苦."

61 위의 책, p.101b. "爾時 世尊告諸比丘 昔者毘婆尸佛未成正覺時 住菩提所 不久成佛 詣菩提樹下 敷草爲座 結跏趺坐 端坐正念 一坐七日 於十二緣起逆順觀察 所謂此有故彼有 此起故彼起."

62 『大方廣佛華嚴經搜玄分齊通智方軌(搜玄記)』(T35, 62c), "法界緣起乃有衆多 今以要門略攝爲二 一約凡夫染法以辨緣起 二約菩提淨分以明緣起 約淨門者要攝爲四 一本有 二本有修生三名修生 第四修生本有."

간화선 사상의 성립

하택신회의 견성사상

좌선(坐禪)이란 무엇인가?

반복적으로 의심하여 화두가 마음에 자리 잡는 것을 좌(坐)라 하고,

오고 가는 일상에서 화두를 참구하는 것을 선(禪)이라고 한다.

- 구산(九山) 선사

I. 주요 쟁점

앞장에서 대승불교의 성립과 함께 불성사상을 중심으로 비판불교의 입장을 비판하였다. 위빠사나가 초기불교에 기초한 법(法) 중심이라면, 간화선은 대승경전에서 강조한 성품(性品)에 대한 깨달음을 중시한다. 본장에서는 간화선의 사상적 기반이 되는 견성(見性)과 성불(成佛)에 관한 이해를 상세하게 고찰하고자 한다. 특히 조사선의 기틀을 세운 것으로 알려진[1] 하택신회(荷澤神會, 684-758)의 경우를 중심으로 살펴볼 것이다.*

동북아시아 선사상의 핵심된 모토는 '사람마다 가지고 있는 자기의 본성/성품을 보아서 부처의 깨달음을 이룬다'는 견성성불(見性成佛)임에는 재론의 여지가 없다. 이런 사상은 인도 대승불교의 여래장 사상이나 불성 사상의 영향에 의한 교학적인 이해이지만, 동북아시아에서 실천적인 관점으로 전환된 것은 혜능(慧能) 이후이다. 중국 선종은 혜능 이후로 인도의 점수적 수행에서 돈오의 수행론인 조사선으로 급속하게 전환되었다. 여기에는 『육조단경』의 혜능과 그의 제자로 알려진 하택신회가 절대적인 역할을 했다.

오늘날의 시점에서 혜능과 신회의 사상을 정확하게 구분할 수 없다. 하택신회의 어록에 보이는 선사상과 돈황본 『육조단경』에 나타난 혜능의 사상은 너무나 유사하다. 마치 서양 철학에서 플라톤의 『대화론』에 나타난 소크라테스와 플라톤의 사상을 구분하기 힘든 것과 같다.

20세기에 돈황본 『육조단경』이 발견되기 이전에는 대부분 13세기에 편집된 덕이본 『육조단경』이 널리 유통되었다. 그렇다 보니 고려 후기와 조선시대에서의 선종사에 대한 대부분 인식은 덕이본 『육조단경』의 그것과 크게 다르지 않다. 그러나 20세기 초에 돈황굴에서 당나라 시대의 초기 선종사 문헌이 대량으로 발견되면서 지난 100년간 선종사에 대한 연구와 함께 새롭게 선종사를 다시 쓰는 작업이 진행되었다. 그것은 송나라에서 전해진 선종사를 당나라 당시의 상황을 중심으로 다시 새롭게 쓰는 중대한 작업이었다. 그 중심에는 8세기 중엽에 편집된 돈황본 『육조단경』의 실질적인 편집자로 알려진 하택신회에 관한 연구가 있다.

연구자라면 누구든지 동북아시아에서 하택신회가 차지하는 위치를 부인하지 못할 것이다. 설사 애써 부정한다고 할지라도, 하택신회를 제외하고서는 선종사를 객관적으로 이해할 수가 없다는 사실을 인정할 것이다. 그만큼 하택신회에 대한 역사적인 평가는 이례적으로 극단적이다. 긍정적인 측면에서 보면, 그는 돈황본 『육조단경』의 편집자로서 조사선의 실천불교를 확립한 인물이지만, 부정적인 측면에서는 선종사를 종파적인 이념논쟁으로 만든 인물로 평가된다.

- 북종에서 남종을 독립시킨 조사선의 확립자
- 법통문제를 야기시키고 선종사를 왜곡시킨 날조자

선종사에서 신회의 역할을 비판하면서도 긍정적으로 평가하는 이는 대만의 후스(胡適)박사이다.[2] 그는 돈황굴에서 발견된 하택신회의 어록을 비롯한 문집을 모아서, 『신회화상유집(神會和尙遺集)』을 편찬하기도 했다. 이것은 역사 속에 사장된 하택신회를 새롭게 발견하는 작업이었다. 반면에 일본의 세끼구찌 신다이(關口眞大)는 하택신회를 선종사에서 법통 문제를 과도하게 왜곡시킨 날조자로 본다.[3] 돈황본에 의거하면, 법통 문제가 선종사에서 대두된 결정적 계기는 하택신회에 의해서 북종의 신수를 비판하면서 생겨난 돈오사상이다. 이후 하택신회에 대한 평가의 문제는 송나라에서도 중요한 쟁점 사항이 되었다.

오늘날 동북아시아의 선종을 상징하는 인물은 혜능(慧能, 638-713)이다. 물론 혜능을 실존 인물이 아닌 전설로서 보기도 하지만[4] 혜능의 존재를 세상에 알리는 데 결정적 역할을 한 인물은 하택신회(荷澤神會, 684-758)이다. 그의 공헌이 중대하다. 동시에 하택신회는 송대에서 종파적인 전통성 문제에서 북종의 신수(神秀, 606?-706)를 비판한 만큼이나 그 또한 혹독하게 비판을 받았다. 당나라의 규봉종밀(圭峰宗密, 780-841)은 하택신회를 사실상 혜능을 계승한 선종의 제7조로서 중시한다.

하지만 송나라 임제종 황룡파는 지적 이해를 떠난 별도로 전해진 교외별전(敎外別傳)의 사상을 확립할 목적으로 신회를 지적인 이해만을 중시하는 지해종도(知解宗徒)라고 가혹하게 비판했다. 이 문제는 지적 이해를 진리의 기준점으로 삼을 수 없다는 선종의 오랜 지침과 관련된다. 여기에 따르면 지해종도란 지적인 이해에 머무는 초보수준으로서 깨달음은 불구하고 아직 수행을 시작하지도 못한 낮은 단계를 의미한다. 신회에 대한 과도한 이런 평가는 당나라가 아닌 순전히 북송 선종사의 내부문제에서 비롯된 것이다.[5] 당나라가 망하고 오대의 혼란기를 딛고 일어난 북송의 선종은 자신들의 정체성을 교외별전에서 찾고, 하택신회보다는 남악회양(南嶽懷讓, 677-744)을 혜능의 참다운 계승자로서 제7대 조사로 새롭게 옹립한다. 이것은 선교일치(禪敎一致)적 경향을 가진 종밀을 비판하고, 하택신회의 사상을 일방적으로 왜곡하여 비판하는 것으로 나타난다. 그러나 송나라에서 주목을 받은 남악회양의 경우 오늘날 평가는 역시 실존한 인물인지가 분명하지 않고, 그에 대한 기록은 거의 존재하지 않는다.[6] 곧 그는 갑자기 등장한 인물처럼 보인다.

이런 이유로 필자는 송나라가 아니라 당나라 당시의 시점에서 하택신회를 중심으로 동북아 선종의 핵심인 견성(見性)의 사상을 살펴볼 것이다. 최근 돈황본 발견 이전의 전통적으로 내려오는 역사적인 편견을 접고, 돈황굴 문헌자료에 근거하여 학계에서 신회에 대한 연구가 활발하게 진행되고 있다.[7] 이것은 신회의 선사상에 대한 다양한 연구와 더불어서 그에 대한 객관적인 평가가 새롭게 이루어지고 있음을 의미한다. 그동안 신회에 대한 연구는 돈황에서 발견된 필사본 『신회어록』에 대한 세세한 교감작업이 이루어지면서,[8] 상당한 성과를 보여주고 있다. 예를 들면, 북종에 대한 신회의 비판,[9] 신회의 전등설,[10] 돈황본 『육조단경』과의 관계[11] 등은 상당하게 밝혀진 상태이다.

그런데 이들 연구는 새롭게 발견된 돈황본 연구의 절박성에 의한 어쩔 수 없는 당연한 결과이지만, 모두 문헌 비판적 성격에 과도하게 치우진 경향이 있다. 그로 말미암아 선종사에서의 하택신회가 차지하는 역사적 위치에 초점이 맞추어지고, 반면에 그에 대한 사상적인 공헌 부분이 생략되어 있거나 과소평가되고 있다.

그렇기 때문에 본 장에서는 선종사라는 전체적인 관점에서 신회의 역할과 더불어서 그의 견성과 불성에 대한 해석이 무엇이고, 이후에 어떤 영향을 주었는지에 초점을 맞추고자 한다.[12] 왜냐하면 신회에게 있어 가장 중요한 선종사에서의 공헌은 무엇보다도 바로 '견성성불(見性成佛)'이라는 동북아시아 선종을 대표하는 조사선의 실천적 모토를 확립한 인물로 평가되기 때문이다. 실제로 『신회어록』을 보면, 신회는 견성의 '견(見)'과 '성(性)'을 실천적으로 해명하는데 온 힘을 다하고 있음을 본다. 이점에 주목하여 신회에 대한 역사적인 새로운 평가와 더불어서, '견성'에 대한 그의 해명을 고찰해 보고자 한다.

Ⅱ. 하택신회의 중심과제

하택신회에 대한 평가는 매우 극단적이다. 역사적 관점에서 객관적으로 평가하는 일은 중요하다. 신회는 당대에서 조사선의 성립에 매우 중요한 영향을 미친 핵심인물이다. 반면에 신회는 송대에서 깨닫지 못한 지해종도에 불과했다. 이런 극단적 평가 부분은 종파적인 산물이다. 이제 객관적으로 검토해야할 시점에 와 있다. 그래야 선종사는 올바르게 복원되고, 나아가 선사상은 현실에 유용한 방식으로 대응할 수가 있기 때문이다.

1. 당대와 송대 평가의 문제점

먼저 신회에 대한 송대의 역사적인 평가를 다시금 비판적으로 살펴보는 것이 필요하다. 이 부분은 두 가지로 구분된다. 하나는 신회의 제자에 해당되는 종밀에 의한 당대의 평가와 다른 하나는 북송대 선종에서의 평가이다. 북송대 선종의 평가는 주로 종밀이 이해한 신회의 사상을 기초로 하여 이루어진 측면이 강하다.

종밀의 평가

일반적으로 하택신회의 선사상을 논의할 때, 가장 중요한 특징으로 '지(知)' 한 글자를 제시한다. 이점은 바로 신회에 대한 종밀의 평가에서 기인된 바가 크다. 종밀은 『선원제전집도서(禪源諸詮集都序)』(이하 줄여서 『도서(都序)』라고 약칭함)와 『중화전심지선문사자승습도(中華傳心地禪門師資承襲圖)』(이하 줄여서 『승습도(承襲圖)』라고 약칭함)에서 하택신회의 중심 사상을 '지' 한 글자에서 찾고, 바로 이것을 달마가 중국에 전한 최상승 선법의 핵심 사상으로 본다.

> 허망한 생각[妄念]은 본래 고요하고 외적 대상들[塵境]은 본래 공하여, 이 텅 비고 고요한[空寂] 마음의 신령한 앎[靈知]은 어둡지가 않

다. 바로 이 공적한 앎(知)이 그대의 참된 성품이다. 미혹이나 깨달음에서도 마음은 본래 스스로 알아서, 인연을 의지하여 일어나지도 않고, 경계를 따라 발생하지도 않는다. 지(知) 한 글자는 갖가지 묘함의 문(門)이다. 무시이래(無始以來)의 미혹으로 말미암아 몸과 마음에 집착하여, 그것을 나로 삼고 탐욕과 성냄을 일으킨다.[13]

이 인용문은 『도서』에서 하택종(荷澤宗)을 기술한 대목이다. 여기에 의하면 종밀은 '知' 한 글자를 '온갖 묘함의 문[衆妙之門]'이라고 평가하여, 신회의 사상을 요약하고 있다. 그는 인간의 심성을 공적(空寂)과 영지(靈知)라는 두 측면으로 파악하고, 그 공적에 대한 앎[空寂之知]을 참된 성품, 진성(眞性)으로 파악한다. 이 공적하고 신령한 앎은 미혹이나 깨달음에 임하여 변함이 없는, 마음 본래 스스로의 앎(知)이라고 본다. 이것은 바로 본래의 앎, 본지(本知)이기 때문에 인연에 의해서 성립된 것도 아니고, 대상을 따라 발생하지도 않는다고 본다.

그런데 종밀은 『승습도』에서 한 걸음 더 나아가, 하택종의 지(知)에 철학적인 의미를 부여함으로써 선종사적 논쟁을 불러일으킨다. 이 '知' 한 글자는 온갖 묘함의 근원[衆妙之源]으로, 부처가 (도솔천에서 이 세상에) 내려오심[釋迦降出]과 달마가 (서쪽에서) 멀리 온[達磨遠來], 본래적 의미[本意]라고 말한다.[14]

이것은 하택신회의 『보리달마남종정시비론(菩提達摩南宗定是非論)』(이하 줄여서 『정시비론(定是非論)』이라고 함)을 계승한 발언이지만, 하택종에 대한 종밀 자신의 종파적인 이념을 드러낸 대목이다. 여기서 종파적인 이념이란 바로 선종의 독특한 성격을 드러내는 법맥이라는 자파의 선종사 인식을 반영한 표현을 말한다. 종밀은 신회의 선사상에 대해서, 그 자체로 이해하여 평가하지 않고 신회를 혜능과 연결시켜서 선종의 제7조로 간주한다.

북송 임제종에서의 문제점

오대의 혼란기를 뒤로 하고 송나라로 통일되면서 다시 유교, 도교와 불교의 종교적 활동은 활성화된다. 그러면서 새롭게 일어난 임제종은 당시에 강성한 화엄종이나 천태종을 의식하면서 자신들의 정체성을 확보하는 작업에 몰두한다. 그러면서 그들과는 차별된 시각을 발전시킨다. 이것은 두 가지 방향이다. 하나는 수행의 실천과 경전의 말씀은 서로 다르지 않다는 '선교일치(禪敎一致)'가 아닌 경전의 말씀과는 별도로 전하는 가르침이 있다는 '교외별전(敎外別傳)' 사상이다. 다른 하나는 법맥의 상징적 인물로서 하택신회보다는 남악회양으로 시선을 돌린다.

그럼으로써 당나라 말과 오대에 성립된 법안종[15]과 북송의 임제종은 혜능의 또 다른 제자로 간주되는 회양(懷讓)을 제7조로 하여 선종사를 재편하고, 종밀의 선종사관을 비판한다. 다시 말하면 의도적으로 회양과 신회의 대립구도를 만들고, 신회를 선교일치적 사상으로서 단지 지적인 이해만 구하는 지해종도(知解宗徒)라고 비하시킨다. 당대에서의 불립문자는 선교일치의 관점을 벗어나지 않았지만 북송대의 불립문자는 교외별전의 사상으로 선교일치와는 엄격하게 구분한다. 하택신회에 대한 폄하는 북송의 임제종이 교외별전의 사상을 확립해 가는 과정에서 황룡파의 황룡사심(1043-1114)이나 혜홍각범(1071-1128) 등에 의해서

쟁점으로 살펴보는 현대 간화선

이루어진 것이다.[16] 이들에 의한 종밀 비판은 모두 '지(知)' 한 글자에 초점이 모아졌다. 특히 황룡사심은 '知' 한 글자는 '온갖 묘한 문'이 아니라, '온갖 재앙의 문'이라고 혹평한다.[17]

그런데 여기에는 중요한 문제점이 있다. 송나라 선종은 하택신회를 평가할 때 종밀의 견해에 의존하고 있는데, 과연 화엄종에 속하는 종밀의 하택신회에 대한 이해는 정당한가 하는 문제이다. 화엄종의 종밀이 선종의 하택신회의 핵심 사상으로 '지(知)' 한 글자를 지목하고, 그것을 '知之一字衆妙之門'으로서 표현한 것은 올바른 평가일까? 문제는 이런 평가와 관련된 언구를 현존하는 하택신회의 어록에서는 실제로는 찾아볼 수가 없다는 것이다. 이것은 오히려 종밀의 스승격인 화엄종(華嚴宗)의 징관이 『화엄경』에 주석을 하면서 이루어진 표현이다. 징관(澄觀, 738-839)은 『화엄경』에 근거하여, 불성을 의식[識]으로 파악할 수가 없고 마음[心]의 대상도 아니라고 말한다. 그는 그것을 마음바탕의 '지(知)'로서 이해하고, 다음과 같이 말한다.

여덟 번째 지(知)는 마음의 바탕이다. 대상 인식은 참된 '지(知)'가 아닌 까닭에 의식으로도 알 수가 없다. 문득 아는 것도 참다운 앎이 아닌 관계로 마음의 경계가 아니다. 마음의 바탕은 생각을 떠난 관계로 생각이 없다는 생각까지 없으므로, 성품은 본래 청정하다. 중생 등은 (번뇌에)가려있어서 알지를 못한다. 그런 까닭에 부처께서 열어보이시어 중생을 깨달음에 들게 한 것이다. 바탕에 즉(即)한 작용인 관계로 지(知)의 바탕[體]을 물으면[卽體之用故問之以知體], 작용에 즉한 바탕이기에 성품의 청정으로서 대답한다[卽用之體故答以性

淨]. 지(知) 한 글자는 모든 묘한 문이다[知之一字衆妙之門]. 능히 자신을 텅 비우고 그것을 안다면, 부처의 경계에 계합할 것이다.[18]

이것의 전거는 『화엄경소』이다. 성품은 본래 청정하다. '지(知)'란 마음바탕의 작용이다. 바탕[體]에 근거한 작용[用]인 까닭에 작용을 물으면 '지(知)'라고 대답한다. 반대로 작용함에 근거한 마음 바탕이기에 성품의 청정이라 한다.

징관은 이것을 다시 『연의초(演義鈔)』에서도 당시 남종과 북종의 선종에 대해서 비판적인 평가를 병행하면서[19] '知之一字衆妙之門'를 다시 한번 다음과 같이 언급한다.

수남(하택신회) 선지식이 말하기를, 바탕에 즉한 작용을 이름하여 지(知)라 하고, 작용에 즉한 바탕을 적(寂)이라 한다. 마치 등에 즉하면 곧 이것은 빛이요, 빛에 즉하면 이것은 곧 등과 같아서, 이들은 둘이 아닌 가운데 둘이다. '知 한 글자는 모든 묘한 문이다[知之一字衆妙之門]'라는 말은 신회가 한 말이다.[20]

여기서 보듯이, 징관은 '知之一字衆妙之門'이란 구절을 『화엄경소』와 『연의초(演義鈔)』에서 사용하고 있다. 그런데 『화엄경소』에서와 다르게 『연의초(演義鈔)』에서 이 구절을 하택신회가 한 말이라고 언급한다. 그는 『화엄경』에 근거하여 '지(知)'를 마음의 바탕[心體]과 연결시켜서 파악하고, 하택신회의 사상도 역시 마찬가지라고 본다. 마치 상호 직접적으로 연결[即]된 등과 등불의 관계처럼, 바탕에 즉한 마음의 작용을 '지(知, 앎)'로서, 작용에 즉한 바탕을 '적(寂, 고요함)'으로 본다. 나아가서 '지 한 글자는 모든 묘한 문이다.' 이 구절은 하택신회의 말이라고 한다.

그러나 필자가 조사한 바에 따르면 돈황에서 발굴된 하택신회의 어록에는 징관이 인용한 이 유명한 구절을 어디에서도 찾아볼 수가 없다. 하택신회가 사용한 낱말은 '견성(見性)'이다. 바탕에 근거한 '견(見)'은 보는 작용이고 '성(性)'은 마음작용에 기반한 바탕으로서 본성이다. 그렇기 때문에 필자는 남종을 대표하는 신회의 선사상을 '지(知)' 한 글자로 요약해서 이해한 것은 화엄적 이해방식으로 그것은 징관과 그의 제자인 종밀에 의해서 이루어진 것으로 본다. 다시 말하면, '지(知)' 한 글자는 하택신회의 중심 과제가 아니라, 그것은 화엄종파의 핵심 용어라는 말이다.

또한 송나라 임제종(黃龍派)에서 신회에 대한 비판은 종밀에 의해서 왜곡된 하택신회의 선사상이었고, 결과적으로 북송 임제종 황룡파의 신회 비판은 화엄사상에 대한 비판이었다는 것이다. 이것의 배경은 실제로 선교일치적인 경향이 있는 종밀의 화엄교학에 대해서 비판적인 입장을 견지하는 북송 임제종의 교외별전 사상을 반영한 것이다.[21] 이들은 모두 신회의 선사상에 대한 객관적이고 역사적인 평가이기보다는 오히려 자파의 정체성을 확립하기 위한 종파적인 이념에 의한 비판이었다고 할 수가 있다.

한편 선종사에서 송대의 신회에 대한 이런 비판적 관점은 동북아시아, 특히 임제종의 종풍을 그대로 계승하고 있는 고려 후기와 조선시대,[22] 해방 이후 현대에 이르기까지 선종사 인식에 절대적인 영향을 미쳤다.[23] 그러므로 신회의 선사상을 연구하는데 있어 먼저 선결되어야 하는 과제는 역시 종밀이나 송대 선종의 입장이 반영된 편견을 벗겨내고, 신회의 선사상을 그 자체에 의해서 객관적으로 이해할 필요가 있다. 그러면서 '필자는 과연 하택신회의 선사상을 '지(知)' 한 글자로 설명하는 것은 정당한가?'라고 비판적으로 질문할 것을 제안한다. 송대에서는 자료적 한계가 있었지만, 20세기에 돈황굴에서 새롭게 발견된 문헌자료로 말미암아서 하택신회를 새롭게 다시 볼 수밖에 없는 현실에 놓여 있다. 이런 점에서 우리가 송대나 조선시대의 선학자들보다는 훨씬 객관적으로 선종사를 볼 수 있는 유리한 입장에 있음은 다행한 일이라고 여겨진다.

2. 돈황본『신회어록』에 나타난 신회의 모습

신회에 대한 보다 객관적인 평가는 20세기에 들어와 돈황굴에서 선문헌 자료가 대량으로 발견되면서, 결정적인 계기를 마련하였다. 여기에 의하면 신회는 한낱 지해종도로 취급되는 기존 북송시대의 이해와는 전혀 다른 모습으로 새롭게 다가온다. 그는 중국 선종사에서 남종을 독립시킨 인물로, 북종을 공격하고 새로운 선학, 조사선을 확립한 자로서[24] 전혀 새롭게 긍정적으로 평가되지만, 또한 반대로 돈황본『육조단경』의 작자이면서, 중국 선종이 전법인가에 과도하게 천착하게 만든 가사전등설을 최초로 만들어낸 선종사를 왜곡한 비열한 날조자로 평가되는 경우도 있다.[25]

이런 문헌적인 접근과 평가는 신회가 북종의 신수를 공격하면서 남종의 우월성을 과도하게 강조하는 가운데 진실을 왜곡시킨 측면을 지적한 것이다. 이런 연구 동향은 단순한 믿음에 의해서 전승된 선종사를 역사적 진실에 가까운 객관적인 선종사로 기술하려는 노력의 일환이 아닌가 생각된다.

우리는 이제 객관적인 입장에 서서 어떤 역사적인 편견으로부터 벗어나서 신회를 그 자체로 다시 보는 노력이 필요한 시점에 있다. 이런 관점에 서면, 일단은 돈황에서 출토된 『신회어록』을 중심으로, 그를 다시 읽어볼 수밖에 없다. 그렇다면 신회 자신의 선사상에만 충실하게 입각하여 평가한다면, 그의 선사상의 중심은 무엇일까? 과연 종밀이 말한 것처럼, 그의 선사상의 중심을 '지(知)' 한 글자라고 여전히 말할 수 있을까? 그를 단순하게 지해종도라고 평가 할 수 있을까?

'知'보다는 '見'

필자가 보기에는, 신회의 어록을 읽으면 읽을수록 오히려 북종을 비판하고 남종을 확립한 신회 선사상의 핵심된 과제는 '지(知)'보다는 오히려 견성성불에서의 '견(見)'이라고 생각한다. 일단 『신회어록』에서 '지'보다는 '견'이란 낱말의 사용빈도가 압도적으로 많은 횟수를 사용한 것은 논외로 하더라도, '견'에 대한 강조는 신회 자신이 분명하게 천명한 점이기도 하다. 다음을 보자.

견(見)은 도속(道俗)이 모두 들은 바이다. (神會는) 법사가 거듭 견에 관하여 묻기를 기대한다. 신회가 30여 년을 공부한 것은 오직 '見'

한 자이다. 법사가 앞에서 물어온 견은 신회의 뜻과는 합치되지 못하고 아직 분명하지 못하다. (神會는) 다시 법사가 거듭 '見' 자에 관하여 질문하기를 바란다.[26]

여기에서 인용한 신회어록은 『정시비론』이다. 돈황본 『단경』에도 제시하였듯이, 하택신회는 혜능이 입적한 713년에서, 20년 후가 되는 당 현종(唐 玄宗) 개원(開元) 20년(732년) 활대(滑臺) 대운사(大雲寺)에서 북종의 숭원법사(崇遠法師)와 대론을 벌였다. 그때의 설법을 그의 제자 독고패(獨孤沛)가 기록한 것이 바로 『정시비론』이다. 이것 역시 돈황굴에서 20세기에 발견된 것이다.

여기에 의하면 혜능의 진정한 사상은 돈오(頓悟)이며, 북종신수(北宗神秀)의 선사상은 점수(漸修)인 관계로 신수는 혜능의 진정한 계승자가 아님을 주장하고, 이것을 증명하는 혜능선사의 가사(袈裟)가 현재 소주(韶州)에 있음을 천명한다.[27] 활대의 대론이 가지는 선종사의 의미는 분명하다. 그것은 곧 표면적으로는 달마로부터 혜능에 이르기까지 전등의 역사와 그 중심사상을 천하에 공표하는 것이다. 하지만 실질적으로는 선종을 북종과 남종으로 대별하면서, 육대 혜능 이후의 전등은 신수가 아니라, 바로 신회 자기 자신에게로 전승되었음을 은연중에 밝히는 자리였다.

그러므로 당연한 결과지만, 대론에서 '거듭 견자(見字)에 관하여 질문하기를 바라는' 무의식의 저변에는 바로 혜능의 선사상에서 강조된 '견성(見性)'의 문제가 가로 놓여 있다. 왜냐하면 신수의 점수사상을 비판하고, 혜능의 진정한 선사상을 선양하는, (전략적으로) 대립된 중요한

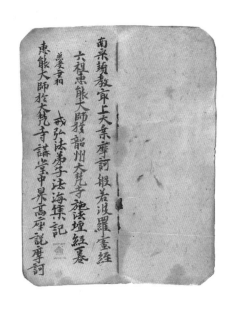

돈황본 육조단경 (필사본)

역사적으로 현대 선종사에서 가장
충격적인 사건은 돈황굴에서 많은
선종관련 서적의 발견이다. 이로 말미암아
그동안 우리가 알고 있던 선종의 역사는
새롭게 다시 써야 할 상황에 직면한 것이다.
달마를 비롯한 혜능뿐만 아니라 이후
선종의 역사는 새로 공부를 해야 한다는
것이다.

키워드는 돈오를 대변하는 바로 '견성'이기 때문이다. 그래서 신회(684-758)가 30여 년 동안 공부한 바는 바로 '견'자라고 말할 때 그곳에는 자신이 바로 혜능의 진정한 계승자라는 의도가 함축되어 있다.

신회가 언제 처음 혜능을 친견했는지는 분명하지가 않다. 이점에 대해서 돈황본 『육조단경』이나 『조당집』에는 분명한 언급이 없다. 그런데 종밀의 『승습도』[28]와 『경덕전등록』[29] 그리고 덕이본 『단경』에서는 13(혹은 14)세에 사미가 되어 육조를 친견했다고 전한다. 활대에서 대론하면서, '신회가 견자(見字)만을 공부해온 지가 30년이 되었다.'고 분명하게 언급한다. 이것은 혜능과의 만남에서 비롯된 것으로, 이를 기준하여 보면 대론이 벌어진 732(개원20)년에서 30년 이전, 신회가 태어난 해가 684년이니까 702년경은 곧 13세가 아니라 18세가 되던 때가 아닌가 생각된다.[30] 그리고 그때 혜능(638-713)은 64세였다.

육조단경의 첨삭

신회가 혜능을 친견하면서 나눈 문답은 『육조단경』에서 잘 전해 주고 있다. 그런데 8세기 중엽 신회계에서 편집한 돈황본 『단경』에서는 신회를 긍정적으로 기술하고 있지만, 13세기에 몽산덕이가 편집한 덕이본 『단경』은 신회를 폄하시키는 새로운 문답을 첨가하고 있다. 그것은 다음과 같다.

⊙ (神會)는 13세에 옥천사로부터 와서 참례했다. 그때 혜능은 말했다. 그대는 멀리서 오느라 수고를 많이 했다. 근본을 가지고 왔는가? 만약 근본이 있으면, 그 주인을 알아야 한다. 말해 보라. 신회는 대답했다. 무주(無住)를 근본으로 삼고, 견(見)이 곧 주인입니다. 혜능은 '이 사미가 어찌 그런 말(次語)을 알겠는가'라고 했다.[31]

⊙ 신회는 남양인이다. 조계산에 이르러서 예배하고 '좌선을 할 때에 견(見)이 있는지 아니면 불견(不見)인지'를 물었다. 이때 혜능은 주장자로 신회를 세 번 때리면서 '너는 아픔이 있는지 없는지'를 물었다. 신회가 아픔이 있기도 하고 아픔이 없기도 하다고 대답하자, 이때 혜능은 신회에게 말했다. 네가 앞서 말한 견(見)과 불견(不見)은 양극단(兩邊)이다. 고통 있음과 고통 없음, 이것은 생멸(生滅)이 있다. 그대는 자기의 성품을 보지 못하고서 감히 사람들을 우롱한다. 신회는 예배하고 다시 말하지 않았다.[32]

⊙ 어느 날 혜능은 대중에게 설법했다. 나에게 한 물건이 있으니, 머리도 꼬리도 없고, 이름도 말도 없고 얼굴도 등도 없다. 그대들은 알겠는가? 그때 신회가 나아가서 말했다. 그것은 모든 부처의 본원

(本源)이요 신회의 불성(佛性)입니다. 혜능이 말했다. 방금 전에 이름도 글자도 없다고 했거늘, 그대는 어찌 다시 본원이니 불성이니 하는가? 설사 훗날 그대는 종사가 된다고 할지라도 지해종도(知解宗徒) 밖에 되지 못할 것이다. 신회는 혜능이 입멸한 후에 낙양(洛陽)에 들어가서 조계의 돈교(頓敎)를 크게 넓혔고 『현종기(顯宗記)』를 지어 세상에 유행하게 했다. [33]

위에서 ⓒ은 돈황본 『단경』에 기록된 내용이고, ㉠과 ⓒ은 돈황본에는 없는 후대에 첨가된 내용으로 덕이본 『단경』의 문답이다. ㉠과 ⓒ은 '견'과 관련된 내용이고, ⓒ은 하택신회를 '지적인 이해만을 쫓는 무리[知解宗徒]'로 평가한 부분이 첨가되어 있다. 이들 사이의 큰 차이점은 송대 이후로 시대가 변하면서 신회에 대한 평가가 '지해종도'라고 부정적인 측면이 강조되고 있다는 것이다. 한편 돈황본 『단경』에서는 신회가 덕이본 『단경』에서 '지적인 이해만을 쫓는 무리[知解宗徒]'로 치부된 것과 달리 혜능의 계승자로 묘사된다.

법해(法海)가 혜능에게 누구에게 법이 전해졌는지를 묻자, 혜능은 다음과 같이 말한다. "법은 이미 전해졌다. 너희는 묻지를 말라. 내가 입멸한 20년 후에 삿된 법이 요란하여 나의 종지가 흐리게 될 것이다. 그때 한 사람이 나타나 신명을 다하여 불교의 시비(是非)를 굳게 세울 것이다. 이것이 나의 정법이다." [34]

물론 이 구절은 덕이본 『단경』에서는 삭제되었다. 이런 대립된 평가는 편집자의 종파적인 이념에 의해서 편집된 것이라는 반증이다. 하택신회를 덕이본『단경』에서는 '지적인 이해만을 쫓는 무리[知解宗徒]'로 평가하지만 돈황본『단경』에서는 혜능의 법을 계승한 수호자로서 묘사되고 있다. 그렇긴 하지만 역사적으로 어떻게 평가되든지 관계없이, 신회의 어록에 충실하는 한 그의 중심된 과제는 바로 '견성(見性)'의 문제임은 부인할 수 없다.

앞의 인용문에서 ㉠은 근본(本)과 주인(主)의 문제인데, 신회는 어디에 머물지 않음, 무주(無住)를 근본(本)으로 삼고[以無住爲本], 관조하는 견(見)이 곧 주인[見卽是主]이라는 입장을 보여준다. 이것은 현존하는 『신회어록』에서 보이는 내용과 일치한다. ㉡은 좌선(坐禪)에 관한 문답이다. 곧 좌선을 하면서 무엇을 보고(見) 보지 않는가(不見) 하는 문제를 다룬다. 역시 그 중심된 과제는 견(見)에 있다. 마지막 송대에 편집된 덕이본 ㉢은 머리도 꼬리도 없는 한 물건, 곧 불성에 관한 인식의 문제로, 신회를 지해종도(知解宗徒), 단지 문자적인 해석에 그친 한계를 가진 자라고 혹평한다.

이렇게 보면, 신회가 혜능으로부터 계승한 것은 바로 '견(見)'과 '불성(性)', 곧 견성(見性)에 대한 이해의 문제라고 판단된다. 이것은 돈황에서 발견된『신회어록』의 중심 과제이기도 하다. 신회가 '견성'의 문제에 천착한 역사적인 동기는 신수의 북종을 과도하게 의식한 자연스런 결과라고 보여진다. 따라서 필자는 하택신회의 사상을 견(見)보다는 '지(知)'와 연결하여 해석함은 신회의 입장이 아니고, 화엄종 계열인 종밀의 선교일치적인 입장에서 이루어진 것이라고 판단한다.

Ⅲ. 지(知)와 견(見)의 관계

동북아시아 선종사에서 핵심과제는 마음이란 무엇인가 하는 문제이다. 이것은 동시에 마음의 닦음은 어떻게 이루어지는지에 대한 명상 수행의 체험과 직접적으로 연결된다.[35] 신회는 견성에 관한 북종 신수의 입장을 비판함으로써 자신이 주장하는 남종에서의 마음 이해와 수행론을 드러낸다. 당나라와 송나라에서의 하택신회에 대한 평가문제는 모두 주관적인 종파적 편견을 드러낸다. 이점은 돈황에서 출토된 신회어록의 문헌에 근거하여 객관적으로 평가할 필요가 있다.

1. 자성견(自性見)과 수연견(隨緣見)

화엄종의 종밀은 '知'를 하택신회 선사상의 핵심 용어로 파악한다. 그리고 북송의 임제종은 화엄종을 견제할 목적으로 종밀의 평가에 기초하여 하택신회를 지해종도로 비평한다. 하지만 돈황에서 출토된 현존하는 신회어록에 기초하는 한에 있어서 신회가 중시한 것은 종밀이 평가한 '知', 분명한 앎이 아니라, 오히려 '見', 비추어봄이다. 신회는 지혜의 작용으로써 '知'와 있는 그대로 대상을 비추어보는 '見'의 관계 속에서 불성(佛性)의 의미를 파악한다. 하지만 이때에도 역시 있는 그대로 대상을 비추어보는 '見'의 역할을 보다 중시한다. 이것이 하택신회의 선사상을 파악하는 중요한 관점이다.

북종의 수행론 비판

물론 '知'와 '見'의 문제는 반드시 동일하지 않지만 초기불교의 명상수행에서도 중요한 관점이다. 비추어 본다는 '견'은 바른 알아차림의 정념과 위빠사나의 관법과 연결된다. 반면에 '지'는 분명한 앎을 의미하는 정지(正知)와 연결된다. 초기불교에서는 정념(正念, sammā-sati)과 정지(正知, sampajañña)라는 용어를 아주 매우 빈번하게 사용한다. 예를 들면 『잡아함경』에 의하면 '세상의 탐욕과 우울을 조복하는 방편이 바로 정념과 정지이고,'[36] '탐욕, 성냄, 어리석음을 떠나서 정념과 정지에 안주함이 바로 도(道)에 오르는 것'[37]으로 설해지고 있다.

이와같이 몸과 마음의 심리적인 대상에 대해서 알아차림하여 바르게 주의를 집중하는 것이 '정념(正念)'이라면, 그것을 정확하게 존재하는 그대로 이해하는 것이 명확한 앎, 바로 '정지(正知)'이다. 이들은 바른 알아차림[正念]에 근거하여 바른 앎[正知]이 발생되고, 이렇게 확립된 바른 '앎'에 의해서 바른 '알아차림'이 더욱 확고하게 확립된다. 제2장에서 살펴본 바처럼, 이들 양자는 이렇게 서로 순환적으로 협력하면서(正念 ⇔ 正知), 명상수행에서 항상 함께 작용한다. 정념과 정지는 위빠사나[觀]를 설명하는데 유용한 개념이지만, 특히 정념은 위빠사나의 관법뿐 아니라, 사마타의 선정수행에서도 중요한 역할을 한다.

이런 지관이나 정혜와 관련된 명상수행의 과정은 중국 선종에서도 하택신회에 의해서 북종을 비판하면서 다시 쟁점이 된다. 이미 알려져 있듯이, 신수의 북종이 점수이고 선정 중심이라면 신회의 남종은 돈오이고 반야 중심이다. 북종 신수의 수행론을 신회는 '마음을 대상에 집중하여 선정에 들어감[凝心入定], 마음에 머물러서 깨끗함을 살펴봄[住心看淨], 마음을 일으켜서 밖의 대상을 비추어봄[起心外照], 마음을 거두어서 안으로 체득함[攝心內證]'이라는 사구로 요약한다.[38] 이 사구의 공통점은 '고요하게 머물고', '선정에 들고', '안으로 마음을 거두는' 방식이 선행되어서 '살펴봄'이나 '비추어 봄'에로 나아가는 방식이기에, 이것은 마음의 안정을 의지적으로 구하는 사마타의 선정에 중점이 있다. 결과적으로 북종의 수행론은 지혜(慧)의 작용보다는 고요함의 선정(定)이 강조된 수행이고, 지관(止觀)이나 정혜(定慧)의 균등한 균형, 등학(等學)이 아니라 지관과 정혜에 선후의 차제(次第)가 존재한다는 점에서 초기불교 남방의 전통수행론과 연결된다.

반면에 하택신회는 선정보다는 지혜를 강조한다. 북종에 대한 신회의 비판은 먼저 '견성'에서 見을 '어디에도 머묾이 없다'는 것으로 해석함으로써 하나의 대상에 머무는 집중의 사마타 선정보다는 어떤 하나의 고정된 대상에 머물지 않는 위빠사나, 반야의 작용에 초점을 맞춘다. 신회의 '견'은 마음을 고요하게 거두는 작용이 아니라, 사물의 본질을 지혜로서 '통찰'하는 일이 중시된다. 돈황본뿐만 아니라, 덕이본『단경』서도 마찬가지로 '머물지 않음, 무주(無住)를 근본으로 삼고, 비추어 봄의 견(見)이 그대로 주인이다.'라고 한 신회의 진술은 북종의 깨끗한 마음에 머무름[住心看淨]과 대조된, 통찰과 반야가 중심이 되는 돈오선법의 관점을 매우 정확하게 전해 준다. 신회의 선사상에서 '비추어 봄'

의 견과 '머물지 않음'의 무주가 차지하는 의미는 귀중하다.

스스로 성품으로서 자성견

『신회어록』에서 신회는 '견(見)'에 관한 성격을 크게 자성견(自性見)과 수연견(隨緣見)의 두 형태로 분류한다.

먼저 스스로의 성품으로서 자성의 견[自性見]은 반야(般若) 지혜로 이해된다는 점이다. 성품을 본다는 '견성'에서 '견'과 '성'은 인식론적인 측면에서 보면, '견'은 인식의 주체이고 '성'은 인식의 대상이다. 그래서 인식의 주체인 '견'에는 반드시 그 대상을 전제한다. 대상이 존재하지 않으면, '견' 역시 존재를 논의할 수가 없다. 그러나 신회와의 문답에서 혜능이 '견과 불견은 모두 양 극단이다.'고 지적한 사실은 남종에서 사용되는 '견'이 일상적인 의미의 대상을 본다고 할 때의 분별적인 의미의 '견'이 아님이 분명하다. 그것은 바로 사물의 본질을 꿰뚫어보는 지혜, 곧 반야를 의미한다.

이점은 북종과의 논쟁에서 중요한 쟁점이 된 사안이었다. 『정시비론』에 의하면, 북종의 숭원법사는 신회에게 그대가 말하는 '견은 눈의 견, 귀의 견, 코의 견, 몸의 견, 마음의 견이 되지 않는가'라고 반문한다.[39] 만약 견을 주인으로 삼는다면, 인식의 주체로서의 안이비설신의에는 역시 각각의 다양한 '견'이 있지 않은가? 라는 질문이다. 만약 인식이 이렇게 주객으로 대립된 다양한 견이라면, 이때의 견은 일상의 견문각지에서 분별된 '견'이 되며, 이와 반대로 일상의 분별을 떠난 '견'이라면, 그것은 허공의 '견'이 되어 무의미하게 된다.

이러한 비판에 대해서 신회는 '대승경론에는 허공에는 견이 없다고 했으며, 허공에는 반야가 없기에 결코 견이라고 말할 수가 없다.'고 하고, 나아가서 '중생에게는 반야가 있기에 가히 견이라고 이를 수가 있다.'고 대답한다.[40]

여기서 견은 반야로서 자성의 '견'이다. 그것은 대상을 따르는 수연 '견'과는 구분이 된다. 분명하게 일상에서 대상을 가진 '견'이 아니라 대상의 존재가 부재함을 보는 것을 '견'이라 말한다. 그래서 『잡징의』에서는[41] '견'을 '보는 물건이 없어야, 이때에 즉(卽)한 견이 바로 참다운 견이다.'라고 말한다. 보는 대상이 없는 견, 이것을 신회는 대상에 머문 바가 없음을 무주(無住)라고 한다. 신회의 견은 바로 무주의 견으로서, 대상으로 물건의 존재나 어떤 외적인 인연에 관계없이 스스로 존재하는 견이다. 그래서 이것을 항상 존재하는 '상견(常見)'이라고 말한다. 거울에 비유하여 설명하면, '대상이 앞에 현존하여 있거나 혹은 없거나 관계없이, 거울의 비춤(照)은 항상 존재하는'[42] 것과 같다. 그러므로 '이 거울의 밝음은 그 자체 성품으로서의 비춤이다. 만약 중생의 마음이 청정하다면, 자연스럽게 지혜의 광명이 일체의 세계를 비출 것이다.'[43] 라고 하였다. 문법적인 용어로 설명하면, 이때의 견은 존재하기 위해서 타자를 필요로 하는 타동사의 '견'이 아니라, 그 자체로 문장을 이룰 수가 있는 자동사로서의 '견'이다. 어떤 대상을 '향한' 견이 아니라 '스스로' 존재한 지혜로서의 견이다.

이런 의미에서 이것을 신회는 그 자체로 존재하는 자성의 작용으로서 견, 곧 자성견(自性見)이라고 부른다. 이 자성의 견은 수행이나 인위적인 의지에 의해서 생겨나는 것이 결코 아니다. 바로 여기에서 남북의 시각 차이가 존재한다. 이 자성의 견은 바탕[體]으로서 본래적인 존재인 관계로 다만 수동적으로 발견되는 것이고, 경험에 의해서 드러날 뿐이다. 『돈오무생반야송』에서는 '견이 곧 바른 견이라면 생겨남이 없다(無生)'고 하고,[44] 『잡징의』에서는 '지금 견이라고 말하는 것은 본래 생멸이 없다.'고 한다.[45] 왜냐하면 자성의 見은 스스로 성품인 까닭이다. 또한 좌선(坐禪)에서 '좌(坐)란 생각이 일어나지 않음이고, 본래의 성품을 보는 것이 선(禪)이다.'고 정의한다.[46] 좌선은 생각이 일어나지 않는 고요함에서 본래의 성품을 본다는 의미이니, 말하자면 초기불교에서 신수심법을 관찰하는 위빠사나와 비교하면 신회에게서는 관찰하는, 곧 견의 대상이 초기불교의 그것과 서로 다르다. 또한 이 자성의 '견'은 바로 돈오(頓悟)이고 반야(般若)이고 무생(無生)의 다른 표현이다.

이렇게 보면, 좌선에서 좌를 화두가 마음에 자리를 잡는 것으로, 선을 일상에서 화두를 참구하는 것으로 정의한 구산선사의 경우는 화두 간화선에 최적화되어 있다면, 하택신회의 정의는 불성, 자성, 성품에 기반하고 있음을 알 수가 있다. 그렇긴 하지만 사량과 분별의 배제에 의한 돈오라는 것은 공통점이다.

대상을 따르는 수연견

신회가 주장하는 두 번째 수연(隨緣)의 견은 일상의 분별된 대상에 대한 작용의 측면[用]을 설명하여 준다. 견의 대상으로서 색뿐만 아니라 성·향·미·촉·법에 대해서, 견은 아무런 장애도 없이 있는 그대로 비추어 준다고 할 때, 이 측면은 분명하게 자성견[體]에 근거한 것이지만, 분명하게 자성견과는 차이가 있다. 이를테면 방안에서 어떤 사물을 볼 때, 밝은 빛이 있으면 쉽게 볼 수가 있다. 그러나 빛이 없으면 그 대상을 분명하게 볼 수가 없다. 이 경우 대상을 보지 못할 뿐이지, 견이 없다고는 말하지 못한다. 다시 말하면 자성견은 존재하나, 대상에 감응하는 측면은 아니다. 이런 경우에도 이때는 어둠이라는 새로운 대상에 감응한다고 하는 편이 옳다. 대상을 따라서 견은 변하지만 '견' 자체는 여전히 그대로 존재한다. 자성견의 존재는 명암을 따르지 않고, 부동하다. 그러나 대상을 따르는 견은 명암과 같은 주변 환경에 반응한다. 이렇게 인연된 대상에 감응하는 견을 수연견(隨緣見)이라고 부를 수가 있다. 이것의 존재를 신회 역시 분명하게 자각하고 있었다. 그렇지만 이것에 대해서 신회는 특별하게 고유한 이름을 짓지 않았다.

그런데 종밀은 『승습도(承襲圖)』에서[47], 하택신회의 자성견(自性見)을 '자성용(自性用)'으로, 대상에 감응하는 수연견을 '수연응용(隨緣應用)'이라고 고쳐 불렀다. 그렇지만 신회의 경우와는 다르게 여기서 종밀이 염두에 둔 것은 '견(見)'이 아니라, 마음의 본질로서의 '지(知)'이다. 이때 신회는 대상 인식과 관련한 견(見)에 대해서, 지(知)와 구별하여 사용한다. 그는 '집안에 가구, 의복 등의 물건이 있음을 알아 의심하지 않는 것, 이것을 지(知)라고 부르지, 결코 견(見)이라고 부르지는 않는다. 반면에 집안으로 들어가서 그 물건 등을 보는 것, 이것을 견이라고 부르지 결코 지라고 부를 수는 없다.'고 하고, 이와 같이 '다른 사람의 설명에 의해서 몸 가운데 불성이 존재함을 알[知]지만, 깨닫지 못하면 아직 분명하게 견(見)한 것은 아니다.'[48]고 말한다. 반대로 불성을 보지만 알지 못하면 마찬가지이다. 이런 점에서 견(見)과 지(知)는 서로 동일한 개념이 아니다. 종밀처럼 견과 지를 혼동할 이유는 없다.

2. 진공묘유(眞空妙有)

신회에게서 지(知)란 선지식의 가르침에 대한, 본래적인 앎을 의미하며, 견(見)은 실제적인 현장에서의 직접적인 경험을 가리킨다. 지(知)는 본연의 앎에 의해서 이루어진 이해의 측면이라면, 견(見)은 체험된 직관의 측면으로 해석된다. 그렇지만 선지식의 가르침의 내용인 불성에 대한 지(知)는 그것에 대한 체험인 견(見)과 서로 다른 내용이 아니라고 말한다.

> 견(見)은 지(知)에 기초한 견(見)이요, 분별을 내지 않고, 다만 '눈으로 색을 볼 때 색을 잘 분별하나(隨緣見), 분별의 일어남을 따르지 않고, 색에서 자재한다면(自性見)' 바로 그곳이 '색 가운데 해탈한 삼매가 갖추어진 자리'이다.[49] 색을 볼 때, 그곳에 불성이 드러난 자리가 다름이 아니다. 바른 무념(無念)이라면, 바로 見은 知를 떠나지 않고 知는 見을 떠나지 않는다.[50]

아는[知]것과 보는[見]것은 다르지만 함께 일치한 경우도 있다. 이런 경우 지와 견의 관계는 분리되어 이해할 수가 없다. '눈으로 색을 볼 때 바로 불성을 보고, 불성을 알면 색을 볼 때 다른 분별을 내지 않고 자재한다.'고 말할 수 있다.[51] 여기서 자재한다는 말은 그것에 끌려가지 않는다는 말이다. 눈으로 색깔을 볼 때는 수연견(隨緣見)이다. 그곳에서 불성을 보는 것은 자성견(自性見)에 근거한다. 양자의 차이점은 분별(끌려감)을 내느냐 그렇지 않느냐가 중요한 기준점이다.

실제로 중생의 몸 안에 존재한다는 불성이란 다름 아닌, 안이비설신의의 작용이다. 견문각지는 대상을 따르는 수연견이지만 동시에 자체의 자성견에 기반한 까닭에 곧바로 불성의 작용이다. 수연견은 곧장 자성(見=性)견이고, 그것의 현전이다. 불성에 대한 앎은 바로 보고 듣는 견(見)의 작용을 통해서(見性), 간격 없이 곧장 부처를 이룬다(成佛). 그렇지만 수행에 대한 북종의 인위적인 태도는 불성의 존재와 그것의 작용을 별개로 인식하고 知와 見에 간격을 만들어, 이분화된 이해를 낸다는 것이다. 이것은 닦음이 있는 점수(漸修)의 길이다. 결코 견성의 돈오(頓悟)가 아니라는 말이다.

이상과 같이 하택신회는 자성견과 수연견의 관계처럼, 불성의 존재에 대한 知와 그것을 현실 속에서 경험하는 見을 동시적인 관점에서 이해한다. 그러나 지와 견은 동일한 '내용'이 결코 아니다. 이를테면, 『하택대사현종기』에서는 知를 진공(眞空)의 측면으로 보고, 見은 묘유(妙有)의 측면에서 기술한다. 여기서 진공이란 마음이 공적하고 청정한 열반의 본성을 의미하고, 묘유는 내외적 대상에 대한 마하반야의 작용을 말한다.

> 묘유(妙有)는 곧 마하반야(摩訶般若)이고, 진공(眞空)은 곧 청정열반(清淨涅槃)이다. 반야는 열반의 원인이고 반대로 열반은 반야의 결과이다. 반야는 견이 없으나 능히 열반을 보고, 반대로 열반은 생함이 없으나 능히 반야를 생한다 …(중략)… 지(知)는 곧 마음의 공적을 지(知)하는 것이고, 견(見)은 곧 성품의 나지 않음을 견(見)하는 것이다. 지(知)와 견(見)은 분명하게 하나도 아니고, 다르지도 않다

(不一不異).[52]

이것을 보면, 지와 견은 분명하게 동일하지만, 지는 마음의 공적한 진공의 체(體)를 인식하는 것과 관련되고, 견은 묘유(妙有)의 발생과 지혜 작용(作用)에 관련된다고 말할 수 있겠다. 앎의 知가 본질적인 바탕 [體]과 관련된다면, 봄의 見은 현실적 존재에 작용하는 것[用]과 관련된다. 존재는 지의 대상이 되기 쉽고, 변화는 견의 대상이 된다는 의미가 된다. 『금강경』의 '응무소주이생기심(應無所住而生其心)'이란 구절로 설명하여 보면, 머무는 바가 없음[應無所住]은 바로 적정의 바탕[體]으로 知 자체가 되고, 다시 머무는 바가 없는 무주에 의해서 마음을 내는 바 [而生其心]는 見이 된다. 전자는 무주로서 스스로 자재하는 '자성'의 견 [體]이고, 후자는 발생하지만 발생함이 없음을 보는 '수연'의 견[用]이라고 부를 수가 있겠다. 이것을 정리하면, 아래와 같다.

▶ 知 : 바탕(體) - 眞空-應無所住 → 종밀
▶ 見 : 작용(用) - 妙有-而生其心 → 신회 → 마조

이상과 같이 見과 知는 신회의 선사상을 설명하는 중요한 변증법적 키워드이다. 그래서 필자는 신회의 선사상의 특징을 오직 '知' 한 글자에서 찾는 종밀의 평가는 결코 정당하지 못하다고 본다. 일단 知 한 글자를 '見' 한 글자와 비교할 때, 종밀처럼 앎의 '知' 한 글자만 강조하면 불성이나 열반과 같은 본질의 개념과 쉽게 연결되지만, 봄의 見이 가지는 반야나 불생(不生)이라는 작용적 측면이 결여되어 버린다는 것

이다. 신회는 이 양자를 모두 강조하여 知와 見에 대해 같기도 하면서 다른 의미를 부여한다. 하지만 종밀은 과도하게 앎의 知 한 글자로 한정시켜서 선사상의 실천성을 약화시키는 오류를 범하고 있을 뿐만 아니라, 더욱 결정적인 위험은 북종의 수행론에 대한 비판으로서 사용한, 견성(見性)에 대한 신회의 해명이 가지는 선종사적인 중요한 의미를 퇴색시킨다는 사실이다.

결과적으로 선종사에서 보면, 종밀에 의해서 해석된 신회의 선사상이 견(見)보다는 지(知)가 강조됨으로써 이후 송대에 들면서 하택종의 정체성을 '知' 한 글자로 이해하는 결과를 가져왔다. 반면에 머무름이 없는, 머무는 바 없는 수연 '견'의 작용은 오히려 마조(馬祖)에게 수용되면서 바탕[體]보다는 작용[用]을 중시하는 홍주종의 중심 주제가 되었으니, 결과적으로 조사선 형성에 하택신회는 깊은 영향을 주었다고 본다.

Ⅳ. 견성의 성불론

신회의 선사상에서 중요한 과제는 '견(見)'과 '성(性)'에 대한 이해이다. 견(見)에 대한 이해는 앞에서 다루었고, 여기서는 성(性)을 다룬다. 성은 곧 불성을 가리킨다. 이때 불성은 어떻게 정의되고, 번뇌와 어떤 관계가 있는가 하는 문제가 주된 과제이다. 그런 다음에 견성의 성불론을 다루고자 한다.

1. 불성과 번뇌의 관계

신회의 선사상에서 견(見)과 더불어서 중요한 부분은 견성에서 성(性)에 대한 이해이다. '성(性)'은 불성이란 의미로, 대승불교를 상징하는 말이다. 불성이란 용어에 대한 해석은 크게 세 가지로 분류된다.

첫째로 가장 소박한 용례이며 성씨나 가족관계라는 의미로, 부처의 종족을 의미한다. 이런 의미는 빠리어 경전에서는 개인이 아닌 친족을 뜻하는 'gotta',[53] 사성(四姓)에서 보듯이 사회적인 종족을 의미하는 'kula',[54] 출신이나 혈통의 역사를 의미하는 'vaṃsa' 등의 용어에서 찾아볼 수가 있다.

둘째로 불성에 대해 가장 널리 알려진 것은 바로 부처가 될 수 있는 본성으로서 성품을 의미한다. 이것은 부처가 될 수 있는 자격이 없는 집단을 염두에 둔 의미이다. 구체적으로 말하면 대승에 속한 종성(種姓)을 제외한, 나머지 곧 소승으로 분류되는 성문승(聲聞乘), 독각승(獨覺乘)과 어디에 속하는지 결정할 수 없는 부정승(不定乘), 마지막으로 전혀 성불이 불가능한 일천제(一闡提) 등이다. 이때의 불성은 여래성이란 표현과 함께 사용하면서, 대승과 대승이 아닌 경우를 구별하는 차별적인 성격을 가진다.

셋째로, 불성의 의미는 부처의 성품이란 곧 부처라는 종족이 발생하는 원인이란 의미로 사용된다.[55] 이때의 불성은 사물의 생겨난 본질적인 바탕으로 해석한다. 불성에 해당되는 'buddha-gotra'란 용어는 일반적으로 법계로 번역되는 'dhārma-dhātu'와 동일하게 사용된다.

그런데 세 번째의 불성에 대한 이해방식을 앞장에서 살펴본 비판불교의 마츠모토식 해석처럼, 제법이 발생하는 근본적인 틀인 기체(基體)로 이해한다면, 빠리어 경전에 기초한 초기불교의 입장에서보면, 그것은 연기와 무아라는 불교의 기본적인 입장과는 모순관계를 노정하기 때문에, '대승의 불성에 관한 이해는 과연 정당한가'라는 문제 제기가 있을 수가 있다.[56] 그러나 이런 비판불교의 시각은 'dhārma-dhātu'에 대한 잘못된 해석이다. 왜냐하면 앞장에서 살펴본 바처럼 'dhātu'는 아트만과 같은 기체가 아니라 '연기'나 사람마다 본래 가지는 '본성'으로 이해되기 때문이다.

이와 관련하여 '선종에서 특히 하택신회는 불성에 대해서 어떻게 이해하고 있는가? 하는 점은 매우 중요한 관전 포인트이다. 왜냐하면 동북아 선종의 전통에서 가장 자주 언급되고, 그 핵심을 이루는 용어인 '견성성불(見性成佛)'의 문제도 여기와 직접적으로 관련된 문제를 가지고 있기 때문이다. 불성과 관련하여 신회는 석정본(石井本)『잡징의(雜徵義)』에서『대열반경』「여래성품」에 나오는 유명한 '본유금무(本有今無) 본무금유(本無今有) 삼세유법(三世有法) 무유시처(無有是處)'의 구절[57]을 다음과 같이 시작한다.

먼저 제1구 불성의 본유금무(本有今無)에 대해서 '『열반경』에 의거하여 보면, 본유라고 하는 것은 본래에 존재하는 불성이며, 금무라고 하는 것은 현재에 불성이 없음이다.'고 말한다.[58] 이런 해석은 불성의 존재가 본래 있으면서, 현재에 없다고 말하는 것과 같아서 상호 모순관계를 노출하고 있는 듯이 보인다. 이 점에 대해서 신회는 '현재 불성이 없다고 하는 의미는 번뇌에 의해서 뒤덮여 있어 보지 못하기(不見) 때문에 없다고 한 것이다.'고 대답한다.[59] 그렇기 때문에 현재에 없음은 불성의 부재를 의미하지 않고, 다만 번뇌의 장애로 인하여 현재에 보지 못함[不見]이란 의미이다.

다음으로 제2구 번뇌의 본무금유(本無今有)에 대해서는, '본무라고 하는 것은 본래에 번뇌는 없다는 것이고, 금유라고 하는 것은 금일에 번뇌가 갖추어 있음을 뜻한다. 번뇌는 본래 없지만 지금 존재하는 이유는 억겁의 결과로써 그렇다.'는 의미이다.[60] 앞 절에서 살펴본 지와 견의 관계로 다시 말하면, 본유금무는 선지식의 가르침으로 불성의 존재를 지(知)하지만, 현재에서 그것을 견(見)하는 것은 아니라는 의미이다. 반대로 본무금유는 번뇌가 본래 없지만, 억겁의 결과로 중생에게는 지금에 존재하기 때문에, 그곳에서 불성의 존재를 지(知)하지 못하고 다만 번뇌만을 견(見)할 뿐이라는 것이다.

마지막 제3구 삼세유법(三世有法)과 제사구 무유시처(無有是處)는 번뇌에 대한 잘못된 견해를 비판한 것이다. 여기서 '법이 삼세에 존재한다'는 주장은 이른바 삼세실유(三世實有)의 교설로서 부파불교의 일파인 설일체유부에서 이루어진 내용이다. 그러나 '이런 주장은 옳지 못하다[無有是處]'고 말한다. 왜냐하면 '불성은 삼세에 걸쳐서 이어지지 않으며(不繼)', 또한 '불성은 항상하여 생멸법이 아니기 때문이다.'[61]

여기서 삼세에 걸쳐서 이어지지 않는다는 의미는 과거, 현재, 미래에 걸쳐서 생멸한다는 뜻인데, 불성은 생멸하는 현상이 아니라는 의미이다. 생멸하는 현상은 불성과 대조를 이루는 법이다. 이것은 하나가 아닌 관계로 한역에서는 '일체법'이라며 유부에서 법의 존재[人空]를 주장하지만, 대승은 법마저 존재하지 않음[法空]을 주장한다. 여기서 신회는 한 걸음 나아가서 법은 실유가 아닌 생멸의 법이며, 참으로 실재하는 것은 바로 불성이라고 말한다. 이것은 대승불교도가 부파불교를 비판하는 중심도구로서 불성이란 개념을 도입한 실례를 보여주고 있다.

결과적으로 삼세실유에 대한 신회의 입장은, 삼세에 생멸하는 제법은 '불성'이 아니라, 그것은 바로 현상으로써 '번뇌'라고 말하고 있다. 이는 초기불교나 부파불교가 '법' 중심의 불교라면, 대승불교와 선종이 '불성' 중심의 불교라는 점을 확연하게 보여주는 대목이기도 하다. 그런데 신회가 불성의 본유를 말할 때, 그 본유의 의미가 무엇인가? 또한 본래 없는 본무의 번뇌는 어떻게 발생하는가? 용어만 본다면, 본유(本有)의 의미는 상당하게 실체론적인 관점을 가진다. 인식의 한계를 벗어나 독립되어 존재하는 아(我)나 범(梵)의 개념이나 아니면 경험을 벗어난 플라톤적인 이데아의 개념과 동일시될 위험이 상당히 높다. 이것과 관련하여 신회의 입장을 어느 정도 알 수 있는 경우가 파리본『잡징의』에서 도가의 자연과 비교하는 문답이다.

문: 불성이 자연이라면 무명은 다시 무엇을 따라서 발생하는가? …
   (중략)… 무명이 어떻게 자연인가?
답: 무명과 불성은 함께 자연으로 생한다. 무명은 불성을 의지하고,

불성은 무명을 의지한다. 이 양자는 서로 의존(相依)한다. 있으면, 일시에 있다. 깨달으면 곧 불성이요, 미혹되면 무명이다.『열반경』에서 말한 바처럼, …(중략)… 금은 불성에 비유되고, 광석은 번뇌에 비유된다. 번뇌와 불성은 일시에 존재한다.

문: 만약 무명이 자연이라면 외도의 자연과 같지 않는가?

답: 도가의 자연과 같지만 견해는 서로 다르다.

문: 어떻게 다른가?

답: 불가에서 불성과 무명이 함께 자연인 것과 같다. 왜 그러한가? 일체의 만법은 모두 불성의 힘에 의존하기 때문이다. 그래서 일체의 법은 다 자연에 속한다. 그런데 도가의 자연은 도에서 하나가 발생하고, 하나에서 둘이 나오고, 둘에서 셋이 나오며, 셋에서 만물이 생한다. (여기서 도를 제외한) '하나에서 만물까지'는 모두 자연이다. 이로 인하여 (불교와) 견해가 같지 않다.[62]

이 인용문은 매우 간결한 문답이다. 그렇지만 신회가 불성과 무명[煩惱]의 관계뿐만 아니라, 도교와 불교의 견해에서 무엇이 서로 다른지를 분명하게 언급한 점에서 중요한 의미를 가진다.

먼저 불성과 무명[煩惱], 양자의 성격을 모두 자연이라고 말한다. 여기서 하택은 본유를 '자연'의 의미로 해석하여, 중생에게 본래적으로 있다는 것으로 이해한다. 본래 있음의 자연은 '마치 수달이 고기를 잡아먹듯이, 인위적으로 조작되지 않음'을 뜻한다. 동물의 본성처럼, '본래 스스로 존재하여', '타인에 의해서 주어진' 성질이 아니기 때문에, 신회는 불성을 스승에게서 배우지 않는 스스로의 지혜[無師智]이고, 태어

쟁점으로 살펴보는 현대 간화선

나면서 자연스럽게 내재된 지혜[自然智]이며, 중생은 자연의 지(智)에 의해서 부처를 이룬다[成佛]고 말한다.[63]

이런 점에서 신회의 불성에 대한 관점은 형이상학적인 이해가 아니다. 불성은 곧 능력으로서 지혜이기 때문에, 오히려 부처의 자격이나 자질을 의미한다. 이것은 앞에서 말한 불성의 정의 가운데 두 번째 범주에 해당된다. 그런데 불성뿐만 아니라, 무명의 발생도 역시 자연(적인 힘)이라고 본다. 이점은 형이상학적인 믿음이 아니라, 경험에 기초한다. 무명이 존재하기 위해서, 철학적으로 그 무엇을 전제하지 않는다는 것이다. 다만 어둠과 밝음이 서로 의존되어 있지만, 양자는 동시에 존재하는 것은 아니다. 무명이 존재할 때 불성은 그곳에서 지(知)할 수 없고, 반대로 불성을 견(見)하면 그곳에는 현재의 무명이 존재하지 않는다. 양자는 상호 의존된 짝의 관계이기 때문에, 제삼의 다른 존재를 요청하지 않는다.

그러나 철학적으로 보면, 도가의 자연은 그 이해가 불교의 자연과는 다르다. 불교에서는 불성과 무명이 함께 자연이고, 상의적인 관계를 가진다. 하지만 도가에서는 도와 만물이 서로 구별된다. '하나에서 둘이 나오고, 둘에서 셋이 나오고, 셋에서 만물이 나온다.' 이것은 자연이다. 이 자연은 바로 '도(道)'에서 발생하는 만물이다. 이 경우는 불교의 자연과는 다르다. 불성과 무명은 모두가 자연에 속하기 때문이다. 그러나 도가에서는 만물 이전에 먼저 도(道)가 존재한다. 만물이 존재하기 위해서는 도가 존재해야 한다. 도와 만물은 동일한 자연이 아니다. 만물과 도는 상호 의존적 관계가 아니다. 도는 기체(基體)이고, 만물은 기체로부터 발생된 현상이다. 이것은 앞장에서 살펴본 마츠모토식 해석처럼 '도에서 만물에로(a ⇒ b)' 이행하는 일원론적 발생적 관계이다. 그러나 불교에서 불성과 번뇌의 일체법은 모두 자연에 속하기에, 이들은 서로 다른 영역이 아니다. 양자는 '상호 의존된 관계(a ⇔ b)'에 놓여 있다. 양자는 결코 동일하지 않다.

　그렇다면 '일체의 법은 모두 불성의 힘에 의존한다.'고 할 때, 이것은 어떻게 이해해야 하는가? 초기불교의 연기론적인 관점에서 보면, 연기법에서 상호의존 관계항은 이것(此)와 저것(彼)의 일체법, 모든 현상들로서, 여기서는 불성의 존재를 상정하지 않는다. 따라서 '불성의 힘에 의존한다.'고 함은 '불성으로부터 일체법이 발생된다.'고 말하는 것이 결코 아니다.

　그래서 불성과 번뇌의 관계에 대한 신회의 이해는 초기불교적 전통에서 보아도 전혀 다른 이질적인 것은 아니다. 불성은 자연의 능력으로서 본래 텅 빈 진공(眞空)의 바탕[自性體]에 해당되고, 번뇌의 일체법은 대상을 따라 감응하며 묘하게 존재하는 묘유(妙有)의 수연용(隨緣用)에 상응한다. 자각하는 능력으로서의 불성은 그대로 일체의 현상에 감응하는 것이고, 일체의 현상은 불성의 자각을 떠나서 존재하지 않는다. 양자는 동시에[卽] 상호 의존적인 관계[緣起]를 이룬다. 만약 일체법이 자각되는 마음의 측면을 떠나서 존재하고, 자각하는 불성도 일체법을 떠나서 별도로 존재한다면, 이들의 관계에 대한 이해는 중국의 도교적 사유라거나 인도 전통철학과 동일하다고 비판하여도 무방할 것이다.

　신회는 불성 자체[體]의 특성을 설명할 때 공적(空寂), 체(體), 성(性)으로 묘사하고, 그것이 대상에 작용하는 측면[用]을 말할 때는 지(知), 용(用), 견(見) 등의 용어를 사용한다. 그리고 묘유의 작용으로 이해되는 견(見)에 대해서는 주로 반야계열의 경전 등을 인용하여 해석하고, 공적한 불성의 체로 이해되는 성(性)에 대한 해명에서는 주로 여래장 계열의 경전에 의존한다.

『신회어록』에서 경전인용의 빈도를 조사하여 보면,『금강경』이나 『유마경』과 같은 반야 계열이 총 51회이고,『열반경』이나『화엄경』과 같은 여래장 계열이 총 41회가 인용되고 있다.[64] 신회의 반야사상에 대한 경전적인 기초로서『금강경』이나『유마경』에 대한 강조는 이미 학계에 알려진 내용이다. 그렇지만 특히『잡징의』에서『열반경』에 대한 과도한 의존은 불성에 대한 해명과 더불어서 주목되는 측면이다. 불성사상이 결국은 긍정[有]의 철학이라면, 반야사상은 부정[無]의 전통에 기초한 것으로, 서로 간에는 유무의 대립 혹은 모순관계에 놓여 있는 듯이 보인다.

이점에 대해서 이미 앞에서 언급한 바처럼, 신회는 이 양자 간의 갈등을 진공묘유(眞空妙有)의 바탕과 작용의 관계로 통합한다.『현종기』에서는 열반의 진공(眞空)과 반야의 묘유(妙有)로 설명하고,[65] 『단어』에서는 정혜로써 응당 무[應無]인 공적(空寂)의 체를 정(定)으로, 그 공적에 대한 지(知)를 혜(慧)의 관계로[66] 이해한다.『잡징의』에서도 다시 '응무소주(應無所住)의 체에 스스로 본지가 있고, 그 본지(本智)로서 능히 知하며, 항상 현재의 본지가 이생기심(而生其心)이라.'고 하고,[67] 또 '응무소주는 본래 고요한 체이고, 이생기심은 본래 앎의 작용이다.'라고[68] 설명한다. 이것을 지와 견으로 정리하면 아래 표와 같다.

	知[체]	見[용]
『현종기』	眞空	妙有
『단어』	定	慧
『잡징의』	應無所住	而生起心

물론 여기서 본래의 앎[知]이란 바로 부처의 자질로서 불성을 의미한다. 이 본지(本知)가 현재에서 마음을 내는 見이기에, 결국 불성이란 현재 마음을 내는(生心) 견문각지(見聞覺知)의 작용이라고 결론을 내릴수가 있다. 이렇게 〈불성=견문각지〉라면, 반야로서 見은 바로 불성의 작용이고, 자연지(自然智)인 불성은 바로 견의 바탕으로서 知가 된다. 다만 불성이 진공과 관련될 때는 견이란 표현보다는 知란 용어를 사용하고, 현재 번뇌[一切法]의 작용에 대해서는 지보다 見이란 용어를 사용한다는 점이 차이가 있을 뿐이다.

아무튼 신회는 지혜의 작용을 강조하는 견(見)을 더 강조하고, 종밀은 마음바탕의 앎을 중시한 까닭에 지(知)를 더 잘 사용한다. 이 점은 이후 선종사의 중요한 쟁점이 되었다.

2. 견성의 두 단계

견성성불(見性成佛)이란 견성(見性)이 그대로 곧장 성불(成佛)이란 말로, 다른 인위적인 수행의 점차를 상정하지 않는다는 의미가 함축되어 있다. 이때 견성은 문법적으로는 '성을 본다'고 해석된다. 그런데 문제는 견성이 구체적으로 무엇인가 하는 점이다. 일단 신회는 철학적으로 성은 본래적으로 존재하는 자연지(自然智)이고, 타인으로부터 물려받지 않는 무사지(無師智)라고 규정한다.

　그러면 구체적인 실천의 입장에서 볼 때, 이 성(性)을 어떻게 견(見)하는가? 이를테면 북종에서는 '마음을 대상에 머물러 깨끗함을 간(看)한다.'고 신회는 이해한다. 그러면 그 자신이 제안한 방법은 무엇인가? 이점에 대해서 종밀은 '생각이 일어나면 곧 깨닫고[念起卽覺], 깨달으면 곧 없다[覺之卽無]'고 정리하고, 하택종의 '수행하는 묘한 문은 오직 여기에 있다.'고 말한다.[69] 여기서 깨달은 각(覺)은 번뇌에 대한 견(見)의 의미로 해석한다. 이런 신회의 수행론에 대한 종밀의 평가는 정당하다고 본다. 신회는 모든 저술에서 이 점을 언급하고 있다. 다음을 보자.

　㉠ 만약 망이 일어남이 있으면[妄起] 곧 깨달으라[卽覺]. 깨달음이 멸한 즉, 이것이 본성의 무주심(無住心)이다. 유(有)와 무(無)를 함께 보내고 경(境)과 지(智)를 함께 잊는다. 어떤 마음도 내지 않아서 그대로 자성의 보리(菩提)이다.[70]

　㉡ 모든 선지식이여, 배움의 자리에서 생각이 일어나거든[念起] 곧 문득 깨달아 비추라[卽便覺照]. 그러면 일어난 마음이 곧 멸하고[起心卽滅], 각조 역시 저절로 사라진다[覺照自亡]. 바로 이것이 무념(無念)이다. 무념이란 어떤 경계도 없다는 것이요, 경계가 있다면 무념에 상응하지 못한다. 그런 까닭에 모든 선지식이여, 여실한 見이란 깊은 법계를 요달함이며 이것이 곧 일행삼매이다.[71]

이것은 신회가 말하는 견성의 실천양식을 알려주는 중요한 대목으로, ㉠은 『단어』이고, ㉡은 『정시비론』에서 인용한 것이다. 결국 견성의 과정은 두 단계로 나누어서 이해할 수가 있다.

첫 번째 단계는 번뇌가 일어났을 때[妄起, 念起], 그것을 곧 깨달아[卽覺, 卽便覺照] 번뇌가 본래 존재하지 않음을 통찰하는 즉견(卽見)의 단계이다. 이때 번뇌는 곧장 즉견에 의해서 소멸한다. 두 번째 단계는 번뇌가 소멸됨으로써[起心卽滅], 그 대상을 향한 '즉견' 역시 스스로 소멸하는 견멸(見滅)의 단계이다[覺照自亡]. 이렇게 되면, 봄이 없는 그대로가 본성의 무주이고, 무념이 된다. 이것을 정리하여 보면 다음과 같다.

(A) 念起 → 卽見 → 念滅

(B) 　　　　　　　　　念滅 → 見滅 → 無住, 無念

_____

(C) 佛性, 本性

여기에 의하면 (A)의 영역인 번뇌와 즉견은 어둠과 광명처럼 짝을 이루는 상호 의존적이다. 양자는 모두 가립된 존재요, 일시적인 현상에 불과하며 근본적으로 존재하는 것이라고 말할 수 없다[本無]. 번뇌가 있기에 돈오도 존재하고, 번뇌가 없으면 따라서 견멸(見滅)이 된다. 미혹은 돈오에 의존하고 돈오는 미혹에 의존한다. 양자는 제법처럼 연기론적인 관계에 놓여 있다.

이것을 앞장에서 언급한 知와 見에 의해서 이해하면, (A)는 번뇌라는 대상의 존재를 전제한 관계로 즉견이란 바로 대상을 따라서 보는 수연견(隨緣見)에 해당된다. 그러나 (B)의 영역에서 번뇌의 대상이 사라진 관계로 대상이 결여되어 그래서 대상과 짝을 이룬 보는 見도 함께 사라진다. 말하자면 보는 대상이 사라짐에 따라 견도 함께 사라진다.

그리고 이들 두 단계는 불성의 존재에 대한 지(知)에 기초하여 성립된다는 점에서 영역 (C)와 연결된다. 무념이나 무주로 표현되는 불성에 대한 무분별의 知가 없으면, 그 見은 분별에 속하여 결국은 반야(般若)가 될 수 없다. 그러므로 불성은 반야의 결과이고, 반대로 반야는 불성[涅槃]의 원인이 된다. 다시 말하면 반야인 見은 불성의 知에 원인을 제공하고, 반대로 불성의 知는 반야인 見에 의한 결과이다. 그래서 견성에서 見과 性은 체용의 상보적 관계를 가진다. 性은 見에 의해서 이루어지고, 見은 性에 의해서 촉발된다.

그런데 문제는 외형적으로는 번뇌가 생멸의 기반처럼 보이는 (C)의 영역인 본성, 불성을 어떻게 이해할 것인가 하는 것이다. 이것을 번뇌의 생멸의 (A)영역으로부터, 구별되는 영역 (B)로서 독립된 기체(基體)로 이해해야 하는가? 아니면, 생멸하는 어둠과 광명처럼 단지 그것은 허공과 같아서 스스로의 자성을 결여한 것인가?

이점은 매우 미묘한 문제를 가진다. 물론 신회의 불성을 마츠모토 식으로 곧 작용하는 일체법의 기체로 이해할 수도 있다.[72] 그러나 필자는 불성의 부정적인 표현인 무주(無住), 무념(無念), 무상(無相)을 다만 기술적인 용어 그 이상의 의미는 없다고 보고 싶다. 그것은 존재를 진술하는 대상언어가 아니라, 오히려 어떤 대상이 존재한다는 믿음을 철거하는, 존재에 대한 관념을 벗겨내는 이차적인 언어라고 본다. 말하자면 견성에서 성은 무념이고, 무주이고 무상인 관계로 어떠한 '실체론적으로' 이해할 수 없다.

따라서 신회의 수행론에서 봄(見)은 봄이 없는[不見] 봄(見)이요, 닦음(修)은 닦음이 없는 닦음(無修而修)이다. 만약 불성을 실체론적으로 이해하여 별도로 존재한다는 어떤 존재를 기술하는 대상언어로 간주하고, 또 봄(見)을 그 대상을 향한 어떤 분별의 견이라면, 이것은 반야가 아닌 분별의 見에 떨어져서, 수행의 길에서 오류에 빠질 수 밖에 없다.

그런 까닭에 다만 이때의 본다(見)고 하는 것은 '본래 자성의 공적함'[73]을 보는 비판적 통찰이고, '법계를 요달하는' 명상의 활동인 것이다. 더욱이 이 見의 활동이란 다름 아닌 본지(本智)라는 점이다. 그리하여 일단 번뇌가 소멸하면, 자동적으로 불성과 번뇌의 유/무(有/無)에 대한 논의와 인식론적인 대립을 이루는 경(境)과 지(智)가 함께 사라진다. 이때 마음은 '한 물건도 얻을 수 없게' 된다. 그러면 무엇이 남는가?

그것은 바로 일상의 평범한 삶이다. 물론 이것은 분명하게 불성의 작용이고 활동이다. 이것은 '바람이 불고 새가 강물을 차고 오른다'는 일상성을 강조하는 조사선에 다름아니다.

여기서 북종과 비교할 때, 가장 큰 차이점은 불성에 대한 견해보다는, 번뇌의 존재에 관한 문제이다. 남종이나 북종은 모두 '불성'의 존재를 인정하고 출발한 점에서 공통적이다. 다만 북종은 번뇌가 존재하기 때문에 번뇌를 닦아야 한다는 것이고, 남종의 입장은 번뇌는 근본적으로 그 본질이 공(空)한 까닭에, 번뇌를 끊을 필요가 없다는 것이다. 수행의 핵심은 '번뇌를 끊을 수 있는가' 하는 관점이 아니라, '번뇌의 성품을 볼 수 있는가' 하는 문제이다. 만약 번뇌의 성품을 見한다면, 그 즉시로 자성의 공적을 보고, '번뇌를 끊지 않는 채로 열반에 들 뿐이다.' 때문에

쟁점으로 살펴보는 현대 간화선

새삼스럽게 '육바라밀을 닦고 일체의 악을 끊고 일체의 선을 닦기를 권하지 않는다.'[74]

그런데 이점은 전통적인 초기불교와 대승불교의 수행론에 비교하면, 혁명적인 전환이다. 전통적인 관점에서 보면, 번뇌가 존재하고 그래서 육바라밀의 수행은 필요하다. 그러나 이 새로운 수행법에 의하면, 이제 이것은 잘못된 관점이다. 무엇인가 하려는 닦음 자체가 바로 문제가 된다.

신회는 『유마경』을 인용하여, 〈관(觀)이 없음이 바로 보리(菩提)이고, 억념(憶念)이 없는 이것이 자성의 공적심(空寂心)이다〉고 단언한다.[75] 여기서 관(vipassanā)과 억념(sati)은 초기불교와 대승불교에서 중요한 수행법이다. 그러나 이것은 인위적인 내용에 불과하다. 이제 멀리 떠나야할[遠離] 번뇌도 없고, 또한 집중하여 관찰할 어떤 대상도 없다[無一切境界]. 다만 "자성의 공적을 견한 즉, 그대로 행위자와 행위, 그리고 대상이 본래 공적하니, 억지로 관을 일으키지 않는다."[76] 이것이야말로 최상승의 수행법이라고 신회는 말한다. 이런 관점은 제2장에 이어서 다음 장에서 살펴보는 마조의 조사선으로 계승된다.

그렇다면 일상의 견문각지(見聞覺知)는 무엇이란 말인가? 신회에 의하면, 그것은 '번뇌가 아닌, 바로 불성의 작용'이라고 대답한다. 다시 말하면 "응무소주(應無所住)는 본래 고요함[本寂]의 바탕[體]이고, 이생기심(而生其心)은 본래 지혜로운[本智] 작용[用]이다." 다만 수행한다는 "마음의 행위를 짓지 않으면, 스스로 처한 그 자체로 깨달음에 든다."[77] 이것이 그의 설명이다. 그러므로 불성의 '무념을 견한다'고 하는 것은 '부처의 지견(知見)이고', 세계의 '실상'이며, '중도'의 '제일의제(第一義

諦’이다. 해서 “무념을 보는 것은 일체의 법을 능히 생하고, 일체의 법을 능히 거두어 드린다”[78]고 말한다.

결과적으로 신회의 수행론은 체(體)와 용(用)의 양면적 태도를 취한 것으로 평가할 수가 있다. 이것은 하택종의 심성론이 가지는 번뇌[諸法]라는 작용[用]의 측면과 자성이란 바탕[體]의 두 관점이 자연스럽게 표출된 것이다. 이점과 관련해서 종밀도 작용만을 강조하는 홍주종을 비판하면서, 양면을 동시에 강조한 점을 자랑스럽게 인정했다.[79] 신회는 번뇌의 존재를 부정하기 때문에 전통적인 관이나 억념과 같은 인위적인 수행[作意]을 내지 않는다고 말한다. 불성은 본래 존재한 자연 그자체로서 자연지이고 무사지이기 때문이다. 그러면서 그 대안으로 무념에 의한 견을 강조한다. 왜냐하면 번뇌, 혹은 일체 법은 본래 존재하지 않기 때문에, 그것은 보지만 보지 않음이다. 그런데 만약에 대상이 존재한다고 가정하고, 그것을 따라가면서 관찰한다고 한다면, 그것은 인위적인 의지가 작용한 것으로, 참다운 견은 아니라는 입장이다.

그에 의하면 수행은 자연에 속하는 것이어야 한다는 점이다. 이것은 신회의 독창적인 견해로서, 인도적인 요소라기보다는 중국적인 노장사상의 영향을 반영한다. 그러면서 인도적인 수행의 핵심기법인 관(vipassanā)이나 억념(sati)을 인위적인 것으로 배척하는 것은 나중에 조사선을 대표하는 마조가 도를 평상심으로 규정하고, “다만 물들지 말라”고 하는 가르침과 연결된다. 이것은 대상을 본다고 할 때, 참다운 봄[見]은 곧 대상을 봄이 없음[不見]이라고 한 신회의 불성관의 계승이라고 평가할 수가 있겠다.

V. 맺는말

신회는 선종사에서 실로 중요한 위치를 차지한 인물로 평가된다. 그의 가장 중요한 공헌은 오늘날 한국 조계종에 이르기까지 계승되고 있는 '견성성불(見性成佛)'이란 선종의 모토를 확립했다는 데에 있다. 그러나 신회에 대한 평가는 종파적인 입장에 따라 상당한 편견이 물들어져 있다. 사실상 신회에 대한 객관적인 평가는 20세기 들어와서, 돈황에서 선문헌 자료가 새로 발견되면서 결정적인 계기를 마련했다. 이제는 선교일치(教禪一致)의 종밀적 이해나 지해종도(知解宗徒)로 매도하는 송대 선종의 입장을 모두 벗겨내고, 객관적으로 공정한 입장에 서서 신회 그 자체로부터 그의 선사상을 이해할 필요가 있다.

이런 입장에서 보면, 종밀은 신회의 선사상을 '지(知)' 한 글자로 요약했지만, 오히려 『신회어록』에 나타난 신회의 중심과제는 역시 '견(見)'의 문제였다. 신회에게 見은 사물의 본질을 꿰뚫는 반야로서 이해된다. 이것은 다시 자성(自性)의 견과 수연(隨緣)의 견으로 분류할 수가 있다. 자성의 견은 무주(無住), 무념(無念), 무상(無相)의 견으로서 대상으로서 물건의 존재나 외적인 인연에 관계없이 항상 보는 견(見)이다. 그러나 수연(隨緣)의 견은 대상에 감응하는 작용을 의미한다. 이때 대상에 감응하는 근본적인 앎을 신회는 지(知)라고 부른다. 그래서 지는 바로 불성의 존재에 대한 앎으로 이해되고, 견은 현실 속에서 불성의 작용을 드러냄으로 이해된다. 이 양자는 체/용(體/用), 진공/묘유(眞空/妙有)의 관계에 놓여 있다. 그래서 화엄교학에 중심을 둔 종밀이 신회의 '見'을 단지 '知' 한 글자로 요약한 것은 바탕으로서 체의 측면을 강조한 것이기에, 그 작용적 측면을 소홀하게 한 결과를 가지고 왔다고 본다.

견성에서 신회의 성(性)은 도가의 도(道)와 비교해 볼 때, 사물이 발생하는 근본 원인의 의미로는 해석되지 않는다. 그렇기 때문에 신회가 불성을 본유(本有), 자성(自性), 본지(本智)라고 표현을 하여도, 철학적인 측면에서 일체법(一切法)을 생성하는 마츠모토식의 기체(基體)로까지 해석되지는 않는다. 한편 번뇌는 본래 존재하지 않지만[本無] 현재에 존재하는 것[今有]으로 규정되는데, 사실은 그 실체가 없기 때문에, 북종의 수행론처럼 현실의 번뇌로부터 떠남의 관점를 갖지 않는다. 번뇌에 대해서 끊을 것인가 하는 문제가 중요한 것이 아니라, 번뇌의 본질을 통찰[見]하는 것이 중요하다.

그렇기 때문에 신회의 수행론에서 중요한 요점은 본래 없지만, 현재에 존재하는[本無今有] 번뇌를 돈견(頓見 혹은 卽得)하는 것일 뿐이다. 이런 신회의 돈오선법(頓悟禪法)은 두 단계로 나누어서 볼 수 있다. 첫째는 생각이 일어나면, 곧 견하는 즉견(卽見)의 단계이고, 두 번째는 즉견(卽見)하여 번뇌가 소멸하면, 곧장 見 역시 멸하는 견멸(見滅)의 단계이다. 그래서 번뇌를 인위적으로 끊지 않는 채로 열반에 들어간다는 것이다. 그러므로 신회는 불성을 무주(無住), 무념(無念), 무상(無相)으로 이해하는데, 이것은 자연을 강조하는 노장사상의 반영으로 평가할 만하다. 다시 말하면 이들 용어는 자연스럽지 못한 관념적인 대상을 벗겨내는

쟁점으로 살펴보는 현대 간화선

이차적인 메타언어로 이해된다. 성품을 본다는 견성은 결코 어떤 대상을 본다는 의미이기보다는 대상을 보지 않음으로써 본다는 의미가 더 정확한 표현일 것이다. 그래서 신회의 '見'은 존재에 대한 '知'가 아니라, 존재의 현현 혹은 본지(本智)의 활동[見]으로 규정된다.

　　이런 점에서 신회의 선사상에서 핵심되는 과제는 知보다는 작용이 강조되는 見에 있다. 하지만 종밀은 하택종의 정체성을 유독 知 한 글자에 한정시키고 見의 의미를 제외시킴으로써, 이후 신회에 대한 평가에 지대한 영향을 미쳤다. 송대 선종사에서 신회를 지해종도라고 평가하는 것이 종밀의 오해로부터 비롯된 것이라면, 그리고 지(知)에 대한 잘못된 송대 선종의 종파적 이해라면, 우리는 선대의 편견에서 벗어나 이제라도 객관적으로 이해해야 한다고 본다. 그래야 선종사는 객관성을 확보하게 되고, 역사적인 편견에서 벗어나서 선사상의 현실적인 토대를 마련하게 될 것이기 때문이다.

* 이 논문은 「보조사상18」(2002), '견성에 관한 하택신회의 해명'을 보완하여 여기에 게재한다.

1　石井修道(1994), 南宗禪の頓悟思想の展開-荷澤神會から洪州宗へ, 『禅文化研究所紀要』, p.108.

2　胡適(民國57年), 『神會和尙遺集』(台北市, 胡適紀念館).

3　關口眞大(1965), 『禪宗思想史』(東京: 山喜房), p.134.

4　혹자는 혜능을 역사적으로 실존한 인물이 아니라 하택신회 계열에서 창조한 인물로 보기도 한다.

5　인경(2000), 『몽산덕이와 고려후기 간화선사상 연구』, 불일출판사. 돈황본 『단경』에 의하면 당대의 선종에서 하택신회는 혜능의 전법제자였다. 그러나 송대 이후에 하택신회는 혜능의 법을 계승하지 못한 지해종도로 평가되기 시작한다. 이점을 덕이본 『단경』이 잘 보여주고 있다.

6　정성본(1991), 『중국선종의 성립사연구』, (서울: 민족사), p.726.

7　『神會語錄』에 대한 역주 작업이 여러 그룹에서 이루어지고 있는 것으로 알고 있다. 이점은 神會에 대한 새로운 평가를 위해서 매우 고무적인 일이라고 여겨진다.

8　이것에 관한 상세한 정보는 楊曾文이 교감한 『神會和尙禪話錄』(北京, 中華書局出版, 1996年)의 각 어록의 서문에서 상세하게 기술하고, 또 본문에서 판별로 대조하여 상세하게 교감하고 있다. 이하 본고의 인용 페이지 역시 楊曾文本을 기준으로 하고 있다.

9　이점을 中國 初期禪宗 研究에 선구적인 역할을 한 胡適과 鈴木大拙를 비롯한 柳田聖山, 楊曾文 등 대부분의 연구자들은 언급하고 있다. 이점은 바로 神會의 평가와 직결된 부분이지만, 唐代에서도 이미 신회의 공적으로 돌리고 있다.

10　鄭性本(1999), 「禪宗의 印可證明 研究」, 『佛敎學報』第36輯, (동국대학교 불교문화연구원).

11　이점은 주로 敦煌本 『壇經』의 편자와 관련된 논의가 중심을 이루고 있다. 胡適은 敦煌本은 신회와 그 제자들에 의해서 편집되었다는 견해를 가진다(胡適, 『神會和尙遺集』, p.75). 그렇지만 鈴木大拙, 특히 柳田聖山은 『壇經』은 牛頭宗系의 원본이 法海와 神會에 의해서 윤색되었다고 본다(柳田聖山, 『初期禪宗史書の研究』p.191.). 마지막으로 楊曾文은 『壇經』을 법해에 의해서 집기된 祖本, 神會에 의해서 윤색된 敦煌原本을 구별하여 법해가 편집했다고 한다(楊曾文(1993), 『敦煌新本六祖壇經』, 上海: 古籍出版社, pp276-284).

12　神會의 중심사상을 般若로 보고, 이것이 '無住', '無念', '無相'으로 표현됨을 밝히는 연구가 최근 동시에 발표된 바가 있다. 唯眞(2001.11), 「『神會語錄』상에 나타난 般若사상과 佛性사상」, 한국불교학회와 김진무(2001.11), 「神會의 禪思想에 나타난 般若에 관한 고찰」, 한국선학회를 참고바람.

13　宗密, 『禪源諸詮集都序』(大正藏48, 402-403), "諸法如夢 諸聖同說 故妄念本寂塵境本空 空寂之心靈知不昧 卽此空寂之知 是汝眞性. 任迷任悟 心本自知 不藉緣生 不因境起 知之一字衆

妙之門 由無始迷之故 妄執身心爲我 起我貪嗔等念."

14 宗密, 『中華傳心地禪門師資承襲圖』(卍續藏110, p. 891), "荷澤宗者 尤難言述 是釋迦降出 達磨 遠來之本意也 …(中略)… 此空寂寂知 是前達磨所傳空寂心也."

15 신회를 지해종도로 비판한 것은 당말에 활동한 法眼文益(885-958)인데, 『聯燈會要』卷2, 六祖 慧能章에는 "吾有一物 無頭無尾 無名無字 無背無面 諸人還識麽. 神會出日 是諸佛之本源 神會之佛性 師打一棒日 向汝道 無名無字 汝便喚作本源佛性 汝向去有把茆蓋頭 也只成箇 知解宗徒"라고 말하고 있다. 덕이본 『단경』에서는 이것을 그대로 취하고 있다.

16 印鏡(2000), 『蒙山德異와 高麗後期 禪思想 硏究』, 서울: 불일출판사, pp.158 -177.

17 『大慧普覺禪師普說』(大正藏47, 879b), "南泉道不屬知 不屬不知 圭峰謂之靈知 荷澤謂之知之 一字衆妙之門 黃龍死心云 知之一字衆禍之門."

18 『大方廣佛華嚴經疏』(대정장36, 612b-c), "八知卽心體之別卽非眞知 故非識所識. 瞥起亦非眞知 故非心境界 心體離念卽非有念可無 故云性本淸淨 衆生等有或醫而不知 故佛開示皆令悟入 卽體之用故間之以知 卽用之體故答以性淨 知之一字衆妙之門 若能虛己而會便契佛境."

19 鎌田茂雄,(1965), 『中國華嚴思想史硏究』, (東京大學出版會), pp.484 -487. 징관의 선관은 南北 宗에 대해서 비판적인 입장이라면, 空宗을 대표하는 우두종에 대해서는 긍정적인 입장을 취 하였다. 이것은 아마도 돈교를 선종으로 이해하는 징관의 교판론과 관련된다.

20 『大方廣佛華嚴經隨疏演義鈔』(大正藏36, 261-262), "疏. 卽體之用故間之以知下 會違謂前間問 知 今答性淨都無知言 何以會通 故爲此會故, 水南善知識云 卽體之用名知 卽用之體爲寂 如 卽燈之時卽是光 卽光之時卽是燈 燈爲體光爲用 無二而二也 知之一字衆妙之門 亦是水南 之言也 若能虛已下勸修 卽可以神會 難可以事求也 能如是會便唯空識而已 於我有分也."

21 印鏡(2001), 「宋代 禪宗의 宗密批判」『韓國禪學』제3집.

22 이점은 보조국사의 『節要私記』(普照法語, p.103)와 서산대사의 『禪家龜鑑』(『韓佛全』7, pp634下 -635上)에서 직접 찾아볼 수가 있다. 전자가 시대가 神會를 知解가 高明하다고 긍정적인 평가 를 한 반면에, 후자는 神會를 懷讓과 대조하여 知解의 宗徒로 고착시킨다.

23 현대의 신회에 대한 평가는 송대 선종의 인식을 그대로 답습하고 있다. 그 대표적인 경우가 성 철의 『선문정로』와 『한국의 법맥』 등이다.

24 胡適, 『神會和尙遺集』, p.90.

25 關口眞大(1965), 『禪宗思想史』(東京: 山喜房), p.134.

26 神會, 『菩提達摩南宗定是非論』, 앞의 책, p.26, "見在道俗總聽 神會意欲得法師重問見 神會 三十餘年 所學功夫唯在'見'字 法師向來問見 未稱神會意 神會答法師見 亦未盡情 更欲得法 師重問'見'字."

27 胡適, 『神會和尙遺集』, pp281-282.

28 宗密, 앞의 책, p.866.

29 『景德傳燈錄』, (大正藏, 53上).

30 印順의 『中國禪宗史』(대만 1983, p.284)에 의하면, 神會는 慧能을 참문한 이후로 잠시 북쪽 지역

을 행각하고, 다시 曹溪로 되돌아 왔다. 이때는 '神會遇師於晚景 聞道於中年'에서 景은 景龍
으로 中年은 沖年으로 보고, 이때를 32세 전후가 된다고 본다. 그러나 柳田聖山의 『初期禪宗
史史書の硏究』(禪文化硏究所, 昭和41년, p.274)에 따르면, 神會의 나이 38세 전후로 본다.

31 德異本『壇經』(大正藏 359中), "有一童子 名神會 襄陽高氏子 年十三 自玉泉來參禮 師曰 知識
遠來艱辛 還將得本來否 若有本則合識主 試說看 會曰 以無住爲本 見卽是主 師曰 這沙彌
爭合取次語."

32 敦煌本『壇經』(大正藏 343上), 又有一僧 名神會 南陽人也 至漕溪山禮拜 問言 和尙坐禪見亦
不見 大師起把打神會三下 卻問神會 吾打汝痛不痛 神會答言 亦痛亦不痛 六祖言曰 吾亦見
亦不見 神會又問 大師何以亦見亦不見 大師言 吾亦見常見自過患故 云亦見亦不見者 不見天
地人過罪 所以亦見亦不也°汝亦痛亦不痛如何 神會答曰 若不痛卽同無情木石 若痛卽同凡
卽起於恨 大師言°神會向前見不見是兩邊 痛是生滅 汝自性旦不見 敢來弄人禮拜 禮拜更不
言°大師言 汝心迷不見 問善知識覓路 以心悟自見 依法修行 汝自名不見自心 卻來問惠能見
否 吾不自知 代汝迷不得 汝若自見 代得吾迷 何不自修 問吾見否 神會作禮°便爲門人 不離
漕溪山中 常在左右°

33 德異本(宗寶本)『壇經』(위의 책, 359中), 一日 師告衆曰 吾有一物 無頭無尾 無名無字 無背無面
諸人還識否 神會出曰 是諸佛之本源 神會之佛性 師曰 向汝道 無名無字 汝便喚作本源佛性
汝向去有把茆蓋頭 也只成箇知解宗徒 祖師滅後 會入京洛 大弘曹溪頓敎 著顯宗記 盛行于
世( ).

34 敦煌本『壇經』(위의 책, p.) 이것은 바로 神會를 염두에 둔 발언이다. 혜능이 입적한 해가 713년
이고, 神會가 北宗을 공격한 滑臺의 對論이 있었던 해가 734년(개원 22년)이기 때문이다.

35 필자는 禪學을 '마음의 해석학'으로 규정하고, 그것은 텍스트에 대한 체계와 구조를 발견하는
해석자의 권한 확대나 회복으로 기술한 바가 있다. 印鏡(2002), 「마음의 해석학 - 보조선의 체
계와 구조」, 이덕진 편저, 『한국의 사상가- 지눌』, (예문서원), pp.166-215.

36 아함경(대정장2, 139c), "精勤方便 正念正知 如是調伏 世間貪憂."

37 위의 책, p.143c, "於此五欲功德 離貪·恚·癡 安住正念正知 乘於直道."

38 『定是非論』, 앞의 책, p.29.

39 『定是非論』, 앞의 책, p.26, "崇遠亦欲得重問禪師 見爲是眼見 爲是耳見 爲是鼻見 爲是身見,
爲是心見 和尙答見無如許種."

40 위의 책, "遠法師言 禪師應同離空見 和尙言法師莫謗大乘 經論說虛空無見 遠法師言虛空作
勿得無見 和尙言致使不言見."

41 『雜徵義』, 앞의 책, p.69, "見無物 卽是眞見 常見."

42 위의 책, "今言照者 不言對與不對 俱常照."

43 위의 책, "今言照者 以鏡明故 有自性照 若以衆生心淨 自然有大智慧光 照無餘世界."

44 『頓悟無生般若頌』, 앞의 책, p.50, "見卽直見無生."

45 『雜徵義』, 앞의 책, p.83, "今言見者 本無生滅."

쟁점으로 살펴보는 현대 간화선

46 위의 책, p.101, "坐念不起爲坐 見本性爲禪."

47 승습도, 卍續藏經, p.874.

48 『壇語』, 앞의 책, p.12, "知識 自身中有佛性 未能了了見 何以故 喩如此處 各各思量家中住宅
衣服 臥具 及一切等物 具知有 更不生疑 此名爲知 不名爲見, 若行到宅中 見如上所說之物
卽名爲見 不名爲知 今所覺者 具依他說 知身中有佛性 未能了了見."

49 위의 책, p.10, "若眼見色 善分別一切色 不隨分別起 色中得自在 色中得解脫色塵三昧足."

50 위의 책, p.12, "但不作意 心無有起 是眞無念 畢竟見不離知 知不離見."

51 이점은 참된성품(眞性)과 육체를 구별하는 身心二元論으로 해석할 소지가 있다. 이점에 대해
서 특히 慧忠國師는 후대에 『壇經』改換의 문제로 비판하기도 했다. 그러나 慧忠國師의 비판
은 敦煌本보다는 惠昕本을 염두에 둔 것이고, 後代에 慧忠國師의 입을 빌려서 첨가한 내용이
라는 연구가 있다(鄭性本, 『六祖壇經의 成立과 諸問題』, 김지견편(1989) 『六祖壇經의 世界』, 민족사).

52 『顯宗記』, 앞의 책, p.52. "妙有卽摩訶般若 眞空卽淸淨涅槃 般若是涅槃之因 涅槃是般若之
果 般若無見 能見涅槃 涅槃無生 能生般若...(中略)...知卽知心空寂 見卽見性無生 知見分明不
一不異."

53 PTS's Pali-English Dictionary, ed., R.Davids and W.stede, p.255.

54 위의 책, p.222.

55 高崎直道, 「華嚴教學과 如來藏思想」; 元旭編譯(1998), 『華嚴思想論』(서울: 雲舟社). p.172. 실제
로 필자의 불성에 대한 세 가지의 정리는 이 논문에 크게 의지했다.

56 印鏡(2002.2), 「看話決疑論의 華嚴教學的 批判」 『普照思想』15, pp.52-56. 이점은 일본에서 시
작된 비판이다. 일본에서 松本史朗의 『緣起と空-如來藏思想批判』(大臟出版, 1989)와 『禪思想
の批判的研究』(大臟出版, 1994), 袴谷憲昭의 『本覺思想批判』(大臟出版, 1989)이 출간되었다. 이
점에 대한 국내의 학문적인 검토는 논문집 『비판불교의 파라독스』(고려대장경연구소, 2000)에서
다루고 있다.

57 『大涅槃經』(大正藏7, 422下), "本有今無 本無今有 三世有法 無有是處."

58 『雜徵義』, 앞의 책, p.60, "據涅槃經義 本有者 本有佛性 今無者 今無佛性."

59 위의 책, "今言無佛性者 爲被煩惱蓋覆不見."

60 위의 책, "本無今有者 本無者本無煩惱 今有者今日具有煩惱 縱使恒沙大劫煩惱 亦是今有."

61 위의 책, "所謂佛性不繼於三世...(中略)...佛性體常故非是生滅法."

62 『雜徵義』, 앞의 책, 117-118, "問佛性是自然 無明復從何生...(中略)...無明若爲自然 答無明與佛
性 俱是自然而生 無明依佛性 佛性依無明 兩相依 有則一時有 覺了者卽佛性 不覺了卽無明
涅槃經云...(中略)...金卽喩於佛性 礦卽喩於煩惱 煩惱與佛性 一時而有...(中略)...問若無明自然
者 莫不同於外道自然耶 答道家自然同 見解有別 問若爲別 答如釋門中 佛性與無明俱自然
何以故 一切萬法皆依佛性力故 所以一切法皆屬自然 如道家自然 道生一 一生二 二生三 三
生萬物 從一以下 萬物皆是自然 因此見解不同".

63 위의 책, p.95, "衆生本有無師智 自然智 衆生承自然智得成於佛."

64 『神會語錄』의 저술 속에서 '직접' 인용된 경전과 論書를 조사해 보면 다음과 같다. 『壇語』에서는 般若經 4회, 維摩經 9회, 菩薩經 1회, 涅槃經 4회, 華嚴經 2회 인용하고 있으며, 『宗正是非論』에서는 般若經 7회, 金剛經 13회, 維摩經 2회, 法華經 2회, 涅槃經 4회, 禪經 1회 인용하고 있고, 『雜徵義』에서는 般若經 4회, 金剛經 8회, 維摩經 3회, 大智度論 1회, 涅槃經 24회, 法華經 2회, 華嚴經 1회, 楞伽經 1회, 金剛三昧經 1회 인용하고 있다.

65 『顯宗記』, p.52, "妙有卽摩訶般若 眞空卽淸淨涅槃."

66 『壇語』, p.9, "無住是寂靜 寂靜體卽名爲定 從體上有自然智 能知本寂靜體 名爲慧."

67 『雜徵義』, 위의 책, p.75, "無住體上 自有本智 以本智能知 常今本智而生其心".

68 『雜徵義』, p.119, "應無所住 本寂之體 而生其心 本智之用."

69 『都序』, 앞의 책, p.403, "若得善友開示 頓悟空寂之知 知且無念無形 誰爲我相人相 覺諸相空 心自無念, 念起卽覺 覺之卽無 修行妙門唯在此也°故雖備修萬行 唯以無念爲宗 但得無念知見 則愛惡自然淡泊 悲智自然增明 罪業自然斷除 功行自然增進 旣了諸相非相 自然無修之修 煩惱盡時生死卽絶 生滅滅已°寂照現前應用無窮 名之爲佛."

70 『壇語』, 앞의 책, p.13, "若有妄起 卽覺覺滅 卽是本性無住心 有無雙遣 境智俱亡 莫作意 卽自性菩提."

71 『定是非論』, 앞의 책, p.39, "諸知識 若在學地者 心若有念起 卽便覺照 起心卽滅 覺照自亡 卽是無念 是無念者 卽無一境界 如有一境界者 卽與無念不相應 故諸知識 如實見者 了達甚深法界 卽是一行三昧."

72 宋本史朗(1994), 『禪思想の批判的硏究』(東京, 大藏出版), pp.173-181. 그는 여기서 神會의 無念이나 無住를 작용하는 一切法의 基體로서 이해한다. 이런 신회의 해석은 바로 『起信論』의 始覺과 本覺에 기초한다고 말한다.

73 『雜徵義』, 앞의 책, p.67.

74 위의 책, p.61, "指煩惱性 卽是涅槃 不應勸衆生具修六波羅密 斷一切惡 修一切善."

75 『壇語』, 앞의 책, p.9, "經云 不觀是菩提 無憶念故 卽是自性空寂心."

76 『雜徵義』, 위의 책, p.67, "最上乘者 但見本自性空寂 卽知三事本來自性空 更不復起觀."

77 위의 책, p.119, "但莫作意 自當悟入."

78 위의 책, p.74, "能見無念者 六根無染 見無念者 得向佛智 見無念者 名爲實相 見無念者 中道第一義諦 見無念者 恒沙功德 一時等備 見無念者 能生一切法 見無念者 卽攝一切法."

79 宗密, 『承襲圖』, 앞의 책, p.874.

쟁점으로 살펴보는 현대 간화선

제5장

마조의 평상심시도

너와 내가 서로 다르지 않다.
서로를 방해하지 않는다.

- 구산(九山) 선사

I. 주요 쟁점[*1]

앞장에서 신회의 견성사상이 조사선 형성에 중요한 역할을 했음을 말했다. 그런데 조사선의 대표적인 언구는 '평상심시도(平常心是道)'란 용어이다. 이 용어는 평상의 마음이 그대로 도인 까닭에 다른 곳에서 진리를 찾지 말라는 메시지이다. 그러나 이 용어를 비판적으로 보면 갈등하고 경쟁하는 번뇌의 세속적인 삶을 그대로 모두 진리라고 주장하는 것이 되어서 문제가 된다. 보통 종교적 진리는 현실적인 일상의 경험과는 구분되는 특별한 무엇으로 정의하곤 한다. 그런데 평상심시도는 현실적 경험이 그대로가 모두 진리라고 주장함으로써 기존의 통념과 대립되면서 논쟁이 된다.

이런 점에서 종밀(780-841)은 현실을 그대로 긍정하는 마조(709-788)의 홍주종을 비판한다. 현실을 그대로 진리라고 인정하는 일은 진리관이나 실천론의 입장에서 모두 합당하지 못한 위험한 일이라고 본 것이다. 논쟁의 중심에는 '마조의 평상심을 어떻게 이해할 것인가?' 하는 문제가 놓여 있다. 역사적으로 보아도, 평상심시도에 대한 잘못된 이해로 오해하거나 왜곡하는 경우가 종종 있다. 같은 맥락에서 또 평상심시도(平常心是道)라는 언구가 선가에서 막행막식의 정당화나 합리화를 가능하게 했다는 주장도 있다.

현대에서 마조와 종밀과 관련된 선행연구를 살펴보면, 종밀의 직접적인 비판에 대응하여 마조의 입장에 서서 대응한 경우는 없다. 첫 번째로 먼저 종밀의 비판적 관점에 중심을 두고 서로 비교할 목적으로 마조의 평상심을 거론한 경우이다. 이를테면 鎌田茂雄,『宗密教學の思想史的研究』[2] 이후로 진행된 鄭性本,『中國禪宗의 成立史硏究』[3], 신명희,「규봉종밀의 홍주종비판」[4], 박인석,「종밀의 '知' 사상의 문헌적 기원과 사상적 전개 : 寂知의 體用觀을 중심으로」[5], 마해륜의 「작용즉성(作用卽性) 비판으로서의 무심(無心)」[6], 신규탁,『규봉종밀과 법성교학』[7] 등이 있다. 이들은 종밀의 사상에 초점을 맞추고 있다. 그러나 마조의 선사상과 직접적으로 비교하거나 언급하지 않는다.

　　두 번째는 마조의 선사상을 밝히는 논문들이 있는데, 이들은 직접적으로 평상심을 다룬다.[8] 예를 들면, 차차석의 「마조의 선사상에 나타난 논리체계와 지향점 탐색」[9], 조준호의 「평상심(平常心)과 도(道) : 욕망의 질적 전환을 통한 삶의 대긍정」[10] 등이 있다. 하지만 이들은 반대로 마조의 선사상을 그 자체로 드러내는데 목적이 있는 까닭에 종밀의 비판과 관련된 부분은 직접적으로 다루지 않고 있다.

　　셋째는 마조와 종밀의 사상을 비교하는 논문이 있다. 대표적으로 김경숙의 「하택종(荷澤宗)과 홍주종(洪州宗)의 상이점 연구」[11]와 인경의 「송대(宋代) 임제종(臨濟宗)에서의 종밀(宗密) 비판(批判) ─ 종밀(宗密)에 대한 각범(覺範)의 비판을 중심으로」[12]가 있다. 이들 논문은 양자의 상이점을 비교한 점에서 본고와 가장 근접한 주제의식을 보여주고 있다. 김경숙의 논문은 진성과 일심의 관점, 본체와 작용, 지와 영각, 미오와 선악의 차이점 등을 비교하고 있다. 그러나 마조의 입장에서 종밀의 비판을 상세하게 검토하지 않고, 양자를 균등한 관점에서 비교 검토한다. 반면에 후자의 논문은 종밀의 비판을 직접 다루고 있다. 여기서는 송나라 임제종 황룡파의 관점에서 종밀에 대한 비판을 잘 보여주고 있으나, 『마조어록』에 근거해서 직접적으로 종밀의 비판을 검증하는 데 초점이 맞추어져 있지는 않다.

한편으로 불교 외부적 시각으로 진리관이나 수증론과 달리 평상심시도와 관련된 윤리적인 관점에서 진행된 연구들이 있다. 평삼심이 그대로 진리라면 일상의 삶에서 윤리적인 기준을 세우는데 문제가 된다는 비판이다. 이런 관점 역시 홍주종에 대한 종밀의 비판과 맥락을 같이 하는데, 유학과 불교의 교섭이라는 관점에 중점을 둔다. 여기에는 윤영해의 『주자의 선불교비판』[13], 박찬영의 「宗密과 朱熹의 사유구조의 유사성 – 심성론을 중심으로」[14] 등이 있다. 이들의 시각은 마조 홍주종의 '평상심시도'의 사상을 직접적으로 비판한다.

이상으로 기존의 연구결과를 검토해 볼 때, 그리고 신라말에 국내에 전승된 선사상이 마조의 홍주종이 주류였던 사실을 상기하면, 중요한 영역임에도 홍주종 마조의 입장에서 종밀의 비판을 검토하는 연구가 뜻밖에도 없다. 종밀은 당나라 시대를 대표하는 논사이다보니, 그의 시각에 의존해서 사유하는 경향이 있다. 우리는 '종밀'을 통한 마조의 이해가 아니라, 철저하게 『강서마조선사어록(江西馬祖禪師語錄)』(이하 『마조어록』으로 약칭함)에 '근거하여' 평상심시도를 이해할 필요가 있다. 구체적으로는 평상심을 어떻게 이해할지에 대한 진리관, 어떻게 실천할지의 실천론과 더불어서 윤리적인 문제에서 '종밀의 비판은 정당한지?'를 비판적으로 검토할 필요가 있다. 이것은 내부적으로는 종교적 진리와 실천에 관한 마조와 종밀의 관점의 대립이지만, 넓게 보면 '현실을 그대로 긍정할 것인가?' 아니면 '현실을 부정하면서 어떤 기준점을 세울 것인가?' 하는 종교적 진리의 정합성과 관련된 문제를 함축한다.

　　마지막으로 언급하고자 하는 문제는『마조어록』에 대한 문헌 비판적 고찰이다. 이 부분은 야나기다 세이잔(柳田聖山)의『語錄の歷史』에서 매우 상세하고 구체적으로 다루고 있기에 여기서는 생략하기로 한다. 야나기다에 의하면『마조어록』은『사가어록(四家語錄)』에 포함된 일부로서 송나라 초기(1066년경)에 부흥한 임제종 황룡파에 의해서 자신의 종파적 입장을 변호할 목적으로 제작되었고, 현존하는『사가어록』은 명나라 때에 재편집되었다[15]고 한다. 이런 관계로 송나라에서 종밀의 화엄종에 대한 비판적 분위기가 있었기 때문에, 이런 시대적 사조가『마조어록』에도 반영될 가능성은 있지만, 현재로서는 추측할 뿐 구체적인 증거는 확인할 수 없다. 일단 현존하는『마조어록』에 나타난 사상을 중시하고, 그것을 기준으로 살펴볼 수밖에 없다고 본다.

II. 진리관, 일심(一心)에 대한 해석

1. 종밀의 비판

평상의 마음이 그대로 도라고 할 때, 평상심이란 어떤 마음일까? 종밀은 화내고 성내는 마음을 평상심이라고 이해한다. 과연 이것은 정당한 해석인가? 평상심의 문제는 종교적인 불성의 작용과 연결된다. 진리가 일상의 삶과 별개로 존재한다면, 우리 일상의 삶은 무엇이 되는

중국 홍주 지역
마조가 활동한 지역으로 수자원이 매우 풍부하여 농업이 발달한 지역이다. 직접적인 농경문화에 개입은 평상심시도 조사선의 배경이 된다. 위는 마조진영과 홍수가 관리되면서 도시화된 현대의 홍주지역이다.

가? 반대로 일상의 삶 자체가 그대로 종교적 진리라면, 번뇌로 가득한 일상도 그대로 진리가 되는 모순이 발생된다. 이런 종교성, 혹은 진리관의 확립에 대한 시각 차이가 마조와 종밀의 갈등이다. 마조의 '평상심시도'란 바로 일상의 평범한 삶이 그대로 진리라는 주장이다. 그런데 종밀은 그렇다면, 세속적인 일상의 삶도 그대로 진리일 수 있는가? 반문한다. 마조의 평상심시도에 대한 종밀의 이해는 이렇다.

> (홍주종은 마조 도일을 말하는데,) 마음이 일어나고 생각이 움직이고, 손가락을 튕기고 눈을 움직이고 행위를 짓는 모든 행위가 그대로 불성의 전체 작용[全體之用]이다. 또 다른 별도의 작용이 없으며, 탐욕과 성냄과 어리석음, 선을 행하고 악을 행하고, 즐거움을 받고 고통을 받는 이 전체가 모두 불성이다.[16]

종밀은 『중화전심지선문사자승습도(中華傳心地禪門師資承襲圖)』(이하 『승습도』로 약칭함)에서 마조가 말하는 평상심을 마음의 '전체작용'으로 보고, 그곳에는 모든 행위로서 중생의 번뇌[妄心]까지 포함한 전체라고 말한다. 구체적으로 마조는 선악은 물론 탐욕과 성냄 그리고 어리석음, 즐거움과 고통받는 모든 것들을 불성으로 본다는 것이다.

또한 종밀은 『대승기신론』에 나타난 일심(一心)의 진여(眞如)와 생멸(生滅) 이문(二門)에 근거하여 평상심시도를 비판한다. 법(法)에는 변하지 않는 불변(不變)과 인연을 따르는 수연(隨緣)의 의미가 있다. 그런데 마조의 홍주종은 불변의 진여심(眞如心)보다는 수연 곧 생멸심(生滅心)의 작용적인 측면만을 강조한다고 비판한다.[17]

2. 종밀 이해에 대한 비판적 검토

　실제로 『마조어록』을 보면 일상의 삶이 그대로 진리가 드러남을 자주 말한다. 별도의 다른 곳에서 진리를 찾을 수 없음을 반복하여 강조한다.

　처한 자리를 떠나서 참된 자리가 별도로 있는 것이 아니라, 처한 자리가 바로 진이다. 모두가 바로 자기의 체(體)이다. 그렇지 않다면 그는 어떤 사람인가? 일체 모두가 불법이고, 모든 법이 그대로 해탈이다. 해탈이 바로 진여이다. 모든 법이 진여를 벗어나지 않는다.[18]

　다른 장소가 아닌, 현재 내가 '처한 그 자리가 바로 진리[立處卽眞]'이다. 별도로 다른 곳에서 진리를 찾을 수가 없다. '일체가 불법이고[一切法是佛法] 모든 법이 그대로 해탈이다.' 이것은 대긍정이다. '모든 법이 진여를 벗어나지 않는다[諸法不出於眞如]'. 그렇기에 바로 일상의 평상심이 그대로 도이고 진이다.

　반면에 종밀의 주장은 일상의 '모든' 행위를 진리라고 한다면, 번뇌도 그대로 진리가 되어 모순이 되지 않는가 하는 반론이다. 종밀은 『기신론』에 근거하여 일심에는 진여심(眞如心)과 생멸심(生滅心)이 있는데 홍주종은 이들 양자를 모두 '평상심(平常心)'에 포함하는 오류를 범하고 있다고 본다. 그렇다면 마조는 『기신론』의 생멸심과 진여심을 어떻게 이해하고 있을까?

'심진여'란 밝은 거울에 대상이 비추어지는 것과 같다. 거울은 마음에 대한 비유이고 비친 이미지는 모든 법에 비유된다. 만약 마음이 대상을 취하게 된다면, 곧 바깥 인연에 이끌린 것이다. 이것이 심생멸의 의미이다. (반면에) 모든 법을 취하지 않으면, 곧 이것이 진여의 의미이다.[19]

위 마조법문의 요점은 이렇다. 여기에 일심이 있다. 대상에 이끌리면 심생멸이 되고, 반대로 대상을 취하지 않으면 심진여가 된다. 현대 심리학적 용어로 보면, 대상에 이끌리거나 취하는 현상은 '동일시 (Identification)'이다. 대상과 동일시가 되면 마음은 생멸이 생겨난다. 여기에 따르면 마조는 생멸문과 진여문을 뒤섞지 않고 분명하게 구분하고 있다. 종밀의 비판과 다르다. 마조는 생멸문과 진여문을 모두 포함하는 의미로서, '전체작용'이란 용어를 사용하지 않고 있다. 물론 그렇지만 일상의 모든 행위가 그대로 진리라는 주장은 홍주종의 특징임이 분명하다. 우리들의 상식에서는 평상의 마음이란 일상에서 느끼고 경험하는 모든 마음을 총칭하는 것으로 '이해'가 된다. 그래서 평상심의 외적 범주에는 성내고 탐욕을 일으키는 모든 마음이 포함되어 있다. 이런 관점에서 보면, 종밀의 비판은 정당한 측면이 있다.

그런데 문제는 마조가 말하는 '평상심'과 종밀이 말하는 그것과 똑같을까? 하는 점이다. 종밀은 마조가 평상심에 대해서 탐욕도 불성의 작용이라고 말하고, 성냄도 불성의 작용이라 말하고, 어리석음도 불성의 작용이라고 말한다고 주장한다. 왜냐하면 일체의 차별행위가 그대로 성품의 작용이고 그것은 곧 불성이기 때문에 그렇다는 것이다. 그래서 여기서 종밀의 견해가 아닌, 『마조어록』에 근거하여 평상심의 의미를 살펴보는 게 필요하다. 마조의 의견을 경청하지 않고 일방적으로 종밀의 의견만을 듣는 일은 부당하기 때문이다.

평상심이 도이다. 무엇이 평상심인가? 조작이 없고, 시비가 없으며, 취하고 버림이 없으며, 단견과 상견이 없으며, 범부와 성인이 없는 것이다.[20]

마음 자체에는 어떤 모양이 없다. 이것이 마조가 말하는 평상심의 정의이다. 이것은 종밀뿐만 아니라 우리가 알고 있는 평상심과 전혀 다른 내용이다. 우리 일상의 평상심은 조작이 있고, 시비가 있으며, 취하고 버림을 밥 먹듯 하고, 일체가 아무것도 없다는 무(無)의 단견(斷見)과 일체가 항상 존재한다는 유(有)의 상견(常見)으로 불안하게 고통받고, 범부와 성인으로 구별하여 절망감을 느낀다. 그러나 마조의 평상심에는 조작이 없고, 시비가 없고, 취함과 버림이 없으며, 단견과 상견이 없으며 범부와 성인이 없다. 이것은 절대 긍정이 아니라 절대적으로 부정의 공[空]사상이다. 다시 말하면 마조의 평상심은 일상의 평범한 마음이 아니라 바로 번뇌의 '부정'에 기반한 긍정성이다. 이점이 마조의 선사상을 이해하는 매우 중요한 지점이라고 본다. 다음을 보자.

• 선이라 해서 취할 것도 없고, 악이라고 해서 버릴 것이 없다. 깨끗함과 더러움을 모두 의지하지 않아야 한다.[21]
• 욕망이나 감정과 생각들의 삼계(三界)가 오직 마음일 뿐이며, 삼

라 만상이 한 법에서 드러난다.[22]

- 마음에서 나온 것을 색(色)이라 하는데 색이 공(空)함을 알기 때문에, 생겨난 것은 또한 생겨난 것이 아니다.[23]
- 갖가지의 세움은 모두 일심에서 나온다. 건립해도 가능하고 쓸어버리는 것도 가능하다. 모두가 오묘한 작용이고 그대로 자기이다.[24]

여기에서 보듯이 마조의 평상심은 절대적 부정만도 아니다. 선이라고 해서 취하지 않고 악이라 해서 버리지 않는다. 정확하게 보면, 마조는 긍정/진여심과 부정/생멸심을 '일심'(一心, 온전한 한마음)에 의해 통합한다. 이게 핵심이다. 마음에서 일어난 일체는 형상이고 그것은 생겨났으나 실제로는 생겨난 것이 아니다. 생겨난다는 것은 부인할 수도 없지만 동시에 그것은 공(空)한 까닭에 생겨난 것도 아니다. 그것은 묘하게 존재하면서도[妙有], 또한 실제로는 생겨난 것도 아닌 공적[空寂]이다. 일심이라고 하는 중생의 평상심이란 이런 양 속성을 가진다. 이것은 본래 성격, 성품이 그렇다는 것이다. 일심(一心)에서 보면 '긍정하여 건립을 해도 되고, 부정하여 쓸어버려도 된다'. 이것이 '평상심시도'의 본질이다. 이것은 긍정과 부정을 모두 벗어나 있다. 이게 온전한 한 마음[一心]이다. 이것이 하나로 통합된 마음이다.

반면에 종밀은 마조의 평상심을 비판하면서 불변의 측면[空寂]을 보지 못하고 오직 변화하고 작용하는 측면[妙有]만이 존재한다고 비판한다. 그래서 종밀은 마니주 구슬에 비유하여 홍주종은 작용으로 나타난 온통 검은 색이 그대로 구슬이라고 주장하고 구슬 자체를 알지 못한다고 평가한다.

필자는 마조의 홍주종에 대한 종밀의 이런 평가는 홍주종의 심성론을 지나치게 단순화시킨 일방적인 이해방식일 뿐이라고 본다. 마조의 평상심은 절대 긍정과 절대 부정의 의미를 동시에 가진, 공적과 묘유를 함께 하는, 『기신론』의 생멸문과 진여문을 '통합한' 일심(一心)으로서 '온전한 한마음' 곧 불성(佛性)을 말한다. 생멸의 일상성을 그 자체로 인정하면서도 세속을 초월한 공이나 중도적 입장을 취한다. 마조의 평상심은 일상에서 말하는 평상심이 아니라, 번뇌가 제거된 혹은 정화된 청정함에 기반한 일심이다. 이것은 성인에게만 있고, 중생에게는 없는 마음이 아니다. 이것은 분명하게 '중생'의 마음이지만 중생의 마음을 벗어난 '평상'의 마음이다.

진여문 ┐
        ├─ 일심(一心)
생멸문 ┘

마조나 종밀의 사상은 모두 공통적으로 『기신론』의 사상에 기반하고 있다. 하지만 왜 이런 이해의 차이가 생겨났을까? 그것은 마음에 대한 『기신론』의 해석을 서로 다른 관점에서 이해한 까닭이 아닐까 한다. 종밀은 생멸문의 수연과 진여문의 불변이라는 마음의 '양' 측면[二門]에 초점을 맞추는 반면에, 마조는 마음의 양 측면보다는 통합하는 '일심'의 총체적인 작용[一門]에 더 초점을 맞춘 것이다. 이런 필자의 해석은 진성(眞性)과 일심(一心), 본체와 작용으로 구별하여 이원론적으로 해석하는 가마다 시게오(鎌田茂雄)를 비롯한 기존 연구와는 구분되는 방식이다. 이러한 이원론적 관점 자체가 종밀의 관점이기에, 마조와 비교하는 용어로서는 선명하지가 않다. 이런 까닭에 필자는 종밀과 마조의 차이점을 『기신론』의 일심(一心)과 이문(二門)에 대한 시각적 차이에서 비롯되었다고 본다.

이것을 필자는 그들이 각자 처한 입장, 혹은 역사를 바라보는 시각이 달라지면서 생겨난 문제라고 본다. 종밀의 경우는 당시의 선종 종파를 분류하여 우열을 가리는 이론적인 측면에 관심을 가지고 있었기에 차이점[二門]에 더 주목했다. 반면에 마조는 깨달음의 현실적 적용으로서 실천적 입장에 더 관심이 있었기에 차이점보다는 양자를 통합하는 온전한 일심에 기초한 현실의 전체적인 작용을 강조했다는 것이다. 이렇게 양자를 온전한 마음으로 통합하면 진여와 생멸의 마음은 서로를 '방해'하지 않게 된다.

Ⅲ. 수증론, 수행의 방법론

1. 종밀의 마조 비판

　　종밀은 홍주종의 심성론이 탐내고 성내고 번뇌를 일으키는 평상심이 그대로 불성의 전체작용이라고 이해한 까닭에, 수행의 실천방법으로 특별한 방법은 없고 '단지 마음이 가는 대로 맡겨서 자재하는[任運自在]' 것이라고 정의를 한다. 곧 별도의 마음을 일으켜서 악을 끊지 않고, 또한 마음을 일으켜서 도를 닦지 아니 한다고 말한다. 왜냐하면 도란 곧 이 마음인데 마음을 가지고 다시 마음을 닦을 수가 없기 때문이다. 마찬가지로 악도 곧 이 마음인데 마음을 가지고 마음을 끊을 수가 없다. 그런 까닭에 끊지 아니하고 짓지 아니하여, 가는 대로 맡겨서 자재하여 해탈인(解脫人)을 이룬다는 것이다. 어떤 법에 걸림이 없고 부처가 되려고도 하지 않는다. 마치 허공과 같아서 증가함도 없고 감소되는 바도 없다. 어찌 첨삭을 하겠는가? 왜냐하면 심성 밖에 별도로 한 법도 얻을 수가 없기 때문이다. 단지 마음에 맡길 뿐이니, 곧 이것이 닦음이다.[25]

　　종밀에 의하면 법에는 '불변'과 '수연'의 의미[就法有不變隨緣二義]가 있지만 사람에게는 '돈오'와 '점수'의 양문[就人有頓悟漸修兩門]이 있는데, 홍주종은 전체작용의 수연을 강조할 뿐 불변의 의미를 드러내지 못하고, 또한 닦음 자체를 부정하는 까닭에 돈오문에 가깝지만 아직 점수문을 제대로 밝혀내지 못한다고 본다.

2. 종밀 비판에 대한 비판적 검토

종밀은 홍주종의 수행론이 닦음을 불필요하다고 말한다. 마음 자체가 그대로 허공처럼 완결되었기에 별도의 노력으로 첨삭을 가할 필요가 없다. 가는 대로 마음에 맡길 뿐, 별도의 수행을 하지 않는다. 이렇게 되면 종밀이 이해하는 마조의 수행론은 결과적으로 오늘날 윤리적인 문제가 되고 있는, 종교인들의 막힘이 없는 막행막식(莫行莫食)과 동일한 의미를 갖는다. 세속적인 행위와 구별이 없게 되는 약점이 노출된다. 하지만 이런 종밀의 이해는 역시 『마조어록』을 근거해서 살펴볼 필요가 있다. 과연 그러한지? 마조의 실천론에 대한 종밀의 이해는 정당한지 살펴보자.

- 도란 닦음에 속하지 않는다.[26]
- 미혹을 상대하여 깨달음을 설명하였지만 본래 미혹이 없으므로 깨달음도 성립되지 않는다. 일체 중생은 무량겁 이래로 법성삼매에서 벗어나지 않고 영원히 그 가운데 있다.[27]
- 상근기의 중생이라면 홀연히 선지식을 만나 말끝에 깨닫고 계급과 지위를 거치지 않고 본성을 단박에 깨닫는다.[28]

- 도는 닦을 것이 없으니, 다만 물들지 말라.[29]
- 참됨[眞]을 떠나서 세울 곳이 있는 것이 아니라 세운 그 자리가
  바로 진(眞)이다.[30]

도란 '닦음에 속하지 않는다.'는 말은 분명하게 마조의 주장임이 분명하다. 올바름을 세울 곳이 있는 것이 아니라, 이미 선 그 자리가 옳음이다. 이런 주장은 종밀이 이해한 입장과 크게 다르지 않다.

그러나 종밀이 말한 '마음이 가는 그대로 맡겨라[任運自在]'라는 구절은 『마조어록』에서 찾아볼 수가 없다. 오히려 '닦을 것이 없으니 단지 물들지 말라[道不用修 但莫汙染]'라는 구절이 보인다. 이 부분은 '내려놓으라.' 혹은 '애써 노력하지 말고 쉬어라.' 라는 의미로 해석된다. 그러나 이 구절을 종밀의 이해방식으로 '가는대로 맡겨라.'는 의미로 해석할 수 있을까?

'쉬라'는 말과 '맡겨라'는 말은 결코 같은 맥락이 아니다. 오늘날 윤리적인 문제를 야기하는 막행막식의 의미로 확대 해석하는 것은 『마조어록』에 근거해서 보면 위험하다. 이를테면 번뇌를 있는 그대로 '쉬어라'는 말과 번뇌를 있는 그대로 '맡겨라'는 의미는 전혀 다른 의미이기 때문이다. 번뇌에 따라서 '맡기라'는 말은 위험하지만, '번뇌를 쉬고 인연에 맡기라'함은 의미가 있다.

다음으로 마조의 홍주종이 돈오문에 가깝고 점수문은 결여되었다는 종밀의 비판이다. 이 부분은 사뭇 설득력 있게 보인다. 돈오란 닦음보다는 진리에 대한 깨달음을 강조한 언구이다. 『마조어록』에서 보이는 이런 문장들은 홍주종의 수행론이 돈오문에 가깝다는 의견을 반영

한다. 그렇지만 『마조어록』을 살펴보면 점수문에 대한 부분이 전혀 없다고는 말할 수 없다. 그것은 다음과 같다.

- 옷 입고 밥 먹는 (평상심에서) 부처의 씨앗[聖胎]을 길러낸다.[31]
- 성문은 깨달았다 미혹해지고, 범부는 미혹에서 깨닫는다.[32]
- 번뇌 속에 있으면 여래장이라 하고 거기서 벗어나면 청정법신이라고 한다.[33]
- (성문이나 보살이나) 평등한 성품[性]은 서로 다름이 없으나 작용[用]은 같지가 않다. 미혹[迷]에 있으면 의식[識]이고, 깨달음[悟]에 있으면 지혜[智]이고, 이치[理]를 따르면 깨달음[悟]이 되고, 현상[事]을 따르면 미혹[迷]이 된다.[34]

여기서 보면, '성태를 기른다'고 하는 것은 대부분 깨닫는 이후에 보임하는 것을 말하고, 성문이나 보살을 구별하는 것은 수행에서 근기에 따른 번뇌의 차별을 허용하는 것이고, 청정법신에 상대하여 번뇌의 존재를 인정한 부분들은 마조가 점수의 영역을 전혀 배제하지 않고 있음을 보여주는 전거들이 아닌가 한다.

세 번째는 본지(本知)의 입장에서 신령스런 깨달음의 영각(靈覺)이나 돌이켜보는 감조(鑑照)에 대한 비판이다. 종밀은 본지는 모든 중생들에게 공통된 부분이지만 영각이나 감조는 깨닫는 이나 성인에게 한정된다고 말한다.

본래의 바탕을 지시하면 범부나 지혜로운 사람이나 새와 짐승들도 모두 심성이 요요상지(了了常知)하다. 그러나 홍주종의 각지(覺智)는 모든 것에 통하지 않는다. 미혹된 자는 깨닫지 못하고 어리석은 자는 지혜롭지 못하며 마음이 무기일 때는 감조(鑑照) 등이라 부르지 않는다.[35]

종밀의 본래적 앎, 본지(本知)는 모든 중생들에게 공통된 부분이지만, 성찰하여 돌이켜보는 감조(鑑照) 등은 깨닫는 사람에게만 적용되는 한계를 가진다고 말한다. 종밀의 이런 관점은 화엄종의 징관에게서 유래된 견해이다. 화엄종은 모든 사람에게 함께 공유하는 일반적인 '知'와 깨달음을 이룬 성인에게 나타나는 '智'를 구분하는 경향이 있다.[36] 따라서 수행의 기본적인 근거는 중생의 '본지(本知)'에 근거해야 한다는 입장을 취한다.

그런데 문제는 『마조어록』에서 종밀이 비판한 영각이나 감조란 용어는 찾아볼 수가 없다.[37] '감조(鑑照)'와 유사한 용어인 '반조(返照)'란 용어가 보인다. 반조란 용어가 사용되는 맥락을 보면, 일심에 근거한 바로 '마음 밖에 부처가 없고, 부처 밖에 마음이 없다.'이다. 부처란 곧 마음이기 때문에 '한 생각을 반조(返照)하면 그대로가 성인의 마음이다.'[38] 고 말한다. 따라서 반조는 성인보다는 중생에게 나타나는 바로서 본래적 앎, 본지와 크게 다르지 않다고 본다.

또한 영각과 관련된 용어는 『마조어록』에서는 발견되지 않고, 황벽의 『전심법요』에서 발견된다. 여기서 황벽은 '신령한 깨달음의 영각은 더럽지도 깨끗하지도 않고, 어리지도 늙지도 않으며, 방소나 내외가 없고, 모든 부처와 보살뿐만 아니라 중생들이 모두 함께 구족한다.'[39]고 말한다. 여기에 따르면 영각 역시 중생들이 함께 구족한 바로서, 종밀이 말한 바처럼, 홍주종에서 말하는 반조나 영각은 반드시 성인이나 깨닫는 이들에게만 한정된 성품이라고 판단할 수는 없다.

한편 종밀은 본지(本知)를 강조하면서 하택종의 특징으로 '知' 한 글자를 중시한다고 말한다. 그렇지만 현재에 전하는 돈황본 문헌을 조사해보면, 하택신회는 '知' 한 글자보다는 오히려 견성(見性)할 때 '見' 한 글자를 강조한다.[40]

그렇기 때문에 홍주종이나 하택종에 대한 종밀의 이해는 객관적인 평가보다는 본인이 속한 화엄종의 심성론과 수증론 입장에서 선종과 선사상을 평가하고, 분류한 것이다. 그만큼 충분한 근거가 없는 편향적 해석이라고 본다.

Ⅳ. 현실의 윤리적 문제

윤리적인 문제에 대한 비판은 종밀보다는 송나라 주자에 의해서 제기된 부분이다. 하지만 주자의 비판은 고려 말, 조선 초 사대부들에 의해서 받아들여졌던 논리이다. 이것은 전적으로 홍주종에 대한 종밀

쟁점으로 살펴보는 현대 간화선

의 해석에 기초하고 있기에 여기서 거론하고자 한다.

1. 주자의 비판

주자는 작용이 그대로 성이라는 홍주종의 입장을 비판한다. 일상에서 작용하는 것이 그대로 다 성이고 옳다고 한다면, 그래서 성내고 탐욕을 일으키는 일까지 모두 그대로 불성의 작용이라면, 이곳에서는 윤리적인 기준을 세울 수가 없다고 비판한다.

- 마음에는 이(理)를 포함하고 있는데, 불씨(佛氏)는 보고 듣고 말할 수 있고, 생각할 수 있는 것을 그대로 성(性)이라고 한다. …(중략)… 말하는 것은 따라도 되고 따르지 않아도 되며, 생각은 슬기로워도 되고 슬기롭지 않아도 되지만, …(중략)… 그들은 모든 것들을 성(性)으로 간주한다.[41]
- 손으로 잡되 만일 칼을 잡고 마구 휘둘러서 사람을 죽인다면 이것이 성이 될 수 있겠는가![42]
- 우리 유가(儒家)는 하늘이 명하는 바를 성(性)이라고 하고 본성에 따르는 것을 도(道)라고 한다.[43]

주자의 선종에 대한 비판은 종밀이 홍주종을 비판한 내용을 윤리적인 문제에 보다 초점을 맞추어서 비판하고 있다. 이런 비판의 핵심은 작용이 그대로 성품이라면, 그리고 탐욕하고 성내고 어리석음도 그대로 진리라면 사람을 죽이는 것도 작용이기에 성이 될 수가 있지 않는가 하는 반론이다. 마음의 전체작용이 그 자체로 그대로 진리일 수는 없다는 고려이고, 현실의 평상심을 그대로 성으로 간주할 수가 없다는 말이다. 이런 논리는 평상심시도(平常心是道)로는 윤리적인 고려가 없고 사회의 일반적인 기준을 세울 수가 없다고 비판한다.

그러나 불교에서는 성리학에서 말하는 하늘이 명하는 초월적인 성(性)의 개념을 인정할 수 없다. 성이 하늘에서 명하는 바란 것을 어떻게 알수 있고, 그것의 타당성을 어떻게 확립할 수 있다는 말인가? 오히려 아전인수식 해석이 될 가능성이 매우 높다. 불교에서 특히 선종에서 성(性)이란 인간의 본성을 의미한다. 그것은 깨달음의 자질로서 각성이고 외부가 아닌 스스로의 성품으로 자성이고 본래부터 타고난 본성이다. 그렇기에 윤리적 문제는 인간적 성품/인성에 기초해야 한다는 점에서 불교와 성리학은 구분된다.

2. 윤리적 고려

조사선은 일체의 행위가 그대로 불법이고, 일상의 행동 하나하나가 모두 전체작용이라고 주장한다. 이것은 진리의 일상성을 강조한 것이다. 이런 이해는 앞에서 살펴 보았지만 마조계 홍주종의 특징적 이해이다. 선이라고 취할 것도 없고, 악이라고 해서 버릴 것도 없다. 깨끗함과 더러움 어느 쪽에도 의지하지 말아야 한다. 죄의 본성이 본래 공(空)하여 어디에서도 찾을 수가 없다.[44] 평상심시도라곤 하지만, 마조가 말하는 평상심은 일상을 살아가는 평범한 이들의 관점이 아니다. 평범한 일상에서는 선악을 취하지 않고 깨끗함과 더러움을 구별하지 않는 것이 오히려 어렵다. 우리의 일상은 선악을 끊임없이 구분하고 깨끗함과 더러움을 계속적으로 판단한다. 그렇지 않으면 적응하기가 오히려 매우 불편할 것이다.

그런데 『마조어록』에서는 이런 죄의 판단기준은 본래 공하여 그 성품이 존재하지 않는다고 말한다. 하지만 종밀과 주자는 이런 홍주종의 입장에서는 윤리적인 기준을 세울 수가 없다고 말한다. 선악을 모두 버리는 까닭에 윤리적인 판단을 해야 하는 일상의 삶에 적용하기에는 적절한 방식이 아니라고 말한다. 그렇다면 『마조어록』에서는 윤리적인 고려가 전혀 없는 것일까? 다음을 보자.

> 이제 이 이치를 보았다면, 진정으로 모든 업을 짓지 말고 본분에 따라 일생을 지내도록 하라. 가사 한 벌 누더기 한 벌로 앉으나 서나 끊임없이 계행을 더욱 훈습하고 바르고 깨끗한 행위를 더욱 쌓도록 하라.[45]

『마조어록』에서 나타난 일상의 삶이란 '가사 한 벌로 누더기 한 벌로' 살아간다는 것이다. 그리고 '끊임없이 계행을 더욱 훈습하고 바른 행동을 쌓도록 하라'고 거듭하여 강조한다. 이것은 윤리적 기준을 세우지 않는 것이 아니라, 반대로 매우 엄격한 기준에 해당된다. 종밀이나 주자가 선종, 특히 홍주종에는 어떤 윤리적인 고려가 없다고 판단하는 것은 분명하게 잘못된 이해이고 왜곡이다. 이는 정치적으로 의도적인 비판이라고 볼 수밖에 없다.

　물론 오계의 실천과 한 벌 누더기로 살아가라는 지침을 직접적으로 일상의 세속적인 삶에 적용하는 것은 무리가 있을 것이다. 마조의 언급은 종교인으로서 살아가는 방식을 말하는 것이지, 세속적 삶의 윤리적 기준을 세우는 것을 염두에 둔 바는 아니다. 그렇다고 세속적 삶에서 마조의 방식이 선악의 기준 자체를 버린다는 의미는 아니다. 오계는 분명하게 세상을 살아가는 윤리적인 기준이다. 종밀과 주자의 비판은 자신들의 입장에 따른 것이지 마조의 입장을 정확하게 이해한 것은 아니라고 본다.

V. 맺는말

　평상심시도라는 언구를 중심으로 종교성의 확립에 대한 마조대사의 입장을 진리관, 실천론 및 윤리적 관점에서 살펴보았다. 이를 정리하면 다음과 같다.

　첫째, 『마조어록』에 근거했을 때, 평상심시도는 현실에 대한 전체적 작용을 모두 그대로 불성의 작용이라고 긍정하지만, 이런 긍정의 바

탕에는 불교의 공사상이 있다. 그것은 긍정과 부정을 초극한 중도사상
이나 진공묘유의 대승사상에 기반하고 있다.

둘째, 진리관을 확립하는 사상적인 기초로 마조나 종밀이 모두 『기
신론』의 일심과 이문(二門)에 근거를 둔다. 종밀은 서로 다른 학파를 구
분하여 우열을 세우고자 생멸문과 진여문의 이문(二門)에 초점을 맞춘
다. 반면에 학파적 차이점보다는 현실에서의 실천을 강조하는 마조는
보다 통합적인 부분, 온전한 한마음으로서 일심(一心)에 역점을 둔다.

셋째, 종밀에 의하면, 본지(本知)는 범부나 성인의 마음 바탕이나
본체에 초점을 둔 작용으로 이해되고, 반조(返照)는 성인에게 나타나는
특징으로 이해한다. 하지만 『마조어록』에서 반조는 범부의 현실적인
경험에서도 그대로 작용한다는 것이다. 이런 점에서 보면, 본지나 반조
는 모두 중생에게서 작용한다. 양자는 서로 크게 차이점이 없다.

넷째, 종밀에 의하면 홍주종은 점수문은 없고 오직 돈오문만을 강
조한 것으로 본다. 이점은 상당하게 객관성을 가지고 있지만, 홍주종이
깨달은 이후 성스런 태아[聖胎]를 장양하거나 근기의 차별을 인정한 점
에서 점수문을 전혀 배제한 것은 아니다.

다섯째, 마지막으로 종밀과 주자는 홍주종에는 윤리적인 고려가
없다고 비판한다. 현실을 그대로 진리로 인정한다면 윤리적인 기준을
세울 수가 없다는 것인데, 이 부분은 무소유와 계행을 강조하는 『마조
어록』에 근거할 때 역시 근거가 없는 주장이다.

* 본 논문은 인경(2014), '평상심시도에 대한 종밀의 비판에 대한 비판-『강서마조도일선사어록』을 중심으로', 『불교학연구』 pp. 197-215를 보충 수정하여 여기에 게재한다.

1 인경(김형록, 2014), '평상심시도'에 대한 종밀의 비판에 대한 비판-『강서마조도일선사어록』을 중심으로, 『불교학연구(Journal for Buddhist Studies)』, 제41호(2014. 12), pp. 197-215.

2 鎌田茂雄, 『宗密教學の思想史的研究』(東京 : 東京大學出版會, 1975).

3 鄭性本(1991), 『中國禪宗의 成立史硏究』(서울 : 민족사).

4 신명희(2004), 「규봉종밀(圭峰宗密)의 홍주종(洪州宗) 비판」, 『한국선학』 7.

5 박인석(2010), 「종밀의 '知' 사상의 문헌적 기원과 사상적 전개 : 寂知의 體用觀을 중심으로」, 『한국선학』 17.

6 마해륜(2013), 『작용즉성(作用卽性) 비판으로서의 무심(無心)』, 『불교학연구』 35.

7 신규탁(2013), 『규봉종밀과 법성교학』(서울 : 올리브그린).

8 신명희(2009), 『마조선연구』, 동국대학교대학원 박사학위 논문. ; 정혜연(여현, 2012), 『마조도일에 관한 연구』, 동국대학교대학원 박사학위 논문.

9 차차석(2010), 「마조의 선사상에 나타난 논리체계와 지향점 탐색」, 『불교학보』 41.

10 조준호(2010), 「평상심(平常心)과 도(道) : 욕망의 질적 전환을 통한 삶의 대긍정」, 『철학연구』 41.

11 김경숙(2012), 「荷澤宗과 洪州宗의 상이점 연구」, 『한국선학』 32.

12 인경(2002), 「宋代 臨濟宗에서의 종밀(宗密) 비판(批判) - 종밀(宗密)에 대한 각범(覺範)의 비판을 중심으로」, 『한국선학』 3.

13 윤영해(2000), 『주자의 선불교비판』 연구, (서울 : 민족사).

14 박찬영(2007), 「宗密과 朱熹의 사유구조의 유사성 - 심성론을 중심으로 : 宗密과 朱熹의 사유구조의 유사성」, 『哲學研究』 104.

15 柳田聖山, 『語錄の歷史-禪文獻の成立史的研究』, 『東方學報』 第57冊 拔刷, 1985. pp.270-277

16 宗密, 『中華傳心地禪門師資承襲圖』(『中國佛教叢書宗密編』 14, p.288.), "洪州宗者(謂有禪師姓馬祖道一) 起心動念 彈指動目 小作所爲 皆是佛性 全體之用 全體貪瞋癡 造善造惡 受樂受苦 此皆是佛性."

17 宗密, 『都序』(大正藏 48, p.406b).

18 『江西馬祖禪師語錄』, 卍續藏 119; 『馬祖錄·百丈錄』 고경총서 11, 附錄(서울 : 장경각, 1989), p.13. "非離眞而有立處 立處卽眞 盡是自家體 若不然者 更是何人 一切法皆是佛法 諸法卽是解脫."

19 『馬祖語錄』, 위의 책, p.14, "心眞如者 譬如明鏡照像 鏡喩於心 像喩諸法 若心取法 卽涉外因緣 卽是生滅義 不取諸法 卽是眞如義."

20 『馬祖語錄』, 위의 책, p.11, "平常心是道 何謂平常心 無造作 無是非 無取捨 無斷常 無凡無

聖."

21 위의 책, p.7, "不取善不捨惡 淨穢兩邊 具不依."

22 위의 책, p.8, "三界唯心 森羅及萬象 一法之所印."

23 위의 책, p.8, "心所生卽名爲色 知色空故生卽不生."

24 위의 책, p.13, "若干種種成立 皆有一心也 建立亦得 掃蕩亦得 盡是妙用 盡是自家."

25 宗密, 『中華傳心地禪門師資承襲圖』, 卍續藏119;『中國佛教叢書宗密編』14, p.288, "不起心斷惡 亦不起心修道 道卽是心 不可將心 還修於心 惡亦是心 不可將心 還斷於心 不斷不造任運自在 名爲解脫人 無法可拘 無佛可作 猶如虛空 不增不減 何可添補 何以故 心性之外更無一法可得 故但任心 卽爲修也."

26 『馬祖語錄』, 앞의 책, p.8, "道不屬修 若言修得 修成還壞 卽同聲聞."

27 위의 책, p.8, "對迷說悟 本旣無迷 悟卽不立 一切衆生 從無量劫來 不出法性三昧 長在法性三昧."

28 위의 책, p.10, "是上根衆生 忽爾遇善知識 指示言下 領會更不歷於階級地位 頓悟本性."

29 위의 책, p.11, "道不用修 但莫汚染."

30 위의 책, p.12, "非離眞而有立處 立處卽眞."

31 위의 책, p.8, "著衣喫飯 長養聖胎."

32 위의 책, p.9, "聲聞悟迷 凡夫迷悟."

33 위의 책, p.13, "在纏名如來藏 出纏名淨法身."

34 위의 책, p.14, "性無有異 用則不同 在迷爲識 在悟爲智 順理爲悟 順事爲迷."

35 宗密, 앞의 책, pp.291-292, "今就軀體 指示卽愚智善惡 乃至禽畜 心性皆照 了了常知 異於木石其覺智等言 卽不一切 謂迷者不覺 愚者無智 心無記時 卽不名鑒照等."

36 鎌田茂雄, 앞의 책, pp.385~389.

37 鎌田茂雄의 선행 논문 이후로 종밀과 마조의 차이점으로 본지와 영각을 거론하는데, 『마조어록』에서는 영각이란 표현을 찾아볼 수가 없다.

38 『馬祖語錄』, 앞의 책, p.10, "一念返照 全體聖心."

39 『傳心法要』入矢義高編, 禪の語錄8(東京: 筑摩書房, 昭和44), p.30.

40 神會, 「菩提達磨南宗正是非論」, 『神會和尙禪話錄』楊曾文校勘, (北京: 中華書局, 1996.) p.26.

41 『朱子語錄』卷第126(黎靖德編, 北京: 中華書局, 1983.), 「釋氏」52. "心只是該得這理 佛氏元不曾識得這理一節 便認知覺運動做性…(中略)… 言從也得 不從也得 思睿也得 不睿也得 …(中略)… 此正告子 生之謂性也."

42 위의 책, 59. "且如手執捉 若執刀胡亂殺人 亦可爲性乎."

43 위의 책, 60. "吾儒則自 天命之謂性 率性之謂道."

44 『馬祖語錄』, 앞의 책, pp.7-8. "不取善不捨惡 淨穢兩邊 俱不依怙達罪性空 念念不可得 無自性故."

45 위의 책, p.15, "若見此理 眞正不造諸業 隨分過生 一衣一衲 坐起用相 隨戒行 增薰積於淨業."

제6장
—

종밀의 사종선과
송대 교외별전 사상

주인공아.
화장실에서도
버스나 지하철을 탈 때도
이놈이 무엇일꼬?
질문하라.

− 구산(九山) 선사

I. 주요 쟁점*

앞에서는 하택신회의 선사상과 마조의 평상심시도에 대해서 종밀(宗密)이 어떻게 이해했는지를 살펴보았다. 종밀이 하택의 선사상을 화엄적 시각에서 이해함으로써 송대에서 하택의 선사상을 지해종도로 비판하게 되었음을 보았다. 여기서는 송대 선종이 선교일치를 주장하는 종밀을 어떤 동기에서 어떻게 비판하였는지를 살펴보고자 한다.

중국 선종사는 크게 두 시기로 구별할 수 있다. 당대 혜능 이후 조사선의 성립과 더불어서 흥기한 오가종풍(五家宗風)의 시기를 전기라고 한다면, 후기는 당 무종의 회창법란(會昌法亂, 845년)과 오대(五代)의 파불(破佛, 955년)을 지나서 통일된 송대에 들어서면서 그동안 위축된 임제종이 마조어록을 비롯한 황벽, 백장, 임제의 사가(四家)어록을 간행하면서 급속하게 발흥한 시기이다.[1]

송대의 불교계는 당말, 오대의 혼란기가 수습되고 사회가 안정되기 시작하자 전쟁에 의해서 쇄락한 자신들의 불교전통을 다시금 확보하려는 노력을 경주했다. 화엄종이나 천태종과 경쟁하면서 송대의 임제종도 역시 자신들의 사상적인 정체성을 교외별전(教外別傳)에서 찾았다. 이런 송대 임제종의 움직임은 결과적으로 선교일치적(禪教一致的) 경향이 있는 종밀에 대한 비판으로 표출되었다. 이때의 주요한 쟁점은 아래와 같다.

- 선종사에서 혜능 이후 제7조를 누구로 할 것인가?
- 송대 선종의 사상적 과제는 선교일치냐? 교외별전이냐?

이런 쟁점들은 모두 당대의 불교를 집대성한 종밀의 사상과 연결되어 있다. 이것과 관련하여 종밀의 회통철학(會通哲學)은 크게 두 가지로 나눌 수가 있다. 하나는 선종사를 어떻게 파악할 것인가 하는 문제이고, 다른 하나는 마음의 본질을 해명하는 문제이다. 전자가 선종의 법통과 관련된 역사적인 측면이라면, 후자는 그 역사에 작용하는 선종의 철학적인 측면으로서 심리학적인 심성론(心性論)과 실천의 방식을 묻는 수증론(修證論)에 해당된다. 송대 선종의 종밀비판 역시 이들 양 측면에 향해져 있다.

특히 종밀에 대한 비판은 북송 황룡파(黃龍派)에 속하는 혜홍각범(慧洪覺範)을 중심으로 이루어졌는데, 그것이 어떻게 이루어졌는지를 고찰하도록 한다. 그럼으로써 결과적으로 교외별전의 사상이 어떻게 확립되었는지를 밝힌다.

Ⅱ. 종밀과 각범의 선종사(법통) 인식문제

종밀은 당대의 교학불교를 대표한다. 그는 새롭게 등장한 선종과 화엄교학을 이해하여 통합하는데 자신의 노력을 경주한 인물이다. 그는 하택신회의 사상과 징관의 화엄사상을 동일한 관점에서 연결하려고 했다. 반면에 각범은 혼란한 당말과 오대를 극복하고 새로운 송대불교의 역사적인 과업을 짊어진 인물이었다. 그는 임제종의 부활과 그 정체성을 확립하려는 노력을 경주한 인물이다. 이들은 각자가 처했던 역사적인 맥락이 다른 만큼 선종사를 바라보는 시각이 서로 많이 달랐다.

1. 비판의 배경

종밀은 교학불교가 번성했던 당 덕종 건중원년(建中元年, 780)에 태어나서, 무종의 회창법란(會昌法難, 840-846)으로 교학불교가 무너지기 시작한 회창원년(841)에 입적했다. 그의 생애는 교학불교에서 선불교로 이행해 가는 과정에 놓여 있었다. 그는 징관의 화엄을 계승하면서도, 신회에게 강하게 영향을 받았으며, 그런 만큼 선교 양자를 통합하려는 노력을 경주한 인물로 평가된다. 징관에게 선종을 가리키는 돈교(頓敎)

란 호칭에는 신수의 북종과 신회의 남종이 모두 포함된다.[2] 화엄종의 입장에서 보면 선종은 정확하게 돈교에 해당된다.

돈교란 교의를 단박에 깨닫는다는 가르침으로 점차적으로 나아가는 점교(漸敎)와 비교된다. 화엄에서는 이들 돈교와 점교를 통합하는 입장에서 자신들의 가르침을 스스로 원만하고 완전한 가르침이란 의미에서 원교(圓敎)라고 칭한다. 징관이 파악한 선종이란 '말 없는 말에 의지하여 곧장 말 없는 이치를 드러내는 가르침'이다. 그래서 선종도 일종의 교학의 일부이고, 그것도 화엄보다는 열등한 위치인 원교 아래 돈교에 위치시킨다.

이런 화엄 교판이론은 법장의 『오교장』에서 잘 기술되어 있다. 그는 모든 교학에 대해서 아함경과 같은 가르침을 소승, 용수의 공사상을 대승시교(大乘始敎), 유식사상과 함께 대두한 여래장 사상을 대승종교(大乘終敎), 선종의 가르침을 돈교, 화엄경의 가르침을 원교라 하여 다섯 가지로 분류하고 '일념불생(一念不生)'의 가르침을 돈교에 배대했다.[3]

그런데 법장은 돈교를 결코 선종을 염두에 두고 분류한 것은 아니다. 오히려 혜능 이후 발전된 선종을 의식하여, 그것을 돈교로 분류한 것은 바로 징관이다.[4] 징관은 법장과는 다르게 선종 곧 돈교를 대승시교 다음 대승종교의 아래에 배열한다. 이것은 선에 대한 그의 인식이 공사상을 강조하는 우두종에 크게 영향을 받은 까닭이다.[5] 이런 점에서 징관은 선종의 사상을 공 사상보다는 위에, 그러나 여래장 사상 아래에 두었다.

반면, 종밀은 징관과는 달리 선과 화엄을 동등한 위치에서 파악한다.[6] 선을 교학의 일부로 보거나, 반대로 선을 중심에 놓고 교학을 포섭하려 하지 않았다. 오히려 그는 당시 선교가 대립된 불교계의 상황을 '강(講)하는 자는 오직 점교만을 선양하고, 선(禪)하는 자는 돈종만을 편협하게 전한다'[7]고 진단하고, 양자의 갈등 관계를 통합하려고 한다. 그는 '경(經)은 부처의 언어이고, 선(禪)은 바로 부처의 마음이기에, 양자는 서로 상반되지 않는다'[8]고 보고, 당시 각 학파의 사상적 대립을 정리하여, 주류를 형성하고 있었던 화엄종과 새로 대두되는 선종의 갈등을 극복하고 종합하는 일을 중요한 자신의 시대적인 과제로 인식한다. 바로 이것이 『선원제전집도서(禪源諸詮集都序)』(이하 『도서』라고 약칭함)이다. 여기서 보여주는, 선과 교를 각각 3종으로 분류하고 각각을 일관된 시각에 의해서 통합하여 이해하려는 것이 그의 선교일치(禪敎一致)의 회통철학(會通哲學)적 성격이다. 사실 이 작업은 매우 중요하고 필요한 작업이다. 이것을 찬성하든지 비판하든지 이후에 크게 영향을 미쳤다.

종밀이 입적한 회창원년은 무종의 회창법란이 시작되는 해로, 이후 화엄교단이 중심이 된 교학불교는 쇠퇴하고, 지방이나 산중에서 자급자족하며 성장해온 선종은 상대적으로 세력이 확대되었다. 그렇지만, 이미 중앙의 권위가 무너진 당나라 말에 이르러 강력해진 지방 세력들은 여기저기서 혁명을 일으켜서 결국 중국은 오대(五代)로 분열되었다. 특히 이 가운데 후주(後周)의 세종은 파불(955)을 단행했다. 그럼으로써 당말과 오대의 전란을 거치면서 선종을 포함한 불교 문화는 전체적으로 침체되었다. 이런 점에서 종밀은 중국 교학불교의 최정점에 위치한 인물이다.

중국을 다시 통일한 송 태조(960-975)는 즉위하자 곧 민심을 안정시키는 일환으로 불교, 유교, 도교 등을 부흥시키는 정책을 폈다. 그는 즉위한 건융 원년(建隆元年, 960)에 불교를 더이상 해손하지 못하도록 칙(勅)을 내리고, 사찰을 건립하고 고승을 왕실로 초청하여 문답했다. 특히 진종은 선종 승려들을 보호했고, 양억(楊億)으로 하여금 『경덕전등록(景德傳燈錄)』(1004)을 편찬하게 했다. 이런 일련의 불교 보호정책은 화엄종을 비롯한 천태종과 선종이 적극적으로 활동할 수 있는 공간을 마련해 주었다.[9] 이런 과정에서 송대 선종도 적극적으로 자신들의 실추된 위상을 확보하고, 자신들의 정체성을 되찾는 노력을 시작했다. 그것은 무엇보다도 먼저 자신들의 역사를 바로 세우는 문제였다.

송나라 초 선종의 청원행사계(青原行思系)에 소속되는 '조동종(曹洞宗)'을 비롯하여, 천태덕소(天台德韶, 907-971)와 영명연수(永明延壽, 904-975)를 배출한 '법안종(法眼宗)', 설두중현(雪竇重顯, 980-1052)과 명교설숭(明教契嵩, 1007-1072)을 배출한 '운문종(雲門宗)'은 송대에 들어서면서 역시 크게 발전했다. 그런데 이들의 선법은 밖으로는 도교나 유교와 같은 다른 종교뿐만 아니라, 불교 내부적으로는 정토나 천태와 같은 다른 종파에 대해서도 조화로운 관계를 유지했고, 특히 연수나 설숭은 종밀과 유사하게 선교일치적인 경향을 지니고 있었다.

한편 남악회양계(南嶽懷讓系)에서는 '위앙종(潙仰宗)'과 '임제종(臨濟宗)'이 나왔다. 위앙종은 오대에 일시적으로 부흥했지만, 송대에 들어와서는 쇠퇴했고, 임제종은 석상초원(石霜楚圓, 987-1040) 이후로 황룡파(黃龍派)와 양기파(楊岐派)로 나뉘어졌다. 황룡파는 회당조심(晦堂祖心, 1025-1100), 동림상총(東林常總, 1025-1091), 혜홍각범(慧洪覺範, 1071-1128) 등을 배출하면서 북송에서 크게 번창했고, 양기파는 백운수단(白雲守端, 1045-1072), 오조법연(五祖法演, ?-1104), 원오극근(圓悟克勤, 1063-1135), 대혜종고(大慧宗杲, 1089-1163)와 같은 걸출한 선승들을 계속적으로 배출하면서 남송에서 발흥했다. 이후 사실상 중국 선종은 오직 임제종만이 독주하는 결과를 가져왔다. 물론 북송이 멸망한 이후로 송대 임제종은 조선에로 옮겨져서 그 명맥이 오늘에까지 이르고 있다.

그런데 송대에서 성리학과 더불어서 힘차게 발흥한 임제종은 선교일치적 경향이 있는 법안종을 견제하면서, 신회를 혜능 이후 제7조로 숭상하는 종밀의 하택종을 적극적으로 비판했다. 송대 임제종은 '청원계'의 급속한 발전에 자극을 받으면서, '회양계'를 중심으로 법통을 재정비했다. 이런 노력은 북송의 황룡혜남에 의해서, 회양 이후 마조, 백장, 황벽, 임제 등의 어록을 모은 『사가어록(四家語錄)』의 편찬으로 결실이 맺어졌다. 달리 말하면 종밀에 대한 송대 임제종의 비판은 자신들의 정체성을 확립하는 종파적인 성격을 가지고 있었다. 특히 이 가운데서도 혜홍각범은 규봉종밀을 비판하는데 가장 앞장섰던, 그만큼 종파적인 성향이 강한 인물이었다. 그는 황룡혜남 아래 진정극문(眞淨克文)의 제자로 황룡파의 제3세대에 해당된다. 그는 세 번이나 정치적인 음해로 귀양을 다녀올 만큼 적극적으로 사회에 참여한 인물이었다.

송대 선종의 중요한 과제 가운데 하나는 '6조 혜능 이후 제7조를 누구로 할 것인가' 하는 것이다. 여기에 대해서 역사적으로 보면 세 가지의 경우가 나타났다. 하나는 당시대의 하택신회이고, 두 번째는 법안종 계통에서 청원행사이고, 세 번째는 임제종에서 내세운 남악회양이다. 그런데 각범은 남악회양을 혜능 이후의 제7조로 하는 법맥으로서 선종사를 인식했기 때문에, 하택신회를 제7조로 간주하는 종밀을 직접적으로 비판했다.

한편으론 송대 임제종은 사상적인 맥락이 상대적으로 유사한 청원행사계에 대해서는 황룡파 중심의『선림승보전(禪林僧寶傳)』과 같은 선종사서에 준하는 전기집을 편찬하여, 당나라 말에 '청원계'에서 편집된 선종사서인『조당집(祖堂集)』이나 송초에 간행된『경덕전등록(景德傳燈錄)』에 대항하는 노력을 했다. 이렇게 보면 각범의 종밀비판은 송대 임제종이 자파의 역사와 사상을 재정립하는 과정에서 생겨난 것으로 이해할 수 있다.

2. 전의설(傳衣說) 개환

송나라 선종의 역사 혹은 종파의식을 살펴보기 전에 먼저 종밀이 선종사를 어떻게 보고 있는지를 살펴볼 필요가 있다. 종밀의 저술은 중국 당시 선종의 각 분파를 정리해 전해주고 있다. 이들은 저술들에 따라 조금씩 달라지고 있다.

이를테면,『도서(都序)』에서는 강서(江西), 하택(荷澤), 북수(北秀), 남선(南侁), 우두(牛頭), 석두(石頭), 보당(保唐), 선습(宣什), 조나(稠那), 천태(天台) 등 10개로 분류하고,[10]『원각경대소초(圓覺經大疏鈔)』에서는 북종(北宗), 정중종(淨衆宗), 보당종(保唐宗), 홍주종(洪州宗), 우두종(牛頭宗), 남산염불종(南山念佛宗), 하택종(荷澤宗) 등 7개로 정리하며[11],『선문사자승습도(禪門師資承襲圖)』(이하 줄여서『승습도』라고 약칭함)에서는 북종(北宗), 홍주종(洪州宗), 우두종(牛頭宗), 하택종(荷澤宗) 등 4개로 분류하고 있다.[12]

쟁점으로 살펴보는 현대 간화선

그런데 이렇게 분류하는 목적은 결국 달마의 법이 혜능을 거쳐서 하택신회에 이르렀음을 주장하기 위함이다. 종밀은 본래 법에 둘이 없지만, 나중에 사람에 따라서 변화를 겪게 되면서, 착오와 오류를 가중시키고 있다고 본다. 그래서 스승과 제자 간에는 방계와 정계가 있다고 보고, 그것의 역사와 사상을 평가한다. 그럼으로써 종밀은 하택신회가 달마의 법을 바로 계승한 정계이고, 홍주종의 마조(馬祖) 계열은 방계임을 주장하고, 그 전승의 근거로 『승습도』에서 다음과 같이 말한다.

㉠ 혜능화상은 열반에 들면서 비밀스러운 말로 신회에게 말했다. "위로부터 법이 상승되는 기준이란 다만 일인에게 부촉되었을 뿐이다. 안으로 법인(法印)을 전하는데 자기 마음을 그 증거로 삼았고, 밖으로 가사를 전함으로써 바른 종지의 징표로 삼았다. 그러나 나는 이 옷을 위하여 얼마나 목숨이 위태로웠던가. (수차에 북종으로부터 옷이 도난당하는 일을 겪어 왔다. 이런 기록의 전문은 다 기록할 수가 없다.) 「달마대사현종기(達磨大師懸記)」에서는, 6대[慧能] 후에 이르기까지, 생명이 마치 실낱과 같다고 했으니, 곧 바로 너도 그렇다."(이는 「달마전(達磨傳)」 가운데 기술된 바다.)

㉡ "바로 이 가사로 마땅히 진산(鎭山)에 머물라. 너(하택신회)의 기연은 북쪽에 있다. 반드시 영(嶺)을 넘어서 20년 후에 이 법을 널리 펴서 중생을 구제해야 한다." 혜능이 입적할 때에 문인 행도(行稻), 초속(超俗), 법해(法海) 등이 "화상의 법은 어떻게 부촉 되었는가?"를 물었다. 스님은 "법을 부촉 받은 사람은 20년 후에 북쪽에서 그것

을 널리 선양하리라."고 대답했다.

ⓒ 다시 그들은 "그는 누구인가?"라고 묻자, 화상은 "알고자 한다
면, 큰 산봉우리 위에서 그 요점을 취하라."고 했다. (상전(相傳)에
산봉우리 위란 고(高)이다. 하택의 성이 고(高)인 까닭에 비밀스럽게 제시한 것
이다.)¹³

여기서 종밀이 주장한 내용은 세 가지로 요약된다. 첫째는 사자상
승(師資相承)의 전통은 다만 일인에게만 적용되었는데, 혜능과 신회의
경우도 그대로 적용된다는 점이다. 둘째는 신회에게 북쪽으로 가서 남
종을 선양하라고 혜능이 지시했다는 사실이다. 셋째는 혜능의 법은 바
로 신회에게 부촉되었다는 것이다.

먼저 ⓒ에서 종밀은 사자상승의 특징으로 일대(一代) 일인에게 이
루어졌고, 밖으로는 가사[衣]에 의해서 이루어졌음을 지적하고, 이는
매우 생명이 위협받는 과정임을 아울러서 밝히고 있다. 그런데 이것은
『정시비론』에서 신회가 개원(開元) 20년(732)에 하남성 활대(滑臺)에서
"신수의 북종은 방계이며, 혜능이야말로 달마의 정법을 계승한 6조이
고, 그 증거가 되는 가사가 혜능이 주석한 소주에 있다."고¹⁴ 주장한 소
위 전의설의 내용을 그대로 반복하고 있다. 다만 차이점이 있다면, 신
회에게 있어서는 북종 신수가 아니라 '홍인의 법이 누구에게 전해졌는
지' 하는 제6조를 누구로 할 것인가가 중요한 선종사의 과제였다면, 종
밀에게는 제7조를 누구로 하느냐에 초점을 맞추고 있다. 그래서 신회
는 전의가 6대 혜능에 이르고 있다[經今六代]고 말하지만, 종밀은 달마

의 입을 빌려서 '6대지후(六代之後)'에 이른다고 말한다. 말하자면 종밀은 전의설의 한계를 혜능의 6대에서 신회의 7대까지 확대하고 있다. 그러나 전의설을 언급한 『역대법보기』에 나오는 「달마전」에는 전의의 영역을 다만 6대까지 말하고 있을 뿐이지,[15] 결코 6대 이후를 언급하고 있지는 않는다. 이것은 법통을 보는 시각적 차이이다. 전의를 6대 이후까지 확대한 것은 종밀에 의해서 이루어졌으며, 그것은 바로 신회를 제7조로 삼고자 하는 의도에서 이루어졌다.

다음으로 ⓛ의 부분은 혜능이 입적한 713년에서 정확하게 20년 후가 되는 개원 20년(732)에, 신회가 활대에서 신수의 북종을 비판하고, 남종의 독립을 선언한 무차대회(無遮大會)를 염두에 두고 있다. 이점과 관련하여, 돈황본 『육조단경』에는 다음과 같은 구절이 보인다. 법해가 혜능에게 누구에게 가사와 법을 전했는지를 묻자, 혜능은 "법은 이미 부촉되었다. 내가 입멸한 20년 후에 삿된 법이 요란할 때, 한 사람이 나타나 신명을 다하여 시비를 굳게 세울 것이다. 이것이 나의 정법이다."고 말한다. 이것은 분명하게 신회가 활대에서 북종을 향해 남종의 바른 시비[南宗定是非]를 논(論)한 사실에 기초한 기록이다. 또한 이는 돈황본 『단경』이 바로 신회계의 인물에 의해서 편찬되었다는 사실을 뒷받침하는 대목이기도 하다. 그런데 종밀은 한 걸음 더 나아가서, 신회에 의해서 주도된 활대의 무차대회가 북쪽으로 가라는 혜능의 '부촉'에 의한 것임을 말하고 있다.

마지막으로, ⓒ의 문장은 실명을 거론하여 하택신회가 바로 제7조임을 감추지 않고, 공공연한 비밀[密示]처럼 묘사하고 있다. 혜능의 법을 이은 사람은 바로 '높은 산봉우리'인데, 그는 바로 신회의 속성인 고

(高)씨인 까닭이라는 것이다. 여기서 부촉한 인물이 누구인지를 묻는 물음에 대한 대답을 법해의 입을 빌린 것이나, 남·북종의 경계선으로 사용된 대유령(大庾嶺)도 역시 돈황본 『단경』의 기술을 기정 사실화하는 효과를 가진다. 혜능은 대유령의 남쪽으로 내려갔고, 신회는 북쪽에 기연이 있다고 말함은 북종과의 대론을 염두에 둔 발언이다.

이밖에 종밀은 실응사(實應寺)에 신회화상(神會和尙)의 탑(塔)이 안치되어 있고,[16] 정원(貞元) 12(796)년에 황태자의 칙에 의해서 각 선문의 종지를 해석하고 판정[楷正]하여 마침내 신회를 제7조로 모시었는데, 신룡사에는 그의 명기(銘記)가 있다고 한다.[17] 이것으로 보면 종밀은 분명하게 신회를 혜능의 법을 이은 제7조로 인식하고 있었다. 또 그것을 현창하는데 열중했다. 다른 말로 확대 해석을 하면 하택종은 정계이며, 상대적으로 마조의 홍주종은 방계라는 주장을 한 것이다.

그런데 역사적인 전거를 살려보면 실제로 온옥성(溫玉成) 씨에 의해서 발견된 『신회선사탑비(神會禪師塔碑)』나[18] 「대당동도탑명병서(大唐東都塔銘幷序)」에 의하면,[19] 종밀이 제시한 견해처럼 역사적으로 보면 하택신회는 분명하게 혜능의 법을 이은 제7조로 인정받고 있고, 영태원년(永泰元年, 765) 11월 15일에 용문보응사(龍門寶應寺)에 봉안되었다고 기록하고 있다. 아마도 종밀 당시의 신회에 대한 이런 평가는 객관적으로 상당한 설득력을 가지고 있었으리라고 생각된다.

그러나 시대가 지나면서 당나라 말에 청원계에 의해서 편집된 『조당집』(952년)이나 송초에 간행된 『경덕전등록』(1004년) 등에서는 한결같이 신회를 제7조로 기록한 경우가 발견되지 않는다. 이것은 종밀 시대와는 달라진 당말, 송대의 선종사 인식이 바뀌었음을 반영한 것이다.

쟁점으로 살펴보는 현대 간화선

특히 임제종 황룡파 각범은 바로 이점을 적나라하게 보여주는 대표적인 인물이다. 실제로 각범의 종밀에 대한 비판은 독설에 가깝다. 그는 종밀의 『승습도』를 인용하면서 다음과 같이 말한다.

㉠ 혜능대사가 입적할 때에 문인 행도(行稻), 초속(超俗), 법해(法海) 등이 "화상의 법은 어떻게 부촉되었는가"를 물었다. 스님은 "법을 부촉받은 사람은 20년 후에 북쪽에서 그것을 널리 선양하리라"고 대답했다. 다시 그들은 "그는 누구인가"라고 묻자, 화상은 "알고자 한다면, 큰 산봉우리 위에 그물을 덮으라."고 했다.

㉡ 종밀은 하택신회를 옹립하여 정계임을 확신시키고자, 그것을 해석하여 '영이란 고이다. 하택의 성이 고(髙)인 까닭에 비밀스럽게 제시한 것이다'고 한다. 남악회양을 방계로 내몰기 위해서 그러는데 그(하택신회)는 한낱 평범한 문도로서 이런 사람은 천명이나 된다고 한다.

㉢ 아, 사슴을 쫓는 사람은 산에 있으면서도 산을 보지 못하고, 황금을 탐내는 사람은 곁에 있는 사람을 보지 못한다는 옛말은 거짓이 아니다. 종밀의 눈에는 오로지 하택만 보인다. 그러므로 다른 선사들을 모두 헐뜯는다. 종밀의 뜻을 자세하게 음미해 보면 천년 뒤에도 비웃음을 살 것이다.[20]

위에서 ㉠은 종밀의 입장에서 법해 등 문인이 혜능에게 제7조에 대해서 묻는 것으로 『승습도』에서 인용한 내용이고, ⓛ도 마찬가지로 『승습도』를 인용한 것인데, 영(嶺)을 하택의 성인 고씨로 해석하는 부분을 그대로 옮겨놓은 것이다. 그럼으로써 종밀의 눈에는 오직 하택신회밖에 보이지 않는다고 비꼬면서, 회양을 방계로 치부한 점에 대해서 비판하고, ⓒ에서 각범은 종밀이 제7조로 신회를 옹립하는 것은 천년이 지난 후에도 비웃음을 살 것이라고 독설을 퍼붓는다.

아마도 이런 비판은 6조 이후의 정맥을 설정함에 있어서, 결과적으로 당나라 시대 하택종의 세력이 약화되고, 반대로 송나라에서 청원계와 남악계가 새롭게 중흥되면서 각각 행사와 회양을 중심으로 법통을 재정비하고, 시대의 변화에 따른 현실적인 사정을 반영한 비판임이 분명하다. 법통은 분명하게 역사적인 훗날의 기록으로 자파의 전통성을 확보하려는 노력의 일환으로 결코 객관성을 가진다고 말할 수가 없다. 자파의 이해득실에 따라서 얼마든지 왜곡하고 첨삭을 이룬 역사가 선종사이다.

그러면 시대를 앞당겨서 당나라 말이나 송초가 아니라 당나라 종밀의 경우를 살펴보자. 종밀이 신회를 옹립하는 중요한 근거는 바로 전의설이다. 신회가 전의설을 사용할 때는 6조를 현창할 목적이었지만, 종밀은 제7조에까지 확대하고 있다. 그런데 이 문제의 전의설이 문헌에 따라 각각 다르게 기술되고 있다. 이것을 『남종정시비론』, 돈황본 『육조단경』, 『역대법보기』, 『사자승습도』, 『조당집』, 『경덕전등록』, 덕이본 『육조단경』의 순서대로 비교하여 보면 다음과 같다.

표1: 법통에 관한 선종사서 기록

『菩提達摩』 南宗定是非論(732년)	經今六代 內傳法契 以印證心 外傳袈裟 以定宗旨 從上相傳 一一皆與達摩袈裟爲信 其袈裟今在韶州 更不與人餘物相傳者 卽是謬言(神會語錄, p.27)
敦煌本 『六祖壇經』 (750년경)	慧能一聞言下便悟 其夜受法 人盡不知 便傳頓法及衣汝爲六代 祖衣將爲信 稟代代相傳法 以心傳心 當令自悟五祖言 惠能自古傳法氣如懸絲 若住此間 有人害汝 汝卽須速去(大正藏 48, 338a)
『歷代法寶記』 (774년이후)	遂傳一領袈裟 以爲法信 語慧可 我緣此毒 汝亦不免此難 至弟六代傳者 命如縣絲 言畢遂因毒而終(大正藏 51, 181a)
『師資承襲圖』 (831년)	和尚將入涅槃 黙受密語於神會...然我此衣幾失身命 (數被北宗偸衣之事 在此傳之前文 今不能錄) 達磨大師懸記云 至六代之後 命如縣絲 則汝是也(卍續藏 111, 867)
『祖堂集』 (952년)	又問 此衣傳不 師云 後代之人 得道者恒河沙 今此信衣至汝則住 何以故 達磨大師咐囑此衣 恐人不信而表聞 法豈在衣乎 若傳此衣 恐損於物 受此衣者 命若縣絲(祖堂集, p.54)
『景德傳燈錄』 (1004년)	昔達磨初至人未知信 故傳衣以明得法 今信心己熟 衣乃爭端止汝不復傳也 且當遠隱俟時行化 所謂授衣之人命如縣絲也(大正藏 51, 223a)
德異本 『六祖壇經』 (1290년)	祖復曰 昔達磨大師 初來此土 人未之信 故傳此衣以爲信體 代代相承 法則以心傳心 皆令自悟自解 自古佛佛惟傳本體 師師密付本心 衣爲爭端 止汝勿傳 若傳此衣 命如懸絲 汝須速去 恐人害汝(大正藏 48, 349b)

위 〈표1: 법통에 관한 선종사서 기록〉에서 보듯이,『보리달마남종정시비론』(732년)에서 신회가 달마로부터 혜능 육대에 이르기까지 가사가 신표로서 전해지고 있는데, 현재 소주에 존재한다고 주장한 이후에, 돈황본『육조단경』(750년경)에서는 법과 옷을 전했고, 그것은 마치 생명

이 실낱과 같으며, 특히『역대법보기』(774년 이후)에서는 달마의 입을 빌려서 가사가 6대에까지 전해진다고 말한다. 이와같이 전의설은 분명하게 바로 신회에 의해서 주장되어,[21] 한결같이 육조혜능을 염두에 두었는데, 이는 이후의 문헌에서 계속적으로 차용되고 있음을 알 수 있다.

그런데 종밀의『승습도』에서는 6대까지 전의설을, '6대 이후에 이르기[至六代之後]까지'라고 하여 신회를 고려한 제7대로까지 확대시키고 있다. 이것은 명백하게 신회의 전의설을 계승한 종밀의 의도적인 변형이다.

그러나 당나라 말의『조당집』(952)에서는 '금일 이 믿음의 가사는 너에게 이르러 멈추라[今此信衣至汝則住]'로, 송나라『경덕전등록』에서는 '가사는 쟁론의 출발로서 너에게 이르러서는 다시 전하지 말라[衣乃爭端止汝身不復傳也]'로, 13세기 원나라 덕이본『육조단경』에서는 '가사는 쟁론의 시작이니 너에게서 멈추고 전하지 말라[衣爲爭端 止汝勿傳]'라고 했다. 이것은 육조혜능 이후에는 가사를 전하지 말라고 분명하게 언급한 것으로 신회까지 확대 적용하는 종밀의 견해를 반박한 것이다.

이것은 종밀에 의해서 신회까지 확대된 전의설을 당말 이후의 문헌에서 정면으로 부인하고 있을 뿐만 아니라, 신회에 의해서 촉발된 전의설 자체를 폐기 처분하는 것이다.『조당집』은 청원계의 설봉 하에서 편찬된 전등사서이며,『경덕전등록』은 남악계가 강조된 편집 경향을 띠고 있고, 덕이본『단경』은 남송 간화선의 전통을 계승한 원대 임제종의 입장을 표출한다. 이것은 법통의 문제가 계속하여 전승자들이나 역사를 기술하는 입장에 따라서 변경되었으며, 역사를 자신들의 입장에 유리하게 개환했다는 것을 의미한다.

그렇기에 역사를 바라볼 때 시기별로 구분하여 볼 필요가 있다. 다시 말하면 당나라 하택과 종밀 시대, 당나라 말, 송대 선종의 입장 등으로 서로 시대를 구분하여 볼 필요가 있다. 이것은 곧 역사를 하나의 일직선이나 연속된 라인으로 볼 수 없다는 말이다. 본래적 성품으로서 주인공에서는 서로를 방해하지 않지만, 그것과는 다르게 선종사의 자료는 자신들의 계통에 맞추어서 자의적으로 기술하면서, 서로 다른 선종사 인식을 보여준다.

물론 이것을 어떻게 볼 것인가하는 문제는 후세의 평가이다. 부정적으로 보면 비열한 날조이지만, 사실 긍정적으로 보면 새로운 사상의 출현인 것이다. 역사 속에서 승리자는 역사를 자신의 입맛에 맞도록 가공하곤 했음을 자주 본다. 바로 이런 관점/시각의 변화가 바로 역사임을 인정해야 할 것 같다. 오늘날의 입장에서 보면 객관적인 자료와 근거에 의거해서 판단해야함이 역시 요구된다.

III. 사종선의 심성론과 수증론

앞에서 송대 선종에서 종밀을 비판한 역사적인 배경을 살펴보았다. 여기서는 그 심리학적인 기반으로서 심성론과 실천적인 측면에서 종밀에 대한 황룡파의 각범과 이후 양기파 선장(禪匠)들의 입장을 살펴본다. 마음을 이해하는 방식과 그 마음을 체득하는 방식의 차이점이 구체적으로 무엇인지를 살펴본다.

1. 종밀의 사종선 분류와 홍주종 비판

  종밀은 징관과 마찬가지로, 선종을 문자에 의하지 않고 마음에 의한 마음의 가르침이라고 정의한다. 그렇지만 그는 이런 달마의 법이 후대로 내려오면서, 마음을 어떻게 볼 것인가 하는 심성에 대한 이해와 해석이 달라지면서, 다양하게 분파되어 결국은 본래의 의미가 왜곡되고 혼란스럽게 되었기에,[22] 선종의 각 분파를 분류하여 체계화시키고, 나아가서 정계와 방계를 가릴 필요가 있다고 보았다.[23] 물론 이런 시도는 갈등 관계에 놓인 사상계를 통합한다는 매우 중요한 뜻을 가지고 있지만, 한편으로는 이런 과정을 통해서 또 하나의 자파의 철학적 입장을 대변할 수밖에 없었다. 종밀은 『승습도』에서 하택종을 중심으로 선종을 크게 네 형태로 나누고 그들의 사상을 정리하고 평가한다.

  종밀은 달마가 전한 가르침이란 바로 '이 마음(此心)'이라고 전제하고, 이 마음은 일체 중생의 청정한 본각(本覺)이며, 또한 불성이고, 혹은 영각(靈覺)이라 이름한다고 말한다. 미혹하여 일체의 번뇌를 일으킬 때도 〈이 마음〉을 떠나지 않고, 깨달아 한량없는 묘한 작용을 일으킬 때도 역시 〈이 마음〉을 떠나지 않는다고 말한다. 묘한 작용과 번뇌의 공과(功過)는 미혹과 깨달음에 그 차이가 있지만, 〈이 마음〉과는 다르지 않다고 말한다. 그러나 이 마음을 이해하는 근기와 방편에 따라서 견해가 달라지고, 후대로 내려오면서 더욱 차이가 생겨났다고 본다.[24] 그러므로 이제는 그것들을 분별하여 우열을 평가할 필요가 있다고 생각한다.

이는 중국 종파불교에서 채택한 교판론적 사고이다. 종밀은 마음을 두 가지의 측면에서 파악한다. 하나는 '한마음'에 미혹되어 번뇌를 발생하는 측면과 다른 하나는 깨달음에 기초한 묘한 작용을 일으키는 측면이다. 심성을 이해하는 종밀의 이런 관점은 『화엄경』이나 『기신론』의 이해방식을 따른 것이다. 화엄사상에서 법계연기는 불변(不變)과 수연(隨緣), 『기신론』의 일심에는 진여문(眞如門)과 생멸문(生滅門)의 두 측면이 있다. 종밀은 〈이 마음〉을 미혹/깨달음, 번뇌/묘용, 수연/불변, 생멸/진여라는 두 측면이 있다고 전제하고, 이런 관점과 판정기준을 가지고 심천(深淺)에 따라 선종을 크게 북종, 홍주종, 우두종, 하택종 등 네 종파로 분류한다.

먼저 신수 북종의 심성론은 다음과 같다. 곧 모든 중생은 본래의 깨달음을 가지고 있지만, 번뇌에 뒤덮여 있어서 그것을 보지 못한다고 한다. 그러므로 실천은 당연히 거울의 번뇌를 닦는 일에 집중되어 있다. 비유하자면 밝은 구슬이 있으나 검정색으로 물들어져 그것을 닦아야 비로소 밝음이 드러난다고 하는 것이다. 그러나 종밀은 이것을 망념이 본래 공적함을 알지 못한 수행론이라고 평가한다.

반대로 홍주종은 생각이 일어나고 손가락을 움직이는 행위들이 모두 그대로 불성의 작용이라고 본다. 선악과 언어의 작용은 물론이고,

탐내고 성내는 번뇌를 일으키는 이 성품이 그대로 참된 '전체의 작용[全體之用]'이다. 따라서 수행의 이치는 여기에 순응하여 마음을 일으켜서 악을 끊지 아니하고, 또한 마음을 일으켜서 도를 닦지 않는다. 도란 곧 이 마음이다. 마음을 가지고, 마음을 닦을 수가 없다. 조작하지 않고 가는 대로 맡겨서 자재[任運自在]한 이가 바로 해탈한 사람이다. 종밀은 이런 홍주종의 심성론과 수행론에 대해서, 이것은 온통 검은 색이 그대로 구슬이라는 주장으로, 구슬 자체의 존재를 알지 못한 처사라고 평가한다. 달리 말하면 다른 시간에 다른 색깔이 비치면, 변화된 그것도 그대로 구슬이라고 인식하여, 두 개 이상의 구슬이 존재하게 되는 오류가 있다고 본다.

그런데 우두종의 경우는 구슬과 색깔을 모두 부인해 버린다. 모든 법은 본래 꿈과 같아서 본래 아무 일이 없다. 마음의 대상도 본래 고요하다. 이와 같이 능히 아는 것도 역시 꿈과 같고, 마음 내지 열반도 역시 꿈과 같고 환(幻)과 같다. 그렇기 때문에 본래 일 없음으로 깨달은 이치로 삼고, 그리하여 잘못된 견해를 끊는 것으로 수행을 삼는다. 비유하자면 우두종에서 구슬을 보는 방식은 비추는 작용도 없고 비추어진 대상으로서 색깔도 없다.

마지막으로 하택종은 잘못된 견해와 그 대상이 함께 공적한 마음의 영지(靈知)가 어둡지 않은 이것이 바로 달마가 전한 마음이라고 본다. 미혹할 때에도 임하고 깨달음에도 임하는 마음의 본래적인 '知'는 인연에 의지하여 생하지도 않고, 경계를 따라 일어나지도 않는다. 미혹하여 번뇌를 일으킬 때도 또한 알며, 번뇌가 없이 깨달아 신통한 변화를 일으킬 때도 안다. 이 '知' 한 글자는 모든 묘함의 근본이다.[25] 제4장에서도 살펴보았듯이, 종밀은 하택신회의 사상을 '知' 한글자로 요약하고 있다. 이 '知'에 미혹하면 곧 나와 나의 소유 등의 애착을 일으킨다. 그러므로 수행은 '생각이 일어나면 곧 깨닫고 깨달은 즉 그것은 없다'는 것에 그 묘한 요점이 있다.

이상으로 사가(四家)의 견해는 마음을 이해하는 방식이 다름으로 인하여 수행하는 방식이 달라짐을 보여준다. 그러나 실제로 종밀은 불변(不變)과 수연(隨緣)의 두 입장을 기준으로 하여 네 종파의 심성론과 수증론을 분배하여 설명하고 있을 뿐이다. 이것을 표로 정리하면 아래와 같다.

표2: 사종선 비교

종파	불변	수연
북종	O	×
홍주종	×	O
우두종	×	×
하택종	O	O

위의 〈표2: 사종선 비교〉에서 보듯이, 초기 중국의 사종파란 거울의 불변적 측면인 바탕[體]과 비추어진 대상의 수연적 측면인 작용[用]이 결합된 네 가지 경우의 수인 것이다. 불변과 수연이 모두 결여된 심성론을 보여준 경우는 우두종의 경우이다. 불변은 존재하나 수연을 번뇌로 파악하는 경우는 북종 신수의 견해이고, 반대로 불변의 측면을 인정하지 않고, 작용이 그대로 모두 옳다고 보는 심성론은 바로 홍주종의 경우이다. 그러나 이들은 모두 구슬의 체/용의 한 쪽만을 보거나 모두

를 보지 못하는 결함을 가진다고 본다. 오직 하택종만이 구슬의 불변적인 측면과 작용하는 측면을 모두 인식한다. 이것이 바로 知를 매우 중요하게 중시하는 이유이다. 이 知는 구슬의 본체이고 동시에 작용을 나타낸다. 달리 말하면 知는 바로 구슬 자체로 대상을 비추지만, 항상 공적하면서도, 그것에 속지 않는 신령스러운 앎의 작용을 가진다. 물론 이런 해석은 종밀의 견해이다. 신회는 지(知)보다 견(見)을 더 중시하였음을 제4장에서 살펴보았다.

신회는 활대의 무차대회를 통하여, 달마의 법을 계승한 정계(正系)로서 혜능을 선양하는 과정에서 신수의 북종을 공격한다. 그것은 다름 아닌, 번뇌가 공적함을 알지 못하는 점수(漸修)적 태도에 그 초점이 모아졌다. 하지만 종밀은 다시 신회를 현창하면서 홍주종을 방계로 분류하였다. 홍주종은 구슬의 작용만 알았지, 구슬의 바탕을 알지 못하고, 돈오만 알고 있지 점수를 모르고 있는 약점을 가지고 있다고 본 것이다.

그러나 현실적으로 보면, 신회가 북종을 비판했던 이유는 북종의 신수가 대도(大道)에서 매우 크게 번창한 것에 대한 견제였다. 마찬가지로 종밀의 경우에도 이미 쇠퇴한 우두종이나 북종보다는 현실적으로 강력하게 일어난 홍주종에 비판의 화살이 향해졌다. 그 만큼 영향력의 증대에 따른 자파의 정통성 확립에 대한 필요성이 있었기 때문이 아닌가 생각된다. 신회가 북종을 비판한 만큼이나, 종밀은 홍주종을 비판하는데 많은 지면을 할애한다. 이것을 정리하면 네 가지로 분류된다.[26]

첫째는 앞에서 살펴본 바가 있는 진공묘유(眞空妙有)의 입장에서 비판한다. 홍주종에서도 하택종에서 말한 공적영지(空寂靈知), 혹은 쌍조적지(雙照寂知)와 같은 유사한 개념으로 영각(靈覺)이나 감조(鑒照)와 같은 개념을 사용한다. 홍주종의 영각은 언어의 분별적인 일상행위에 한정됨으로써, 스스로 한계를 가진다. 진공묘유는 진공의 바탕과 묘유의 작용이 함께 한 개념이지만, 홍주종의 평상심은 바탕[體]이 배제된 작용[用]에만 한정된다고 비판한다. 『화엄경』에서도 언급한 바와 같이 지(智)와 지(知)는 서로 차이점이 있다. 智는 성인에게만 한정되지만, 知는 성인과 중생에게 함께 적용되는 개념이다.

둘째는 심성론에 의한 비판이다. 종밀은 진심의 체로 비유되는 구슬이 가지는 작용을 다시 자성본용(自性本用)과 수연응용(隨緣應用) 두 가지로 나눈다. 예를 들면 구리거울의 경우에 거울의 근본적인 바탕(體)의 재료가 되는 구리를 자성체(自性體)로 분류하고, 구리의 밝은 면을 자성용(自性用)이라 하고, 그 밝은 면을 따라 나타나는 그림자를 수연용(隨緣用)이라고 구별한다. 다시 말하면 구리의 본래 고요한 측면[常寂]은 자성체(自性體)가 되고, 항상 대상을 비추어서 아는 측면[常知]을 자성용으로 보고, 언어처럼 능히 분별하는 행위 등은 수연용이 된다. 그래서 홍주종의 전체작용이란 수연용의 의미로 자성용이 결여된 관점이라고 비판한다.

세 번째는 현량(現量)과 비량(比量)에 의한 관점이다. 홍주종은 마음의 바탕은 대상을 지시할 수 없다고 말한다. 그럼으로써 움직이는 행위에 의해서만이 그것을 경험할 수 있고, 불성이 있음을 알 수 있다고 말한다. 이것은 분명하게 직접적인 방식이 아니라, 작용을 통해서 마음의 바탕을 추리하는 비량이라고 본 것이다. 그러나 하택종에서는 곧장 능히 알 수가 있는, 이 知가 바로 마음이라고 말한다. 그러므로 이것은 명백하게 직접적 지각인 현량이다. 이런 점에서 홍주종은 불성에 대한 직접적인 인식으로서 현량이 결여되었다고 본다.

넷째로 홍주종에서는 점수가 결여되었음을 비판한다. 사람에게는 돈오와 점수의 두 문이 있는데, 홍주종은 돈오문에 가까우나 탐내고 화내고 자비와 선함[貪瞋慈善]이 모두 다 불성이라고 함으로써 온전하게 적실(的實)하지 못하고, 점차로 닦아가는 점수문을 어겼다고 말한다. 오직 하택종만이 돈오와 점수문을 함께 갖추고 있다고 말한다. 이점은 또한 송대에 들어와서 성리학을 제창한 주희가 선종을 비판하면서 종밀의 논리를 채용한 측면이다. 곧 송대 선종은 점수의 길을 배제하고 돈오만 강조함으로써, 현실문제와 윤리적인 측면을 소홀히 하였다고 종밀은 비판한다.[27]

이런 종밀의 홍주종에 대한 다양한 각도에서의 비판은 하택종의 우월성을 주장한 것이지만, 결국은 현실적인 면에서 강성했던 홍주종에 대한 과도한 의식에서 비롯된다. 종밀의 비판이 정당한가를 떠나서, 종밀이 화엄의 심성론에 입각하여 사종선을 분류하고, 선종을 크게 네 분파로 나누어서 그 우열을 구별한 것은 당대에 유행한 교판적 사고방식을 완전하게 배제하지 못한 흔적이기도 하다. 왜냐하면 심성엔 불변과 수연, 진공과 묘유, 현량과 비량이 모두 있는데, 양자를 모두 갖추어야 더욱 우월하다는 논리는 바로 중국의 화엄불교가 만들어낸 교판론적인 관점이기 때문이다. 이런 점에서 종밀은 선종의 인물이기보다는 확실하게 화엄종에 속하는 인물로 평가할 수가 있다.

2. 송대 임제종의 하택종 비판

당 말의 혼란기를 지나서 국정이 안정되자 송대에서 선종, 천태종, 화엄종은 서로 경쟁적으로 자신들의 정체성을 확립하기 위해서 다른 종파의 교의를 비판한다. 송대에서 종밀의 화엄철학에 대한 비판은 천태종에서 뿐만 아니라,[28] 임제종에서도 다양하게 발견된다. 송대의 불교계는 화엄종이나 선종은 서로에게 영향을 받는 측면도 있지만, 한편으로는 비판을 통해서 자신들의 철학적인 입장을 강화하는 방향으로 나아가는 경향을 보여준다.

먼저 송대 임제종에서 종밀 철학에 대한 비판은 첫째는 종밀의 사종선 분류와 평가부분에 향해 있고, 둘째는 공적영지(空寂靈知)의 심성론에, 마지막으로는 신회를 지해종도로 평가절하한다는 것이다.

첫 번째로 홍주종에 대한 종밀의 평가에 대해서 보면, 마조의 '잘못된 인식에서 참됨을 밝힌다[卽妄明眞]'는 것을 종밀은 바로 검정색을 그대로 구슬이라고 보는 견해라고 한다. 이것은 이해하는 사람에 따라 시각차이가 있는 듯하다. 송대 임제종 황룡파의 각범은 사종선에 대한 종밀의 이해가 편협하다고 지적한다. 이를테면 "마조 문하의 남전(南泉), 백장(百丈), 귀종화상(歸宗和尚)은 한결같이 삼장에 두루 인연이 있어서 진망(眞妄)을 함께 선명하게 밝혔다. 그들의 도가 다만 검정 구슬이겠는가"라고 각범은 반문한다.[29] 종밀이 홍주종을 비판하면서 그들은 마음바탕의 자성작용이 결여되고 오직 수연용만이 존재한다고 보는데, 이런 분류는 정당하지 못하다는 것이다. 사실 마조의 어록을 통해서 직접 그의 입장을 보면 이렇다.

자성은 본래 구족된 관계로, 선악에 머물지 않는 것을 수도인이라
고 부르며, 일체 중생은 본래부터 법성삼매(法性三昧)에서 벗어나지
않는 까닭에 옷 입고 밥 먹는 일과 사람을 만나서 대화하는 일체가
그대로 법성이다.[30]

이것은 종밀의 평가처럼 마조에게는 수연용만이 있고 자성용이
없다고 말할지도 모르지만, 각범의 입장에서 변호해 보면 마조는 결코
자성을 부인하지 않았으며, 또한 자성용과 수연용의 구별은 무의미하
다. 그것이 검정색이든지 무엇이든지 다만 물들지 않는 작용만이 중요
하다. 왜냐하면 만약 반조해 보면, 그 작용 전체가 그대로 성스러운 마
음인 까닭이다.[31] 이런 점에서 홍주종은 종밀의 비판처럼 자성을 인식
하지 못한 것도 아니고, 성리학의 비판처럼 윤리적인 측면이 무시된 것
도 결코 아니다.

이런 각범의 입장은 종밀철학의 핵심을 이루는 본래적 '知'에 대한
비판에서 분명해진다. 知는 종밀의 심성론과 선교일치를 비롯한 제종
융합의 회통적인 근거가 된다. 중요한 그 만큼 송대 임제종으로부터 비
판의 대상이 되었다. 각범은 종밀의 심성론에 대해서 다음과 같이 평가
한다.

종밀은 말했다. 공적(空寂)으로서 자기를 삼고, 색신(色身)으로서
자기를 삼지 말라. 영지(靈知)로서 자기의 마음을 삼고 망념을 따라
가지 말라. 이렇게 한다면 임종 시에 자연히 짧음이 길게 되고, 거
침이 묘하게 될 것이다. 항상 이렇게 관하여 현행한다면, 이것이 바

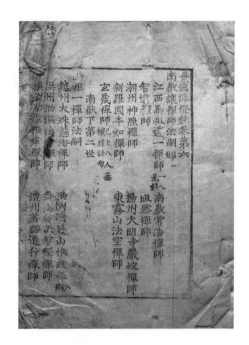

로 참다운 지혜의 힘이다.

(그러나) 이것은 모두 그렇지는 않다. 무리가 이 이름을 쫓아간다면,

더욱 도를 가볍게 하는 것[輕道]이 더욱 깊어질 뿐이다.[32]

각범이 말한 도를 가볍게 여김이란 비유적인 표현이기 때문에 충분하게 의미가 전달되는 것은 아니지만, 무슨 말을 하려는 의도인지는 알 수가 있다. 당 덕종은 한림학자인 육지(陸贄)와 더불어서 정승인 노기(盧杞)에 대해서 논했다. 당시 정승인 노기가 정무에 전횡을 일삼아서 국정이 문란하게 된 상황이었다. 이점에 대해서 덕종은 육지에게 "천하가 노기의 간사함을 다 알고 있는데, 짐만이 그것을 알지를 못했다"고

말한다.[33] 각범은 이것에 대해서, '덕종이 노기의 간사함을 알지 못한 것은 바로 도를 가볍게 한 것[輕道]'이라고 말하고, '도를 존중하여[敬道], 자신을 반성하여 천하의 이치를 구한다면, 간사함과 삿됨에 어찌 어두워지겠는가' 라고 평가한다.[34]

여기서 〈도를 가볍게 한다〉는 이 표현은 바로 하택종의 知를 가리키는 말이다. 각범이 의도하는 바는 분명하게 知는 도를 가볍게 한다는 것이다. 반면에 홍주종의 입장은 사물의 이치를 너무 가볍게 판단해 버리지 않고, 그것을 존중하여 이치를 참구하는 일을 귀중하게 여긴다는 것을 말하고 있다. 각범은 종밀의 知를 진리를 가볍게 만드는 분별로 이해하고 있는 듯하다. 물론 이런 이해는 신회의 의도와는 상당한 거리가 있다. 제4장에서 살펴보았지만, 하택신회가 의미하는 知는 불성의 다른 말로 결코 분별이 아니다. 그것은 돈황본 『육조단경』에서 보듯이, 무념이고, 무주이고, 무상의 반야를 의미한다.

하지만 각범은 가벼움[輕道]과 중시함[敬道]를 구별한다. 도를 가볍게 여김과 도를 중시한다는 것은 바로 신회를 덕이본 『단경』에서 지해종도로 평가절하하는 일과 직결되어 있다. 그것은 신회와 회양을 대립시키는 송대 선종의 인식을 보여주는 대표적 사례이다. "어느 날 혜능은 대중에게 말했다. 나에게 한 물건이 있다. 이것은 머리도 없고 꼬리도 없고 이름도 없고 글자도 없으며 얼굴도 없고 등도 없다. 너희들은 알겠느냐? 그 때 신회가 나와서 대답했다. 그것은 모든 부처의 본원이며 신회의 불성입니다." 여기까지는 『경덕전등록』의 기록과 일치한다. 그러나 덕이본 『단경』에는 다음 구절이 첨가되어 있다.

쟁점으로 살펴보는 현대 간화선

이때 혜능은 말했다. 내가 너에게 이름도 없고 글자도 없다 했는데, 너는 곧 본원이니 불성이니 하는구나. 앞으로 네가 종사가 된다고 하여도, 다만 지해종도 밖에 되지 않을 것이다.[35]

여기서 첨가된 요점은 신회에 대한 평가인데, 그를 지해종도(知解宗徒)라고 낙인을 찍는 것이다. 물론 이 내용은 당대에 편찬된 돈황본 『단경』에는 없다. 당말, 송대의 문헌에 나타난 바로서[36] 신회나 종밀에 대한 역사적인 평가와는 무관한 송대 선종의 인식을 반영한다.

반대로 회양의 경우는 혜능의 같은 질문에 어쩔 줄을 모르다가 8년이나 지나서, 다시 찾아와 "설사 한 물건이라고 해도 맞지 못하다"고 대답하여 참다운 혜능의 법을 이었다는 것이다.[37] 〈이 한 물건이 무엇인가〉라는 질문에 자신의 본원과 불성이라고 대답하는 신회의 접근방식은 교학적인 용어를 사용한 점에서 '쉽고, 가벼움'을 특징으로 한다고 본 것이다. 각범의 용어로는 '도를 가볍게 다루는(輕道)' 처사인 것이다. 그러나 회양의 그것은 '심중하고 어렵다.' 다시 말하면 그에게는 신회에게 없는 8년의 고뇌가 있다. 그래서 각범의 표현은 '도를 존중한다(敬道)'는 표현을 쓴다. 이것은 곧 불립문자(不立文字) 교외별전(敎外別傳)의 사상에 기초한 평가이다. 그러나 돈황본 『육조단경』에는 하택신회의 태도가 도를 가볍게 본다는 증거는 어디에도 없다. 그것은 오히려 송대 이후의 왜곡된 인식에 근거한 혜홍각범의 의견일 뿐이다.

이런 신회/회양의 대립된 구도는 종밀의 하택종을 비판하기 위해서 송대에 만들어진 설화로, 이 문답이 의도한 바는 분명하다. 신회의 知와 종밀의 선교일치 사상을 비판하여 송대에서 확립된 교외별전의 임제종풍을 더욱 확고히 다지고자한 것이다. 물론 종밀도 역시 선종의 성격을 "달마가 서쪽에서 와서 오직 전하는 것은 마음의 법이다. 그런 까닭에 스스로 나의 법은 마음에 의해서 마음을 전하지, 문자를 세우지 않는다"고 말한다.[38] 분명하게 종밀은 불립문자를 말했지만, 결코 교외별전을 언급하지 않았다. 오히려 송대에 성립된 〈불립문자 교외별전〉의 사상은 신회와 종밀의 선교 융합적 태도에 대해 비판하면서, 성립되었다고 할 수 있다. 실제로 선종의 사상을 대변하는 〈이심전심〉이나 〈불립문자〉와 같은 구절들은 당대의 문헌에서 쉽게 찾아볼 수 있다.

그러나 선종의 사상을 대변하는 〈교외별전〉이란 연구를 포함한 사구의 모토는 당대에 확립된 것이 아니라, 송대 임제종 특히 황룡파에 의해서 완결되었다. 물론 선종의 모토로 알려진 사구는 당대의 자료에 나타나고 있다.[39] 하지만 완전한 사구(四句)로서 교외별전의 의미로 출현한 것은 역시 송대에 들어와서 비롯되었다.[40]

'선종'이란 용어와 마찬가지로 '이심전심 불립문자'라는 표어는 초기 중국선이 형성된 이후 학문적으로 체계화시킨 규봉종밀의 『도서(都序)』에서 사용되고 있다.[41] 여기서 말하는 불립문자는 '말을 잊고 뜻을 얻어야 하고, 뜻을 얻는 즉 이것이 마음을 전한 것[須忘詮得意 得意卽是傳心]'이라고 하는 경전을 배격하지 않는 선교일치의 입장이다. 그러나 송대에 성립된 교외별전의 의미는 녹야원(鹿野苑)에서 발제하(跋提河)에 이르기까지 48년 동안 한 번도 설한 적이 없고, 아난이 아닌 가섭에게 금난가사 외에 따로 전해진 법을 가리킨다. 이것은 종밀의 선교일치설을 계승한 영명연수의 『종경록(宗鏡錄)』을 비판하면서 형성된 송대 임제종의 선사상을 대변한다.[42]

이를테면 선교일치적 경향이 있는 법안종의 계열인 도원(道原)이 1004년에 찬한 『경덕전등록』까지도 당시의 사상적인 동향을 무시할 수는 없었다. 『경덕전등록』에서 전하고 있는 달마대사 '피육골수(皮肉骨髓)'의 전법설(傳法說)은 선교일치의 사상으로부터 교외별전의 사상으로 변천하는 과정을 도원이 감지하고서, 교관일치(教觀一致)의 천태종을 의식하여 반영한 것이라고 생각된다.[43] 다시 말하면 교외별전의 사상은 당대보다는 송대의 종파적인 대립과정에서, 특히 선교일치의 사상에 대한 반동에 의해서 확립되었다. 이러한 교외별전 사상은 오늘날 한국선의 저변에 전승되고 있다.

한편 남송에서 활약한 임제종의 양기파에서도 북송시대 황룡파의 종밀 비판을 알고 있었다. 이를테면 원오극근은 어느 날 상당법문에서 신회/회양의 대립구도를 언급하면서 다음과 같이 말한다.

> 조사[慧能]는 말했다. "여기에 한 물건이 있으니 위로는 하늘을 받치고 아래로는 땅을 덮는다. 항상 동용(動用) 가운데 있지만, 그 동용 가운데에 휩쓸리지 않는다." 이것을 일러서 '본원(本源)의 불성이 현현(顯現)함이라'고 함은 지해종도요, '설사 한 물건이라고 해도 맞지 않다'고 함도 역시 삼계의 길목을 벗어나기 힘들다.[44]

여기서 언급한 신회와 회양의 양자구도를 알리는 부분은 '이것을 일러서 본원의 불성이 현현함이라고 함은 지해종도요, 설사 한 물건이라고 해도 맞지 않다고 함도 역시 삼계의 길목에서 벗어나기 힘들다'고 한 부분이다. 전자는 신회를 가리키고, 후자는 회양을 말한다. 그런데 여기서 〈한 물건〉에 대한 대립되는 양자를 모두 함께 부정하고 문제 자체를 해소하고 말없는 세계로 직입(直入)하게 한다.

이점은 분명하게 황룡파와는 또 다른 인식으로서 양기파의 변화이다. 신회를 비판하고 회양의 입장을 추구하는 것이 아니라 양자를 함께 물리친다. 불성도 아니요, 한 물건도 아니요, 그러면 이것은 무엇인가? 이런 모습은 원오뿐만 아니라 대혜에게서도 발견된다.

> 남전(南泉)은 도란 知에도 不知에도 속하지 않는다고 말한다. 규봉이 말하는 영지는 하택이 말한 '知 한 글자가 중묘(衆妙)의 문이라'고 한 것이다. 황룡사심(黃龍死心)은 '知 한 글자는 중과(衆過)의 문이다'라고 말한다. 규봉과 하택의 길은 쉽고, 황룡의 길은 어렵게 보인다.
> 이 속에서 양자를 넘어서는 안목을 갖추어야 한다. 자기가 얻지 못하면 다른 사람에게 전하지 못하는 것이다. 그래서 원오선사는 말했다. 조주선이 다만 입술 위에 있다면, 무엇이 어렵겠는가? 용병을 잘하는 사람은 양곡만을 가지고 다니지 않고 수초까지도 양식으로 삼는 것과 같다.[45]

위에서 하택신회가 말했다고 하는 〈知는 온갖 묘함[衆妙]의 문이다〉는 구절은 하택의 어록에는 나오지 않는 말이다. 이것은 제4장에서 살펴본 바와 같이 화엄종의 징관이 하택신회를 이해하면서 사용한 용어이고 종밀이 이것을 발전시킨 것이다. 그럼에도 불구하고 송대 선종은 위 구절을 하택신회의 중심된 사상으로 일단 간주하고 비판하고 있음

쟁점으로 살펴보는 현대 간화선

을 알 수가 있다. 아무튼 종밀은 知를 자성지(自性知)과 수연지(隨緣知)로 구별하고 선교의 갈등을 통합하려는 의도를 갖고 있었다.

그러나 선교일치를 비판하고 교외별전의 사상을 확립한 송대 임제종의 황룡파에서 보면, 선교일치의 知는 지해의 분별이요, 그래서 〈온갖 재앙의 길〉인 것이다. 그러나 원오극근과 대혜는 신회와 종밀의 입장과 회양을 옹립하는 황룡파의 입장, 이들 모두에서 벗어난 안목을 갖추도록 요청한다. 이점은 분명하게 북송의 황룡파와는 다른 시각으로 교외별전에 의한 사자상승의 선명성에서 경쟁관계에 있었던 남송 양기파의 인식을 보여준 점에서 의의가 있다. 이상을 요약하면 이렇다.

종밀의 화엄선(禪敎一致) → 황룡파(敎外別傳) → 양기파(看話禪)

북송 황룡파의 교외별전 사상은 바로 선교일치 사상을 비판하고 화엄교학과 구분하는 선명성을 강조하면서 성립되었다. 반면에 남송시대에 성립된 양기파는 남송의 공안선을 비판하면서 간화선을 확립하게 된다. 이런 간화선 성립의 역사적인 배경은 중요한 지점이다. 남송대의 간화선은 철저하게 침묵의 교외별전(敎外別傳)의 입장에서 신회와 회양, 양자를 모두 벗겨냄으로써 진실/본성/불성을 드러낸다. 이런 기능적인 역할이 화두를 통해서 이루어진다는 점에서 결과적으로 교외별전의 사상은 간화선 성립의 기초가 되었다고 할 수 있다.

IV. 맺는말

　　종밀의 화엄철학은 크게 두 부분으로 구별된다. 하나는 법통문제를 중심으로 한 선종사에 대한 인식이고, 다른 하나는 마음을 이해하고 수행하는 문제이다.

　　먼저 종밀의 선종사 인식은 철저하게 하택신회를 계승하는 모습을 보여준다. 사자상승의 전통은 일인에게 적용되었는데 7조에까지 확대적용되며, 그가 바로 혜능의 지시에 의해서 북쪽에서 남종을 선양한 신회라고 주장한다. 이에 대해서 송대 임제종의 황룡파를 대변하는 각범은 신회를 옹립하려는 종밀의 주장일 뿐이고, 진실한 혜능의 계승자는 회양이라고 주장한다.

　　그런데 혜능이 6조라는 증거를 제시하기 위해서, 신회에 의해서 처음으로 주장된 전의설(傳衣說)은 선종사의 이해에 따라서 이후 계속적인 변천을 겪는다. 그 변화는 세 가지인데, 종밀 이전에는 대체로 6대까지 가사가 전승되지만, 종밀은 신회를 염두에 두고서 7대까지 확대하고 있으며, 송대에 들어와서 만들어진 『경덕전등록』이나 덕이본『단경』과 같은 선종사서들은 다만 가사를 6대까지만 전승되고 그 이후에는 전하지 말라고 말한다. 이것은 바로 혜능 이후 신회를 7대로 옹립하는 종밀의 견해에 대한 부정을 의미한다.

다음으로 종밀은 불변과 수연이라는 화엄적인 심성론에 입각하여, 초기 선종의 제 종파를 사종선(四宗禪)으로 분류하여 하택종의 우월성을 입증하려한다. 그는 특히 홍주종의 심성론과 수증론이 가지는 한계를 강력하게 비판했다. 심성론에서는 자성용을 부인하고, 수연용만을 인정한 점이나, 수증론에서는 사회 참여적이고 윤리적인 강점이 있는 점수의 길을 봉쇄하고, 초월의 돈오만을 주장한 점을 힐난했다.

그러나 각범을 비롯한 송대 임제종은 종밀의 선교일치적 관점을 비판하면서 교외별전의 교의를 확립시켰다고 보여진다. 첫째로 사종선의 분류는 현실적인 객관성보다는 종밀의 분류방식에 꿰맞추는 측면이 강한데, 이에 대해 마조는 결코 자성용을 인식하지 못한 것이 아니며, 수연용에 결코 윤리적인 측면이 무시된 것이 아니라는 입장이다. 둘째로 종밀의 〈知一字〉는 회통철학의 중요한 도구이지만, 그것은 분별이고 온갖 재난의 문이라고 혹평한다. 화엄종에서 의미하는 知의 개념으로는 참다운 교외별전의 입장에 계합하지 못하기 때문이다. 세째로 혜능의 문답에서 보여주는 신회의 입장은 〈도를 가볍고 쉽게〉 처리한 지해종도의 길이라고 금지한다.

이런 송대 임제종의 종밀비판은 결국 송대 선종의 특징인 불립문자 교외별전의 입장을 더욱 강화하는 방향으로 흘러갔고, 이것은 송대에 들면서 공안 형성에 초석이 되었고, 멀게는 간화선의 성립에 직접적으로 영향을 준 것으로 평가된다. 그렇지만 종밀이 그랬듯이, 송대 선종의 하택신회에 대한 평가는 객관적인 이해라기보다 시대가 변하고 새로운 선사상이 형성되면서 야기된, 종파적 편견이 크게 작용한 측면도 있다.

이렇게 보면 법통의 문제는 허구에 불과하다. 후세의 자파의 입장을 확보하려는 허위의식에 불과하다. 과거의 자료를 조작하고 자파의 입장에 맞도록 왜곡시키고 첨삭을 가한다. 이게 선종의 법통사이다. 그렇긴 하지만 이런 면을 제거하고 보면, 결국 종밀과 송대 선종을 거쳐서 남송에 이르기까지 간화선의 성립은 사상적으로 보면 '선교일치 → 교외별전 → 간화선'의 순서를 밟아서 이루어졌다고 판단된다.

* 이 논문은 원게재지는 『한국선학』 제3집(2001), 「송대 임제종의 종밀 비판」인데, 여기에 수정 보완하여 다시 게재한다.

1　印鏡(2000), 『蒙山德異 와 高麗後期 禪思想硏究』(서울: 佛日出版社), pp.15-16.

2　澄觀, 『演義鈔』(大正藏36, 62中), "卽順禪宗者 達磨以心傳心 正是斯教 若不指一言以直說卽 心是佛何由可傳 故寄無言以言 直詮絶言之理 教亦明矣. 故南北宗禪 不出頓教也."

3　法藏, 『五教章』(大正藏45, 481中), "頓者 言說頓節 理性頓顯 解行頓成 一念不生 卽是佛等."

4　印鏡(2000), 「華嚴과 禪의 頓教論爭」 『韓國禪學』 창간호, p.255. 澄觀은, 慧苑이 頓教가 그 자 체적으로 모순이 있어서 教判에서 제외시키려는 움직임에 대해서, 慧苑이 스승 法藏의 견해 를 배반한 참으로 入堂하지 못한 무리라고 비판하고, 頓教의 현실적인 근거로서 선종을 든다.

5　鎌田茂雄(1965), 『中國華嚴思想史の硏究』, p.495. 空思想을 중시한 영향은 頓教를 결국 大乘 始教와 終教 사이에 배치하도록 한 주요한 원인이 아닌가 생각한다. 그러나 이것은 당시에 유 행한 荷澤宗이나 洪州宗의 사고방식이 아닌 것이다.

6　宗密도 역시 『圓覺經大疏鈔』(卍續藏14, 526上)에서 禪宗을 頓教라고 지칭하는 경우가 있다. 이 것은 澄觀의 영향으로 보인다. 그런데 宗密의 스승이 되는 荷澤神會도 神秀의 北宗을 漸修 라고 비판하고, 반대로 慧能의 가르침을 '頓教'라고 규정한다. 慧能의 선사상을 전하는, 하지 만 神會에 의해서 편찬한 것으로 알려진, 敦煌本 『壇經』의 전체 제목인 '南宗頓教最上大乘 摩訶般若波羅蜜 六祖惠能大師韶州大梵寺施法壇經'에서 '南宗頓教'란 용어가 보인다. 神會 는 여기서 慧能의 가르침을 '南宗' 혹은 '頓教'로 규정하는데, 이것은 華嚴宗보다는 오히려 北 宗 神秀의 가르침을 염두에 둔 표현임이 분명하지만, 여전히 華嚴教學의 영향도 고려할 수밖 에 없다.

7　『都序』, (大正藏48, 399上), "今講者偏彰漸義 禪者偏播頓宗 禪講相逢胡越之隔 宗密不知宿生 何作熏得此心."

8　위의 책, p.400中, "初言師有本末者 謂諸宗始祖卽是釋迦 經是佛語 禪是佛意 諸佛心口必不 相違 諸祖相承根本是佛 親付菩薩造論始末."

9　宋 太祖의 불교정책에 대한 논의는 다음의 〈竺沙雅章(2000), 『宋元佛教文化史硏究』(東京: 汲 古書院)〉를 참고 바람.

10　『都序』, 위의 책, p.400c, "宗義別者猶將十室 謂江西. 荷澤. 北秀. 南侁. 牛頭. 石頭. 保 唐. 宣什及稠那. 天台等 立宗傳法互相乖阻."

11　『圓覺經大疏鈔』, 위의 책.

12　『師資承襲圖』, (卍續藏110, 866).

13　『師資承襲圖』, 위의 책, p.867上.

14　胡適, 『神會和尙遺集』, pp281-282.
　　楊曾文編, 『神會和尙禪語錄』, p.27, p.32.

15 『歷代法寶記』(大正藏51, 181a). 여기에 의하면, 達磨는 六代에 이르기까지 옷을 전함에 생명이
실낱같다고 말한다. 그러나 『歷代法寶記』는 사천지역의 淨衆寺와 保唐寺를 중심으로 번창
한 일파에 의해서 이루어졌기 때문에, 保唐無住가 입멸한 774년 이후에 편찬된 것으로 추정
된다. 그렇다면 神會에 의해서 傳衣說이 처음 주장한 것으로 알려진 滑臺의 無遮大會가 732
년인 관계로, 達磨傳에 나타난 傳衣說은 결국 神會의 주장이 반영된 것으로 보인다.

16 『圓覺經大疏鈔』, 앞의 책, p.554.

17 『禪門師資承襲圖』, 앞의 책, p.867.

18 鄭性本(1991), 『中國禪宗의 成立史 研究』, p.557.

19 楊曾文, 앞의 책, p.137.

20 『林間錄』(卍續藏148, 595上-下).

21 鄭性本(1999), 「禪宗의 認可證明 研究 I」『佛敎學報』第三十六輯(東國大學校 佛敎文化研究院.
p.129.)

22 『都序』, 앞의 책, p.399b

23 『師資承襲圖』, 앞의 책, p.866.

24 『師資承襲圖』, p.870.

25 宗密의 知哲學은 근본적으로 荷澤神會에게서 계승된 것이다. 宗密의 知에 관한 연구는 대
부분 종밀 연구에서 언급되고 있는 사항이다. 여기서 대표적인 경우를 몇가지 들어보면, 다음
과 같다. 鎌田茂雄(1975), 『宗密敎學の思想史的研究』(東京, 東京大學出版會), 冉雲華(1988), 『宗
密』, (北京, 東大圖書公司印行), 卞熙郁(1993), 『宗密哲學에서 〈知〉의 역할과 의미』(서울대학교 대
학원 석사논문), G.Peter N, 1985, "Tsung-mi and the Single Word 'Awareness'(chih)", Phiosophy
East and West, 35.

26 宗密의 洪州宗에 대한 비판은 관심이 높아서 기존연구 성과가 많다. 그것을 순서대로 정리하
여 보면 다음과 같다. 鎌田茂雄(1975), 『宗密敎學の思想史的研究』에서는 荷澤宗과 洪州宗의
차이점을 靈覺과 知, 眞空과 妙有, 自性用과 隨緣用, 比量과 現量 네 가지로 분류한다. 심재
룡은 그의 학위논문(The Philosophical Foundation of Korea Zen Buddhism, 1979, the University of Hawaii)
에서, 自性用과 隨緣用, 比量과 現量, 頓悟와 漸修 세 가지로 정리한다. 한편 印鏡, 1994, 『普
照知訥의 定慧觀研究』(東國大學校 大學院 碩士學位論文)에서는, 이들을 모두 종합하여 다섯
가지로 고찰한다. 그러나 여기서는 靈覺과 知, 眞空과 妙有를 하나로 합하여 네 가지로 분류
하여 다시 정리해 본다.

27 鎌田茂雄, 앞의 책, p.385.

28 崔桐洵(2000), 「宋初 天台의 禪思想 수용과 비판」, 『韓國佛敎』第二十七輯, 韓國佛敎學會.
특히 여기서는 법안종에 소속되는 德韶와 延壽가 宋初 天台思想에 영향을 주었으며, 송초 천
태를 부흥시킨 四明知禮는 천태로부터 宗密과 같은 화엄 사상의 흔적을 지우려고 노력했음
을 말하고 있다.

29 『林間錄』, 앞의 책, p.592.

30 「馬祖道一大寂禪師」(1994),『古尊宿語錄』第一卷(北京: 中國佛教典籍刊行), p.4.

31 같은 책.

32 覺範,『智證傳』(卍續藏111, 210下.)

33 같은 책.

34 같은 책.

35 德異本『六祖壇經』(駒澤本74), "一日 師告衆曰 吾有一物 無頭無尾 無名無字 無背無面 諸人 還識否 神會出曰 是諸佛之本源 神會之佛性 師曰 向汝道無名無字 汝便喚作本源佛性 汝向 去有有把茆蓋頭也 此成箇知解宗徒 會後入京洛 大弘曹溪頓教 著顯宗記 行于世."

36 이 밖에 神會를 知解宗徒로 평가하는 것은 문헌상으로는『法眼語錄』에서 찾아볼 수 있다. 『金陵淸涼院文益禪師語錄』, "六祖示衆云 吾有一物 無頭無尾 無名無字 無背無面 諸人還 識麼 時荷澤神會出云 是諸法之本源 乃神會之佛性 祖乃打一棒云 這饒舌沙彌 我喚作一 物尙不中 豈況本源佛性乎 此子 向後設有把茅蓋頭 也只成得箇知解宗徒 師云 古人受記人 終不錯 如今立知解爲宗 卽荷澤是也" 그런데 이것은 德異本『壇經』과 유사하고, 宗寶本『壇 經』과 완전하게 동일하다. 그래서 아마도『景德傳燈錄』이후에 편집되면서 첨가한 것이 아닌 가 생각된다.

37 『禪家龜鑑』(韓佛全5, 634下). 다시 찾아와 懷讓은 설사 一物이라고 해도 옳지 않습니다라고 대답했다. 이에 懷讓은 六祖의 嫡子가 되었다.

38 『都序』, 앞의 책, p.400c,『師資承襲圖』, 앞의 책, p.870.

39 頓悟禪法을 대변하는 '直指人心 見性成佛'이란 용어는 黃蘗希運(?-850)의『宛陵錄』(續藏經 119, 832上)이나『傳心法要』(大正藏48, 384上)에서 발견되고, '教外別傳'이란 용어는『祖堂集』第 六의 石霜和尙章, 雪峰義存의『雪峰語錄』(續藏經119, 475)과 法眼의『宗門十規論』등에서 찾 아볼 수 있다.

40 柳田聖山,『初期禪宗史書の研究』(東京, 禪文化研究所, 昭和41), p.462.

41 『禪源諸詮集都序』(大正藏48, 400中) "大師答云 我法以心傳心不立文字 謂雖因師說 而不以文 句爲道 須忘詮得意 得意卽是傳心."

42 印鏡(2000),『蒙山德異와 高麗後期 禪思想研究』(서울: 불일출판사), p.166.

43 石井修道(1988),『宋代禪宗史の研究』(東京: 大東出版社), p.118.

44 『圓悟佛果禪師語錄』(大正藏47, 729下), "若能各各返照內觀 卽坐自己家堂 所以祖師道 有一 物 上柱天 下柱地 常在動用中 動用中收不得 謂之本源佛性顯成知解宗徒 更云說似一物卽 不中 亦不免涉三寸路."

45 『大慧普覺禪師普說』(大正藏47, 879b), "若眞達不疑之道 猶如太虛廓然蕩豁 豈可於中彊是非 耶°趙州於言下千了百當 南泉道不屬知 不屬不知 圭峰謂之靈知 荷澤謂之知之一字衆妙之門 黃龍死心云 知之一字衆禍之門 要見圭峰荷澤則易 要見死心則難 到這裏須是具超方眼 說 似人不得 傳與人不得 所以圓悟先師說 趙州禪只在口脣皮上 難奈他何 如善用兵者 不齎糧 行 就爾水草糧食."

제7장

대혜종고의 간화선 확립

이 몸을 운전하는 주인공은 있다.

이게 무엇일까?

마음이란 이름이니 마음도 아니요, 깨우치지 못했으니 부처도 아니요,

주고받지 못하니 물건도 아니요, 선악을 알 수 없으니 허공도 아니다.

이렇게 네 가지로 부정하고 나면, 필경 이것은 무엇일까?

- 구산(九山) 선사

I. 주요 쟁점*

대혜종고는 간화선의 실질적인 확립자이다. 물론 간화선 이전에도 간화선의 방법론은 원시적인 형태로 존재하였지만 오늘날 우리가 알고 있는 간화선의 모습은 사실상 대혜종고에 의해서 확립되었다. 때문에 대혜종고의 간화선을 알지 못하고서는 간화선을 이해할 수가 없다.

가장 널리 알려진 대혜 간화선의 특징으로 묵조선 비판을 거론한다. 사실 이 말은 크게 잘못된 평가는 아니다. 그러나 묵조선 비판은 밖으로 표현된 대혜 간화선의 성격 가운데 하나일 뿐이다. 이것을 과도하게 강조하면 오히려 묵조선을 비판할 수밖에 없는 간화선 자체의 내적이고 철학적인 요소가 과소평가될 수 있다.

간화선의 직접적인 인연은 스승의 저술인 『벽암록』을 불태운 사건에서 보듯이, 고인(古人)의 선문답/공안에 대한 잘못된 접근방식을 타파하는 것이다. 의심이 결여된 공안의 탐색은 결과적으로 머리로만 이해하는 바로서 언어적 가르침을 떠난 교외별전(教外別傳)의 내적인 성찰을 획득할 수가 없다고 본 것이다.

본 장에서는 주로 송대의 역사적인 측면이나 불교계의 상황보다는 간화선 사상사라는 관점에서, 특히 대혜의 개인적인 생애와 함께 간화선의 형성 과정과 그 사상적인 특징을 보다 구체적으로 살펴보고자 한다. 그 중심과제는 다음과 같다.

- 대혜의 생애에서 간화선 성립의 구체적인 과정은 무엇인가?
- 간화선의 화두가 가지는 특징, 그 가풍은 무엇인가?
- 간화선에서 명상수행의 중요한 심리적인 성격은 어떤 것인가?

위에서 첫째 과제는 간화선 성립의 과정에서 대혜의 개인적 사건과 체험을 말하는 것이다. 간화선의 중요한 핵심을 '의심'이라고 규정한 배경을 설명한다. 둘째는 화두가 가지는 수행적 특징이 무엇인지를 역사적인 관점에서 함께 살펴보는 것이다. 여기서 말하는 수행적인 특징이란 대상이나 내용보다는 간화선의 명상과정을 염두에 둔 것이다. 마지막 세 번째는 간화선 수행의 실천이 가지는 심리적인 특징을 알아보는 것이다. 화두 참구의 메커니즘, 깨달음의 과정을 심리학적으로 이해하려는 노력이다.

Ⅱ. 원오극근과의 만남과 깨달음

　　인생에 있어 '누구를 만나냐' 하는 문제는 한 개인의 삶을 결정할
만큼 매우 중요하다. 대혜도 마찬가지다. 원오는 오조법연과의 만남으
로 인하여, 대혜는 원오극근과의 만남으로 인하여, 그의 삶에서 가장
중요한 전환점을 이루었다. 대혜는 원오극근을 만남으로써 완전한 깨
달음을 이루었는데, 결국 이것은 그의 간화선사상/화두명상을 형성하

좌선 선방 (ⓒ현대불교)
좌선과 함께 선문답은 중요하다. 문답을 통해서 좌선 공부는 더욱 깊어지고 마침내 깨달음에 이르게
된다. 문답이 없으면 깨달음도 없고 간화선은 죽어버린다.

는 초석이 되었다.

원오극근과의 만남

　송나라 임제종은 북송의 황룡파와 남송의 양기파로 대별된다. 여진족의 금나라가 침입하여 오면서 송나라의 영토는 이전의 북쪽 지역에서 강남으로 축소가 되었다. 이때를 남송시대라 한다.

　대혜는 본디 임제종의 양기파가 아닌 황룡파에 속하는 담당문준(堪(湛)堂文準, 1061-1115) 아래서 공부했다. 담당 선사는 임제종 황룡파의 시조로 알려진 황룡혜남(黃龍慧南, 1002-1069)의 제자인 진정극문(眞淨克文, 1025-1102)의 제자이며 또한 종밀의 선교일치 사상을 적극적으로 비판한 혜홍각범(慧洪覺範, 1071-1128)의 사형이기도 하다. 대혜는 담당선사 아래서 시자를 하면서 그의 가르침을 배웠다.『대혜보각선사년보(大慧普覺禪師年譜)』(이하 줄여서『대혜년보』라고 약칭함)에 의거하면, 대혜가 어떻게 공부했으며, 당시 선가의 중심과제가 무엇이었는지를 엿볼수가 있다.

> 26세(1114년) …(중략)… 하루는 담당선사가 말했다. "종고상좌는 선을 일시에 이해할 수 있느냐? 너는 한 마디 이를 수 있느냐? 너에게 깨달음의 염고, 송고, 소참, 보설 등을 짓게 하면 너는 지을 수 있느냐? 다만 한 가지 일인데, 너는 도리어 알지 못하고 있다." 이에 대혜가 대답했다. "제가 무엇을 알지 못합니까?" 담당선사가 말했다. "너는 한 가지를 이해하지 못했다. 나와 말할 때는 선이 있지만, 방을 나가면 선이 없다. 깨어있을 때는 선이 있지만, 잠이 들면 선이

없다. 이와같이 해서 어떻게 생사를 대적할 수 있겠는가?" 대혜가
대답했다. "바로 그것이 제가 의심하고 있는 점입니다."[1]

이 문답은 매우 간결하다. 송나라 당시 임제종 선법의 특질을 보여
주며, 대혜 간화선의 단초를 엿볼 수 있게 한다. 담당문준 선사가 대혜
에게 지적한 선/명상의 과제는 세 가지이다.

첫째는 선(禪)/명상을 일시에 이해할 수 있는냐는 질문이다. 이것
은 혜능 이후 동북아시아 선종의 전통적인 돈오(頓悟) 문제가 다름 아니
다. 두 번째는 깨달음의 염고(拈古), 송고(頌古), 소참(小參), 보설(普說)을
지을 수 있는지를 묻는다. 이것이 다만 한 가지인데, 너는 '이 한 가지를
알지 못한다'고 지적한다. 이것 역시 중요한 사항이다. 송초 『경덕전등
록』이 발간되고 또 국가에 의해서 총림이 확고하게 자리 잡은 이후 염
고, 송고, 소참, 보설은 깨달은 사람의 징표이자 하나의 목표로 인지되
었다. 그런데 이런 것들은 '단 한 가지'를 깨달음으로서 인가를 공인받
는다는 것이다. 마지막 세 번째로 지적한 사항은 깨어있을 때나 잠들어
있을 때나 한결같은 오매일여(寤寐一如)에 대한 지적이다.

특히 여기서 주목할 점은 오매일여이다. 이것은 화두참구의 삼단
(三段) 공부로서 소위 움직일 때나 선정에 들었거나/동정일여(動靜一
如)[2], 꿈꿀 때나 깨어있을 때나/몽교일여(夢覺一如)[3], 깼을 때나 잠들어
있을 때나/오매일여(寤寐一如)[4] 등인데, 쪼개지고 분열된 의식상태를 화
두참구를 통해서 하나로 통합하는 과정이다. 물론 이것은 일반적 현상
이기보다는 초월적 경험으로서 오늘날에도 참선 수행인이 반드시 통
과해야 하는 과제로 인식되고 있다. 위의 사례에 근거하여 보면 26세

젊은 대혜가 수행하던 당시 선원에서는 이것을 이미 인식하고 있었다. 물론 이후 이런 삼단공부에 대한 논의 자체는 대혜종고에 의해서 본격적으로 체계화되었다.[5] 그러나 대혜가 이런 것들을 성취하고 점검을 받기도 전인 27세 되던 해에 담당선사는 입적했다. 『대혜년보』는 당시 상황을 다음과 같이 전하고 있다.

> 27세(1115년), 늦여름 담당선사가 가벼운 병세를 보이다가 질병이 급박해졌다. 대혜가 물었다. "화상께서 이 병으로 일어나지 못하면, 저는 누구를 의지해야 일대사를 마칠 수 있습니까?" 담당이 한참 있다가 말했다. "극근이라는 이가 있다. 서로 만나 본 적은 없지만, 만약 그를 만난다면, 반드시 이 일을 성취할 수 있을 것이다. 만약 그를 만나지 못한다면, 후세를 기약해야 될 것이다."[6] 담당이 천화한 뒤, …(중략)… 담당선사는 평소의 법어를 기록하는 것을 허락하지 않았기 때문에, 대혜는 기억을 더듬어 송출해서 집성하고, 각범 화상을 알현하여 편찬을 상의했다. 각범은 발문에서 '…(중략)… 내가 매양 이 노인이야말로 쇠퇴한 임제의 도를 일으킬 수 있다고 생각했는데, 철인이 가버린 것을 간절히 탄식하고 슬퍼한다…(중략)…'고 했다.[7]

여기에 의하면, 오늘날 전해지는 담당문준의 법어는 대혜의 기억에 의해서 송출되었고, 그 발문은 혜홍각범이 썼다는 것을 알 수가 있다. 그리고 당시의 선승들이 당나라 말에 쇠퇴한 임제종의 가풍을 다시 일으켜 세우고자 하는 열망을 가지고 있음을 엿볼 수가 있다. 그러나 무엇보다도 중요한 것은 담당선사에게서 대혜 자신이 무엇을 모르고 있는지에 관한 분명한 인식을 했으며, 이것을 해결하기 위해 누구에게 의지해야 하는지를 알게 되었다는 점이다.

그러나 대혜는 곧장 원오극근 선사를 참방하지 못하고 담당선사와 동문인 도솔종렬의 제자인 혜조나 보융도평과 같은 임제종 황룡파 계열의 선사를 의지하여 참선 공부를 계속했다. 32세인 1120년에는 무진거사와 설두중현(雪竇重顯, 980-1052)의 염고/게송을 가지고 문답을 했는데, 그때 무진거사 역시 대혜에게 원오선사를 뵙기를 간곡하게 권했다. 그러다가 대혜가 36세 되던 1124년 9월 원오에게 천영사(天寧寺)에 주석하라는 조칙이 내려졌다는 소식을 듣고 만날 수 있게 되자, 대혜는 기뻐하여 다음과 같이 말했다.

> 실로 노사를 하늘이 내게 보내셨구나. 다행스럽게 도성에 이르면,
> 담당문준의 유훈과 무진거사의 권장을 이룰 수가 있겠구나.[8]

당시 사찰의 주지(당시의 주지는 대중들의 수행지도에 집중했고, 행정적 영역은 총무가 담당하여 서로 역할이 분할되었다.)를 발령을 할 때는 국가의 역할이 컸다. 더구나 이것은 원오극근이 멀리 북쪽에서 강남 지역으로 옮겨온 것이니, 당시 지리적 사정으로 대혜는 이제야 쉽게 친견할 수 있게 된 것이다. 그리하여 대혜는 37세인 1125년 4월 천영사로 가서, 마침내 발원을 세운지 10년 만에 원오를 만나게 된다.

대혜의 깨달음

　대혜는 천영사에 방부(房付)를 하고, 5월 초파일 법회에서 원오의 법문을 듣게 된다. 이것을 『대혜년보』는 다음과 같이 기록하고 있다.

　어떤 승려가 운문에게 '어떤 것이 모든 부처가 몸을 나투신 도리입니까?' 라고 묻자, 운문은 '동산이 물 위로 간다'고 말했다. 그러나 나에게 '어떤 것이 모든 부처가 몸을 나투신 도리입니까'라고 묻는다면, 나는 '훈풍이 남쪽에서 불어오니 전각에 싸늘한 바람이 분다.'고 말할 것이다. 이에 대혜는 홀연히 앞뒤 생각이 끊어졌다. (한 생각도) 일어나지 않는 채, 도리어 맑고 텅 빈 자리[淨裸裸處]에 앉아 있었다. 그래서 입실하게 되었을 때, 원오는 말했다. "그대가 그런 자리에 도달하기란 쉽지 않다. 그러나 죽어 버려서 활발발함을 얻지 못한 것이 애석하구나. (조사의) 언구에 의심하지 않는 이것이 큰 병통이다. 듣지 못했는가. 낭떨어지에서 손을 뻗어 스스로 긍정하는 바가 있어야 한다. 죽었다가 살아난다면 누구도 그대를 속이지 못하리라. 반드시 이 같은 도리를 믿어야 한다."[9]

　원오는 대혜를 특별 대우하여 주지실 옆 택목당에 머무르게 하면서 시자 업무는 조금도 시키지 않았다. 그래서 매일매일 선수행을 하는 사대부들과 마찬가지로 입실하여 원오에게 질문할 수가 있었다. 그러나 그때마다 원오는 다음과 같이 말했다.

　"유구(有句)와 무구(無句)가 마치 등나무가 나무에 기대는 것과 같다"고 말하면서 대혜가 무엇인가를 말하고자 하면, 곧 "그것이 아니야.", "그것이 아니야."라고만 했다. 이러기를 반년이나 했다. 그러던 어느 날 대혜는 "듣기로는 스님께서 오조법연 화상께 이 문제를 물으셨다는데, 그 대답을 기억하고 계십니까?" 원오는 (웃으면서) 대답했다. "오조 선사는 '그것을 묘사하려고 해도 묘사할 수 없고 그림 그리려고 해도 그릴 수 없다.'고 대답했다. 그래서 내가 다시 물었다. '홀연히 등나무가 무너질 때는 어떠합니까?' 그러자 오조 선사는 '함께 동반하여 온다[相隨來也].'라고 했다."

이에 대혜는 큰소리로 말했다. "제가 알았습니다." 그러자 원오가 대답했다. "네가 공안을 꿰뚫지 못할까 걱정이다." 대혜가 말했다. "그러면 화상께서 (공안을) 들어보십시오." 원오가 마침 공안을 들자 대혜는 지체없이 그것을 대답했다. 마침내 원오가 말했다. "내가 그대를 속이지 못하겠다는 것을 오늘에야 알았다." 그리하여 원오는 대혜에게 「임제정종기」를 지어서 부촉하였다. 또한 서기를 맡게 하고, 넘치는 선원 자리를 나누어 별도로 무리를 이끌도록 했다.[10]

『대혜년보』에 의하면 대혜는 '훈풍이 남쪽에서 불어오니 전각에 싸늘한 바람이 분다.'라는 원오의 상당법어에서, 앞뒤 생각이 끊어지고 맑고 텅 빈[淨裸裸] 자리에 들었다. 일반적으로 앞산은 흐르지 않고 냇물이 흐른다. 그런데 앞산이 물 위로 간다고 반대로 말한다. 왜 그런가? 대체로 강남 쪽의 훈풍은 따뜻하다. 그러나 전각은 싸늘한 바람이 분다고 말한다. 왜 그런가? 앞산과 냇물, 훈풍과 싸늘한 바람. 이 모순된 갈등의 구절을 머리로 사량하면, 악! 한 방망이 감이다. 이곳에서 대혜는 문득 '맑고 텅 빈 자리'에 들었다. 분명 뛰어나고 좋은 징조이다.

그렇지만 원오는 이것을 인정하지 아니하고, 조사의 공안에서 의심토록 했다. 그러면서 주지실 옆 택목당에 거처케 하고 다른 소임은 주지 않고 매일 입실할 수 있도록 배려했다. 아마도 대혜가 완전한 깨달음을 얻기 직전임을 간파한 까닭으로 보인다. 그리하여 마침내 '유구(有句)와 무구(無句)가 의지한 등나무가 무너지면 어떠합니까?'라는 갈등의 문답에서 대혜는 완전한 깨달음을 얻었다. 원오는 몇 가지를 더 점검한「임제정종기」를 부촉함으로써 인가했다.

우리는 사유할 때 이건 있고 저건 없다는 식으로 '있음'과 '없음'이란 언어적 범주에 의해서 판단하곤 한다. 어떤 이는 자아가 있다고 하고 어떤 이는 자아가 없다고 말한다. 있음[有句]은 없음에 의지하고 없음[無句]은 있음에 의지한다. 이들은 마치 등나무의 덩굴처럼 서로 엉켜있다. 그런데 등나무가 무너지면, 서로 엉켜져 있는 있음이란 언구와 없음이란 언구는 어떻게 되는가? 이게 질문이다. 악! 박차고 일어나 문밖으로 나가자. 있음[有句]과 없음[無句]의 집착이 무너지면, 그러면 뭐가 보이는가? 눈앞이 환해지지 않는가?

유구(有句)와 무구(無句)의 문답 내용은『대혜년보』뿐만 아니라『보설』[11]에도 대혜 자신의 목소리로 나온다. 아마도『대혜년보』의 내용은『보설』에 근거한 것이 분명하다. 대혜가 깨달음을 얻는 순간은 간화선과 결부시켜서 주목할 만한 몇 가지를 시사한다. 첫째로, 고인의 '유구무구의 등나무'라는 조사의 언구를 깨달음의 텍스트로 삼았다는 점이다. 이것을 통해서 오조법연, 원오극근[12], 그리고 대혜에게로 임제종의 양기파가 계승된다. 둘째는 조사의 언구에 대한 '의심함'을 중요한 수행의 한 방법으로써 자각한 점이고, 셋째는 공안을 참구하도록 하는 원오의 지도법을 보면, 단순하게 마음의 정라라[淨裸裸] 한 자리뿐만 아니라 공안(公案)상에서 일체의 사량분별을 모두 거절한다는 것이다.

있음과 없음의 등나무 비유의 선문답, 이런 언구(言句)에 대한 의심, 그리고 참구하는 과정에서 사량분별의 배제에 의한 직접적인 체득 등은 대혜종고 이후로 간화선의 중요한 특징이 된 점은 주목할 만하다. 조사의 언구에서 공부를 지어가는 이같은 방식은 당시 남송 시대 임제종의 중요한 특징적 요소이다. 이후 대혜의 행적과 법어의 내용을 살펴보더라도 이 세 가지는 한결같은 주제이다.

그런데 대혜는 깨달음을 얻는 구체적인 문제의식이 무엇인지 『서장』에서 자신이 직접 언급하고 있는데, 『대혜년보』가 전하는 것과는 조금 다르다. 『서장』의 43번째인 '향시랑(向侍郎)에게 답하는' 편지를 보면, 당시 원오극근과의 대화 내용이 전해지고 있다.

편지 속의 (향시랑) 질문을 보니 그것은 바로 내(종고)가 36세에 의심했던 바입니다. 나 역시 일찍이 그런 질문을 원오노사에게 물었습니다. …(중략)… '가령 종고가 잠을 자지 않을 때는 부처님이 찬탄하는 바를 실행합니다. 그러나 침상에서 졸고 있을 때는 더이상 주재할 수 없습니다. 꿈속에서 그야말로 허둥댑니다.' 그러자 원오선사는 '온갖 망상이 끊어져야 비로소 잠잘 때와 깨어있을 때가 늘 하나인 경지[寤寐恒一]에 이를 것이다'고 대답했습니다. 그러나 처음에는 믿어지지가 않았습니다. 매일매일 자신을 살펴보면, 잘 때와 꿈꿀 때가 분명히 두 조각으로 나뉘어져 있는데 어떻게 입을 열어선을 말하겠습니까? …(중략)… 그러다가 훗날 '모든 부처가 몸을 나투는 곳에 훈풍이 남쪽에서 불어 온다.'는 법어를 듣고 홀연히 가슴에 걸리는 것이 없어졌습니다. 이때야 비로소 석가세존의 말씀이 사람을 속이지 않는 진정한 대자대비한 말씀임을 알았습니다.[13]

가슴에 걸림이 없다. 이 얼마나 기쁜 소식인가? 이것을 『대혜년보』와 비교하여 다시 정리해 보자. 대혜는 원오에게 입실하여 처음에 나눈 대화는 '깨어있을 때나 잘 때나 한결같음[寤寐一如]'에 관한 문답이었고 나중에야 있음[有句]과 없음[無句]에 관한 대화를 나누었다고 추측된다. 오매일여의 문제는 이미 대혜가 27세 담당문준에게 있을 때, 지적받은 문제로 의심하고 있던 바이다. 그런데 『서장』에 의하면, '훈풍이 남쪽에서 오지만 전각은 싸늘하다'는 원오의 법문을 듣고서 정라라한 경지에 들었다. 그러나 『대혜년보』와 『서장』이 전하는 대혜의 마지막 깨달음을 가능케 한 문제가 무엇인지 분명하게 결정하기가 쉽지 않다. 『대혜년보』에 따르면 '유구무구'의 문제이고, 『서장』에 따르면 '오매일여'의 문제이다. 그래도 양자를 모두 언급하고 있는 것은 『대혜년보』이다. 이에 따르면 순서는 다음과 같다. '훈풍이 남쪽에서 불어온다'는 법문을 듣고서 '정라라(淨裸裸)' 한 경지에 들었지만, 원오에 의해서 이것 역시 완전한 깨달음의 단계는 아닌 것으로 부정된다. 그래서 마지막 깨달음은 조사의 언구인 '유구무구의 등나무'에서 실현되었다고 요약할 수 있다.

쟁점으로 살펴보는 현대 간화선

간화선의 특성

여기서 분명하게 말할 수 있는 것은, 대혜는 오매일여(寤寐一如)가 성취되어, 비로소 깨어 있을 때와 잠잘 때를 구별하지 않고, 활발발한 임제의 가풍을 실현하게 되었다는 것이다. 그러면 '정라라(淨裸裸)'한 경지와 유구무구(有句無句) 등나무 비유에 의한 문답을 통해서 도달한 '오매일여(寤寐一如)'의 차이점은 뭔가? 그것은 전자가 선정의 경지를 말한다면 후자는 지혜의 깨달음을 말한다. 다시 말하면 간화선은 결코 집중의 선정주의가 아니고, 활발발한 지혜의 개발을 중시하고 깨달음을 목표로 한다는 점이다. 이것이 바로 묵조선(黙照禪)을 비판한 근본적인 출발점이다. 대혜가 본 묵조선은 선정만을 중시하고 깨달음의 체험이 결여되어 있다.

때문에 유구무구와 오매일여의 문제는 양기파든지 황룡파든지 당시 임제종 선사들뿐만 아니라 수행하는 사대부들에게도 중요한 과제였다는 사실이다. 다른 측면에서 보면 대혜에게 오매일여로 표출된 삼단공부는 선대의 고칙 공안을 통과할 수 있다는 확신을 가져다 준 것이다. 그리고 고인의 언구를 의심하고 문답하는 이같은 방법은 대혜의 가슴에 확고하게 자리 잡았고, 결국 이것이 그의 간화선 사상의 성립에 중요한 계기가 되었다고 본다.

또한 간화선의 성립과 관련된 가장 중요한 경험은 원오극근이 대혜를 택목당에 머물게 하고 의심이 있으면 언제나 묻게 한 점이고, 특히 무엇인가를 응답할 때마다 6개월 동안 '그것이 아니다'고 부정한 점이다. 이것은 간화선의 성립에서 매우 결정적인 측면으로 중요하다. 왜냐하면 대혜는 간화선의 본질을 바로 '의심'이라고 보고, 그 결과를 어떤 논리적인 해답을 찾는 것이 아닌 깨달음의 '경험'으로 규정지었는데, 이것은 바로 개인적인 체험에서 비롯된 것이기 때문이다.

이처럼 『대혜년보』에 의하면, 대혜 이전 북송시대에 이미 간화선법과 유사한 방식으로서 공안선이 형성되어 제자를 가르치는 중요한 수단으로 사용되었다. 이런 사례를 통해서 보면, 공안선과 구별되는 남송시대의 간화선은 몇 가지의 특징적 요소를 가진다. 첫째는 먼저 방법적인 문제로 간화선은 원오가 대혜에게 지적한 바처럼 선문답에서 핵심이 되는 언구에 대한 의심[疑團]을 출발점으로 삼는다는 점이다. 둘째로 그 의심의 대상으로서 언구란 바로 선대의 공안과 관련된 화두, 일구(一句)를 말한다. 셋째는 일구의 화두를 통해서 모든 사량분별을 단칼에 직입하여 잘라내는 경절(徑截)의 가풍을 중시한다는 점이다.

이러한 특징은 대혜 뿐만 아니라 간화선의 일반적인 성격이지만 특히 대혜에 의해서 확고하게 확립되었다고 판단한다. 그러므로 '경절의 가풍', '결정적인 궁극의 일구', '의심 덩어리'라는 세 가지의 관점이 사상사적으로 어떻게 계승되고, 대혜에게서 구체적으로 어떻게 나타나는지를 살펴보는 것은 간화선을 이해하는 중요한 길목이라 할 수 있다.

Ⅲ. 경절의 가풍

경절(徑截)이란 '경(徑)'은 지름길이고 '절(截)'은 끊다는 의미이니, '곧장 가로질러서 건너간다'는 의미이다. 직접 들어감이란 의미의 '직입(直入)'과 동의어이다. 곧 진리에 계합하는데 언어문자에 의지하지 않고, 직접적인 체험을 강조하는 말이다. 이를테면 '경전(經典)'은 역시 중요하지만, 문자를 매개로 해서 들어가는 까닭에 돌아가는 길이고, '염불(念佛)'도 부처를 의지해서 들어가는 까닭에 마찬가지로 직접적인 길은 아니다.

이렇게 보면 경절은 내적으로 사량분별을 끊어낸다는 의미를 함축한다. 이것은 일상에서 진리를 인식하는 데는 직접적인 경험[現量], 경전의 말씀[聖言量], 다른 근거로부터의 추론[比量] 등이 있지만 간화선은 직접적인 체험으로서 현량만을 인정하고 귀중하게 여긴다는 것이다. 어떠한 권위도 인정하지 않고 인정사정을 두지 않고 자신의 체험을 중시한다는 이점은 임제의 '가풍'으로 알려져 있다. 여기서 임제와 대혜에게 이런 가풍이 어떻게 나타나고 있는지 살펴본다.

1. 지금 여기의 직면

　　일단 공안(公案)을 '진리에 들어가는 인연으로서 스승과 제자의 문답'이라고 이해할 때, 그 성립은 부처님 당시부터 시작되었다고 해도 과언은 아니다. 불교의 경전은 바로 부처의 가르침이나 부처와 제자들 간의 대화를 기록한 것이기 때문이다. 그러나 선종의 조사에 의해서 이루어진 문답을 보면, 부처님의 대화 방법과는 그 기풍이 같지 않다. 이것에 대해서 종밀(宗密, 780-841)은 "부처의 가르침은 만대에 의지할 바이므로 활등처럼 말하고, 조사는 당대의 가르침이므로 활줄처럼 곧장 진리를 드러낸다."[14]고 말했다. 경전의 말씀을 부드러운 곡선의 활등으로, 조사선을 곧고 팽팽하게 긴장된 활줄에 비유한 것은 적절한 표현이라고 생각한다. 이같이 활줄처럼 곧장 진리를 드러내는 경절의 가풍은 임제종에 의해서 주도되었다.

> 어느날 임제가 상당하여, "붉은 살덩이에 위(位) 없는 참사람(眞人)이 있다. 항상 그대들 얼굴로 출입하니, 확증을 잡지 못한 사람은 살펴보라."고 말했다. 그 때 한 승려가 물었다. "무엇이 위없는 참사람입니까?" 그러자 임제는 법상에서 내려와 그 승려를 움켜잡고 "말해, 말해라."라고 소리쳤다. 승려가 머뭇거리자, 그 승려를 탁 놓아버리면서 "위없는 참사람이 이 무슨 똥막대기인고?" 하고는 주지실로 돌아갔다.[15]

　　이렇게 임제는 가르침을 친절하게 설명하지 않는다. 그도 어찌할 수 없었을 것이다. 그것을 설명하는 순간에 왜곡되고 변질되기 때문이다. 물론 '위 없는 참사람[無位眞人]이 각자의 얼굴에서 출입한다.'고 하는 것도 일종의 설명이다. 그러나 정작 '위 없는 참사람이란 무엇인가?'라는 질문을 받자 임제는 설명하기를 그만 두고, 법상에서 내려와 직접 그 승려를 움켜잡고 "말하라!" 다그친다. 임제(?-867)보다 약 200년이나 지난 뒤에 지어진 혜홍각범(慧洪覺範, 1071-1128)의 『임간록』에 의하면[16], 임제에게 '위 없는 참사람이란 무엇인가?'라고 물었던 그 승려의 이름은 '용상(龍象)'이라고 한다. 마침 곁에 있던 스님이 "왜 절을 올리지 않는가?"라고 하자, 절을 하고 일어서는 데 그때 온몸에서 비가 오듯이 땀이 쏟아지면서, 용상은 이를 계기로 크게 깨달았다고 한다.[17]

　　각범은 이와 같은 임제종의 종지를 '곧바로 보는 것을 귀하게 여기고[貴直下便見], 사정을 조금도 봐 주지 않는다[不復留情].'고 평가한다. 이렇게 '조금도 사정을 봐 주지 않는' 문답을 조사선의 특징이라고 할 수 있다. 이것은 임제종뿐만 아니라 중국 당시 총림에서는 매우 흔한 일로서 바로 사정을 전혀 봐 주지 않는 '덕산봉(德山棒)', '임제할(臨濟喝)'이다. 머리로 사량하는 분별을 끊어내고 제자가 곧장 깨닫게 하는 방망이[棒]와 소리 질러댐[喝]의 가풍은 당대의 대표적인 선풍을 상징하는 말이다.

　　그런데 송대에 들어와서는 방과 할을 대신해서, 조사의 언구를 참구하는 간화선이라는 형태로 임제선은 계승되었다. 원오와 대혜는 제자를 향하여 거의 '방과 할'을 사용하지 않았다. 또 앞장에서 살펴보았듯이 그들은 한결같이 조사의 고칙 공안에 의한 스승과의 '문답'을 통해서 깨달았다. 이런 변화는 스승과 제자 사이의 '단독적인 만남'과 '곧

장 드러남'으로 대변된다. 이와 같은 임제의 가풍을 대혜는 바로 계승
하고 지켜가야 한다는 책임감 같은 것을 가지고 있었다. 대혜는 고산종
체 선사에게 보내는 편지에서 다음과 같이 말하고 있다.

> 시자가 가져온 편지와 신향을 받아 보고서 당신이 윗대로부터 내
> 려온 양기종파의 법맥을 이었음을 알았습니다. 이미 이 일을 마쳤
> 다면, 반드시 철두철미해야 합니다. 평소 실답게 증명하고 깨달은
> 일착자(一着子)를 가지고 주지실에 앉아있는 것은 마치 120근의 짐
> 을 지고 홀로 나무다리를 건너가는 것과 같습니다. 손발이 미끄러
> 지면 자기의 목숨마저 보호할 수 없는데, 하물며 남을 구제할 수 있
> 겠습니까? …(중략)… 요즈음 단박에 직접적으로 전하는 단전직지
> (單傳直指)의 기풍이 흐려지고 있으니, 살피지 않을 수 없습니다. …
> (중략)… 이때야 비로소 묘희(大慧)가 불법에 인정을 두지 않음을 알
> 고서, …(중략)… 참 (雪峰惠空禪師는) 작년에 어록 한권을 보내왔습니
> 다. 그가 임제종지를 잃지 않았습니다.[18]

고산종체(鼓山宗逮) 장로는 동선사악(東禪思岳)의 법제자이다. 동선
사악이 대혜의 법제자이므로 고산종체 장로는 대혜의 법손자가 된다.
여기서 말하는 양기종파란 황룡파와 더불어 남송에서 융성한 임제종
의 일파이다. 북송에서 발기하여 남송에서 크게 활약한 양기파는 양기
방회(992-1049)로부터 시작하여 백운수단(1025-1072), 오조법연(?-1104),
원오극근(1063-1135), 대혜종고(1189-1163)에게로 이어지는 법맥을 말한
다. 양기종파에 대한 대혜의 종파의식은 『서장』뿐만 아니라, 『보설』이

쟁점으로 살펴보는 현대 간화선

나[19] 『게송』 등에서도[20] 쉽게 찾아볼 수가 있다. 법맥에 대한 종파의식은 대중적인 문서나 언어에 의존하는 교종과는 달리, 스승과 일대일의 대화/문답을 통해서 깨달음을 이어가는 선종으로서는 어쩔 수 없는 고유한 특징이라 할 수 있다.

이 편지에서 대혜는 제자와의 일대일 대화나 기연을 준비하며, '주지실에 앉아 있는 것이 철근 120근을 지고 나무다리를 지나가는 것과 같다.'고 책임이 막중함을 후배 선사에게 경계하며, 선대로부터 내려오는 '인정을 두지 않는' 직접적으로 들어가는 단전직지의 기풍을 선양할 것을 당부하고 있다. 여기서 말하는 선대의 단전직지 기풍이란 임제가풍을 말하고 있음은 두말할 필요가 없다. 단전(單傳)은 스승과 제자의 단독적인 만남, '지금 여기'를 의미한다. 곧 언어가 아닌 붉은 얼굴을 맞대고 마음과 마음으로 '현장'에서 전등하는 정신이다. 직지(直指)는 언어나 교설을 통해서 돌아가는 가르침이 아니라 깨달음에로의 직면을 의미한다. 이것은 사량분별을 단숨에 잘라내는 칼날, 경절(徑截)을 함축한다.

2. 깨달음의 길

대혜는 조금도 사정을 봐주지 않는 이 단전직지(單傳直指)의 가풍을 여러 가지로 표현한다. 곧장 끊어가는 자리[徑截處], 곧장 끊어 들어가 힘을 얻는 자리[徑截得力處], 곧장 끊어 들어가 이치에 직면함[徑截理會]이란 말로 표현한다.

- 처음의 뜻을 잊고 이근총명(利根聰明)으로 방해를 받아 얻는 바의 마음[有所得心]이 앞서, 고인이 지적한 곧장 가로질러 가는 자리 [直截徑要處]에서 일도양단(一刀兩斷) 하여 곧장 쉬지 못할까 걱정입니다. 이러한 병은 뛰어난 사대부 뿐만 아니라 오랫동안 수행한 납자들도 마찬가지입니다.[21]

- 곧바로 심지를 경절하여 탁 트이고자[豁如] 한다면, 능하고 능하지 못함, 이해하고 이해하지 못함, 같고 같지 않음, 다르고 다르지 않음을 헤아리고 사량하는 바를 몽땅 저쪽 세계로 쓸어버리십시오.[22]

- 이 일은 총림을 오랫동안 편력하여 많은 선지식을 참방하는데 있지 않습니다. 오직 한 마디[一言], 한 구절[一句]에서 곧장 알아채 다른 이해를 만들지 않음을 중시합니다. 진실로 털끝만큼의 차이도 허용하지 않습니다. 부득이 곧장 알아챔[直截承當]이라고 했지만, 이미 구부러지고 말았습니다.[23]

- 만약 곧장 가로질러 만나고자[徑截理會] 한다면 반드시 한 생각을 일시에 타파하여야 비로소 생사를 요달할 수 있고, 깨달음에 들어간다고 할 수 있습니다. 그러나 마음을 그대로 둔 채 타파되기를 기다려서는 안 됩니다.[24]

『서장』에서 경절과 관련된 부분을 모아보았다. 경절(徑截)이란 말은 '곧장 가로질러간다'는 의미를 함축한다. 돌아가는 길이 사량분별에 의한 논리적으로 설명하는 방식이라면, 곧장 가로질러간다는 말은 사량분별이나 '하고 하지 못함', '같고 다름'과 같은 '무엇을 얻고자 하는 마음'을 잘라내고, 일거에 '탁 트인 심지를 곧바로' 직관하여 드러냄을 뜻한다. 긍정적으로는 마음의 바탕[心體], 경절처를 '곧장 드러낸다'는 것이요, 부정적인 표현으로는 사량 분별과 생사심(生死心)을 '일도양단한다'는 의미가 된다.

이것은 마치 인도의 중관(中觀)사상을 계승한 중국 삼론종(三論宗)의 모토인 '삿된 것은 파하고 바름을 드러낸다'는 파사현정(破邪顯正)의 가치를 다시 보는 듯하다. 용수의 파사현정(破邪顯正)의 정신은 『중론』에서 잘 나타나고 있다. 파사(破邪)는 당시 인도 불교계에서 형이상학적인 실체를 인정하는 설일체유부(說一切有部)의 '담마는 항상 존재한다'는 실재론을 비판하여 부정함이고, 현정(顯正)은 바로 세존의 본래 취지인 연기법(緣起法)의 공(空)을 드러냄을 가리킨다. 중국의 삼론종을 완성시킨 길장은 『삼론현의(三論玄義)』에서 『중론』, 『백론』, 『십이문론』이라는 삼론의 본질을 파사현정으로 규정하고[25], '파사'의 대상으로서 외도의 사견, 『구사론』적인 견해, 『성실론』의 소승성, 대승교학 가운데 잘못된 이해를 들어 비판하고[26], 용수의 공사상을 드러내고자 했다.

이 같은 맥락에서 보면, 대혜의 간화선도 일종의 파사현정의 정신이 개입되어 있다. 용수나 길장의 파사현정은 대혜에게 단전직지의 가풍에 상당한다. 대혜의 '곧장 드러내고, 한 칼에 양단한다.'는 일은 용수나 길장 만큼 격렬하다. 진리를 곧장 드러냄[顯正]은 곧 사량분별을 일도양단함[破邪]으로써 실현되기 때문에 어떤 사정이나 인정을 베풀 수가 없다. 이런 격렬한 가풍이 밖으로 표출되면 매우 엄격하고 신랄한 비판 활동이 된다. 대혜의 경우 『서장』이나 『보설』 그리고 『법어』에서 한결같이 강조한 이런 파사현정의 활동은 불교계 내부를 향하여서는 잘못된 수행관으로 '묵조선'을 향했고, 밖으로는 사대부들의 '총명이근'을 향했다.

　동아시아의 근대로 알려진 송나라 불교계의 특징은 폭이 넓어진 과거시험(평민에게도 확대됨)을 통해서 등장한 사대부들(목판인쇄술 발달로 독서계층이 생겨남), 곧 사회적 자기 의식을 가진 지식인들과의 교류라고 할 수 있다. 특히 필자의 조사에 의하면 대혜와 교류한 사대부들은 『書狀』이 약 40명, 『普說』이 약 14명, 『語錄』이 83명, 『宗門武庫』까지 합하면 대략 140명 이상이 된다. 이름이 거명되는 경우가 이렇고, 실제로는 이보다 많을 것이라고 추정이 된다. 이것은 대혜의 간화선이 바로 사대부들과의 관계 속에서 정교하게 확립되었다는 반증이다. 대혜는 자아의식이 강력한 당시 사대부의 병폐를 자주 지적하는데 그것은 다섯 가지로 정리할 수 있다.

　첫째로 스스로 영리하다는 총명이근에 의한 머리로 사량하여 분별로 기준을 삼는 것이고[27], 둘째는 무엇을 얻고자 하는 마음으로 깨달음을 실체화시켜서 기다리는 마음이고[28], 셋째는 수행에 대한 결정적인 믿음과 의지가 결여되어 있다는 것이고[29], 넷째는 경전이나 조사의 말씀을 인증으로 삼아 선문답을 흉내낸다는 점이고[30], 다섯째는 수행에 있어서도 시험처럼 뭔가를 성취하려는 속효심(速效心)을 낸다[31]는 것이다.

　이러한 사대부의 병폐를 한마디로 요약하면, 그것은 사량하는 분별로서 산란함, 곧 마음의 도거(掉擧)이다. 그런데 묵조선(黙照禪)은 바로 이와 같은 마음의 들썩거림을 '쉬어가라'고 가르친다. 그러나 대혜는 이러한 사대부의 병통을 제거하는데 묵조선으로는 불가능하고 의심과 함께 '참구'하는 화두야말로 효과적인 처방이라는 확고한 신념을 가지고 있었다.

근래에 일종의 삿된 스승들은 묵조선을 설하고 있습니다. 그들은 하루종일 이 일을 상관 말고 쉬고 또 쉬라고 가르칩니다. 왕왕 사대부들 가운데 총명이근에 이끌리는 사람들은 대부분 시끄러운 곳을 싫어하다가, 언뜻 삿된 스승들이 정좌하라는 가르침을 받고 힘이 덜리는 것을 보면, 곧 옳다고 여겨 다시금 묘한 깨달음을 찾지 않고, 오직 묵조하는 것만을 최상의 법칙으로 삼고 있습니다. 저는 구업을 두려워하지 않고 이러한 병폐를 구하려고 애썼습니다. 이제 묵조선이 잘못된 줄을 아는 사람들이 점점 늘어가고 있습니다. 당신은 의심[疑情]을 타파하지 못한 곳을 향하여 한결같이 참구하되, 행주좌와에서 이 무자 화두를 놓지 마십시오.[32]

대혜의 묵조선에 대한 엄격한 비판과 사대부들에 대한 경책은 서로 관련되어 있다. 묵조선자들은 사대부들의 들썩거림/도거에 대해서 '다만 쉬라'고 가르친다. 그러나 대혜에 의하면 그것은 결코 잘 쉴 수가 없고, 반대로 혼침 속에 빠져 버리는 일이다. 수행방법으로서 의도적으로 '쉬라'는 말은 일종의 억압이거나 혼침이므로 진실한 의미에서 쉬는 것이 아니다. 다시 말하면 시끄러움을 피해서 쉬라는 것은 진정한 선정이 아니고 가짜의 선정으로서 회피이다. 그것은 올바른 치유의 길이 아니다.

대혜는 이런 오류에 빠진 이들을 어둠 속에 갇혀 있다는 의미로

'칠통배(漆桶輩)'라고 부르기도 하고, 망상에 사로잡혀서 '귀신굴'에 빠졌다고도 말한다. 좌선을 하다가 어두운 칠통에 빠진 것은 혼침이요, 귀신굴에 잡혀있는 것은 잡념에 떨어진 것이다. 그래서 대혜는 '혼침과 도거에 떨어지지 않고'[33], 행주좌와에서 깨달음을 얻을 수 있는 길은, 강력하게 의심하여 화두를 들어 참구하는 일이라고 가르친다. 총명이근을 믿고 화두에 대해서 사량분별로 접근하는 사대부들의 병폐를 고치는 일은 고요하게 앉는 일[靜坐]만으로는 충분하지 못하다. 고요함을 추구하는 정좌로는 마음의 들썩거림을 근본적으로 치료할 수 없다. 붓다가 그러했듯이 집중이나 선정주의로는 근본적으로 해결할 수가 없다. 문제의 핵심은 그 들썩거림의 본질을 행주좌와의 일상생활에서 참구하여 깨닫는 일이 중요할 뿐이다. 이같은 깨달음의 길이 바로 간화선의 경절처인 것이다.

그러므로 대혜의 간화선은 곧 지식인들을 위한 수행 방편이었다고 해도 과언이 아니다. 사대부의 사량 분별이나 묵묵히 쉬라는 선정주의는 일종의 회피로서 돌아가는 길이다. 왜냐하면 근본적으로 문제를 해결하는 것이 아니라 그냥 놔둔 채로 일종의 위로 수준이기에, 이런 류의 수행에 대해서 대혜는 단호하게 배척한 것이다. 화두/문답에 의한 질문은 회피의 길이 아닌 곧장 질러가는 직면의 경절, 직관의 방식에 철저함이다.

Ⅳ. 화두, 궁극의 일구

선종은 설명적 논리를 배제하다 보니, 간결한 '구절'로서 진리를 표현하는 방식을 취하는 경향이 있다. 이것이 대표적으로 임제의 삼구(三句)이다. 임제의 후손들은 삼구에 대해 많은 논의를 했는데, 이것은 결국 마음의 현상을 설명하는 선가의 방식이다. 하지만 당말과 혼란의 오대(五代)를 지나 송대에 이르러 삼구는 점차로 일구(一句)로 통합된다. 일구에 대한 체험을 강조하면서, 언어적인 가르침을 떠나 별도로 전한다는 교외별전(教外別傳)이 확립되고, 이런 일구에 대한 의심이 수행의 한 방법으로 자리 잡으면서 간화선이 성립되었다. 정리하면 곧 당대 임제의 '삼구'가 남송에서 '일구'로, 북송에 이르러 '일구'는 다시 '화두'가 되었다.

1. 임제의 삼구

임제종(臨濟宗)은 임제가 남긴 법문을 둘러싸고 그것의 진정한 의미가 무엇인지 끊임없이 사유하고 또 많은 게송과 해석들을 남겼다. 임제는 어느 날 삼구에 대해서 다음과 같이 말한다.

상당(上堂)하자, 어떤 승려가 물었다. 무엇이 제일구(第一句)입니까? 삼요(三要)의 도장을 찍으니 붉은 점이 분명하여 주객으로 나누는 것을 허락하지 않는다. 무엇이 제2구입니까? 묘혜(妙慧)가 어찌 무착(無著)의 질문을 용납하며 방편이 어찌 번뇌를 끊은 근기를 저버리겠는가? 무엇이 제3구입니까? 무대 위의 꼭두각시를 보라. 밀고 당김이 모두 안에 있는 사람이다. 일구에는 반드시 삼현(三玄)이 있고 일현(一玄)에는 삼요(三要)가 있다. 그래서 거기에는 방편도 있고 활용도 있다. 그대들은 알겠는가?[34]

이 임제의 상당법문은 이해가 쉽지 않다. 그것은 삼구를 비롯한 삼현이나 삼요란 용어를 아무런 설명 없이 사용한 까닭이다. 여기서 '삼현(三玄)'은 불성의 바탕 가운데 그윽한 작용[體中玄]이고, 진리를 드러내는 언구에서 그윽한 작용이 있고[句中玄], 그윽한 작용 그 가운데 그윽한 작용이 드러남[玄中玄]이고 '삼요(三要)'란 바탕[體], 모양[相], 작용[用]이다. 일구에는 삼현이 있고, 삼현에는 삼요가 있다고 말하는데, 삼현과 삼요는 서로 엄격하게 구분되지 않는다. 체중현은 바탕이고, 구중현이 형상이면, 현중현은 작용이다. 아무튼지 조금은 추상적인 언구로서 번거롭게 들린다. 또 말한다.

어떤 승려가 물었다. 무엇이 참다운 불이며, 참다운 법이며, 무엇이 참다운 도입니까? 그러자 대답하시었다. 부처란 마음이 청정한 것이다. 법이란 마음의 빛이 밝은 것이다. 도란 가는 곳마다 장애 없는 깨끗한 빛이다. 이 세 가지는 곧 하나로 모두 공(空)하여 실로 존

쟁점으로 살펴보는 현대 간화선

재하는 것이 아니다. …(중략)… 산승의 견처는 불조와 다르지 않다. 제일구에서 얻으면 불조의 스승이 되고, 제이구에서 얻으면 인간과 천상의 스승이 되며, 제삼구에서 얻으면 자기도 구제 받지 못한다.[35]

임제의 어록에서 삼구(三句)를 주제로 이루어진 법문은 위의 두 개이다. 이후 임제의 법을 이은 존장들은 한결같이 삼구에 대해서 언급하고 있다. 이것들을 모아 편집한 것이 바로 『인천안목』이다. 그런데 『인천안목』에서 보여주는 삼구에 대한 많은 해석은 대부분 시적[偈頌]인 해석인 까닭에 임제의 삼구만큼이나 이해하기가 어려운 점이 있다.

삼구에 관한 현대적인 해석은 몇 가지가 있다. 첫째는 삼구를 무위진인(無位眞人)의 세 가지 표현으로 이해한다.[36] 그래서 제일구는 진인(眞人)의 모습 자체를 그냥 그대로 보는 것이고, 제이구는 진인의 표현면이 되고, 제삼구는 진인의 행위면이 된다. 둘째는 삼구를 불법승(佛法僧)으로 해석한 경우이다. '무엇이 참다운 부처이며, 참다운 법이며, 무엇이 참다운 도입니까?'라는 물음에 대답한 내용을 근거로 하여 삼구를 차별 없는 불법승의 동등한 관계로 봄이다.[37] 셋째는 수행수준의 차별상(差別相)으로 이해하는 경우[38]이다. '제일구를 깨달으면 불조의 스승이 되고, 제이구에서 깨달으면 인천의 스승이요, 제삼구에서 깨달으면, 자신도 구제하지 못한다.'는 구절에 근거하여, 삼구를 각각 수행자의 근기에 따른 차별성으로 설명하는 것이다.

마지막 넷째는 체상용에 근거하여 해석한 필자의 경우이다. 필자는 삼구(三句)를 동일한 사물의 세 측면으로 이해한다. 특히 이것은 『대승기신론』에서 제시하는 일심(一心)의 체상용(體相用)[39]에 기초한 변형된 형태라고 본다. 그래서 제일구는 일심으로서의 바탕[體]이요, 제이구는 현상[法]으로서의 형상[相]이며, 제삼구는 현실에의 실천으로서의 작용[用]이라고 본다. 그러면서 이들은 일심의 서로 다른 측면이면서, 동일한 내용이라고 해석한다.『임제록』에서 보면, 우리 마음의 청정함[體]은 밝게 빛나는 빛의 형상[相]이요, 그 자체로 공(空)하여 현장에서 드러난 장애 없음의 그윽한 작용[用]이다. 이들 세 가지는 서로 다른 게 아니라 동일한 하나의 깨달음 경험에 근거한다.

삼구를 살펴보면, 먼저 제1구[三要印開朱點側 未容擬議主賓分]는 두 가지 번역이 가능하다. 하나는 '삼요(三要)의 도장을 찍으니 붉은 점이 나타나고, 말을 하기도 전에 주객이 분명하다.'는 의미로, 다른 하나는 '삼요의 도장을 찍으니 붉은 점이 분명하여, 주객을 나누는 것을 용납하지 않는다.'는 의미로 번역이 된다[40]. 삼요는 한마음의 체상용 세 가지 측면이다. 이들은 주객으로 나누기도 하지만 전혀 서로 구분이 없다. 후자의 번역으로 제일구는 주객으로 나누어지기 이전의[41] 절대적 부정을 포함한다면, 전자의 번역은 일체를 포괄하는 절대적 긍정을 의미한다. 양자는 결국 같은 의미를 가진다. 곧 말하기도 전에 모두 드러난 세계는 절대적 긍정의 세계이며 일체의 분별이 부정된 자리이다. 이것을 밖으로는 사물의 본질이라고 해도 좋고, 안으로는 본래적인 성품/불성이라고 불러도 관계없다.

제2구[妙解豈容無著問 漚和爭負截流機]는 '묘혜[文殊]는 무착(無著)의 분별적인 질문을 용납할 수 없지만, 뛰어난 기제의 방편[漚和] 마저 거절하는 것은 아니다.'는 게 요지이다. 이것은 문수와 무착의 문답에 근

쟁점으로 살펴보는 현대 간화선

거한 구절이다. 무착이 문수에게 물었다. "이곳에서 불교가 어떻습니까?" 그러자 문수가 대답하였다. "범부와 성인이 함께 살고, 용과 뱀이 뒤섞여 있다." 무착이 다시 물었다. "대중은 얼마나 됩니까?" 그러자 문수는 "전삼삼 후삼삼(前三三後三三)이다."고 하였다.[42] 무착은 자꾸 외형적인 집단적 현상들을 묻는다. 문수는 무착이 묻는 것들에 대해서 번뇌를 끊었으나 문답의 방편을 배제하지 않고 세운다는 것이다. 다시 말하면 문수는 방편의 분별(전삼삼후삼삼)을 통해서 본래적 의미의 성품을 현실 속에 드러낸다는 것인데, 이게 문답의 의미이다. 제2구는 제1구의 방편적인 현실참여로서, 곧 현실 속에서 자신[體]을 드러내는 양상[相]으로 이해된다.

제3구[看取棚頭弄傀儡 抽牽都來裏有人]는 '무대 위 꼭두각시의 움직임은 뒤에서 조정하는 사람을 따른다.'는 것이다. 곧 무대에서 일어나고 있는 꼭두각시의 움직임은 현실에 작용이다. 이것은 뒤에 조정하는 사람이 있는데, 이것은 임제가 말하는 붉은 얼굴을 한 진인의 무위작용(無位作用)이라고 본다. 현실/무대의 꼭두각시는 환으로서 진실이 아닌 허구이다. 그러나 무대/현실의 연극은 진인의 작용으로 바로 본래 존재하지만 실로 진실을 드러내는 진공묘유(眞空妙有)이다. 이것은 허구의 무대라는 현실 속에서 자신의 모습/진실을 드러내는 적극적인 작용이라고 할 수 있다

이렇게 필자는 삼구를 체상용(體相用)으로 이해를 시도하긴 했지만 삼구, 삼현과 삼요는 서로 중첩될 뿐만 아니라, 정확하게 구분하는 것은 현장의 실천을 강조하는 선종에서 번거로운 작업임이 분명하다. 더구나 이들은 서로 다른 내용이 아닌 한마음의 별칭인 까닭에, 이후로

'하나'로 통합되고, '무엇이 하나인가'를 묻게 되었다. 삼구에 대한 논리적인 분석이나 해석학적인 이해를 거부하고, 당나라 이후 송대로 넘어오면서 '일구'로 통합되는 경향을 보여준다. 이것은 또한 '세 개가 곧 하나[三卽一]로서 모두 공하여 다만 이름일 뿐 실체는 아니다.'는 임제의 법문에 충실함이기도 하다.

2. 원오극근의 일구

일구를 강조하는 경향은 먼저 오대와 북송시대를 살았던 분양선소(汾陽善昭, 947-1024)에게서 찾아볼 수 있다. 그는 상당(上堂)하여, 임제의 삼현삼요(三玄三要)를 거론하고 '무엇이 삼현삼요에 철저한 구인가'를 물은 다음[43] 스스로 다음과 같이 말하고 있다.

> 삼현과 삼요는 그 현상을 분별하기 어려우니, 三玄三要事難分
> 뜻을 얻고 말을 잊어야 도에 친근해진다. 得意妄言道易親
> 일구(一句)가 명료하면 온갖 모양을 다 포괄하니, 一句明明該萬象
> 음력 9월 9일의 가을 축제일 국화꽃이 새롭다. 重陽九日菊花新[44]

이 게송에서 말하고자 하는 점은 삼현과 삼요는 말로써는 이해하기 어려운 것이며, 그러나 일구에 분명하게 현전한다면 마치 중양절인 음력 9월 9일 활짝 핀 국화꽃처럼, 그것은 새롭다는 것이다. 여기서 국화꽃은 언어가 아니다. 그것은 생생하게 가을 하늘 아래 늘 새롭게 다시 피어난다. 그러나 이것은 일구를 통찰했을 때 닥쳐온 경험이다. 그렇다면 이 일구는 무엇인가. 이때의 일구는 삼구 가운데 하나일 수도 있고 임제의 법문처럼 삼구/삼현/삼요를 모두 포함한 '일구'일 수도 있다. 하나를 통찰하면, 다른 구절은 저절로 명명해지는 그런 종류의 일구이다.

당시 임제종 승려들은 삼구나 삼현/삼요에 대해서 그 의미를 끊임없이 탐구했고 삼구에 대한 게송을 검증받음으로서 등불이 전승[傳燈]되었다. 분양선소는 본인의 가풍을 묻는 질문[如何是和尚家風]에 '삼현으로써 바른 도를 나타내고[三玄開正道], 일구로써 삿된 종지를 파한다[一句破邪宗]'[45]고 했다. 이점은 임제종 뿐만 아니라 당시에 강성했던 운문종의 운문삼구(雲門三句)나 조동종의 조동오위(曹洞五位)처럼 몇 가지 구절을 통하여 제자들을 가르치고 서로를 탁마하는 수단으로 삼았던 데서도 볼 수 있다. 운문삼구(雲門三句)는 '하늘과 땅을 뒤덮는다[函蓋乾坤]', '다양한 흐름을 끊어버린다[截斷衆流]', '거친 흐름과 함께 한다[隨波逐浪]'는 것으로 임제종 삼구와 매우 유사하다. 반면에 조동오위(曹洞五位)는 묵조선의 요약으로서 '묵묵한 가운데 비춤의 정중편(正中偏)', '비춤 가운데 묵묵함의 편중정(偏中正)', '묵묵한 가운데 옴의 정중래(正中來)', '비춤 가운데 지극함의 편중지(偏中至)', '묵묵함과 비춤이 함께 한다는 겸중도(兼中到)는 임제종의 사주빈(四主賓)과 비교된다. 사주빈은 사료간(四料揀)이라고도 하는데, 어떨 때는 사람은 빼앗고 대상만 남기고[有時奪人不奪境], 어떨 때는 대상을 빼앗고 사람만 남기고[有時奪境不奪人], 어떨 때는 사람과 대상을 함께 빼앗고[有時人境俱奪], 어떨 땐 사람과 대상을 모두 남긴다[有時人境俱不奪]는 수행이다.

이렇게 선/명상의 기풍을 몇 개의 구절로 요약하는 경향은 간화선을 형성하는 사상적인 토양이 되었는데, 이러한 동향은 임제종 양기파에서도 중요한 문답의 이슈였다. 원오극근은 어느 날 임제의 삼구를 들어서 설법했다. 그런데 같은 오조법연의 제자로 동문인 불안(佛眼)선사가 원오를 찾아와 "내가 너에게 삼구를 보여 주겠다" 하고는 손가락을 꼽으면서 "이것은 제2구, 이것은 제3구이다." 하고는 그냥 가버렸다. 이 일을 스승인 오조법연에게 말하니, 오조법연은 "그것 좋구나."고 했다.[46]

　　여기서 제2구와 제3구는 말하고 있지만, 제1구는 말하지 않고 그냥 가버린 것이다. 제1구는 어디에 있는가. 이것이 이 문답의 핵심된 요점이다. 이는 임제의 삼구에 대한 당시 선승들의 관심과 그것을 둘러싼 선문답의 일단을 보여준다. 하지만 이는 삼구에 대한 동등한 관심이 아니다. 그것은 삼구 모두를 총괄하면서도 언어적인 분석을 벗어난 안목으로서 일구에 대한 관심이다. 이때의 일구는 삼구 가운데 하나로서의 제1구가 아니다. 그것은 삼구의 본질을 꿰뚫는 깨달음의 체험으로서 '일구'이다.

　　그런데 원오극근의 시대에 오면서 삼구는 더 이상 중요한 선문답의 주제가 아니다. 『벽암록』에서 임제의 삼구삼현과 사주빈(四主賓)을 거론하고 있는 것은 제38칙의 풍혈철우(風穴鐵牛)에서 뿐이다.[47] 그것도 풍혈이나 설두의 입을 빌려서 말하고 있을 뿐이다. 풍혈(896-973)은 오대의 혼란기를 살았다. 그는 상당법문에서 임제의 삼구에 나오는 삼요의 도장이라는 표현을 들어서 "조사의 심인(心印)은 무쇠소의 기봉처럼 생겼는데, 도장을 떼면 집착하는 것이요, 도장을 누르면 망가진다. 떼지도 못하고 누르지도 못할 경우 도장을 찍어야 할까? 찍지 않아야 옳을까?"라고 말했다. 여기에 원오는 평창을 했는데, "일천 권의 경론을 강의할 수 있어도, 일구의 기봉(機鋒)에서는 입 벌리기가 어렵다."고 했다. 또한 설두의 고칙에 공감하여 "풍혈의 일구에는 삼현의 창과 갑옷으로 무장하여 함부로 덤비지 못하리라" 했다.

이것을 보면 확실하게 원오극근에게는 삼구가 중요한 것이 아니다. 그에게는 일천 권의 경론과 분별을 넘어선 돈오로서의 '일구(一句)'가 더욱 중요한 가치를 가진다. 그의 『상당법문』은 온통 일구에 관한 끊임없는 문제제기로 가득 차 있다.

- 범부와 성인의 식정이 다하고 지견이 탈락하니, 장강이 제호가 되고 대지가 황금으로 변하도다. 자기의 흉금으로부터 일구가 흘러나오도다. 어떠한가? 말해 보라.[48]
- 양극단의 이변(二邊)을 결코 세우지 말라. 안거를 한다거나 하지 않는다거나 그런 것 모두 없다. 시절 인연을 따라 응연히 담적하니, 자 말해 보라. 성스러운 태아[聖胎]를 장양하는 일구는 어떠한가?[49]
- 제1구에서 깨달으면 조사가 목숨을 구걸하고, 제2구에서 깨달으면 인천의 쓸개가 떨어지고, 제3구에서 깨달으면 호랑이 입에 떨어진다. 길을 따라 흔적을 지키지 않고, 또한 흔적을 지워 길을 바꾸지 않네. 뚫으면 곧 팔이 여섯이요 머리가 셋이라. 뚫지 못하면 인간과 천상이라. 말해 보라. 삼구 밖의 일구는 어떠한가?[50]

원오극근의 일구는 '자기 가슴에서 흘러나오며', '임제의 삼구를 벗어난 일구이며', '인연을 따라 성스러운 태아/불성을 장양하는 일구'이다. 원오는 『심요(心要)』에서 일구에 투철하여 자유 자재함을 '활발발지'라고 하고, '일구를 가지고 백천구절로 만들어 쓰며, 백천구절을 가지고 일구를 만들어 쓴다'[51]고 한다. 그런데 이 일구는 '부처님의 입에서 나온 것도 아니고, 모든 조사가 말한 것도 아니다.'[52] 그것은 오히려 '자신의 가슴'에서 비롯된, 불조의 공안을 벗어난 도리이다. 여기서 일구에 대한 중요한 차별화는 임제의 삼구를 벗어난 점이고, 자신의 가슴에서 흘러나온다는 실존적 관점이다. 이점은 원오극근의 사상적 고유함을 말한다.

그러므로 원오는 달마가 서쪽에서 온 뜻을 물을 때에 '뜰앞의 백수자(栢樹子)'라 든지, '생각이 일어나면 만법이 함께 일어나는데 생각이 일어나지 않으면 어떤가?'에 대한 대답으로 그 죄가 '수미산(須彌山)'이라는 대답이나, '원주! 자네도 차 한잔 마시게!' 하는 '끽다거(喫茶去)' 같은 조사의 공안/선문답도 모두 풀이나 나무에 달라붙는 도깨비 정령들이다.'[53]고 말한다. 이것은 당대의 공안/선문답에 대한 새로운 태도의 변화를 보여주는 것이다. 당시 송대의 사대부나 수행인이 공안을 이해하는데 분별만 있고 의심이 없음을 비판하는 것으로서, 이것은 선문답에서 의심을 강조하는 대혜 간화선의 단초가 되었음은 두말할 필요가 없다.

3. 대혜의 화두

일구의 사상은 원오극근으로부터 계승되지만 대혜에게 결국 일구는 '화두'로 전환된다. 대혜의 일구에는 칼날이 두 개이다. 한쪽은 일체의 공덕과 무량한 법문을 스스로 갖춘 경절처로서 직관의 자리이지만, 또 다른 쪽은 일체의 분별을 일거에 쓸어내고 우뚝 홀로 선 일자이다. 말하자면, 경절의 파사현정을 실행하는 구체적인 모습이 일구이다. 화두는 사량 분별을 부정하는 쪽이 파사의 역할이라면, 일체를 드러내 긍정하는 것은 현정의 의미이다.

중도(中道)로서 일구

태초에 '일구'가 있다. 이때의 일구는 바로 근원적이고 궁극적인 큰 기틀[大機]로서 일구이다. 그렇지만, 그것이 작용하기 시작하자 긍정과 부정의 양극단을 동시에 거절하면서[雙遮]도 양극단을 동시에 수용하는[雙照], 절대의 중도(中道)를 상징하는 일구가 된다. 대혜종고는 소흥 28년에 행한 『상당법문』에서 다음과 같이 말하고 있다.

> 대궐 쪽으로 깊게 감사를 표하고, 조서를 옆으로 올리면서 대중에게 말하였다. "달마는 동토에 오지 않았고. 이조는 서천에 머물지 않았네. 사람마다 항상 빛이 현전하고 누구나 만겁에 벽처럼 서 있네." "자 말하라. 이것은 어떤 곳에서 오는가? 만약 오는 곳을 알아 수용한다면, 무궁할 것이요. 그렇지 못하면, 유나에게 분명하게 잘잘못을 청하라. 오직 대가(大家)는 잘 요달하기를 요할 뿐이다." 향

을 들어 축성하기를 마치고 상당하여 말했다. "좋은 법당은 상서로운 기운이 새롭다. 천서(天書)가 구중성(九重城)으로부터 왔다. 오직 일구에 의지할 뿐, 사사로운 말은 없다." 위로 축원했다. "황제시여, 억만겁 만수무궁하소서."[54]

이 법문은 아육왕산(阿育王山) 광리선사(廣利禪寺)의 청에 의해서 이루어졌다. 본의 아니게 여진족 금나라에 대해서 주전파로 간주되는 정치적 사건에 휘말려 진회(秦檜)의 화친파에 의해서 형주(衡州)로 귀양살이하던 대혜는 화친파가 물러나면서 소흥 26년에 복권되고, 세수 70세가 되던 소흥 28년(1158)에는 송나라 고종으로부터 '대혜(大慧)'선사라는 칭호를 받았다. 이때는 대혜가 입적하기 5년 전이고, 또한 1200년 경에 『대혜어록』을 통해서 간화선을 도입한 고려후기 보조지눌(1158-1210)이 탄생한 해이기도 하다.

선을 전했다는 달마가 오기도 전에, 이미 사람들은 만겁 이전부터 달마의 벽관(壁觀)을 해서 항상 깨달음의 빛을 발한다. 이 도리를 알아 수용한다면, 그 공덕이 무궁할 것이다. 이것을 가능케 하는 것이 다름 아닌 바로 '일구'이다. 여기에 다시 사사로운 다른 말이 필요 없다. 임제는 무위진인을 위해서 멱살을 잡고 뒤흔들었지만 대혜에게 무위진인은 다름 아닌 '일구'이다. 바로 일구로 인하여 달마는 오지 않았고 달마의 제자 혜가는 서천에 살지 않았다. 바로 지금 여기의 일구로 인하여 사람마다 항상 깨달음을 구현한다. 황궁에서 친서가 왔지만, 대혜는 오직 '일구'에 의지할 뿐이다.

마지막 '일구'는 소리 전에 이미 온통 드러났고, 하늘과 땅을 덮고 소리와 색을 뒤덮는다. 황면노자/부처가 한 개의 일착자를 얻으니 도솔천을 떠나기 전에 이미 왕궁에 왔고, 부모로부터 태어나기 이전에 이미 대중을 구원했다. …(중략)… 이 일전어에는 삼현삼요 사료간 사주빈 뿐만 아니라 조동의 오위와 운문의 삼구, 백천의 법문과 무량한 묘한 의미가 갖추어 있다. 만약 다른 사람을 간별하고자 하거든 일척안을 갖추라[55]

대혜가 말하는 일구는 마치 '나에게 한 물건[一物]이 있으니, 그것은 하늘과 땅을 지탱한다'는 설숭본『육조단경』의 일물(一物)를 연상시킨다.[56] 이것은 매우 신화적인 표현이다. 일구는 소리와 색의 세계보다 앞에 존재하고 나중까지 존재한다. 초기불교로 말하면 연기법이고 대승불교의 불성이다. 부모로부터 태어나기 이전에 이미 지금 여기의 궁전에 존재하고, 일시에 천지를 덮어 일체의 중생을 구원해 버린 '일구'이다. 임제의 모든 삼현/삼요를 포함할 뿐만 아니라, 모든 방편과 백천 무량한 법문을 구족한 '일구'이다. 그러나 그것은 결코 언어적인 이해가 아니다. 일체의 분별을 거절한다. 대혜는 이 일구를 '외눈[一隻眼]'이라고도 부른다.

대중에게 보이다. 일구 중에 삼현문이 갖추어 있고, 일현문에 삼요의 길이 있다. (그러나) 임제의 소인배들(小廝兒)이여. 다만 하나의 밝은 안목[一隻眼]만을 갖추어, 사방팔면이 오더라도 오직 중앙을 쳐라. 그러면 마침내 폭풍우가 몰아칠 때, 옛 사당이 휘늘어져 (오히려)

잘못되었음을 보리라. 흥화노사(興化老師)의 얼어붙은 고름이 온통 꿈속에서 본 것에 지나지 않는다. (信心銘에서 말한) '지극한 도는 어렵지 않다. 다만 간택을 하지 않을 뿐이다' 라는 것도 당시의 좁은 소견이요, 조주고불(趙州古佛)도 5년간 변명만하다 내려오지 못했다.[57]

노년의 대혜는 기존의 관례적인 지식과 형식적인 권위를 거부하는데 주저함이 없다. 임제의 삼구/삼현/삼요에 대한 개념적인 천착은 임제종의 아류들이 행하는 '소인배'들이나 할 짓이다. 임제의 법제자인 흥화존장(830-888)의 법문도 얼어붙은 '고름'이다. 뿐만 아니라 『신심명』도 좁은 소견이며, 조주도 변명하기에 정신이 없었다. 어찌 보면 그들은 도리어 각자의 밝은 눈을 후벼 파는 도적이다. 하나의 안목[一隻眼]을 가지는 것은 곧 전통적인 견해를 모시는 사당/권위가 폭풍우 속에서 부서져 버리는 것과 같은 경험이다. 이것은 앎 속에서 새롭게 다시 태어나는 일이고 '몸을 한번 굴리는' 것이다.

이런 뜻에서 대혜는 일척안(一隻眼)이라는 표현 외에도 일전어(一轉語)라는 용어를 사용한다. 일전어는 '임제의 삼현삼요, 조동의 오위, 운문의 삼구뿐만 아니라 백천 무량한 법문을 모두 갖춘다'고 설하고, 만약 '사람을 간별하고자 한다면, 오직 일척안을 구비하라'고 말한다.

『보설』에서는 '그런데도 고인들이 간절하게 말씀하신 방편문의 약에 집착한다면, 오히려 옛 병은 고쳐지지 않고 새로운 병이 생기게 된다.'[58] 이렇게 되면 '고인이 제시한 경절처는 일시에 얽혀 돌아가는' 길이 되고, '삼구를 부리기보다는 삼구에 부림을 당하게 된다.'[59]는 것이다.

쟁점으로 살펴보는 현대 간화선

결국 대혜에게도 문제되는 것은 원오와 마찬가지로 오랜 의례로
서 사당에 모셔진 방편으로서 삼구의 가르침이 아니다. 대혜는 임제의
삼현삼요의 방편들을 '푸른 하늘이나 네거리에서 만난 귀신이다.'[60]고
표현한다. 임제의 가르침에 대한 후대인의 집착을 겨냥한 발언이다. 삼
구는 외적인 형상에 불과하다. 중요한 것은 삼구를 성립시키는 총체적
인 통찰로서의 일구이지, 그것들이 가지는 개별적인 의미가 아니다.

임제의 삼구에 대한 개별적이고 언어분석인 해석은 대혜의 표현
으로 말하면, '삼구 안에 갇히는 것이지, 삼구에서 곧장 벗어나는'[61] 것
이 아니다. 삼구에 대한 언어적인 해석으로부터 벗어나서, 체상용의 다
채로운 그것들을 자유롭게 부릴 수 있어야, '폭풍우 몰아치는 순간에
도 휘늘어지지' 않고 '팽팽한 활줄로서' 인연있는 사람을 접인할 수가
있다. 체상용의 개별적인 해석에만 눈빛이 갇혀 있다면, 그것은 참 자
유인이 삼구에 부림을 당하는 비참한 순간이다. 어쩌면 '얼어붙은 고름
통 속에 빠져 있다.'는 말이 적절하다. 일구에 대한 대혜의 이런 강조는
그의 어록에서 매우 지속적이고 일관된 태도로 견지되고 있다. 이를테
면 대혜는『상당법문』에서 다음과 같이 자꾸 묻는다.

- "범부와 성인도 가지 못하거늘 어떠한가, 이 마지막 구[未後句]
  는?"[62]
- "이와 같이 알고 이와 같이 보고 이와 같이 이해할 때, 바로 이때
  몸을 바꾸는 일구는 어떠한가? 말해보라."[63]
- "대지는 오래고 하늘은 길어 끝이 없다. 바로 이러한 때, 시간과
  절기에 의지하는 일구는 어떠한가? 말하라."[64]

- "같다 같지 않다. 그렇다면 말하라. 최초의 일구는 어떠한가?"[65]
- "말하라. 항상 식정/분별을 벗어난 일구는 어떠한가?"[66]

　표현이 약간씩 다르지만 대혜가 한결같이 묻고, 대답하기를 요구하는 것은 바로 '일구'에 대한 언어적인 이해나 해석이 아니다. 그것은 모든 경계, 시간과 공간, 인식의 한계를 벗어난, 경절에 의한 한 가닥의 통찰이다. 그곳에는 '다만 일구에 의지할 뿐, 사사로운 말은 있을 수 없다.' 이렇게 보면 대혜의 일구는 '제1구에서 깨달으면 조사와 부처의 스승이 된다.'고 하는 임제의 제1구에 대한 재발견이라고 할 수 있다. 그러나 이때의 제1구는 제2구나 제3구에 상대되는 일구가 아니다. 만약 상대적인 일구였다면, 원오극근에게 보인 불안청원 선사(1067-1120)의 손가락은 상좌의 흉내내는 엄지손가락을 자른 구지(俱胝) 선사처럼[67] 칼로 잘라버려야 한다. 아니면 그것은 넌센스의 장난에 불과하지 결코 선문답이 아니다.

일구에서 화두로

　조사의 언구를 중심으로 선사상사를 조망해 보았을 때, '삼구'에 대한 임제종의 논의가 원오극근을 지나서 대혜에 이르러서는 간화선과 더불어 자연스럽게 '일구'에 대한 자각으로 통합되었다. 물론 이런 필자의 견해에 대해서 반론을 제기할 수도 있다. 선사상사에서 문답의 축이 '삼구로부터 일구로의 이행'이라는 가설에 반격을 가할 수 있다. 왜냐하면 일구에 대한 인식은 송대가 아니라 당말에 이미 존재하였고 논의가 있었다는 반론이 가능하기 때문이다.

예를 들면, 약산유엄(藥山惟儼, 751-843)이 원지(圓智) 선사에게 '나에게 일구가 있다. 그러나 아직 아무에게도 말하지 않았다'고 제시한 경우[68]나, 위산영우(潙山靈祐, 771-853)가 향엄(香嚴)을 위해서 '부모로부터 태어나기 이전에[父母未生前]에 일구를 일러보라.'고 요구한 것이나[69], 암두전활(828-887)이 설봉의존(822-908)에게 '마지막 일구를 일러두지 않은 것이 후회스럽다.'[70]고 한 문답들을 보면 한결같이 일구란 용어를 사용한다. 때문에 일구에 관한 인식은 이미 당시대에 존재했다고 주장할 수 있다.

물론 그렇다. 그러나 이들의 일구는 많은 문답 가운데 하나일 뿐이다. 대혜처럼 분명한 자각을 가지고 집중적으로 일구(一句)에 사상적인 의미를 부여하지는 않았다. 더욱이 중요한 점은 대혜는 이들 일구에 대해서 의심함으로써 화두 간화선 수행방법의 기초로 삼고 있다는 점에서 결정적 차이점이 있다. 이점이 중요한 갈림길이다. 대혜는 출가자들을 상대하는 '상당' 법문에서는 일구에 대한 근원적인 질문을 하고 대중에게 직접적인 대답을 요구하였다. 당시 지식인 사대부들을 대상으로 하였던 『보설』이나 『서장』에서는 일구에 대해서 보다 구체적인 설명과 함께 철학적인 의미를 부여한다.

> 조사의 언구 위에서 증거삼아 논하지 말라. 이를테면, …(중략)… 약산유엄이 어느 날 말했다. "나에게 일구가 있는데 숫소가 새끼를 낳으면, 그것을 말해 주리라. 그러자 한 승려가 나와 말했다. 숫소가 이미 새끼를 낳았는데, 화상께서는 왜 말하지 않는가? 약산은 말했다. 등불을 켜라. 그러자 그 승려는 자리로 돌아갔다." 훗날 이것

에 대해서 새끼를 낳았다면, 숫컷인가 암컷인가 묻고, 스스로 모두 다고! 대답한다. 또 사랑하여 언하에 낳지 않았다는 이해를 낸다. [……] 오늘날 이같은 견해를 짓는 이들이 심히 많다. 다만 고인의 언구 상에서 제시할 뿐, 언구 위에서 견해를 짓지 말라.[71]

마음으로 깨달음을 헤아려 구한다면, 이미 잘못된 것이다. 하물며 지식이 많고 이해가 복잡하다면, 마음이 산란하여 어렵다. 향엄을 보지 못했던가. 그는 총명이근하여 오랫동안 참선했지만, 지해로 인해 얻는 것이 없었다. 위산영우는 어느 날 향엄을 불러놓고 이야 기 했다. '그대는 매우 총명하고 영리하다. 이해가 빠르고 상상력이 뛰어나다. 그렇지만 생사가 근본이다. 부모로부터 태어나지 않았을 때, 일구를 말해 보라.' 향엄은 위산의 질문에 어찌할 바를 모르다 가 자기 방에 돌아와 평소에 보던 문자들을 조사해 보았지만, 도무 지 일구(一句)에 대한 해답을 찾을 수가 없었다. 향엄은 읽어오던 모 든 경전들과 책을 불태우고 정처없이 행각을 떠났다. 그러던 어느 날 행각하다가 던진 조약돌로 문득 터지는 대나무 소리에 부모미 생전의 일구를 깨달았다. 그렇지 않은가?[72]

약산이나 위산에게 일구는 처절한 자기의 실존적인 고뇌를 해결 하기 위하여 전력을 다해 대결해야 할 문제이다. 깨달은 자에게는 '이 미 숫소가 새끼를 낳은' 그것은 불립문자(不立文字)의 근원적인 일구이 다. 그러나 어떻게 숫소가 새끼를 낳고, 부모로부터 태어나기 전의 '일 구'를 말할 수 있겠는가? 이런 모순과 갈등은 총명이근이나 뛰어난 상 상으로 접근할 수 없는 '일구'가 되어 가슴을 찌른다.

그러나 위 두 가지 문답에서 향엄선사의 문답이 왜 더 극적이고 감동을 주는 것일까? 그것은 일구에 대해서 어떠한 해답도 제시하지 않았기 때문이다. 사실 향엄은 스승에게 일구의 질문에 대한 해답을 구했지만, 위산 선사는 "해답을 줄 수 있지만 그러면 그것은 나의 견해이지 자네의 견해는 아니지 않느냐."고 거절한다. 일구는 사실 해답을 줄 수 있는 성격이 아니다. 스스로 깨달아야 할 과제이다. 부모미생전의 일구는 상대적인 개념 구조를 통해서 향엄에게 상처처럼 각인되지만, 대나무 소리가 계기가 되어 일시에 개념의 갈등구조를 타파하면서, 막힌 천지가 드러난다.

이때의 일구는 모든 개념의 갈등구조를 자신의 내면으로 수용하여 타파할 수 있는 수단이 된다. 곧 선대의 일구는 깨달음에 이르는 나의 화두가 된다. 그러나 당시 사대부나 총림에서는 선대의 공안을 머리로 따져 공부하는 이들이 상당히 있었던 것 같다. 그들은 사량분별로 '새끼는 암컷인가 수컷인가?'를 다시 생각하고, '낳았다, 낳지 않았다'는 견해를 지었다. 그럼에도 불구하고 잘못된 스승들은 '그것이 잘못된 공부인지도 모르고, 다른 사람을 가르치는 경우가 있었다.' 이를 대혜는 통렬하게 비판했다. 공안/선문답의 대립된 구조를 '조사의 언구를 증거삼아' 언어적인 설명이나 논리적인 이해로서 '타협해 버리는 행태'를 비판했던 것이다. '고인의 경절처를 다시금 굽어 돌아가는 길로 바꾸어 버리는 일'[73]과 같은 형태를 대혜로선 도저히 용납할 수 없었다. 그러므로 이차적으로 대혜의 일구는 비판적이고 일체를 일도양단하는 칼날로 이해된다.

(대중에게 보이다.) 바른 눈을 활짝 열어 젖히니, 수많은 성인이 어찌할 줄을 모른다. 일구로 말미암아 천차만별의 길이 일시에 끊어진다. 의식으로도 알지 못하고 지혜로도 알 수 없다. 성인도 아니고 범부도 아니다.[74]

온갖 차별이 끊어진 자리가 바로 일구이다. 이는 성인도 아니고 범부도 아니다. 온갖 사려분별을 태워버리는, 가까이 접근하는 것들은 그것이 무엇이든지 태워버리는, 스스로 빛을 발하는 불꽃이다. 이같은 '일구'에 대한 이해는 암두전활의 일구와 가깝다.

선의 핵심은 반드시 오직 일구를 아는데 있다. 무엇이 그 일구인가? 온갖 생각이 없을 때, 바로 올바른 구(句)이다. 이를 정수리에 머문다, 안주를 얻었다, 역력하고 성성하다, 바로 이런 때라고 한다. 바로 이러한 때 일체의 시비를 한결같이 타파한다. 그러나 이러한 때는 곧 이러한 때가 아니므로 시구(是句)도 비구(非句)도 거부한다. 마치 한 덩어리의 불과 같아서 접촉하는 것은 곧 태워버린다. 어떤 것이 거기에 가까이 가겠는가?[75]

대혜는 『서장』에서 암두의 이 유명한 법문을 인용한다. 아마도 대혜는 '선의 핵심은 오직 일구에 있다.'는 암두선사의 법어에 큰 감동을 받았을 것이다. '일구를 투과하면, 만상은 현전한다.'는 경절직입의 가풍에 잘 맞는 선교방편이기 때문이다.

요즈음 사대부들은 이런 이야기를 들으면 곧 공에 떨어진 것이 아닌가요 라고 말한다. 그것은 사랑하고 분별하는 것을 기준으로 삼기 때문이다. …(중략)… 이리저리 계교하여 맞추는 것은 식정(識情)이며 생사를 따라 유전하는 것도 식정이며 두려워하거나 성급하게 구하는 것도 식정이다. 그런데도 오늘날 참선하는 사람들은 이 병을 알지 못하고 오로지 식정 속에서 부침하고 있을 뿐이다.[76]

일구와 관련하여, 대혜는 공부인들이 고인의 공안을 잘못 이해하고 있음을 지적하는 경우로 한결같이 활용하고 있다. 그것은 화두의 경절처를 개념적인 분별이나 정서적인 문제로 환원시키는 오류를 경계함이다. 그러나 경절처를 알지 못하는 사대부나 수행인은 자꾸 식정/생각으로 구하려 하고, 그렇지 않으면 허무의 공에 떨어진 것이 아닌가 하는 두려움을 갖는다는 것인데, 대혜는 그 대책으로 고인의 일구에 대한 '의심'을 강조한다. 이것은 화두가 다름 아니다. 곧 부처와 조사의 일구를 타파하는 것으로 수행의 근본으로 삼는데, 이것이 바로 간화선이다.

V. 의단, 의심의 덩어리

간화선이 성립되는 과정을 삼구에서 일구로, 그리고 일구에서 다시 화두로 변천했음(삼구→일구→화두)을 앞에서 논증하였다. 여기서는 화두와 공안과의 차이점을, 그리고 화두의 본질에 대해서 논하고자 한다. 간화선이란 직역하면 '문답[話]을 참구[看]한다'는 의미이다. 여기서 문답이란 선문답을 말하고 선문답에는 그것을 관통하는 핵심된 언구/일구가 있다는 점이다. 이런 핵심된 결정적 일구를 참구하는 것이 간화선이다. 그런데 이때 일구에 대한 의심이 중요한 단서가 된다. 경전에는 모든 중생은 불성이 있다고 했는데 어찌하여 조주 선사는 '무(無)'라고 했는가? 이렇게 질문을 해서 무/일구를 참구하는 것이 간화선이다. 그렇기에 선문답에서 의심이 생기지 않는다든지, 생겼다고 해도 그것을 상상이나 추리로서 해답을 찾는다면(물론 처음엔 이런 경우가 대다수이지만), 간화선 수행의 추진 동기는 급격하게 약화된다.

일반적으로 선문답을 '공안(公案)'이라고 부른다. 이런 공안에는 일구가 있고, 그 일구에 대해서 의심을 하게 되는데, 이것을 화두라고 부른다. 공안과 화두는 동일한가? 이게 간화선을 이해하는 첫 번째 중요한 지점이고 두 번째는 의심이다. 의심의 덩어리란 의단(疑團)의 번역어이다. 이것은 간화선에서 중요한 수행의 일부이다. 화두란 결국 자기본

쟁점으로 살펴보는 현대 간화선

성에 대한 탐구이고, 그것은 의심에서 비롯된다. 의심이 참구의 동력이 된다. 이런 동력은 어떤 수행론적인 의미를 가지며, 간화선의 수행 과정은 어떻게 이해할 수 있는지를 살펴본다.

1. 공안과 화두

간화란 말이 '선문답을 지켜본다[看]'고 할 때, 일단 먼저 부처와 조사가 도에 들어간 선문답의 존재가 전제된다. 문답을 지켜보기 위해서는, 지켜보는 대상으로서의 과제, 이야기의 핵심된 언구/일구가 있어야 하기 때문이다. 여기서 고인의 선문답을 지켜본다[看話]고 하는 것은 이해할 수 없는 고인의 언구를 의심하여 탐색한다는 태도를 말한다. 당말에는 이같은 조사의 고칙(古則) 공안을 공부하는 숙제, 과제로서 혹은 성취한 수행의 정도를 검증하는 척도로 삼았던 경향이 있었다. 당말에서 오대의 혼란스런 시기를 살았던 법안문익(885-958), 그가 쓴 당시 수행승들의 병폐를 10가지로 나누어서 경책하기 위해 쓴『종문십규론』에는, 납자들이 선대의 공안을 어떻게 취급했는지를 엿볼 수 있는 대목이 있다.

> 옛 스님들은 (도를 위하여) 산을 오르고 바다를 건너면서 생사를 피하지 않았다. (수행에) 한 번의 전환을 이루는 (옛 조사의) 기연에 조금이라도 의심이 있으면, 그것을 일로 삼아 반드시 결택하여 분명하게 하는 것을 귀중히 여겼다. 그래서 참과 거짓의 기준이 되고 인천의

안목을 이루었다. 그런 뒤에야 비로소 종지를 높이 제창하고 진실한 가풍을 널리 떨쳤다. 선대의 논의를 인용하여 따져 묻고 깨닫지 못한 공안으로 채찍질했다. 만일 수행을 거치지 않고 고금을 억측으로 단정한다면, 그것은 마치 검술을 배우지 않고 억지로 태아의 보검으로 춤을 추는 것과 같다.[77]

이것은 열 개의 경책 가운데 여섯 번째이다. 이에 의하면 당시 납자들은 송 태조(960-976)가 나라를 건립하기 전에 이미 옛 조사의 기연인 공안을 공부의 길잡이로 삼았음이 분명하다. 그들은 옛 조사가 도에 들어가는 '기연에 조금이라도 의심이 있으면', 그것을 '일로 삼아 반드시 결택하여 분명하게 하는 것을 귀중히 여겼고', '공안으로 공부의 길을 채찍질했다'는 것이다. 그러나 공부하는 이들 가운데는 부처와 조사의 공안상에서 의심하지 않고 억측으로 단정하는 것으로써 만족하는 경향도 있었던 것 같다. 원오극근이 '조사의 어구에서 의심하지 않는 것이 큰 병통이다'고 말하고, '달마가 서쪽에서 온 뜻은 뜰앞의 백수자, 생각이 멈출때 수미산, 차 한 잔을 하라는 끽다거 같은 조사의 공안도 모두 풀이나 나무에 달라붙는 도깨비 정령들이라'고 한 것은 바로 이런 공부태도를 염두에 두고 한 발언이다. 그리고 공안에 대한 의심을 화두의 중요한 핵심으로 파악하여, 일구로서의 화두를 하나의 공부법으로 정착시킨 것은 바로 남송대 대혜종고의 공헌이다. 그는 다음과 같이 말한다.

천만 가지의 의심이라도 다만 하나의 의심이다. 화두 위에서 의심을 타파하면, 천만 의심이 일시에 무너진다. 설사 화두를 타파하지 못했더라도, 그 화두 위에서 의심과 더불어 겨누어 가라. 만약 화두를 버려버리고 문자상에서 의심을 한다든지, 경전의 가르침에서 의심을 일으킨다든지, 옛 조사의 공안상에서 의심을 일으킨다든지, 일상 번뇌 속에서 의심을 일으키는 것은 모두 삿된 권속이다.[78]

위 편지 내용은 간화선 사상사에 중요한 두 가지의 의미를 첨가했다는 점이다. 하나는 화두의 본질을 의심으로 파악했다는 점이고, 다른 하나는 '설사 의심을 타파하지 못했다고 하여도 그 화두의 의심과 더불어 (주체적으로) 밀고 가는' 말하자면 화두를 수행의 한 형태로 인식했다는 점이다.

먼저 '천만 가지의 의심이 다 하나의 의심이고 화두 위에서 의심을 타파하면, 천만의 의심이 일시에 무너진다'고 했는데, 이는 대혜가 말하는 화두의 의미를 단적으로 보여준다. 이것은 '일구를 뚫으면, 천구백구가 일시에 뚫린다'[79]는 원오극근의 법문에서 '일구'라는 용어를 '의심'이라는 낱말로 바꾸어 놓은 것이다. 천만 가지의 의심도 그것이 참된 의심이라면, 결국은 하나의 구, 곧 '일구'에 대한 의심인 것이다.

화두란 온갖 종류의 다양한 의심이 하나의 의심으로 통합된 것이다. 즉 대혜에게 화두는 '하나의 집중된 의심 덩어리'를 의미한다고 할 수 있다. 사실 의심에는 수많은 종류가 있을 수 있다. 일상생활에서 끊임없이 일어나는 심리학적인 의심/편집일 수도 있고, 경전의 가르침이나 이해되지 않는 문자에서 문득 생겨날 수도 있다. 자기 수행에 대한 확신의 부족에서 오는 의심일 수도 있다. 그러나 대혜종고에 따르면 이런 것들은 '화두'가 아니다. 이것들은 결정적인 확신이 결여된 상태이고, 우발적인 사량분별에 기초한, 아니면 지적인 호기심의 발로에 지나지 않을 수 있기 때문이다. 이런 종류의 의심은 사량 분별의 일부이기에, 사량분별을 타파하는 '집중된 의심 덩어리', 화두라고 말할 수가 없다.

하나로 집중된 의심은 개인의 가슴에 내재된 일구이다. 만약 궁극을 지향하고 있는 일구가 다만 저기 선종사에 객관적으로 던져져 있다면, 그것은 형이상학적인 실체이거나 하나의 기호에 불과하다. 그러나 일구가 의심으로 개인에게 내면화될 때, 그것은 비로소 실존의 문제가 된다. 그럼으로써 개인의 삶 속에서 사량분별을 끊어내는, 살아있는 칼날이 되고 불꽃이 된다.

앞 인용문에서 다음으로 주목되는 점은 대혜가 '옛 조사의 공안에서 의심을 일으키는 것도 삿되다.'고 한 점이다. 공안은 그 개수를 따지자면 천만 가지일 것이다. 그러나 이 모든 공안에 대한 의심은 하나의 화두로 귀착된다. 개인의 내면에 자리 잡은 화두는 오직 한 개/일구일 수밖에 없다. 옛 조사의 공안들을 조사해 보고 이해하고자 하나, 그 속에서 주체적으로 자기 실존의 문제로서 의심하지 않는다면, 그것은 또 하나의 지식을 첨가하는 것에 불과하다. 대혜는 당시 사대부와 납자들이 조사의 공안을 과거시험 과목처럼 각칙/사례를 암기하고 분별하고 해석하면서 공부하는 장면을 목격하고, 의심 없는 단순한 공안집의 병폐를 통절하게 느꼈다. 그래서 마침내 스승의 저술인 『벽암록』을 불태워 버렸다.

간화선이 대혜에 의해서 창립되었다고 평가한다면, 그것은 곧 선문답의 언구에서 집중된 의심을 일으키는 그 자체를, 깨달음에 나아가는 수행의 한 형태로 인식했음을 말한다. 여기서 선문답으로서의 공안과 개인의 내면에 의심으로 자리 잡은 화두는 엄격하게 구분해야만 한다. 대혜에게 조주선사의 '無' 한 글자는 '삼백육십의 골절과 팔만사천의 털구멍으로'[80] 이루어진 의심의 덩어리이고, 개인의 가슴에 각인되어 살아 있는 구[活句]로서 존재할 때 비로소 의미가 있다. 선종사에서 조주의 무자는 그냥 저기에 공안/선문답 사례의 일부로 놓여 있을 뿐이다. 어쩌면 문답의 형태로서 단순한 먹물 자국이고, 지나가는 언구일 수도 있다. 그러나 대혜가 발견한 무자 화두는 '뚫고 지나가야[透過]' 하는 나의 과제로서 분명하게 '방법론적인 자각'을 수반한다. 말하자면 '역대 조사와 더불어서 함께 손을 잡고 눈썹을 맞대고 같은 눈으로 보고, 같은 귀로 듣기 위해서'[81]는 밤낮으로 내걸고 탐구해야 하는 문제/질문이다.

그러므로 필자는 화두와 공안을 분명하게 구별한다. 화두는 '선대의 고칙 공안에 대한 주체적인 자기 의심'으로 정의할 수 있다. 그것은 깨달음에 나아가기 위한 수행방법적 의심으로 이해된다. 반면에 선문답의 공안(公은 공적인 법정에서, 案은 판결하는 책상이란 의미임)은 판례처럼 나와 무관하게 진행된 타인의 사례이다. 만약 공안에 의심이 없다면, 그것은 지나가는 선문답 정도로, 나와는 관계가 없는 한낱 에피소드/사례집에 지나지 않을 것이다. 만약에 간화선이 어렵다면 그것은 바로 일구에 대한 '의심'이 결여된 탓이다. 사실 우리는 당, 송대를 살고 있지 않기에 이미 대혜에 의해서 공안집은 불태워졌기에, 내면에 어떻게 의단을 확고하게 불러일으킬 것인지 하는 문제는 현대 간화선이 직면한 과제이다. 그러나 만약 공안/사례가 나의 순수한 의심으로 화두가 된다면, 그러면 바로 그때 비로소 이것은 집중된 불꽃이고 온갖 사량을 잘라내는 칼날로서 커다란 의심의 덩어리가 된다. 이럴 때 '큰 의심이 있는 곳에, 큰 깨달음이 있다.'는 몽산덕이와 구산(九山)선사의 말은 진실이다.

2. 피할 수 없는 자리

간화선은 집중된 의심/의단으로서 화두를 참구하는 명상수행이다. 때문에 과거의 판례집/공안을 공부하는 것을 의미하지 않는다. 화두가 실존적 자기 문제이라면 공안은 앞 세대에 의해서 남겨진 문답이다. 이 문답 사례가 그대로 나의 문제는 아니다. 이런 점에서 간화선에서 핵심은 공안이 아니라 집중된 의심으로서 화두가 결정적 위치를 차지한다. 기본적으로 의심은 선문답/공안이 가지는 개념적인 모순이나 논리적으로 회통할 수 없는 갈등에서 비롯된다.

이를테면 대혜가 『서장』에서 제시하는 화두 참구의 예시를 조사하여 보면 '개에겐 불성 없음'의 무자가 약 11인[82], '부처란 똥막대기'의 간시궐는 3인[83], '무엇이 나인가'의 시심마는 1인[84], '내려놓아라'의 방하착이나 '생각없음'의 수미산은 1인[85]에게 권해졌다. 대혜는 유독 무자 화두를 많이 강조했는데, 이후 무자는 모든 화두를 대표하는 자리를 차지했다.

마찬가지로 오늘날 간화선에서도 스승으로부터 참구의 대상인 화두가 제자에게 주어진다. 명상수업에서 해결해야 할 일종의 숙제인 셈이다. 이것은 스승과 제자의 문답에서 결정난다. 이후에 지속적으로 점검의 문답이 이루어진다. 이게 간화선 수행의 과정이다. 이런 맥락에서 종종 '나는 화두를 받았다/탔다.'는 표현을 하곤 한다.

　　그러나 여기에 학교에서도 그렇지만 문제가 있다. 학생이 동기유발이 되지 않아서 과제를 실행하지 않고 게으름에 빠진다. 불성이 개에게는 어찌하여 없는가 하는 무자화두가 내면에서 자리를 잡지 않는다면 그리고 화두의 갈등구조에 대한 지속적인 점검이 이루어지지 않는다면, 수행의 한 방식으로 화두는 실제적인 의미가 없다. 때문에 간화선의 의미는 나와 무관하게 사례집에 게재된 공안이 아니라, 개인의 삶에서 절박하게 분명한 문제의식으로 내면에서 살아날 때 이때야 비로소 화두가 된다.

　　그렇다면 화두에 대해서 의심한다고 하는 것은 어떤 의미인가? 그 의심은 어떻게 해결되는가? 그렇다고 화두에 대해서 대학의 시험이나 과학적인 질문처럼 논리적인 개념이나 수학공식으로 응답할 수 없지 않는가? 반대로 화두의 기능은 개념으로 해답을 찾으려는 마음의 시도를 자각하게 하여 무력화시킨다. 이를테면 대혜는 '자신이 타고난 근기가 우둔하여 깨달아 가는 방향을 얻지 못했다'는 이보문(李寶文)에게 다음과 같이 편지한다.

　　사대부가 도를 배울 때는 오히려 우둔함에 의지하여 공부해야 합니다. 대체로 지견이 많으면 깨달음을 구하려는 마음이 앞서 장애가 됩니다. 그래서 올바른 지견[正知見]이 현전할 수 없습니다. 이

장애는 외부로부터 온 것도 아니고, 특별한 일도 아닙니다. 이것 역
시 우둔함을 아는 주인공일 뿐입니다. …(중략)… 다만 우둔함을 능
히 아는 '이것은 결국 무엇인가'라고 살펴보기만 하십시오. 이 속
에서 살피기만 해야지 깨달음을 구하려하지는 마십시오. 살피고
살피다 보면 홀연히 크게 웃는 날이 올 것입니다.[86]

타고난 근기가 우둔하다고 하는 마음은 사량분별이다. 이런 마음
은 무엇인가를 구하고자 하나 잘 되지 않는다는 근심을 반영한다. 그러
나 이러한 분별과 근심을 자각하는 것은 전혀 다른 종류의 마음이다.
우둔하다고 하는 마음은 분별(p)이지만, 그것을 아는 마음(Q)은 분별이
아니다. 분별하고 근심하는 마음을 알아채는 순간, 영리하다든지 우둔
하다든지 하는 개념적인 양변(兩邊)을 벗어난 중도에 계합한다. 그러나
이것은 옛 그대로의 자기 주인공일 뿐, 특별한 일도 아니다.

그러므로 화두의 본질은 결국 생각이 일어나는 자리를 곧장 알아
차림하는, '회광반조(廻光返照)'이다. 살피고 살펴보는 것, 생각이 일어
나는 순간, '이것이 무엇인가'라는 질문을 던지면, 이내 생각이 일어나
는 자리를 자각하고 살펴본다. 이뿐, 특별한 일도 아니다. 이것은 간화
선 명상의 중요한 방법의 하나이다. 대혜는 '도에 합치하지만, 확 한번
내려놓지 못하는' 장제형에게도 같은 조언/상담을 한다.

불법과 번뇌도 모두 외적(外的)인 일입니다. 그러나 다시 외적이라
는 생각에 빠지지 말고, 다만 이같이 생각을 일으키는 자는 '어디서
오는가'라고 회광반조 하십시오. 오랫동안 이렇게 하면 활쏘기처

쟁점으로 살펴보는 현대 간화선

럼 자연히 적중할 것입니다.[87]

불법과 번뇌는 분별적인 마음의 양변이다. 이것은 마음이 만들어 놓은 사량분별의 거미줄인 것이다. 바로 이 같은 생각이 일어나는 순간에 '이것은 어디서 오는가'라고 질문함으로써, 밖으로 향하는 마음을 궁극의 일구로 되돌려놓을 수가 있다. 이것이 회광반조로서 화두 참구법이다.

그러나 화두도 또 하나의 마음이기 때문에 상속심에 빠져 흘러가 버릴 수도 있다. 분별적인 양변에 어느 사이에 휩싸이게 된다. 그래서 화두는 몸뚱이의 일부가 되고, 의심의 덩어리로 가슴에 자리 잡아야 비로소 수행한다고 말할 수가 있다. 그래서 구산(九山) 선사는 좌선(坐禪)을 '화두가 내면에 자리를 잡음을 좌라 하고, 선을 고요한 가운데 일상에서 질문하여 살펴봄'이라고 정의한다. 이런 심리적인 상태를 대혜는 '더 이상 회피할 수 없는 자리'로, '더 이상 나아갈 수 없는' 막다른 골목까지 밀고 나가길 요구한다.

오직 어떤 승려가 "개에게도 불성이 있습니까?"라고 물으니, 조주는 "무"라고 대답했다는 화두만을 살피시기 바랍니다. 한번 시험 삼아 사량분별하는 마음을 무자화두로 돌려서 사량분별해 보십시오. 홀연히 사량분별할 수 없는 곳을 향해서 이 한 생각을 타파할 수 있다면, 그것이 바로 과거 현재 미래의 삼세를 요달하는 자리입니다.[88]

무엇보다도 중요한 것은 화두를 드는 곳에서 이해를 내지 말고 사량

분별도 하지 마시기 바랍니다. 오직 일념으로 사량할 수 없는 곳으로 나아가 사량하면 마음이 갈 곳이 없어질 것입니다. 마치 늙은 쥐가 소뿔에 들어가 문득 앞으로도 뒤로도 갈 수 없는 것과 같습니다.[89] 만약 곧바로 쉬고자 한다면, 응당 재미가 없는 곳이나 잡을 수 없는 곳을 향하여 시험 삼아 공부를 해 보십시오. 만약 뜻을 둘 수도 잡을 수도 없고 오히려 이치의 길이나 뜻의 길에서 심의식(心意識)이 전혀 없어서 목석과 같을 때, 이때 공에 떨어질까를 걱정하지 말아야 합니다. 바로 이곳이 자신의 목숨을 내던질 곳이니 소홀히 하지 마십시오.[90]

이렇게 화두로서 의심한다고 하는 것은 '사량분별이 끊어진 자리'로 나아가는 것을 의미한다. 뜻 길과 마음 길이 끊어져서 재미도 없고 잡을 수도 없어서 마치 목석과 같은 자리이다. 다시 말하면 의심하지만 대답할 수 없는, 이 피할 수 없는 자리는 마치 소뿔 속의 쥐처럼 답답하고 숨이 막히는 경험이며, 공(空)에 떨어진 것이 아닌가 라는 두려움의 자리이기도 하다. 이러할 때 이것은 다만 '의심의 덩어리'일 뿐이다.

구산스님의 경우도 대혜선사와 마찬가지로 사량분별을 끊어내고 살펴보길 권한다. 이것은 마음도 아니다. 이것은 부처도 아니다. 이것은 물건도 아니다. 이것은 허공도 아니다. 그러면 이것은 무엇인가? 이렇게 질문하면서 살펴보라고 말한다. 이렇게 분별을 끊어 들어가는 경절의 팽팽한 긴장을 통해서, 어느 날 홀연히 '땅과 하늘을 진동시키는' 커다란 깨달음을 경험한다. 이때를 대혜는 '확! 한번 자신을 내려놓는다'는 의미로 악지일성(啐地一聲)[91] 혹은 어둠이 '굳어진 땅이 부서지면서 확 터져 난다'는 뜻의 분지일발(噴地一發)[92]이라는 표현을 쓴다.

이상을 정리하면 화두 참구과정은 스승과의 '문답하기' → '실존적 자기 의심' → '회광반조' → '피할 수 없는 자리에로 직면' → 확! 터지는 '분지일발' → 스승의 '점검과 인가'라는 내적 과정을 순차적으로 경험한다고 할 수 있다. 이런 단계는 개인마다 조금씩 차이가 있지만, 일시에 일어날 수도 있고 천천히 단계별로 경험할 수도 있다. 어느 쪽이든지 이것은 간화선 참구의 과정이면서 동시에 수행의 수위를 점검/평가하는 단계이기도 하다.

이런 간화선의 수행과정은 스승과 제자의 '문답'이란 점에서 교육적 탐구모형이나 아니면 심리상담 과정과 비견할 수 있다. '스승과의 문답'은 라포(rapport) 형성과 주호소(chief complaint) 문제를 확인하는 목표설정 과정이고, '화두에 의한 실존적 자기 의심'은 핵심된 문제나 증상의 패턴을 발견하는 과정이고, '회광반조'는 저항을 줄이면서 내면을 살펴보는 탐색적인 명상이고, '직면'은 회피와 억압으로부터 벗어나서 자신을 존재하는 그대로 허용하여 진실한 자기와의 만남이고, '분지일발'은 오래된 자기 내면의 갈등을 해소한 통찰 체험이고 '점검과 인가'는 현실 속에서 구체적인 적응전략을 모색하여 실천하고 그 효과성을 평가하는 단계를 말한다. 이런 6단계별 과정은 화두참구의 현실적 응용을 타진하는 프로그램 개발에 중요한 시사점을 제공한다.

VI. 맺는말

간화선은 화두에 의한 참선/명상법이라고 할 수 있다. 간화란 말 그대로 이야기(話)를 지켜본다(看)는 뜻이다. 여기서 이야기라고 하는 것은 부처와 조사가 도에 들어가는 인연이나 기연을 보여주는 고칙이나 공안과 관련된 지금 여기의 실존적 자기 과제를 말한다. 곧 '이야기/문답을 지켜본다'고 하는 간화선이 성립하기 위해서는 부처와 조사가 도에 들어간 이야기인 선문답의 사례가 전제된다. 이야기를 지켜보기 위해서는, 지켜보는 대상이나 과제로서의 이야기/문답이 있어야 하기 때문이다. 역사적으로도 당대에 먼저 도에 들어가는 인연으로서 고칙 공안이 먼저 성립되고, 송대에 들어와서 이것을 바탕으로 수행의 방법으로서 화두라는 참선법이 발전되었다.

특히 대혜는 원오극근의 지도 아래 고칙공안에 의한 의심을 통해서 깨닫고, 이후 간화선 수행의 본질을 의심으로 규정했다. 이것은 선종사에서 매우 중요한 패러다임의 변화이다. 본성/불성을 깨닫는 공부의 방법으로 화두의 중요성을 강조했다. 이런 대혜 간화선은 다음과 같은 세 가지 특징을 가진다고 할 수 있다.

첫째로 지금 여기의 직관적인 경절의 가풍을 계승하고 있으며, 선대의 언구를 의심함으로써 사량분별을 끊어서, 궁극의 일구에 직입하는 공부법이다. 이것은 곧장 진리를 보는데 있어 사정을 두지 않는 단전직입의 경절처에 기초하고 있다. 대혜는 스스로 임제종의 양기파를 잇고 그 가풍을 일으키는데 의식적인 노력을 경주했다. 경절은 돌아가지 않고 곧장 가로질러 간다는 직입의 뜻이다. 대혜에게서 사정을 두지 않는 경절의 가풍은 돌아가는 길에 대한 혹독한 배척인데, 안으로는 불교계 내부의 묵조선파에 대한 격렬한 부정으로 표출되었고, 밖으로는 사대부의 총명이근에 대한 엄격한 비판과 적극적인 사회적인 참여로 나타났다.

둘째로, 이러한 비판 정신은 공사상에 기반한 파사현정의 정신에 비견될 수 있는데, 구체적인 실행은 '일구'에 대한 자각에 의해서 이루어진다. 여기서 말하는 일구는 부모미생전의 일구이고 불립문자를 실현하는 일구이다. 동북아 선종사에서 언구에 대한 논의는 임제의 삼구나 운문의 삼구에 의해서 촉발되었지만, 송대에 접어들면서 삼구에 대한 문제는 결국 일구에 대한 깨달음의 문제로 전환되었다. 일구는 다시 화두로서 정착되었다. 이런 전개가 간화선을 형성시키는 사상적인 배경이 되었다. 대혜의 일구는 삼구를 비롯한 일체의 분별을 잘라내는 파사의 측면과 반대로 삼구를 통합하여 일체를 드러내는 현정의 측면을 포함한다. 그럼으로써 쌍차쌍조[雙遮雙照]의 중도를 드러낸다.

마지막으로 간화선에서 가장 중요한 방법적인 요소는 의심함에 있다. 고칙 공안이 제기하는 일구를 의심함으로써 객관적으로 저기에 던져진 공안사례는 비로소 실존, 나의 문제로서 닥쳐오고 생사의 해결 과제로서 화두가 된다. 여기서 객관적 유산으로 남겨진 판례로서의 공안과 수행하는 개인에게 내면화된 문제로서의 화두는 구별될 필요가 있다. 이런 구별은 간화선의 진정한 의의가 결국 공안보다는 화두에 있음을 보여주는 것이다. 그러므로 화두의 본질은 내면화된 의심이라고 할 수 있는데, 사량분별이 일어나는 자리를 향한 회광반조, 재미없지만 피할 수 없는 직면, 확 한 번 터지는 경절의 분지일발이라는 내적인 과정을 함축한다.

이 간화선의 세 가지 특징을 일반적인 철학적 용어를 빌려서 정리한다면, 경절의 가풍은 지금 여기 현실 속에 작용하는 간화선의 현상론이며, 궁극의 일구는 간화선의 철학적인 존재론을 드러내고, 마지막으로 의심함은 일구를 깨닫고 사회 속에서 실현하는 실천론이라고 말할 수 있겠다.

여기서 현대 간화선이 직면한 몇 가지 문제/과제를 언급하자면 다음과 같다. 첫째는 화두의 전제로서 지목된 선문답에 의거한 '의심' 제기이다. 만약에 의심이 없다면 간화선은 성립되지 않기에 이 문제는 매우 중요한 과업이다. 동기유발로서 어떻게 의심하고 의단을 형성할지, 화두를 수행자의 내면에 자리잡게 할 것인가? 이 문제는 발견학습을 중시하는 모든 스승/교사들의 과업이듯 현대 간화선이 직면하는 과제이다. 이게 실패하면 간화선은 힘을 잃게 된다는 점에서 중요하다.

둘째는 지금까지 살펴본 바처럼 선문답의 사례를 전제하고서 간화선이 성립되는데, 대부분 간화선의 지도자들은 당송대의 선문답을 현대의 시점으로 끌고 들어온다. 그러나 당시 선문답이 농경사회에 기반한 관계로 시대가 지나고 정보화된 현대인에게 그 맥락이 서로 맞지가 않는 경우가 많다. 이점은 현대 간화선이 직면한 두 번째의 과제이

쟁점으로 살펴보는 현대 간화선

다. 창조적인 문답이 현장의 교육적 측면에서 개발되어야 할 필요성이 강력하게 대두된다.

셋째는 간화선에서 가장 중요한 요소가 문답과 점검이다. 문답과 점검이 없으면 간화선은 생존할 수가 없다. 간화선의 생태학은 바로 문답이다. 물론 이것은 반드시 간화선만 해당되는 상황이 아니라 불교와 교육학을 포함한 모든 학문 전반의 문제인데, 특히 간화선에서 유독 더욱 강조된 측면이다. 문답과 점검은 안목을 가진 스승이 필요하다. 역량 있는 스승 역시 현장에서 문답에 의해서 성장하고 깨달았다. 그렇기에 문답이 있는 수행풍토가 조성되어야 한다. 명상과 수행은 보조적 수단이고 깨달음의 핵심은 스승과의 '문답'이다. 문답이 없으면 깨달음도 없다. 살아있는 현장의 점검시스템, 프로그램 개발이 절실하게 요청되는 시점이다.

* 이 논문은 원게재지는 『보조사상』제3집(2000),「대혜종고 간화선의 특질」인데 여기에 보완 수
  정하여 다시 게재한다.

1 「大慧普覺禪師年普」, 禪藏32, P.630.; 大慧普覺禪師宗門武庫(T47, 953b), "湛堂日 爾祇欠這一
  解 在若爾不得這一解 我方丈與爾說時便有禪 纔出方丈便無了 惺惺思量時便有禪 纔睡著
  便無了 若如此 如何敵得生死 對日 正是某疑處"; 宗門武庫(1993), 선림고경총서25(서울: 장경
  각), p.113.

2 『大慧普覺禪師語錄』(T47, 882c), "動靜二相 了然不生 纔得箇入處 便亡了定相 定相旣亡 不墮
  有爲 不墮無爲 動靜二相了然不生 便是觀音入理之門 他旣悟了."

3 같은 책, 925a, "與狗子無佛性話一如否 於動靜二邊能不分別否 夢與覺合否 理與事會否 心
  與境皆如否"; 935c, "示諭 悟與未悟夢與覺一 一段因緣 黃面老子云 汝以緣心聽法 此法亦緣
  謂至人無夢 非有無之無 謂夢與非夢一而已."

4 같은 책, 920b, "寤寐二邊得一如否"; 936a, "底許多妄想絶時 汝自到寤寐恒一處也."

5 같은 책, 920b, "我若說得 卽不密也 以三尊宿三段因緣"; 935c, "示諭 悟與未悟夢與覺一 一
  段因緣."

6 大慧普覺禪師宗門武庫(T47, 953b), "後湛堂疾亟 問日 和尙若不起此疾 敎某依附誰 可以了此
  大事 日有箇勤巴子 我亦不識他 爾若見之 必能成就此事 若見他了不得 便修行去 後世出來
  參禪."

7 「大慧年譜」, 위의 책, P.631.

8 같은 책, p.642.

9 같은 책. p.643.

10 같은 책, pp.644-646.

11 『大慧普覺禪師語錄』(T47, 883a-b).

12 『圓悟心要』上, 선림고경총서30, (서울 장경각, 1993), pp.56-58.

13 『大慧普覺禪師語錄』(T47, 920-936a.), "寤寐二邊得一如否(......)寤寐二邊得一如也未 如未(…)底
   w許多妄想絶時 汝自到寤寐恒一處也.

14 宗密,『都序』; 西山大師, 禪家龜鑑,『韓佛全』권7, p.636上.

15 臨濟錄, 선림고경총서12, 위의 책, p.33.

16 『林間錄』下, 선림고경총서8, 위의 책, pp.60-61.

17 『碧巖錄』제32칙에서도 같은 주제를 다루고 있다.

18 『大慧普覺禪師語錄』(T47, 942c).

19 위의 책, (T47, 876中-877a).

20 위의 책, (T47, 860a).

21 위의 책, (T47, 917b).

22 위의 책, (T47, 942b).

23 위의 책, (T47, 937c).

24 위의 책, (T47, 921c).

25 三論玄義(T45, 1a).

26 같은 책.

27 『大慧普覺禪師語錄』(T47, 917b, 921a, 927c, 935a).

28 위의 책, (T47, 924a, 935b).

29 위의 책, (T47, 930c).

30 위의 책, (T47, 940c).

31 위의 책, (T47, 928b, 933c).

32 위의 책, (T47, 923a).

33 위의 책, (T47, 922b).

34 『臨濟錄』(T47, 497a), "上堂 僧問 如何是第一句 師云 三要印開朱點側 未容擬議主賓分 問如何
    是第二句 師云 妙解豈容無著問 漚和爭負截流機 問如何是第三句 師云 看取棚頭弄傀儡 抽
    牽都來裏有人 師又云 一句語須具三玄門 一玄門須具三要 有權有用 汝等諸人 作麼生會 下
    座."

35 같은 책, (T47, 502上), "問如何是眞佛眞法眞道 乞垂開示 師云 佛者心淸淨是 法者心光明是 道
    者處處無礙淨光是. 三卽一皆是空名 而無寔有 如眞正學道人 念念心不間斷 自達磨大師從
    西土來 祇是覓箇不受人惑底人 後遇二祖 一言便了 始知從前虛用功夫 山僧今日見處與祖佛
    不別 若第一句中得 與祖佛爲師 若第二句中得 與人天爲師 若第三句中得 自救不了."

36 鈴木大拙(1996),『臨濟의 基本思想』, 碧山譯, 도서출판 경남, pp.125-133.

37 柳田聖山(1993),『臨濟錄』, 일지 옮김, 서울: 고려원, p.84.

38 宗浩(1996),『臨濟禪硏究』(서울: 경서원), pp.425-431.

39 『大乘起信論』(T32, 575下).

40 『碧巖錄』第98則, 앞의 책, p.207.

41 大森曹玄(1990),『臨濟錄講話』(東京: 春秋社), p.48.

42 여기서 무착은 중국의 승려이다. 무착이 문수를 만나 정진하는 대중이 얼마나 되는가 라는 질
    문에 문수가 앞도 삼삼이요, 뒤도 삼삼이라고 대답한 것을 말한다.『碧巖錄』제35칙에는 "문
    수가 무착에게 물었다. 어디서 오는가? 남방에서 옵니다. 남방의 불교는 어떤가? 말세의 비구
    들이 계율이나 조금 지키며 삽니다. 대중은 얼마나 되는가? 혹 3백명, 혹 5백명씩 모여 삽니
    다." 이번에는 무착이 문수에게 물었다. "이곳에는 불교가 어떻습니까? 범부와 성인이 함께 살
    고, 용과 뱀이 뒤섞여 있다. 대중은 얼마나 됩니까? 전삼삼후삼삼(前三三後三三)이다."를 참고
    바람.

43 『汾陽善昭禪師語錄』, 古尊宿語錄卷第十, (中國佛敎典籍選刊. 中華書局, 1994), p.160.

44 같은 책.

45 같은 책, p.121.

46 宗門武庫, 위의 책, p.44.

47 『碧巖錄』, 앞의 책, p.79.

48 『圓悟佛果禪師語錄』(T47, 715a).

49 위의 책, P.719b.

50 위의 책, 724b.

51 『圓悟心要』上, 위의 책, p.87.

52 『圓悟心要』下, 같은 책, p.44.

53 같은 책.

54 『大慧普覺禪師語錄』, (T47, 833ab), "師紹興二十八年正月十日 於明州阿育王山 廣利禪寺受請 望闕謝恩訖 拈敕黃示衆云 達磨不來東土 二祖不住西天 人人常光現前 箇箇壁立萬仞 且道 這箇從甚麼處得來 若知來處受用無窮 其或未然 卻請維那分明宣過 也要大家知有宣了 拈 香祝聖罷 乃就座云 善法堂前瑞氣新 天書來自九重城 唯憑一句無私語 上祝吾皇億萬春."

55 『大慧普覺禪師語錄』(T47, 842c).

56 인경(1994), 「보조인용문을 통해서본 「법보기단경」의 성격」, 『普照思想』 제11집, p.213. 普照가 읽은 『六祖壇經』에는 "有一物 上拄天 下拄地"라고 시작하는 대목이 있다. 현존하는 契嵩本 계열의 德異本은 "吾有一物 無頭無尾 無名無字"로 되어 있다. 그러나 원오의 『語錄』(T47, 729 下)이나 慧諶의 『禪門拈頌』의 인용문은 모두 보조가 인용한 내용과 일치한다. 때문에 현재에 전승된 『六祖壇經』의 판본과 다른 판본이 존재하였음을 보여준다.

57 위의 책, (T47, 841c).

58 위의 책, (T47, 870b).

59 같은 책.

60 위의 책, (T47, 859a).

61 위의 책, (T47, 870b).

62 위의 책, (T47, 812b).

63 위의 책, (T47, 814c).

64 위의 책, (T47, 819a).

65 위의 책, (T47, 830a.).

66 위의 책, (T47, 830c).

67 『無門關』(T48, 293b).

68 『景德傳燈錄』(T51, 122a).

69 『景德傳燈錄』(T51, 92a).

70 『碧巖錄』第51則, 앞의 책, p.155.

71 『大慧普覺禪師語錄』(T47, 867c).

72 위의 책, (T47, 865a).

73 위의 책, (T47, 870b).

74 위의 책, (T47, 838c).

75 위의 책, (T47, 917b).

76 위의 책, (T47, 917下).

77 宗門十規論, 선림고경총서12, 위의 책, p.239.

78 大慧普覺禪師語錄, (T47, 930a).

79 圜悟佛果禪師語錄, (T47, 715c).

80 이 구절은『無門關』에서 사용되지만, 원래는 원오의 「上堂法語」와 大慧의 「普說」에서도 같은
    표현이 보인다.

81 無門關, 앞의 책.

82 이 11인은 다음과 같다. 呂舍人(앞의 책, 930a), 榮侍郎(앞의 책, 939b), 王內翰(앞의 책, 928c), 宗直
    覺(앞의 책, 933b), 長舍人(앞의 책, 941b), 劉通判(앞의 책, 926c), 樓樞密(앞의 책, 938b), 王教授(앞의 책
    934c), 富樞密(앞의 책, 921c), 陳少卿(앞의 책, 923a), 汪狀元(앞의 책, 932b).

83 다음의 세 사람이다. 呂郎中(앞의 책, 930c), 呂舍人(앞의 책, 931c), 徐顯謨(앞의 책, 937c).

84 李寶文(앞의 책, 935c).

85 曾侍郎(앞의 책, 917b).

86 앞의 책, (T47, 935c).

87 앞의 책, (T47, 927b).

88 앞의 책, (T47, 928c).

89 앞의 책, (T47, 930a).

90 앞의 책, (T47, 934b).

91 앞의 책, (T47, 927a).

92 앞의 책, (T47, 927c).

제3부

간화선 수행의 쟁점

제8장

공안선과 간화선

오늘 일을 묻는가?
올 때도 화두가 오고, 갈 때도 화두가 간다.

- 구산(九山) 선사

I. 주요 쟁점

당말에 분열된 오대가 송으로 통일되면서, 침체된 불교계는 송대의 종교보호 정책에 힘입어 다시 부흥하기 시작했다. 그러면서 각 종파는 자파의 정체성을 확보하려는 부단한 노력을 경주하게 된다. 특히 북송의 임제종은 밖으로는 천태종이나 화엄종과 같은 교학적인 기초를 강조하는 종파에 대해서 비판적인 입장을 취하면서 안으로는 선교일치의 종밀사상을 비판하고, 남송대에 이르러서는 교외별전 사상에 기반한 간화선이라는 새로운 수행체계를 마련하였다.

이후 간화선은 오늘날까지 전통이 계승되어서 한국을 비롯한 동북아시아의 대표적인 수행전통 가운데 하나로 자리잡고 있다. 간화선은 화두를 참구의 대상으로 한다. 그런데 여기에서 중요한 쟁점이 있다. 선문답의 공안(公案)과 화두(話頭)의 의미를 어떻게 이해해야 하는지에 대해서 수행자들이나 학자들 사이에는 서로 다른 견해가 혼재되어 있다.

- 공안과 화두는 동일한 의미인가?
- 아니면 공안과 화두는 전혀 다른 의미로 이해하여야 하는가?

하나는 공안과 화두를 동일한 의미로 이해한 경우이고, 다른 하나는 양자를 엄격하게 구분하는 경우이다. 첫 번째 경우는 공안과 화두를 동일한 개념으로 파악한 것으로, 일본에서 편찬된 『선학대사전』에서도 지지하는 견해이다.[1] 이들은 간화선의 성립시기를 공안의 형태가 출현한 황벽(黃蘗, ?-850) 이후, 9세기 중엽 임제(臨濟, ?-866)와 향엄(香嚴, ?-898)의 시대에 이미 간화선이 성립된 것으로 본다.[2] 이런 경우 공안의 출현은 그대로 공안선이 되고 동시에 이것은 그대로 간화선이 된다.[3] 이 관점은 간화선의 성립을 당대까지 올려서 송대의 선사상과 연결시키는 것으로 연속성을 강조한 측면에서 의의가 있다[4]고 본다. 하지만 이것은 당대의 조사선 공안과 북송대의 공안선, 또는 남송에서 대두한 간화선과의 역사적인 차별성을 드러내지 못하는 한계가 있다.

두 번째 경우는 공안을 역대 고승의 언행으로 보고 화두는 그 공안 가운데 한 글자나 언구를 가리키는 것으로 구별하는 것이다. 대만에서 편찬된 『불광사전』에서도 역시 발견되는 관점이다.[5] 다시 말하면 간화선은 북송대 편찬된 『경덕전등록』 이후 공안선의 발달로 인하여 남송대에 들어와서 성립되었으며, 묵조선과의 경쟁관계에서 성립된 것으로 보는 경우이다. 이것은 사상사의 전체적인 관점을 유지하면서 공안은 당대에 출현했지만, 실질적인 간화선은 남송대에서 성립되었다는 일반적인 견해를 옹호한다.

공안과 화두는 간화선에서 가장 기본이 되는 개념이다. 이런 개념에 대한 논의는 결국 간화선 성립시기의 문제뿐만 아니라, 간화선 수행에 대한 근본적인 재검토를 요구한다. 필자는 2000년 보조학회에서, '공안을 선문답의 사례로 이해하고, 화두를 어떤 특정한 공안 가운데서 절박하게 의심이 일어난 질문이나 언구로 정의하여, 화두의 출현 시기를 간화선의 성립시기로 보는 견해[6]를 제시한 바가 있다. 하지만 그때는 발표주제가 대혜종고 간화선의 특질에 초점을 맞춘 결과, 당대에 처음 성립된 공안과 송대에서 형성된 수행법으로써 화두와의 사상적 차이점에 대해서 충분한 논의가 이루지지 못했다. 이에 여기서는 문헌적인 근거를 바탕으로, 간화선을 성립시킨 것으로 알려진 원오극근과 대혜종고의 선사상을 비교함으로써 공안선과 화두선에 대한 정확한 정의와 그 사상사적인 의미를 고찰해 보고자 한다.

II. 공안의 의미

선종사에서 당대에 공안의 형태가 처음 출현한 것은 누구든지 인정하고 있다. 하지만 당대에 출현한 공안을 그대로 공안선으로 부를 수가 있는가 하는 문제는 논의의 대상이 된다. 이점은 공안을 어떻게 이해할 것인가? 하는 문제와 관련되어 있다. 여기에는 세 가지의 관점이 있을 수 있다.

첫째는 공안을 '진리에 들어가는 인연'으로서 넓은 의미의 문답을 가리킨 경우이다. 이런 경우는 9세기뿐만 아니라 달마와 혜가의 문답을 비롯하여, 심지어는 부처님 당시까지로 거슬러 올라간다. 성현들은 제자를 흔들어 일깨우고, 진리에 들어가는 인연을 위해서 질문과 문답법을 자주 사용했기 때문이다. 이것은 간화선의 출발을 부처님에게까지 올려서 그 정통성을 확보하려는 의도를 가진 이들의 주장이다.

둘째는 공안을 논리적으로 설득하고 이해하는 과정으로서의 문답이 아니라, '직관적이고 직설적인 대화법'으로서 좁은 의미로 한정하여 정의한 경우이다. 공안이란 선종의 독특한 문답으로, 논리적이고 분석인 방법이 아니라, 일상에서 간결한 직관의 방법에 의해서 이루어진, 정확하게 동북아 선종에서 개발된 '선문답'으로 한정한 경우이다. 이 경우라면 마조도일(馬祖道一. 709-788) 이후 황벽, 임제 등에 의해 조사선(祖師禪)이 유행하면서 본격화되었다고 할 것이다. 그렇다면 그 출발은 마조 이후 8세기에 출현했다는 시각이 옳다고 본다.

셋째는 공안을 문답이 아니라, '수행의 한 방법'으로 보는 경우이다. 이것은 옛 선사의 많은 기연과 문답 가운데 하나를 결택하여 그것에 집중하여 참구의 대상으로 삼는 것을 말한다. 이런 의미라면 공안선의 출현은 북송대에 와서 성립되었다고 본다. 공안선은 공안을 참구하는 것이기 때문에 먼저 선문답의 공안이 존재해야 한다. 이런 선문답은 당대에 출현했고, 북송대에서 공안집으로 『벽암록』이나 이후 남송에서의 『무문관(無門關)』 등에 의해서 체계화되었다.

논자에 따라서 간화선의 성립 시기를 논할 때, 세 가지 관점을 서로 다르게 평가할 수는 있다. 그렇지만 만약 공안과 공안선이 동일한 의미이고 그래서 공안선은 그대로 간화선이라면, 결국은 선종사에서 조사선과 간화선은 서로 다르지 않는 동일한 선법(禪法)이 된다. 이런 견해를 가진 이들은 대부분 그 실례로서 9세기 초엽에 활동한 황벽의 법문,『선관책진(禪關策進)』에서 첫 번째 법문인「황벽선사의 시중(示衆)」을 제시한다.

> 오직 저 공안(公案)을 간하라. 어떤 승려가 "조주에게 개에게도 불성이 있습니까?"라고 묻자 조주가 "무(無)"라고 대답했으니, 다만 일상의 십이시중(十二時中)에 이 무자(無字)를 간(看)하라. 낮이든 밤이든지 행주좌와와 옷 입고 밥 먹고 화장실 가는 곳곳마다 마음과 마음이 서로 돌이켜보아 맹렬하게 채찍질하라. 다만 '무'한 글자를 지키다 보면, 날이 가고 해가 깊어지고 타성일편(打成一片)하여 홀연히 마음의 꽃이 단박 피어나 불조(佛祖)의 기틀을 깨닫게 되리라.[7]

오직 공안을 간하라. 이것은 조주의 무자를 간하는 간화선의 핵심된 방법을 제시하고 있는 법문이다. 여기서는 공안과 화두를 구별하지 않고 있다. 이런 관점에서 보면 공안, 공안선, 그리고 화두선은 모두 동일한 개념이 된다. 이 자료를 근거하여 판단한다면, 분명하게 공안선과 화두선이 출현한 시기는 황벽시대, 곧 9세기 초엽으로 볼 수가 있다.

그러나 이 법문은 엄밀하게 비판적으로 바라보면, 무문혜개(無門慧開, 1183-1260)의『무문관』의 내용과 거의 유사한 것으로, 분명하게 후세에 첨가한 내용이다.[8] 그 이유는 다음과 같다. 첫째로, 실제로 현존하는 황벽의 법어인[9]『전심법요(傳心法要)』나『완릉록(宛陵錄)』에는 위와 같은 법문의 내용을 찾아볼 수 없다는 것이다. 둘째로 무자화두의 시원이 된 8세기에서 9세기를 산 조주(趙州, 778-897)는 황벽과 동시대의 인물이지만, 조주가 황벽보다 50년이나 더 오래 살았다. 50여년 전에 먼저 입적한 황벽이 조주의 무자를 간하라고 하는 것은 현실적으로 불가능한 내용이다. 셋째로 1600년에 출간된 명대의 『선관책진』은 남송시대에 간행된 『무문관』보다 400년이 지난 다음에 출간되었고, 황벽이 입적한 해로부터 750년이 지난 이후의 기록이다. 이런 것을 종합해 볼 때, 『선관책진』에 보이는 공안참구에 관한 황벽의 법문은 나중에 삽입된 내용이 분명하다.

때문에 공안에 의한 참구법으로서 간화선이 출현한 시기를 황벽과 동일한 9세기 초나 중기에 성립되었다는 일부의 견해는 찬성할 수 없다. 만약에 공안의 출현을 그대로 간화선의 출현으로 본다면, 결국은 당대의 조사선과 송대의 간화선은 동일한 형태의 수행법이 되어버린다. 이것이 『선관책진(禪關策進)』이 범한 사상사적 오류이다. 그렇기에 조사선은 당나라 시대에 유행했다. 그러면 북송대에 성립된 공안선과 남송대 출현한 간화선의 차이점이 무엇인지를 보다 구체적으로 검토해야 하는 과제를 안게 된다.

Ⅲ. 원오극근의 공안선

송대에서 가장 중요한 특징은 개인의식의 발전과 함께 문화적으로 목판 인쇄술이 발전한 점이다. 이것들은 불교전파와 수행방식에 직접적으로 영향을 미쳤다. 당대의 선문답에 기반한 조사선이 송대에 들어 인쇄술의 발전에 힘입어 널리 일반에게 알려지면서 선종의 부흥을 가져왔고, 또한 이런 선문답의 공안을 공부의 방식으로 활용하는 공안선이 대두하게 되었다.

1. 공안선의 출현

공안이란 용어는 송대에서 본격적으로 사용되었다. 당대에서 선문답이 존재했지만 이것을 공안이라고 부르지 않았고, 선문답을 공안이라 부르고 그것을 모아서 공안집을 편찬한 것은 송대에서 비롯되었다. 송대에서 공안에 대한 가장 좋은 모델은 원오극근(圜悟克勤, 1063-1125)의 『벽암록』이다. 당시 지식인들은 『벽암록』을 통해서 공안공부를 했다.

하지만 오늘날 원오극근이 공안을 어떻게 사용했는지에 관한 상세한 연구는 없다. 그런데 『벽암록』 삼교노인(三敎老人)의 서문에는 공안의 활용방식을 세 가지로 잘 정리하고 있다. 여기서는 '공안을 조사의 가르침이라고 정의하고, 당에서 시작되어 송에서 번성하였음[倡於唐而盛於宋]'을 지적하면서, 다음과 같이 공안이 가지는 세 가지 활용방식을 제시한다.[10]

첫째는 좌선 수행을 통해서 공력이 이루어지고 행각으로 일을 다 했지만, 깨달음을 밝히지 못하고 쉽게 사량분별에 떨어질 때 바른 눈을 갖추어서 감옥에 갇힌 죄인의 죄를 감변(勘辨)하듯이, 실다운 지혜를 보일 때에 사용된다고 말한다.

이것은 공안의 활용에 대한 매우 중요한 사실을 지적한 것인데, 공안이 초보자를 위한 방책이 아니라, 수행의 공력이 상당한 수준에 이른 제자를 위해서 지도자가 사용한다는 것을 의미한다. 수행자의 업장을 꾸짖고, 소리쳐서 교훈을 주는 것으로 공안은 수행에서 만나는 무거운 장애를 판별하는 기준이 된다.

둘째는 강남의 조사선을 처음 접했지만 여전히 조사의 깊은 취지를 파악하지 못해 망연해하는 자를 위해서 자비의 마음으로 학인을 접인(接引)하는데 사용된다. 이것은 상처를 내리쳐서 증오(證悟)로 이끄는 바로서 마치 관리가 죽어가는 죄인을 구하는 것과 같다. 여기서의 핵심은 상처를 어루만지는 부드러움이 아니라, 오히려 상처를 더욱 내리쳐서 깨달음으로 이끄는 방식에 주목할 필요가 있다.

셋째는 아직 벼를 추수하지 않아서 나귀가 논에 뛰어들지 않게 묶어두는 일이 중요한데도 노는 데에만 빠져 있는 것을 불쌍하게 여기듯이, 대선지식이 부족하고 좌복 위로 내몰아서 더욱 수행토록 한다는 것이다. 이것은 감옥을 벗어난 죄인을 현실에 동참하도록 흔들어 내모는 것이다. 마치 관리가 정부의 조령을 사람들에게 잘 알게 하여 잘못된 생각이 일어나면 곧장 그것을 소멸케 하는 것과 같다.

여기서 말하는 공안의 세 가지 활용은 수행에서 나타난 현상에 대한 기준과 판별, 깨달음으로의 안내, 가행정진토록 촉발하는 과정을 모두 포섭하고 있음을 본다. 먼저 감옥의 은유에서 보여주듯이, 처음 발심하여 수행을 시작했지만 숙세의 업장으로 힘들어할 때, 공안은 고인의 언행으로 용기와 더불어 자신의 과제를 명료하게 하는 나침판의 역할을 한다. 다음으로 조사선에서 출발하여 마침내 고통의 감옥을 벗어나는 깨달음을 성취함이 바로 고인의 공안을 통해서 이루어짐을 말한다. 마지막으로 감옥을 벗어나 농사짓는 일상으로 돌아 와서 계속적으로 수행해 갈 때 역시 공안의 역할이 강조되는데, 이때는 업장을 곧장 소멸하는 수단으로서 공안이 활용된다는 것을 보여준다.

이것은 『벽암록』에서 사용되는 공안의 사용법을 세 측면에서 잘 요약 정리한 것으로 평가된다. 이는 분명하게 당대의 방식과는 다른 형태이다. 당대의 선문답을 학인들의 공부방법으로 '활용한' 방식이 다름이 아니다. 원오극근은 공안을 활용하여 학인들이 공부하도록 안내했다는 것이고, 앞 서문의 내용에서 말하고 있는 듯이, 세 가지 방식으로 표현되었다. 먼저 잘못된 견해에 대해서 꾸짖고, 다음엔 무엇이 본래의 낙처인가를 물어서, 결국은 좌복으로 내몰아 더욱 공부케 한다는 것이다. 이것은 분명하게 공안을 활용한 수행방법이다. 필자는 이것을 '공안선'이라고 부른다.

그러면 공안과 공안선은 어떻게 구별되는가? 이점에 대한 구체적인 예는『벽암록』에 수없이 많지만, 그 가운데 하나의 예를 보자. 제3칙에서 원오극근은 이렇게 말한다.

> 마조스님이 매우 아팠다. 그때 원주가 "스님, 몸은 좀 차도가 있습니까?"그러자 대사가 "일면불(日面佛) 월면불(月面佛)"이라고 대답했다. 만약 조사께서 본분사로서 상견하지 않았다면 어떻게 이 도가 빛날 수 있었겠는가? 이 공안에서 만약 낙처를 안다면, 붉은 하늘을 홀로 걸을 것이다. 만약 낙처를 모른다면 마른 나무와 바위 앞에서 잘못된 길을 헤맬 것이다. 요즈음 사람들은 참으로 옛 사람의 뜻을 잘못 이해하고, 왼쪽 눈은 일면이고 오른쪽 눈은 월면이라고 한다. 이것과는 아무 관계가 없다. 그러면 마조스님이 말씀하신, 본래의 뜻은 어디에 있을까?[11]

위의 문답은 공안과 공안선의 의미를 구별 짓는 중요한 단서를 제공한다. 일단 공안의 의미는 옛 조사의 가르침, 선문답이다. 구체적으론 마조와 원주의 문답을 가리킨다. 이것은 1차적인 문답이다. 반면에『벽암록』에서 사용된 방식은 이런 문답에 대한 잘못된 해석과 견해를 비판하고, 본래의 낙처를 묻는다. 이것은 2차적 성격을 가진다. 물론 참구자의 입장에서는 보면, 양자는 동일한 의미를 가질 수도 있다.

하지만 사용자의 입장에서 볼 때, 마조는 '일면불 월면불' 그 자체를 드러낼 뿐, 그것을 참구의 대상이나 수행의 방법으로 활용하라는 흔적은 없다. 가장 잘 알려진 조주의 '무자'도 마찬가지이다. 개에게도 불성이 있는가라는 질문에 대해서 조주는 어쩔 땐 긍정[有]으로 어쩔 때는 부정[無]으로 다만 대답했을 뿐이다.

조주는 결코 오직 무자, 그것을 온종일 앉을 때나 갈 때나 참구의 대상으로 삼으라고 말하지 않았다. 무자를 참구의 대상, 수행의 방법으로 삼는 것은 바로 송대에서 비롯된 것이다. 당대의 공안은 1차적인 문답이라면 송대에서 새롭게 발견된 공안은 2차적 활용이다. 이것이 원오극근의 공안선이 가지는 성격이다. 다시 말하면 공안선이란 '깨닫지 못한 이들을 위해서 선대의 고칙공안을 활용하여 학인들을 지도하는 공부법'이라고 정의할 수가 있다.

그렇다면 이런 공부법의 출현은 언제라고 보아야 하는가? 공안이 생겨난 그때 그 자리, 곧 8세기 마조(709-788)나 조주(778-897) 당시에 형성된 것으로 보아야 하는가?

필자는 공안과 공안선을 구별하여, 공안의 출현은 마조나 조주 당시이지만, 공안을 활용한 공부법, 곧 공안선은 북송대에 들어서 본격적으로 시작되어 발전했다고 본다. 물론 선종사상사를 이해하는 개인적인 사관의 문제이겠지만, 당대의 선문답이 송대 인쇄술의 발전에 힘입어서 공안집으로 결집되어 널리 유통되면서, 공안선은 공안을 활용한 수행자의 공부법으로 본격적으로 확립되었다고 볼 수가 있다.

당대에는 스승과 제자 간에 극히 개인적인 문답일 수밖에 없는 공안이 다른 사람들에게 널리 유포되거나, 매우 개인적인 그런 문답의 존재 자체가 문화 전반에 알려질 수가 없었다. 지식인 사회에 당대의 공안이 유포되기 시작한 것은 송대에 들어오면서 인쇄문화의 발전에 힘입은 바가 크다. 특히 공안집의 유행에는 국가적 지원으로 1004년에 간행된 『경덕전등록』의 역할이 결정적이었다. 당대에 유행한, 구전된 선문답의 공안을 모아서 인쇄하여 책자로 유통된 사실은 매우 큰 의미가 있다.

당시 널리 유통된 대표적인 공안집인 『벽암록』은 설두중현(雪竇重顯, 980-1052)이 『경덕전등록』의 1700공안 가운데서 요긴한 100칙을 가려 뽑아서 송을 붙였는데, 여기에 다시 원오극근이 각 칙마다 서문에 해당되는 수시(垂示), 간단한 논평인 착어(著語)와 평창(評唱)을 더했고, 이것을 제자들이 편집해 간행한 것이다. 또한 유명한 공안집으로 굉지정각(宏智正覺, 1091-1157)의 『종용록(從容錄)』이 있다. 이것은 굉지정각이 송 소흥 연간에 고덕의 고칙 100칙을 모아서 송고했고, 여기에 만송행수(萬松行秀, 1166-1246)가 가정18(1223)년 야율초재(耶律楚材)의 청을 받아서 시중(示衆), 평창, 착어를 붙인 것이다. 『종용록(從容錄)』이 조동종 선풍을 거양하는데 널리 이용되었다면, 『벽암록』은 임제종의 가풍을 널리 선양한 공안집이라 할 것이다.

이런 점에서 공안을 활용한 공안선은 필사본이 유행한 당대가 아니라, 역시 송대에 특히 『벽암록』이나 『종용록』 등과 같은 공안집이 목판으로 인쇄되어 다량으로 간행된 이후에 출현하였다고 보는 것이 정확하다고 본다.

2. 현성공안

원오극근은 『벽암록』에서 공안을 공부의 한 수단으로 활용한 것으로 평가되지만, 『원오어록』에서는 공안의 또 다른 성격을 보여준다. 그것은 공안의 본질을 '현성공안', 곧 그 자체가 진리의 현현으로 이해한다는 것이다. 이점은 『벽암록』보다는 『원오어록』에서 보여주는 두드러진 특징이다. 『벽암록』에서는 공안이란 용어 96회 가운데 현성공안은 5회(5%) 사용된 반면에, 『원오어록』에서는 공안 34회 가운데 현성공안이 20회(58%) 사용되고 있다. 이런 점은 『벽암록』이 공안을 공부하는 이들을 위한 안내서의 역할을 강조한 반면에, 『원오어록』은 상당하여 직접적으로 진리의 세계를 드러내고자 했기 때문이 아닌가 한다.

현성공안은 '現成公案' 혹은 '見成公案'으로, 글자 그대로 현성된 공안이란 의미이다. 현성에서 현(現, 見)은 지금 현재에 나타남을 의미하고, 성(成)은 완성되어 이루어짐을 의미하는 바로서, '어떤 노력 이전에 이미 완성되어짐'을 뜻한다. 진리가 감추어진 바가 없이 그대로 현성되었다는 것인데, 수행이나 어떤 인위적인 노력에 앞서 이미 현실 그대로가 진리임을 강조한 말이다. 원오극근은 현성공안을 다음과 같이 말한다.

현성공안은 말하기 이전에 이미 드러나 있고, 근원에 철저하여야 비로소 계합하게 된다. 그래서 덕산(德山)은 문득 방을 들었고, 임제(臨濟)는 문득 할을 했으며, 목주(睦州)는 문득 현성공안이니, 그대에게 30방을 쳐야겠다고 했다.[12]

여기서 원오극근이 말하는 현성공안은 말하기 이전에 이미 드러난 진리로 그것은 말할 수 없기에 덕산은 방을 했고, 임제는 할을 한 것이다. 당대에 유행한 방[棒]과 할[喝]은 학인을 일깨우는 수단이라고 하는 것은 정확한 이해가 아니다. 방할은 그 자체로 진리를 드러냄이며 진리의 표현양식이라는 것이 본질에 보다 가까운 해석이다. 그렇기 때문에 방과 할은 곧 공안이고 바로 현성공안이다. 이것이 바른 견해이다. 계속해서 원오극근은 현성공안에 대해서 다음과 같이 말한다.

> 현성공안은 천지와 조금도 차이가 없는 대해탈문이며 일월처럼 밝고 허공처럼 광대하다. 부처와 조사와 별개가 아니며 고금에 한결같은 정견이다. 설사 미혹과 깨달음이 있다곤 하지만 다만 이것은 배우는 사람을 위한 방편일 뿐이다. 그래서 달마조사가 서쪽에서 오시어, 문자를 세우지 않고 곧장 사람의 마음을 가리키어 성품을 보아서 성불하게 한 것이다. 나중에 육조대사도 역시 한결같이 이 도를 말씀하신 것이다.[13]

여기서 현성공안은 말하기 이전에 이미 드러난 진리로서 그것은 대해탈 법문으로 부처와 조사의 경지와 전혀 다르지 않은 고금의 정견(正見)이라고 말한다. 이런 현성공안의 선사상은 그의 제자인 대혜의 경우에서도 마찬가지로 발견된다.

> 내게 현성공안이 있다. 그대들에게 던지노니 풀이를 해보라. 이것을 '죽비'라고 말하면 번뇌가 일어남이요, '죽비'라고 부르지 않으면 어긋난다.[14]

이때 현성공안은 죽비 그 자체이다. 그렇지만 죽비라고 부르면 안되고[眞諦], 부르지 않아도 여전히 어긋난다[俗諦]. 그러면 이것은 무엇인가? 대답해보라. 이런 의미는 결코 원오극근과 다르지 않다. 그래서 조주는 '무엇이 부처인가?' 라는 질문에, '뜰 앞의 잣나무'라고 대답한 것이다. 뜰 앞의 잣나무는 그 자체로 현성공안이다.

그런데 여기서 문제가 있다. 공안의 의미를 노력하기도 이전에, 진리가 이미 완성되어 눈앞에 현성되었다는 것이라면, 우리는 왜 다시 고인의 공안을 문제 삼고, 그것을 수행의 도구로서 활용하는 공안선이 필요했던가 하는 질문이 생겨난다. 이미 깨달았다면 공안 자체도 이미 필요하지 않을 것이다. 하지만 문답의 상황에서 깨달은 조사들은 본분사의 입장에서 대답할 수밖에 없고, 그 응답이란 필연적으로 진리를 그대로 드러내는 경절처(徑截處)로서 현성공안의 성격을 가질 수밖에 없다. 이것이 당대에 성립된 1차적인 문답으로서의 공안이다. 그래서 이미 나에게 진리가 현성되었다면 우리는 공안을 탐구의 대상으로 삼을 필요가 없다.

하지만 반대로 그곳에서 뚫리지 않고 막힌 부분이 있다면, 우리는 그것을 문제로 삼아서 공부를 해야 한다는 것이다. 바로 이것이 송대에서 강조한 공안이 가지는 2차적인 방법론적 의미이고, 공안집을 경쟁적으로 편집한 이유이기도 하다. 물론 당대에 성립된 공안이 가지는 수행 방법론적인 의미를 자각한 이는 원오극근 이전에도 있었다. 이점을 잘 보여주는, 앞에서도 인용한 바 있는 실례가 여기에 있다.

옛 스님들은 도를 위하여 산을 오르고 바다를 건너면서 살고 죽음을 무서워하지 않았다. 수행에 한 번의 전환을 이루는 옛 조사의 기연(機緣)에 조금이라도 의심이 있으면, 그것을 일로 삼아 반드시 결택(決擇)하여 분명하게 하는 것을 귀중히 여겼다. 그래서 참과 거짓의 기준이 되고 인천의 안목을 이루었다. 그런 뒤에야 비로소 종지를 높이 제창하고 진실한 가풍을 널리 떨쳤다. 선대(先代)의 논의(論議)를 인용하여 따져 묻고 깨닫지 못한 공안(公案)으로 채찍질했다. 만일 수행을 거치지 않고 고금(古今)을 억측으로 단정한다면, 그것은 마치 검술을 배우지 않고 억지로 태아의 보검으로 춤을 추는 것과 같다.[15]

이것은 송대 이전인 당말에서 오대의 혼란한 시기를 살았던 법안 문익(法眼文益, 885-958)이 쓴, 당시 수행승들의 병폐를 10가지로 나누어서 경책하는 『종문십규론(宗門十規論)』에 나오는 여섯 번째 글이다. 당시의 납자들이 선대의 공안을 어떻게 취급하고 있는지를 엿볼 수 있는 대목이다. 여기에 의하면, 법안은 당시의 수행자들이 옛 조사의 기연인 공안을 공부의 길잡이로 삼지 않음을 한탄하고 있다. 다시 말하면 그는 옛 조사가 도에 들어가는 '기연에 조금이라도 의심이 있으면' 그것을 '일로 삼아 반드시 결택하여 분명히 하라'는 것이고, '공안으로 공부의 길을 채찍질하라'는 것이다.

이것은 공안을 2차적인 활용법, 곧 수행의 방법으로 이해하는 좋은 전거이다. 모든 공안은 그 자체로 진리를 드러내는 1차적인 현성공안이다. 그렇지만 그것에 막히고 의심이 생길 때, 그것은 2차적(메타)으로 수행과제로서의 중요한 의미를 가진다. 여기서 수행의 방법으로 두 가지 요소가 지적되고 있다. 하나는 고인의 공안에 대해서 일로 삼아

쟁점으로 살펴보는 현대 간화선

의심해야 한다는 것과 다른 하나는 사량분별에 의한 억측으로 단정해 버리는 것을 금지한다는 것이다.[16]

이런 요소는 바로 송대의 『벽암록』에 의해서 비로소 체계적이고 구체적인 방법론으로 확립되었다. 다시 말하면 공안은 현성공안으로 진리 자체를 보인 것이지만, 그것을 자체로 이해하지 못하고 의심이 있다면, 결택하여 수행의 길로 삼으라는 것이다. 이런 공안공부를 화두수행법으로 체계화시킨 이가 원오극근의 제자인 대혜종고이다.

Ⅳ. 대혜종고의 간화선

송대 지식인들의 불교에 대한 관심은 매우 긍정적이지만, 동시에 문자에 집착한다는 부정적인 측면도 나타났다. 이런 현상에 대해서 중국학계에서는 '문자선'이란 표현을 쓰기도 한다. 하지만 문자선은 송대뿐만 아니라 어느 시대나 존재할 수 있는 현상이기에, 필자는 여기서 '공안선'이라고 호칭한다. 왜냐하면 선대의 선문답에 대한 공안집의 유행과 이것을 통한 공부가 그 특징을 이루기 때문이다.

반면에 대혜는 공안선의 폐해를 비판하면서 화두에서 공부할 것을 강조한다. 필자는 원오극근의 공안선과 대혜의 간화선을 시기별로 구별한다. 다시 말하면 송대의 공안선이 대혜 간화선의 확립에 직접적으로 영향을 미쳤다는 것이다. 여기서 대혜의 간화선이 어떻게 성립되었는지를 고찰한다.

1. 공안과 화두의 구별

간화선에서 '화'는 화두를 의미한다. 공안과 화두의 의미가 동일한지 혹은 구별하여 사용되고 있는지를 정확하게 파악하기 위해서는, 송대의 원오극근과 대혜종고의 어록에 근거하여 살펴볼 필요가 있다. 특히 공안과 화두란 용어가 함께 사용되는 문맥을 찾아내서 그 낱말들이 가지는 의미를 대조하여 보면, 이점은 분명해질 것이다.

먼저 원오극근의 경우를 살펴보면, 『벽암록』에서는 공안이란 용어가 96회, 화두가 19회 사용되고, 『원오어록』에서는 공안이 34회, 화두가 9회 사용되고 있다. 이것으로 보면 원오극근은 공안이란 용어를 화두보다 압도적으로(130/28) 많이 사용했음을 볼 수가 있다. 공안과 화두가 같은 문맥에서 함께 사용된 예는, 아래와 같은 『벽암록』 제76칙에서 발견된다.

A. 단하스님이 어떤 승려에게 물었다. "어느 곳에서 왔습니까?" 승려가 "산 아래서 왔습니다"라고 대답했다. 단하스님이 다시 "밥은 먹었습니까?"라고 물었다. 그러자 그 승려는 "먹었습니다"라고 대

답했다. 단하스님은 "밥을 가져다 그대에게 먹게 해준 사람은 눈을 갖추었습니까?"라고 묻자, 승려는 말문이 막혔다.

B. 장경스님이 보복스님에게 물었다. "밥을 가져다 먹인 것은 보은이 있는데, 어찌하여 눈이 없다고 했을까?"보복스님이 "주는 사람이나 받는 사람이나 모두 애꾸눈이다"고 대답했다. 장경스님이 "그 기틀을 다했어도 애꾸눈이었을까?"라고 반문했다. 보복스님이 "나를 애꾸눈이라고 말할 수 있을까?"라고 대답했다.[17]

C. 장경스님과 보복스님은 설봉스님의 문하에서 고인의 공안을 들어서 자주 논의했다. 장경스님이 보복스님에게 물었던, '밥을 가져다 그 사람에게 주어서 보은이 있는데, 어찌하여 눈이 없다고 했을까'하는 것은, 필히 공안의 일을 묻는 것이 아니라, 이 말을 빌려서 화두를 만들어 보복이 체득한 당처를 시험코자 했다. 보복스님이 '주는 자나 받는 자나 모두 애꾸눈이다'라고 대답했는데, 이것은 통쾌한 대답이다. 다만 기틀에 당면한 일만을 논의했는데, 이것이 우리 가문에 있는 출신의 길이다.[18]

이것은 단하끽반(丹霞喫飯)의 공안이다. 위에서 A문단은 단하스님과 어떤 승려와의 문답이고, B문단은 공안A에 대한 장경스님과 보복스님의 논의이며, C문단은 원오극근의 논평글이다. 역사적으론 당대, 당말, 송대의 순서로 이루어진 문답이다. 단하(738-823)와 설봉(822-908)은 당대의 뛰어난 선승들이고, 장경(854-932)과 보복(?-928)은 당말에 활동한 선승들이다. 원오극근(1063-1125)은 송대에 활동한 거목이다.

여기서 문제가 되는 것은 공안과 화두란 용어를 동시에 사용한 논평글 문단C이다. 이것을 보면, 원오극근은 공안과 화두을 명백하게 구별하여 사용하고 있음을 본다. 공안은 '단하끽반'이고, 화두는 장경스님이 보복스님에게 했던 '어찌하여 눈이 없다고 했을까' 하는 질문이다. 이것을 원오극근은 '필히 공안의 일을 묻는 것이 아니라, 이것을 빌려서 화두를 만들어 보복이 체득한 당처를 시험하는 것'으로 규정한다.

여기에서 보면 분명하게 공안과 화두는 동일한 의미는 아니다. 공안은 단하스님과 어떤 승려의 1차적인 문답이라면, 화두는 장경이 일차적인 단하끽반의 공안을 근거로 하여, 상대방 보복이 체득한 당처를 묻고, 점검하는 질문이나 언구로서 2차적인 사용이다. 그렇기 때문에 공안은 고인의 문답인 점에서 '과거'의 사건사례이지만, 화두는 공안으로부터 비롯된 것이지만, '현재의 시점에서' 나에게 적용되는 공부법인 점에서 차이가 난다. 공안집에 수록된 공안들은 과거의 사건으로서, 나의 삶과는 무관하게 '저기'에 놓여진 것이지만, 화두는 '내게' 직접적으로 대답을 요청하는 절박한 실존적 과제/질문이다.

이것을 보면 원오극근은 공안과 화두를 명백하게 구별하여 사용했다. 이점은 양자를 별도로 사용할 때에도 마찬가지로 적용된다. 단독으로 화두란 용어를 사용할 때의 실례를 들어보면 아래와 같다.

[제2칙] 조주가 대중에게 법문을 했다. '지극한 도는 어렵지 않다. 다만 간택(揀擇)하지 않으면 된다. 말하는 순간 간택이요, 혹은 명백(明白)이다. 노승은 명백 속에도 있지 않다. 그런데 그대들은 보호하고 아끼려 하지 않는가?' 이때 승려가 질문했다. '명백 속에도 존재하지 않는다면, 보호하고 아끼는 것은 무

엇입니까?' 조주가 나는 '모른다'고 대답하자, 다시 '화상께

서 이미 모른다면 어찌하여 명백 속에도 존재하지 않는다고

했습니까?' 그러자 조주는 '묻는 것을 끝냈으면 물러가라'고

했다.

[평창] 조주는 평소에 이 화두를 자주 제시했다. '다만 간택을 하지

않을 뿐이다.' 이것은 3조의 『신심명(信心銘)』에서, '지극한 도

는 어렵지 않다. 다만 간택을 하지 않을 뿐, 미움과 사랑을 떠

나면 통연 명백하다'고 했다. 시비를 하는 순간 이것은 간택

이고, 명백이다. 이런 이해는 잘못된 이해이다.[19]

이것은 『벽암록』 제2칙으로, 조주와 어떤 승려의 문답을 제시한 것

이다. 핵심 주제는 3조 승찬의 『신심명』에서 사용된 '간택'과 '명백'이

다. 이때에도 역시 원오극근은 공안과 화두를 구분하여 사용하고 있음

을 본다. 공안이 간택과 명백에 관한 어떤 승려와 조주의 문답이라면,

화두는 승찬의 『신심명』에 나오는 언구에 대한 2차적 물음을 가리킨다.

정리하면, 선대의 선문답을 가리킬 때는 공안이란 용어를 사용하고, 공

안을 관통하는 핵심된 언구를 가리켜서 질문할 때는 화두란 용어를 사

용한다.

이런 구별은 대혜종고의 경우에도 그대로 계승된다. 그의 어록에

는 공안이 34회, 화두가 37회 사용되고 있다. 원오극근이 압도적으로

공안이란 용어를 더 많이 사용했다면, 반면에 대혜종고는 상대적으로

화두란 용어를 더 많이 사용하고 있음을 보여준다. 하지만 대혜는 공안

을 비판하고, 화두 참구를 역설한 점에서 원오극근과는 전혀 다른 성격

을 가진다. 대혜에게 공안은 재판의 판례처럼 과거 선문답의 단순한 기록일 뿐이다. 그에게는 공안이 필요한 것이 아니라, 절박한 자기문제로서 화두가 요청된다.

대혜종고는 공안을 비판적으로 말할 때, 〈저일칙공안(這一則公案)〉[20], 〈구공안(舊公案)〉[21], 〈고인공안(古人公案)〉[22]이란 표현을 사용한다. 이것은 과거 선대의 선문답 사례를 가리킬 때 사용되는 어법들이다. 공안은 저기에 놓여 있고, 이것[這]은 과거[舊]의 사태이고, 옛 사람들[古人]이 사용한 것들이다. 하지만 화두는 저기가 아니라 '여기'에 있고, 과거의 사태가 아니라 '지금 여기'의 과제이며, 옛 사람들이 아니라 '나'의 절박한 과제이다. 그래서 대혜는 화두에서 의심을 일으키는 것이지, 공안에서 의심을 일으키는 것은 삿된 마귀라고 극언한다. 바로 이점이 원오극근과 다른 점이다. 다음 인용문은 이를 단적으로 보여준다.

> 천 가지 만 가지 의심이 다만 모두 하나의 의심이다. 화두에서 의심
> 을 타파하면 천 가지 만 가지 의심이 일시에 무너진다. 만약 화두를
> 타파하지 못했다면, 화두와 함께 벼랑 끝으로 가라. 만약 화두를 버
> 려두고, 따로 문자에서 의심을 하거나, 경전에서 의심을 하거나, 고
> 인의 공안에서 의심을 하거나, 일상의 번뇌에서 의심을 일으키는
> 것은, 모두 삿된 마귀의 권속이다.[23]

이것의 초점은 공안을 부정하고, 화두에서 의심을 일으키라는 것이다. 이것은 선사상사에서 중요한 사상적 전환점이다. 조주의 선문답

무자를 꿰뚫어야 할 '관문'이란 의미로 사용한 이는 오조법연 화상이다. 공안선을 강조한 인물이 원오극근이라면, 화두의 본질을 '의심'이라고 규정한 것은 바로 대혜종고이다. 대혜는 의심을 화두에서 일으키라고 말한다. 만약에 문자, 경전, 고인공안, 일상사에서 의심을 일으키는 것은 삿된 마귀의 권속이라고 단언한다.

여기서 배척해야할 대상 가운데, 문자, 경전, 일상사와 더불어 '공안'을 분명하게 포함시키고 있다. 이것을 보면 대혜에게 화두와 공안은 결코 동일한 개념이 아닐 뿐만 아니라, 공안은 배척의 대상이 된다. 공안은 단지 저기에 놓여있는 과거의 사례에 불과하지, 정확하게는 나와는 무관한 사건일 수밖에 없다. 공안의 갯수를 따지자면 천만 가지일 것이다. 그러나 모든 의심은 하나의 화두로 귀착된다. 이 하나의 화두란 내가 실제로 의심을 일으키는 바로 나 자신을 가리킨다. 그러므로 개인의 내면에 '자리' 잡은 화두는 오직 한 개일 수밖에 없다. 옛 조사의 공안들을 조사해 보고 이해하고자 하나, 그 속에서 주체적으로 자기 실존의 문제로서 의심하지 않는다면, 그것은 또 하나의 지식을 첨가하는 것에 불과하기 때문이다.

대혜의 공안 배격은 당시 사대부와 납자들이 조사의 공안을 시험 과목처럼 암송하거나 단순하게 공안의 문답을 흉내내는 사례를 그가 목격한 데서 비롯된 것이다. 아래 대혜종고의 법문은 당시 지식인 계층인 사대부에게 보인 글이다.

사대부들은 구경의 일을 참구할 때, 처음에 그 본질을 알지 못한 채로, 다만 고인의 공안에 천착하여 지식과 이해만을 구한다. 이렇게 해가지고는 설사 일대장교를 모두 알고 다 이해한들 납월 삼십일에 생사가 도래해서는 전혀 붙잡을 곳도 없을 것이다. 또 어떤 이들은 선지식이 설한 이런 구경의 심의식(心意識)으로 사량하여, '그렇다면 공에 떨어지지 않는가' 한다. 사대부 가운데 열 가운데 열이 이런 견해를 낸다.[24]

제방의 기특하고 묘한 연구에 애착을 내지 말라. 종사들께서 각자 주장하여 밀실에서 전수한 고인공안의 유형들은 모두 잡다한 독(雜毒)이다. 이런 것들은 아뢰야식 가운데 겁겁생생 생사를 벗어나지 못한 것들로 그것으로 힘을 얻을 수가 없는 것은 아니지만, 일상에서 장애를 입어서 끝내는 도의 안목을 어둡게 한다. 고인들께서 불가피하게 배우는 자를 위해서 차별의 허다한 지해를 보인 것이지만, 그것들은 모두 도에 위배되는 쓰레기 같은 말이다. 대중의 근기에 따른 차별된 약이란 차별된 병을 치료하고, 그대의 심지가 안락하여 차별이 없는 경계에 이르게 하고자 함이다. 그런데 오늘날 오히려 이런 차별의 언어를 기특하게 생각하고, 다시 그 약에 집착하여 병이 되니, 가엾구나![25]

대혜종고는 공안집의 병폐를 통렬하게 비판한다. 그것은 궁극의 일구를 참구하는 수행자에게 '쓰레기 같은 말'이고 '도의 안목을 멀게 하는 독'이다. 진실한 자기 내적인 의심 없는 단순한 공안집의 병폐를 목격한 그는 마침내 스승의 저술인 『벽암록』을 불태워버렸다.[26] 이는 공안보다는 화두를 강조하는 은유이다. 물론 대혜가 현성공안으로서

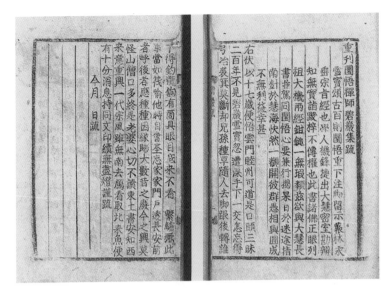

〈벽암록〉을 불태우다 (ⓒ문화재청)

선은 문자로 이해함을 반대하고 직접적인 체득함을 강조한다. 대혜는 공안선의 병폐를 목격하고
〈벽암록〉을 불태웠다. 이것은 사량분별의 사대부를 향한 화두 공부방법을 제시한 중요한 사건이었다.

공안 자체를 부인하는 것은 아니다. 하지만 이런 공안도 또 하나의 지식이고, 사량분별에 의한 또 하나의 집착의 대상이라면, 그것은 잡독으로써 생사의 언덕을 건널 수가 없으니,[27] 쓰레기이고, 불태워야 하는 것에 불과하다. 이때야 비로소 간화수행이 이루어지지 않겠는가? 이것이 바로 원오극근의 공안선과 구별되는 대혜종고의 화두선이다.

그런데 오늘날 학계에서 공안에 대한 대혜의 비판부분은 그렇게 주목되지 못했다. 대부분 묵조선에 대한 대혜의 비판에 초점이 모아지면서 많은 논문이 발표되었지만,[28] 고인공안에 대해 묵조선만큼 강력하게 비판하는 대혜의 시각은 별로 논의되지 못했다. 이것은 주로 참고자료를 『대혜어록』 30권 가운데 『서장』 5권에 한정한 점과 특히 조동종 영향이 강력한 일본학계의 영향에 의해서 공안과 화두를 동일하게 취급하는 선입관에서 기인하는 것은 아닌가 한다.

2. 화두선의 성격

대혜의 화두선은 공안집의 병폐를 비판하고, 화두에 대한 의심을 강조함으로써 성립되었다고 말할 수가 있다. 이는 간화선이 선문답의 공안을 관통하는 핵심된 일구(一句), 곧 화두에 대한 의심으로부터 시작된다는 것을 말한다. 화두에 대한 의심이 없다면, 그것은 수행의 방법론으로 자리 잡을 수 없다.

그렇다면 화두는 수행하는 실제에서 구체적으로 어떻게 작용하는가? 바로 이점도 원오극근의 공안선과는 다른 대혜 간화선의 특징 가운데 하나이다. 대혜는 여러 가지 화두를 제시하곤 하지만, 일구에 대한 의심을 강조하는 상당법문을 제외한 거의 대부분의 법문에서, 이를테면 보설, 법어, 서장 등에서 한결같이 무자화두를 권하고 있다. 대혜가 화두를 권하는 방식을 보면, 세 가지로 크게 분류할 수 있다.

첫째는 먼저 정혜의 개발로서, 화두는 산란심으로서의 혼침(昏沈)과 도거(掉擧)를 제거하는 수단으로 사용된다. 초기불교 이래로 한결같이 언급한 장애는 바로 혼침과 도거이다. 혼침은 수마(睡魔)로 발전하고 도거는 망상(妄想)으로 자라난다. 이런 장애를 극복하여 정혜를 개발하는 것이 수행이라고 할 수 있다. 수행법이라면 그것이 무엇이든 모두 정혜를 바탕으로 해야 한다는 것을 의미한다. 만약 정혜를 개발하는 방식이 없다면 그것은 불교의 수행법이라고 부를 수 없다. 대혜는 다음과 같이 말한다.

> 고요하게 앉아 있을 때, 혼침에 빠지거나 도거에 휩쓸리지 말라. 혼
> 침과 도거는 선성(先聖)이 경계한 바이다. 조용하게 앉아서 이 두
> 가지의 병폐가 현전하면 오로지 개에게 불성이 없다는 화두를 들
> 라. 그러면 두 병폐를 애써 물리치지 않아도 당장에 가라앉을 것이
> 다. 오랫동안 지속하다보면, 힘이 덜어지는 것을 느낄 것이니, 이때
> 가 바로 힘을 얻는 곳이다. 고요한 곳에서 공부하는 것에 집착하지
> 않는 것이 바로 공부이다.[29]

혼침은 지혜의 상실을 표시하고, 도거는 선정의 부재를 말한다. 이
것들을 극복하는 것은 곧바로 정혜의 개발을 의미한다. 이런 점에서 간
화선은 화두로서 혼침과 도거를 일시에 치유하고, 정혜를 개발하는 방
법 가운데 하나임을 제시한 것이다.

둘째는 화두는 깨달음에 이르는 길이다. 닦음이 아니라, 무명으로
부터 깨어남을 중요시한다. 이것은 묵조선 비판으로 나타났으며 묵조
선의 비판을 통해서 화두의 의미는 더욱 구체화되었다. 묵조(默照)란
말은 그대로 '묵묵히 침묵한 가운데 비추어 본다'는 의미이다. 그러나
이같은 수행법에는 정좌만 있고 묘한 깨달음[妙悟]은 없다고 대혜는 비
판한다.

> 한 부류의 삿된 선[邪禪]이 있으니, 그들은 묵조선이다. 그들은 온종

일 일에 관여하지 말고 쉬어가라고만 가르친다. 소리도 내지 말라 금시(今時)에 떨어질까 두렵다고 말한다. 총명하고 영리한 사대부들이 시끄러운 곳을 싫어하여 삿된 스승이 가르친 고요함에 이끌려서 힘을 더는 곳을 만나면 곧 이것이구나 하고서, 묘한 깨달음을 구하지 않고 묵묵하게 비춤만을 모토로 삼는다. 그 동안 구업을 짓는 것을 애석하게 생각하지 않고, 이 병폐를 구하려고 애썼다. 이제 묵조선의 병폐를 아는 이들이 점점 늘어가고 있다. 의정(疑情)을 타파하지 못하는 곳을 향하여 한결같이 참구하되, 조주의 구자무불성화(狗子無佛性話)를 행주좌와에 놓지 말라. 이 무자는 생사의 의심을 타파하는 칼이다.[30]

수행에서 묵조선자들은 묵조하는 것을 극칙(極則)으로 삼고 있는데, 이것이 크게 잘못되었다고 대혜는 본다. 말하자면 정혜 가운데 정은 있으나 혜가 부족하다고 본 것이다. 그래서 그곳에는 깨달음이 존재하지 못한다. 화두를 의심함으로써 깨달음의 지혜를 발견할 수 있다고 본다. 그러므로 화두가 없으면 그것은 묵조이고 끝내는 혼침에 떨어진다는 것이다. 대혜의 간화선은 '깨달음[悟]'이 강조되는 반면에, 묵조선은 '고요함[黙]'이 강조되는 수행이라고 할 수 있다.

셋째는 화두는 다만 화두일 뿐, 어떤 사량분별도 배제한다. 이것은 잘못된 화두참구를 경계한 것으로 대혜가 자주 강조하는 무자화두와 관련된 십종병(十種病)과 연관된다. 무자화두를 참구하는 과정에서 발생되는 병통에 대한 규정이다. 이것 역시 간화선의 태생적인 특징이다. 대혜는 다음과 같이 말한다.

바로 그때에 단지 의심하는 화두를 들라. 화두를 들고서 깨어 있기만 하라. 왼쪽으로 가도 옳지 않고, 오른쪽으로 가도 옳지 않다. 있고 없음으로 헤아리지 말고, 참된 없음의 없음[眞無之無]이라고 따지지 말라. 이치로서 알 수 없고 생각으로 헤아려서 따질 수도 없다. 눈썹을 세우고 눈을 깜박거리는 곳에 머무를 수 없고 말에서 살 길을 찾을 수도 없다. 무의식 속에서 머무르지 말고 화두가 일어난 곳에 관심을 갖지도 마라. 문자로 인증(引證)할 수 없고 미혹으로 깨달음을 기다릴 수도 없다. 다만 마음을 쓰지 말고, 마음을 쓰는 곳이 없을 때에 공(空)에 떨어짐을 두려워하지 말라. 이 곳이 바로 좋은 곳이다. 홀연히 늙은 쥐가 소뿔에 들어가 곧 고꾸라지는 것을 보게 되리라.[31]

간화선은 이야기[話]나 이와 관련된 언구를 통해서 지켜보는 방법론이기 때문에, 잘못하면 언어적인 유추나 분별로써 수행한다고 착각하는 경우가 있을 수 있다. 이런 오류를 사전에 배제함으로써 올바른 화두 참구법을 제시한 것이라고 할 수가 있다. 단지 화두와 함께 깨어 있는 것, 이뿐 다른 것은 없다. 이것을 이쪽저쪽을 사량한다든지, 아니면 절대적인 어떤 대상을 찾는다든지, 아니면 어떤 문헌적인 근거를 찾는다든지, 아니면 아무 것도 하지 않음에 두려워한다든지 하는 것들은 모두 선병으로서 간화선의 장애가 된다.

화두는 화두일 뿐, 단지 깨어있을 뿐이다. 그밖에 다른 것을 첨가하는 일은 허공에 그림을 그리는 것과 같다.

V. 맺는말

본 장의 중심 과제는 간화선의 기본 개념인 공안과 화두의 의미를 정확하게 이해하는 것이다. 이것은 간화선 성립시기의 문제와 관련된 과제이다. 그 동안 공안과 화두를 이해하는 방식은 양자를 동일한 의미로 간주하는 것과 양자를 구별하는 두 가지의 견해가 상존해 왔다. 본고는 이들 개념이 원오극근과 대혜종고의 어록에서 어떻게 사용되고 있는지를 살펴보았는데, 그 결과는 다음과 같다.

첫째, 원오극근과 대혜종고 모두에게는 공안과 화두를 구별하여 사용한 공통점이 있음을 확인했다. 이때 공안이 고인의 선문답의 사례라면, 화두는 공안 가운데 핵심이 되는 언구를 가리킨다.

둘째, 하지만 원오극근과 대혜종고에게는 사상적으로 상당한 차이점도 있음을 보았다. 원오극근의 경우에는 선대의 공안을 긍정적으로 평가하고, 그것을 학인들에게 공부하는 방법으로 활용하고 있는 점에서 공안선이라고 부를 수가 있다. 당대의 공안이 1차적인 현성공안이라면, 원오극근이 사용한 방식은 2차적인 활용으로 공안에 대한 잘못된 이해를 배격하고, 공안이 가지는 낙처를 물어서, 수행을 점검하는 기준으로 삼았던 것이다.

대혜종고의 경우에는 전체적인 방향이 원오극근의 사용방식을 계승했지만, 공안을 철저하게 부정한 점에서 차이점이 발견된다. 그는 원오극근처럼 공안을 사량분별로 이해하는 방식을 거부했다. 공안을 삿된 마귀, 불태울 쓰레기, 수행자의 안목을 장애하는 독으로 묘사하면서, 화두에서 의심을 일으켜야 함을 강조했다. 이점이야말로 대혜종고의 고유한 특징으로서 그를 간화선의 창시자라고 불러도 좋겠다.

셋째, 대혜종고는 화두의 본질은 의심이라고 했다. 그는 화두를 통한 깨달음을 강조하고 화두에 의한 깨달음이 없는 묵조선을 비판하면서, 이런 화두를 통해서 혼침과 도거의 병을 극복하고 정혜를 개발시킬 수 있음은 물론, 화두는 사대부의 사량분별을 고칠 수 있는 경절처임을 강조했다.

이상으로 공안과 화두는 분명하게 구별되어 사용되어야 함을 논증했는데, 이것은 선종사의 시기구별과도 직결된다. 공안은 당대에 성립되었지만, 당대의 공안을 수행의 대상이나 방법으로 활용한 것은 송대에서 비롯되었다. 때문에 공안의 성립을 그대로 공안선의 출현으로 이해하는 방식은 재검토되어야 할 것이다. 또한 대혜의 간화선은 공안을 배격하고 화두에서 공부 길을 마련한 점에서 원오극근과 다른 모습을 보여주고 있다. 따라서 필자는 선사상사에서 진정한 간화선은 대혜종고에 의해서 확립되었다고 평가한다.

참고자료

1 『新版 禪學大辭典』(駒澤大學, 禪學大辭典編纂所編, 2000), p.1326.

2 關口眞大, 「公案禪と默照禪」(『인도학불교학연구』16-2, p.117) 종호(2000), 「간화선 형성의 사회적 배경」, 『보조사상』 제13집, p.191. 이 논문은 간화선의 성립을 당대의 공안출현에 두면서도, 동시에 송대 선종 내부의 문제점에서 찾는다. 하지만 양자 간의 관계를 충분하게 밝히지 않고 있다.

3 혜원(2000), 「선종사에서 간화선의 위치」, 『보조사상』 제13집, p.164. 여기서는 공안선과 간화선을 동일한 개념으로 본다. 그렇기 때문에 공안의 출현이 곧 그대로 간화선의 성립으로 본다. 이것은 공안선이란 용어를 더 잘 사용하는 일본 조동종 계열의 전통적 견해를 그대로 반영한다. 일본을 통해서 간화선을 수용한 일부 서구사회에서도 마찬가지이다.

4 이런 태도는 역시 불학연구소에서 편찬한 『조계종 수행의 길 간화선』(대한 불교조계종 교육원, 2005, p.56)에서도 보인다.

5 『佛光辭典』, p.1314, "公案中大多有一個字或一句話供學人參究之用者, 稱爲「話頭」. 如問 :「狗子還有佛性也無?」 答 :「無 !」 此一對話卽爲一則公案, 而「無」字卽是話頭. 參禪時, 對公案之話頭下工夫, 稱爲參話頭."

6 인경(2000), 「대혜 간화선의 특질」, 『보조사상』 제13집, p.268.

7 『禪關策進』(T48, 1098上中.), "看箇公案 僧問趙州 狗子還有 佛性也無 州云無 但二六時中看箇無字 晝參夜參 行住坐臥 著衣吃飯處 屙屎放尿處 心心相顧 猛著精彩 守箇無字 日久歲深 打成一片 忽然心華頓發 悟佛祖之機."

8 인경(2000), 『몽산덕이와 고려후기 선사상연구』, 불일출판사, p.208.

9 현존하는 황벽의 법문은 당시에 유통된 배휴와 제자들에 의해서 손으로 필사한 법문 내용을 근거로 송대에 편찬한 마조, 백장, 황벽, 임제의 법문인 『四家語錄』(1085)에 기초한다. 또한 황벽의 법문은 범어사에서 출간한 『선문찰요』에서도 수록되어 있다. 柳田聖山(1985), 『語錄歷史』(동방학보 제57), pp.270-277.

10 『碧巖錄』(大正藏48, 139下), "嘗謂祖教之書 謂之公案者 倡於唐而盛於宋 其來尙矣 二字乃世間法中吏牘語 其用有三 面壁功成 行脚事了 定襲之星難明 野狐之趣易墮 具眼爲之勘辨 一呵一喝 要見實詣 如老吏據獄讞罪 底裏悉見 情 款不遺一也 其次則嶺南初來 西江未吸 亡羊之岐易泣 指海之針必南 悲心爲之接引 一棒一痕要令證悟 如廷尉執法平反 出人於死二也 又其次則犯稼憂深 繫驢事重 學弈之志須專 染絲之色易悲 大善知識爲之付囑 俾之心死蒲團 一動一參 如官府頒示條令 令人讀律知法 惡念才生 旋卽寢滅三也."

11 위의 책, 142下, "【三】擧馬大師不安 院主問 和尙近日 尊候如何 大師云 日面佛月面佛 馬大師不安 院主問 和尙近日尊候如何 大師云日面佛月面佛 祖師若不以本分事相見 如何得此道光輝 此箇公案 若知落處便獨步丹霄 若不知落處 往往枯木巖前差路去在 若是本分人到這裏須是有驅耕夫之牛 奪飢人之食底手脚 方見馬大師爲人處 如今多有人道 馬大師接院主 且喜

쟁점으로 살펴보는 현대 간화선

沒交涉 如今衆中多錯會瞪眼云 在這裏 左眼是日面 右眼是月面 有什麼交涉 驢年未夢見在
只管蹉過古人事 只如馬大師如此道 意在什麼處.”

12 『원오극근어록』(大正藏48, 732中, 744下), “住東京天寧寺宣和六年四月十九日 於當寺爲國開堂
師拈疏云 現成公案未言時 文彩已彰 洞徹根源才擧處 故德山入門便棒 臨濟入門便喝 睦州
見僧便道現成公案”,“資福道隔江見刹竿便去 脚跟下好與三十棒 豈不是壁立萬仞處透得大
丈夫漢.”

13 위의 책, p.769上中下. “師云現成公案 不隔一絲毫 普天匝地 是一箇大解脫門 與日月同明 與
虛空等量 若祖若佛無別元由乃古乃今同一正見 若是利根上智 不用如之若何 直下壁立萬仞
向自己根脚下承當 可以籠罩古今 坐斷報化佛頭 更無纖毫滲漏 威音王已前無師自悟 是大解
脫人 威音已後因師打發 不免立師立資 有迷有悟 雖然如是 要且只是方便垂手接人 所以達
磨西來不立文字 直指人心 見性成佛 後來六祖大鑑禪師 尙自道 只這不立兩字 早是立了也.”

14 『大慧語錄』, (大正藏48, 827下), “徑山將現成公案 爲爾諸人下箇註脚 喚作竹篦則觸 不喚作竹
篦則背.”

15 『宗門十規論』, 선림고경총서12, p.239.

16 인경, 앞의 책, p.201.

17 『벽암록』, 앞의 책, 203中下,“【七六】擧 丹霞問僧 甚處來(正是不可總沒來處也 要知來處也不難)
僧云 山下來(著草鞋入爾肚裏過也 只是不會 言中有響諳含來 知他是黃是綠 霞云 喫飯了也未(第一
杓惡水澆°何必定盤星°要知端的) 僧云 喫飯了(果然撞著箇露柱 卻被旁人穿卻鼻孔 元來是箇無孔鐵
鎚) 霞云 將飯來與汝喫底人 還具眼麼(雖然是倚勢欺人也 是 據款結案當時好掀倒禪床 無端作什
麼) 僧無語(果然走不得 這僧若是作家 向他道 與和尙般一般) 長慶問保福 將飯與人喫 報恩有分
爲什麼不具眼(也只道得一半 通身是遍身是 一刀兩段 一手抬一手搦)福云 施者受者二俱瞎漢(據
令而行 一句道盡 罕遇其人) 長慶云 盡其機來 還成瞎否(識甚好惡 猶自未肯 討什麼碗)福云 道我
瞎得麼(兩箇俱是草裏漢 龍頭蛇尾 當待待他道盡其機來 還成瞎否 只向他道瞎 也只道得一半 一等
是作家 爲什麼前不搆村 後不迭店)。”

18 위의 책. p.204上, “保福長慶 同在雪峰會下 常擧古人公案商量 長慶問保福 將飯與人喫 報恩
有分 爲什麼不具眼 不必盡問公案中事 大綱借此語作話頭 要驗他諳當處 保福云 施者受者
二俱瞎漢 快哉到這裏 只論當機事 家裏有出身之路 長慶云 盡其機來 還成瞎否 保福云 道
我瞎得麼 保福意謂 我恁麼具眼 與爾道了也 還道我瞎得麼 雖然如是 半合半開 當時若是山
僧 等他道盡其機來 還成瞎否.”

19 위의 책, 141下, “擧 趙州示衆云 至道無難 唯嫌揀擇 纔有語言 是揀擇是明白 老僧不在明白裏
是汝還護惜也無 時有僧問 旣不在明白裏護惜箇什 麼州云我亦不知 僧云和尙旣不知 爲什
麼卻道不在明白裏 州云問事卽得 禮拜了退 趙州和尙 尋常擧此話頭 只是唯嫌揀擇 此是三
祖信心銘云 至道無難 唯嫌揀擇 但莫憎愛 洞然明白 纔有是非 是揀擇 是明白 纔恁麼會 蹉
過了也.”

20 『대혜어록』, 앞의 책, p.814중, “南泉遂指庭前華謂大夫曰 時人見此一株華 如夢相似 師云 這

一則公案流布叢林近三百載 中間有無數善知識出世 只是未嘗有一人與伊分明判斷."

21 위의 책, p.822상, "上堂 今朝正月半 有則舊公案 點起數碗燈 打鼓普請看 看卽不無 忽爾油盡
燈滅時 暗地裏切忌撞著露柱."

22 위의 책, p.931상, "妙喜不可只恁麼休去 亦放些惡氣息 卻去熏他則箇 渠教不要引經教及古人
公案 只據目前直截分明."

23 위의 책, p.930상, "千疑萬疑只是一疑 話頭上疑破 則千疑萬疑一時破 話頭不破 則且就話頭
上與之廝崖 若棄了話頭 卻去別文字上起疑 經教上起疑 古人公案上起疑 日用塵勞中起疑
皆是邪魔眷屬 又不得向擧起處承當 又不得思量卜度 但只著意就不可思量處思量 心無所之
老鼠入牛角便見倒斷也 寫得如此分曉了."

24 위의 책, 899중, "士大夫要究竟此事 初不本其實 只管求於古人公案上 求知求解 直饒爾知盡
解盡一大藏教 臘月三十日生死到來時 一點也使不著 又有一種 纔聞知識說如是事 又將心
意識 搏量卜度云 若如此則莫落空否 士大夫十箇有五雙 作這般見解."

25 위의 책, 892하, "莫愛諸方奇言妙句 宗師各自主張 密室傳授底 古人公案之類 此等雜毒 收
拾在藏識中 劫劫生生取不出生死岸頭 非獨不得力 日用亦被此障礙 道眼不得明徹 古人不
得已 見汝學者差別知解多而背道泥語言 故以差別之藥 治汝差別之病 令汝心地安樂 到無
差別境界 今返以差別語言爲奇特 執藥爲病 可不悲夫."

26 위의 책, p.139상, "碧巖集者 원오大師之所述也 其大弟子大慧禪師 乃焚棄其書 世間種種法
皆忌執著 釋子所歸敬莫如佛 猶有時而罵之 蓋有我而無彼 由我而不由彼也 舍己徇物 必至
於失己 夫心與道一 道與萬物一 充滿太虛 何適而非道 常常人觀之 能見其所見 而不見其所
不見 求之於人 而人語之 如東坡日喩之說 往復推測 愈遠愈失 自吾夫子體道."

27 위의 책, 892하, "莫愛諸方奇言妙句 宗師各自主張 密室傳授底 古人公案之類 此等雜毒 收
拾在藏識中 劫劫生生取不出生死岸頭 非獨不得力 日用亦被此障礙 道眼不得明徹 古人不
得已 見汝學者差別知解多而背道泥語言 故以差別之藥 治汝差別之病 令汝心地安樂 到無
差別境界 今返以差別語言爲奇特 執藥爲病 可不悲夫."

28 柳田聖山(1975), 「看話と黙照」 『花園大學研究紀要』 第6號.
   廣田宗玄(2000), 「大慧宗杲の『辨邪正說』について」, 『禪學研究』 第78號.
   김호귀(2000), 「대혜의 묵조선 비판에 대해서」, 『보조사상』 제13집.

29 위의 책, 922中, "坐時不得令昏沈 亦不得掉擧 昏沈掉擧先聖所訶 靜坐時纔覺此兩種病現前
但只擧狗子無佛性話 兩種病不著用力排遣 當下帖帖地矣 日久月深纔覺省力便是得力處也
亦不著做靜中工夫 只這便是工夫也靜坐時纔覺此兩種病現前 但只擧狗子無佛性話 兩種病
不著用力排遣."

30 위의 책, 923상, "有一種邪師 說黙照禪 教人十二時中是事莫管 休去歇去 不得做聲 恐落今時
往往士大夫 爲聰明利根所使者 多是厭惡鬧處 乍被邪師輩指令靜坐 卻見省力 便以爲是 更
不求妙悟 只以黙然爲極則 某不惜口業 力救此弊 今稍有知非者 願公只向疑情不破處參 行
住坐臥不得放捨 僧問趙州 狗子還有佛性也無 州云無 這一字子 便是箇破生死疑心底刀子

쟁점으로 살펴보는 현대 간화선

也."

31 위의 책, 941中, "只以所疑底話頭提管 如僧問趙州 狗子還有佛性也無 州云無 只管提撕擧覺
    左來也不是 右來也不是 又不得將心等悟 又不得向擧起處承當 又不得作玄妙領略 又不得
    作有無商量 又不得作眞無之無卜度 又不得坐在無事甲裏 又不得向擊石火閃電光處會 直得
    無所用心 心無所之時 莫怕落空 這裏卻是好處 驀然老鼠入牛角 便見倒斷也."

제9장

간화선과 돈점문제

너의 의심이 크면 클수록,

그곳에는 큰 깨달음이 너와 함께 한다.

- 구산(九山) 선사

I. 주요 쟁점[*]

　　현대 한국불교의 중요한 논쟁 가운데 하나는 돈점논쟁이다. 돈점은 중국 불교사의 교학불교에서 경전을 교판할 때 사용된 술어로서, 논의는 종파불교가 성행한 당나라 불교에서 중요한 과제였다. 하지만 송대 이후 교외별전과 간화선 사상이 대두하면서 사실상 폐기된 술어이다. 이때의 중심과제는 안으론 묵조선과의 경쟁, 밖으론 성리학의 비판에 대한 대응이 중심을 이루었다. 한국불교에서는 선교대립이 격렬했던 고려후기에 대두했다. 돈오(頓悟)는 선종을 대표하고, 점수(漸修)는 교종을 의미하는 용어였다. 보조지눌은 이런 선교의 갈등 속에서 선종의 입장에 서서 양자를 통합하려는 노력을 경주한 인물이었다.

　　그런데 1981년 성철스님이 『선문정로』에서 보조국사의 돈오점수 사상을 선종이 아닌 교종으로 폄하하고 비판하면서 지나간 과거의 유물이 다시 수면 위로 등장했다. 하지만 시대의 변화에도 불구하고 돈점 문제는 한국선의 정체성을 확립하는데 중요한 관점일 뿐만 아니라, 수행자가 어떻게 수행하여야 하는지에 관한 중요한 지침이 될 수도 있기에 결코 무시할 수만은 없는 문제이다. 침묵하던 불교 학계는 1987년 보조사상연구원이 개원되면서 본격적으로 논의가 진행되었다. 지금까지 이루어진 주요 쟁점 사항을 몇 가지로 정리하여 보면 다음과 같다.

첫째는 돈오의 성격에 대한 논의인데, 이점은 가장 치열한 논쟁의 테마가 되었다. 여기에는 지해(知解), 해오(解悟), 증오(證悟), 구경각(究竟覺)이란 네 가지의 관점이 논의의 중심을 이루었다. 성철스님은 보조국사의 돈오를 해오로 보고 그것은 바로 교종의 지해로 해석한다. 그래서 돈오점수란 지해종도의 견해라고 본다. 반면에 돈오돈수의 돈오는 견성으로 바로 구경각이라고 이해한다.[1] 하지만 이런 성철스님의 보조선 비판은 많은 논란을 불러일으켰다. 예를 들면 성철스님은 보조국사의 저술을 제대로 읽지 못했으며,[2] 지해와 해오는 서로 동일한 개념이 아니고,[3] 증오 역시 보조국사가 강조했던 것[4]이라는 점이다.

둘째는 돈수와 점수에 대한 논의이다. 성철스님은 '돈수라야 돈오요, 돈오면 돈수라야 한다'고 주장한다. 돈오 이후에 여전히 점수가 필요하다면, 그것은 돈오가 아니라는 입장이다. 하지만 이점 역시 시각 차이가 발생하는데 보조국사의 경우는 돈오 이후에도 여전히 점수가 있으며, 점수는 번뇌의 소멸을 의미할 뿐만 아니라, 무엇보다도 대사회적인 교화를 위한 보살행임을 강조한다.[5]

셋째는 수행의 방법으로서 간화선과 관련된 주장이다. 성철스님은 공안참구를 강조하는데 이것은 화두를 들고 참구하는 것을 의미하며, 화두를 타파함은 견성하여 구경각을 성취했음을 그래서 오후보임은 닦음으로서 요청되지 않고 무애자재한 대해탈일 뿐이라고 했다.[6] 반면에 돈오점수에서 깨달음 이후의 오후보임은 대사회적 실천이라는 의미도 있다.

넷째는 선종사에 대한 인식이다. 한국 참선은 마조, 황벽, 임제, 대혜로 이어지는 돈오돈수적 공안선인데도, 한국선은 신회, 종밀, 지눌로

보조지눌의 돈오점수 사상을 현대에 계승한 송광사의 효봉스님과 구산스님. (ⓒ조선일보)
효봉스님은 지눌을 배운다는 의미로 '학눌(學訥)'이란 법명을 사용하였고, 구산스님은 지눌의
『수심결(修心訣)』을 인용하여 '이뭣고'의 화두를 매우 강조하였다.

이어지는 돈오점수적 화엄선을 신봉하고 있다고 주장한다. 겉으론 화
두를 들고 있는 것처럼 보이지만, 속은 돈오점수 사상이므로 이런 혼란
을 성철스님은 바로 잡고 싶은 것이라는 것이다.[7]

　이상의 80년대와 90년대에 이루어진 논쟁점 가운데 돈오를 다루
는 첫째와 점수를 언급하는 둘째의 문제는 충분하게 논의가 이루어진
것으로 평가된다. 하지만 셋째의 간화선과 관련된 부분과 선종사의 인
식문제는 충분한 논의가 이루어지지 못했다고 본다. 아마도 이점은 간
화선에 대한 학계 연구의 미천함과, 한국불교사 중심의 논의구조에서
비롯된 것이 아닌가 하는 생각이 된다. 때문에 본고는 이런 점에 착안

하여 먼저 일차적으로 간화선에서 돈오와 관련하여, 다음 문제를 고찰하여 보고자 한다.

- 간화선 수행은 과연 돈오돈수의 수행론인가?
- 오후보임의 성격은 무엇인가?

만약 간화선법이 돈오돈수의 수행이고, 그래서 화두 타파가 견성으로 곧 구경각이라면, 오후보임의 문제 역시 돈오점수와 마찬가지로 용도 폐기되어야 할 것이다.

다음으로 선종사 인식의 문제인데, 이점은 논란이 된다. 과연 중국 선종사에서 황벽과 임제선은 돈오돈수적인 공안선인가?[8] 성철 스님은 화두선이나 간화선이란 말보다는 공안선이라는 용어를 더 잘 사용한다. 이점은 일본문화의 영향으로 보여진다. 보조선을 화엄선으로 이해할 수가 있는가?[9] 한국의 조계종은 임제종이라고 할 수 있는가?[10] 하는 문제점들이 지적된다. 이점은 본장의 핵심적 과제 가운데 하나이다. 간화선의 수행이 돈오돈수가 아니라 돈오점수의 수행론임을 중국 임제종의 선장을 통해서 입증된다면 간화선과 관련한 이상의 논쟁이 일거에 해소되기 때문이다.

하지만 이런 문제점은 상당히 넓은 영역을 담고 있다. 지면이 한정된 단일 논문에서 모두 다루기에는 어렵다. 또한 필자는 앞(제4장 하택 신회의 견성사상과 제8장 공안선과 간화선)장에서 선종사의 인식문제는 다루었기에, 본장에서는 간화선과 돈점문제와 관련된 영역에 한정하되, 중국 임제종의 대표적인 인물들을 중심으로 논의를 진행시키고자 한다.

그러면 임제종과 관련된 선종사인식의 문제도 어느 정도는 자연스럽게 다루어질 수 있기 때문이다.

그런데 임제종의 전통을 계승한 간화선 수행과 오후보임의 성격을 밝히는 것은 이론보다는 실천론과 관련된 영역이므로, 철학이나 문헌적인 연구보다는 임상적인 실험연구가 제격이다. 돈점논쟁에서 가장 좋은 접근방법은 일단 간화선에 의해서 깨달은 사람을 선정하고, 선정된 인물들에 대해서 객관적으로 관찰하여 그것이 점수인지 돈수인지를 검증하면 된다. 하지만 누가 깨달음을 얻었고, 그는 어떻게 수행했는지를 객관적으로 인증하고 접근하기란 결코 용이하지가 않다. 이것은 현실적으로 불가능한 연구방법론이다. 때문에 역사적으로 남겨진 깨달은 인물과 그의 오후수행에 관한 문헌적인 자료를 제시하는 방법을 취할 수밖에 없다.

본 장에서는 한국 간화선에 절대적인 영향을 미쳤던, 대혜종고와 몽산덕이를 중심으로 고찰하여 보고자 한다. 국내에서 대혜의 『서장』은 강원교재이기도 한데, 임진왜란 이전까지 21회 간행되었고, 몽산의 경우에도 『몽산법어』가 14회, 상당법문인 『몽산육도보설』이 20회 간행되었다.[11] 이들은 모두 임제종 양기파에 속하며, 간화선을 통해서 깨달았기 때문에 본고의 과제인 간화선과 돈점문제를 해명하는데 적절한 인물들이라고 판단된다. 한편 고봉의 경우도 강원교재인 『고봉선요』가 국내에서 역시 임진왜란 이전까지 총 24회 간행되어[12] 한국선종에 큰 영향을 주었지만, 간화선과 돈점문제를 직접적으로 언급하지 않고 있기에 여기서는 제외시켰다.

Ⅱ. 대혜의 간화선 상담사례

대혜종고(1089-1163)는 남송대 인물로서 간화선을 확립한 인물로 알려져 있다. 대혜가 〈간화선과 돈점문제〉와 관련하여 어떤 입장을 가졌을까 하는 점은 매우 중요한 기준점이 된다. 이점과 직접적으로 관련된 사례를 다행히 대혜의 어록에서 찾아볼 수가 있다. 그것은 대혜와 이참정(李參政)이 서로 교환한 편지들이다. 대혜는 네 편의 편지를 이참정에게 보내고 있다. 첫째와 둘째 편지는 깨달은 이후의 수행에 관한 내용이고, 셋째는 묵조선에 빠진 부추밀(富樞密)을 만나서 적절한 방편으로 도와달라는 내용이고, 넷째는 화엄의 법계연기에 대한 해석의 부분이다. 이들 편지 내용은 본고의 주제와 직접적으로 관련된 아주 적절한 사례라고 평가된다.

1. 이참정의 깨달음

주지하다시피 간화선을 확립하는데 결정적 영향을 준 대혜는 남송 임제종을 대표하는 선승로서, 그와 당시 지식인들과 주고받은 편지를 모아놓은 『대혜서장』은 고려후기 한국불교계에 중요한 영향을 주었다. 여기에 등장하는 인물은 44인이며 이 가운데 여성은 1인, 승려는 2인이며, 대부분은 관료나 사대부들이다.[13] 이들은 거의 간화선을 처음 접하는 과정에 있었지만, 이참정은 대혜로부터 깨달음을 인정받은 인물이었다. 참정이란 벼슬이름으로서 당나라에서는 재상이었지만 송대에서는 집정관을 말한다. 그의 본명은 병(邴)이고, 자는 한노(漢老)며, 법명은 탈공(脫空)거사이다.

이참정은 재가자이지만 깨달음을 얻어 대혜가 신망했던 인물이다. 이참정이 어떻게 깨달음을 얻었는지는 대혜가 부추밀에게 보낸 편지에서 잘 나타난다.

예전에 이참정을 천남(泉南)에서 처음 만났을 때, 제가 묵조사선이 사람의 눈을 해치고 있다고 배척하는 것을 보고, 그분은 처음에는 불평하면서 의심과 분노를 터뜨렸습니다. 하지만 '뜰 앞의 잣나무 (庭前柏樹子話)' 화두에 관한 저의 게송을 듣고서는 홀연히 칠통(漆桶)을 타파하고 한번 웃으면서 천 가지를 요달하고 백 가지를 감당했습니다. 마침내 그는 제가 말하고 속을 보인 것이 추호도 속이지 않음을 믿고서 참회했습니다. 이참정 공이 지금 그곳에 있으니, 정말 그러한지 물으시길 바랍니다.[14]

이 편지에 의하면, 이참정은 대혜와의 문답에 의해서, 특히 '뜰 앞의 잣나무'라는 화두에 대한 게송을 듣고서 깨달음을 얻었음을 알 수가 있다. 이것을 대혜는 '홀연히 칠통을 타파하고 한 번 웃음으로 천 가지를 요달하고 백 가지를 감당했다'고 그의 깨달음을 인정한다. 대혜는 묵조선에 빠진 부추밀에게 무자화두(無子話頭)를 참구하라고 권하면서, 이참정의 경우도 처음에는 묵조선을 옹호했지만 간화선에 의해서 깨닫게 되었음을 상기시키고, 이점을 그에게 직접 물어보라고 말한다. 하지만 부추밀이 간화선의 묘리를 얻지 못하고 계속하여 묵조선의 수행 방편에 빠져있자, 나중에는 이참정에게 부추밀을 만나게 되면 방편을 강구하여 그를 일깨우라는 편지를 보내기도 한다.

> 그 분은 여전히 묵조선에 걸려있습니다. 의심할 바 없이 삿된 스승을 만나서 귀신굴에 끌려들어간 것이 틀림없습니다. 이제 다시 편지를 받아보니 여전히 정좌(靜坐)를 좋아하면서 집착하고 있습니다. 이렇게 막혀서 어떻게 경산(대혜)의 간화선을 참구하겠습니까? …(중략)… 만약 그분과 대면하게 되면, 그에게 답한 나의 편지를 살펴보시고, 그것을 바탕으로 방편을 강구하여 주시길 바랍니다. 사섭법 가운데 동사섭이 으뜸입니다. 당신은 이 법문을 크게 열어서 그분이 믿음을 갖고 (간화선에) 입문하도록 해야 합니다.[15]

이 편지 내용은 대혜가 얼마나 묵조선 비판에 중요성을 부여하고 있는지를 알게 하는 대목이다. 부추밀에게 보낸 다른 편지에서는 깨달음의 장애로서 지해(知解)를 지목하고 그것을 열 가지 선병으로 하나하나 나열하고 있다. 나중에 고려의 보조국사는 이것을 『간화결의론』에서 인용하면서 '선문십종병(禪門十種病)'이라고 명명했다.[16] 보조는 십종병을 불법에 대한 지해라 규정하고, 활구(活句)에서 참구할 것이지 사구(死句)에서 참구하지 말라 하면서, 만약 사구에서 참구한다면 그것은 바로 자기 자신도 구하지 못한다고 말한다. 때문에 보조선의 돈오를 지해라고 보는 것은 결과적으로 보조가 선병을 깨달음이라고 주장했다는 것이 된다. 이것은 보조의 텍스트와는 전혀 맞지 않는 내용이라서, 돈오점수를 해오점수(解悟漸修)로 해석하고, 나아가서 해오를 지해로 이해함[17]은 의도적인 왜곡이라고 생각되기까지 한다.

아무튼 대혜의 경우에 묵조선에 치우친 부추밀의 지도를 이참정에게 부탁한데 이어서 조대제에게도 이참정과 함께 공부하기를 권한다. 아마도 이참정, 부추밀, 조대제 이들 사대부들은 서로 도반 사이였던 것 같다. 대혜는 조대제에게 이참정과 바둑만 두지 말고, '이 일'을 함께 얘기하여 보라고 권한다. 즉 바둑알의 흑백을 엎어버리고 흑백으로 나누어지기 이전에, 어디에 '한수'를 놓아야하는지를 이참정에게 물어보라고 말한다.[18] 서로 친구인 사대부들에게 이참정을 지도하는 위치에 놓고, 이참정에게 그들을 이끌라고 한 점은 대혜가 이참정의 깨달음을 어떻게 인정하고 있는지를 가늠하게 한다.

하지만 이참정이 깨달았다면 어떤 수행을 했고, 칠통을 타파한 순간 어떠했으며, 이후에 어떤 수행을 계속했는지 하는 수행의 구체적인 경험 내용을 이 편지에서는 언급하지 않고 있다.

2. 깨달음 이후의 수행

이참정은 천남에서 대혜를 만나 깨달음을 성취한 뒤에 집으로 돌아와서 대혜에게 편지를 보낸다. 자신이 경험한 깨달음의 내용을 대혜에게 다음과 같이 보고하면서, 공부의 점검을 요청한다. 이점은 스승과 제자 사이에 일어난 깨달음에 관한 대화로서, 간화선 수행자는 매우 흥미롭게 읽어보아야 할 내용이다.

A1. 제[邪]가 근자에 스님[籌室]을 참방하여, 저의 몽매함이 깨지면서 홀연히 깨달은[忽有省入] 바가 있었습니다. 돌이켜 생각하여 보면, 저의 근기가 아둔하여 평생 동안 배우고 이해한 바가 감정[情]과 견해[見]에 떨어져 있었습니다. 하나를 취하고 하나를 버림이 마치 떨어진 옷을 입고서 가시밭길을 가는 것과 같아서 스스로 얽히었습니다.

A2. (그렇지만) 이제 한번 웃음으로 단박에 (얽힘이) 풀어졌습니다[一笑頓釋]. 이 기쁨과 다행함을 가히 헤아릴 수가 있겠습니까? 대종사께서 자상한 자비를 베풀지 않았다면, 어떻게 여기에 이르렀겠습니까?

A3. 집에 돌아와서 옷 입고 밥 먹으며 가족과 어울리는 일은 모두 예전과 다름이 없지만, 이미 막히고 얽힌 감정[情]은 잊었고, 또한 기특한 견해[想]도 짓지 않습니다. 그 밖에 숙세의 습관과 오랜 장애도 또한 점차 가벼워지고 경미해 졌습니다.

A4. (저는) 헤어질 때 (스님께서) 간곡히 당부하신 말씀을 결코 잊지 않고 있습니다. 거듭 생각하여 보니, 비로소 (도에) 득입(得入) 했지만, 아직 큰 법[大法]을 밝히지는 못했습니다. 사람을 만나고 사물을 접하고 일을 처리할 때, 장애가 없지 않습니다.

A5. 다시 바라옵건대, 가르침을 주시어 마침내 지극함에 이를 수

있도록 하여 주시길 바랍니다. 그래야 스님의 법석에 흠이 없지 않을까 합니다.[19]

전등사서에 전하는 대부분의 많은 깨달음은 언하대오(言下大悟)나 아니면 활연대오(豁然大悟)라고만 기술하고 있다. 깨달음을 얻는 내적인 과정이나 이후에 어떻게 일상에서 수행했는지에 대한 상세한 기술은 거의 없는 실정이다. 그로 말미암아 간화선에서 깨달음과 닦음에 대한 논의는 구체적이지 못하고, 추상적이거나 종파적인 견해에 천착하게 되는 경향이 있다. 이런 상황에서 위의 이참정의 편지글은 짧지만, 수행의 과정에서 만나는 깨달음과 그 장애에 관한 개인적인 경험내용을 생생하게 전해주고 있다는 점에서 매우 귀중한 사례로서 가치가 있다.

A1에서는 깨닫기 이전의 감정과 견해 등에 관한 장애를 말하는 대목이고, A2에서는 숙세의 오랜 장애들이 한번 웃음으로써 일시에 깨어지는 돈오의 경험을 기술하고 있다면, A3에서는 깨달은 이후 일상에서 그런 장애가 어떻게 소멸되고 있는지를 보여준다. 하지만 A4에서는 장애가 완전하게 사라지지 않고 미세하게 남아있음을 보고한 다음에 A5에서 이것을 어떻게 대처하여 구경(究竟)에 이를 수가 있는지를 묻고 있다.

위와 같은 이참정의 사례는 돈점논쟁에서 돈오의 의미를 어떻게 보고, 점수에서 번뇌의 장애는 어떻게 없어지는가 하는 문제에 중요한 시사점을 던져준다. 돈오돈수(頓悟頓修)의 입장은 일단 깨달음을 얻으면 장애가 일시에 없어지기에 다시 수행의 방편을 빌리지 않는다. 만약 닦아야 할 번뇌가 여전히 남아있다면 그것은 진정한 돈오가 아니라고 주장한다.

하지만 돈오점수(頓悟漸修)의 입장은 돈오 이후에도 여전히 점수의 부분이 요청된다. 이참정의 경우를 보면, 깨달음을 얻은 이후에도 여전히 미세한 번뇌가 남아있기에 돈오점수의 입장에 해당됨을 알 수 있다. 또한 이때의 돈오는 지해의 십종병을 부정하기에 '증오'에 해당되지만, 깨달은 이후에도 여전히 수행이 요청되는 까닭에 '구경각'은 아님을 알 수가 있다.

그런데 이런 문제에 대해서 대혜는 어떤 입장을 취할까? 이점은 매우 흥미로운 점인데, 대혜의 답변은 매우 길다. 하지만 중요하기에 가급적이면 전체적인 흐름을 살리면서, 중요한 부분을 몇 개의 문단으로 나누어서 살펴보자. 대혜의 답변편지는 네 단락으로 구별할 수가 있다. 첫째 문단(R1)은 이참정의 경험에 대한 적극적인 공감과 수용이고, 둘째(R2)는 깨달은 이후 오후수행에 대한 강조, 셋째(R3)는 조사의 공안에 의한 점검, 네 번째(R4)는 다시 오후수행에 대한 당부로 구성되어 있다.

> R1. 편지를 보니, '집에 돌아와서 옷 입고 밥 먹으며 가족과 어울리는 일은 모두 예전과 다름이 없지만, 이미 막히고 얽힌 감정[情]은 잊었고 또한 기특한 견해[想]도 짓지 않으며, 그 밖에 숙세의 습관과 오랜 장애도 점차 가벼워지고 경미해 졌다.'고 했습니다. 저는 세 번이나 읽어보면서 너무나 기뻐 어쩔 줄을 몰랐습니다. 그것이 바로 불교를 배우는 효과입니다. 만일 한 번 웃음에 백 가지를 요달하고 천 가지를 감당하는 (당신과 같은) 뛰어난 대인이 아니라면, 능히 우리 가문에 '전할 수 없는 묘함이 있음'을 알지 못할 것입니다. 그렇지 못한 사람은 의심[疑]과 분노

[怒]란 두 글자의 법문을 영원히 무너뜨릴 수가 없습니다. 설사 큰 허공으로 운문선사의 입을 삼고, 풀 나무 돌 따위의 (무정물)로 광명을 놓아 도리를 설한다고 하여도, 어찌하지 못할 것입니다. 바야흐로 이런 인연은 전할 수도 배울 수도 없음을 믿고, 모름지기 이것은 스스로 경험하고 스스로 깨닫고, 스스로 긍정하고 스스로 쉬어야, 비로소 투철하게 됩니다. (그런데) 공께서 한 번 웃음으로 단박에 가진 것들을 잊었다 하니, 다시 어떤 말을 하겠습니까?[20]

위의 대혜의 답글 R1은 공감과 수용이다. 대혜는 이참정의 깨달음과 일상에서 변화된 모습을 접하고, 어린아이처럼 팔짝 뛰면서 매우 기뻐한다. 그의 모습이 눈에 보이는 듯하다. 자신의 제자가 한 번의 미소로 깨달음을 이루어서 숙세의 업장이 일시에 소멸해 가는 과정을 본다면, 대혜처럼 기뻐하지 않을 스승이 어디 있을까? 더구나 '그것'은 물건처럼 전할 수도 없고, 지식처럼 가르칠 수도 없는 불법이 아닌가?

이참정은 천남에서 묵조선을 배척하는 대혜를 처음 만났을 때, 간화선 수행에 관한 의심[疑]과 세간에서 만나는 인간적인 분노[怒]의 감정을 느꼈었다. 하지만 이참정이 깨달아 일상으로 되돌아가, 수행에 대한 의심[疑]과 자신의 감정[怒]으로부터 자유로워진 소식을 듣고서, 대혜는 제자의 편지를 세 번이나 읽고, 이 일은 '보통을 뛰어넘은 대인[過量大人]'만 알 수 있는 묘함이라면서, '다시 어떤 말을 하겠는가' 라고 제자의 경험과 그릇[法器]을 적극적으로 공감하여 수용한다.

R2.1 산승(山僧)은 평소에 '차라리 중생을 대신하여 지옥의 고통을 받을지언정 불법으로 인정(人情)에 이끌리어 사람들의 눈을 멀게 하지는 않겠다.'고 맹세했습니다. 공께서는 이미 이런 지위에 이르렀으니, 이 일은 사람을 쫓아서 얻을 수가 없음을 스스로 알 것입니다. 다만 지금처럼 거듭 행할 뿐, 큰 법을 밝힘과 밝히지 못함, 사람을 만남에 장애가 있음과 없음을 질문하실 필요는 없습니다. 이런 생각을 하신다면 일전의 깨달음과 다르게 됩니다. 여름이 지나면 정진하기 위해 다시 집을 나올 수가 있다고 하시니 저의 뜻과 맞습니다. 만약 분주히 치달려 구하려는 마음을 쉬지 못한다면, 합당하지 못합니다. 전일에 공께서 매우 기뻐하는 모습을 보고, 감히 말하지 않았습니다. (제가) 말을 한다면, 상하실까 염려가 되었기 때문입니다. 이제는 공께서 환희심이 가라앉았을 때라서 지적해 보겠습니다.

R2.2 '이 일'은 결코 쉬운 것이 아닙니다. 스스로 부끄러워하는 마음을 내야합니다. 왕왕 지혜가 뛰어난 상근기가 힘들이지 않고 이것을 얻고, 문득 쉽다는 생각을 내어서 다시 수행하지 않습니다. 허다히 목전의 경계에 빼앗겨서 주인 노릇을 못하고, 세월이 가면서 미혹하여 돌이키지 못합니다. (결과적으로) 도력(道力)은 업력(業力)을 이기지 못하여 마(魔)에 부림을 당하고, 선정은 마에 잡히게 되어서 죽음에 이르러서도 힘을 얻지 못합니다. 천만번이고 (이점을) 가슴에 새겨할 것입니다.

R2.3 전일에 말씀드린, '이치[理]는 단박 깨닫게 되니 깨달음에 의해서 번뇌는 흩어진다고는 하지만 일[事]은 단번에 제거되지

않아서 차제로 소멸된다.'는 말을 일상의 행주좌와 일체에서 잊지 않기를 바랍니다. 그 밖의 고인의 가지가지 차별된 연구들은 모두 진실로 여기지 말며, 그렇다고 거짓이라고도 여기지 마시길 바랍니다. 오래오래 순숙해지면, 저절로 자기 본래의 마음에 묵묵히 계합할 것입니다. 특별하게 유별나고 특이한 무엇을 따로 구하지 마시길 바랍니다.[21]

여기 답글 R2.1에 의하면, 천남에서 돈오하고서 매우 기뻐하던 이참정의 모습을 보고 말하지 않았지만, 이제는 이참정이 일상에서 점차로 장애가 소멸되고 수행이 익어가는 모습을 보여 안심되기에, '이 일'에 관하여 지적하겠다고 말한다. R2.2에서, 이참정이 깨달음을 너무 쉽게 경험하여 수행을 계속해가지 않을까 하는 노파심을 말하고, 전일에 경험한 내용에 너무 이끌려 있음을 지적한다. 그 결과로서 큰 법[大法]의 존재를 상정하고 그것을 밝힘과 밝히지 못함, 또한 사람과 사물을 접촉하는 상황에서 장애가 있음과 없음을 다시 분별하여, 어느 사이에 특별한 무엇을 구하게 되는 함정에 빠질 수 있음을 지적한다. R2.3에서는 『능엄경(楞嚴經)』의 저 유명한 '이치는 단박 깨닫게 되나, 일은 단박에 제거되지 않는다[理卽頓悟 事非頓除]'[22]는 구절을 인용하여 깨달은 이후에도 계속적인 수행의 필요성을 역설한다.

이것은 깨달음과 장애에 관한 관계를 해명하는 경전과 그와 상응하는 실질적인 사례를 보여주는 것이다. 첫째로 깨달음은 돈오이며 번뇌는 돈오에 의해서 소멸된다는 점을 말하고, 둘째로 번뇌는 일시에 제거되는 것이 아니라, 점차로 이루어짐을 말한다. 때문에 단박에 깨달음을 얻었다고 하여도 번뇌는 여전히 남겨진 부분이 있고, 수행자는 '부끄러움'을 알아 계속하여 공부해야 함을 권하는 것이다. 그렇지 않으면 잘못된 길로 빠질 수도 있음을 경계하고 있다. 대혜는 한걸음 더 나아가서 일상에서 절대로 『능엄경』의 이 언구를 놓치지 말고, 그동안 공부해온 대로 계속하여 정진해가면 저절로 본래의 마음에 계합될 것이라고 말한다.

이런 대혜의 지적은 돈점의 논쟁에 매우 중요한 전거를 제시한다. 다시 말하면 간화선은 바로 돈오점수(頓悟漸修)의 수행론이며, 아울러서 돈오점수는 상근기의 사람들을 위한 수행론임을 알 수가 있다.

대혜는 계속하여, R3.1 수료화상과 마조의 문답[23], R3.2 설봉과 고산선사의 문답[24], R3.3 육조 혜능과 도명선사의 문답[25] 등의 공안을 제시하여, 이들의 깨달음과 이참정의 깨달음이 어떻게 다른지, 기특한 무엇이 있는지를 점검하고, 다음과 같이 말한다.

R4. 다만 부처를 지을 줄 알아야지, 부처가 말을 하지 못할까 걱정하지는 마시길 바랍니다. 예로부터 도를 얻은 선비는 먼저 자기를 충족시킨 다음에 이를 기준하여 사람을 만나고 사물을 접촉하기에, 마치 맑은 거울이 경대에 있고 밝은 구슬이 손안에 있는 것과 같이, 호인이 오면 호인이 나타나고 한인이 오면 한인이 나타나지만, 그것에 집착하지 않습니다. 만약 뜻에 집착한다면 사람들에게 고정된 법을 준 것이 됩니다. 공께서 큰 법을 밝히어서 기틀에 응하고 사물에 접하고자 한다면, 다만 예로부터 그대로 공부를 지어갈 뿐이지, 다른 사람에게 물을 필요가

없습니다. 오래하다 보면 저절로 머리를 끄덕일 것입니다. (남천에서) 떠날 때에 직접 대면하여 말씀드린 바를 좌우명으로 삼으시길 바랍니다. 그밖에 다른 말은 따로 할 것이 없습니다. 설사 있다고 해도, 공의 분상에서는 모두 군더더기입니다. 너무 장황하게 길어졌습니다. 이정도로 멈추겠습니다.[26]

이것은 네 번째 문단으로 편지 말미에 당부의 글이다. 깨달은 이후의 수행에 대해서 다시 언급하고 있다. 이를테면 깨달은 이후 일상에서 여전히 미세한 장애를 만나게 되는데 이로 말미암아서 아직 큰 법을 깨닫지 못했다고 판단하고, 큰 법을 밝히려는 태도를 취하는 경향이 있지만, 다만 예전처럼 공부를 지어갈 뿐, 따로 특별한 법이 있다는 잘못을 범하지 말라는 것이다. 여기서 헤어지면서 당부한 말을 좌우명으로 삼으라고 했다. 그것은 바로 '이치는 단박에 깨닫지만, 일은 점차로 이룬다'는 『능엄경』의 말씀이다. 사람을 만나고 사물을 접촉하는데 있어서 장애가 없기를 바라지 말고, 지금의 이참정에게 중요한 것은 부처를 짓는 일이지, 부처를 말하는 것이 아니라고 했다. 이런 대혜의 지적은 '깨달은 이후의 수행을 어떻게 할 것인가'하는 대한 부분으로 매우 귀중한 언급이다.

이런 대혜의 답변을 읽어보면, 엄숙하면서도 깨달은 제자에 대한 애정이 가득 묻어난다. 그 중심 요점은 깨달은 이후에 방심하지 말고 계속적인 수행을 당부하는 점이다. 그렇다면 이런 지적에 대해서 이참정은 어떻게 답변하고 있는가? 다음 편지 역시 궁금하다.

저는 보내주신 답신에서 가르침을 입어 깊은 뜻을 알았습니다. 저는 요사이 세 가지를 경험하고 있습니다. 첫째는 일에서 순경계와 역경계가 없어서 인연을 따라 대응하면서도 가슴에 머물지 않습니다. 둘째는 숙세의 두터운 장애가 애써 버리려고 하지 않아도 저절로 경미해집니다. 셋째는 고인의 공안이 예전에는 막연했으나 이제는 언뜻 알아챕니다. 이것은 엉뚱한 말이 아닙니다. 앞의 편지에서 제가 '큰 법을 밝히지 못했다'고 한 말은 적게 얻은 것으로 만족할까 염려하여 한 말입니다. (깨달음의 경험을) 넓히고 충실하게 할지언정 어찌 별도로 뛰어난 견해를 구하겠습니까? 현재에 일어나는 망상의 흐름을 깨끗하게 제거하는데 이치가 없지 않은지라, 어찌 가슴에 새겨두지 않겠습니까?[27]

이 편지는 이참정의 두 번째 편지로서, 깨달은 이후 수행하면서 어떤 경험을 하고 있는지를 잘 보여준다. 이참정은 이것을 세 가지로 정리한다. 첫 번째는 일상에서 사람을 만나고 사물을 접촉하지만 집착이 없고, 두 번째는 숙세의 번뇌가 저절로 경미해지며, 세 번째는 예전엔 알 수 없었던 옛 조사의 공안을 분명하게 알 수 있게 되었음을 말하고 있다. 때문에 이참정은 대혜가 염려했던 또 다시 특별한 견해를 내는 일은 없다고 분명하게 말하고 있다. 미세한 장애가 있는 것으로 보아서, '아직은 대법을 얻지 못한 것이 아닌가' 하고 말한 부분은 스스로 만족하지 않고 공부를 계속 지어가기 위함이며, 대혜가 당부한 바처럼, 헤어지면서 당부하신 말씀을 가슴에 새겨 공부하고 있음을 전하고 있다. 이것은 대혜가 염려했던 바를 정확하게 이미 실천하고 있음을 보여준다. 이에 대혜는 다음과 같이 다시 답장을 한다.

편지를 받아 보고 더욱 존경하게 됩니다. 요즈음 인연을 따라서 놓아버림에 뜻대로 자유롭습니까? 행하고 걷는 일상에서 번뇌가 일어나지 않습니까? 잠 잘 때나 깨어있을 때나 한결 같습니까? 옛 경계에서 성급하게 굴지는 않습니까? 나고 일어나는 마음이 계속되지 않습니까? 다만 범부의 정을 다하는 데 있지, 따로 성인이란 견해는 없습니다. 공께서는 한 번 웃어 바른 눈을 열고서 세상의 소식을 단박에 잊었습니다. 힘을 얻음과 얻지 못함은 물을 마시면 차고 더운 것을 스스로 아는 것과 같습니다.

그러나 일상에서 부처님께서 하신 말씀에 의지하여, 번뇌의 성품을 바로 끊고 그 조건을 제거하며, 현재의 행위를 고쳐야 합니다. 이것이 '일 마친' 사람의 방편 없는 가운데 참 방편이요, 닦음과 증득이 없는 가운데 참된 닦음과 증득이며, 취함과 버림이 없는 가운데 진정한 선택과 버림이 있습니다. 고덕이 말씀하시길, '껍질이 다 떨어지면 오직 진실만이 남는다.' 했으며, 또 '무성한 전단의 나뭇가지가 다 떨어지면 오직 참된 전단만이 남는다.'고 했습니다. 이것은 현재의 행위를 바꾸고 번뇌의 성품과 조건을 끊는 극치입니다. 공께서는 잘 생각하여 보시길 바랍니다. 이와 같은 이야기도 '일을 마친' 분상에서는 섣달의 부채와 같겠지만, 남쪽은 춥고 더움이 일정치 않는 까닭에 버리지 못합니다. 일소(一笑).[28]

대혜의 이 편지는 이참정의 깨달음을 인정하면서 오후(悟後)의 수행에 대해서 구체적으로 점검하고 있다. 여기서 중요한 점검 사항을 나열하면, 그것은 첫 번째로 먼저 수행의 깊이에 대한 점검이다. 이것은 나중에 세 관문으로 알려진 동정일여(動靜一如), 몽중일여(夢中一如), 오매일여(寤寐一如)가 포함되어 있다. 대부분 깨닫기 이전의 수행으로 알려졌지만 깨달은 이후에도 여전히 중요한 사항임을 알려준다. 두 번째는 과거의 업장을 따르지 않고 현재의 행위를 바꾸는 일이다. 이점 역시 중요하다. 왜냐하면 요사이 깨달은 사람의 행동은 괴팍하여 화를 자주 낼 수도 있다는 관념을 가진 사람들이 있기 때문이다. 여기에 의하면 분노란 깨달음에 의해서 제일 먼저 사라지는 거친 장애이다. 깨달은 이후에도 여전히 분노에 휩싸인다면 그 깨달음은 깨달음이 아니다. 세 번째는 일을 마친 분상이지만 여전히 수행방편의 부채를 버릴 수가 없음을 지적한다. 이것은 확실하게 대혜가 돈수론(頓修論)의 주장과는 상반된 점수론(漸修論)을 견지하고 있음을 보여준다.

대혜는 깨달은 이후 점수에 대해서 『능엄경』의 세 가지 점차[三種漸次][29]를 다시 인용하여 세 가지 목표를 구체적으로 언급하고 있다. 첫 번째는 번뇌의 성품을 바로 끊음[刳其正性]을 의미하는데 이것은 번뇌의 성품이 그 자체가 본래 없음을 요달함으로써 이루어진다. 이점은 이치와 관련되며 깨달음으로서 즉각적으로 발생되는 측면이 강하다. 때문에 이것을 진정한 닦음[眞修]이라고 했다. 두 번째는 번뇌의 발생을 돕는 원인과 조건을 제거하는 일[除其助因]이다. 이점은 번뇌란 그 본질이 텅 빈 관계로 인연을 따라서 발생됨을 알아서, 발생되는 물리적 심리적인 환경을 제거하는 것을 말한다. 하지만 이것은 깨달음을 얻었다고는 하나 즉각적으로 성취되는 것은 아니다. 이것을 경에서는 닦고 익

힘[修習]이라고 했다. 세 번째는 현재의 업을 바꾸는 일[違其現業]이다. 이것은 깨달은 다음에 더욱 정진함으로써 얻어진다. 왜냐하면 오랫동안 익어진 행위는 새로운 행위로 대처될 때까지 계속적으로 영향력을 행사하기 때문이다. 경에서는 이것을 더욱 정진함[增進]이라고 했다.

이런 이유로 깨달은 이후에도 여전히 방편의 부채를 완전하게 버릴 수가 없다. 이점을 대혜는 이참정에게 심심 당부하는 것이다. 대혜의 편지를 보면 깨달음과 닦음의 원리를 『능엄경』에 근거하여 이참정에게 설명하고 있음을 본다. 이참정이 『능엄경』을 상당한 수준으로 공부하고 있었으며, 대혜 역시 이점을 잘 알고 있었기 때문이 아닌가 한다.[30]

나중에 공직을 그만 둔 이참정은 암자를 만들고 그곳에 머물렀는데, 암자의 이름을 '전물암'이라고 했다. 여기서 말하는 전물(轉物)의 전거는 바로 『능엄경』에서 비롯된 용어로서, "일체 중생은 본래의 마음을 잃어버리고 물건에 굴림을 받는다. 하지만 이런 가운데 크고 작음을 관하여 만약 물건을 능히 굴릴 수가 있다면 여래와 같아 신심이 원명하고 부동하니, 한 터럭 끝에 시방의 국토를 능히 수용한다."[31]고 했다. 대혜는 '이참정전물암(李參政轉物菴)'이란 게송을 지었는데,[32] 요점은 '본래 물건이란 자성이 없고, 그것을 굴리는 나도 없거늘, 굴리는 자는 누구를 위해서 헛고생을 하는가?'라고 참정에게 도리어 물으면서 공부를 점검한다. 이렇게 공직을 물러난 이참정은 전물을 암자에 내걸고, 공부를 계속했다. 이것이 그의 오후수행으로서 보임의 과정이 아닌가 한다.

III. 몽산덕이의 간화선 수행

앞에서 대혜와 이참정의 편지글을 통해서 간화선의 수행론이 돈
오점수의 수행론임을 살펴보았다. 여기서는 몽산덕이의 경우는 어떤지
를 살펴본다. 특히 최근에 새롭게 발견된 자료를 검토하면서, 몽산덕이
의 간화선 수행사상을 살펴본다.

1. 『몽산화상보설』의 돈오점수

대혜종고가 남송대 활약한 선승이라면 몽산덕이(1231-1308 추정)는
원대에서 활동한 인물이다. 대혜가 송대 임제종의 양기파를 대표하는
오조법연과 원오극근의 계열을 이었다면, 몽산은 오조법연의 일파에
해당되는 완산정응의 계통에 속하는 인물이다.

대혜와 몽산은 같은 남송대 인물이지만, 대혜는 북송시대에 태어
나서 여진족이 세운 금나라의 침입으로 남송에서 활동했다. 반면에 몽
산은 남송시대에 태어나서 48세 조국이 멸망하여 몽고족이 세운 원대
를 살았던 선승이다. 이들은 모두 격동의 시대를 산 인물들로서, 끝내
는 자신의 조국이 외세의 침입으로 위기에 처하거나 멸망하는 아픔을

겪었다. 대혜의 경우는 금나라 주전파로 몰리면서 귀양을 떠났고, 몽산은 원나라의 장군 백안(伯顏)이 출세를 권하지만 그 회유책을 물리치고 소주의 휴휴암에 은거한다. 이런 점 때문에 몽산덕이는 원나라와 밀접한 관계를 유지한 고봉원묘나 중본명본에 비하면 상대적으로 활동의 폭이 좁아졌다. 하지만 이런 점으로 인하여 오히려 고려 도우들과 교류하면서 고려에 더 잘 알려진 인물이 되었다.

국내에서 몽산에 대한 연구는 최근에 새로운 자료의 발굴과 함께 활발하게 이루어지고 있다. 고려 인물들과 교류문제,[33] 고려후기에 임제종 수용의 측면,[34] 그의 간화선사상[35] 등 여러 관점에서 많은 부분이 밝혀지고 있다. 하지만 본고의 주제인 간화선과 관련한 돈점의 문제는 충분한 논의가 이루어지지 못하고 있다. 그런데 2002년에 북경도서관에서 『몽산화상보설』이 발견됨으로써[36] 새로운 전기가 마련하였다. 『몽산화상보설』(이후 『보설』로 약칭함)은 총 4권으로 구성되어 있는데, 그동안 밝혀지지 않았던 단지 은둔지로만 알려진 휴휴암에서 몽산의 활동내용을 알려주고 있을 뿐만 아니라, 기존의 『몽산화상법어약록』(이후 『몽산법어』으로 약칭함)을 보완해 주면서, 보다 폭넓게 그의 선사상을 조망할 수가 있게 되었다.

간화선과 돈점문제와 관련하여, 『보설』에서 주목되는 점은 제1권에 실린 「휴휴암결장기보설(休休庵結長期普說)」이다. 휴휴암은 지금까지는 몽산이 원대의 회유를 뿌리치고 머문 은둔처로만 알려졌지만, 이번에 발견된 『보설』로 말미암아 휴휴암은 대중이 안거하여 수행결제를 한 수행도량이었음이 밝혀졌다. 대부분의 결제는 90일이지만 휴휴암에서는 120일 간의 장기결제를 했고, 이때 몽산화상은 채제령(蔡提領)

의 후원아래 안거와 해제 법문을 했다. 이 법문에서 몽산은 간화선수행을 역설하고 간화선을 수행하는데 금지해야하는 세 가지로서 삼막(三莫)과 반드시 요청되는 세 가지로서 삼요(三要)를 설한다.

금지하는 세 가지로서 삼막은 화두참구에서, 심의식(心意識)으로 참구하는 것, 언어와 문자로서 이해하려는 것, 깨달음을 기다리는 것 등 세 가지 사항이다. 이것은 대혜가 지적한 십종병과 상통하는 내용이다. 화두 참구에 요청되는 삼요는 신심을 가지고 조사관을 뚫을 것, 인과를 알고 계행을 갖출 것, 큰 깨달음을 이룰 것 등이다. 이것은 고봉이 『선요』에서 말하는 대신심, 대분심, 대의심과 유사하다. 이렇게 말한 다음에 몽산은 화두를 참구하기를 간절하게 권한다.

우리에게 널리 알려진 『몽산법어』에서도 자주 강조한 '큰 의심이 있으면 필히 큰 깨달음이 있다.'는 것을 역시 역설하고 있다. 여기서 큰 의심이란 바로 의단(疑團)을 의미하며, 깨달음이란 바로 이 의단의 타파를 뜻한다. 몽산은 깨달음의 순간을 '일순간에 악! 하고 땅이 무너지듯이 깨어진다.'고 표현한다. 이때야 비로소 바른 눈이 열린다 하고, 깨달음을 얻는 이후에는 반드시 대종사를 친견하기를 권한다.

간화선에서 깨달음이란 의단의 타파를 의미하는데, 특히 쟁점이 된 돈점문제와 관련해서 '이치는 단박에 깨닫지만, 일은 점차 닦는다'는 점을 다음과 같이 강조한다.

도(道)로서 심의식을 제거하고, 성인과 범부의 길에서 배움의 토대를 끊어 내던져 버림은 배워서 이해하는 무리와는 전혀 다르다. 하지만 이치는 단박에 돈오(頓悟)하지만 일은 점차 닦는다(漸修). 여러

생의 습기를 어찌 단박에 다할 수가 있겠는가? 깨달은 이후에 비범한 숙세의 습기는 자연히 차례로 소멸된다. 이로서 이 도인은 옛날의 바로 그 사람이지만, 과거의 행동거지를 바꾸어 버린다. 만약에 옛날의 행동을 제거하지 못하면 깨달아 밝힌 사람이라고 할 수가 없다.[37]

여기에 의하면 간화선에서 의미하는 돈오는 심의식을 제거한 것이며, 논리적으로 이해하는 것을 끊음으로서 얻어지는 것이다. 그것은 개념적인 지식의 토대가 무너져버린 깨달음이다. 때문에 이것은 증오(證悟)이다. 하지만 이때의 깨달음으로서 증오는 구경의 도착점은 결코 아니다. 깨달은 이후에도 계속적으로 공부하여 숙세에 형성된 습기를 완전하게 정화해야 하며, 무엇보다도 자신의 행동을 바꾸어야 한다. 예전의 건강하지 못한 행동을 계속하면서 자신을 변화시키지 못한다면, 도인이라고 말할 수는 없다는 것이다. 이렇게 오후수행에 대한『보설』의 강조는 기존에 알려진 그의『몽산법어』에서도 역시 자주 강조되는 부분이다. 다만『보설』에서는 직접적으로 '돈오점수'라는 술어를 사용하여 분명하게 했다는 점에서 의의가 있다고 하겠다.

2.『몽산법어』의 간화선 수행 과정

『몽산법어』의 가장 기본적인 형태는 고원상인(古原上人), 각원상인(覺圓上人), 유정상인(惟正上人), 청상인(聽上人) 등에게 한 법문으로서 사법어(四法語)이다. 『몽산법어』는 조선 세조대 설립된 간경도감에서 한글로 번역된 이후로, 임진왜란 이전까지 총 14회 가량 간행되었다. 사법어의 내용을 보면, 〈화두제시 → 화두참구 → 선병과 수행의 단계 → 대오 → 오후보임〉의 다섯 단계로 설해지고 있다. 이것을 정리하면 아래 표와 같다.

표1: 『몽산법어약록』 사법어의 구성과 주요내용[38]

過程	科目	示古原上人	示覺圓上人	示惟正上人	示聰上人
漸修	話頭提示		只者箇無字 是宗門一關	話頭提示 -五祖法演 他是阿誰	禪問答提示 -黃蘗과百丈, -德山과巖頭, -洞山 等
	話頭參句	有疑不斷 是名眞疑 睡魔來當知 千萬照顧話頭 及常常鞭起疑	大疑則大悟 不得作禪門十種病 於二六時中四威儀內單單提撕話頭密密廻光自看	如法条句, 以大悟爲入門 提撕話頭 廻光自看	公案上有疑(大疑之下必有大悟) 四威儀內二六時中單單提撕話頭廻光自看
漸修	禪病과修行段階	夢中亦記得話頭 動中定中工夫無間斷 不急不緩撕話頭,密密 廻光自看 若涉用力擧話時 工夫不得力在 護持此箇話頭 常常相續於坐中 更加定力 相賫爲妙	疑得重卻 不得歡喜 忽然入得定時 卻不可貪定 而忘話頭 於動靜一如 亦莫生歡喜心	緊則動色 生病則 忘却話頭 (坐禪姿勢) 坐時端正 定中話頭前,不可貪定而忘話頭忘則落空 於動用中保持得話頭 不得禪門十種病 盡攝歸來他是阿誰上看	坐中得力最多 坐宣得法 若得定時不可以爲能事 以大悟爲入門 不論禪定神通 第一程節 (動靜一如) 第二程節 (話頭一如) 第三程節 (寤寐一如)

頓悟	大悟	便有大悟	忽然爆地一聲	爆地一聲 正眼開明,	
漸修	悟後 保任	更更問悟後事件	正要求 悟後生涯	進步入室 了徹大事	悟後大宗師親見 韜晦保養 看過諸書 消磨多生習氣 煥舊行李處 解行相應

먼저 제1단계인 '화두제시'는 참구를 위한 동기부여가 중요한 목표로서 의심을 불러일으키는 과정인데, 주로 당송시대에 형성된 선문답을 중심으로 문제가 제시된다. 몽산은 대체로 무자화두[趙州無字]를 제시하지만, 믿음[信]과 계행의 실천도 매우 강조하고 있다.

제2단계는 '화두참구'이다. 이것은 논리적인 해결을 통한 새로운 지식의 획득에 목표를 두지 않기 때문에, 지식을 부정한다. 이 단계에서 몽산은 공안에서 의심하는 것과 의심을 통한 회광자간(廻光自看)을 강조한다. 화두에 의한 회광자간이 없으면, 화두는 사량분별이나 혼침에 떨어진다고 본다.

제3단계 '선병(禪病)과 수행의 단계'는 화두 공부에서 만나게 되는 장애와 수행의 단계를 설한다. 여기서 수행의 단계로 동정일여(動靜一如), 화두일여(話頭一如), 오매일여(寤寐一如) 등 삼정절(三程節)의 과정을 제시한다. 이것은 대혜의 삼단공부와 유사하다. 다만 화두일여가 몽중일여(夢中一如)를 대신하고 있다.

제4단계 '돈오'이다. 여기서 몽산은 삼정절의 막다른 골목에서 찾아오는 대오(大悟)의 순간을 땅이 폭파하는 소리에 비유하여 폭지일성

[爆地一聲]이란 표현을 사용한다. 이것은 대혜나 보조에게 보이는 '땅이 폭발하여 부서지는 것'을 뜻하는 분지일발(噴地一發)에 상응한 표현이다.[39] 물론 이런 표현은 돈오가 단순한 해오가 아님을 잘 보여준다.

제5단계의 '오후보임'에 대해서는 반드시 명안종사(明眼宗師)에게 입실(入室)하여 검증을 받아야한다고 역설한다. 특히 총상인에게 보인 법어에서는 오후보임에 대해서 구체적으로 다음과 같이 언급하고 있다.

> 깨달은 뒤에 대종사를 만나지 못하면 뒷일을 요달하지 못할 것이다. 그 해가 하나만이 아니다. 만약에 불조의 기연에서 막힌 곳이 있다면 이는 깨달음이 깊지 못하여 현묘함을 터득하지 못한 것이다. 이미 현묘함을 얻었다면 다시 뒤로 물러나서 이름을 감추고 보양해야 한다. 역량을 다하여 부처님의 장경과 유교와 도교의 장서를 열람하고, 다생의 습기를 녹여서 청정하여 원만하고 걸림이 없어야 한다.
> 이때야 비로소 높이 날고 멀리 일어나 광명이 성대하여 옛 조사의 종풍을 더럽히지 않을 것이다. 만약 과거의 행리처를 바꾸지 못한다면, 곧 범상한 무리에 떨어져서 말할 때는 깨친 듯하지만, 경계를 대하면 도로 미혹하여 말함이 마치 취한 사람처럼 하는 짓이 속인과 같다. 큰 기틀이 숨고 나타남을 알지 못하고 말의 바르고 삿됨을 알지 못하며 인과의 도리를 부정하여, 지극히 큰 해가 된다.[40]

여기서 보듯이 몽산의 간화선에서 가장 특징적인 것은 깨달은 이

쟁점으로 살펴보는 현대 간화선

후의 '일'을 매우 크게 강조하고 있다. 만약 대종사를 친견하여 점검을 받지 못하면, 그 해가 아주 크다는 점을 지적한다. 점검은 불조의 기연을 가지고 이루어지는데, 이때 만약 미진한 부분이 있다면, 현묘함을 터득하지 못한 것으로 판정한다. 하지만 현묘함을 얻었다면 뒤로 물러나서 이름을 감추고 보임을 해야 한다. 이 보임의 기간에 닦아야 할 일로 세 가지를 열거한다.

첫째는 부처님의 경전과 유교나 도교의 장서를 열람하는 일이다. 이점은 교외별전으로 대표되는 북송시대 선사상과 비교가 되는 측면이다. 특히 당시 사회의 중요한 세력을 유지한 유교와 도교의 경전까지를 포함한 점은 주목할 가치가 있다.

둘째는 다생의 습기를 제거하는 문제이다. 이점은 간화선에 의해서 깨달음을 얻는 이후에도 여전히 습기가 완전하게 제거되지 않고 있음을 인정한 것이다. 깨닫자마자 곧 수행이 완성된다는 돈오돈수의 입장과 상반되는 것이니, 간화선이 돈오점수의 수행체계임을 보여준다.

셋째는 행리처를 바꾸는 것인데, 이점 역시 중요하다. 깨달음이란 '안목만을 중시하고 그 행리처를 문제 삼지 않는다'는 북송대의 입장과는 다른 관점이다. 돈수의 입장을 견지하는 이들이 깨달은 이후에도 이를테면 화를 잘 낸다든가 아니면 괴팍한 과거의 성격을 그대로 가진다고 주장하는 경우가 있다. 하지만 이는 몽산의 간화선에서 말하는 깨달음과 비교해보면, 실로 잘못된 견해가 된다. 다시 말하면 몽산은 도인의 삶이란 가장 일반적인 원리로서 해행일치, 곧 깨달음과 행위는 서로 다르지 않아야 한다는 것이다.

이상으로 『몽산법어』를 분석하여 볼 때, 대혜와 마찬가지로 몽산의 간화선 수행은 돈오점수의 체계임을 알 수가 있다. 이때 점수는 돈오 이전 점수와 돈오 이후 점수의 개념이 서로 전혀 상반된 의미를 가지고 있음을 알 수가 있다. 깨닫기 이전의 점수가 번뇌를 끊는 과정이고, 선정과 지혜를 개발하는 과정이라면, 깨닫는 이후의 점수는 보임으로서 깨달음에 의지해 숙세의 번뇌의 끊음을 내포하면서 중생교화의 덕화도 강조하고 있음을 알 수가 있다.

IV. 맺는말

보조국사는 초기 저술에서 해오(解悟)의 필요성을 말하고 후기 저술에서는 증오(證悟)를 주장했다. 이런 보조국사의 해오를 성철스님은 지해(知解)로 해석하면서 비판했다. 또한 돈오는 돈수이며 구경각이라고 보았고, 뿐만 아니라 임제종의 수행전통은 돈오돈수라고 주장한다.

이점에 대해서 우리는 많은 논의를 해왔다. 이런 논의는 간화선 수행전통의 정체성을 확립하는데 중요한 과제일 뿐만 아니라, 동시에 동북아시아 선종사를 어떻게 볼 것인지에 대한 역사적인 관점을 내포한다. 하지만 그동안 우리의 논의구조는 보조국사나 성철스님의 저술에만 천착하여 한국불교사의 범위를 넘어서지 못한 한계가 있었다. 다시 말하면 시야를 넓혀서 송, 원대 임제종을 대표하고 한국불교에 지대한 영향을 준 간화선 수행자 대혜와 몽산의 사상을 직접 살펴볼 필요가 있다.

간화선은 남송시대 대혜에 의해서 확립된 수행체계이다. 대혜의 간화선은 보조지눌에 의해서 고려에 처음 수용되었다. 이후 오늘날에 이르기까지 『서장』은 강원교재로서 한국불교에 지대한 영향을 미쳤다. 이 『서장』은 묵조선을 비판하면서 간화선의 참구방법을 상세하게 제시하고 있다. 여기서 대혜는 '이치는 단박에 깨닫지만 일은 점차로 이루어진다[理卽頓悟 事非頓除]'는 돈오점수의 수행론을 말한다. 대혜는 이참정에게 깨달음을 인가하면서, 이후에 깨달은 이점을 가장 명심할 좌우명으로 삼을 것을 간곡하게 부탁하고 있다. 깨달았다고 오만하지 말고 오랜 숙세의 장애를 부끄럽게 여겨서, 번뇌의 성품을 그 자체로 깨달아서 번뇌가 발생하는 인연 및 현행하는 업을 바꾸는 공부를 계속적으로 수행해 가기를 부촉하고 있다.

원대에서 간화선이 돈오점수의 수행체계임을 역설한 인물은 몽산덕이이다. 『몽산법어』와 최근 북경도서관에서 발견된 『몽산화상보설』에서 대혜와 마찬가지로 '이치는 돈오이지만 번뇌는 점수로서 이루어짐'을 천명한다. 몽산은 매 법문마다 깨달은 이후에 반드시 대종사를 친견하고 몸을 더욱 낮추어서 계속적으로 수행하기를 역설하고 있다. 특히 몽산은 깨달은 이후에 당시 사회에서 중요한 가치관을 대표하는 유교경전이나 도교의 경전을 열람할 것을 권하고, 반드시 오랜 번뇌의 습기를 제거하여 과거의 행리처를 바꾸어야함을 반복하여 당부한다.

이처럼 대혜와 몽산과 같은 임제종의 대표적인 종장들은 간화선이 돈오돈수가 아니라, 돈오점수의 수행체계라는 점을 말하고 있다. 간화선에서의 돈오는 증오(證悟)이다. 교학적인 지해(知解)의 병통을 벗어난 관계로, 보조국사가 말한 해오(解悟)가 아니다. 그렇다고 성철스님이 주장한 구경각(究竟覺)도 아니다. 돈오 이후에도 여전히 숙세의 번뇌는 단박에 사라지지 않기 때문이다. 반면에 점수란 오후 보임을 의미한다. 보임이란 닦지 않음의 닦음으로 자신의 깨달음을 장양하고, 숙세의 업장을 정화하고, 과거의 행위를 바꾸어서, 대중교화를 준비하는 과정을 의미한다. 따라서 간화선에 의한 돈오점수야 말로 바로 임제종의 전통적인 수행체계라고 말할 수가 있다.

보조지눌의 간화선도 마찬가지로 돈오점수의 체계이다. 다만 보조의 경우에는 돈오의 의미가 두 가지로 사용된다. 『수심결』에서는 해오를 강조했지만 『간화결의론』에서는 화두에 대한 의심과 더불어서 분지일발의 증오를 강조했다. 따라서 보조선에서 돈오의 의미를 사량분별과 유사한 지해(知解)라고 이해하는 것은 보조선을 폄하시킨 잘못된 이해이고, 보조의 돈오를 해오로 이해한 것은 반쪽의 이해이다. 점수 부분의 경우도 두 가지로 사용된다. 하나는 과거의 번뇌를 제거하는 목적이 강조되지만, 다른 하나는 적극적인 의미로 대사회적인 교화의 길을 뜻한다.

간화선이 성립되고 유행한 송, 원대 어록에서 '돈수(頓修)'란 용어는 찾아볼 수가 없다. 돈점의 개념은 본래는 경전을 교판할 때 사용된 술어이다. 다시 말하면 이것은 당대의 종파불교에서 생겨난 유물이다. 송대의 간화선에서는 애초부터 돈수란 개념은 없었다. 이치는 돈오일

쟁점으로 살펴보는 현대 간화선

수가 있지만, 개인과 사회의 변화뿐만 아니라 종단의 일마저도 단박에 성취되고 변화되지는 않는다. 많은 갈등과 희생, 그리고 지칠 줄 모르는 노력과 정진에 의해서 점차로 이루어지는 것이 진실이다. 이런 우리의 내적 현실을 무시하는 일은 오만에 불과하다. 오늘날 간화선을 상구보리의 깨달음만을 강조하는 수행론으로만 이해한다면, 다른 한 쪽 날개인 하화중생이라는 본래적인 대승의 정신을 망각하게 되어, 결과적으로 간화선 교단은 개인적인 아집과 독선으로 말미암아 오히려 소승불교에 떨어지는 위험에 처할 수밖에 없을 것이다.

* 이 논문은 원게재지는 『보조사상』제3집(2005) 인데 보완하여 다시 게재한다.

1 『보조사상』제23집, (2005.02).

　　윤원철(1995), 「『선문정로』의 수증론」『백련불교논집』제4집(경남: 백련불교문화재단).

2 이종익(1986), 「보조선과 화엄」『한국화엄사상연구』(서울: 동국대학교 출판부).

3 김호성(1992), 「돈오점수의 새로운 해석-돈오를 중심으로」『한국불교학』제15집(서울: 한국불교학
　　회).

4 박성배(1992), 「보조는 證悟를 부정했던가」『깨달음, 돈오점수인가 돈오돈수인가』(서울: 민족사).

5 법정(1987), 「卷頭言」『普照思想』제1집(서울: 보조사상연구원).

　　강건기(1990), 「보조사상에서의 닦음(修)의 의미」『普照思想』제4집(서울: 보조사상연구원).

6 성철(1981), 『禪門正路』(서울: 장경각).

7 박성배(1990), 「성철스님의 돈오점수설 비판에 대하여」『普照思想』제4집(서울: 보조사상연구원).

8 조사선과 간화선을 동일시하는 것은 중국 선종사에 대한 이해의 부족에서 온 판단이다. 역사
　　적으로 보면 조사선에 기초하여 간화선이 대두되지만, 조사선이 그대로 간화선이란 역사인식
　　은 오류이다. 당대에는 간화나 공안이란 용어가 거의 없었고, 그것이 수행의 방법론으로 인식
　　되지도 않았다. 조사선과 간화선은 서로 다른 수행법이다. 교외별전의 사상은 북송시대에 형
　　성되었고, 간화선은 남송시대에 이루어진 사상이다. 이것이 학계의 일반적인 견해이다.

9 보조선을 화엄선으로 이해하는 것은 역시 문제가 있다. 이점과 관련된 연구논문은 〈吉津宜英
　　(1990), 「華嚴禪と普照禪」『보조사상』제2집(서울: 보조사상연구원)〉가 있다. 여기서는 보조선을 조
　　사선으로 정의한다. 참고하길 바란다. 문제는 화엄선을 어떻게 규정하는가 하는 문제이다. 화
　　엄선을 화엄에 기초한 선이란 의미로 본다면, 보조는 적극적으로 '돈교를 비판'하고 '법계연기
　　설을 비판'하고 있기에 해당되지 않고, 반대로 규봉종밀처럼 선교일치의 관점에서 '화엄선'이
　　라고 할 때도 역시 적절한 평가는 아니다. 왜냐하면 보조가 화엄과 구별되는 선의 독자적인 영
　　역을 확보하려는 노력을 전 생애를 걸쳐서 치열하게 노력한 부분을 간과하고 있기 때문이다.

10 한국 조계종의 역사와 법통문제는 역시 논쟁사항이다. 하지만 한국 조계종의 정체성을 임제종
　　으로 규정하는 일은 한국선종을 통째로 중국에 예속시키는 위험한 발상으로 생각한다. 실제
　　로 임제종의 종파성은 송대 임제종의 부흥운동에서 비롯되었고, 국내에서는 간화선의 수용과
　　함께 상륙했다. 하지만 조계종이란 명칭은 그 이전부터 사용된 고유한 한국 불교의 전통이다.

11 박상국(1989), 「有刊記佛書木版本目錄」『全國寺刹所藏木板集』(서울: 文化財管理局).

12 박상국, 위의 책에 의하면, 書狀이 20회 禪要가 21회이지만, 최근에 발견된 복장문헌에 대한
　　연구로서 宋基日의 〈長興 寶林寺 佛腹藏考〉(『가산학보』제6호, 1999)에 의하면 書狀이 1회, 禪要
　　가 3회 첨가된다.

13 인경(2000), 「대혜 간화선의 특질」『보조사상』제13집(서울: 보조사상연구원). 여기에 의하면 대혜

는 약 150여명에 사대부들과 친교를 맺었으며, 이것은 그의 간화선 사상을 형성하는데 중요한 역할을 했다.

14 大慧語錄(大正藏47, 922中), "李參政頃在泉南 初相見時 見山僧力排黙照邪禪瞎人眼 渠初不平 疑怒相半 驀聞山僧頌庭前柏樹子話 忽然打破漆桶 於一笑中千了百當 方信山僧開口見膽 無秋毫相欺 亦不是爭人我 便對山僧懺悔 此公現在彼 請試問之 還是也無."

15 위의 책, "答李參政別紙(漢老) 富樞密頃在三衢時 嘗有書來問道 因而打葛藤一上落草不少 尚爾滯在黙照處 定是遭邪師引入鬼窟裏無疑 今又得書 復執静坐爲佳 其滯泥如此 如何參得徑山禪°今次答渠書 又復縷縷葛藤 不惜口業 痛與[利-禾+戔]除°又不知肯回頭轉腦 於日用中看話頭否°先聖云 寧可破戒如須彌山 不可被邪師熏一邪念 如芥子許在情識中 如油入永不可出 此公是也如與之相見 試取答渠底葛藤一觀 因而作箇方便救取此人 四攝法中以同事攝爲最强 左右當大啓此法門 令其信入 不唯省得山僧一半力 亦使渠信得及 肯離舊窟也."

16 看話決疑論(普照全書, 102), "若比徑截門話頭 則以有佛法知解故 未脫十種病所以云 未叅學者 須叅活句 莫叅死句 活句下薦得 永劫不忘 死句下薦得 自救不了 是以大慧禪師 以沒滋味話頭 令學者 叅詳不滯十種病 直下承當 便能使得三句 不爲三句所使 豈可與頓教."

17 성철, 앞의 책, P.158.

18 大慧語錄, 앞의 책, P.924中, "莫存心等悟 忽地自悟去 參政公想日日相會除圍碁外 還曾與說著這般事否 若只圍碁 不曾說著這般事 只就黑白未分處 掀了盤撒了子 却問他索取那一著 若索不得 是眞箇鈍根漢 姑置是事."

19 위의 책, "邠近扣籌室 伏蒙激發蒙滯 忽有省入. 顧惟. 根識暗鈍 平生學解盡落情見 一取一捨 如衣壞絮行草棘中適自纏繞. 今一笑頓釋 欣幸可量 非大宗匠委曲垂慈 何以致此. 自到城中著衣喫飯 抱子弄孫 色色仍舊 旣亡拘滯之情 亦不作奇特之想 其餘夙習舊障 亦稍輕微 臨別叮嚀之語 不敢忘也. 重念 始得入門 而大法未明 應機接物觸事未能無礙 更望有以提誨 使卒有所至 庶無玷於法席矣."

20 위의 책, "示論 自到城中 著衣喫飯 抱子弄孫 色色仍舊 旣亡拘滯之情 亦不作奇特之想 宿習舊障亦稍輕微 三復斯語 歡喜躍躍 此乃學佛之驗也°儻非過量大人於一笑中百了千當 則不能知吾家果有不傳之妙 若不爾者 疑怒二字法門 盡未來際終不能壞 使太虛空爲雲門口 草木瓦石皆放光明助說道理 亦不奈何 方信此段因緣不可傳不可學 須是自證自悟自肯自休方始徹頭 公今一笑 頓忘所得 夫復何言 黃面老子曰 不取衆生所言說 一切有爲虛妄事 雖復不依言語道 亦復不著無言說 來書所說 旣亡拘滯之情 亦不作奇特之想 暗與黃面老子所言契合 卽是說者名爲佛說 離是說者卽波旬說."

21 위의 책, p.919, "山野平昔有大誓願 寧以此身代一切衆生受地獄苦 終不以此口將佛法以爲人情瞎一切人眼 公旣到恁麽田地 自知此事不從人得 但且仍舊更不須問 大法明未明 應機礙不礙 若作是念 則不仍舊矣 承過夏後方可復出 甚陝病僧意 若更熱荒馳求不歇 則不相當也 前日見公歡喜之甚 以故不敢說破恐傷言語 今歡喜旣定 方敢指出此事極不容易 須生慚愧始得 往往利根上智者 得之不費力 遂生容易心 便不修行 多被目前境界奪將去 作主宰不得 日

久月深迷而不返 道力不能勝業力 魔得其便 定爲魔所攝持 臨命終時亦不得力 千萬記取前日之語 理則頓悟乘疊併銷 事則漸除因次第盡 行住坐臥切不可忘了 其餘古人種種差別言句皆不可以爲實 然亦不可以爲虛 久久純熟 自然黙黙契自本心矣 不必別求殊勝奇特也."

22 『楞嚴經』(大藏經19, 155), "此五陰元重疊生起 生因識有滅從色除 理則頓悟乘悟併銷 事非頓除因次第盡 我已示汝劫波巾結 何所不明再此詢問 汝應將此妄想根元心得開通 傳示將來末法之中諸修行者 令識虛妄深厭自生 知有涅槃不戀三界."

23 大慧語錄, 앞의 책, 920上, "昔水潦和尙於採藤處問馬祖 如何是祖師西來意 祖云 近前來向爾道 水潦纔近前 馬祖欄胸一蹋蹋倒 水潦不覺起來拍手呵呵大笑 祖曰汝見箇甚麼道理便笑 水潦曰 百千法門無量妙義 今日於一毛頭上 盡底識得根源去 馬祖便不管他."

24 위의 책, "雪峰知皷山緣熟 一日忽然驀胸擒住曰 是甚麼 皷山釋然而悟 了心便亡 唯微笑擧手搖曳而已 雪峰曰 子作道理耶 皷山復搖手曰 和尚何道理之有 雪峰便休去."

25 위의 책, "蒙山道明禪師 趁盧行者至大庾嶺奪衣鉢 盧公擲於石上曰 此衣表信 可力爭耶 任公將去 明擧之不動 乃曰 我求法 非爲衣鉢也 願行者開示 盧公曰 不思善不思惡正當恁麼時那箇是上座本來面目 明當時大悟 通身汗流 泣淚作禮曰 上來密語密意外 還更有意旨否 盧公曰 我今爲汝說者 卽非密語 汝若返照自己面目 密卻在汝邊 我若說得 卽不密也."

26 위의 책, "但知作佛 莫愁佛不解語 古來得道之士 自己旣充足 推己之餘 應機接物 如明鏡當臺明珠在掌 胡來胡現漢來漢現 非著意也 若著意則有實法與人矣 公欲大法明應機無滯 但且仍舊 不必問人 久久自點胸矣 臨行面稟之語 請書於座右 此外別無說 縱有說 於公分上盡成剩語矣 葛藤太多 姑置是事."

27 위의 책, 920, 中, "邪比蒙誨答 備悉深旨 邪自有驗者三 一事無逆順 隨緣卽應 不留胸中 二宿習濃厚 不加排遣 自覺輕微 三古人公案 舊所茫然 時復瞥地 此非自味者 前書大法未明之語 蓋恐得少爲足 當擴而充之 豈別求勝解耶 淨除現流 理則不無 敢不銘佩."

28 위의 책, "信後益增瞻仰 不識日來隨緣放曠如意自在否 四威儀中不爲塵勞所勝否 寤寐二邊得一如否 於仍舊處無走作否 於生死心不相續否 但盡凡情無聖解 公旣一笑 豁開正眼 消息頓亡 得力不得力 如人飮水冷煖自知矣 然日用之間 當依黃面老子所言 刳其正性 除其助因違其現業 此乃了事漢 無方便中眞方便 無修證中眞修證 無取捨中眞取捨也 古德云 皮膚脫落盡 唯一眞實在 又如栴檀繁柯脫落盡唯眞栴檀 斯違現業除助因刳正性之極致也 公試思之 如此說話 於了事漢分上 大似一柄臘月扇子 恐南地寒暄不常也 少不得一笑."

29 『楞嚴經』(大藏經19, 141), "汝今修證佛三摩提 於是本因元所亂想 立三漸次方得除滅 如淨器中除去毒蜜 以諸湯水幷雜灰香 洗滌其器後貯甘露云何名爲三種漸次 一者修習除其助因 二者眞修刳其正性 三者增進 違其現業."

30 실제로 송대에는 사대부들을 중심으로 『능엄경』에 대한 전경과 사경이 유행하였고, 이런 경향은 고려 중후기 사대부들에게도 마찬가지였다. 국내에서 능엄경과 관련된 연구는 허흥식(1986)의 「선종의 부흥과 간화선의 전개」,『고려불교사연구』(서울: 일조각); 조명제(1996)의 「14세기 고려사상계의 능엄경 성행과 그 사상적 성격」,『가산학보』제5집(서울: 가산연구원)가 있다.

31 『능엄경』, 앞의 책, p.111, "一切衆生從無始來迷己爲物 失於本心爲物所轉 故於是中觀大觀小 若能轉物則同如來 身心圓明不動道場 於一毛端遍能含受十方國土."

32 『대혜어록』, 앞의 책, p.856, "李參政轉物菴(并引泰發) 江月老人 膀所居之室曰轉物 蓋取首楞嚴 若能轉物卽同如來之義 書來索銘 妙喜宗杲爲之銘曰 若能轉物卽同如來 咄哉瞿曇誑諕癡獃 物無自性我亦非有 轉者爲誰徒勞心手 知無自性復是何物 瞥起情塵捫空搠骨 此菴無作住者何人 具頂門眼試辨疏親."

33 남권희(1994), 「몽산덕이와 고려인물들과의 교류-필사본 〈제경찰요〉의 수록내용을 중심으로」 『도서관학론집』21(서울: 한국도서관 정보학회).
   허흥식(1994), 「몽산덕이의 행적과 년보」『학국학보』77(서울: 일지사).

34 조명제(1999), 「고려후기『몽산법어』의 수용과 간화선의 전개」, 보조사상12(서울: 보조사상연구원).
   강호선(2001), 「충렬, 충선왕대 임제종 수용과 고려불교의 변화」『한국사론』46(서울: 서울대국사학과).

35 인경(2000), 『몽산덕이와 고려후기 선사상연구』(서울: 불일출판사).
   조명제(2004), 『고려후기 간화선 연구』(서울: 혜안).

36 최연식, 강호선(2003), 「『몽산화상보설』에 나타난 몽산의 행적과 고려후기 불교계와의 관계」 『보조사상』제19집(서울: 보조사상연구원).

37 『몽산화상보설』(『보조사상』19집, p.471), "以道除心意識 條絶聖凡路學卒地 斷嚗地折便異於學解之流 理須頓悟事卽漸修 多生習氣焉能頓盡 悟後非凡宿習自然次第消除 是以道人是舊是人 換着舊時行履處 其或不泯舊時行則 非悟明之人."

38 인경, 앞의 책, p.179에 수록된 구성과 과목의 표를 돈점의 관점에서 재편집함.

39 『대혜어록』, 앞의 책, p.889, "心居士請持此語 歸學似令叔 恐因妙喜之言 直下信得及 異日忽然嚗地一發 便乃截生死流"; p.898, "擧來擧去 日月浸久 忽然心無所之 不覺嚗地一發 當恁麼時 生也不著問人 死也不著問人"; p.899, "妻子聚會時 心思善惡時 觸境遇緣時 皆是嚗地一發時節 千萬記取 千萬記取."

40 『蒙山和尙法語略錄諺解』六種異本(서울: 아세아문화사, 1980), pp.90-95, "悟後若不見大宗師 未免不了後事 其害非一 或於佛祖機緣上有碍處 是悟淺未盡玄妙 旣盡玄妙又要退步 韜晦保養力量 全備看過藏教儒道諸書 消磨多生習氣 淸淨無際圓明無碍 始可高飛遠擧 庶得光明盛大不辱先宗 其或煥舊行履處 未盡便墮常流 更若說時似悟對境還迷 出語如醉人作爲似俗子 機不識隱顯語不知正邪 撥無因果極爲大害."

제10장

화두참구의 수행체계

천당과 지옥은 실제로 있습니까?
그것은 네가 어떻게 믿는가에 따라 달라진다.
있다고 믿으면 있고, 없다고 믿는 사람에게는 없다.

그러면 윤회란 무엇입니까?
끊임없이 일어나고 사라지는 생각이
바로 너의 윤회이다.

– 구산九山 선사

I. 주요 쟁점

'화두란 무엇인가' 하는 질문은 간화선의 의미와 참구방법을 묻는 중요한 문제이다. 2000년대 이후로 위빠사나와 비교되면서 오히려 간화선에 대한 논의가 더욱 활발한 논쟁이 일어났다. '무자(無字)'만이 화두이고 '이뭣고'는 화두가 아니라는 성본의 주장에 대해서[1] 월암이 이뭣고 화두에 대한 역사적인 증거를 들어 비판하면서[2] 화두의 본질에 대한 논의가 이루어졌다. 이런 논쟁은 현대에서 간화선의 성격에 대한 중요한 시사점을 던진 점에서 가치가 있다고 본다.

성본은 조주의 무자 화두만이 유일한 간화선의 공안이라고 주장한다. 이렇게 주장하는 배경에는 간화선의 수행구조를, 번뇌 망념의 중생심[不覺]에서 본래의 불심[本覺]으로 되돌아가도록 하는 것이라고 보고, 이때 무자 공안이 그 방편으로 활용된다고 본 점에 있다.[3] 간화선의 수행구조를 『기신론』의 중생심과 본래심의 용어로 설명한 점은 이해가 된다.[4]

하지만 왜 하필 무자는 가능하고, 이뭣고는 되지 않는가? 이점에 대해서 성본은 이렇게 대답한다. 간화선은 문제제기의 의심과 본래심의 자각적인 참구라는 이중구조로 이루어졌다. 이때 '이뭣고'는 문제제기의 의심을 참구하는 까닭에, 두 번째의 본래심에 대한 자각적인 참구는 되지 못한다는 것이다. 다시 말하면, 이뭣고는 문제제기는 가능하지만, 본래심의 대문을 두드리지는 못한다는 말이다.

그렇다면 어떻게 화두를 들어야 본래심에 되돌아올 수가 있는가? 이점에 대해서 성본은 다음과 같이 말한다. "번뇌 망념이 일어날 때, 수시로 무라는 화두를 본래심의 소리로 제시하여 무라는 본래심의 소리를 또렷하게 듣고 자각하는 것이다."[5] 또한 간화선의 무자는 "마치 밀교의 '옴'자와 같이 근원적인 불성의 지혜작용인 법음을 제시하여 일체의 차별심, 사량 분별심을 초월하도록 하고 있는 방편적인 문자인 것이다."[6]

이렇게 성본의 주장에 의하면, 이뭣고 화두가 문제제기의 의심에 머물고, 오직 무자화두만이 본래심의 자각에 초점이 맞추어져 있다는 것이다. 특히 간화선의 참구방법으로는 무자라는 소리에 초점을 맞춘 점이 그 특징이라 말할 수가 있다.

이런 성본의 주장에 대해서 월암은 매우 심각한 수준으로 비판한다. 화두의 본질은 무엇인가? 이점에 대해서 월암은 중국과 한국의 많은 간화선자들의 문헌적 사례를 들어서, 화두참구의 본질을 의심으로 규정하고, 의심이 없으면 화두참구가 아니라고 말한다. 그는 오직 의심만이 존재하기 때문에, 화두참구의 이중구조는 성립되지 않는다고 말한다.[7] 그래서 의심을 본질로 하는 화두로 무자화두를 비롯하여 수많은 화두가 제시되고 있고, 화두에는 좋은 화두, 나쁜 화두가 따로 없다고 말한다.

다음으로 이뭣고 화두에 대해서, 역사적으로 수행한 사례가 없다는 성본의 주장에 대해서도, 월암은 한국과 중국의 선종사에 나타난 많

쟁점으로 살펴보는 현대 간화선

은 사료를 제시하여 비판하고[8] 이뭣고 화두는 오랜 역사적인 전통성을 가지고 있으며, 현대 한국을 대표하는 선승들이 한결같이 강조한 화두라고 주장한다.

이상의 화두참구와 관련된 논쟁에서 드러난 몇 가지 쟁점이 되는 과제들을 살펴보면, 다음과 같다.

- 첫째는 화두는 어떻게 정의되고, 그 본질은 무엇인가?
- 둘째는 간화선을 현대 심리학적으로 이해한다면 어떠한가?
- 셋째는 간화선에서 화두참구는 어떻게 이루어지는가? 혹은 그 수행구조는 존재하는가?
- 넷째는 한국 간화선의 특징은 무엇인가?

이런 주제는 간화선에서 중요한 과제들이다. 특히 둘째의 간화선에 대한 심리학적인 이해는 새로운 시도이고, 셋째 한국 간화선의 특징을 고찰하는 것은 한국 간화선의 정체성을 역사적으로 살펴보는 점에서 의미가 있다.

여기서 심리학적 관점이라고 한 것은 다음과 같은 점을 염두에 둔다. 일단 간화선이 기본적으로 스승과 제자 간의 문답에서 비롯된 점, 화두참구가 고통을 벗어나는 방법으로써 작용할 때, 그것은 매우 개인적이고 심리학적인 측면을 가진다는 점, 간화선이 인간의 본성, 혹은 불성/영성에 그 철학적인 기반을 둔다고 할 때, 본성을 현대 심리학에서 어떻게 이해할 수 있는지 하는 점들이다. 물론 이런 접근은 전통적인 문헌적 연구나 해석학적 측면보다는 심리치료나 상담과 같은 보다 현실적인 적용을 전제한 것이지만, 그렇다고 여기서 간화선의 임상적인 연구의 방법을 취하는 것은 아니다. 다만 전통적인 문헌인 연구의 성과를 기반하여 보다 심리학적인 시각에서 이해하고 해석하고자 하는 노력의 일부이다.

Ⅱ. 화두의 정의

가장 먼저 대두되는 문제가 '화두'에 대한 정의이다. 무엇을 화두라고 할 것인가 하는 부분이 구체적이고 현실적으로 규정되어야 혼란을 피할 수가 있겠다. 조작적 정의란 말은 현장연구에서 자주 사용하는 용어로서, 이론에 기반하여 보다 현장에 초점을 맞추어서 핵심용어를 정의한다는 의미를 가진다. 다시 말하면 문헌적인 측면보다도 현실적인 측면을 강조한 관점이다.

간화선에서 화두를 말할 때 항상 함께 사용되는 용어가 공안이다. 일반적으로 공안과 화두를 구분하지 않고 동의어로 사용하고 있는데, 같은 의미인가? 만약 일반적으로 사용하듯이 공안과 화두를 동일시하면 공안의 출현이 곧 화두의 출현, 간화선이 성립된 시점으로 평가할 수가 있다. 이점에 대해서 필자는 앞장에서 공안과 화두를 엄격하게 구별할 것을 제안한 바가 있다.[9] 그 이유는 화두의 정의 문제 뿐만 아니라, 선종사의 시기구분 문제와 직결되고, 그보다 중요한 것은 간화선의 정체성을 세우는 것과 밀접하게 관련되기 때문이다.

공안(公案)은 문자적으로는 관공서의 공문이란 의미로 일반적인 선문답을 가리킨다. 공안의 출현은 스승과 제자의 문답이 중시되는 조사선이 성립된 혜능 이후로 본다. 만약 공안과 화두를 동일한 개념으로 보게 되면, 화두의 성립 곧 간화선이 당대의 8세기에 성립된 결과가 된다. 다음으로는 간화선의 정체성과 관련된 문제인데, 만약 공안과 화두를 구별하지 않는다면 간화선은 과거의 당송대 문답에서 벗어나지 못하고, 그럼으로써 현재의 과제를 다루지 못하는 오류를 범하게 된다.

이런 이유로 간화선을 창립한 대혜종고는 스승이 발간한 공안집을 불태우고, 공안에서 의심하는 것을 비판하고, 옛 사람의 공안을 잡다한 독, 쓰레기 같은 말이라고 비판했다.[10] 때문에, 공안과 화두를 엄격하게 구분하는 것은 간화선의 역사와 정체성을 올바르게 세우는 일이 된다. 그래서 공안은 선문답의 일반을 가리키는 사례이고, 화두는 사례로서의 공안 가운데 핵심을 관통하는 하나의 언구를 가리키는 것으로 정의한다.[11]

하지만 이런 정의에도 역시 문제가 있다. 왜냐하면 화두의 본질을 일단 의심으로 규정할 때, 공안의 핵심을 관통하는 '무'자나 '이뭣고'라는 언구 자체가 화두일 수는 없다는 점이다. 명상수행자에게 현실 속에서 아무런 의심이나 동기를 제기하지 못할 경우, 이때도 역시 무자나 이뭣고를 화두라고 지칭해야 되는가? 다시 말하면 수행하는 당사자에게서 의심이 없으면 그것을 화두라고 말할 수가 없다는 것이다. 기존의 화두에 대한 정의가 너무 문헌적이거나 과거의 선문답에 한정된 까닭에, 명상수행의 현실에 초점을 맞출 필요가 있다. 다시 말하면 간화선을 과거가 아닌 지금 여기의 현재에 닻을 내릴 수 있도록, 화두를 심리학적인 측면에서 새롭게 조작적으로 정의를 할 필요가 있다. 그래서 필자는 화두를 다음과 같이 정의하고자 한다.

> 화두란 수행자가 지금 여기 현재에서, 인간의 본성에 관해 절실하게 의심하고, 참구하는 실존적 자기 문제이다.

이런 정의에 의거하면, 이것은 '누가', '무엇'을 '어떻게' 라는 3요소로 구성되어 있다. 첫 번째 '누가'는 명상수행자 당사자를 가리킨다. 그것이 아무리 중요한 공안이고 진리라고 해도 수행하는 당사자에게 의미를 가지고 있지 않으면 소용이 없다는 것을 말한다. 우선적으로는 내게 '무자'나 '이뭣고'가 내적 문제의식으로서 의미를 가져야 한다는 의미이다. 이것들이 '내게' 아무런 의미를 주지 못한다면, 이것은 화두가 아니라 지나가는 헛소리거나 하나의 지식에 불과하다. 이런 관점에서 보면 이뭣고나 무자가 화두인가 아닌가 하는 형식적 논쟁은 무의미한 논의일 수 밖에 없다. 화두는 수행 실천하는 당사자인 '나'의 절실한 실존의 문제여야 한다는 기준이다.

두 번째는 '무엇'에 관한 문제이다. 이것은 참구의 대상에 대한 문제로서, 반드시 과거의 선문답에 기준점을 둘 필요는 없다는 것이다. 과거의 선문답이든지 현재의 문제이든지 그것이 인간의 근본적인 본성에 대한 물음이면 된다는 측면이다. 모든 선문답은 본래면목, 본성, 근본적인 한 물건에 관한 논의가 아닌가? 그렇다면 반드시 당/송대의 선문답만을 천착할 필요가 없다. 현재의 부부간의 갈등이나 우울증의 문제도 그것의 접근방식이 자아초월, 본성, 본래면목에 초점을 맞춘다면, 역시 화두의 속성을 가진 것으로 이해할 수 있다는 점이다. 이점은 화두를 과거의 문답에서 해방시켜서, 현재의 과제로 되돌아오게 하는 기준이다. 이때야 비로소 화두는 생명력을 회복한 활구가 된다.

셋째는 '어떻게' 문제이다. 이것은 화두참구의 방식을 말한다. 화두참구의 방식은 남방의 위빠사나 수행이나 염불수행과는 다른 방식임을 인정하자는 것이다. 남방의 수행은 대상, 현상을 '관찰'하는 방법을 선택한다. 그래서 그것이 본래 존재하지 않음을 통찰하게 된다. 반면에 염불은 소리에 '집중'함으로써 본래의 마음에 다가간다. 화두의 방식은 '의심'과 '참구'를 통한 깨달음이다. 여기서 의심은 사량분별을 의미하지 않는다. 반대로 사량분별을 끊어내는 본성에 대한 직관, 깨달음에 이르는 과정이다.

이런 정의는 전통적으로 전해지는 '분심', '믿음', '의심'이라는 화두참구의 3요소와 비교된다. 분심은 '누가'에 해당되는 바로서 참구자 당사자의 실존적인 문제라면, 믿음은 '무엇'을 참구할 것인가라는 주제로서 본래심, 본래면목이라는 대승불교의 불성/진아 사상에 기초함이고, 의심은 '어떻게'라는 방법과 같은 참구의 방식을 말한다는 점에서 상통한다.

이상으로 새롭게 정의된 화두에 의하면, '무'자와 '이뭣고'는 그 자체로는 화두라고 말할 수가 없다는 것이다. 그것이 수행하는 개인에게,

자기의 본성에 대한 실존적인 과제로서 의심이 가슴에서 현저하게 발생될 때, 이때야 비로소 우리는 이것을 '화두'라고 할 수 있다. 다시 말하면 단순하게 과거의 고칙인 까닭에 단지 이런 이유만으로 화두라고 부를 수는 없다는 것이다. 필자는 선문답을 공안이라고 할 수 있지만, 그것을 그대로 화두라고 부를 수는 없다는 입장이다. 그럼으로써 간화선의 영역을 과거의 유물로부터 당/송대의 동어반복에서 해방시켜서, 현재의 현실적 과제에로 확대하자는 제안이다.

III. 불성의 현대 심리학적 이해

1. 불성과 영성
-건강이란 무엇인가?

우리는 코로나19의 팬데믹(pandemic)으로 인하여 강박적으로 '건강'에 대해서 더욱 많은 관심을 가진다. 도대체 '건강'이란 어떻게 정의되는가? 세계보건기구(WHO)에서는 건강을 다음과 같이 정의한다.[12]

건강이란 단순하게 질병이나 허약함의 부재 상태가 아니라, 완전한 신체적, 정신적 그리고 사회적 웰빙의 상태이다. Health is a state of complete physical, mental and social well-being and not merely the absence of disease or infirmity(1946년).

건강(Health)은 질병이 없는 소극적 상태가 아니라 웰빙의 적극적 상태이다. 단순하게 병이 없는 상태가 아니라, 적극적으로 행복해야 한다는 의미이다. 웰빙의 영역에서 '몸'도 그렇고, '마음'도 그렇고, '사회'도 그렇다. 그것도 완벽하게 건강해야 한다는 의미이다. 그러나 우리 현실을 되돌아보면 몸도, 마음도, 사회적 현상들도, 여기에 전혀 부합하지 못한 경우가 오히려 더 많이 경험된다.

왜 그런가? 건강에 대한 정의에 무엇인가, 어디엔가 부족함이 있다. 몸과 마음과 사회를 지탱하여 주는 근본적인 영역/측면이 빠져있다. 그것은 영적인 영역, 인간의 본성이란 근본적 측면, 깨달음이란 결정적 요소가 부재하다는 자각이다.

그래서 1998년에 인간의 건강을 '몸'건강, '마음'건강, '사회'건강이란 기존의 세 가지 관점에 네 번째로 '불성/영성'이라는 영역을 첨가하고자 하는 논의가 진행되었다. 영적 건강이 가장 기본이고 영적인 건강이 담보되어야 그래야 몸건강, 마음건강, 사회건강이 비로소 가능하다는 이유이다.

건강이란 단순하게 질병이나 허약함의 부재 상태가 아니라, 완전한 신체적 정신적 영적 그리고 사회적 웰빙의 역동적인 상태이다.

Health is a dynamic state of complete physical, mental, spiritual and
social wellbeing not merely the absence of disease or infirmity(1998년).

여기서 보듯이 1946년에 이루어진 정의와 다르게 1998년에 제안
된 건강의 정의에는 중요한 두 가지 요소가 첨가되어 있다.[13] 하나는 건
강의 '역동적(dynamic)'이란 개념이다. 기존의 이상적인 완벽함에다 현
실에서 인식되는 역동성을 인정한 것이다. 왜냐하면 건강이란 끊임없
이 변화가 되고, 관리되어야 한다는 관점을 제공한 것이다. 오늘 건강하
다가도 내일은 건강을 잃을 수가 있고, 그렇기에 적극적으로 건강을 위
한 노력을 해야한다는 것이다. 건강이란 현실적으로 완벽하지 않기에
오히려 더욱 노력을 해야 한다는 측면이 강조된 것이다. 몸도 그렇고,
마음도 그렇고, 사회적 건강도 끊임없이 변동 가운데 존재한다는 것이
다. 이게 역동성이다.

두 번째는 영적 건강이다. 영적 건강이 전제되어야 그래야 몸/마
음/사회적 건강이 양호해지고 그 토대를 갖추는 까닭이다. 영적 건강의
필요성을 제안한 Stuckelberger의 의견은 이렇다. "종교, 불성/영성과 건
강을 과학적으로 상호 연결함은 너무나 오래동안 잃어버린 주제이고,
우리는 비이성적이고 감정적인 혹은 정치적인 이유로 회피하여 왔다.
이제는 전통적인 종교와 영적 요인을 과학적 공동체 내부로 통합할 시
기이다. 그러면 인간의 행동은 시대를 넘어서 건강에로 그리고 인간학
으로 인도될 것이다."[14]

여기서 핵심된 키워드는 '과학적 공동체'라는 것과 '인간학'이다.
이것의 강조는 종교적 접근이 아닌, 불성/영성의 인간학으로서 그것도

쟁점으로 살펴보는 현대 간화선

과학적으로 접근한다는 의미이다. 우리 시대는 종교나 혹은 영적 측면과 현대 과학의 만남이 필요한 시기임은 분명하다. 그러나 WHO 집행부(Executive Board)에 의해서 제안된 '역동성'과 '영적 건강'이란 측면이 새롭게 제기되었지만, 1999년에 세계보건기구는 총회에서 공식적으로 새롭게 제안된 건강 개념을 채택하지는 않았다.

세계보건기구 총회에서 합의에 도달하지 못한 가장 중요한 요인은 '영적 건강'이란 개념의 모호성과 비과학성이 문제가 된 것이 아닌가 한다. 한편으론 종교의 영역이 아닌 '영적 건강', 혹은 '불성/영성'이란 무엇인지, 그리고 구체적으로 어떻게 정확하게 측정이 가능한지, 좀더 정확한 준거점을 마련해야하는 과제가 있다는 반증이다.

물론 기존의 건강영역으로 몸/마음/사회라는 세 가지 관점에서 비록 새롭게 제4요소로서 영적인 측면에 대한 제안이 합의를 끌어내지는 못했지만, 이후로 불성/영성에 대한 다양한 논의와 함께 영적 건강에 대한 정확한 정의와 측정 가능한 과학적인 접근을 위한 노력이 경주되고 있음은 바람직한 현상이라고 여겨진다.

영적/정신적으로 건강하다는 의미는 무엇인가? 측정이 가능한 과학적인 관점에서 볼 때 '영적 건강(spiritual health)'이란 어떻게 조작적으로 정의(operational definition)할 수 있을까? 사실 이게 문제이다. 이게 해결된다면 불성/영성이란 개념은 과학적으로 링크가 가능하다.

보통 종교적으로 보면 불교에서는 불성(佛性)과 그리스도에서 영성(靈性)이란 용어를 사용한다고 말한다. 불성과 영성, 서로 어떤 관계가 있을까? 심리학에서는 본성(本性)을 교육학에서는 인성(人性)이란 용어를 더 잘 사용한다. 이들의 공통된 부분은 '성(性)'이란 한 글자이다. 영어로는 일반적으로 'spirituality'이란 용어를 더 애용한다. 여기서 다루게 될 중요한 주제는 제3장에서 언급한 바가 있는 불성, 영성이나 혹은 자아초월과 같은 용어를 불교심리학적 관점에서 어떻게 이해할 것인가 하는 문제이다.

근래 상담이나 심리치료의 영역에서도 종교나 철학적 성격이 짙은 영성이란 개념을 자주 사용하곤 한다. 이것은 종교/철학과 심리치료의 영역이 서로 통합되는 최근의 동향을 보여준다. 영성이란 개념은 문화적 배경이나 종교적 신념체계와 관련되어 있다. 어떤 문화적 배경에 놓여 있느냐에 따라서 상당히 다른 양상으로 정의된다. 그런 까닭에 매우 조심스럽게 다루어야 할 부분이다.

이를테면 가톨릭 교학에서 영성이란 개념은 '초월적 신'이란 개념과 결부시켜서 이해하지 않기가 매우 어려울 것이다. 반대로 불교에서는 초월적 존재를 상정하지 않고 본래부터 누구에게나 갖추어져 있는 본성이자 불성으로 정의할 것이다. 특히 영성을 인간의 본성과 연결시켜 성장과 수행의 개념으로 이해하려 할 것이다. 그렇기에 불교의 입장에서는 초월적 존재를 전제로 한 해석은 수용할 수 없다. 영성이란 용어의 정확한 개념, 곧 가치중립적 객관성을 담보하는 개념을 설정하거나 영성에 대한 불교나 그리스도교의 접근방식을 확실하게 구별한 후 논의를 시작해야 불필요한 논쟁을 피할 수 있을 것 같다.

불성이란 말은 제3장에서 살펴본 바처럼, 대승불교가 시작되는 A.D. 1세기에 『열반경』에서부터 여래장이란 용어와 함께 본격적으로 사용되었다. 불성(佛性)은 'buddha-dhātu'의 번역어이다. 'dhātu'는 다비를 하고 남겨진 유골이나 사물을 구성하는 성분이란 의미이기에, 붓다의 유골이나 붓다의 성품이라고 번역된다. '여래장(如來藏)'은 'tathāgata-garbha'란 용어의 번역이다. 'garbha'가 생물학적으로 자궁이란 의미도 있지만 안전하고 거룩한 공간을 의미한다. 그렇기에 불성은 모든 살아있는 존재(=중생)가 부처의 유골/성품을 가지고 있다는 것이고, 여래장은 중생이 곧 부처라는 여래의 깨달음을 품고 있는 거룩한 공간이란 종교적 의미를 함축한다.

반면에 '영성'이란 말이 기독교 신학적인 의미로 본격 사용되기 시작한 것은 A.D. 5세기경으로 추정된다.[15] 그 기원은 고대 그리스 이전까지 거슬러올라가는 것으로 짐작된다. 보편적 심성의 영역에서 보면, 영성이 기독교의 독점적 용어는 아니라는 말이다. 그렇지만 기독교 신학적인 의미부여는 기독교의 고유한 영역의 한 모습으로 충분히 이해된다. 그렇긴 하지만 보편적 의사소통을 위해 열린 마음으로 영의 본체, 영의 성질, 영의 체험 현상을 바라보는 태도가 필요하다.[16]

사실 영성은 'spirituality'의 번역어이다. 불교적 관점에서 볼 때, 영성과 가장 가까운 개념은 '신령스런 본래의 성품[靈性]', 곧 본성을 말한다. 그러면 영성, 신령스런 본래의 성품은 무엇인가? spirituality의 어원은 호흡, 용기, 생명을 의미하는 라틴어 spiritus이다. 이 말은 삶의 진정한 가치를 발견하려는 개인적 탐색과 관련되어 있으며, 초월적 존재를 포함할 수도 있고 포함하지 않을 수도 있다. 이 개념은 시각에 따라 조화와 전체성, 궁극적 관심, 삶에 대한 내적인 태도와 공감, 거룩한 깨달음, 초월 경험, 차이에서 비롯된 동질성, 창조적인 성장과 본질 등의 매우 포괄적인 의미를 함축한다.[17]

필자는 『명상심리치료』(2012년)에서 초월적 존재를 인정하는지에 따라서 영성에 대한 관점을 크게 세 종류로 구별하였다. 다시 소개하자면, 먼저 초월적 존재를 수용하는 기독교적 관점, 객관성을 유지하려는 종교학적 관점, 초월적 존재를 설정하지 않는 불교적 관점이 그것이다.

첫째로, 기독교인이라면 반드시 초월적 존재인 신과 관련된 용어로 영성을 정의할 것이다. 이를테면 영성은 신학의 주된 주제로서, 초자연적 삶의 본질, 그리스도교인의 성품과 덕성, 이런 자질의 성장과 발달을 내포한다.[18]

둘째로 철저하게 종교 일반에 통용되는 개념으로 정의하는 경우이다. 영성이란 명백하게 눈에 보이는 세계를 포함하여 여러 차원의 세계가 존재한다는 인식, 비인간화되는 힘 앞에서 개인의 온전성을 추구하는 노력, 궁극적 가치를 향한 인간의 진실한 노력 등으로 이해된다.

셋째로 불교적인 관점에서 영성은 결국 부처의 성품[佛性]과 다른 개념이 아니다. 영성은 깨달음의 본성으로서 어리석음과 탐욕에 가려진 자신을 온전하게 발견하는 전체적인 작용이다. 때문에 절대적인 존재나 이념을 전제하지 않고, 현실 속에서 삶의 완전성을 경험하는 것을 의미한다.

이 세 가지 방식의 정의는 나름대로 유용한 특징과 그 자신의 입장을 잘 표현하고 있다. 기독교적 입장이 신과 관련된 것이라면, 종교학적 입장은 다양한 종교를 포섭할 수 있는 폭넓은 개념틀을 마련하고 있으며, 불교는 영성을 불성으로서 인간의 내적 자질로 규정하고 있다.

그럼에도 불구하고 우리는 여기에서 공통점을 발견한다. 첫째는 평범한 세속적 측면을 초극하려는 노력을 강조하고 있다는 것이고, 둘째는 인간에 대한 긍정성, 혹은 완전성에 초점을 맞추고 있다는 것이며, 마지막으로 영성을 존재론적 해석보다는 궁극적인 것에 대한 경험과 그 수행의 과정으로 이해한다는 점이다. 이로 인해 결과적으로 불성과 영성의 개념은 인간의 근본적인 웰빙(well-being)과 연결되며, 바로 이 지점에서 심리치료나 상담의 영역과도 서로 소통될 수 있는 길이 열린다고 본다.

2. 불성/영성의 심리학적 이해

심리학은 마음의 이치[心理]에 관한 학문이다. 사전에서는 심리학을 '인간의 마음과 행동을 연구하는 학문'으로 정의한다. 곧 심리학은 행동을 비롯한 마음이란 무엇이며, 어떻게 작용하는지를 연구하는 학문이다. 이렇게 정의된 경우는 심리학은 몸(=행동)/마음/사회라는 영역을 그 연구 대상으로 삼는다. 여기서 마음은 일상에서 일어나는 감정, 사고, 판단, 기억, 갈망들과 의식과 무의식의 마음 현상을 포괄하는 의미로 사용된다. 이런 심리학의 정의라면 불성이나 영성과 같은 영적 건강이란 영역은 결여된다.

심리학이란 의미의 psychology는 그리스어 psyche + logos의 합성어에서 유래한다. 여기서 'psyche'는 '영혼'을 뜻하므로 고대의 심리학은 영혼을 공부하는 학문이라고 정의할 수 있다. 이렇게 보면 이때의 프시케(psyche)는 일상경험이 아니라 영적인 경험을 말한다. 프시케는 현대 심리학이 추구하는 과학적 접근과 비교하면 상당하게 종교적인 뉘앙스가 있음은 부인할 수 없다.

그런데 20세기 후반에 이르러 심리학의 연구영역이 몸(=행동)/마음에서 벗어나 종교나 철학의 영역에 속하는 불성과 같은 개념의 영성으로 확대하려는 경향이 있다. 이런 경우는 '심리'라는 개념을 일상에서 일어나는 '마음 현상'보다 초월적 의미가 강조된 '영성'이나 '본성'이란 의미로 사용하곤 한다. 이때의 마음은 일상에서 경험하는 세속적 의미가 아닌, 그 이상의 어떤 거룩함, 평화로움, 깨어있음과 같은 영적 체험으로서 불성을 말한다.

영적 영역을 강조하는 이런 경향은 오랜 동양적 심리학의 전통이다. 과학화된 심리학이 세속적 마음이 어떻게 일어나고 작용하는지 연구하는 데 집중한다면, '영성' 심리학, 혹은 '초월' 심리학, 혹은 '깨달음' 심리학은 인간의 근원적이며 신성하고 거룩한 경험/성품에 초점을 맞추고 있다. 양자는 확실하게 구분이 가능하다. 물론 세속적 마음과 초월의 깨달음, 양자의 통합은 개인적 사상뿐만 아니라 역사적 중요한 쟁점의 문제이기도 하다.

이를테면 대승불교의 심리학을 대표적인 『대승기신론』에서는 '생멸심(生滅心)'과 '진여심(眞如心)'을 구분한다. 생멸심은 미혹에 의해 끊임없이 분별하여 고통을 일으키는 일상의 세속적인 마음이다. 진여심은 외적 환경을 초월해 있는, 참되고, 한결같고, 청정한 본래의 마음이다. 생멸심이 인연을 따라서 번뇌를 일으키는 중생의 마음이라면, 진여심은 인연을 따라서 한결같은 깨달음을 성취하는 영적이고 초월적 마음이다. 온전한 '한' 마음으로서 일심은 세속의 생멸하는 마음과 출세간의 참되고 한결같은 마음을 통합하는 키워드이다.

그런데 문제의 핵심은 바로 초월적인 '영적(spiritual)' 측면을 어떻게 이해하고 인정할 것인가 하는 문제이다. 심리학이 과학이라면 그러면 심리학자들은 영성을 어떻게 정의하고 있는가? 그 논의는 매우 다양하고 광범위하여 일률적으로 정의하기가 쉽지 않다.

일반적으로 영성과 관련된 새로운 경향의 심리학을 기존의 심리학파인 정신분석, 인지행동, 인본주의와 비교하면서 제4세력이라고 부르곤 한다. 하지만 Spirituality(불성/영성)의 개념이 몸/마음/사회에 기반한 기존 심리학파와 무관하게 전개된 것은 아니다. 이렇다 보니 Spirituality에 대한 접근 방식이 약간씩 학파마다 다른 양상을 보인다. Spirituality 개념의 정립에 기여한, 이들 각 학파의 대표적 견해를 살펴보기로 한다.

칼융(Carl Jung), 분석심리학

먼저, 정신분석에서 분파한 칼 융(Carl Jung, 1875-1961)의 견해이다. 프로이트는 Spirituality 문제에 별 관심이 없었다. 오히려 영적 체험이나 명상경험을 퇴행과 같은 부정적 개념으로 해석하였다. 반면에 융은 원형(archetype)이라는 어떤 영적 원리를 인정하였다. 이때의 원형은 바로 집단적 무의식적 이미지를 형성할 수 있는 능력으로 영적인 자기이다. 이런 자기(Self)의 개념을 그는 인도의 아트만(Ātman)이란 개념에서 영향을 받았다. 칼 융에게 있어 자기(Self)는 정신의 전체성이고, 참 본질로서 초월적 요소이며, 초월적 자아로서 자기 인격의 궁극적인 개별적 자아이다.[19]

물론 융에게서 '자기(Self)'는 마음의 내적 역동에서 드러난 프로이트의 자아(ego)와는 다르다. 프로이트의 자아는 현실적 적응에 초점이 맞추어져 있고, 추동(id)이나 초자아(super-ego)와 대비되는 마음의 구성물로서 자기(self)이다. 칼 융은 신체[身]는 감각과 정서로 구성되고, 마음[心]은 생각과 개념들로 구성된다면, 영혼[靈]은 제3의 관점으로서 이것들과 구별되어야 한다고 본다. 그래서 융은 영혼을 의미하는 soul과 정신 혹은 마음으로 번역되는 psyche와 동의어로 함께 사용한다.

심리치료적 관점에서 보면, 세속적 자아가 고통받고 있을 때, 융은 자기라는 '작은' 자아(ego)가 아닌 보다 '초월적' 영혼을 찾게 된다고 말한다. 이때 치료자는 영혼을 찾도록 돕는 조력자의 위치에서 고통받는 영혼과 함께 작업을 하는 것이다. 하지만 목사의 아들이었지만 융은 프시케를 종교적이거나 신학적 의미로 확대 해석하는 것에 대해서는 적극적으로 반대하였다.

그런데 융은 좁은 의미의 자아가 초월적인 영적 경험을 하게 되면, 두렵기도 하지만 근본적으로 경외감과 함께 강력한 황홀감에 빠질수도 있다고 말한다. 필자가 보기에는 이점은 칼융의 분석심리학이 영적 심리학과 종교적 체험의 영역에서 그 경계선이 분명하지 않음을 증거한다고 본다. 영적 영역을 과학적인 방법으로 통합하는 것은 필요하지만 과연 이게 효과적인 접근인지는 논의의 대상이다. 반대로 종교적인 접근은 심리학의 독립된 영역을 훼손시킨다는 점에서 역시 문제가 된다.

매슬로(Abraham H. Maslow), 인본주의에서 자아초월 심리학으로

두 번째로 인간의 본성에 초점을 맞춘 심리학자는 인본주의(humanistic psychology) 학파의 대표적인 인물로서 영적 체험과 관련하여 빼놓을 수 없는 중요한 인물이 매슬로(Abraham H. Maslow, 1908-1970)이다. 매슬로 역시 종교적 관심을 고착과 같은 병적 증후로 본 프로이트에 반대하면서, 인본주의 심리학은 영적 가치들에 적극적으로 관심을 가져야 한다고 말한다. 그는 인간을 바라볼 때, 부정적이고 병리적 시각보다는 오히려 현실에 적극적으로 참여하는 긍정적인 측면을 중시한다.

이런 관점에서 매슬로는 인간의 5단계 욕구이론(hierarchy of needs)을 제시한다. 첫째는 생리적 욕구(Physiological needs), 둘째는 안전의 욕구(Safety needs), 셋째는 사랑과 사회적 소속의 욕구(Love and social belonging needs), 넷째는 자기 존중의 욕구(Esteem needs)와 더불어서, 다섯 번째는 '자기실현(Self-actualization)'의 욕구이다. 사람은 누구나 자아실현의 욕구를 가진다는 것으로 자아실현이야말로 자신의 잠재적인 능력을 실현하고 사회적인 목표를 추구할 뿐만 아니라 자신을 창조적으로 성장시킨다는 단계이다.

그러나 매슬로는 말년에 '자아실현'보다 한 걸음 더 나아가서 세속적이고 제한적인 자아의 개념을 넘어서는 '자아초월(Self-transcendence)'의 욕구를 인정하여 최고의 단계로 신설하였다.[20] 그에게 있어서 자아초월은 곧 자신이 주장했던 자아실현이론을 비판하고 초월하여 종교적 영역으로 넘어가는 듯 보인다.

매슬로의 자아초월은 이타주의나 영성과 같은 개념과 연결된다. 그는 이타주의나 영적 경험은 인간에게 햇살과 사랑만큼 절대적으로 중요하지만, 이것들은 조직화된 교회의 독점적인 소유가 아니다(They are not the exclusive possession of organized churches)고 말한다.[21] 이타주의와 영적 가치는 종교의 영역에 한정된 것이 아니라, 일상의 영역에서 경험하는 가치이고 교육적으로도 중요한 의미를 가진다. 뿐만아니라 이런 가치는 인간의 본성에 깊게 뿌리 박힌 바로서 과학적인 방법으로 연구되고 기술되고 검증할 수 있음을 역설한다.

이러한 영적 가치의 강조는 분명하게 성장의 욕구를 강조하는 인본주의 심리학과는 구분되는 새로운 시각이다. 매슬로는 인간의 실존에서 매우 중요한 영적 경험을 '절정경험(peak experience)'이라고 불렀다. 그는 모든 종교의 교설이 외형적으로 서로 다르게 보이지만 '본질적으로 동일하다(the same in their essence)'는 가설을 가진다. 그것이 바로 '절정경험'이다. 그는 절정경험을 '황홀감(ecstasies)'이나 '초월경험(transcendent experiences)' 혹은 '신비체험(mystical experiences)'으로서 '핵심-종교적 경험(core-religious experience)'이라고 본다.

그러면 종교의 공통된 본질로서 절정경험은 무엇인가? 이것은 매우 이지적인 순수한 이성적 경험이 아니다. 그렇다고 신성함에 의지한 기적적 경험도 아니며, 또한 실존적 공포와 전율과 같은 경험도 아니다. 이것들은 영적 건강이 아니다. 필자가 보기에 오히려 진정으로 건강하고 영적인 절정경험은 깨어있는 '지혜'이며 맑은 '고요함'과 이타적 '배려'이다. 물론 영적 체험으로 절정경험을 처음 경험을 할 때는 믿을 수 없는 놀람과 뜻밖의 축복과 심미적 충격과 같은 경이로움을 동반할 수 있다.

매슬로는 이런 신비적이고 초월적 경험상태는 앞으로 미래의 심리학이 개척해야 할 분야임을 강조한다. 이런 노력은 마침내 매슬로가 죽기 바로 직전 해인 1969년 '자아초월'심리학회지가 발간되는 결실을 가져왔다. 이후 성장하는 의식의 스펙트럼을 강조하는 켄 윌버(Ken

Wilber, 1949~), 명상의 깨달음과 자아초월 심리학을 통합하는 로저 월쉬 (Roger Walsh, 1946~) 등에 의해 발전되어왔다.

최근 자아초월 심리학계의 주요 성과는 독자적인 영역확보를 위해서 '초월'이나 '영적' 건강에 대한 정확한 정의와 함께 평가척도가 개발된 점이다. 이런 노력으로 '영적 웰빙 척도(Spiritual Well-Being Scale)', '영성 평가척도(Spirituality Assessment Scale)', '영적 평가질문지(Spiritual Assessment Inventory)', '영적 건강척도(Spiritual Health Scale)' 등의 이름으로 다양하게 개발되어 활용하고 있다.[22]

영성 체험을 중시하는 자아초월심리학(transpersonal psychology)적 관점에 서 있는 심리치료자들은 내담자들을 적극적으로 신비/본성 체험으로 유도하고 깨달음의 불성/영성을 성취하도록 돕는 역할을 한다. 이런 작업은 동서양을 막론하고 오랜 영적 역사 속에서 진행되어온 깨달음과 영적 전통을 복구한다는 점에서 그 의미가 강력하다. 그만큼 현대 사회 속에서 인간의 정신적 건강이 위협을 받고 있다는 반증이 아닌가 한다.

심리상담적 관점에서 보면 자아초월적 영적 상담은 사회적 적응에 초점이 맞추어진 기존의 심리치료/상담과는 매우 다른 성향으로, 치료자/상담자와 내담자/고객의 관계도 기존의 종속적인 의사-환자, 상담자-내담자나 교사-학생과 같은 관계가 아니라 함께 여행하는 영적 동반자로 묘사된다. 단순히 개인의 몸과 마음의 건강이 아니라, 적극적으로 본성과 영적 체험, 그리고 근본적 성장을 목표로 하는 점에서 고유한 특징이 있다.

인지행동전통

영적 체험을 강조하는 종교나 철학에 비교하면, 심리학은 과학적인 측정에 초점을 맞춘다. 이것을 잘 보여주는 대표적인 심리학파는 인지행동 심리학이다. 행동주의와 인지심리학을 결합한 인지행동주의는 접근방법에서 앞에서 언급한 다른 심리학파에 비교할 때 가장 엄격한 과학적인 입장을 보여준다. 이들은 관찰 가능한 내외적 행동을 주요한 연구 아젠다로 삼고, 정확한 조작적 정의와 함께 구체적이고 실증적인 자료수집을 요구한다.

그렇다 보니 인지행동 심리학은 정신분석의 '억압'이나 '무의식', 정신역동심리학의 '투사'나 '역전이', 분석심리학의 '영혼', 인본주의의 '본성'이나 '성장' 그리고 자아초월 심리학의 '초월'이나 '영성'과 같은 용어를 별로 사용하지 않는다. 이들 용어는 정확하게 관찰 가능한 정의가 어렵고 설사 그렇다고 해도 여전히 측정하기가 애매한 구석이 있기 때문이다.

필자가 보기에 과학으로서 인지행동 심리학의 전통은 4세대로 진행되어 왔다. 1950년대 제1세대는 교육뿐만 아니라 비즈니스 상황에서 자주 활용되는 자극/반응의 학습이나 상/벌에 의한 강화전략을 중시하는 행동주의 세대이고, 1970년대 제2세대는 외적 자극에 의한 반응적 행동보다는 촉발 자극을 어떻게 지각하고 해석하는지가 삶의 행불행을 결정한다는 인지이론, 1990년대 제3세대는 경험에 대한 해석 '내용'보다는 경험대상과의 '관계'를 알아차림하고 집중하여 살펴보면서 그것의 변화를 지켜보는 명상적 관찰을 강조한다. 그리고 2010년 이후 제4세대는 기존의 행동/인지/명상을 뒤섞는 다문화적인 '체험'중심적 통합이론이 그것이다.

　오늘날 인지행동주의 심리학에서 주목할 점은 철학이나 종교적 냄새가 물씬 풍기는 깨달음의 '본성'이나 영적 '초월'과 같은 용어를 잘 사용하지 않고, 오히려 관찰하고 측정이 가능한 '명상'을 적극적으로 수용하면서 고유한 영역을 발전시켜왔다는 것이다. 사실 자아초월에서 영적 '초월'이란 말이 어떤 절대자를 전제하거나 인식의 범위를 넘어서는 매우 형이상학적인 의미로 해석할 가능성이 높고, 무엇보다도 정확하게 정의하고 관찰하기가 어렵다는 문제를 가진다.

　반면에 깨달음의 체험을 지향하는 '명상'의 경우는 좀 더 정확한 정의가 가능하다. 이를테면 인본주의적 입장에서 명상이란 '산란한 마음을 고요하게 하고 잠재된 지혜를 개발한다'고 정의한다면, 인지행동주의 입장에서는 명상이란 '현재의 경험을 판단 없이(non-judgmentally) 존재하는 그대로 수용하고 자각하는 것'으로 정의할 수 있다.

　명상을 하면 개인들은 특정한 심리적 변화를 경험하는데 이것을 다양한 관점에서 해명을 한다. 명상을 신비적 체험이란 관점보다는 심리적 치유로서 매우 구체적인 변화/효과로서 기술한다. 명상이란 끊임없이 반복되는 자기-중심적 생각에서 벗어나는 '탈중심화(decentering)'이고, 자기 자신을 개념적으로 이해하고 융합된 상태를 탈피하는 '인지적 탈융합(cognitive defusion)'이며, 감정이나 생각과 같은 내적인 특정한 심리 현상을 자기라고 동일시하는 상태로부터 자유로운 '탈동일시(disidentification)'이라고 정의한다.

　이렇게 새로운 용어를 개발하여 명상을 정의하는 인지행동주의 심리학의 중요한 공헌은 '명상'을 종교나 철학의 영역에서 독립시켜서

'과학'의 공동체 영역에로 진입시킨 점이다. 오늘날 과도한 경쟁과 스트레스에 노출된 현대인에게, 쉽게 누구든지 명상을 수행할 수 있고, 자신의 건강을 다양한 명상을 통해서 관리하게 하는 시대가 된 것이다. 이점은 인간의 근본적 건강을 위해서 매우 바람직한 현상으로 유용한 접근이라고 생각한다.

3. 불성/영성의 불교적 이해

인문학의 위기와 함께 종교나 철학적 핵심용어를 과학적으로 이해하려는 노력은 20세기에 시작되면서 본격화되었다. 이런 노력은 종교와 철학의 중요한 개념들이 과학과 비교할 때 상대적으로 수천 년이 지나도 같은 자리를 맴도는, 제자리 뛰기에 불과하다는 역사적인 교훈에서 비롯된다. 우리 시대에서 과학화는 현장에서의 뛰어난 적응력을 담보하고 그것을 기반하여 새로운 발전을 도모할 수 있기 때문에, 선호하는 시대적 트렌드가 된 지 오래다.

그렇긴 해도 과학화가 되려면 먼저 이론적인 이해가 선행되어야 한다. 이런 점에서 문헌적 연구는 새로운 안목을 찾기 위한 필요한 작업이다. 불교계에서는 주로 불성이란 용어를 사용하지만, 종종 '영성(spirituality)'을 어떻게 이해할 것인가 하는 질문이 나오고 있다. 불교에서 영성의 문제는 현대에 들어와서는 사실상 본격적인 논의의 대상이 되지 못해왔다. 일본의 스즈키 다이세츠가 1944년 출간한『일본적 영성』에서 영성을 다루고 있지만, 당연하지만 태평양 전쟁 중이라 크게

관심을 받지는 못하였다.[23]

　영성의 문제는 국내에서는 웰빙이나 힐링과 같은 건강문제가 대두되는 1990년에 접어들면서 보다 적극적으로 논의되고 있는 실정이다. 그렇다고 그 이전 불교에는 '영성'과 관련된 개념 자체가 존재하지 않는다는 의미는 결코 아니다. 모든 종교의 특징은 바로 영성에 대한 강조이며, 이점은 불교도 예외는 아니다. 초기불교적 전통에서 보면 불교의 '영성'이란 마음의 선정과 지혜를 닦는다는 '개발', '수행'의 의미를 가진 'bhāvanā'의 개념으로 이해한다.[24] 불교적 관점에서 보면 '영성'이란 초월적 존재가 아니고, 이것은 세속과 출세간, 몸과 마음의 이원론적 개념에서 벗어남을 강조한다.

　동북아시아 맥락에서 보면, 'spirituality'의 번역어인 '영성(靈性)'이란 용어에는 현실에서 벗어난 '초월적 존재'를 함축되어 있다. 한문의 '영(靈)'에는 죽은 사람의 혼, 귀신과 같은 초월적 의미가 내재되어 있다. 그러나 호흡, 용기, 생명을 뜻하는 'spirituality'이란 용어의 어원에는 초월적 존재에 대한 전제가 없다. 때문에 'spirituality=영성'란 번역어는 적절하지가 않다. 그렇기에 반드시 '영성'을 신학적 개념으로 초월적 존재와 연결시켜서 이해할 필요는 없다. 'spirituality'이란 용어가 지니는 '인간학'이 아닌 초월적 존재에 관한 '신학'의 일부로 해석한 것은 A.D. 5세기 가톨릭 교회에서 비롯된 것이고, 이것을 다시 국내에서 'spirituality'를 '영성'으로 번역한 것은 기존 문화에 있는 용어를 차용한 대표적 사례 가운데 하나이다.

　불교적 관점에서 보면, '영성'이란 용어는 서구의 신학과 다르게 초월적 존재를 상정하지 않기에 인간의 보편적 개념 영역으로서 '신령스런 본성', '스스로의 성품' 등으로 해석하여 사용한다. 그런데 사실 '영성'은 대승불교 경전에서는 아주 쉽게 찾아볼 수 있는 개념이다. 예를 들면 이것은 모든 현상[法]의 본질이란 의미에서 '법성(法性)', 깨달음 [覺]의 자질인 까닭에 '각성(覺性)', 밖에서 주어진 것이 아니라 스스로 [自]의 성품인 까닭에 '자성(自性)', 누구나 본래[本]부터 구족한 인간의 고유한 성품이기에 '본성(本性)', 부처[佛]의 성품이기에 '불성(佛性)'이란 표현과 함께 자주 사용하고 있다.

이런 점에서 영성이란 바로 인간의 고유한 특성으로서 신령스런 본래의 성품이다. 이는 불교의 핵심 개념 가운데 하나인 '성품을 보아서 부처를 이룬다'는 견성성불(見性成佛)과 연결된다. 부처를 이룬다는 깨달음의 경험은 외부의 힘에 의존할 필요가 없으며, 인간 내면에 이미 갖추어진 스스로 만족할 만한 자질로서의 본성이기 때문이다. 따라서 불교에서 말하는 'spirituality'는 초월적인 신학적 해석과는 전혀 다른, 깨달음의 경험, 혹은 깨달음을 가능하게 하는 내적 능력, 곧 불성이라고 정의할 수 있다.

오늘날 불교계에서 영성이란 용어는 잘 사용하지 않지만, 불교 경전이나 논서, 어록 등에서는 불성과 동의어로서 쉽게 찾아볼 수 있다. 불교 고전에 나타난 불성/영성의 개념을 정리해보면 다음과 같다. (이하는 필자의 〈명상심리치료(2012)〉에 게재된 내용을 보완하여 게재한다.)

첫째로 모든 생명체는 불성/영성을 가지고 있다. '불성'이란 용어는 앞장에서 살펴본 바처럼 A.D. 1세기에 편집된 『열반경』이고, '영성'이란 용어는 A.D. 2-3세기에 성립된 『대보적경(大寶積經)』에서 발견된다.

"여래께서 깨끗한 천안으로 관찰하시니,

일체의 무량한 불토에 모두가 영성(靈性)을 가지고 있음이라."[25]

여기서 말하는 영성은 불성과 동의어로 현실의 인간을 초월한 초월적 존재를 지칭하는 것이 아니라, 모든 생명체에 갖추어진 보편적 현상으로서 본성이다.

『대보적경』은 초기 대승경전에 속하는데, 120권으로 당(唐)나라 때(A.D. 706~713) 보리류지(菩提流志)[26]에 의해 한역되었다. 이 경에는 A.D. 1세기 경에 성립된 반야계통의 경전에서 자주 발견되는 아촉불[不動佛][27]이 언급된 것으로 보아 초기 대승경전이 성립된 A.D. 2~3세기 후반에서 A.D. 6세기경에 편집되지 않았을까 생각된다. 참고로 영어권에서 'spirituality'이란 신학적 용어로 처음 사용된 것은 가톨릭 사전에 따르면 A.D. 5세기 경이고,[28] 옥스퍼드 영어사전에 따르면 이보다 훨씬 늦은 1441년경으로 추정한다.[29]

여기에 비하면 불교에서는 불성이나 영성이란 용어가 상대적으로 상당히 일찍부터 사용했음을 알 수 있다. 불교에서 영성(靈性), 불성(佛性), 법성(法性), 자성(自性), 각성(覺性) 등의 용어를 동일한 의미로 사용한다. 여기서 핵심용어는 '성(性)'이란 한 글자이다. 영성(靈性)은 신령한 성품이란 의미이다. '靈'은 신학적 의미의 절대자나 혹은 외부에 존재한다는 귀신을 뜻하는 명사가 아니라, 불교에서는 인간의 성품을 수식하는 '신령스러운'의 형용사로 쓰인다. 이점은 크리스찬과 비교되는 중요한 해석의 차이점이다.

유심론적 윤회관

둘째, 그러면 불성/영성이 만물이 공유하는 보편적 현상이라면, 왜 사람에 따라서 다르게 나타나는가? 이에 대해 북송대 영명연수(永明延壽, 904-975)가 지은 『종경록(宗鏡錄)』에서는 다음과 같이 설명하고 있다.

> 평등한 법성(法性)이고, 최상의 가르침인 묘한 마음[妙心]은 성문(聲聞)이나 연각(緣覺)과 보살(菩薩) 및 모든 부처에게 함께 갖추어져 있다. 그러면 어찌하여 서로 다른 장소[界]에 다르게 태어남[生]이 있는가? 이것은 하나의 영성(靈性)이지만 생각 생각의 장소[念念處]에서 윤회하기 때문이다.[30]

이것은 모든 생명체가 불성/영성을 갖추고 있지만, 나타나는 정도가 개인에 따라서 각각 다른 것은 바로 '생각 생각하는 곳에서[念念處] 윤회하는' 까닭이라고 말한다. "此一靈性念念處輪迴"이란 문장은 해석하기에 따라서는 영성이란 용어를 초월적 존재로 이해할 수도 있다. 다시 말하면 윤회의 주체를 영성으로 보고, 이 영성이 윤회한다는 의미가 될 수도 있다. 그러나 이런 해석은 성립되지 않는다. 윤회란 초월적어떤 공간/장소가 아니라, 그것은 바로 생각 생각하는 장소[念念處]로서 '유심(唯心)'을 의미하기에, 제3장에서 다룬 비판불교처럼 어떤 절대적존재로서의 신학적 의미로 해석할 소지가 전혀 없다. 곧 생명체는 모두 동일한 불성/영성을 가지고 있지만 생각에 의해 물들기 때문에, 또는 그 수행의 정도에 따라 각각 다른 방식으로 경험될 수 있다는 말이다.

여기서 윤회와 관련하여 필자의 경험을 소개하고자 한다. 필자는

20대 대학 시절에 송광사 수련회가 끝나고 개인적으로 구산(九山)선사에게 질문을 한 적이 있다. 당시에 대웅전 좌측에 걸린 신중단의 탱화를 보고, 궁금해졌던 필자는 질문을 했다. "천당과 지옥은 실제로 있습니까?" 아마도 많은 분들이 이런 궁금증을 가지고 있을 것이다. 당시에 필자 역시 탱화를 보면서 실재론적으로 생각을 했던 것 같다. 그러자 구산선사는 곧장 "그것은 네가 어떻게 믿는가에 따라 달라진다. (천당과 지옥이) 있다고 믿으면 있고, (천당과 지옥이) 없다고 믿는 사람에게는 없다."고 대답하시었다. 이 대답은 외적 '실재론'이기보다는 믿음이란 '마음'의 문제임을 분명하게 해명한 것이다. 이것은 '있다'거나 '없다'거나 하는 존재가 아니라 마음에 달려있다는 의미이다.

그러나 당시에 확고한 이해가 부족했던 필자는 "그러면 윤회란 무엇입니까?"라고 다시 여쭈었다. 그러자 노스님께서는 "끊임없이 일어나고 사라지는 생각이 바로 너의 윤회이다."라고 응답하시었다. 필자는 윤회란 밖에 있고, 탱화에서 보듯이 천당과 지옥과 같은 실재론적인 상상을 했던 터라, '생각이 곧 윤회'라는 대답에 충격을 받았다. 이런 충격은 매우 오랫동안 지속되었고, 그러나 나중에는 확고한 신념으로 자리를 잡았다. 천당과 지옥은 실재론적인 물리적 사태가 아니라 단지 마음의 현상일 뿐이라고. 천당과 지옥은 과학적으로 그 실재를 증명할 수 없는 상상에 의해서 이루어진 마음의 산물이라고. 그렇기에 윤회란 내가 생각하는 생각들이 바로 윤회라고. 이로 인하여 이후로 필자는 영명연수(永明延壽)처럼, 확고하게 '유심론적 윤회관'을 갖게 되었다.

한번은 서울에서 몇 년 전에 있었던 일이다. 그때 필자는 택시를 탔다. 그런데 택시기사가 내게 말하였다. "예수를 믿어야 한다고. 만약에 예수를 믿지 않으면 지옥에 떨어진다"고 하였다. 매우 당혹스럽고 협박적 강요였다. 그래서 "지옥은 어디에 있고, 천당은 어디에 있는지를 이야기해 달라"고 말하였다. "그러면 예수를 믿겠다"고 했다. 그 택시기사는 더 이상을 말을 이어가질 못했다.

필자는 어릴 때 시골에서 자라서 귀신 이야기를 많이 듣고 자랐다. 귀신은 어디든지 있다. 어두운 곳에는 항상 있다고 생각하여 밤에는 밖에 나가는 것이 두려웠고, 변소간에도 가지 못한 기억이 있다. 그런데 어느 순간에 아마도 밝은 도시로 온 중학생 이후로 귀신이란 가짜이고 실제로 존재하지 않는 상상일 뿐이라고 생각한 이후로 귀신/영에 대한 두려움/공포가 사라졌다. 그렇긴하지만 무의식 속에서는 여전히 두려움이 있었던 것 같다.

그런데 구산선사와의 문답 이후로 필자는 단테의 『신곡』에 나오는 (물론 필자는 이 책을 고등학교 시절에 정독했다.)천당이나 지옥은 중세의 동화책에나 나오는 전설적 이야기일 뿐이고 실재가 아님을 알고 나서, 이것들에 대한 두려움에서 완전하게 자유로운 상태가 되었다.

불성과 명상수행

셋째로, 그러면 불성/영성에 어떻게 도달할 수 있는가? 이점은 이통현 장자의 『신화엄경론(新華嚴經論)』에서 발견된다. 물론 여기서 영성이란 용어를 한 번 사용하고 대부분은 불성이란 용어를 선호한다.

만약 마음이 깨끗하다면 이것이 곧 정토(淨土)이다. 이름하여 제일의 하늘이 된다. '일체 지혜의 하늘(Sarvajñadeva)'은 '오행(五行)'이 생멸하는 하늘'과 같지 않다. 여기서 하늘의 신령함[天神]이란 응당 참됨[眞]의 이름이고 신령함[神]은 밝음이다. 수행하고 승진하여 점진적으로 지혜가 영성(靈性)에 통한다.[31]

정토란 외부에 존재하는 실재가 아니라, 마음의 청정을 말한다. 이통현 장자의 『신화엄경론(新華嚴經論)』은 법장의 주류 화엄학에 비교하면 중생과 부처가 서로 다르지 않음을 강조하고, 상대적으로 '화엄수행'에 초점이 맞추어져 있다. 그뿐 아니라 여기서 보듯이 중국 전통의 천신(天神)이나 오행설(五行說) 등을 화엄사상과의 차이점을 제시한 점에서 고유한 특징이 있다. 위에서 핵심된 내용은 명상수행을 통해 정신적으로 승진하면 결국은 '흔들림이 없는 지혜의 부처[不動智佛]'로서 '불성/영성'에 도달한다는 것을 강조한다는 점이다.

지금까지 논의를 정리하면, 첫째로 불성/영성은 사람마다 가지고 있는 보편적 성품이지만, 둘째 각기 다른 양상으로 나타나는 것은 생각생각을 따라 윤회하는 까닭이며, 셋째는 본래의 청정한 불성/영성에 도달하는 좋은 접근방식이 바로 명상수행이라는 것이다.

여기서 보듯이 불교에서 영성이란 용어는 '불성'과 함께 동의어로 사용하고 있다. 그렇지만 불교 경전이나 논서와 선어록에서 영성을 사용하는 빈도를 불성과 비교하면 현저하게 미약한 편이다. 이것은 영성이란 용어가 절대자나 귀신과 같은 초월적 존재를 암시하기 때문이라고 본다. 종교적 성격과 다르게 심리학계에서는 연구의 주제로 몸/마음/사회와 구분되는 인간의 본성으로서 '영성'이란 용어를 사용하여 진행되고 있지만 큰 세력은 형성되지 않고 있다. 이것은 '영성'이란 용어가 워낙 종교적 뉘앙스가 강력하기 때문이 아닌가한다.

그러면 몸이나 마음과 구분되는 '불성'에 기반한 명상수행은 어떻게 이루어지는지 좀 더 구체적으로 살펴보자. 이것을 잘 설명해주는 선어록은 대표적으로 보조국사의 『수심결』이다. 『수심결』은 중국과 일본에도 널리 유포된 동북아시아의 대표적인 어록 가운데 하나이다. 여기서 보조국사는 '영성'이란 용어는 사용하지 않고 '불성'이란 용어를 사용한다.

서분에서 불성은 바로 몸 안에 있기에 도를 닦는 사람은 밖에서 찾으면 안 된다. 마음의 성품은 본래 청정하여 본래부터 원만하고 부족함이 없다. 다만 잘못된 인연만 떠나면 즉시 그대로 한결같은 부처라고 말한다. 그러자 '불성이 몸 안에 있다면 왜 우리는 그것을 발견하지 못하는가?'라는 질문에 '보고[見] 듣고[聞] 지각하고[覺] 아는 작용[知]'이 그대로 성품, 곧 불성이라고 말한다. 질문자는 이 말을 잘 이해하지 못했는지, 좀 더 쉽게 설명해주기를 요청한다. 이에 보조국사는 다음과 같이 보충설명을 한다.

모든 현상은 꿈과 같고 허깨비와 같다. 그런 까닭에 잘못된 생각은 본래 존재하지 않아서 고요하고, 외적 대상 또한 본래 공하다. 이렇게 모든 현상이 본래 존재하지 않는 자리에 신령스런 앎[靈知]이 어둡지 않다. 이렇게 텅 비어 고요하고[空寂] 신령스런 앎의 마음이 그대의 본래면목(本來面目)이다. 또한 이것이 과거·현재·미래[三世]의 모든 부처와 역대 조사와 천하의 선지식이 서로 은밀히 전한 법인(法印)이다.[32]

쟁점으로 살펴보는 현대 간화선

먼저 보조국사는 모든 현상은 꿈같고, 허깨비같다고 말한다. 이것은 끊임없이 일어났다 사라지는 마음인 생멸심이다. 이것은 세속적인 마음이다. 하지만 본래면목의 불성/영성은 텅 비어 있어 고요하며, 그런 가운데 신령스러운 앎이다. 이것이 불성이고, 법인(法印)이다. 텅 비어 고요함이 마음의 바탕으로서 선정이라면, 신령스러운 앎은 마음의 작용으로서 지혜이다.

보조국사의 정혜결사는 새의 양 날개처럼 선정과 지혜를 함께 닦음을 강조하는데, 선정과 지혜는 자성, 곧 불성/영성에 근거한다. 선정과 지혜는 인간의 근본적인 웰빙 상태이다. 양자가 결여되거나 손상된 상태는 목석이거나 환자이다. 선정이 없고 지혜만 있으면 '산란함'에 떨어지고, 지혜가 없는 선정은 '무기(無記)'에 떨어진다. 선정과 지혜가 함께 함으로써 인간은 역동적으로 궁극적인 건강상태가 된다. 정혜란 공적영지이고, 이것이 바로 불성/영성이다.

- 텅 비어 있음[空]
- 고요함[寂]
- 신령함[靈]
- 깨어있는 지혜로서 앎[知]

이들은 불성/영성을 구성하는 4가지 범주/요소이다. 첫째 '텅 비어 있음'은 무엇이 그렇다는 것인가? 그것은 번뇌이다. 번뇌가 마구 올라오지만, 그것의 본질은 결국 텅 비어있는 공(空)이란 의미이다. 둘째 '고요함[寂]'은 번뇌가 없는 마음의 본래적 상태로서 흔들림이 없는[不動]

마음의 내적 평화, 선정(禪定)을 의미한다. 셋째 신령함[靈]은 초월적 존재를 지칭하는 명사가 아니라 불성의 체험을 기술하는 형용사로서 놀람, 신령스러움, 경이로움이다. 처음 세속적인 마음이 불성을 깨닫는 순간에 경험하는 놀람, 감동, 환희의 체험을 말한다. 넷째 깨어있는 지혜로서 앎[知]은 지적인 개념을 포함한 비언어적인 통찰, 분별이 없는[無分別] 지혜를 포함한다. 이것은 일상에서 '보고 듣고 지각하고 아는 작용'을 말한다.

불성/영성을 구성하는 4가지 요소에 대해서 과학적인 이해가 가능한가를 묻는다면, 물론 필자는 객관적 '관찰'과 함께 주관적인 '체험'이 가능하다고 대답한다. 다시 말하면 이들 4가지 범주의 구체적인 하위개념을 개발하여 깨달음의 불성/영성을 체크하는 질문지나 척도지를 충분하게 만들 수가 있다는 것이다. 그러면 개인 면담의 수행점검에서 불성/영성에 기반한 명상수행의 프로그램을 개발하고, 각각의 과정을 체크하고 평가하는 중요한 도구로서 활용할 수 있을 것이다.

다시 『수심결』에서 질문자는 구체적으로 불성/영성을 어떻게 발견하고 수행하여 체험할 것인지 사례를 들어서 설명해주기를 요청한다. 그러자 『수심결』은 다음과 같이 소개한다.

이치에 들어가는 문은 많지만 그대를 위해서 한 가지를 제시하여 근원에로 돌아가게 하고자 한다. 그대는 까마귀와 까치 우는 소리를 듣는가? 듣습니다. 그러면 그대는 '소리를 듣는 성품을 돌이켜서 들어보라[汝返聞汝聞性]'. 그곳에 어떤 소리가 있는가? 이 속에서는 일체의 소리와 일체의 분별을 가히 할 수 없습니다. 기특하고 기

특하다. 이것이 바로 소리를 관(觀)하여 이치에 들어가는 문이다.[33]

앞에서 '보고 듣고 느끼고 알고 하는 작용'이 바로 불성/영성이라고 했다. 그렇다면 일상에서 어떻게 그러한지 구체적인 사례를 제시하는데 위의 인용문이 그것이다. 여기서 핵심된 구절은 '소리를 듣는 성품을 돌이켜서 들어보라[汝返聞汝聞性]'이다. 초기불교에서 보면 소리를 듣는 현상은 소리라는 '대상[境]', 귀라는 '감각기관[根]', 그리고 그것에 대한 '의식[識]' 세 가지가 화합함으로써 이루어지는 '접촉[Tiṇṇaṃ saṅgati phasso, 三事和合觸]'에 의해서 인식이 성립된다.[34]

이곳에서 소리는 일상에서 자주 접하는 외적인 대상이다. 그러나 『수심결』에서 대상은 외적 대상 소리가 아니라 '소리를 듣는 내적 성품[聞性]'이다. 눈의 성품은 보는 것이고 귀는 소리를 듣는 것을 성품으로 한다. 이게 불성이다. 그러니 대상으로 끌려갈 때, '이놈이 뭣꼬?' 질문해서 '생각 생각에' 끌려가지 말고, 소리를 듣는 그 성품을 '반조(返照)' 해보라. 그러면 불성/영성을 그곳에서 발견할 것이다. 이것은 색깔을 보고, 소리를 듣는, 그대의 불성이고 주인공이다. 불성/영성은 외적인 대상이 아니기에 '돌이켜서' 들을 때, 가능하다. 이것을 보조지눌은 '회광반조(回光返照)'라고 하고, 보통 줄여서 '반조(返照)'라 한다.

이것이 간화선 명상이다. 간화선 수행은 불성/영성에 기반한 수행론이다. 이것은 '이뭣꼬?(성품, 이게 무엇인가?)'라는 질문과 함께 스스로의 성품을 '반조함'으로 구성된다. 이렇게 한다면, 반드시 그곳에서 본래적 불성/본성/영성을 발견하고 체득할 것이다.

4. 간화선과 수용전념치료

　무엇이 진정한 나/본성/불성인가? 화두 참구의 가장 기본적인 심리학적 근거는 불성/진아/영성과 같은 본성 체험에 기반한다. 화두참구의 심리학적인 의미는 무엇인가? 이런 부분은 스승과 제자라는 관점에서 보면 교육학적인 측면이 강조되고, 화두참구의 과정이 개인적인 심리현상의 일부라는 관점에서 보면 심리학적인 접근이 가능하다. 여기서는 현대 심리학에서 어떻게 수용되고 있는지를 살펴보고자 한다.

　간화선의 심리학적인 기초는 '견성성불'에서 보듯이 인간의 근원적인 본성에 기초한다. 이것을 불교 교학에서는 불성이나 여래장의 개념으로, 선종에서는 '한 물건', '본래면목', '본래심'으로 이해한다. 인간의 근원적인 본성을 현대 심리학적 관점에서는 어떻게 이해할 수가 있을까?

　불성과 동의어로서 '영성'은 신령스런 본성으로 번역되는데, 이것은 공적영지(空寂靈知)와 상통하는 것으로, 온전한 전체로서 인간을 이해하는 중요한 개념이다. 전통적인 심리학적 해석인 몸/마음의 이분법적인 틀에서는 이해가 곤란한 개념이다. 정신분석뿐만 아니라 행동주의와 인본주의까지도 기본적으로 몸과 마음을 이원론적인 관점에서 이해하는 심리학이다. 이들의 목표는 현실에의 적응이고 자아실현이다. 물론 이러한 목표는 실제 생활을 해나가는데 중요하고 결코 무시할 수 없는 덕목이다.

　하지만 몸/마음의 전통적인 심리학적 관점에서는 생태계의 문제와 더불어서 산업화에 뒤따르는 인간의 본성, 소외의 문제를 전면적으로 다룰 수가 없다. 여기에는 신령스런 본성, 성품의 문제가 배제되거나 소외되어 있다. 인간을 온전한 인간 전체로서 이해하는 관점이 필요해지면서, 신령스런 본성을 인정하고 중시하는, 종교와 통합된 심리학이 새롭게 대두되고 있다. 이것이 바로 최근에 세력을 얻어가고 있는, 영성(spirituality)과 관련된 자아초월심리학(Transpersonal psychology)이다.

최근 20년 동안 자아초월심리학의 동향은 4가지의 형태로 전개되었다.[35] 첫째는 의식의 스펙트럼으로서 성장의 방향, 둘째는 참된 자기/진아에 대한 치료적인 관점, 셋째는 낮은 단계의 자기 정체성에서 보다 높은 단계로 나아가는 과정, 넷째는 개인과 초월의 영역에서 자기 자각/명상의 기술을 활용한 깨달음의 과정 등이다.

선종의 견성성불의 주된 가치도 바로 이러한 불성/영성과 자아초월의 심리학적인 관점에서 새롭게 이해하는 것이 필요하다. 몸/마음의 이원론적인 체계가 아닌 근본적인 성품의 문제를 다루고 있기 때문이다. 선문답과 간화선의 이론적 기반은 바로 불교적 영성개념과 초기불교 이래로 전승된 무아심리학이다. 이것은 분석보다는 통합, 부분보다는 전체, 개별적인 접근보다는 총체적인 접근방식을 취한다는 점에서 효과적이다. 화두의 본질을 의심이라고 했을 때, 이것은 아비담마에 기초한 위빠사나처럼 심리적인 마음현상을 분석적으로 관찰하는 방식이 아니라, 근본적인 본성에 대한 전체적인 접근방식으로 질문과 의심을 통해서 성취한다. 마음현상은 관찰에 의한 통찰이 중요하지만, 본래면목은 관찰의 대상이 아니라 의심을 타파함에서 오는 전체적인 깨달음에 의해서 체득되기 때문이다.

근본적인 인간의 본성에 대한 선문답이나 간화선에서 사용하는 질문의 방식을, 유사하게 사용하는 서구에서 개발된 인지행동치료 프로그램에서 수용전념치료(ACT)가 있다.[36] 이것은 행동치료와 인지치료의 전개과정에서 발생된 제3세대에 해당된다. 수용전념 명상치료는 행동과 인지의 영역을 포괄하지만, 심리현상에 대해서 일정한 거리를 두고 바라보는 명상적 요소와 개념자아와는 다른 근본적인 자아에 대한 깨달음을 강조한 점에서 자아초월적 성격을 가진다. 특히 여기서는 선종에서 사용되는 은유와 질문법과 유사하게 사용된다. 구체적인 문답법을 소개하면 다음과 같다.

> T: 여기에 체스보드가 있다. 체스는 하얀색이 있고 검정색이 있다. 이들 체스는 왕이 있고 여왕이 있고 귀족도 있고 성주도 있고 병사들도 있다. 하얀색의 체스는 당신의 긍정적인 생각이나 긍정적 느낌이나 좋은 기억들이다. 반면에 검정색은 부정적인 생각이나 부정적인 느낌들이나 기억들이다. 이들은 보드에서 싸우고 있다. 당신은 이런 상황을 당신과 어떻게 연결시킬 수가 있습니까?
>
> C: 그래요. 마치 나 자신과 같아요. 나는 지금 내부에서 늘 전쟁중입니다.
>
> T: 검정색 기사가 공격합니다. "당신은 나쁜 엄마입니다" 그러자 하얀색 여왕이 "나는 나의 아이들을 잘 돌볼 것입니다" 또한 다른 검정색 귀족이 "실제로 당신의 남편은 당신을 사랑하지 않아" 그러자 하얀색의 기사가 "나는 떠날 거야"라고 말합니다. 그러면 검정색의 여왕은 "아니, 너는 어디에도 갈 수가 없어. 결국은 다시 돌아올 걸"이라고 전쟁은 계속됩니다.

C: 그래요. 맞아요. 정확하게 나의 이야기예요. 나도 어떻게 해볼 도리가 없어요. 이 전쟁은 계속될 것만 같아요.[37]

T: 그렇게 느낄 수 있어요. 너무 오랫동안 당신은 자신과 싸워왔기 때문입니다. 나는 당신에게 체스가 아닐 가능성을 찾아보았으면 좋겠어요. 그러면 전쟁을 멈출 수가 있잖아요. 이 비유에서 당신의 생각이나 느낌은 보드 위의 체스와 같습니다. 당신은 누구죠.

C: 체스?

T: 어떻게 당신과 당신의 생각과 느낌이 동시에 체스일 수가 있죠? 당신은 당신의 차를 가졌지만, 차가 당신이 아닌 것처럼, 당신은 당신의 생각과 느낌을 가지고 있습니다. 여기서처럼 당신은 누구이죠?

C: 게임하는 사람?

T: 우리는 지금 당신이 어떻게 게임하는 사람이 되고, 무슨 일이 일어나고, 언제 당신이 체스를 움직이려하는지를 말하고 있습니다. 좋아요. 당신은 게임하는 사람 이외에 당신은 무엇일 수가 있죠?

C: 보드?

T: 네, 맞아요. 바로 그렇습니다. 보드가 없이는 체스들은 체스로서 기능할 수가 없습니다. 보드는 체스를 가지고 있고, 체스가 체스일 수 있도록 그 맥락을 제공합니다. 이상한 질문처럼 느낄 수도 있겠지만, 당신의 생각은 당신을 떠나서 존재할 수가 있습니까?

C: 전혀 그렇지가 않습니다.

T: 그래요. 만약 당신이 보드가 된다면, 당신은 전쟁을 관찰 할 수가 있습니다. 당신이 체스가 된다면 그 전쟁을 바라볼 수가 없습니다.[38]

여기서 마치 하늘과 구름처럼 체스는 마음현상에 해당되고, 체스판 자체는 인간의 근본적인 본성을 상징한다. 마음현상들은 서로 양 편으로 나뉘어서 전쟁을 치른다. 체스들은 개념적 자아이고 감정과 생각들, 이러고 저러는 갈망과 행동들을 포함한다. 반면에 이들로부터 초월한 그렇지만 그들의 배경이 되고, 바탕이 되는 판 자체는 변함없는 본래면목이 된다. 여기서 상담자는 내담자에게 '당신은 누구인가?'라든지 혹은 '무엇이 나인가'하는 질문을 던지곤 한다. 이것은 생각이나 느낌의 내용을 묻는 질문이 아니고, 그런 생각과 느낌의 근거가 되는 바탕 자체[體]로서의 판을 염두에 둔 질문이다.

이런 질문은 간화선을 창시한 대혜종고의 문답에서도 발견되는 내용이다. 이때는 체스게임이 아니고 바둑이 등장한다. 이참정과 조대제는 자주 만나 바둑을 하는데, 대혜가 이 사실을 알고서 다음과 같이 질문을 던진다.

바둑이 흑백으로 나누어지기 전에 나아가, 바둑판을 다 흐트러뜨리고, 한수를 놓는다면 어디에 놓겠는가?[39]

이것은 체스게임의 비유와 너무나 닮은꼴이다. 바둑알은 느낌이나 생각 혹은 기억들이다. 이것들은 서로 엉키어서 전쟁을 치른다. 더 많은 영토를 차지하기 위해서. 하지만 이런 것들이 참으로 나가 아니라면 어떤 것이 나인가? 이런 생각과 감정을 일시에 쓸어버리고 한 점을 놓는다면 어디에 놓을 것인가? 이런 맥락적 자아, 본래의 바탕이란 개념은 화두의 심리치료적인 의미를 시사하는 점에서 의미가 깊다. 개념적인 자아의 감정, 생각, 갈망 등을 벗어나서 근본적인 본성에 계합하는 불성체험은 바로 간화선의 중요한 관점이 된다는 점이다.

Ⅳ. 화두참구의 수행구조와 점검

'공안'이 역사적으로 발생한 문답을 가리키고, '화두'는 수행하는 당사자가 공안에 대해서 의심을 일으키는 것으로 구별할 때, 공안은 역사적인 관점과 문헌적인 측면에서 말하는 것이고 화두는 심리적이고 실존적인 자기 문제라는 특징을 갖는다. 앞장에서 화두를 '누가', '어떻게', '무엇을'이라는 세 가지 관점에서 정의했는데, 이점을 여기서 역사적인 사례를 중심으로 살펴보고자 한다.

1. 누가, 참구하는가
- 이뭣고, 당나라시대의 경우

먼저 '이뭣고' 공안의 경우는 당나라, 특히 마조계통에서 비롯되었다. 이뭣고는 '이것이 무엇인가'라는 의미의 시심마(是甚麼)의 번역어이다. 이 공안은 마조화상과 무업의 문답에서 비롯되었다.

> 마조는 훤칠한 용모의 무업(無業, 780-821)을 처음 보고, "커다란 법당인데 그곳에 부처가 없구나."라며 말했다. 그러자 무업은 절을 하고 물었다. "교학은 대략 공부를 했지만, 선문에서 '마음이 부처'라고 하는데 그것을 잘 모르겠습니다." 이때 마조는 "알지 못하는 그 마음이 바로 그것이지, 다른 것은 없다."고 하자, 무업은 다시 물었다. "달마대사가 서쪽에서 와서 전한 심인은 무엇입니까?" 이때 마조는 "정말 소란스럽군, 우선 갔다가 다음에 오게."라고 말했다. 무업이 일어나서 나갈 때 마조는 "이보게."라며 무업을 불렀다. 무업이 고개를 돌려보자, 마조는 "이것이 무엇인가?"라고 질문을 던졌다. 이때 무업은 깨닫고 마조에게 절을 했다.[40]

이 문답에서 가장 중요한 핵심용어는 '이것이 무엇인가'하는 질문이다. 이 질문의 성격은 수련자인 무업이 스스로에게 행한 질문이 아니라, 스승인 마조가 무업에게 했던 일종의 발문(發問)이다. 발문이란 스승이 제자를 깨우치기 위해서 하는 질문으로 교육학적인 용어이다. 우리는 이것을 화두라 하지 않고 공안이라고 부른다. 그 이유는 스승에 의해서 의도적으로 질문되었기 때문이다. 하지만 무업이 마조의 마지막 질문을 받고 여전히 알지 못해서, 돌아가는 길에 이 스승의 발문에 대해서, 스스로 의심을 가지고 계속적으로 자기의 과제로서 참구한다면, 이것을 우리는 화두라고 부를 수가 있겠다.

그러면 이때 마조의 발문은 무업의 깨달음에 어떻게 작용을 했는 가? 이것은 심리학적인 관점으로서 세 가지로 구별할 수가 있다.

첫째는 사량분별을 '끊어냄'이다. 마음이 부처라는 부분을 교학적 인 이해나 개념적인 관념으로 접근하려는 태도를 배제하는 것이다. 알 지 못하는 그 마음이 바로 그것이지 다른 것이 없다고 말하지만, 무업 은 여전히 달마대사가 온 뜻이 무엇이냐고 다른 내용의 질문을 한다. 이것은 주제에서 벗어나기도 한 질문이지만, 개념적인 지식으로서 논 리적인 이해를 구하는 것이다. 그래서 마조는 무업을 되돌려 보낸다.

둘째는 마음 그 자체에 '직면'하게 한다. 이점은 개념적인 이해가 무너지면서 발생되는 두 번째의 단계이다. 마음이 부처라는 것과 달마 대사가 서쪽에서 온 의미를 개념적으로 이해할 수 없는, 이것들이 모두 부정된다면, 무엇이 남는가? 이것은 바로 지금여기의 마음이다. 무업이 되돌아보았을 때, '이것이 무엇인가'라는 질문은 무업으로 하여금 개념 적인 이해를 벗어나서, '고개를 돌리는' 지금여기의 마음에 직접적으로 접촉하게 한다.

셋째는 분별하는 마음에서 벗어나 본래의 마음을 '깨닫게' 돕는다. 이점은 마음 그 자체, 본성, 혹은 불성에 대한 직접적인 자각을 가능하 게 한다. 분별적 마음에 대한 초월이고, 근본적인 마음자리에로의 계합, 혹은 체험이 발생됨을 말한다. 이것은 유식불교의 용어로 말한다면 마 음현상[心所法]이 아닌 마음자체[心體]로서의 본질에 도달함을 말한다. 이를 정리하면 아래와 같다.

사량분별의 배제

  → 지금여기에의 직면

    → 마음자체의 깨달음

이 3가지를 화두참구의 심리학적인 성격 혹은 과정이라고 말해도 좋겠다. 이것은 일시에 일어날 수도 있고, 점진적으로 일어날 수도 있다. 하지만 스승과 제자의 문답은 언제나 지금여기의 과제에서 비롯되고, 지금여기를 통해서 깨닫게 된다는 점이다. 위의 문답에서 이점이 매우 중요한 관점이다. 이런 사례를 찾는 일은 어렵지가 않다. 이를테면 백장과 위산의 경우이다.

> 어느 날 백장화상이 위산에게 화로에 불씨가 남아 있는지를 확인하여 보라고 말했다. 위산은 대충 뒤져보다가 "불씨가 없다."고 말하였다. 그러자 백장은 일어나서 손수 화로를 뒤졌다. 그리고 작은 불씨를 찾아내서 위산의 눈앞에 보이면서 "이게 불씨가 아니고, 무엇이냐?"고 되물었다. 이 순간에 위산은 깨닫게 되었다.[41]

이 공안의 경우에도 핵심된 연구는 '이게 무엇이냐, 이게 불씨가 아니냐?'라는 반문이다. 여기서도 마찬가지로 더욱 분명하게 지금/여기에의 직면이 강조된다. 화로란 겨울에 방안에서 없어서는 안 될 필수품이다.

그런데 화로에 불씨가 없다고 말하는 위산에게 백장이 직접 불씨를 찾아서 눈앞에 내밀면서 '이게 불씨가 아니고 무엇이냐'고 묻는 그 순간은, 위산이나 백장에게는 먼 과거의 역사적인 사건이 아니라, 지금 여기를 철저하게 경험하는 현실적인 순간이다. 과거나 미래가 아닌, 언어에 의해서 분별하는 마음이 아닌, 지금여기의 마음에 생생하게 직면하게 하는 것, 이것이 선사들의 공통된 발문의 지점이다.

2. 어떻게, 참구하는가
– 무자 화두, 송나라시대의 경우

'이뭣고' 공안과 비교할 때 무자공안의 경우는 그 성립배경이 조금 다른 측면이 있다. 원래 무자의 경우는 지금여기의 현장에서 발생된 것이 아니다. 그런데 송대에 이르러 무자공안은 총림에서 대중 수행자에게 의도적으로 의심을 하여 참구하도록 요청하는 주제로 채택되었다는 것이다. 이것은 당시대와는 다른 송대의 특징으로서 전혀 새로운 발상이고 차라리 새로운 발견이라고 평가하는 편이 더 좋겠다.

> 어떤 승려가 조주화상(趙州, 778~897)에게 질문을 했다. "개에게도 불성이 있습니까? 없습니까?" "없다." "경전에 따르면, 모든 중생은 불성이 있다고 했는데, 어찌하여 없다고 말하십니까?" "그것이 업식(業識)의 성품에 머물러 존재하기 때문이다."

이것은 『조주록』에 근거한 무자공안이다. 하지만 이 구자무불성화(狗子無佛性話)는 조주화상보다 먼저 마조의 제자인 유관(惟寬, 755~817)

에게서 찾아볼 수가 있다.

> 어떤 승려가 "개에게도 불성이 있습니까?"라고 묻자, 유관화상은
> "있다."고 대답했다. 그 스님은 "그러면 화상께도 있습니까?"라고
> 묻자, "나에게는 없다."고 대답했다.[42]

이렇게 불성의 문제는 선종과 밀접하게 연계된 사상이다. 개에게
나 나에게나 불성은 '없다.'고 말한다. 경전에는 '모든 중생은 불성이 있
다.'고 설해지고 있는데, 이들은 한결같이 '없다.'고 대답한다. 왜인가?
여기에 의심이 생겨난다.

그런데 여기서 발생되는 무자를, 수행자가 반드시 통과해야하는
관문으로, 수행의 한 방식으로 인식하고 사용하기 시작한 것은 북송시
대의 오조법연(五祖法演, ?-1104) 이후였다. 법연은 다음과 같이 말한다.

> 대중 여러분, (조주의 구자무불성화를) 평소에 어떻게 알고 있는가? 노
> 승은 다만 무자를 들어 문득 쉰다. 그대들이 만약 이 무자만을 투득
> (透得)한다면, 천하의 사람들도 그대를 어떻게 할 수 없을 것이다.
> 여러분은 어떻게 (이것을) 투득해야 하는가? 투득한다면, 그것은 철
> 두철미해야 한다. 투득했다면 와서 말해 보라. 나는 있다고 말하는
> 것도 없다고 하는 것도 바라지 않는다. 또한 있지도 않고 없지도 않
> 다고 말하는 것도 원하지 않는다. 그렇다면 그대들은 어떻게 대답
> 할 것인가?[43]

이것은 상당법어이다. 송대에 들어와서 대중이 집단을 이루는 조직화된 총림이 성립되면서, 정기적인 법문이 행해졌다. 이점이 당대와는 크게 달라진 환경이다. 이뭣고 공안이 일상의 구체적인 현장에서 자연스런 문답의 결과로서 생겨났지만, 수행자가 집단을 이룬 송대에 들어와서 법연의 무자공안은 조사관(祖師關)으로서 설정되고, 대중은 계속적으로 의심하고 수행하여 투득하기를 요청받는다. 이것이 간화선의 출발점이다. 『무문관』의 무문화상도 마찬가지로, 참선자는 조사관을 투득해야 하는데, 대중에게 "무자를 360의 골절과 8만4천의 털구멍으로 의심을 일으켜서 밤낮으로 오직 무자를 참구하라"고 요청한다.[44]

이렇게 무자공안은 간화선을 창안한 남송시대의 대혜종고를 거쳐서 『무문관』에 이르러 수행자의 제일 관문으로 공고한 지위를 얻게 되었다. 조주의 무자는 송대의 법연화상 이후로 새로운 의미를 가지고 새롭게 조명을 받게 된 것이다.

당나라의 조주는 투득(透得)의 대상으로서 무자를 계속적으로 철저하게 의심하여 보라고, 결코 말하지 않았다. 개에게는 불성이 없다는 문답은 조주화상의 수많은 문답 가운데 하나이고, 그것은 단순하게 그것으로 충분했다.

그러나 송나라 법연 이후 조주의 무자는 온 몸으로 의심의 덩어리를 만들어서, 대중이 뚫어야 하는 조사의 관문이다. 이것이 당대의 '조사선'과 달라진 송대의 '간화선'이다. 이것은 무자의 새로운 발견이었다.[45] 또한 화두참구는 당대와 달라진 송대의 총림이라는 조직, 체계가 그것의 조건이 되었다.

이러한 화두참구의 과정은 역시 몇 개의 단계로 정리할 수가 있다.

여기서 고려후기 간화선에 크게 영향을 미친 『몽산법어』의 경우를 살펴보면, 대체로 '공안에 의한 문제제기 → 화두의 결택과 참구 → 수행의 단계들 → 돈오와 보임'의 순서로 설해지고 있다.[46] 이것은 화두참구의 전체적인 과정을 잘 보여준 것으로 생각된다. 특히 여기서 화두의 결택과 참구의 단계에서 강조하는 첫째가 공안에 대한 의심이다. 몽산은 '큰 의심이 있으면 큰 깨달음이 있다'고 강조한다. 둘째는 화두를 참구할 때 회광자간(廻光自看)을 강조한다. 이점은 대혜종고와 몽상덕이의 특징적인 측면이다. 마지막으로는 선병으로서 사량분별에 대한 배제이다. 이것은 오조법연 이후로 대혜종고에게서 강조되고, 보조지눌에 의해서 명명된 '선문십종병(禪門十種病)'을 말한다. 여기에 의거한다면, 화두참구의 과정은 다음과 같은 과정, 혹은 성격을 가진다.

본성에 대한 의심
　　→ 사량분별의 배제
　　　→ 회광자간
　　　　→ 깨달음

이것은 화두참구의 특징이면서 화두참구의 과정을 설명하여 준다. 물론 이것은 화두참구의 심리학적인 이해, 해석이라고 말할 수 있다. 그런 까닭에 간화선이란 '수행자가 본성을 향한 질문 즉, 의심을 통해서 사량분별을 배제하고, 지금여기에로의 직면 곧 회광자간을 통해서 자신의 본성에 대한 깨달음을 이루는 공부법'이라고 정의할 수가 있다.

송광사 전경(겨울) (ⓒ송광사 제공)
혜능의 가풍을 계승한 조계산 자락의 송광사는 보조국사 이후로 한국불교의 중요한 전통을 계승
발전시켜온 영적 보금자리이다.

　　송대에 들어와서 일단 당대의 공안이 의심하여 조사관문을 뚫는
수행의 형태로 정착이 되자, 이런 방식은 무자뿐만 아니라, 이뭣고를
비롯한 다른 모든 공안에게도 동일하게 적용되었다. 그것은 선대의 문
답을 이해할 수가 없다면, 그것을 공부의 길로 삼아서 의심하여 참구하
여 보라는 것이다. 이것은 반드시 무자공안만을 가지고 공부해야 한다
는 것을 의미하지 않는다. 그럼에도 불구하고, 송대의 간화선은 점차로
단순하게 되고 특정한 몇 개의 공안을 중심으로 재편되었고, 마침내는
오직 무자만이 유일한 제일의 관문이라는 과도한 주장이 나오게 된 것
이다.

　　하지만 이런 주장의 배경에는 선문답이 가지는 개방성과 자발성
을 심각하게 저해하는 관료적인 태도가 가로놓여있다. 이는 일면 다양

한 공안에서 하나의 대표를 선출함으로써 단순화시켜 강력한 실천력을 발휘할 수 있는 장점도 있지만, 반대로 다른 모든 가능성과 점검하는 논의의 과정을 틀어막아 버리는 오류를 범할 수 있는 단점도 있다. 대중의 입장에서는 일방적으로 주입식으로 무자를 강요당하는 입장에 놓일 수도 있다는 말이다. 물론 한철 시름하다 보면 자기 문제가 된다곤 하지만 생생한 선문답의 현장성이 사라짐은 어쩔 수 없다. 무엇보다도 행정적으로 관료화된 송대의 관료주의, 바로 이것은 대혜종고의 냉철한 비판의 대상이 되었다. 이점은 조직화된 종교가 가지는 문제로서, 오늘날 우리가 다시 되돌아볼 중요한 시사점이다.

3. 무엇을 참구대상으로 삼는가
　　– 보조, 나옹, 한암의 한국 간화선 전통

　　한국 선종의 역사 속에서 화두참구의 심리학적인 메카니즘을 분명하게 제공한 이는 고려의 보조지눌과 나옹혜근, 그리고 근현대의 한암과 구산선사가 아닌가 생각한다. 먼저 보조지눌의 경우를 살펴보자.

　　보조는 인간의 본성을 '공적영지(空寂靈知)'로서 해명한다.[47] 이것을 체득하는 방식으로 보조지눌은 『수심결』에서 '이뭣고'라는 공안을 화두로서 제시하고, 그 과정을 번뇌로부터의 회광반조(廻光返照)로 설명한다.[48] 그 화두참구의 결과가 공적영지의 체득이다.

　　보조는 고통을 벗어나기 위해서는 부처의 마음을 찾아야 하는데, 부처란 바로 현재의 이 마음이라고 전제한다. 그러자 현재의 이 마음이 부처라면 왜 나는 이것을 알지를 못하는가 하는 질문에 대해서 보조는 배가 고픈 줄 알고 갈증을 알고, 춥다고 알고 더움을 아는 것, "이것은 필경에 어떤 물건인가?"를 묻고, "바로 이것이 부처의 마음이다."고 대답한다.[49] 그리고 "이 공안에서 이해하고 깨달은 바가 있다면 옛 성인과 손을 함께 잡고 갈 것이다."[50]라고 말한다.

보조가 제시하는 공안은 '필경 이것이 무엇인가(竟是何物)?'라는 것이다. 보조는 『수심결』에서 이 공안을 4군데에서 질문을 반복한다. 그리고 이 공안참구의 과정을 돈오점수(頓悟漸修)로서 설명하고, 이 화두참구의 본질을 회광반조로 규정한다. 한 생각을 되돌리는 회광반조를 통해서 본래의 본성을 깨닫게 된다[51]는 것이다. 여기서 본성이란 바로 공적영지를 가리킨다. 보고 듣고 웃고 말하고 기뻐하고 성내는 것이 필경에 누가 이렇게 행위하고 운전하는가?[52] 이것이 다름 아닌 부처의 마음이다.

이것에 대한 구체적인 실례로 까마귀 소리를 듣는 것을 가지고 다시금 설명한다. 까마귀 소리를 듣는 그것을 되돌려서 들어보라.[53] 그곳에는 다른 분별이 없고, 허공과 같다. 이것이 바로 너의 본성이고, 이것이 바로 공적의 영지이다. 이런 화두참구의 과정을 보조는 공적과 영지라는 두 과정으로 설명한다. 일차적으로 까마귀 소리를 듣는 것은 분별이지만, 이차적으로 그것을 반조하는 것은 분별이 아니다. 먼저 마음이 고요해지는 공적과 이 공적을 바탕으로 해서 얻게 되는 신령한 자각으로서 영지이다.

이런 화두참구의 과정은 고려 말 나옹선사에게서도 역시 발견된다. 다음은 나옹의 설명이다.

생각이 일어나고 생각이 사라지는 것을 생사라 한다. 생사에 처해
서는 온 힘을 다하여 화두를 들라. 화두가 순일하면 곧 생사가 다하
게 된다. 생사가 다한 자리에 바로 신령함이 있다. 신령하지만 화두
가 없다면, 곧 그것은 무기이다. 신령한 가운데 화두가 어둡지 않으
면 그것이 바로 공적영지이다. 이것은 무너지지 않고 그 무엇과도
뒤섞이지 않는다.[54]

나옹선사의 화두참구의 과정은 화두를 통해서 공적을 이루고 이
런 공적을 바탕으로 해서 영지를 얻게 되는 과정으로 보조지눌과 동일
한 방식을 취한다. 그런데 근대의 한암선사도 위에서 인용한 나옹선사
의 말씀을 그대로 다시 인용하면서, 이런 화두참구의 과정을 아래와 같
이 설명한다.[55]

생각이 일어나고 생각이 사라지는 것을 생사라 한다. 생사에 처해
서 온힘으로 화두를 들라. 그러면 생사가 다하게 된다. 생사가 다한
자리가 고요함이다. 고요한 가운데 화두가 없으면 그것은 무기이
다. 고요한 가운데 화두가 어둡지 않으면 그것이 신령함이다. 이것
이 바로 공적영지(空寂靈智)이다. 이것은 무너지지 않고 무엇과도
뒤섞이지 않는다. 이것은 해를 따라 이루어지는 것이 아니다.

위에서 보듯이 한암선사의 인용문은 공적과 영지의 구분이 보다
명료하게 잘 드러난다. 이상으로 보조, 나옹, 한암으로 이어지는 화두
참구의 과정을 표로서 정리하면 2단계로 구별이 된다.

제1단계 : 마음의 생사 → 화두참구 → 마음의 공적(空寂)

                    └ 육취윤회

제2단계 : 마음의 공적 → 화두참구 → 마음의 영지(靈知)

                    └ 무기

제1단계에서 물든 마음이 생사(生死), 기멸(起滅)을 거듭할 때, 참선자는 힘을 다하여 화두를 들면, 생멸이 다하게 된다. 만약 이때 화두를 들지 않고 생멸하는 마음에 끌려가면, 육도의 윤회에 빠지게 된다. 마음이 산란함을 화두로서 대치함으로써 마음의 공적(空寂)을 이룰 수가 있다. 여기서 공적이란 마음이 텅 비워지고 산란함이 사라져서 마음이 고요해진 상태로서 일반적 용어로는 선정을 가리키는 말이다. 제2단계에서는 일단 마음이 고요해진 선정상태[空寂]에서 출발하는데, 이때도 역시 계속적인 화두를 참구하게 된다. 만약이 이때 화두가 없으면, 무기(無記)에 떨어진다. 마음이 고요한 가운데 화두가 있어서 어둡지 않고 환하게 밝아진 것을 '신령한 지혜[靈知]'라고 말한다.[56]

그런데 화두참구의 2단계 설명은 제4장에서 살펴본 하택신회의 지(知)와 견(見)의 관계와 그 구조가 매우 유사하다. 그것을 다시 보면 다음과 같다.

(A) *念起 → 卽見 → 念滅*

(B)   *念滅 → 見滅 → 無住, 無念*

(C) 佛性, 本性

첫째로 생각이 일어나면 곧 바라봄으로써, 생각이 소멸된다. 이때 마음의 고요함[空寂]이 경험된다. 그런 다음에 둘째로 대상이 사라지는 관계로 그것을 인연하여 발생된 바라봄의 인위적 방편도 사라져서 본성에 계합하는 불성체험을 하게 된다. 이 상태가 영지이다. 차이점이 있다면, 바라봄[見] 대신에 화두로 바뀐 것이다. 곧 여기서 화두란 '바라봄[見]'과 동의어이다.

이렇게 보면 화두는 육도윤회의 산란한 생각들을 극복하는 '선정'에 이르는 과정이고 동시에 화두는 혼침이나 무기에 떨어지는 것을 방지하는 '지혜'의 길이다. 이런 점에서 화두와 반조는 서로 별개가 아니다. 화두의 본질은 회광반조이다. 이점은 이미 앞에서 살펴본 내용이다. 화두는 곧 외부로 향한 마음을 내면으로 되돌려서 본성에 계합하는 불성체험의 도구이다. 밖으로 향하는 마음을 내면으로 되돌림[廻光]은 마음의 고요함이 발생하는 조건이 되고, 그런 다음에 마음의 본성으로서 불성에 머물러서 지켜봄[返照]은 지혜의 작용이다. 회광반조는 화두의 참구와 동일한 심리학적인 현상이다. 이런 해석은 초기불교 이래로 저변에 흐르는 불교수행의 선정과 지혜라는 두 축을 화두로서 설명한 것이다.

4. 구산선사의 경우

앞에서 화두참구를 공적(空寂)과 영지(靈知)로 설명하는 부분은 현대 간화선의 대표적인 선승의 한 분이었던 구산선사(2010~1983)에게로 계승된다. 현대에서 구산선사는 '주인공'과 더불어서 '이뭣고' 화두를 강조한 인물이다. 주인공을 구산선사는 의정을 불러일으키는 핵심된 요소로 활용한다.

소소영영(昭昭靈靈)하게 아는 그 한 물건이 무엇인고? 다시 말하면 이 몸을 운전하는 주인공은 무엇일까? 명사를 떼고 나니 마음도 아 니요, 깨우치지 못했으니 부처도 아니요, 주고받지 못하니 물건도 아니요, 허공이 선악을 알 수 없으니 허공도 아니다. 이와 같이 네 가지를 부정하고 나면 필경에 그 한 물건은 무엇일까? 의심이 일어 난다. 그래서 '이 뭣고(是甚麼)?'라는 화두인 공안(公案)이 성립된다. 이 화두선은 대의지하(大疑之下)에 필유대오(必有大悟)라. 큰 의심에 큰 깨달음이 있나니 의심 없는 것이 큰 병이 된다.[57]

여기서 '한 물건'이란 용어는 '여기에 한 물건이 있다. 이것이 무엇 일까?'[58] 라고 질문하는 『육조단경』에서 비롯된 것이고, 큰 의심이 있 으면 큰 깨달음이 있다는 것은 몽산덕이의 계승이다. 구산선사는 이뭣 꼬 화두를 해명하는데 고려후기 보조지눌의 『수심결』에 근거하여 제 시한다.

(불성이란) 이 몸 가운데 있는데 그대가 알지를 못할 뿐이다. 하루 온 종일 배고픔을 알고 목마름을 알고 추움을 알고 더움을 안다. (아는 것은) 지수화풍 사대로 이루어진 몸이 아니다. 몸은 그 재질이 완고 하고 감정이 없다. 어찌 보고 듣고 느끼고 알겠는가? 능히 보고 들

고 느끼고 아는 것 바로 불성이다. 성내고 기뻐하는 것은 필경 어떤
물건인가?[59]

온종일 배고픔을 알고 목마름을 알고, 보고 듣고 느끼고 알고 하
는, 한 물건이 있다. 필경 이것은 어떤 물건인가? 구산선사는 '한 물건'
을 '주인공'으로 바꾸어서 "이 몸을 운전하는 주인공이 있다. 필경 이것
은 무엇인가?"라고 묻는다. 구산선사는 『수심결』과 간화선을 연결하여
이점을 매우 특별하게 강조한다. 그러면서 이것은 '마음'도 아니요, '부
처'도 아니요, '물건'도 아니요, '허공'도 아니다. 이렇게 네 가지를 부정
하고 나면, 그러면 필연적으로 '이것은 무엇인가?' 하고, '의심이 일어날
수밖에 없다.'고 한다. 이렇게 하면 결국 '이뭣꼬? 라는 화두가 성립하게
된다'고 설한다.

이것이 구산선사의 간화선이다. 이것은 보조지눌과 함께 사량분
별을 거부하는 대혜종고와 큰 의심에 큰 깨달음이 있다는 몽산덕이의
전통을 계승한다는 것이다. 네 가지 사량분별을 부정하는 것은 큰 의심
의 전제이다. 마음, 부처, 물건, 허공 네 가지에 대한 부정은 큰 의심을
불러일으키는 전제조건으로 작용한다. 이것은 성언량(聖言量), 비량(比
量), 현량(現量)이란 진리의 기준에서 직접적인 체험의 현량을 중시하는
간화선의 핵심가치를 잘 대변한다.

수행자의 가슴에 의정을 불러일으키는 것은 구산선사에게 매우
중요한 위치를 차지한다. 거의 모든 법문이 여기에 집중된다. 사실 간
화선에서 의심이 걸리지 않으면 참구의 힘을 얻을 수가 없다. 왜냐하면
일차적으로 화두의 목표는 곧 사량분별의 제거이기 때문이다. 구산선

사는 '주인공이 무엇이냐?'는 화두를 내걸고 가능한 분별의 네 가지 모두를 사전에 그 논리적 대답을 '봉쇄'한다. 마치 쥐가 한 개의 구멍으로 들어가도록 몰고 가는 것과 유사하다. 막다른 골목에서 꼼짝 못하게 만드는 것과 같다.

구산선사의 간화선은 화두를 통한 사량분별의 '부정'이 핵심이다. 화두는 모든 사량분별을 배제함으로써 자체적으로 화두에 대한 의정, 몰입을 불러일으키는 요인, 조건으로 작용한다. 화두에 대한 사변적이고, 철학적이고, 교학적인 지식에 대한 분별이나 다른 생각을 근본적으로 끊어버림, 내려놓음을 의미한다. 여기서 화두참구와 관련하여, 대혜종고와 비교하여 보자.

> 넌지시 (어리석고 둔하다고 한) 이것을 향하여 '이뭣꼬?' 질문[提撕]하여 잘 살펴[看] 보시길 바랍니다. 이것 또한 다른 사람이 아닌 바로 어리석고 둔하다고 아는 놈[能知昏鈍者]일 따름입니다. 바로 이것이 다른 사람이 아닌 보문학사의 본래의 생명자리[本命元辰]입니다.[60]

이것은 대혜종고의 『서장』에서 보문학사에게 보내는 편지글이다. 여기서 보듯이 대혜종고의 화두참구는 4단계로 이루어진다. 구산선사의 경우와 비교하면 아래와 같다.

대혜종고 : 화두 제시 → 화두에 대한 의정 → 살펴봄 → 깨달음
구산선사 : 주인공과 이뭣고 → 의단형성[空寂 → 靈知] → 깨침

대혜종고는 모른다고 하는 고놈을 향하여 '이놈이 뭐고?' 하면서, 곧 '화두를 들면서 살펴보라.'고 한 점에서 화두참구의 과정이 4단계이다. 반면에 외형적으로 보면 의단만을 오롯하게 강조하는 구산선사는 3 단계로 서로 차이점이 있다.

그런데 3단계 구산선사의 경우에 의단형성 이후의 점검에 들어가면, '공적영지'로서 점검한다는 점에서 보조지눌의 선사상을 계승하는데, 특히 구산선사는 간화선 수행의 점검에서 제1단계 '공적'과 제2단계의 '영지'를 적절하게 활용한다는 점에서 고유한 독자적 영역을 가진다. 이렇게 구분하고 보면 결과적으로 구산선사의 경우도 '공적'이 사량분별의 배제이고 '영지'가 살펴봄을 특징으로 하기에 4단계라고 말할 수 있겠다.

구산선사는 '화두 역시 번뇌가 아닌가요?' 하는 질문에 '처음에 참구를 시작할 때는 사량하기에 그렇다고 할 수 있지만, 깊게 참구하게 되면 화두는 더 이상 번뇌가 아니라 진실/실상을 드러내는 강력한 도구가 된다'고 말한다. 처음에 들어갈 때 '무엇이 나인가?' 하는 것 역시 사량이지만, 이것은 의단 형성의 과정이기에 번뇌가 아니라는 말이다. 그래서 일단 의단이 형성되면 이때는 '화두가 오고 화두가 간다.'고 표현한다. 이것은 모든 사량분별이 배제된 화두삼매로서 '공적(空寂)'을 체크할 때 사용한다. 이 단계가 통과되어 '영지(靈知)'를 점검할 때 구산선사는 '본래의 너는 어떠한가?'라는 질문을 사용한다. 처음에는 '참된 나란 무엇인가'를 질문하지만, 이것이 인정되면 곧 개인 면담을 통해서 수행자에게 영지/본성이 '어떻게 생겼는가?'를 묻는다.

필자와의 인연사례

간화선은 문답과 점검이 핵심이다. 그만큼 구체적인 점검 시스템에 대한 사례제시가 필요하다. 여기서 구산선사의 간화선에서 점검사례를 필자의 경우를 중심으로 살펴보고자 한다. 이것은 필자의 개인적 사례라 부담감도 있지만, 중요하다고 판단하여 여기에 소개한다.

필자가 구산선사를 처음 친견한 것은 고등학교 2학년 때로 송광사 삼일암 미소실이다. 그때 필자는 무릎을 꿇고 스님의 오계 법문을 들었다. 필자는 긴 법문이 끝나자 발이 심하게 저려오지만 몇 가지 질문을 하였다. 무엇인 나인지와 관련하여 필자는 '나란 생각이 있으니까 존재하지 않는가요?' 라고 반문했다. 그러자 스님께서는 무엇보다도 중요한 것은 그렇게 생각하는 고놈을 아는 것이라면서, 정말로 '너가 똑똑하다면 참된 나가 무엇인지'를 찾아서 편지를 하라고 했다. 그러면 스님께서는 답장을 해주시었다.

정광아 보아라.
때마침 중춘이라 日氣는 화창하고 萬物이 싹이트는 이때에 너의
手書를 바다보니 반갑고 文字 그대로 天眞스러운 말솜씨로 네의 心
相을 볼수 잇는 것이 아름다웠다. 스님은 별고 없으며 대중스님들
정진 잘 하니 행락으로 생각한다.
불교를 모른다고 서신에 썼는데 佛敎는 覺敎이다. 깨우치는 교다.
사람마다 나다. 나다. 하지만은 너에게 어느 것이 나인가 무르면 무
엇이라 답할 것인가. 모든 사람들이 自我喪失 속에 살고 있지 않은
가. 그래서 自我를 깨우치는 것이 바로 覺이라 佛이라 이름한다. 肉

身은 假我요 心性은 眞我이니 참나를 깨우치도록 노력하는 것이 바로 불교이다.

나라고 하지만 어느 것이 참나인고 알고파서 의심하는 것이 바른 修行이요. 經典이나 念佛等은 바른 길이 아니라 도라가는 길이다.

一乘敎는 參禪이고 其他 것은 二乘敎에 속한 것이다. 그래서 이뭣고 話頭를 하라는 것이다. 이 몸을 운전하는 主人公이 있으니 맘이다 넋이다 영혼이라 하나 이름이니 마음도 아니다. 부처도 아니다. 물건도 아니다. 虛空도 아니다. 四가지로 부정하면 무엇일까 하는 의심이 간절하여 가나 오나 앉으나 서나 누나 다니나 끊어지지 안토록 의심하면 쉽사리 깨우채진다. 이것이 바른 佛敎이다.

올바른 길을 한권 보내니 七曜日을 七波羅密로 고치에서(고쳐서) 新生活하는 法이다. 날마다 그날의 것을 일으고(읽고) 실천하여라.

一九七六年 二月 十日 九山答

이 편지에서 1976년 2월은 필자가 대학에 들어간 해이다. 당시에 우연히 일간신문에 게재된 스님의 인터뷰 기사를 읽고 필자는 불교가 무엇인지를 알지 못한다는 것과 스님께서 인터뷰 기사에서 중시한다는 『화엄경』의 가르침의 대요가 무엇인지 궁금증이 일어나서 편지를 보냈었다. 그런데 답장에서 보듯이 『화엄경』에 대해서는 아무런 말이 없으시고 '무엇이 참된 나인지'를 일상의 생활 속에서 참구하라고 말씀하신 것이다.

　　당시에는 생소하였지만 지금 다시 보면 '일승교(一乘敎)'는 화엄종을 체계화시킨 법장(法藏)이 사용한 용어이다. 그런데 구산선사께서는 참선(參禪) 공부, 곧 화두 참구를 제일의 가르침인 일승교로 삼고 다른 가르침은 돌아가는 이승교로 배분하고 있음을 알 수가 있다. 그리고 대 승불교의 실천덕목인 육바라밀에 만행을 첨가하여 일주일에 대응하는 '칠'바라밀로 변경시켜서 새로운 삶의 기술로서 실천하기를 요청하시 었다.

필자는 이 소책자를 온전하게 다 실천하지는 못했지만, 수첩에 넣고 다니면서 읽었던 기억이 있다. 당시 '무엇이 나인지' 정체성 문제로 심하게 방황을 하던 필자에게 이 소책자는 일상에서 가치 방향을 제공하여 주었다. 아래 시는 필자가 대학 1년이 끝나가던 겨울방학 무렵에 스님께 보낸 편지글이다.

스승이시여!
동네 어귀 개울가 우뚝 선 나뭇가지마다
흰 눈이 소복히 쌓여있습니다.

스님,
어찌하여 거짓된 나, 참된 나를 구분하시옵니까?
달빛 아래 가득히 일어나는
지금 여기.
다음 말을 내뱉는 순간,
깊은 심연으로 눈덩이가 떨어집니다.[61]

이것은 당시에 보낸 편지글을 기억에 의지하여 다시 작성한 것이라 정확하게 일치하지는 않을 수도 있다. 여기서 핵심된 키워드는 '거 짓된 나'와 '참된 나'이다. 참된 나를 찾아서 편지하라는 스님의 법문에 대한 필자의 응답이었다. 아래는 필자의 편지에 대한 스님의 답글이다. 이것은 우편 소인이 1976년 12월 21일로 찍혀있다.

> 요새 學生들이 와서 수련대회를 한다 오너라.
>
> ………
>
> 정광아 보아라.
>
> 하얀 눈이 설설 내리는데 네의 서신 반가웠다. 스님은 별고 없다.
>
> 세월은 흘러가고 나뭇잎은 떨어져도 네의 마음은 변함이 없어.
>
> 나뭇잎이 푸를 때 드른 스님의 목소리가 지금도 생생하구나.
>
> 그 마음이 변화가 없어. 진리는 변함이 없어. 서로가 다르지 않다.
>
> 그러면 변함이 없는 그 마음을
>
> 이름은 알고 있으나 모습을 모르니
>
> 나 나 하고 살지만 나를 모르는
>
> 바보가 아닌가.
>
> 정광아. 예 대답할 줄 아는 그것이 어떻게 생기였나 찾아서 편지하 여라.
>
> 十月二十九日 師 九山答

이 편지는 스님의 글씨를 그대로 옮겨 놓은 것이다. 여기서 정광 은 3년 전 고등학교 때 미소실에서 스님께 받은 법명이다. 필자는 이 편 지를 받고 충격과 함께 눈앞의 방안이 환해지는 놀라운 경험을 하였다.

그날 온종일 행복감과 함께 깊은 환희로운 하루를 보냈다. 나중에 이런 경험을 말하자, 스님께서는 십우도를 이야기하면서 소의 발자국을 발견하였다고 평가를 하였다.

그러나 필자는 '변함없는 마음, 그것이 어떻게 생겼는가?'라는 다음 질문에 결국 오랫동안 걸려 넘어졌다. 필자는 '마음을 알았지만, 그것이 어떻게 생기었나?' 질문에 답변을 찾아서 편지를 했지만, 그것들은 스님에 의해서 모두 부정되고 자신을 알지 못한 채로 하는 말은 '귀신의 방귀'와 같다고 했다.

淨光아 보아라.
참된 인간은 말이 없다. 말이 많이 하면 쓸말이 적기 때문이다. 네가 불교를 알고 싶거든 꿈을 깨고 싶거든「見聞覺知」보고 듣고 감각하는「雜念」망상을 쉬여라. 웨 쉬라 한가. 모든 것이 환상을 실상으로 착각한 까닭이다. 만일 네가 무엇 한가지라도 주장할려면 첫째 너 자신부터 알고 말을 해야 실효가 있다.

사람마다 나름대로 나란 멋에 살건만은
이 몸은 언젠가는 한줌재가 아니리.
묻노라 정광아, 어느 것이 참 나인고.

나란 정의와 한계와 가치를 알고 보면 말 없는 가운데 千마디 萬마디 말들이 표현된다. 바람 불고 달이 밝은 데에서 무한의 설법이 있다. 그러나 나도 모르면서 하는 말들은 새가 울고 귀신 방기와 같다. 그러니 나부터 알어라.

一九七七年 一月 十八日 九山答

뚫리는 듯하다가 다시 절벽에 막히었다. 이후로 대학을 졸업하고 교사가 되었던 필자는 방학이 되면 수련회를 참석하여 스님을 계속적으로 친견하고 점검을 받았다. 여기서 잠깐 필자의 종교적 경험을 말하면, 소발자국을 발견했다는 이후로 경이로운 경험을 2번을 더 경험하였다. 두번째는 극장에서 영화 벤허를 보다가 예수가 '그들을 용서하소서. 그들은 그들이 하는 짓을 모르나이다.'라는 말씀을 듣는 순간 어두운 극장 안이 온통 환하게 밝아지는 놀라운 경험을 했다. 그리고 3번째는 송광사 수련회에서 좌선을 끝내고 산책을 하는 도중에 일어났다. 불일암의 가파른 산길을 오르고 있었는데 갑자기 몸이 점점 가벼워지면서 온 천지가 환희로움으로 가득 찬 경험이었다. 그날 말없는 가운데 일체가 법을 설하고 있음을 분명하게 경험을 하였다. 나중에 스님께서는 왜 이제 왔느냐며 환하게 웃으시면서 고개를 끄덕이셨다.

필자는 마지막으로 1983년 여름수련회에 참석을 했다. 이 여름 수련회를 시작하기 전에 늘 하던 대로 삼일암으로 가서 개인적으로 스님께 삼배의 인사를 했다. 그러나 이날은 스님의 태도가 달랐다. 필자를 전혀 모른 사람처럼 대하였다.

"어디서 왔느냐?"

이 목소리는 고요하면서 낮고 따뜻했지만, 그 속에는 위엄이 담겨 있었다. 필자는 아무런 대답을 못했다. 분명하게 스님께서는 내(필자)가 어디에서 왔는지를 알고 계신다. 그러나 이것은 분명하게 내가 살고 있는 장소를 묻는 질문이 아니었다. 필자는 입을 뗄 수가 없었다. 물론 이 질문은 수련대회 기간중에 필자의 중요한 과제가 되었다. 수련회가 끝나고 필자는 다시 삼일암에 가서 인사를 했다.

"이제 갈 거니?"

스님께서는 마찬가지의 낮고 따뜻한 목소리로 물었다. 물론 왔으니 가야 할 시간이다. 그러자 필자는 기다렸다는 듯이, 곧장 "아니요. 가지 않을 건데요." 라고 대답을 했다. 그러자 스님께서는 다시 물었다.

"그러면 여기서 살 거니?"

필자는 다시 대답을 했다. "아니요, 갈 것입니다. 가서 할 일이 있어요." 필자는 이 대답을 하고, 갑자기 눈물이 나서 스님 앞에서 많이 울었다. 스님은 고개를 끄덕이셨다. 필자는 그 자리에서 스님께 눈물로서 출가할 것을 약속하였다. 삼일암 미소실에서 나오는데 스님께서 일어나시어 밖으로 배웅 나오셨다. 필자는 여름 햇살이 비치는 마당 땅바닥에서 스님께 일배를 올렸다. 그러자 스님은 말없이 세숫대야를 가리켰다. 필자는 세숫대야에 손을 씻고 보니, 스님께서 삼일암 뜰앞에 '뒷모습'으로 서 계시었다. 당시에는 이게 뜻밖에 스님과의 작별이었음을 알지 못했다. 그해 1983년 10월 필자는 다음과 같이 스님께 마지막이 된 편지를 보냈다.

가을날
청명한 하늘의 바람 따라
코스모스가 흘러갑니다.

삼일암에
거꾸로 선 스님의 뒷모습
단지 이뿐인가요.

옆집 아해 일동이
저녁노을 다리 건너
소 몰고 집으로 돌아옵니다.[62]

이 편지는 봉투에 필자가 당시 거주지의 주소를 쓰지 않았다. 그리고 정광이란 법명도 기록하지 않았다. 이것은 '어디서 왔느냐?' 질문과 '변함없는 마음이 어떻게 생겼느냐?'는 스님의 질문에 대한 필자의 응답이었다. 물론 당시에는 컴퓨터가 없었기에 손글씨 펜으로 작성하여 보냈다. 그리고 필자는 그해 가을이 지나고 12월에 신문을 통해서 스님의 입적하신 소식을 들었다. 스님의 열반 게송은 이렇다.

온산의 단풍이 봄꽃보다 붉으니, 萬山霜葉紅於二月花
물물마다 큰 기틀을 온통 드러냈구나. 物物頭頭大機全彰

생(生)도 공하고 사(死)도 공하니, 生也空也兮死也空

해인삼매 중에 미소 지으며 가리라. 能仁海印三昧中微笑而逝

　늘 항상 옆에 계실 것으로 착각을 했나 보다. 스님의 입적은 매우 큰 충격을 주었다. 그러면서 스님과의 마지막 모습을 잊을 수가 없다. 스님께서는 죽음을 예감하시고 배웅을 했고, 마지막엔 '침묵의 뒷모습'을 의도적으로 보여주심으로 인하여, 게송처럼 제자에게 큰 기틀을 온통 드러내셨다. '오는' 것도 '가는' 것도 없으시면서 일체를 온통 '드러낸' 웅장한 해인삼매, 일체가 그대로 진리의 세계임을 죽음과 함께 보여주시었다. 지금도 다시 눈물이 난다. 그 다음 해에 필자는 출가를 위해서 교직 생활을 그만 두었다.

　필자의 경험으로 볼 때, 간화선을 포함하여 모든 영적 순례의 명상 길에서 핵심된 구성요소는 문답과 점검이다. 간화선은 질문과 응답으로 이루어진 삶의 예술이다. 삶의 중요한 순간에 이루어지는 '질문'은 결국은 내적인 '반조(返照)'로 이끄는 단서가 된다. 필자는 구산선사의 점검시스템을 열반 게송에서 표현되었듯이, 일체가 공이라는 '공적(空寂)'과 진리가 그대로 드러나는 긍정성으로서 '영지(靈知)'라는 두 단계로 크게 이해한다. 이것은 결국 구체적인 견성체험에로 인도하고 그것을 정확하게 체크한다는 점에서 중요한 관점이다. '공적'이 공사상에 근거한 사량분별의 부정을 뜻하지만, 반대로 반조로서 '영지'는 영적인 깨달음의 긍정성을 의미한다.

　마지막, 세번째로 구산선사가 강조한 영역은 화엄의 '법계'이다. 내면의 본성/자성으로서 공적영지는 공적이 선정으로, 영지가 지혜로 연결되기에 초기불교 경전에서 말하는 '정혜'와 『육조단경』으로는 '자성정혜'에 해당된다. 그러나 '공적영지'라는 것도 일종의 점검하기 위한 과정으로서 체험되지 못하면 그 자체로 온전하게 일상에서 다 드러나지 못한다. 사실 스승의 은총이 없이는 깨달음도 없다. 깨달음의 삶이란 '걷고 서는' 그 자체로서 일상에서 그대로 온통 다 드러남이다. 『화엄경』을 중시하는 구산선사는 이런 법계를 '해인삼매'란 용어를 사용한다. 이것은 분명하게 교외별전의 내용이다.

이상으로 현대 한국의 간화선은 불성사상(진아), 공적영지(정혜), 화엄의 법계연기를 계승하여 실천체계를 확립한 점에서 고유한 특징을 갖는다. 간화선 화두의 성격 혹은 심리학적인 의미는 다양한 관점에서 이해할 수가 있겠지만, 화두는 의심을 통한 사량분별의 배제, 반조에 의한 지금/여기의 직면, 본성에의 접촉, 깨달음의 체험과 같은 과정을 거친다. 물론 이것은 초기불교와 『육조단경』 이래로 한결같이 전승된 마음의 선정과 지혜의 길을 개발하는 방식이기도 하다.

하지만 화두가 개인의 내면에서 어떤 심리학적인 의미를 가지기 위해서는, 또한 오늘날 간화선이 부활하기 위해서라도 당송대의 공안에서 그 출발점을 잡지 말고, 바로 지금/여기의 현재 자신의 문제로부터 결택하여 참구해야할 과제를 가진다. 저기에 그냥 남의 이야기가 아니라, 공안은 나의 문제이고 나의 삶이고 나의 이야기여야 한다는 점이다. 이렇게 자신의 실존적인 과제로서의 절박한 문제의식이 중요하다. 이런 문제의식이 없으면 간화선은 성립 기반이 무너진다. 그래서 모든 간화선 지도자들은 공안에 대한 절박한 자기의심, 동기부여를 강조할 수밖에 없다.

쟁점으로 살펴보는 현대 간화선

이렇게 하여 성립된 화두는 바로 의심을 본질로 하고, 의심이 있으면 화두이고 의심이 없으면 그것은 지나가는 개소리에 불과하다. 그래서 구산선사는 좌선을 해석하면서, 반복적으로 의심하여 화두가 마음속에 자리 잡는 것을 '좌(坐)'라 하고, 그 결과로서 화두를 계속적으로 일상에서 참구하는 것을 '선(禪)'이라고 정의한다. 이런 정의를 기준하여 보면, 좌선이란 앉아서 하는 수행법이기도 하지만, 오히려 바쁘게 돌아가는 일상에서 화두를 참구하는 공부법이다. 이점은 대혜종고가 강조했던 정신이기도 하다.

V. 맺는말

본고는 간화선에서 화두참구의 과정을 심리학적인 측면에서 이해하려고 노력했다. 첫 번째로 먼저 화두의 조작적인 정의로서 '수행자가 지금여기 현재에서, 인간의 본성에 관해 절실하게 의심하고 참구하는 실존적 자기문제'로 하고, 불성과 영성을 공적영지로 이해하고 점검시스템은 한국 간화선의 고유한 특징으로서 오늘날 심리학에서 대두되는 영성과 자아초월의 심리학과 연결됨을 논의했다. 그리고 이것이 상담상황에서 어떻게 사용되고 있는지를 알아보기 위해서 수용전념치료의 경우를 소개했다.

두 번째로 간화선의 수행체계는 누가, 무엇을, 어떻게라는 세 관점을 가지는데, 이는 분심, 믿음, 의심이라는 전통적인 화두참구의 3요소와 상응함을 살펴보았다. 화두참구의 심리학적인 성격은 '자기 본성에 대한 의심과 탐색', '사량분별의 배제', '지금여기에의 직면과 접촉', '깨달음과 초월' 등으로 이해했고, 특히 당대에 성립한 이뭣고와 송대에 발견된 무자공안의 성격적 차이점을 논의했다. 이후 간화선이 단순화되고 형식화되면서 선문답의 활발성을 상실한 점을 지적했다.

세 번째는 한국의 화두참구에 대한 전통적인 이해의 방식은 보조, 나옹, 한암으로 이어졌다는 점과 특히 구산선사의 점검체계를 필자의 사례를 중심으로 대략적으로 소개하였다. 화두참구의 핵심을 문답과 점검으로 보고 그것을 생멸심의 차단에 의한 '공적', 그리고 무기에 떨어지는 것을 방지함으로써 오는 '영지'를 체득하는 과정임을 설명했다. 그럼으로써 지금여기가 별도로 전하는 교외별전임을 제시하였다.

1 정성본(2005), 『간화선의 이론과 실제』(서울: 동국대학교출판부).

2 월암(2006), 『간화정로』(부산: 현대북스).

3 정성본, 앞의 책, p.225, p.294, p.298.

4 위의 책, p.242.

5 위의 책, p.300.

6 위의 책, p.306.

7 월암, 앞의 책, p.467.

8 위의 책, pp.471-493.

9 인경(2005), 「공안선과 간화선」, 『철학사상』제지호(서울대학교 철학사상연구소).

10 『大慧語錄』(大正藏48, 892下), "莫愛諸方奇言妙句 宗師各自主張 密室傳授底 古人公案之類 此等雜毒."

11 『佛光辭典』, p.1314, "公案中大多有一個字或一句話供學人參究之用者, 稱爲「話頭」."

12 https://www.who.int/

13 Neera Dhar, SK Chaturvedi, and Deoki Nandan. Spiritual Health Scale 2011: Defining and Measuring 4th Dimension of Health, Indian J Community Med. 2011 Oct-Dec; 36(4): 275-282.

14 Richardson P. "Spirituality: The New Frontier", Psychological Testing at work. In: Hoffman E, editor. New York: MC Graw Hill; 2002. p. 138. Chapter 12. [Google Scholar], "Addressing the scientific link between religion, spirituality and health has too often been a 'forgotten subject' or avoided for irrational, emotional or 'political' reasons. It is time for the scientific community to integrate religious and spiritual factors, which have guided human behavior over centuries, into health and human sciences."

15 한국교회사연구소, 『한국가톨릭사전』제9권, pp.625-626.

16 이부영(2005), 「오늘날 영성은 정신과 영역에서 어떤 의미를 갖는가-지정토론」, 『사회정신의학』제10권 제2호, 대한사회정신의학회, p.84.

17 Marsha Wiggins Frame(2003), *Integrating Religion and Spirituality into Counseling*, Brooks/Cole Press, pp2-33. 특히 저자는 영성의 문제를 자아초월심리학과 연결시켜서 종교와 상담이나 심리학을 통합하는 최근의 접근방식을 보여준다.

18 Michael Downey(1997), *Understanding Christian Spirituality*, Paulist Press, 18-45.

19 Len Sperry and Edward P. Shafranske ed.(2005), Spiritually Oriented Psychotherapy, American Psychological Association, p.53.

20 Abraham H. Maslow(1996). "Critique of self-actualization theory". In E. Hoffman (ed.).

Future visions: The unpublished papers of Abraham Maslow. Thousand Oaks, CA: Sage. pp. 26–32.

21 Abraham H. Maslow(1964). *Religions, values, and peak experiences*. New York: Penguin.

22 ibid, Indian J Community Med. 2011 Oct–Dec; 36(4).

23 安藤治(2006), 『心理療法としての佛教』, 京都: 法藏館, p.247.

24 Takeuchi Yoshinori, ed.(1993), *Buddhist Spirituality* : World Spirituality 8vols, (New York: Crossroad), 9-25. 여기서는 초기불교와 대승불교의 입장에서 보는 불교의 영성문제를 다루었고, 선불교의 경우는 다루지 않고 있다.

25 『大寶積經』(『大正新修大藏經』卷6, 222c), "如來以淨天眼觀察 一切無量佛土諸含靈性."

26 보리류지(菩提流志, Bodhiruci)는 인도사람으로, 정확하지는 않지만 572년에 태어나서 727년에 입적한 승려이다. 남인도의 바라문 출신으로 성은 가섭(迦葉)이다. 영순 2년(683) 당의 고종은 그의 명성을 듣고 사신을 보내 그를 맞아들였다. 고종은 그 해 죽고 권력은 측천무후의 손에 들어갔으나 무후도 역시 불교에는 매우 열성적이었기 때문에 보리류지를 낙양의 복선사(福先寺)에 머물게 했다.

27 산스크리트어로는 Aksobhya-Tathāgata이다. 불교에서 분노를 가라앉히고 마음의 동요를 진정시키는 부처이다. 아촉불은 음역으로, 의역하면 부동(不動)·무동(無動)·무노불(無怒佛)이라 한다.

28 한국교회사연구소, 『한국가톨릭사전』제9권, pp.625-626.

29 Oxford English Dictionary.

30 『大正藏』卷20, 648b, "此平等法性一乘妙心 一切衆生聲聞緣覺菩薩諸佛 悉皆共稟 云何於異生界等 此一靈性念念處輪迴."

31 『大正藏』卷36, 983c, "若心淨者便爲淨土 名第一義天 一切智天 非如五行生滅天也 此天神是應眞名神爲明 修行昇進漸智通靈性."

32 『修心訣』, 『普照全書』, "諸法如夢 亦如幻化 故妄念本寂 塵境本空 諸法皆空之處 靈知不昧 卽此空寂靈知之心 是汝本來面目 亦是三世諸佛 歷代祖師 天下善知識 密密相傳底法印也."

33 『修心訣』, 같은 책, p.36, "且入理多端 指汝一門 令汝還源 汝還聞鴉鳴鵲噪之聲麼 曰聞 曰汝返聞汝聞性 還有許多聲麼 曰到這裏 一切聲一切分別 俱不可得 奇哉奇哉 此是觀音入理之門."

34 『雜阿含經』(T2, 54a), "眼緣色 生眼識 三事和合觸 觸緣受"; SN(PTS P.72.), "Cakkhuñca paṭicca rūpe ca uppajjati cakkhuviññāṇaṃ. Tiṇṇaṃ saṅgati phasso. Phassapaccayā vedanā.", MN(PTS P.112.), "Cakkhuñcāvuso paṭicca rūpe ca uppajjati cakkhuviññāṇaṃ. Tiṇṇaṃ saṅgati phasso. Phassapaccayā vedanā."

35 Vaughan, Wittine, & Walsh(1996), *Transpersonal psychology and the religious person*. In Marsha Wiggins Frame(2003), ibid, p.5.

36 인경(2009), 「수용 및 전념치료(ACT)의 명상작업」, 『명상치료연구』제3집(한국명상치료학회).

37 Patricia A. Bach, Daniel J. Moran, 2008, ACT in practice: Case conceptualization in Acceptance and Commitment Therapy. Oakland, CA: new harbinger publication. p.198.

38 Robert D. Zettle, 2007, Act for Depression: A Clinician's Guide to Using Acceptance and Commitment Therapy in Treating Depression, Oakland, CA: New Harbinger. p.150.

39 『大慧語錄』(T47, 924), "參政公想日日相會 除圍碁外 還曾與說著這般事否 若只圍碁不曾說著 這般事 只就黑白未分處 掀了盤撒了子 卻問他索取那一著 若索不得 是眞箇鈍根漢 姑置是 事."

40 景德傳燈錄(T51, 257a), "馬祖睹其狀貌瑰偉語音如鐘 乃曰 巍巍佛堂其中無佛 師禮跪而問曰 三乘文學鸁窮其旨 常聞禪門卽心是佛 實未能了 馬祖曰 只未了底心卽是 更無別物 師又問 如何是祖師西來密傳心印 祖曰 大德正闕在 且去別時來 師才出 祖召曰 大德 師迴首 祖云 是什麼 師便領悟禮拜."

41 위의 책, p.264b, "百丈云 汝撥鑪中有火否 師撥云 無火 百丈躬起深撥得少火 舉以示之云 此 不是火 師發悟禮謝陳其所解."

42 위의 책, p.255, "問狗子還有佛性否 師云有 僧云 和尙還有否 師云 我無."

43 『五祖法演語錄』(T47, 665中下), "大衆爾諸人 尋常作麼生會 老僧尋常只舉無字便休 爾若透得 這一箇字 天下人不奈爾何 爾諸人作麼生透 還有透得徹底麼 有則出來道看 我也不要爾道有 也不要爾道無 也不要爾道不有不無 爾作麼生道 珍重."

44 『無門關』(T48, 293a), "麼將三百六十骨節 八萬四千毫竅 通身起箇疑團 參箇無字 晝夜提撕."

45 柳田聖山, 「禪思想의 成立」, 『無의 探究-中國禪』; 안영길, 추만호역(1989), 『선의 사상과 역사』(서울: 민족사), p.150.

46 인경(2000), 『몽산덕이와 고려후기 선사상연구』(불일출판사), p.196.

47 김방룡(2014), '보조지눌의 공적영지와 왕양명의 양지의 비교연구', 「동서철학연구71」, 한국동서 철학회; 한자경(2018), 『마음은 이미 알고 있다: 공적영지』, 김영사; 강건기(1982), '신비(paradox)를 통해서 본 지눌의 공적영지심', 「한국불교학7」.

48 인경(1999), 「지눌 선사상의 체계와 구조」 『보조사상』제12집, pp.215-220.
   『修心訣』, 앞의 책 p.35. "妄念本寂 塵境本空 諸法皆空之處 靈知不昧 卽此空寂靈知之心 是 汝本來面目 亦是三世諸佛 歷代祖師 天下善知識 密密相傳底法印也."

49 『修心訣』, 앞의 책 p.32. "答在汝身中 汝自不見 汝於十二時中 知飢知渴 知寒知熱 或瞋或喜 竟是何物 且色身是地水火風四緣所集 其質頑而無情 豈能見聞覺知 能見聞覺知者 必是汝 佛性."

50 같은 책, p.33. "因此公案 若有信解處 卽與古聖 把手共行."

51 같은 책, p.34. "一念廻光 見自本性."

52 같은 책, p.35. "且道畢竟 是誰能伊麼運轉施爲耶."

53 같은 책, p.36. "汝返聞汝聞性 還有許多聲麼."

54 懶翁和尙語錄(韓佛全6, p.727), "示覺悟禪人 念起念滅 謂之生死 當生死之際 須盡力提起話頭話頭純一則起滅即盡 起滅盡處謂之靈靈中無話頭則謂之無記 靈中不昧話頭則謂之靈 即此空寂靈知 無壞無雜 如是用功 不日成功."

55 그런데 한암선사가 인용한 이 부분은 『나옹화산어록』과 약간의 차이점이 발견된다. 나옹화상에게서 발견되지 않는 공적의 부분이 『한암일발록』에는 발견된다. 그것은 다음과 같다. 『漢巖一鉢錄』 p.42, "念起念滅 謂之生死 當生死之際 須盡力提起話頭 生死即盡 生死即盡處 謂之寂 寂中無話頭 謂之無記 寂中不昧話頭 謂之靈 只此空寂靈知 無壞無雜 不日成之."

56 인경(2009), 「한암선사의 간화선」(한암사상연구원), p.13.

57 九山禪師法語集『石獅子』(1980), p.42.

58 『六祖大師法寶壇經』(T48, 359c) "一日 師告衆曰 吾有一物 無頭無尾 無名無字 無背無面 諸人還識否" 이 문답은 敦煌本『六祖壇經』에는 없다. 德異本에서 발견된다. 한 물건에 대한 사상은 그래서 송나라 선종의 문제였다.

59 『修心訣(1989)』, p.32, "答在汝身中 汝自不見 汝於十二時中 知飢知渴 知寒知熱 且色身是地水火風四緣所集 其質頑而無情 豈能見聞覺知 能見聞覺知者 必是汝佛性 或瞋或喜 竟是何物."

60 『大慧禪師語錄』(T48, 935bc), "士大夫學此道 卻須借昏鈍而入 若執昏鈍 自謂我無分 則爲昏鈍魔所攝矣 蓋平昔知見 多以求證悟之心 在前作障故 自己正知見不能現前此障亦非外來亦非別事 只是箇能知昏鈍底主人公耳 故瑞巖和尙居常在丈室中自喚云 主人公 又自應云喏 惺惺著 又自應云喏 他時後日莫受人謾 又自應云 喏喏 古來幸有恁麼傍樣 謾向這裏提撕看 是箇甚麼 只這提撕底 亦不是別人 只是這能知昏鈍者耳 能知昏鈍者 亦不是別人 便是李寶文本命元辰也."

61 인경스님(2018), 『순례자의 은빛나무』, 명상상담연구원. p.29.

62 같은 책, p.55.

결론

　본서는 지금까지 쟁점들을 중심으로 간화선의 철학적 기초, 간화선의 확립과정, 간화선의 수행체계 등의 핵심된 과제를 살펴보았다. 처음 제1부는 간화선의 철학적 기반으로 제1장이 명상붐의 전개와 불교계의 대응, 제2장이 간화선과 위빠사나의 비교, 제3장이 대승불교의 성립과 비판불교의 비판을 다루었다.

　다음으로 제2부는 간화선 사상의 확립을 다루었는데, 제4장이 하택신회의 견성사상, 제5장이 마조의 평상심시도, 제6장이 종밀의 사종선과 송대 교외별전 사상, 제7장이 대혜종고의 간화선 확립, 순서로 논의하였다. 간화선이 확립되는 사상의 역사적인 과정을 따라서 핵심 인물의 사상을 논술하였다.

　마지막으로 제3부는 간화선 수행의 쟁점을 거론하였다. 여기서는 수행의 핵심되는 쟁점을 논의하였는데, 제8장이 공안선과 간화선, 제9장이 간화선과 돈점 문제, 제10장이 화두참구의 수행체계 등을 배치하였다.

　제1장에서 명상붐을 선택한 이유는 전체적인 사회적인 동향을 언급할 필요성 때문이다. 어떤 사상이든지 사회적인 변화와 함께 대두되기 때문에 더욱 그렇다. 여기서 주요 쟁점은 명상붐이 형성되는 과정을

어떻게 분류하고 중요한 특성을 제시할 것인가 문제이다. 필자는 1970년대 명상의 유입기-민주화운동과 돈점논쟁, 1990년대 명상의 대중화 시기-간화선과 위빠사나의 논쟁기, 2010년대 명상붐의 토착화 시기-상담과 심리치료의 활용이란 3단계로 분류하여 고찰하였다.

제2장에서는 위빠사나와 간화선의 비교인데, 이들은 수행론이기에 제3부에 뒤쪽으로 배열해야 하지 않을까 했지만, 위빠사나와 간화선의 특질을 잘 드러내기 위해서는 서로 비교하는 것이 좋고 역사적으로 위빠사나 수행이 먼저 성립된 관계로 제1부 앞장에서 다루었다. 양자의 중요한 차이점을 나열하면, 위빠사나가 주로 몸과 마음이라면, 간화선은 본성, 불성을 그 대상으로 한다는 점이다. 그렇다 보니 이들의 수행론은 근본적으로 서로 다른 관점에 놓여 있다. 위빠사나는 대상의 존재를 인정하면서 그것을 관찰하는 방식을 선택한 반면에 간화선은 관찰이 아니라 화두의 의심을 통한 체험적인 깨달음을 강조한다.

이것은 결코 무시할 수 없는 차이점이다. 근본적인 패러다임이 다른 철학과 수행론을 보여준다. 그러나 이런 차이점 때문에 오히려 서로에게 보완적인 관계를 가질 수가 있다. 인간이란 몸/마음뿐만 아니라, 성품이나 영성과 같은 보다 초월적인 측면도 있음을 인정할 수 밖에 없다. 성품은 몸과 마음에 의해서 현실에 뿌리를 내리고, 몸과 마음은 성품에 의해서 보완되어야 스스로의 한계에서 해방될 수가 있다.

제3장에서는 먼저 대승불교의 성립과 사상적인 특성을 이해하려고 노력했다. 대승불교의 성립을 승단의 대중부, 재가자 중심의 불탑신앙, 대승경전의 출현, 명상체계의 확립이란 4가지 관점에서 정리하였다. 비판불교의 비판에 대해서는 『열반경』과 『능가경』의 대승경전에서

불성을 커다란 공[大空]이나 자비로 이해하고 분명하게 아트만적으로 해석을 하지 말라고 경고한다. 다음에 불성과 여래장의 이해에 대한 비판불교의 아트만적 이해가 매우 잘못된 해석임을 지적하고, 마지막에는 초기불교적 관점과 대승불교의 관점을 어떻게 통합할 수 있는지 역사적으로 나타난 사상들을 고찰하였다.

제4장은 하택신회의 견성사상을 다루었다. 일단 간화선의 철학적인 기반을 몸/마음보다는 초월적인 성격을 가진 본성, 불성, 영성에 두고 있다면, 이런 관점을 확립한 인물로서 중국 선종사에서 하택신회의 선사상에 주목할 수밖에 없다. 하지만 후대에서는 신회의 선사상을 과도하게 비판한다. 이것은 혜능과 신회를 구별하고 자신들이 혜능의 후손이지, 신회가 아님을 강조할 목적이 컸다. 그러나 20세기에 돈황굴에서 신회의 어록이 다수 발견됨으로써 신회에 대한 객관적인 평가를 할 수가 있게 되었다.

여기에 근거하여 보면, 신회의 선사상은 본성, 불성에 기초하고 있으며, 불성에 대한 知뿐만 아니라, 見을 강조하고 있음이 밝혀졌다. 다시 말하면 신회를 지해종도로 폄하한 것은 종밀과 송대 임제종의 의도적인 평가였다는 점이다. 오늘날 선종의 모토로서 견성성불이 자리잡는데 중요한 역할을 한 하택신회의 역사적인 공헌은 인정되어야 할 것이다.

제5장은 마조의 평상심시도이다. 마조의 평상심시도를 비판한 이는 불교 내부에서는 종밀이고 밖으로는 성리학자들이다. 이들은 작용만을 강조하는 마조의 조사선이 사회적인 윤리적 기준을 세울 수 없음을 비판한다. 이점에 대해서 필자는 현존하는 마조어록을 분석하여 마

조의 사상에서 윤리적인 고려가 없다는 기존 비판은 잘못된 이해임을 근거를 들어서 다시 비판한다. 『기신론』에 대한 해석에서도 종밀이 진여문과 생멸문의 두 가지의 구별에 지나치게 강조한 반면에 마조는 일심의 통합을 강조한 점을 적시하였다.

제6장은 송대 임제종의 종밀비판 부분으로서 교외별전은 북송대 임제종의 황룡파에 의해서 종밀의 화엄철학을 비판하면서 성립되었다고 본 것이다. 종밀의 화엄철학은 크게 두 부분으로 구별된다. 하나는 법통문제를 중심으로 한 선종사에 대한 인식이고, 다른 하나는 마음과 수행의 문제이다. 그러나 각범을 비롯한 송대 임제종은 종밀의 선교일치적 관점을 비판하면서 교외별전의 교의를 확립시켰다고 보여진다. 종밀은 화엄교학에 기초하여 知一字로서 선과 교를 회통하는 중요한 도구로 사용한다. 하지만 송대의 임제종은 知一字는 분별이고 온갖 재난의 문이라고 혹평한다. 왜냐하면 화엄종에서 의미하는 知의 개념으로는 참다운 교외별전의 입장에 계합하지 못한다고 보았기 때문이다.

제7장에서는 대혜 간화선의 특징을 검토했다. 대혜 간화선은 지금 여기의 직관적인 경절의 가풍을 계승하고 있다. 선대의 언구를 의심함으로써 사량분별을 끊어서, 궁극의 일구에 직입하는 공부법이다. 첫째는 곧 사량분별하지 않고 곧장 진리에 계합하는 직관의 방식을 강조한 것이라면, 둘째는 이런 분별을 끊어내는 구체적인 실행은 일구에 대한 자각에 의해서 이루어진다는 것이다. 대혜의 일구는 삼구를 비롯한 일체의 분별을 잘라내는 파사의 측면과 반대로 삼구를 통합하여 일체를 드러내는 현정의 측면을 포함한다. 셋째는 간화선에서 가장 중요한 방법적인 요소는 의심함에 있다. 고칙 공안이 제기하는 일구를 의심함으

로써 비로소 객관적으로 저기에 던져진 공안은 비로소 실존의 문제로서 닥쳐오고 심각한 생사의 해결과제로서 화두가 된다. 그러므로 객관적으로 유산으로 남겨진 판례로서의 공안과 수행하는 개인에게 내면화된 문제로서의 화두는 구별될 필요가 있다. 이런 구별은 간화선의 진정한 의의가 결국 공안보다는 화두에 있음을 보여주는 것이다.

제8장에서는 공안선과 간화선을 엄격하게 구별했다. 교외별전에 대한 접근방식의 대표적인 것이 문답이다. 교외별전의 불성, 영성에 대한 문답이 바로 공안선을 확립시켰다. 공안이 고인의 선문답의 사례라면, 화두는 공안 가운데 핵심이 되는 언구를 가리킨다. 원오극근은 선대의 공안을 긍정적으로 평가하고, 그것을 학인들에게 공부하는 방법으로 활용했다. 당대의 공안이 일차적인 현성공안이라면 원오극근이 사용한 방식은 이차적인 활용인데 공안에 대한 잘못된 이해를 배격하고, 공안이 가지는 낙처를 물어서, 수행과 수행을 점검하는 기준으로 삼았다. 이것을 공안선이라고 부른다.

반면에 대혜종고의 경우에는 대체로 원오극근의 사용방식을 계승하고 있지만, 공안을 철저하게 부정한 점에서 크게 다른 점이다. 그는 고인의 공안을 삿된 마귀, 불태울 쓰레기, 수행자의 안목을 장애하는 독으로 묘사하면서, 화두에서 의심을 일으켜야 함을 강조했다. 공안에 대한 송대의 탐색이 온전하지 못하고 여전히 분별적인 방식을 벗어나지 못한다고 본 것이다. 언어적인 분별이 없는 화두에서 비로소 영적인 깨달음이 있다고 본 바로 이점이 대혜종고의 고유한 특징이다. 그렇기 때문에 선사상사에서 진정한 간화선은 대혜종고에 의해서 확립되었다고 평가하는 것이 정당하다.

제9장은 간화선 수행론에 대한 논쟁이다. 간화선의 수행과정은 돈오점수인가 아니면 돈오돈수인가의 문제이다. 이런 문제를 해결하기 위해서는 시야를 넓혀 송, 원대 임제종을 대표하고 한국불교에 지대한 영향을 준 간화선 수행자들인 대혜와 몽산의 간화선 사상을 직접 살펴볼 필요가 있다.

간화선은 남송시대 대혜에 의해서 확립된 수행체계이다. 대혜는 '이치는 단박에 깨닫지만 일은 점차로 이루어진다'고 말한다. 대혜는 이참정에게 깨달음을 인가하면서 깨달은 이후에 이점을 가장 명심할 좌우명으로 삼을 것을 간곡하게 부탁했다. 고려에 깊게 영향을 미친 몽산덕이의 경우도 『몽산법어』와 최근에 북경도서관에서 발견된 『몽산화상보설』에서 대혜와 마찬가지로 '이치는 돈오이지만 번뇌는 점수로서 이루어짐'을 천명했다. 몽산은 매 법문마다 깨달은 이후에 반드시 대종사를 친견하고 몸을 더욱 낮추어서 계속인 수행을 역시 역설하고 있다.

깨달은 이후 점수에 대해서는, 대혜는 깨달았다고 오만하지 말고 오랜 숙세의 장애를 부끄럽게 여겨서, 번뇌의 성품을 그 자체로 깨달아서 번뇌가 발생하는 인연 및 현행하는 업을 바꾸는 공부를 계속적으로 수행하여 가기를 부촉했다. 특히 몽산은 당시 사회에서 중요한 가치관을 대표하는 유교경전이나 도교의 경전을 깨달은 이후에 열람할 것을 권했고, 반드시 오랜 번뇌의 습기를 제거하여 과거의 행리처를 바꾸어야함을 역시 반복하여 당부했다.

오늘날 간화선을 상구보리의 깨달음만을 강조하는 수행론으로 이해한다면, 다른 한 쪽 날개인 하화중생이라는 본래적인 대승의 정신을 망각하게 되어, 결과적으론 간화선의 교단은 개인적인 아집과 독선으로 말미암아 오히려 소승불교에 떨어지는 위험에 처할 수밖에 없다.

마지막 제10장은 화두참구의 수행구조이다. 기존의 화두정의가 과거의 선문답에 한정됨으로써 당송대의 문답에 천착하는 오류가 발생되고, 나아가서 현재의 실존적인 문제와는 무관한 부정적인 측면이 발견되었다. 이런 부분을 해결하기 위해서는 먼저 화두에 대한 현실적인 기능에 초점을 맞춘 조작적인 정의가 요청된다. 그래서 본장에서는 화두를 〈수행자가 지금여기 현재에서, 인간의 본성에 관해 절실하게 의심하고 참구하는 실존적 자기문제〉라고 정의한다. 이것은 현재의 수행자 자신이 자신의 본성에 대해서 직접적인 탐색을 의미하는 누가, 무엇을, 어떻게라는 세 관점을 가진다. 이런 화두참구의 과정은 '자기 본성에 대한 의심과 탐색', '사량분별의 배제', '회광반조', '지금여기에의 직면과 접촉', '깨달음과 초월' 등으로 이해했다.

이렇게 화두를 정의함으로써 화두는 당송대의 과거의 유산에서 현재의 나의 문제에서 비롯된 과제로 자리를 잡을 수가 있을 것으로 기대한다. 왜냐하면 어떤 수행론도 수행자 각자가 처한 현재에서 어떤 유용성을 주지 못하면 점차 대중에게서 멀어져서 끝내는 사라진다는 역사적인 교훈을 기억할 필요가 있다. 오늘날 세속화가 가속되면서, 근원적인 본성으로서 불성/영성을 상실함으로써 인간은 심각한 고통 속에 직면해 있다. 환경문제와 더불어서 생태계의 문제, 산업화에 뒤따르는 인간소외의 문제가 그것이다. 이것은 곧 신령스런 본성, 성품의 문제가 배제되거나 소외되면서 생겨난 문제들이다. 이런 문제는 부분보다는 전체, 분석보다는 직관, 전문화보다는 통합을 지향하는 전체적 관점으로서 영성체험이 요청된다. 우리가 간화선에 기대하는 현대적인 유용성은 바로 이런 가치가 아닌가 한다.

참고문헌

1. 원전자료

Satipaṭṭhānasutta(PTS).

Vsuddhi-Magga(PTS).

Pali-English Dictionary(The Pali Text Society).

https://www.sanskritdictionary.com 雜阿含經(大正藏2).

長阿含經(大正藏1).

唯識三十頌 『成唯識論』(大正藏31)..

首楞嚴經(卍續藏17).

續高僧傳(大正藏50).

楞伽阿跋多羅寶經』(大正藏16).

景德傳燈錄(大正藏51).

神會, 「頓悟無生般若頌」.

入道安心要方便法門(大正藏85).

修心要論(大正藏48).

維摩詰所說經(大正藏14).

涅槃經(大正藏7).

馬祖錄(卍續藏).

禪要(卍續藏經122).

看話決疑論(呑虛本).

大慧普覺禪師書(大正藏47).

禪源諸詮集都序(大正藏48).

中華傳心地禪門師資承襲圖(卍續藏110).

聯燈會要(卍續藏).

大方廣佛華嚴經疏(大正藏36).

大慧普覺禪師普說(大正藏47).

大方廣佛華嚴經隨疏演義鈔(大正藏36).

修心訣(普照全書).

節要私記(普照全書).

禪家龜鑑(韓佛全7).

菩提達摩南宗定是非論(神會語錄).

雜徵義(神會語錄).

頓悟無生般若頌(神會語錄).

顯宗記(神會語錄).

圜悟佛果禪師語錄(大正藏47).

『新版禪學大辭典』(駒澤大學, 禪學大辭典編纂所編, 2000年)..

.敦煌本『壇經』(大正藏).

德異本『壇經』(大正藏).

大涅槃經(大正藏7).

五教章(大正藏45).

圓覺經大疏鈔(卍續藏14).

歷代法寶記(大正藏51).

林間錄(卍續藏148).

古尊宿語錄(北京: 中國佛教典籍刊行, 1994).

智證傳(卍續藏111).

金陵清凉院文益禪師語錄 .

宛陵錄(續藏經119).

傳心法要(大正藏48).

高麗大藏經.

雪峰語錄(續藏經119).

宗門十規論(고경총서) .

禪關策進(大正藏48).

碧巖錄(大正藏48).

圜悟語錄(大正藏48).

大慧語錄(大正藏48).

大慧普覺禪師年普(禪藏32).

狗子無佛性話揀病論(韓國佛教全書6) .

宗門武庫(선림고경총서25).

圜悟心要(선림고경총서30).

林間錄(선림고경총서8).

大乘起信論(大正藏32).

無門關(大正藏48).

楞嚴經(大藏經19).

五祖法演語錄(大正藏47).

懶翁和尙語錄(韓佛全6) .

漢巖一鉢錄(민족사).

金剛三昧經論(T34, 972a)

2. 단행본

강건기, 김호성 편저(1992),『깨달음, 돈오점수인가, 돈오돈수인가』, (서울: 민족사).

강건기(1982), '신비(paradox)를 통해서 본 지눌의 공적영지심', 「한국불교학7」.

구산(1980),『석사자』, (서울: 불일출판사).

김재성역(1992),『지금 이 순간 그대는 깨어 있는가 - 우 빤디따 스님의 가르침』, (서울
    :고요한 소리).

김정빈(1984),『단(丹)』, (서울: 정신세계사).

김학은(1998),『IMF 위기의 처방과 본질』, (서울: 전통과 현대).

신규탁(2013),『규봉종밀과 법성교학』, (서울 : 올리브그린).

성철(1981),『禪門正路』, (서울: 장경각).

안양규(2009),『붓다의 입멸에 관한 연구』, (서울: 민족사).

월암(2006),『간화정로』, (부산: 현대북스).

윤영해(2000),『주자의 선불교비판』연구, (서울: 민족사).

이덕진 편저,『한국의 사상가 - 지눌』, (서울: 예문서원), pp.166-215.

인경(1991),『고엔카 위빠사나 수행법 - 단지 바라보기만 하라』, (서울: 길 출판사).

인경(1994),『普照知訥의 定慧觀研究』, (東國大學校 大學院 碩士學位論文).

인경(2000),『몽산덕이와 고려후기 간화선사상연구』, (서울: 불일출판사).

인경(2006),『화엄교학과 간화선의 만남』, (서울: 명상상담연구원).

인경(2011),『쟁점으로 살펴보는 간화선』, (서울: 명상상담연구원).

인경스님(2012),『명상심리치료』, (서울: 명상상담연구원).

인경스님(2018),『순례자의 은빛나무』, (서울: 명상상담연구원).

임승택(2001),『빠띠삼비다막가 역주』, (가산불교문화연구원).

정성본(2005),『간화선의 이론과 실제』, (서울: 동국대학교출판부).

鄭性本(1991),『中國禪宗의 成立史 研究』, (서울: 민족사).

조명제(2004),『고려후기 간화선 연구』, (서울: 혜안).

지두 크리슈나무르티(1987),『자기로부터의 혁명』 권동수 역, (서울: 범우사).

한국불교문화사업단(2012년 가을호),『템플스테이』15권, (서울: 조계종출판사).

한자경(2018),『마음은 이미 알고 있다: 공적영지』, (서울: 김영사)

楊曾文(1996),『神會和尙禪話錄』, (北京, 中華書局出版).

宋本史朗(1994),『禪思想の批判的硏究』, (東京, 大藏出版).

印順(1983),『中國禪宗史』, (대만).

『朱子語錄』(1983) 卷第126, 黎靖德編, (北京: 中華書局).

胡適(民國57年),『神會和尙遺集』, (台北市, 胡適紀念館).

冉雲華(1988),『宗密』, (北京, 東大圖書公司印行).

安藤治(2006),『心理療法としての佛教』, (京都: 法藏館), p.247.

鎌田茂雄(1965),『中國華嚴思想史硏究』, (東京大學出版會).

鎌田茂雄(1975),『宗密教學의 思想史的硏究』, (東京: 東京大學出版會).

石井修道(1988),『宋代禪宗史の研究』, (東京: 大東出版社),『조계종 수행의 길 간화
    선』, (대한 불교조계종 교육원, 2005년).

鎌田茂雄(1965),『中國華嚴思想史の研究』.

松本史朗(1989),『緣起と空-如來藏思想批判』, (大臟出版),『禪思想의 批判的硏究』,
    (大臟出版, 1994).

松本史郎(1986),「如來藏思想は仏教にあらず」,『印度學佛教學研究』(35-1).

關口眞大(1965),『禪宗思想史』, (東京 : 山喜房).

高崎直道,『シリーズ大乘佛教1-大乘佛教とは何か』, (東京: 春秋社, 2011年).

袴谷憲昭(1989),『本覺思想批判』(大臟出版),『비판불교의 파라독스』, (고려대장경연
    구소, 2000).

平川彰(1991),『原始佛教とアビダルマ佛教』, 平川彰著作集 第2卷, (東京: 春秋社).

平川彰 著作集 (1991),『原始佛教とアビダルマ佛教』, 第2卷, (東京: 春秋社).

舟橋尚哉(昭和51),『初期唯識思想の研究』, (東京: 國書刊行會).

竺沙雅章(2000),『宋元佛教文化史研究』, (東京 汲古書院).

柳田聖山(1985),『語録歷史』, (동방학보 제57).

柳田聖山,「禪思想の成立」『無の探究-中國禪』; 안영길, 추만호역(1989),『선의 사상과 역사』, (서울: 민족사).

柳田聖山,『初期禪宗史書の研究』.

柳田聖山(昭和41년),『初期禪宗史書の研究』, (禪文化研究所).

Abraham H. Maslow(1996). "Critique of self-actualization theory". In E. Hoffman (ed.).Future visions: The unpublished papers of Abraham Maslow. Thousand Oaks, CA: Sage.

Abraham H. Maslow(1964). Religions, values, and peak experiences. New York: Penguin.

Lankavatara Sutra, translated into English from the Sanskrit by D. T. Suzuki. Boulder, CO: Prajña Press, 1978.

Len Sperry and Edward P. Shafranske ed.(2005), Spiritually Oriented Psychotherapy, American Psychological Association.

Marsha Wiggins Frame(2003), Integrating Religion and Spirituality into Counseling, Brooks/Cole Press.

Michael Downey(1997), Understanding Christian Spirituality, Paulist Press.

Neera Dhar, SK Chaturvedi, and Deoki Nandan. Spiritual Health Scale 2011: Defining and Measuring 4th Dimension of Health, Indian J Community Med. 2011 Oct-Dec; 36(4).

Patricia A. Bach, Daniel J. Moran, 2008, ACT in practice: Case conceptualization in Acceptance and Commitment Therapy. Oakland, CA: new harbinger publication.

Richardson P. "Spirituality: The New Frontier", Psychological Testing at work. In: Hoffman E, editor. New York.

Robert D. Zettle, 2007, Act for Depression: A Clinician's Guide to Using Acceptance and Commitment Therapy in Treating Depression, Oakland, CA: New Harbinger.

S.Boorstein, ed.(1980), Transpersonal Psychotherapy, (정성덕 공역(1997), 『자아초월 정신치료』, (서울; 하나의학사), Roger Walsh, ed.(1993), Paths Beyond Ego, New York. 등을 참고바람.

Takeuchi Yoshinori, ed.(1993), Buddhist Spirituality : World Spirituality 8vols, (New York: Crossroad).

T.W. Rhys Davids, The Pali Text Society's Pali-English Dictionary.

Vaughan, Wittine, & Walsh(1996), Transpersonal psychology and the religious person. In Marsha Wiggins Frame(2003).

Walpola Rahula(1959), What the Buddha Taught, (New York: Grove Press), p.26.

3. 논문류

각묵(2003.08), 「간화선과 위파사나, 무엇이 같고 다른가」, 『선우논강』 1집.

강건기(1990), 「보조사상에서의 닦음(修)의 의미」, 『普照思想』제4집, (서울: 보조사상 연구원).

강호선(2001), 「충렬, 충선왕대 임제종 수용과 고려불교의 변화」, 『한국사론』46, (서울: 서울대국사학과).

고익진(1984), 「신라하대의 선전래」, 『한국선사상연구』.

金仁德(1995), 「三論學 破邪顯正論의 要義」, 韓國佛教學20, (서울: 한국불교학회).

김경숙(2012), 「荷澤宗과 洪州宗의 상이점 연구」, 『한국선학』 32.

김방룡(2014), '보조지눌의 공적영지와 왕양명의 양지의 비교연구', 「동서철학연구71」, 한국동서철학회.

김성철(2017), 「초기불교와 대승불교-단절인가, 계승인가?」, 『불교학연구』 제50호.

김수아(2004), 「『능가경』의 편찬연대에 관한 고찰-성제바의 주석서를 중심으로」, 한국종교학회『종교연구』37.

김재성(2002.10), 「마하시 수행법과 『대념처경』」, 근본불교학술자료집-『대념처경의 수행이론과 실제』, (서울: 근본불교수행도량).

김재성(2004), 「위빠사나와 간화선, 다른 길 같은 목적」, 『불교평론』 19호(2004호 여름호).

김재성(1997), 「태국과 미얀마불교의 교학체계와 수행체계」, (가산불교문화연구원).

김진무(2001.11), 「神會의 禪思想에 나타난 般若에 관한 고찰」, 한국선학회.

김호귀(2000), 대혜의 묵조선 비판에 대해서, 『보조사상』제13집.

김호귀(2004), 「위빠사나와 간화선의 비교」, 東國大學校 釋林會, 『석림』Vol.38.

김호성(1992), 「돈오점수의 새로운 해석 – 돈오를 중심으로」, 『한국불교학』15집, (서울: 한국불교학회).

남권희(1994), 「몽산덕이와 고려인물들과의 교류 – 필사본 〈제경찰요〉의 수록내용을 중심으로」『도서관학론집』21, (서울: 한국도서관 정보학회).

마해륜, 「작용즉성(作用卽性) 비판으로서의 무심(無心)」, 『불교학연구』35.

박상국(1989), 「有刊記佛書木版本目錄」, 『全國寺刹所藏木板集』, (서울: 文化財管理局).

박성배(1992), 「보조는 證悟를 부정했던가」, 『깨달음, 돈오점수인가 돈오돈수인가』, (서울: 민족사).

박성배(1990), 「성철스님의 돈오점수설 비판에 대하여」, 『普照思想』제4집, (서울: 보조사상연구원).

박인석(2010), 「종밀의 '知' 사상의 문헌적 기원과 사상적 전개: 寂知의 體用觀을 중심으로」, 『한국선학』17.

박찬영(2007), 「宗密과 朱熹의 사유구조의 유사성 – 심성론을 중심으로: 宗密과 朱熹의 사유구조의 유사성」, 『哲學研究』104.

법정(1987), 「卷頭言」, 『普照思想』제1집, (서울: 보조사상연구원).

卞熙郁(1993), 『宗密哲學에서 〈知〉의 역할과 의미』, (서울대학교 대학원 석사논문).

성철(1981), 『禪門正路』, (서울: 장경각).

宋基日(1999), 〈長興 寶林寺 佛腹藏考〉, (『가산학보』제6호).

송위지(2001), 「위빠사나와 간화선의 교집합적 접근」, 『불교평론』제6호, (2001년 봄호).

신명희(2009), 『마조선연구』, 동국대학교대학원 박사학위 논문.

신명희(2004), 「규봉종밀(圭峰宗密)의 홍주종(洪州宗) 비판」, 『한국선학』 7.

오용석(2016), 「간화선 위빠사나 논쟁」, 불교학연구회, 『불교학연구』, Vol.46.

우제선(2021), 산스크리트 nominal style의 분석을 통한 『寶性論』 제1장 제27송의 해석과 번역, 『불교학연구(Korea Journal of Buddhist Studies)』 제66호(2021.3).

唯眞(2001.11), 「『神會語錄』상에 나타난 般若사상과 佛性사상」, (한국불교학회).

윤원철(1995), 「『선문정로』의 수증론」, 『백련불교논집』 제4집, (경남: 백련불교문화재단).

이병욱(2010), 「간화선과 위빠사나의 비교」, 『불교평론』 제12권 제3호(2010년 가을).

이병욱(2001), 「천태의 4종삼매, 그리고 간화선·위빠사나」, 『불교평론』 제6호, (2001년 봄호).

이부영(2005), 「오늘날 영성은 정신과 영역에서 어떤 의미를 갖는가」, 『사회정신의학』 제10권 제2호, (대한사회정신의학회).

이자랑(2020), 「원시불교와 초기불교의 명칭에 관한 논쟁 고찰-일본 불교학계의 상황을 중심으로-」 한국불교학회, 『韓國佛教學』 Vol.96.

이종익(1986), 「보조선과 화엄」, 『한국화엄사상연구』, (서울: 동국대학교 출판부).

인경(1998), 「보조인용문을 통해서본 「법보기단경」의 성격」, 『普照思想』 제11집.

인경(2000), 「대혜 간화선의 특질」, 『보조사상』 제13집(서울: 보조사상연구원).

인경(2000), 「華嚴과 禪의 頓教論爭」, 『韓國禪學』, 창간호.

인경(2000.12), 「德異本 『壇經』의 禪思想史的 意味」, (불교학연구회, 『불교학연구』 창간호).

인경(2001), 「初期佛教의 四禪과 止觀」, 『보조사상』 제16집.

인경(2002), 「見性에 관한 荷澤神會의 해명」, 『보조사상』 제18집.

인경(2002), 「마음의 해석학-보조선의 체계와 구조」.

인경(2002), 「宋代 臨濟宗에서의 종밀(宗密) 비판(批判)-종밀(宗密)에 대한 각범(覺範)의 비판을 중심으로」, 『한국선학』 3, 한국선학회.

인경(2002.2), 「看話決疑論의 華嚴教學의 批判」, 『普照思想』 제15집.

인경(2003.02), 「위빠사나와 간화선」, 『보조사상』 제19집

인경(2009), 「수용 및 전념치료(ACT)의 명상작업

일중(2002. 10), 「고엔카 수행법과 大念處經」, 근본불교학술자료집-『대념처경의 수행이론과 실제」, (서울: 근본불교수행도량).

일중(1997), 「대념처경에 나타난 신념처 연구」, 『세계승가공동체의 교학체계와 수행체계』, (서울: 도서출판 가산문고).

임승택(2002.10), 「대념처경의 이해」, 근본불교학술자료집-『대념처경의 수행이론과

실제』, 홍원사.

임승택(2001), 「sati의 의미와 실제」, 『보조사상』, 제16집.

임승택(2001), 「초기불교의 경전에 나타난 사마타 위빠사나」, 『인도철학』제11집.

鄭性本(1999), 「禪宗의 印可證明 研究」『佛敎學報』第36輯, (동국대학교 불교문화연구원).

鄭性本(1989), 「六祖壇經의 成立과 諸問題」, 김지견편『六祖壇經의 世界』, (민족사).

정혜연(여현, 2012), 『마조도일에 관한 연구』, 동국대학교대학원 박사논문.

조명제(1999), 「고려후기『몽산법어』의 수용과 간화선의 전개」, 『보조사상』12, (서울: 보조사상연구원).

조명제(1996), 「14세기 고려사상계의 능엄경 성행과 그 사상적 성격」, 『가산학보』5집, (서울: 가산연구원).

조준호(2001), 「Vipassanā의 인식론적 근거」, 『보조사상』제16집.

조준호(2000), 「초기불교에 있어서 止·觀의 문제」, 『한국선학』창간호.

조준호(2004), 「초기중심교리와 선정수행의 제문제」, 『불교평론』(2004년 여름호).

조준호(2010), 「평상심(平常心)과 도(道): 욕망의 질적 전환을 통한 삶의 대긍정」, 『철학연구』41.

종호(2000), 「간화선 형성의 사회적 배경」, 『보조사상』제13집.

차차석(2004), 「마조의 선사상에 나타난 논리체계와 지향점 탐색」, 『불교학보』41

崔桐洵(2000), 「宋初 天台의 禪思想 수용과 비판」, 『韓國佛敎學』第二十七輯, 韓國佛敎學會.

한기두(1975), 「신라시대의 선사상」, 『한국불교학』제1집.

허흥식(1994), 「몽산덕이의 행적과 년보」, 『학국학보』77, (서울: 일지사).

허흥식(1986), 「선종의 부흥과 간화선의 전개」, 『고려불교사연구』, (서울: 일조각).

加納和雄(2017), Tathāgatagarbhaḥ sarvasattvānāṃ ― 涅槃経における如来蔵の複合語解釈にかんする試論, 『불교학리뷰』22, (금강대학교 불교문화연구소).

下田正弘(2011), 「経典を創出する」, 『시리즈 대승불교2 - 大乘佛敎の誕生』, 이자랑역(2016), (서울: 씨아이알).

鈴木大拙(1996), 臨濟의 基本思想, 碧山譯(1996), (도서출판경남).

關口眞大,「公案禪と黙照禪」,『인도학불교학연구』16-2.

高崎直道,「華嚴教學과 如來藏思想」, 元旭編譯(1988),『華嚴思想論』, (서울 : 雲舟社).

武內 紹晃,「佛陀觀の變遷」『シリーズ大乘佛教1-大乘佛教とは何か』, (東京: 春秋社, 2011年).

平川彰,「大乘佛教の 特質」『講座大乘佛教1-大乘佛教とは何か』, (東京: 春秋社, 昭和56 1981年).

平岡聡,「変容するブッダ」『シリーズ大乘佛教2-大乘仏教の誕生』, (東京: 春秋社, 2011年).

平岡聡(2011),「変容するブッダ」『シリーズ大乘佛教2-大乘仏教の誕生』; 변용하는 붓다-불전의 현실미와 진실미,『시리즈 대승불교2-대승불교의 탄생』, 이자랑 역(2016), (서울: 씨아이알).

廣田宗玄(2000),「大慧宗杲の『弁邪正說』について」,『禪學研究』第78號.

柳田聖山(1975),「看話と黙照」,『花園大學研究紀要』6號.

吉津宜英(1990),「華嚴禪と普照禪」,『보조사상』제2집, (서울: 보조사상연구원).

大森曹玄(1990),『臨濟錄講話』(東京 春秋社),『몽산화상보설』, (『보조사상』19집,『蒙山和尙法語略錄諺解』六種異本(1980), (서울: 아세아문화사).

Akira Saito, 2020. "What is Tathāgatagarbha: Buddha-Nature or Buddha Within?", Acta Asiatica, vol.118, 1-15.

Bertrand Russell(1940), An Inquiry into Meaning and Truth,『의미와 진리의 탐구』, 임병수역(1976), 삼성출판사.

Ciarrochi, J. V., Bailey, A, Hayes, S. C., (2008) A CBT Practitioner's Guideto ACT : How to Bridge the Gap Between Cognitive Behavioral Therapy & Acceptance & Commitment Therapy, Oakland, CA: New Harbinger.

D. Jean Clandinin, F. Michael Connelly.『내러티브 탐구: 교육에서의 질적 연구의 경험과 사례』. 소경희·강현석·조덕주 옮김, 교육과학사 2007년 08월; D. Jean Clandinin.『내러티브 탐구를 위한 연구방법론』. 강현석·소경희·박민정 옮김, 교육과학사 2011년 04월.

Donald McCown, Diane Reibel, Marc S. Micozzi, Teaching Mindfulness, New York,

G.Peter N., 1985, "Tsung-mi and the Single Word 'Awareness'(chih)", Phiosophy East and West, 35.

Hayes, S. C., Follette, V. M., Linehan, M. M. (2004) Mindfulness and Acceptance : Expanding the Cognitive-Behavioral Tradition, New York: The Guilford Press.

Jamie Hubbard, Paul L. Swanson, 1997, Pruning the Bodhi Tree-The Storm Over Critical Buddhism; 『보리수 가지치기-비판불교를 둘러싼 폭풍』 류제동역, 씨아이알, 2015년.

Marsha Wiggins Frame(2003), Integrating Religion and Spirituality into Counseling, Brooks/C.

Michael Zimmermann(2002), A Buddha Within: The Tathāgatagarbhasūtra-The Earliest Exposition of the Buddha-Nature Teachings in India. Bibliotheca Philologica et Philosophica BuddhicaVI, Tokyo: The International Research Institute for Advanced Buddhology, Soka University.

Patricia A. Bach, Daniel J. Moran, 2008, ACT in practice: Case conceptualization in Acceptance and Commitment Therapy. Oakland, CA: new harbinger publication.

Robert D. Zettle, 2007, Act for Depression: A Clinician's Guide to Using Acceptance and Commitment Therapy in Treating Depression, Oakland, CA: New Harbinger.

Ronald D. Siegel, Christopher K. Germer, and Andrew Olendzki, Mindfulness: Springer. 2010.

Sarvepalli Radhakrishnan, Indian Philosophy(1923) Vol.1, 738 pages. (1927) Vol 2, 807 pages. Oxford University Press.

S.N.Goenka(1999)의 Discoursrs on Satipaṭṭhāna Sutta, (India, VRI).

Soma Thera(1941), The Way of Mindfulness, pp.53., (Sri Lanka, BPS).

Takeuchi Yoshinori(1995), Buddhist Spirituality: Indian, Southeast Asian, Tibetian, Early Chinese(World Spirituality), Herder & Herder; Takeuchi Yoshinori(2002), Buddhist Spirituality(Vol. 2): Later China, Korea, Japan, and the Modern World(v. 2), Motilal Banarsidass.

Vaughan, Wittine, & Walsh(1996), Transpersonal psychology and the religious person.

In Marsha Wiggins Frame(2003).

What is it? where did it come from?. F.Didonna.,ed, Clinical Handbook of Mindfuless
, Springer, 2009.

Wittgenstein's, Ludwing(1922), Tractatus Logico Philosophicus, Franklin Classics
Trade Press. 2018.;『논리-철학논고』, 이영철 옮김.

Abstract

Modern Kanhwa Meditation Reviewed through Core Issues
by Inkyung

Ganhwa-Meditation(看話禪) is a meditation practice that seeks out the phrases of conflict inherent in life. Here, 'hwa(話)' is a story and includes key issues in the Zen questions and answers. All dialogue contain contradictions and conflicts. Conventional viewpoints cannot solve this problem. So there are inner conflicts. This creative conflicts drive culture.

Ganhwa-Meditation is no exception. Ganhw-Meditation intentionally creates this conflict within the meditator. Seriously ask what the nature of this conflict is. And it is precisely explored and studied. The subjects of the Zen Questionnaire are questions and reflections on the essence of human nature, Buddha-nature related to character, and original face.

These subjects are a different paradigm from the problems of 'body' and 'mind' dealt with in early Buddhism or psychology. Mostly, Early Buddhism asks questions from the perspective of "how the body and mind work?" On the other hand, Ganhwa-Meditation asks 'What am I?' and 'What is the essence of the heart?' related to human identity. All of these questions are about a fundamental Nature that is different from the existing body-mind context, so they are different from the existing point of view and cause internal conflict.

This book was written with the purpose of reorganizing the thought history of Ganhwa-Meditation by examining the issues raised in the controversy of Ganhwa-Meditation. Part 1 deals with the philosophical discussion from a modern perspective related to Ganhwa-Meditation. Part 2 deals with the establishment and development of the Tang Dynasty and the Song Dynasty from a historical point of view. Part 3 focuses on the controversy arising from the performance system of Ganhwa-Meditation.

The reason for choosing the meditation boom in Chapter 1 is the need to mention the overall social trend. This is especially true because any ideology emerges with social change. The main issue is how to classify the process of forming a meditation boom and present important characteristics. I classify meditation into three stages: the influx of meditation in the 1970s - the democratization movement and the Donjeom(頓漸) controversy; the popularization of meditation in the 1990s - the debate between Ganhwa-Meditation and Vipassana; In particular, along with social changes, we will focus on what issues have been raised within the Buddhist world.

First of all, chapter 2 compares Vipassana with Kanhwa-Meditation. This paper stresses that if Vipassana's main objects are body and mind, Kanhwa-Meditation's are the original nature and the nature of Buddha (buddhadhatu). Hence, these two theories of practice consist in basically different points of view: Vipassana chooses a practice theory of recognizing the existence of objects and watching them, whereas Kanhwa Seon stresses experiential enlightenment through doubt on Whadu(meditation topic) instead of watching.

Chapter 3 deals with the establishment of Mahayana Buddhism and the critique of critical Buddhism. Critical Buddhism understands Mahayana Buddhism's Buddhist thought in an atman like way, and criticizes Mahayana Buddhism as non-Buddhism and Northeast Asian Zen Buddhism as anti-Buddhism. Because the theoretical background of Ganhwa-meditation is based on Buddha-nature and Tathāgata-garbha, we are in a situation where we have to respond to these criticisms in some way. I can't ignore these criticisms, so I registered a new revision here. In this chapter, we first understand the establishment and ideological characteristics of Mahayana Buddhism, how the Mahayana Sutras respond to criticism of Mahayana Buddhism, then correct the misinterpretation of critical Buddhism, and finally, It examines the ideas that have appeared historically on how to integrate the perspectives of the early Buddhist viewpoint and Mahayana Buddhism.

Chapter 4 is centered on the issue of historical evaluation along with the thought of Hataek Shen-hue(荷澤神會), who is known as the editor of the Donhwang(燉煌) edition of 『The platform sutra of the sixth patriarch』. This is related to the role of the

Hataek Shen-hue in the process of Buddhism becoming Zen Buddhism. At present, the historical evaluation is extreme. From a positive point of view, he is a person who established Buddhism in practice in Patriarch Seon as the editor of 『The platform sutra of the sixth patriarch』. However, from a negative point of view, it is evaluated that the history of Zen Buddhism was colored as a sectarian ideological controversy, and that it was nothing more than an enlightened sect of Buddhism that was not realized in the Song(宋) dynasty.

Chapter 5 deals with Majo's Patriarch Zen Buddhism. A representative view of Northeast Asian Zen Buddhism is the 'Ordinary Mind as the Path(平常心是道)'. There is also a critical point of view on Majo's Ordinary Mind as the Path. Internally, it is the case of seed Guifeng Zongmi(圭峰宗密), and externally they are Neo-Confucianists. It also led to the Neo-Confucian scholars who founded Joseon(朝鮮). They are very similarly criticized that ethical problems arise if the mind of a normal person is the Buddha-nature and the Way. In that case, it is necessary to examine whether Majo's ordinary mind attempt is the same as a critical opinion in detail, focusing on the Majo language, and to understand the meaning of the ordinary mind attempt accurately.

Chapter 6 deals with issues related to Teachings that are passed on outside the teachings of the scriptures(教外別傳). In the domestic academia, there is a case that Teachings that are passed on outside the teachings of the scriptures(教外別傳) was established in the time period of the Majo line and was introduced with the establishment of Gusan Seonmun at the end of the Silla Dynasty. A critical examination of these advantages is required. Rather, the Song dynasty Seonjong, who rose from the chaotic period of the five dynasties, needed to establish their own identity. In the Song dynasty, the Imje sect began to reexamine their ideological identity while competing with the Hwaeom(華嚴) sect and the Cheontae(天台) sect. As a result, it was expressed as a criticism of Jongmil, which tends to be mission-consistent. And the critique of the unity of missions played a decisive role in establishing the ideology of suburban Teachings that are passed on outside the teachings of the scriptures in the Limje Order of the Song dynasty.

Chapter 7 reviewed characteristics of Tahui(大慧) Kanhwa Seon . A characteristic of Tahui Kanhwa Seon is that it succeeds to traditions of intuitional short approach(徑截) of 'now and here'. It is a learning method of penetrating directly into an ultimate phrase by raising doubts on topic phrases of preceding practitioners and cutting off rational reasoning. First, it stresses an intuitional way of practice, which corresponds with sudden enlightenment instead of rational reasoning(discerning). Second, a detailed practice of cutting off such discernment is performed through self-awakening on one phrase. Tahui's 'one phrase' includes aspects of the break of wrongs(破邪) cutting off every discernment including 'three phrase' and aspects of the appearance of the right(顯正) revealing everything by integrating 'three phrase' in contrast to the break of wrongs. Third, the most important methodological factor in Linji Zen lies in raising doubts. Only when doubting 'one phrase' raised by Gochik or Koan does koan objectively thrown there come near as an existential question and become Hwadu as a task to be solved concerning serious life and death. Therefore, it is necessary that koan as a precedent handed down as objective heritage should be distinguished from Hwadu as an internalized question in an individual practitioner. This distinction indicates that a true meaning of Kanhwa-meditation consists in Hwadu rather than Koan.

Chapter 8 distinguished Koan Zen from Kanhwa-meditation in a stern manner. A most representative approach to A separate transmission outside the teaching is koan. It was koan on the nature of Buddhism and the nature of spirit (spirituality) that served to establish Koan Zen. If koan is a case of Zen question and answer, Hwadu indicates a topic phrase, a central part of koan. Yuanwukeqin evaluated koan of preceding generations of practitioners positively and utilized it as a way of learning for Buddhist practitioners, which is called Koan Zen. On the other hand, Tahui Tsungkao succeeded to most of practice methods of Yuanwukeqin, but he was far different in that he denied koan thoroughly. He emphasized on 'raising doubts on Hwadu', describing koan as evil spirit, wastes to be burnt or poison blocking insight of practitioner. It is supposed to be most characteristic of Koan Zen.

Chapter 9 is about arguments about Kanhwa-meditation Practice. The process of Kanhwa-meditation practice is what is concerned with 'Sudden enlightenment and Gradual cultivation'(頓悟漸修) or 'Sudden enlightenment and Sudden cultivation'(頓悟頓修). As for this issue, we need to review Kanhwa Seon thoughts of Tahui and Mengshan at first hand, Kanhwa Seon prctitioners who were leading Buddhist masters from Linjitsung in the Sung and Yuan Dynasties and had a great influence on Buddhism in Korea.

Kanhwa Seon is a practice system established by Tahui in the South Sung Dyanasty. Tahui says, "Truth is realized all of a sudden, but things are gradually realized." While recognizing Leechamjeong's enlightenment, Tahui earnestly asked him to regard good points after enlightenment as his motto to keep in mind. Like Tahui, Mengshan, who had a profound influence on Goryeo Buddhism, clarifies in his publications like Mongsanbeobeo 『蒙山法語』 and Mongsan- hwasangboseol 『蒙山和尙普設』 recently published by the Beijing Library, "Truth is the sudden enlightenment, but agony is made by the gradual practice. Mengshan stressed whenever preaching that an enlightened practitioner must come and see grand master at first hand and keep on practicing in a more modest manner.

The last chapter 10 is about practice structure of Hwadu Chamgu. As existing Hwadu Jeongui confined itself in previous Zen koan, an error took place that it inquired into koan in the Tang and Sung Dynasties. Furthermore, its negative aspects making little of current existential questions are found. To resolve these aspects requires a manipulative definition focusing on practical function of Hwadu among other things. Therefore, this chapter defines Hwadu as existential self-question, which means that a practitioner desperately doubts and meditates on human nature here and now. This has three points of view, 'who?', 'what?', and 'how?', which means direct inquiry of a practitioner himself into the nature of himself. This process of Hwadu-meditation is understood as 'doubt and inquiry on the nature of self', 'exclusion of rational discernment', 'Trace back one's radiance(廻光返照)', 'facing and contacting here and now', 'enlightenment and transcendence'.

It is expected that through this definition of Hwadu, Hwadu can place itself from heritage from the past Tang and Sung Dynasties to a task resulting from my current question. That is because we need to remember a lesson in history that if any theory of practice does not provide utility in the present situations of an individual practitioner, it gradually becomes distant from the public and finally disappears. As man is now losing the spirituality as the original nature with accelerated secularization, he is faced with serious pains. Environmental problems, ecological problems and human alienation caused by industrialization are some of them. These problems result as such things as the holy original nature and personality become excluded or alienated. To cure these problems , it is required to experience the spirituality from the inclusive point of pursuing the whole rather than parts, intuition rather than analysis, and integration rather than specialization. Modern usefulness that we expect from Kanhwa -meditation is supposed to lie in these values.

Lastly, I view the process of performing Ganhw-Meditation largely as 'public achievement' and 'reigning ground' and see this as the tradition of modern Korean Ganhwa-Meditation. This process is considered to be the core system of Ganhwa-Meditation in Korea from Jojo Jinul(普照知訥) to Naong Hye-geun(懶翁惠勤) to modern Hanam(漢巖) and Gusan(九山). Since the public works are different, procedures must be prepared for the specific process of training. The author presented the relationship with Gusan Seonsa and one inspection case for this inspection process.

찾아보기

ㅈ

쟁점으로 살펴보는 현대 간화선

쟁점으로 살펴보는 현대 간화선